Murphy • Technische Analyse der Finanzmärkte

John J. Murphy

Technische Analyse

der Finanzmärkte

Grundlagen
Methoden
Strategien
Anwendungen

FinanzBuch Verlag München

Copyright © 1999 by John J. Murphy.
Erschienen bei New York Institute Of Finance unter dem Titel:
Technical Analysis of the Financial Markets

AUS DEM AMERIKANISCHEN VON HARTMUT SIEPER

Für meine Eltern
Timothy und Margaret,
und für Patty, Clare und Brian

Gesamtbearbeitung: Michael Volk, München
Satz und Repro: SatzTeam Berger, Ellenberg
Umschlagbild: Christian Weiß
Druck: Wiener Verlag GmbH, Himberg

2. Auflage Februar 2001

© 2000 BY FINANZBUCH VERLAG GMBH MÜNCHEN
LANDSHUTER ALLEE 61 · 80637 MÜNCHEN
TEL.: 089/651285-0 FAX: 089/65 20 96
E-MAIL: MURPHY@FINANZVERLAG.COM

ISBN 3-932114-36-1

Für mehr Bücher: www.finanzverlag.com

Vorbemerkung

John Murphy beschäftigt sich seit Anfang der 70er Jahre professionell mit der Technischen Analyse. In seinem aktuellen Buch *Technische Analyse der Finanzmärkte* bringt er für Sie Ordnung ins weite Feld der herkömmlichen Chart- und Indikatorenanalyse. Übersichtlich und äußerst praxisnah bekommen Sie selbst neueste Charttechniken in direkter Anwendung auf eine Vielzahl von Finanzinstrumenten vorgestellt. Es werden Ihnen zahlreiche Charts gezeigt, die für sich selbst sprechen und die Ihnen die charttechnischen Prinzipien und deren Anwendung in realistischen Börsensituationen klar erläutern. Das richtungsweisende Buch für den Praktiker! Mit Hilfe von John Murphys bewährten Analysemethoden werden Sie in die Lage versetzt, relevante Entwicklungen an den Märkten zu erkennen, Trends zu qualifizieren und sicher zu bewerten. Sogar die schnelllebigen Online-Trading-Märkte sind in diesem Werk ausführlich dokumentiert.

Des Weiteren werden Ihnen interessante Indikatoren, Candlestick-Charts und die unverzichtbare Intermarketanalyse in aller Ausführlichkeit vorgestellt. Mit diesem Buch gelingt Ihnen der Schritt von grundlegenden Charttechniken zur aktuellsten Computertechnologie und zu den fortschrittlichsten Bewertungsmethoden, die es derzeit gibt.

Besonders erfreulich ist, dass der Schwerpunkt dieses Buches auf der Aktienanlage liegt, die Terminmärkte aber nicht vernachlässigt werden. Es ist nicht nur äußerlich ein beeindruckendes Buch, sondern die ergiebigste und anregendste Gesamtdarstellung der Technischen Analyse überhaupt. Texte und Abbildungen ergänzen sich optimal.

Anlageerfolge wachsen mit der Bereitschaft, sich ständig weiterzuentwickeln und zu perfektionieren. Die *Technische Analyse der Finanzmärkte* ist ein Muss sowohl für Anfänger wie auch für Fortgeschrittene.

Heinz Imbacher
Ressortleiter Technische Analyse Börse Online

Inhalt

02 Dow-Theorie 41

03 Die Konstruktion von Charts 51

04 Das grundlegende Konzept des Trends 63

05 Umkehrformationen des primären Trends 111

06 Fortsetzungsformationen 139

07 Umsatz und Open Interest 165

10 Oszillatoren und Contrary Opinion 227

11 Point & Figure Chart 263

12 Japanische Candlestick-Charts 293

13 Elliott-Wellen-Theorie 313

14 Zeitzyklen 337

15 Computer und Handelssysteme 369

16 Geldmanagement und Handelstaktiken 383

17 Die Verbindung zwischen Aktien und Futures: Intermarket-Analyse 401

18 Aktienmarkt-Indikatoren 419

19 Pulling it all together – eine Checkliste   437

Anhang A: Fortgeschrittene technische Indikatoren   447

Anhang B: Market Profile   457

Anhang C: Die Kernpunkte bei der Entwicklung eines Handelssystems   473

Anhang D: Continuous Futures Contracts 483

Vorwort für die deutsche Ausgabe

Zunächst möchte ich mich beim FinanzBuch Verlag bedanken, der die schwierige Aufgabe übernommen hat, mein Buch „Technical Analysis of the Financial Markets" ins Deutsche zu übersetzen. Nicht nur der Umfang des Buches, sondern auch die komplexen technischen Analysemethoden machten die Übersetzung zu einer wirklich anspruchsvollen Aufgabe. Der Hauptnutznießer ihrer Bemühungen ist natürlich die deutsch sprechende Bevölkerung, die nun Zugang zu dieser wertvollen und auch sehr profitablen Materie hat. Aufgrund der wichtigen Rolle, die Deutschland sowohl in der europäischen Gemeinschaft als auch weltweit spielt, ist es nur natürlich, dass sich deutsch sprechende Anleger, Analysten und Händler über diese wichtige Thematik nun in ihrer eigenen Sprache informieren können.

Einer der wirklich angenehmen Effekte der Technischen Analyse ist die Universalität der Sprache. Ist die Terminologie erst einmal gelernt, wird das Kommunizieren mit technischen Analysten weltweit möglich, denn die Begriffe sind weltweit gültig. Darum ist die Verständigung unter den technischen Analysten auch vor internationalem Publikum jederzeit möglich. Das Gleiche gilt für das Konzept der Technischen Analyse, die überall identisch ist. Dies bedeutet, dass die Begriffe auf sämtliche Finanzmärkte überall auf der Welt angewendet werden können.

Die 300-jährige Geschichte der Technischen Analyse hat ihren Ursprung wahrscheinlich in Japan, populär geworden ist sie allerdings erst in den USA zu Beginn des 20. Jahrhunderts, so dass ein Großteil der Lektüre in englischer Sprache verfügbar ist. Die Tatsache, dass mein Werk jetzt auch auf Deutsch vorliegt, erklärt die wachsende Popularität der Technischen Analyse außerhalb der USA. Einer der Hauptgründe für die Aufgeschlossenheit gegenüber der Technischen Analyse in Europa ist der immer intensiver werdende Einsatz von Computern. Für die Technische Analyse ist es absolut notwendig, möglichst viele Märkte im Chart zu betrachten und eine Vielzahl komplizierter technischer Indikatoren mit einzubeziehen. Mit dem Computer und der richtigen Software ist das für die meisten Anleger ein Klacks. Ein weiterer Faktor für die zunehmende Beliebtheit der Technischen Analyse ist die Erkenntnis, dass die Finanzmärkte der ganzen Welt miteinander verbunden sind. In Deutschland beispielsweise können wir aus dem Verlauf des German Bund Futures erkennen, wie sich die Zinsen und die Inflationsrate in Deutschland entwickeln. Das hat einen wichtigen Einfluss auf den DAX. Steigende Zinsen (und eine höhere Inflationsrate) wirken sich normalerweise negativ auf Aktien aus. Währungsschwankungen beeinflussen auch die deutschen Märkte. Weil Deutschland ein Exportland ist, ist eine schwache DM gewöhnlich positiv für die Börse. Gleichzeitig wirkt sich die Kursentwicklung eines Rohstoffs wie Öl auf die Inflationsrate in Deutschland und den Trend der deutschen Zinsen aus.

Trends in den übrigen europäischen Märkten beeinflussen auch die deutschen Märkte. Die europäischen Märkte als Ganzes werden von Marktaktivitäten in Asien und den USA beeinflusst. Jetzt im 21. Jahrhundert ist es nahezu unmöglich, heimische Märkte zu analysieren, ohne wahrzunehmen, was in anderen Märkten und dem Rest der Welt passiert. Sie haben Glück. Die Methoden der technischen Analysten, die Ihnen in diesem Buch ausführlichst vorgestellt werden, erleichtern Ihnen den Anlegeralltag ungemein.

Die Originalversion meines Buches wurde erstmals 1986 unter dem Namen „Technical Analysis of the Futures Markets" veröffentlicht. Während in der ersten Version die Futures schwerpunktmäßig behandelt wurden, trage ich nun dem gestiegenen Interesse am Aktienmarkt Rechnung. Im neuen Titel rücken die Aktienmärkte in den Vordergrund. Die Techniken selber haben sich jedoch nicht verändert, so dass das Beste des ersten Buches beibehalten werden konnte und mit neuem Material bereichert wurde. Selbstverständlich habe ich alle Charts aktualisiert und außerdem neue Titel hinzugefügt. Ich bin überzeugt, dass diese überarbeitete Version allgemeinverständlich die Technische Analyse darstellt, die im 21. Jahrhundert angewendet werden wird. Ich möchte mich noch einmal bei meinem deutschen Verlag und bei BÖRSE ONLINE für die Unterstützung bedanken. Und ich möchte die Gelegenheit nutzen, um Ihnen, liebe Leserinnen und Leser, bei der Anwendung der Technischen Analyse und bei Ihren Finanzgeschäften viel Erfolg zu wünschen.

John J. Murphy
März 2000

Einleitung

Als mein Buch *Technical Analysis of the Futures Markets* 1986 publiziert wurde, hatte ich keine Ahnung, dass es einen solchen Einfluss auf die Finanzindustrie haben würde. Es wurde von vielen in der Branche als die „Bibel" der Technischen Analyse bezeichnet. Die Market Technicians Association (MTA) benutzt es als die primäre Quelle für ihr Prüfungsprogramm für den Chartered Market Technician (CMT). Die amerikanische Notenbank hat es in Studien zitiert, die den Wert des technischen Ansatzes untersuchten. Zusätzlich wurde es in acht Fremdsprachen übersetzt. Ich war auch auf seine lange Lebensdauer nicht vorbereitet. Zehn Jahre nach seiner Publikation werden immer noch so viele Exemplare verkauft wie in den ersten Jahren.

Wie auch immer, es wurde offenbar, dass im letzten Jahrzehnt eine Menge neuen Materials das Feld der Technischen Analyse bereichert hat. Einiges davon habe ich selbst hinzugefügt. Mein zweites Buch, *Intermarket Technical Analysis* (Wiley, 1991), trug dazu bei, einen neuen Zweig der Technischen Analyse zu kreieren, der heute weit verbreitet ist. Alte Techniken, wie die japanischen Kerzencharts, und neue, wie das Marktprofil, wurden Teil der technischen Landschaft. Ganz klar, diese neuen Studien müssen in jedes Buch integriert werden, das ein umfassendes Bild der Technischen Analyse präsentieren will. Der Brennpunkt meiner eigenen Arbeit veränderte sich ebenso.

Während mein Hauptinteresse vor zehn Jahren den Terminmärkten galt, beschäftigte sich meine jüngste Arbeit mehr mit den Aktienmärkten. Dies brachte mich zurück an den Anfang, denn ich begann meine Karriere vor dreißig Jahren als Aktienanalyst. Das war auch einer der Nebeneffekte meiner siebenjährigen Tätigkeit als Technischer Analyst für CNBC-TV. Dieser Fokus auf das, was die Allgemeinheit tut, führte mich auch zu meinem dritten Buch, *The Visual Investor* (Wiley, 1996). Dieses Buch konzentriert sich auf den Nutzen technischer Methoden für Markt-Sektoren, in erster Linie Investmentfonds, die in den neunziger Jahren extrem populär wurden.

Viele der technischen Indikatoren, über die ich vor zehn Jahren geschrieben hatte und die vor allem in den Terminmärkten benutzt wurden, fanden auch in die Aktienmarktanalyse Eingang. Es wurde Zeit, zu zeigen, auf welche Weise dies erfolgte. Schließlich mussten sich, wie jedes Feld oder Disziplin, auch Autoren entwickeln. Manche Dinge, die mir vor zehn Jahren sehr bedeutend erschienen, sind heute nicht mehr so wichtig. Während sich meine Arbeit zu einer breiteren Anwendung technischer Prinzipien in allen Finanzmärkten hin entwickelte, war es nur folgerichtig, dass jede Revision meiner früheren Arbeit diese Entwicklung reflektieren sollte.

Ich habe versucht, die Strukturen meines früheren Buches beizubehalten. Deshalb blieben viele der Originalkapitel bestehen. Nichtsdestotrotz wurden sie mit neuen Materialien überarbeitet und mit neuen Grafiken aktualisiert. Weil die Prinzipien der Technischen Analyse universell sind, war es nicht zu schwer, den Fokus auf die Einbeziehung aller Finanzmärkte zu erweitern. Weil Futures der ursprüngliche Schwerpunkt waren, wurde natürlich vor allem Material, das die Aktienmärkten betrifft, hinzugefügt.

Das Buch wurde um drei neue Kapitel ergänzt. Die beiden früheren Kapitel über Point&Figure-Analyse (Kapitel 11 und 12) wurden zu einem zusammengefasst. Ein neues Kapitel 12 über die Analyse von Kerzencharts wurde eingefügt. Zwei zusätzliche Kapitel wurden außerdem an das Ende des Buches gesetzt. Kapitel 17 ist eine Einleitung in die Intermarket-Analyse. Kapitel 18 handelt von Aktienmarkt-Indikatoren. Wir haben den früheren Anhang durch neue Ausführungen ersetzt. Das Marktprofil wird im Anhang B eingeführt. Die anderen Anhänge beschreiben einige der fortgeschrittenen technischen Indikatoren und erklären, wie man ein technisches Handelssystem aufbaut. Außerdem gibt es ein Glossar.

Ich war nicht sicher, ob die Überarbeitung eines „Klassikers" eine so gute Idee sei. Ich hoffe, dass ich dabei erfolgreich war und es noch etwas besser gemacht habe. Ich ging dieses Buch aus der Perspektive eines reiferen und erwachsenen Autors und Analysten an. Und ich habe durch das ganze Buch hinweg versucht, den Respekt zu zeigen, den ich immer vor der Disziplin der Technischen Analyse hatte und vor den vielen talentierten Analysten, die sie praktizierten. Der Erfolg ihrer Arbeit war immer eine Quelle der Erquickung und der Inspiration für mich. Ich hoffe nur, dass ich ihnen gerecht wurde.

John Murphy

01 | Philosophie der Technischen Analyse

☐ EINLEITUNG

Bevor wir mit dem Studium aktueller Techniken und Hilfsmittel, die in der Technischen Analyse gebraucht werden, beginnen, müssen wir definieren, was Technische Analyse ist, ihre philosophischen Prämissen diskutieren, einige klare Unterscheidungen zwischen technischer und fundamentaler Analyse treffen, und schließlich einige Kritikpunkte ansprechen, die gegen den technischen Ansatz vorgebracht werden.

Ich glaube stark daran, dass eine volle Würdigung des technischen Ansatzes mit einem klaren Verständnis dessen, wozu technische Analyse in der Lage sein will, beginnen muss – oder, vielleicht noch wichtiger, mit dem Verständnis der Grundlagen, auf denen dieser Anspruch beruht.

Lassen Sie uns zunächst den Gegenstand definieren. *Technische Analyse ist das Studium von Marktbewegungen, in erster Linie durch den Einsatz von Charts, um zukünftige Kurstrends vorherzusagen.* Der Begriff „Marktbewegung" beinhaltet die drei wesentlichen Informationsquellen, die dem Techniker zur Verfügung stehen – Kurs, Umsatz und Open Interest. (Open Interest wird nur bei Futures und Optionen benutzt.) Der häufig benutzte Begriff „Kursbewegung" scheint mir zu eng gefasst, weil die meisten Techniker Umsatz und Open Interest als integralen Teil ihrer Marktanalyse betrachten. Unter Beachtung dieser Unterscheidungen werden die Begriffe „Kursbewegung" und „Marktbewegung" im weiteren Verlauf der Diskussion austauschbar benutzt.

☐ PHILOSOPHIE ODER RATIONALITÄT

Es gibt drei Grundannahmen, auf denen der technische Ansatz basiert:
1. Die Marktbewegung diskontiert alles.
2. Kurse bewegen sich in Trends.
3. Die Geschichte wiederholt sich selbst.

☉ Die Marktbewegung diskontiert alles

Die Behauptung „Die Marktbewegung diskontiert alles" umschreibt das, was wahrscheinlich der Grundstein der Technischen Analyse ist. Solange die volle Bedeutung dieser ersten Prämisse nicht voll verstanden und akzeptiert ist, machen weiterführende Dinge keinen großen Sinn. Der Techniker glaubt, dass alles, was möglicherweise die Kurse beeinflussen kann – fundamental, politisch, psychologisch oder sonst wie durch den Marktpreis aktuell widergespiegelt wird. Daraus folgt, dass nur die Untersuchung der Kursbewegung verlangt wird, sonst nichts. Obwohl dieser Anspruch vermessen erscheint, ist schwer, etwas dagegen einzuwenden, wenn man sich die Zeit nimmt, seine wahre Bedeutung zu erfassen.

Alles, worauf sich der Techniker beruft, ist die Widerspiegelung von Angebot und Nachfrage in der Kursbewegung. Wenn die Nachfrage das Angebot übertrifft, sollten die Kurse steigen. Ist das Angebot höher als die Nachfrage, sollten sie fallen. Dieser Zusammenhang ist die Basis aller ökonomischer und fundamentaler Vorhersage. Der Techniker dreht diese Behauptung um und gelangt zu dem Schluss, dass, wenn die Kurse steigen – aus welchem Grund auch immer –, die Nachfrage das Angebot übertreffen muss und die Fundamentals bullish sein müssen. Wenn die Kurse fallen, müssen die Fundamentals bearish sein. Dieser letzte Kommentar über Fundamentals scheint im Zusammenhang einer Diskussion der Technischen Analyse zu überraschen, sollte es aber nicht. Schließlich studiert der Techniker indirekt fundamentale Hintergründe. Die meisten Techniker werden wahrscheinlich zustimmen, dass es die ökonomischen Fundamentals eines Marktes als zugrunde liegende Kräfte von Angebot und Nachfrage sind, die Bullen- und Bärenmärkte verursachen. Es sind nicht die Charts selbst, die Märkte zum Steigen oder Fallen veranlassen. Sie reflektieren einfach die bullishe oder bearishe Psychologie der Börse.

Die Chartisten kümmern sich generell nicht um die Gründe, warum Kurse steigen oder fallen. In den frühen Stadien eines Kurstrends oder an kritischen Umkehrpunkten scheint sehr oft niemand genau zu wissen, warum sich der Markt in einer bestimmten Weise entwickelt. Obwohl der technische Ansatz in seinem Anspruch manchmal zu vereinfacht erscheint, wird die Logik hinter der ersten Prämisse – dass die Märkte alles diskontieren – immer zwingender, je mehr man an Markterfahrung gewinnt.

Wenn alles, was Marktpreise beeinflusst, letzten Endes durch den Marktpreis wieder gespielt wird, ist folgerichtig nur das Studium des Marktpreises nötig. Durch die

Untersuchung von Kurscharts und einer Masse von unterstützenden technischen Indikatoren lässt sich der Chartist vom Markt erzählen, wohin dieser wahrscheinlich gehen wird. Der Charttechniker versucht nicht unnötigerweise, den Markt zu überlisten. Alle technischen Hilfsmittel, die später diskutiert werden, sind einfache Techniken, die den Chartisten bei dem Prozess des Marktstudiums unterstützen. Der Technische Analyst weiß, dass es Gründe dafür gibt, warum Märkte hoch oder runter gehen. Er oder sie glaubt nur nicht, dass das Wissen um diese Gründe bei der Prognose nötig ist.

⊙ Kurse bewegen sich in Trends

Das Trendkonzept ist für den technischen Ansatz absolut unentbehrlich. Noch einmal: Wer nicht die Prämisse akzeptiert, dass sich Kurse in Trends bewegen, braucht nicht weiter zu lesen. Die ganze Aufgabe der chartmäßigen Darstellung eines Marktes ist es, Trends in den frühen Phasen ihrer Entwicklung zu identifizieren, um dann in Richtung dieser Trends zu traden. In der Tat sind die meisten Techniken, die diesen Ansatz benutzen, ihrer Natur nach trendfolgend, was bedeutet, dass sie beabsichtigen, existierende Trends zu bestimmen und ihnen zu folgen (siehe Abb. 1.1).

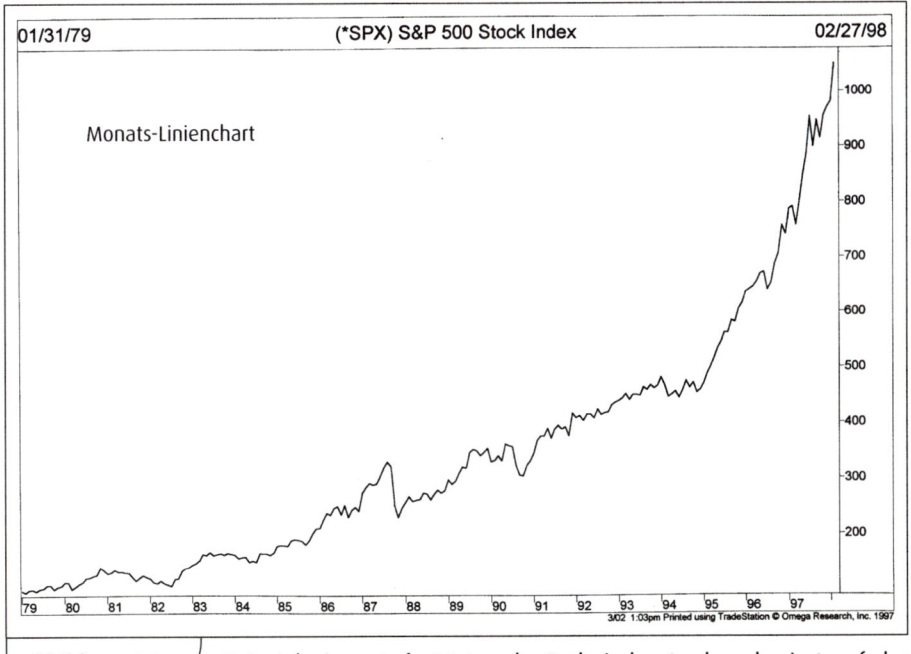

| 01/31/79 | (*SPX) S&P 500 Stock Index | 02/27/98 |

Monats-Linienchart

Abbildung 1.1 Beispiel eines Aufwärtstrends. Technische Analyse basiert auf der Prämisse, dass Märkte Trends aufweisen und diese dazu tendieren, bestehen zu bleiben

23

Ein Folgesatz der Prämisse, dass sich Kurse in Trends bewegen, besagt: *Ein Trend in Bewegung setzt sich mit größerer Wahrscheinlichkeit fort, als dass er sich umkehrt.* Dieses Ergebnis ist natürlich eine Anpassung an Newtons Erstes Gesetz der Bewegung. Es lässt sich auch auf andere Weise ausdrücken: Ein Trend in Bewegung verläuft solange in derselben Richtung, bis er sich umkehrt. Dies ist ein weiterer jener technischen Ansprüche, die sich scheinbar im Kreise drehen. Doch der gesamte Trendfolgeansatz ist daran geknüpft, einem existierenden Trend zu folgen, bis er Anzeichen der Umkehr zeigt.

⊙ Die Geschichte wiederholt sich selbst

Vieles bei der Technischen Analyse und dem Studium von Marktbewegungen hat mit dem Studium der menschlichen Psychologie zu tun. Kursformationen zum Beispiel, die in den letzten hundert Jahren identifiziert und kategorisiert wurden, reflektieren bestimmte Bilder, die auf den Kurscharts auftauchen. Diese Bilder offenbaren die bullishe oder bearishe Psychologie des Marktes. Weil diese Muster in der Vergangenheit funktioniert hatten, wird angenommen, dass sie in der Zukunft weiterhin funktionieren werden. Sie basieren auf dem Studium der menschlichen Psyche, die nicht dazu tendiert, sich zu verändern. Anders ausgedrückt: Der Schlüssel zum Verständnis der Zukunft liegt im Studium der Vergangenheit, oder die Zukunft ist nur eine Wiederholung der Vergangenheit.

☐ TECHNISCHE VERSUS FUNDAMENTALE PROGNOSE

Während sich die Technische Analyse auf das Studium von Marktbewegungen konzentriert, ist die fundamentale Analyse auf die ökonomischen Kräfte von Angebot und Nachfrage konzentriert, die zu steigenden, fallenden oder gleich bleibenden Preisen führen. Der fundamentale Ansatz untersucht alle relevanten marktbeeinflussenden Faktoren, um den inneren Wert dieses Marktes zu bestimmen. Der innere Wert ist das, was ein Gut nach fundamentalen Kriterien aktuell wert ist, gegründet auf dem Gesetz von Angebot und Nachfrage. Liegt dieser innere Wert unter dem aktuellen Marktpreis, dann ist der Markt überteuert und sollte verkauft werden. Liegt der Marktpreis unter dem inneren Wert, ist der Markt unterbewertet und sollte gekauft werden.

Beide Ansätze zur Marktprognose versuchen, dasselbe Problem zu lösen, nämlich die Richtung zu bestimmen, in die sich die Preise wahrscheinlich bewegen werden. Sie nähern sich dem Problem nur von verschiedenen Seiten. *Der Fundamentalist studiert die Ursachen von Marktbewegungen, während der Techniker die Auswirkungen untersucht.* Der Techniker glaubt natürlich, dass nur das Resultat zählt, während alle Gründe oder Ursachen uninteressant sind. Der Fundamentalist hingegen muss immer wissen, warum etwas geschieht.

Die meisten Trader klassifizieren sich selbst entweder als Techniker oder Fundamentalisten. In der Realität gibt es eine Menge an Überlappung. Viele Fundamentalisten kennen die grundlegenden Ziele der Chartanalyse. Gleichzeitig sind den meisten Technikern die Fundamentals zumindest passiv bewusst. Das Problem liegt darin, dass die Charts und die Fundamentals oft miteinander in Konflikt liegen. Am Anfang bedeutender Marktbewegungen erklären oder unterstützen die Fundamentals üblicherweise nicht, was der Markt zu tun scheint. Gerade zu diesen kritischen Zeiten des Trends scheinen die beiden Ansätze am meisten zu differieren. Ab irgendeinem Punkt laufen sie wieder synchron, für einen Trader jedoch oft zu spät zum Handeln.

Eine Erklärung dieser scheinbaren Diskrepanzen liegt darin, dass die *Marktbewegung dazu tendiert, den bekannten Fundamentals vorauszulaufen.* Anders ausgedrückt, *die Marktbewegung verhält sich als Frühindikator der Fundamentals* bzw. der momentan vorherrschenden Meinung. Während die bereits bekannten fundamentalen Faktoren bereits diskontiert und „in den Kursen enthalten" sind, reagieren die Kurse in der Gegenwart auf die unbekannten Fundamentals. Einige der dramatischsten Bullen- und Bärenmärkte in der Geschichte begannen mit geringfügig oder gar nicht wahrgenommenen Veränderungen in den Fundamentals. Mit der Zeit wurden diese Veränderungen bekannt, und der neue Trend wurde gut etabliert.

Nach einer Weile entwickelt der Techniker immer mehr Vertrauen in seine Fähigkeit, die Charts zu lesen. Er lernt, sich in einer Situation wohl zu fühlen, in der die Marktbewegung nicht im Einklang mit der vorherrschenden Meinung steht. Ein Techniker beginnt, seine Zugehörigkeit zur Minderheit zu genießen. Er weiß, dass die Gründe für die Marktbewegung am Ende zum Allgemeingut werden. Es ist nur so, dass der Techniker nicht auf diese zusätzliche Bestätigung warten will.

Wenn man die Grundaussagen der Technischen Analyse akzeptiert, kann man verstehen, warum Techniker an die Überlegenheit ihres Ansatzes gegenüber demjenigen der Fundamentalanalysten glauben. Wenn ein Trader zwischen einem der beiden Ansätze wählen müsste, würde seine Wahl logischerweise auf die Technische Analyse fallen, weil der technische Ansatz per definitionem die Fundamentals beinhaltet. Wenn der Marktpreis die Fundamentals reflektiert, dann wird das Studium dieser Fundamentals überflüssig. Charts Reading wird zu einer abgekürzten Form der Fundamentalanalyse. Der Umkehrschluss ist freilich nicht erlaubt. Fundamentalanalyse beinhaltet nicht das Studium von Preisbewegungen. Es ist möglich, die Finanzmärkte allein durch Nutzung des technischen Ansatzes zu traden, hingegen ist zweifelhaft, dass irgendjemand allein auf fundamentaler Basis erfolgreich traden kann, ohne die technischen Aspekte des Marktes zu berücksichtigen.

☐ ANALYSE VERSUS TIMING

Dieser letzte Punkt wird klarer, wenn der Entscheidungsfindungsprozess in zwei separate Stufen unterteilt wird – Analyse und Timing. Aufgrund des hohen Leverage Faktors in den Terminmärkten ist das Timing in dieser Arena besonders kritisch. Es ist durchaus möglich, auf der richtigen Seite des generellen Markttrends zu sein und trotzdem Geld zu verlieren. Weil die Margin-Anforderungen im Terminhandel so niedrig sind (üblicherweise weniger als zehn Prozent), kann bereits eine relativ bescheidene Kursbewegung in die falsche Richtung den Trader aus dem Markt werfen – mit dem Resultat eines Verlustes der gesamten Margin oder des größten Teils davon. Im Gegensatz dazu kann sich ein Trader des Aktienmarktes, der sich auf der falschen Seite wieder findet, einfach zum Halten der Aktie entscheiden, in der Hoffnung, dass es irgendwann in der Zukunft ein Comeback gibt.

Terminhändler haben diesen Luxus nicht. Eine Buy-and-Hold-Strategie lässt sich auf Futures nicht anwenden. In der ersten Phase, dem Prognoseprozess, können sowohl der technische als auch der fundamentale Ansatz angewendet werden. Das Timing jedoch, die Bestimmung spezifischer Einstiegs- und Ausstiegspunkte, ist beinahe ausschließlich technisch bedingt. Berücksichtigt man also die Schritte, die ein Trader durchlaufen muss, bevor er eine Kauf- oder Verkaufsverpflichtung eingeht, kommt man zu dem Ergebnis, dass die korrekte Anwendung technischer Methoden ab einem bestimmten Punkt des Prozesses unverzichtbar wird – selbst dann, wenn in einer früheren Phase des Entscheidungsprozesses fundamentale Analyse betrieben wurde. Auch bei der Selektion einzelner Aktien und beim Kauf und Verkauf ganzer Aktienmarkt-Sektoren und -Branchen ist Timing wichtig.

☐ FLEXIBILITÄT UND ANPASSUNGSFÄHIGKEIT DER TECHNISCHEN ANALYSE

Eine der größten Stärken der Technischen Analyse ist ihre Anpassungsfähigkeit an praktisch jeden Handelsgegenstand und jede Zeitdimension. Weder bei Aktien noch bei Futures gibt es einen Bereich, wo diese Prinzipien nicht anwendbar sind.

Der Chartist kann so viele Märkte verfolgen, wie er will, was für seinen fundamental orientierten Partner natürlich nicht gilt. Wegen der enormen Datenmengen, mit denen sich Letzterer beschäftigen muss, tendieren die meisten Fundamentalisten dazu, sich zu spezialisieren. Die Vorteile sollten hier nicht übersehen werden.

Märkte durchlaufen aktive und ruhige Perioden, Trendphasen und Nicht-Trendphasen. Der Techniker kann seine Aufmerksamkeit und seine Ressourcen auf solche Märkte lenken, die starke Trendtendenzen zeigen, und sich dafür entscheiden, den Rest zu ignorieren. Indem er sein Kapital und seine Aufmerksamkeit vagabundieren lässt, profitiert der Chartist von der Rotation der Märkte. Bestimmte Märkte werden zu unterschiedlichen Zeiten „heiß" und erfahren bedeutende Trends. Üblicherweise werden solche Trendphasen von ruhigen und relativ trendlosen Marktbedingungen abgelöst, während ein anderer Markt oder Gruppe von Aktien auf die Überholspur wechseln. Der technische Trader ist vollkommen frei, sich einen beliebigen Wert herauszupicken. Der Fundamentalist jedoch, der zur Spezialisierung auf eine bestimmte Branche neigt, hat diese Art von Flexibilität nicht. Selbst wenn er die Möglichkeit hat, zwischen verschiedenen Gruppen zu switchen, würde ihm dies viel schwerer fallen als dem Chartisten.

Ein weiterer Vorteil, den der Techniker hat, ist das „große Bild". Indem er alle Märkte verfolgt, bekommt er ein ausgezeichnetes Gefühl dafür, was die Märkte im Allgemeinen tun, und vermeidet den „Scheuklappeneffekt", der von der Beschränkung auf einzelne Marktsegmente herrührt. Außerdem kann die Kursbewegung eines Marktes oder Segments wertvolle Hinweise auf die zukünftige Trendrichtung anderer Märkte geben, weil es zwischen vielen Märkten enge wirtschaftliche Beziehungen gibt und sie auf vergleichbare ökonomische Faktoren reagieren.

☐ ANWENDUNG TECHNISCHER ANALYSE AUF VERSCHIEDENE HANDELSGEGENSTÄNDE

Die Regeln der Chartanalyse lassen sich auf *Aktien* und *Futures* gleichermaßen anwenden. Eigentlich ist es so, dass technische Analyse zunächst in Aktienmärkten benutzt und später auf Terminmärkte angepasst wurde. Mit der Einführung von Aktienindex-Futures verschwand die Trennlinie zwischen den beiden Gebieten schnell. Internationale Aktienmärkte werden ebenso nach charttechnischen Regeln analysiert (siehe Abbildung 1.2).

Finanzterminkontrakte, darunter *Renten-* und *Devisenmärkte*, sind in den letzten zehn Jahren enorm populär geworden und haben sich als ausgezeichnete Objekte für die Chartanalyse erwiesen.

Technische Regeln spielen auch im *Optionshandel eine Rolle, und bei Absicherungsstrategien können technische Vorhersagen von großem Vorteil sein.*

☐ ANWENDUNG TECHNISCHER ANALYSE AUF VERSCHIEDENE ZEITHORIZONTE

Eine weitere Stärke der Chartanalyse ist ihre Fähigkeit, verschiedene Zeithorizonte zu meistern. Egal, ob der Nutzer kleinste Kursveränderungen innerhalb eines Handelstages für *Day Trading* benutzt, oder ob er den *mittelfristigen Trend* handelt, er wendet die-

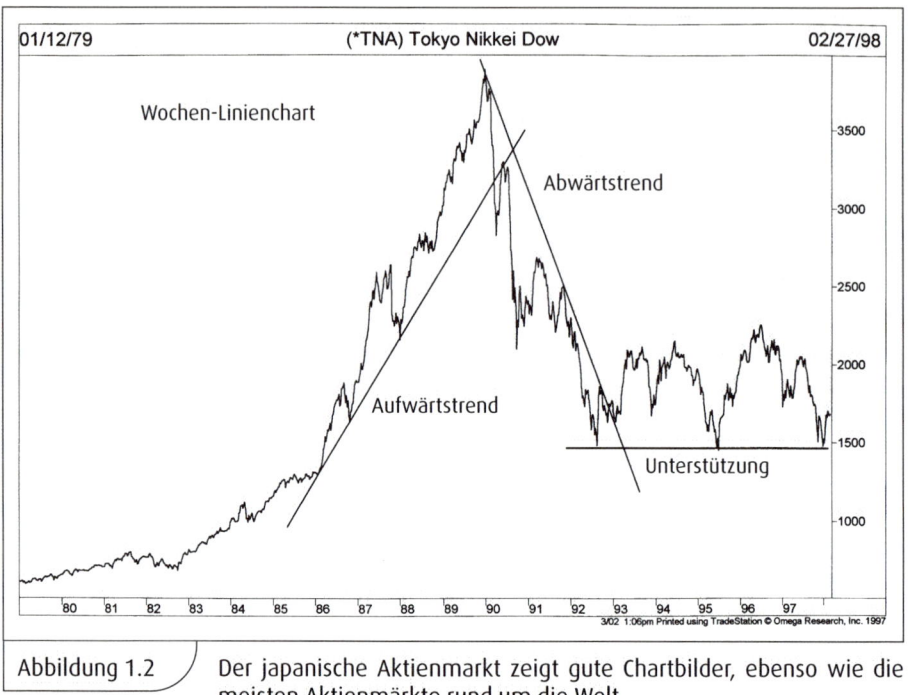

| 01/12/79 | (*TNA) Tokyo Nikkei Dow | 02/27/98 |

Abbildung 1.2 / Der japanische Aktienmarkt zeigt gute Chartbilder, ebenso wie die meisten Aktienmärkte rund um die Welt

selben Regeln an. *Langfristige technische Vorhersagen* sind ein Zeithorizont, der häufig übersehen wird. Die in manchen Kreisen herrschende Ansicht, Charttechnik sei nur im kurzfristigen Bereich von Nutzen, ist einfach nicht wahr. Manche raten dazu, Fundamentalanalyse für langfristige Prognosen zu benutzen und technische Methoden auf kurzfristige Timingaufgaben zu beschränken. Tatsache ist jedoch, dass langfristige Voraussagen mit Wochen- und Monatscharts, die mehrere Jahre zurückreichen, sich als extrem nützliche Anwendung technischer Prinzipien erwiesen haben.

Sobald die technischen Regeln, die in diesem Buch diskutiert werden, gänzlich verstanden sind, wird sie der Nutzer mit enormer Flexibilität anwenden können. Dies gilt sowohl aus der Sicht des zu analysierenden Handelsgegenstandes als auch des zu untersuchenden Zeithorizontes.

☐ ÖKONOMISCHE PROGNOSEN

Technische Analyse kann sogar bei ökonomischen Prognosen eine Rolle spielen. So sagt uns z. B. die Trendrichtung der Rohstoffpreise etwas über die Inflationsentwicklung, und sie gibt Aufschluss über die Stärke oder Schwäche der Konjunktur. Steigende Rohstoffpreise deuten im Allgemeinen auf eine kräftige Konjunktur und zunehmenden Inflationsdruck hin. Demgegenüber warnen fallende Rohstoffpreise davor, dass sich die Wirtschaft abschwächt und die Inflation nachlässt. Die Zinsentwicklung wird durch den Preistrend von Rohstoffen beeinflusst. Deshalb können uns Charts von Rohstoffmärkten wie Gold oder Öl, zusammen mit US-Treasury Bonds, eine Menge über die Stärke oder Schwäche der Wirtschaft und Inflationserwartungen erzählen. Wohin der Dollar und andere Fremdwährungen tendieren, sind ein frühzeitiger Hinweis auf die starke oder schwache wirtschaftliche Verfassung der jeweiligen Volkswirtschaft. Noch beeindruckender ist die Tatsache, dass Trends in diesen Finanzmärkten üblicherweise viel früher beginnen, als sie traditionelle Wirtschaftsindikatoren widerspiegeln, die auf monatlicher oder vierteljährlicher Basis ermittelt werden und normalerweise etwas zeigen, was bereits passiert ist. Wie schon ihr Name ausdrückt, geben uns die Futures-Märkte Einsichten in die Zukunft. Der S&P 500 Aktienindex zählt seit langem als offizieller wirtschaftlicher Frühindikator. Das Buch eines der US-Top-Experten bezüglich Wirtschaftszyklen, *Leading Indicators for the 1990s (Moore)*, nennt die Trends von Rohstoffen, Anleihen und Aktien als wichtige, ja zwingend zu berücksichtigende Wirtschaftsindikatoren. Alle drei Märkte können über technische Analysemethoden untersucht werden. Wir werden in Kapitel 17, wo es um Verbindungen zwischen Aktien und Terminkontrakten geht, auf dieses Thema zurückkommen.

☐ TECHNISCHER ANALYST ODER CHARTIST?

Es gibt mehrere verschiedene Begriffe, die sich auf praktische Anwender des technischen Ansatzes beziehen: technischer Analyst, Chartist, Marktanalyst und visueller Analyst (nur im angloamerikanischen Sprachbereich; A. d. Ü.). Bis vor kurzem meinten sie mehr oder weniger dasselbe. Mit zunehmender Spezialisierung in diesem Analysefeld sind einige weitergehende Unterscheidungen nötig geworden, die zu einer etwas sorgfältigeren Definition der Begriffe führen. Die Bezeichnungen „technischer Analyst" und „Charttechniker" meinten dasselbe, weil beinahe jede Methode der Technischen Analyse auf der Betrachtung von Charts basierte. Dies ist nicht unbedingt weiterhin gültig.

Das breite Feld der Technischen Analyse wird zunehmend zwischen zwei Typen von Technischen Analysten aufgeteilt: Dem traditionellen Charttechniker und dem statistische Methoden anwendenden Technischen Analysten. Zugegeben, hier gibt es eine

Menge Überlappungen, und die meisten Techniker kombinieren im gewissen Ausmaß beide Gebiete. Im Falle der Unterscheidung zwischen Techniker und Fundamentalist scheinen jedoch die meisten entweder zu der einen oder zu der anderen Kategorie zu gehören.

Egal, ob der traditionelle Chartist quantitative Methoden bei seiner Analyse benutzt, die Charts bleiben das grundlegende Instrument. Alles übrige ist sekundär. Das Lesen von Charts bleibt natürlich in gewisser Weise subjektiv. Zum größten Teil beruht der Erfolg der Methode auf den Fähigkeiten des jeweiligen Chartisten. Weil das Lesen von Charts zum größten Teil eine Kunst ist, wurde der Begriff „art charting" geprägt.

Im Gegensatz dazu quantifiziert und testet der Technische Analyst diese subjektiven Regeln und optimiert sie im Hinblick auf die Entwicklung mechanischer Handelssysteme. Diese Systeme oder Handelsmodelle werden dann am Computer so programmiert, dass sie mechanische „Kauf-" und „Verkaufssignale" generieren. Diese Systeme rangieren von einfach bis hin zu sehr komplex. Die Absicht ist jedenfalls, die subjektiven menschlichen Elemente beim Trading zu reduzieren oder sogar komplett zu eliminieren, um den Ansatz wissenschaftlicher zu machen. Diese Statistiker mögen Kurscharts bei ihrer Arbeit benutzen oder nicht, doch sie werden als Technische Analysten angesehen, so lange ihre Arbeit auf das Studium von Marktbewegungen beschränkt bleibt.

Sogar diejenigen Technischen Analysten, die Computer benützen, können weiter unterteilt werden. Die einen favorisieren den „black-box"-Ansatz mechanischer Systeme, während die anderen die Computertechnologie dazu benutzen, bessere technische Indikatoren zu entwickeln. Letztere Gruppe behält die Kontrolle über die Interpretation solcher Indikatoren wie auch über den Entscheidungsfindungsprozess.

Ein Weg der Unterscheidung zwischen Chartisten und Technischen Analysten ist die Aussage, dass alle Chartisten Technische Analysten sind, aber nicht alle Technischen Analysten sind Chartisten. Obwohl die beiden Begriffe im ganzen Buch austauschbar sind, sollte man sich daran erinnern, dass das „Charting" nur ein Gebiet in dem breiten Feld der Technischen Analyse repräsentiert.

☐ EIN KURZER VERGLEICH ZWISCHEN TECHNISCHER ANALYSE BEI AKTIEN UND FUTURES

Es wird häufig die Frage gestellt, ob Technische Analyse, die auf Terminkontrakte angewendet wird, dieselbe ist wie in Aktienmärkten. Die Antwort ist sowohl ja als auch nein. Die Basisregeln sind dieselben, doch es gibt einige signifikante Unterschiede. Zunächst wurden die Methoden der Technischen Analyse auf die Aktienmarktprognose angewendet und später auf den Terminhandel angepasst. Die meisten der grundlegenden Hilfsmittel – z. B. Balkencharts, Point&Figure-Charts, Formationen, Umsatzverläufe, Trendlinien, gleitende Durchschnitte und Oszillatoren – werden in beiden Gebieten benutzt. Jeder, der diese Konzepte entweder im Aktien- oder Terminmarktbereich gelernt hat, wird keine großen Schwierigkeiten haben, sie auf das andere Gebiet anzupassen. Trotzdem gibt es einige Unterschiede, die mehr mit der verschiedenen Natur von Aktien und Futures zu tun haben als mit den Hilfsmitteln selbst.

⊙ Preisstruktur

Die Preisstruktur von Terminkontrakten ist viel komplizierter als diejenige von Aktien. Jede Ware wird in verschiedenen Einheiten und Inkrementen gemessen. Getreidemärkte werden z. B. in US-Cents pro Bushel, lebendes Schlachtvieh in Cents pro Pfund, Gold und Silber in US-Dollar pro Feinunze und Zinsen in Basispunkten notiert. Der Trader muss die Kontraktspezifikationen jedes Marktes lernen: An welcher Börse gehandelt wird, wie jeder Kontrakt notiert wird, was die minimalen und maximalen Preisänderungsraten sind und wie viel ein solcher Tick wert ist.

⊙ Begrenzte Lebensspanne

Im Gegensatz zu Aktien haben Terminkontrakte ein Verfalldatum. Ein März 1999 Treasury-Bond-Kontrakt verfällt z. B. im März des Jahres 1999. Der typische Terminkontrakt (in den USA; A. d. Ü.) wird bis zu seinem Verfall etwa 1½ Jahre gehandelt. Deshalb gibt es zu jeder Zeit mindestens ein halbes Dutzend verschiedener Kontraktmonate, die in derselben Ware zur selben Zeit gehandelt werden. Der Trader muss wissen, welche Kontrakte er handeln und welche er vermeiden soll (dies wird später in diesem Buch erklärt). Die begrenzte Lebensspanne zieht einige Probleme bei der langfristigen Kursprognose nach sich. Es erfordert die fortlaufende Verwendung neuer Charts, sobald alte Kontrakte nicht mehr gehandelt werden. Der Chart eines verfallenen Kontraktes ist nicht gerade von Nutzen. Für neue Kontrakte muss es neue Charts geben, zusammen mit ihren eigenen technischen Indikatoren. Diese regelmäßige Rotation macht die Unterhaltung einer zusammenhängenden Chartbibliothek ziemlich schwierig.

⊙ Geringere Marginanforderungen

Dies ist wahrscheinlich der wichtigste Unterschied zwischen Aktien und Futures. Alle Terminkontrakte werden auf Margin gehandelt; dieser Einschuss beträgt üblicherweise weniger als 10 % des Kontraktgegenwerts. Das Resultat dieser niedrigen Marginanforderungen ist ein riesiger Hebel. Bereits relativ kleine Kursbewegungen in einer Richtung werden in ihrem Einfluss auf das Handelsergebnis vergrößert. Aus diesem Grund ist es möglich, mit Terminkontrakten sehr schnell sehr große Geldsummen zu gewinnen oder zu verlieren. Weil ein Trader nur 10 % des Kontraktgegenwertes als Margin einschießen muss, wird bereits eine 10 %ige Kursbewegung in eine Richtung sein Geld entweder verdoppeln oder vernichten. Durch die starken Auswirkungen jeder kleinen Marktbewegung macht der hohe Leverage-Faktor die Terminmärkte gelegentlich volatiler, als sie eigentlich sein müssten. Wenn jemand beispielsweise sagt, er sei im Terminmarkt „ausradiert" worden, erinnern Sie sich daran, dass er zunächst nur 10 % eingesetzt hatte.

Vom Standpunkt der Technischen Analyse kommt dem Timing in den Terminmärkten auf Grund des hohen Leverage-Faktors eine viel größere Bedeutung zu als bei Aktien. Das richtige Timing von Einstiegs- und Ausstiegspunkten ist beim Trading von Terminkontrakten entscheidend und viel schwieriger und frustrierender als die Marktanalyse. Gerade aus diesem Grund werden die Fertigkeiten beim technischen Trading unerlässlich für ein erfolgreiches Abschneiden in den Terminmärkten.

☉ Viel kürzerer Zeithorizont

Wegen des größeren Hebels und der Notwendigkeit einer sehr zeitnahen Beobachtung von Marktpositionen ist der Zeithorizont eines Commodity-Traders notwendigerweise viel kürzer. Aktienmarktanalysten neigen dazu, mehr auf das längerfristige Bild zu schauen und in Zeitfenstern zu argumentieren, die jenseits des Geschäftes des durchschnittlichen Terminhändlers liegen. Technische Analysten des Aktienmarktes mögen darüber sprechen, wo der Markt in drei oder sechs Monaten sein wird. Terminhändler wollen hingegen wissen, wo die Kurse in der nächsten Woche, morgen oder sogar später an diesem Nachmittag sein werden. Dies erforderte die Verfeinerung der sehr kurzfristigen Timinginstrumente. Ein Beispiel ist der gleitende Durchschnitt. Die am meisten beachteten Durchschnittslinien bei Aktien werden über 50 und 200 Tage berechnet. In Terminmärkten liegen die meisten gleitenden Durchschnitte unter 40 Tagen. Eine gebräuchliche Kombination bei Futures sind beispielsweise 4, 9 und 18 Tage.

☉ Wichtigeres Timing

Timing ist alles im Terminhandel. Die richtige Richtung eines Marktes zu bestimmen löst nur einen Teil des Trading-Problems. Wenn das Timing des Einstiegspunktes um einen Tag oder sogar nur um Minuten falsch ist, kann dies den Unterschied zwischen Gewinn und Verlust bedeuten. Es ist schlimm genug, auf der falschen Seite des Marktes zu sein und Geld zu verlieren. Auf der richtigen Seite des Marktes zu sein und trotzdem Geld zu verlieren ist einer der am meisten frustrierenden und entnervenden Aspekte des Terminhandels. Es versteht sich von selbst, dass Timing praktisch rein technischer Natur ist, weil sich die Fundamentals kaum von einem Tag auf den anderen ändern.

☐ GERINGERE VERLÄSSLICHKEIT VON MARKTDURCHSCHNITTEN UND INDIKATOREN

Aktienmarktanalyse basiert schwerpunktmäßig auf den Bewegungen breiter Marktdurchschnitte – wie dem Dow Jones Industrial Average oder dem Standard & Poor´s 500. Zusätzlich werden technische Indikatoren, die die Stärke oder Schwäche des breiten Marktes, wie z. B. der NYSE Advance-Decline-Linie oder die Liste neuer Hochs und neuer Tiefs, häufig gebraucht. Obwohl die Rohstoffmärkte durch die Verfolgung von Indizes wie dem Commodity Research Bureau Futures Price Index (CRB-Index) verfolgt werden können, liegt die Betonung hier weniger auf der Analyse des breiten Marktes. Die Rohstoffmarktanalyse konzentriert sich mehr auf die einzelne Marktbewegung. Weil dies so ist, werden technische Indikatoren, die den breiteren Trend der Rohstoffmärkte verfolgen, weniger benutzt. Es gibt ohnehin nur etwa 20 umsatzstarke Rohstoffmärkte, so dass hier kein großer Bedarf besteht.

☉ Spezifische technische Hilfsmittel

Während die meisten technischen Hilfsmittel, die ursprünglich für die Aktienmärkte entwickelt wurden, Anwendung in Rohstoffmärkten finden, werden sie nicht in exakt dergleichen Weise benutzt. Chartformationen beispielsweise neigen bei Futures oft dazu, nicht so voll ausgeformt zu werden, wie dies bei Aktien der Fall ist.

Futures-Trader stützen sich viel stärker auf kurzfristige Indikatoren, die präzisere Handelssignale generieren. Diese und viele andere Unterschiede werden später in diesem Buch besprochen.

Schließlich gibt es noch einen weiteren wesentlichen Unterschied zwischen Aktien und Futures. Die Technische Analyse von Aktien verlässt sich viel mehr auf den Einsatz von Stimmungsindikatoren und der Analyse von *Geldflüssen. Stimmungsindikatoren* verfolgen das Verhalten verschiedener Marktteilnehmer wie z. B. Kleinanleger, Investmentfonds und Parketthändler. Von enormer Bedeutung sind *Sentiment-Indikatoren*, die die bullishe oder bearishe Grundtendenz des Marktes messen und auf der Theorie basieren, dass die mehrheitliche Meinung üblicherweise falsch ist. Die Analyse von Geldflüssen bezieht sich auf die Barreserven bestimmter Gruppen, wie z. B. Investmentfonds oder große institutionelle Anleger. Hierbei gilt die Denkweise, dass umso mehr Geldmittel für Aktienkäufe zur Verfügung stehen, je größer die Barreserven sind. *Die Technische Analyse der Terminmärkte ist eine viel reinere Form der Analyse von Kursbewegungen.* Obwohl die Contrary-Opinion-Methode zu einem bestimmten Ausmaß benutzt wird, liegt die Betonung viel mehr auf der einfachen Trendanalyse und der Anwendung traditioneller technischer Indikatoren.

☐ EINIGE KRITIKPUNKTE DES TECHNISCHEN ANSATZES

Einige Fragen tauchen in praktisch jeder Diskussion um die Technische Analyse auf. Eines dieser Bedenken ist die *sich selbst erfüllende Prophezeiung*. Eine weitere Frage dreht sich darum, ob Kursdaten der Vergangenheit wirklich für die Vorhersage zukünftiger Kursbewegungen eingesetzt werden können. Die Kritik klingt üblicherweise so: „Charts erzählen uns, wo die Märkte gewesen sind, aber sie können uns nicht sagen, wohin sie gehen werden." Die offensichtliche Antwort, dass Ihnen ein Chart nichts erzählen kann, wenn Sie ihn nicht lesen können, legen wir einen Augenblick beiseite. Die Random-Walk-Theorie stellt die Existenz von Kurstrends generell in Frage und bezweifelt, dass irgendeine Prognosetechnik eine simple *Kaufen- und Liegenlassen-(Buy-and-Hold) Strategie* schlagen kann. Diese Fragen bedürfen einer Erwiderung.

☉ Die sich selbst erfüllende Prophezeiung

Die Frage, ob sich eine selbst erfüllende Prophezeiung in der praktischen Arbeit entwickelt, scheint die meisten Leute zu beunruhigen, da sie so häufig gestellt wird. Die Besorgnis ist natürlich gerechtfertigt, doch von viel geringerer Bedeutung, als die meisten Leute annehmen. Der beste Weg, diesen Punkt anzusprechen, ist folgender Text, der einige der Nachteile bei der Arbeit mit Kursformationen diskutiert:

a. Die Anwendung der meisten Chartformationen wurde in den letzten Jahren breit publiziert. Viele Trader sind mit diesen Formationen ganz gut vertraut und handeln auf sie alle gemeinsam. Dies bedingt eine „Self-Fullfilling-Prophecy", weil Wellen von Käufen oder Verkäufen als Antwort auf „bullische" oder „bearishe" Formationen ausgelöst werden …

b. Chartmuster sind beinahe vollkommen subjektiv. Bisher war noch keine Studie erfolgreich, die irgendeine Formation mathematisch quantifiziert hat. Sie befinden sich buchstäblich im Geist des Betrachters … (Teweles et al.)

Diese zwei Kritikpunkte widersprechen sich gegenseitig, und der zweite Punkt hebt den ersten in der Tat auf. Wenn Chartformationen „komplett subjektiv" und „im Geist des Betrachters" vorhanden sind, dann ist es schwer vorstellbar, wie jeder dasselbe Ding zur selben Zeit sehen kann, was die Basis für die sich selbst erfüllende Prophezeiung darstellt. Die Kritik von Charts kann nicht in beiden Richtungen funktionieren. Sie kann nicht auf der einen Seite Chartformationen als objektiv und so offensichtlich hinstellen, dass jeder zur selben Zeit auf dieselbe Weise agiert (und so die Vollendung der Formation auslöst), und auf der anderen Seite dieselben Chartmuster als zu subjektiv kritisieren.

Die Wahrheit an der Sache ist, dass Charttechnik sehr subjektiv ist. Das Lesen von Charts ist eine Kunst. (Wahrscheinlich wäre das Wort „Geschicklichkeit" geeigneter.)

Chartformationen sind selten so klar, dass sich sogar erfahrene Technische Analysten in ihrer Interpretation nicht immer einig sind. Es gibt immer ein Element des Zweifels und der Nichtübereinstimmung. Wie dieses Buch demonstriert, gibt es viele verschiedene Ansätze der Technischen Analyse, die sich oft gegenseitig ausschließen.

Selbst wenn sich die meisten Techniker über die zukünftige Marktrichtung einig wären, würden sie nicht alle notwendigerweise zur selben Zeit und auf die gleiche Art und Weise in den Markt gehen. Manche würden versuchen, Chartsignale zu antizipieren, und steigen früh ein. Andere würden den Ausbruch aus einer gegebenen Formation oder einem Indikator abwarten. Wieder andere würden auf die Rückkehrbewegung nach dem Ausbruch warten, bevor sie in Aktion treten. Einige Trader sind aggressiv, andere sind konservativ. Die einen nutzen Stops, um in den Markt zu gehen, während andere „bestens" oder „billigst" ordern oder limitieren. Einige traden die langen Trends, während andere die Positionen am selben Tag wieder schließen. Aus diesen Gründen ist die Möglichkeit, dass alle Technischen Analysten zur selben Zeit auf die gleiche Art agieren, eigentlich recht unwahrscheinlich.

Selbst wenn die sich selbst erfüllende Prophezeiung Gegenstand allgemeiner Besorgnis wäre, wäre sie wahrscheinlich „selbstkorrigierender" Natur. Mit anderen Worten: Trader würden sich so lange stark auf Charts verlassen, bis ihre konzertierten Aktionen anfingen, die Märkte zu beeinflussen oder zu verzerren. Sobald die Trader erkennen, dass dies geschieht, würden sie entweder aufhören, nach Chartformationen zu handeln, oder würden ihre Handelstaktiken anpassen. Sie würden z. B. versuchen, früher als die Masse zu agieren, oder eine zusätzliche Bestätigung abwarten. Selbst wenn also die sich selbst erfüllende Prophezeiung in näherer Zukunft zu einem Problem werden sollte, würde sie sich selbst korrigieren.

Es muss im Auge behalten werden, dass Bullen- und Bärenmärkte nur dann auftauchen und beibehalten werden, wenn sie durch das Gesetz von Angebot und Nachfrage gerechtfertigt sind.

Techniker können wahrscheinlich keine große Marktbewegung verursachen, außer durch die schiere Kraft ihrer Kauf- und Verkaufsorders. Denn wenn dies der Fall wäre, würden alle Technischen Analysten sehr schnell reich werden.

Viel wichtiger als die Chartisten ist das enorme Wachstum bei der Anwendung computerisierter technischer Handelssysteme auf den Terminmärkten. Diese Systeme sind überwiegend trendfolgender Natur, was bedeutet, dass sie alle dazu programmiert sind, wichtige Trendwechsel zu identifizieren und danach zu handeln. Mit dem Wachstum professionell gemanagten Kapitals in der Futures-Industrie und starker Ausbreitung öffentlicher und privater Multimillionendollar-Fonds, von denen die meisten technische Systeme benutzen, konzentrieren sich gigantische Geldsummen darauf, einer Hand voll existierender Trends nachzujagen. Weil das Universum der Futures-Märkte recht klein ist, wächst das Potenzial dieser Systeme, die kurzfristigen Kursbewegungen zu verzerren. Selbst in den Fällen, wo Verzerrungen auftreten, sind diese allerdings allgemein kurzfristiger Natur und verursachen keine bedeutenden Trends.

Auch dieses Problem, dass große Kapitalbeträge durch die Anwendung technischer Handelssysteme bewegt werden, korrigiert sich wahrscheinlich von selbst. Würden alle Systeme anfangen, dasselbe Ding zur selben Zeit zu tun, würden Trader ihre Systeme adjustieren, indem sie sie mehr oder weniger sensitiv machen würden.

Die sich selbst erfüllende Prophezeiung wird allgemein als Kritikpunkt der Chartanalyse angeführt. Angemessener ist es, dies als Kompliment zu bezeichnen. Insgesamt gesehen, muss eine Prognosemethode recht gut sein, wenn sie so populär wird, dass sie anfängt, Ereignisse zu beeinflussen. Wir können nur darüber spekulieren, warum dieser Gedanke so selten in Bezug auf die Fundamentalanalyse geäußert wird.

☉ Kann die Vergangenheit dazu benutzt werden, die Zukunft vorherzusagen?

Eine andere häufig gestellte Frage dreht sich darum, ob es legitim ist, vergangene Kursdaten zur Vorhersage der Zukunft zu benutzen. Es überrascht, wie oft Kritiker der Technischen Analyse diesen Punkt vorbringen, weil jede bekannte Prognosemethode, von der Wettervorhersage bis zur Fundamentalanalyse, vollkommen auf dem Studium vergangener Daten basiert. Wird hier etwa mit einer anderen Art von Daten gearbeitet?

Der Fachbereich der Statistik macht einen Unterschied zwischen *deskriptiver* und *induktiver Statistik*. Die *beschreibende Statistik* bezieht sich auf die grafische Präsentation von Daten, wie z. B. die Kursdaten in einem normalen Balkenchart. Die *induktive Statistik* dreht sich um Verallgemeinerungen, Prognosen oder Schlussfolgerungen, die aus den Daten hergeleitet werden. Deshalb fällt der Kurschart selbst unter die beschreibende Statistik, während die Analysetechniken, die auf diesen Chart angewendet werden, in das Reich des Induktiven fallen.

Ein statistischer Text sagt aus: „Der erste Schritt bei der Vorhersage geschäftlicher oder wirtschaftlicher Zukunft besteht somit aus der Sammlung von Beobachtungen aus der Vergangenheit" (Freund und Williams). Chartanalyse ist nur eine andere Form der *Zeitreihenanalyse*, basierend auf einem Studium der Vergangenheit, wie es in allen Formen der Zeitreihenanalyse gemacht wird. Der einzige Datentyp, auf dem jeder aufbauen muss, sind vergangene Daten. Wir können die Zukunft nur abschätzen, indem wir vergangene Erfahrungen in diese Zukunft projizieren.

So scheint es, dass die Verwendung vergangener Kursdaten bei der Technischen Analyse zur Vorhersage der Zukunft auf vernünftige statistische Konzepte gegründet ist. Wenn jemand ernsthaft diesen Aspekt der technischen Kursprognose in Frage stellen würde, müsste er auch die Gültigkeit jeder anderen Form von Prognosemethoden bezweifeln, die auf historischen Daten beruhen, also inklusive der makroökonomischen und fundamentalen Analyse.

☐ RANDOM-WALK-THEORIE

Die *Random-Walk-Theorie*, in akademischen Zirkeln entwickelt und gehegt, proklamiert, dass alle Preisänderungen „periodisch unabhängig" sind und dass die Preishistorie keinen verlässlichen Indikator für zukünftige Preistrends darstellt. Kurz gesagt, Kursbewegungen sind zufällig und nicht vorhersagbar. Die Theorie basiert auf der *Hypothese effizienter Märkte*, die konstatiert, dass Kurse frei und unbeeinflusst um ihren inneren Wert fluktuieren. Sie besagt auch, dass die beste Marktstrategie der einfache Buy-and-Hold-Ansatz ist und besser als jeder Versuch, „den Markt zu schlagen".

Während wenig Zweifel daran bestehen, dass ein gewisses Maß an Zufälligkeit oder „Rauschen" in allen Märkten existiert, ist es einfach unrealistisch zu glauben, dass *alle* Preisbewegungen zufällig sind. Dies mag eines der Gebiete sein, wo empirische Beobachtung und praktische Erfahrung sich nützlicher erweisen als ausgefuchste statistische Techniken, die dazu imstande sind, je nach der Absicht des Anwenders alles und jegliches zu beweisen oder zu widerlegen. Man sollte im Auge behalten, dass Zufälligkeit nur im negativen Sinn definiert werden kann, nämlich als Unfähigkeit, systematische Strukturen in Preisbewegungen aufzudecken. Die Tatsache, dass viele Akademiker unfähig waren, die Existenzen solcher Muster zu entdecken, beweist nicht, dass sie nicht existieren.

Abbildung 1.3 Ein „Random Walker" hätte seine liebe Mühe, einen Goldmünzenbesitzer davon zu überzeugen, dass auf diesem Chart kein echter Trend existiert

Die akademische Debatte darüber, ob sich Märkte in Trends bewegen, ist für den durchschnittlichen Marktanalysten oder Trader, der in der realen Welt handeln muss, wo Markttrends nun einmal klar erkennbar sind, nur von geringem Interesse. Sollte der Leser an dieser Stelle irgendwelche Zweifel haben, so wird ein zufälliges Durchblättern irgendeines Chartbuches die Präsenz von Trends auf sehr plastische Art demonstrieren. Wie erklären die Anhänger der Random-Walk-Theorie den Fortbestand solcher Trends, wenn Kurse periodisch unabhängig sind, was bedeutet, dass das, was gestern oder letzte Woche geschah, nichts damit zu tun hat, was heute oder morgen geschieht? Wie erklären Sie den profitablen Track-Record vieler Trendfolgesysteme im „realen" Leben?

Wie würde es beispielsweise einer Buy-and-Hold-Strategie in den Warentermin-märkten ergehen, in denen Timing so entscheidend ist? Würden solche Long-Positio-nen durch Bärenmärkte hindurch gehalten werden? Wie würden Trader überhaupt den Unterschied zwischen Bullen- und Bärenmärkten erkennen, wenn Kurse unvor-hersehbar sind und keinen Trends unterliegen? In der Tat, wie kann ein Bärenmarkt überhaupt existieren, denn dies würde ja bereits einen Trend implizieren? (siehe Ab-bildung 1.3)

Es scheint zweifelhaft, ob statistisches Material die Random-Walk-Theorie jemals beweisen oder widerlegen wird. Die Random-Walk-Theorie wird von den Techni-schen Analysten jedenfalls strikt abgelehnt. Bewegten sich Märkte tatsächlich zufällig, würde keine Prognosemethode funktionieren. Fern davon, die Gültigkeit der Techni-schen Analyse zu widerlegen, steht die *Theorie effizienter Märkte* sehr nahe der techni-schen Prämisse, dass *Märkte alles diskontieren.* Die Akademiker meinen allerdings, dass es keinen Weg gibt, Informationen vorteilhaft zu nutzen, eben weil die Märkte alle Infor-mationen so schnell diskontieren. Die Grundlage der technischen Kursprognose, wie bereits angesprochen, ist die Annahme, dass wichtige Marktinformationen bereits lange vor ihrem Bekanntwerden im aktuellen Kurs enthalten sind.

Die Akademiker haben die Notwendigkeit der engen Beobachtung von Kursbewe-gungen sehr überzeugend dargelegt, und der nutzlose Versuch, von fundamentalen Informationen zu profitieren, zumindest kurzfristig.

Letzten Endes sollte man gerechterweise zugestehen, dass jeder Prozess all jenen zufäl-lig und unberechenbar erscheint, die die Regeln, die diesem Prozess zugrundeliegen, nicht verstehen. Der Ausdruck eines Elektrokardiogramms beispielsweise erscheint Laien als zufälliges Rauschen. Für einen erfahrenen Mediziner machen die vielen klei-nen Echos allerdings Sinn und sind natürlich nicht zufällig. Die Bewegungen der Märkte scheinen auf jene zufällig zu wirken, die sich nicht die Zeit genommen haben, die Regeln des Marktverhaltens zu studieren. *Die Illusion der Zufälligkeit verschwindet nach und nach, wenn die Geschicklichkeit beim Lesen von Charts zunimmt.* Hoffentlich pas-siert genau das dem Leser, der sich durch die verschiedenen Bereiche dieses Buches arbeitet.

Sogar für die akademische Welt besteht Hoffnung. Eine Anzahl führender amerikanischer Universitäten hat begonnen, den Bereich des Behavioral Finance zu erforschen, der von einer engen Verflechtung zwischen menschlicher Psychologie und den Kursen von Wertpapieren ausgeht. Das ist, natürlich, die primäre Basis der Technischen Analyse.

☐ Universelle Prinzipien

Als vor zwölf Jahren eine frühere Version dieses Buches herausgegeben wurde, wurden viele der dort erklärten technischen Hilfsmittel überwiegend in den Terminmärkten benutzt. In der vergangenen Dekade allerdings wurden diese Hilfsmittel verbreitet dafür eingesetzt, Aktienmarkttrends zu analysieren. Die in diesem Buch diskutierten technischen Regeln können universell auf alle Handelsgegenstände angewendet werden – sogar Investmentfonds. Ein weiterer Aspekt des Aktienmarkttradings hat in den letzten zehn Jahren eine breite Beachtung gefunden: das Investment in Sektoren, hauptsächlich durch Indexoptionen und Investmentfonds. Im weiteren Verlauf des Buches werden wir zeigen, wie man durch Anwendung technischer Methoden bestimmt, welche Sektoren heiß sind und welche nicht.

02 | Dow-Theorie

☐ EINLEITUNG

Charles Dow und Edward Jones gründeten 1882 Dow Jones & Company. Die meisten Technischen Analysten und andere Leute, die die Märkte studieren, geben zu, dass das von dem, was wir heute Technische Analyse nennen, seine Ursprünge in den Theorien hat, die von Dow zur Jahrhundertwende zuerst formuliert wurden. Dow veröffentlichte seine Ideen in einer Serie von Artikeln, die er für das *Wall Street Journal* schrieb. Die meisten Techniker verwenden heute Dows grundlegende Gedanken, ob sie die Quelle kennen oder nicht. Die Dow-Theorie ist immer noch der Grundstein der Technischen Analyse, selbst angesichts der heutigen ausgereiften Computertechnologie und der starken Zunahme neuerer und als besser betrachteter technischer Indikatoren.

Am 3. Juli 1884 veröffentlichte Dow den ersten Aktienindex, der sich aus den Schlusskursen von 11 Aktien zusammensetzte: 9 Eisenbahngesellschaften und 2 produzierende Firmen. Dow dachte, dass diese 11 Aktien eine gute Indikation für die wirtschaftliche Gesundheit des Landes darstellten. Im Jahr 1897 entschied Dow, dass zwei separate Indizes die Wirtschaft besser repräsentieren würden, und kreierte einen aus 12 Aktien bestehenden Industrie-Index und einen weiteren Index aus 20 Eisenbahnaktien. Bis 1928 wuchs der Industrie-Index auf 30 Aktien, die Anzahl, die heute noch gilt. Die Herausgeber des *Wall Street Journal* haben die Liste in den folgenden Jahren einige Male überarbeitet und 1929 einen Versorger-Index hinzugefügt. In 1984, dem Jahr des hundertsten Geburtstags von Dows erster Publikation, verlieh die Market Technicians Association einen Pokal aus Gorham-Silber an die Dow Jones & Co. Nach Willen der MTA soll die Auszeichnung an den „dauerhaften Beitrag von Charles Dow im Gebiet der Investmentanalyse erinnern. Sein Index, der Vorläufer dessen, was heute als führendes Barometer des Aktienmarktes angesehen wird, bleibt 80 Jahre nach seinem Tod ein lebenswichtiges Instrument für die Markttechniker."

Unglücklicherweise schrieb Dow niemals ein Buch über seine Theorie. Stattdessen legte er seine Ideen über das Verhalten am Aktienmarkt in einer Serie von Artikeln nieder, die das *Wall Street Journal* um die Jahrhundertwende veröffentlichte. In 1903, dem Jahr nach Dows Tod, fasste S. A. Nelson diese Artikel in dem Buch *The ABC of Stock Speculation* zusammen. In dieser Arbeit prägte Nelson erstmals den Begriff „Dow-Theorie". Richard Russell, der die Einleitung zu dem Nachdruck schrieb, verglich Dows Beiträge zur Theorie der Aktienmärkte mit Freuds Beitrag zur Psychiatrie. William Peter Hamilton (Dows Partner und Nachfolger beim Wall Street Journal kategorisierte und publizierte 1922 Dows Erkenntnisse in dem Buch *The Stock Market Barometer*. Robert Rhea entwickelte die Theorie in seinem Buch *Dow Theory* (Barron's, New York 1932) sogar noch weiter.

Dow wendete seine theoretische Arbeit auf die Aktienmarktindizes an, die er kreiert hatte, namentlich den Industrie-Index und den Eisenbahn-Index. Wie auch immer, die meisten seiner analytischen Ideen lassen sich gut auf alle Aktienindizes anwenden. Dieses Kapitel beschreibt die sechs Kernaussagen der Dow-Theorie und diskutiert, wie diese Ideen in das moderne Studium der Technischen Analyse hineinpassen. Und die Verzweigungen, die sich aus diesen Postulaten ergeben, werden wir im nachfolgenden Kapitel erörtern.

☐ KERNAUSSAGEN

1. Die Indizes diskontieren alles

Die Summe und Tendenz der Börsentransaktionen repräsentieren das gesamte Wissen der Wall Street der Vergangenheit, sofort und aus der Entfernung, im Hinblick auf die Vorhersage der Zukunft. Es besteht keine Notwendigkeit, den Indizes etwas hinzuzufügen, wie es manche Statistiker tun, Anpassungen von Rohstoffindizes auszuarbeiten, Devisenkursschwankungen, inlands- und auslandsbasierende Transaktionen oder irgendetwas sonst. Die Börse berücksichtigt alle diese Dinge (Hamilton, Seite 40–41).

Kommt Ihnen das bekannt vor? Die Annahme, dass die Märkte jeden möglichen bekannten, Angebot und Nachfrage beeinflussenden Faktor reflektieren, ist eine der grundlegenden Prämissen der Technischen Analyse, wie bereits in Kapitel 1 erwähnt.

Die Theorie lässt sich auf Marktindizes ebenso anwenden wie auf einzelne Märkte und lässt sogar Spielraum für „das Agieren Gottes". Obwohl die Märkte Ereignisse wie Erdbeben und verschiedene andere Naturkatastrophen nicht antizipieren können, reagieren sie schnell auf solche Vorkommnisse und assimilieren ihre Auswirkungen auf die Kurse beinahe augenblicklich.

2. Der Markt hat drei Trends

Bevor wir das Trendverhalten diskutieren, müssen wir klären, was Dow als Trend bezeichnete. Dow definierte einen Aufwärtstrend als eine Situation, bei der der Hochpunkt jeder aufeinander folgenden Kursrallye, höher liegt als derjenige der vorangegangenen Rallye und jeder Tiefpunkt ebenfalls höher als der vorangegangene Tiefpunkt liegt. Mit anderen Worten: Ein Aufwärtstrend weist ein Muster von steigenden Gipfeln und Tälern auf. Die entgegengesetzte Situation mit sukzessive tieferen Hochs und Tiefs definiert einen Abwärtstrend. Dows Definition überdauerte die Zeiten und bildet immer noch den Grundstein der Trendanalyse.

Dow glaubte, dass das Gesetz von Aktion und Reaktion auf die Märkte ebenso anwendbar ist wie auf das physikalische Universum. Er schrieb: „Handelsaufzeichnungen zeigen, dass in vielen Fällen, nachdem eine Aktie einen Gipfel erreicht hat, moderat korrigiert und erneut auf das bisherige Hoch steigt; wenn die Kurse nach solch einer Bewegung erneut zurückfallen, neigen sie dazu, noch weiter zu fallen" (Nelson, Seite 43).

Nach Dow gibt es drei Trends, den *primären*, den *sekundären* und *unbedeutende*, die er mit den Tiden, Wellen und Gekräusel der Wasseroberfläche des Ozeans verglich. Der primäre Trend steht für Ebbe und Flut, der sekundäre oder mittelfristige Trend repräsentiert die Wellen, die die Gezeiten bilden, und die untergeordneten Trends verhalten sich wie die Kräuselungen auf den Wellen.

Ein Beobachter kann die Richtung der Gezeiten dadurch bestimmen, indem er auf dem Strand den höchsten Punkt notiert, der durch aufeinander folgende Wellen erreicht wird. Wenn jede aufeinander folgende Welle etwas mehr landeinwärts reicht als die vorhergehende, herrscht Flut. Wenn der Hochpunkt jeder neuen Welle ein wenig zurückweicht, ist die Flut zu Ende, und die Ebbe beginnt. Im Gegensatz zu den Gezeiten der Ozeane, die einige Stunden dauern, stellte sich Dow die Gezeiten von Märkten mit einer Dauer von einem bis mehreren Jahren vor.

Der sekundäre oder mittelfristige Trend verkörpert Korrekturen im primären Trend und dauert in der Regel drei Wochen bis drei Monate. Diese mittelfristigen Korrekturen führen die Kurse normalerweise zwischen 1/3 und 2/3 der vorhergehenden Trendbewegung zurück, meistens ungefähr die Hälfte oder 50 % der letzten Bewegung.

Nach Dow dauert der untergeordnete (oder kurzfristige) Trend normalerweise weniger als drei Wochen. Dieser kurzfristige Trend stellt Fluktuationen innerhalb des mittelfristigen Trends dar. Wir werden Trendkonzepte in Kapitel 4, „Grundlegende Trendbegriffe", näher diskutieren; dort werden Sie erfahren, dass wir dieselben grundlegenden Konzepte und Terminologien bis heute weiterhin benutzen.

3. Primäre Trends haben drei Phasen

Dow konzentrierte seine Aufmerksamkeit auf primäre oder langfristige Trends, die er gewöhnlich in drei verschiedene Phasen unterteilt sah. Eine Akkumulationsphase, eine Phase der öffentlichen Beteiligung und eine Distributionsphase. In der Akkumulationsphase kaufen die informierten, scharfsinnigsten Investoren. War der vorherige Trend abwärts gerichtet, dann erkennen die cleveren Investoren an diesem Punkt, dass der Markt die sog. „schlechten" Nachrichten verarbeitet hat. Die Phase der öffentlichen Beteiligung, während der die meisten Trendfolger anfangen einzusteigen, beginnt, wenn die Kurse anfangen, rasch zu steigen, und die Wirtschaftsnachrichten sich verbessern. Wenn die Zeitungen zunehmend optimistische Artikel über die weitere Kursentwicklung schreiben, wenn die Wirtschaftsnachrichten besser denn je sind, und wenn spekulative Käufe und das Interesse der Öffentlichkeit ansteigt, beginnt die Distributionsphase. Während dieses letzten Abschnittes beginnt dieselbe Gruppe von informierten Investoren, die in der Nähe des Tiefpunktes anfingen, Aktien zu „akkumulieren" (als kein anderer kaufen wollte), ihre Positionen zu „distributieren" (abzubauen), bevor irgendein anderer anfängt zu verkaufen.

Anhänger der Elliott-Wave-Theorie werden diese Unterteilung eines primären Bullenmarktes in drei verschiedene Phasen wieder erkennen. R. N. Elliott baute auf Rheas Arbeit in „Dow-Theorie" auf, und postulierte, dass ein Bullenmarkt drei wichtige Aufwärtsbewegungen hat. In Kapitel 13, „Elliot-Wellen-Theorie", werden wir die große Ähnlichkeit zwischen Dows drei Phasen Bullenmarktes und den fünf Wellen einer Elliott-Sequenz demonstrieren.

4. Die Indizes müssen einander bestätigen.

In Bezug auf den Industrie- und Eisenbahnindex war Dow davon überzeugt, dass kein wichtiges Signal zu Beginn eines Bullen- oder Bärenmarktes Gültigkeit besitzt, solange nicht beide Indizes dasselbe Signal geben und sich damit gegenseitig bestätigen. Er meinte, dass beide Indizes ein vorangegangenes sekundäres Hoch übersteigen müssen, um den Beginn oder die Fortsetzung eines Bullenmarktes zu bestätigen. Er glaubte nicht, dass die Signale gleichzeitig stattfinden müssen, aber er erkannte, dass eine kürzere Zeitspanne zwischen den Signalen eine stärkere Bestätigung bedeuteten. Wichen die beiden Indizes voneinander ab, ging Dow von der Fortsetzung des bisherigen Trends aus. (Die Elliott-Wellen-Theorie erfordert nur ein Signal, das von einem einzelnen Index generiert wird.) Das Kapitel 6 über „Bestätigungsformationen" wird die Schlüsselbegriffe von Bestätigung und Abweichung behandeln (siehe Abbildungen 2.1 und 2.2)

5. Das Volumen muss den Trend bestätigen.

Dow sah das Volumen als sekundären, aber wichtigen Faktor bei der Bestätigung von Kauf- oder Verkaufssignalen. Vereinfacht ausgedrückt *soll der Umsatz in Richtung des vorherrschenden Trends ansteigen.* In einem primären Aufwärtstrend wird das Volumen demzufolge anziehen, wenn die Kurse steigen, und sich bei fallenden Kursen verringern. In einem Abwärtstrend sollte der Umsatz bei fallenden Kursen ansteigen und bei Rallyes abnehmen. Dow bezeichnete den Umsatz als sekundären Indikator. Er stellt seine aktuellen Kauf- und Verkaufssignale vollkommen auf Schlusskurse ab. In Kapitel 7 über „Umsatz und Open Interest" werden wir das Volumen näher beleuchten und auf Dows Ideen aufbauen. Die heutigen, komplizierteren Umsatzindikatoren helfen zu bestimmen, ob die Umsätze steigen oder fallen. Trader mit Köpfchen vergleichen dann diese Information mit der Preisbewegung, um zu sehen, ob sich die beiden gegenseitig bestätigen.

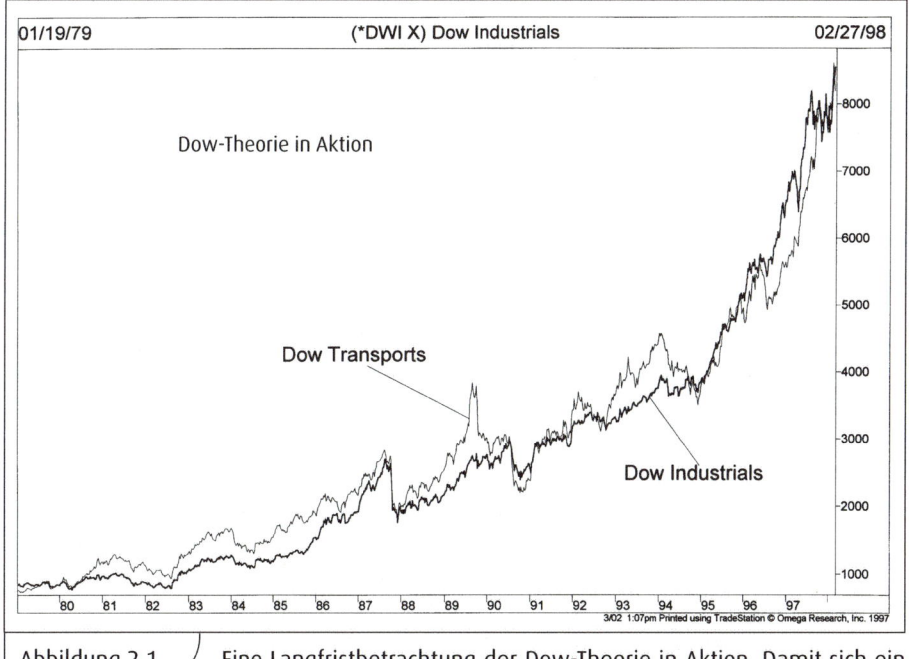

Abbildung 2.1 Eine Langfristbetrachtung der Dow-Theorie in Aktion. Damit sich ein primärer Bullmarkt fortsetzt, müssen der Dow-Jones-Industrie-Index und der Dow-Jones-Transport-Index zusammen steigen.

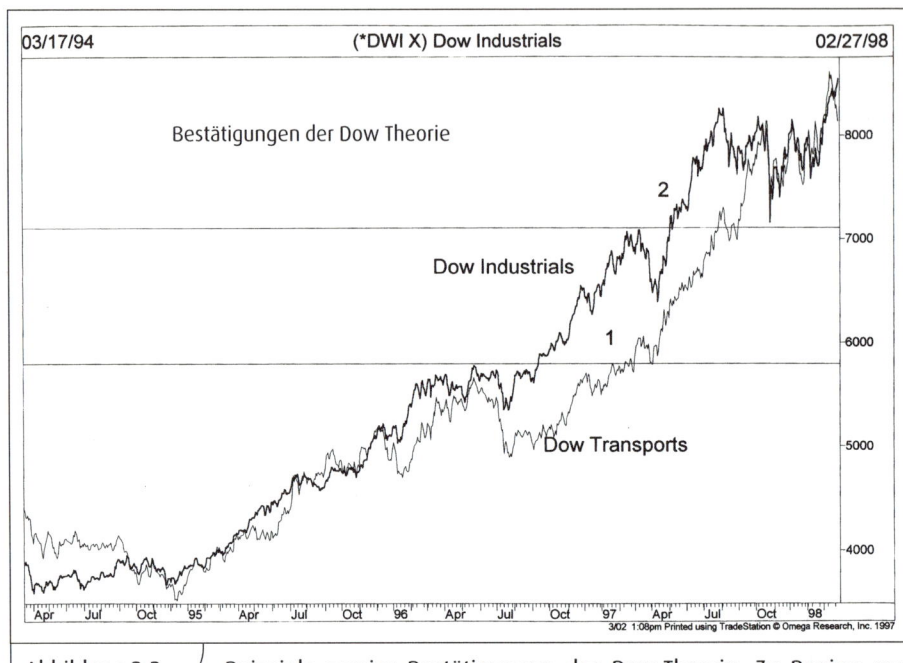

| 03/17/94 | (*DWI X) Dow Industrials | 02/27/98 |

Bestätigungen der Dow Theorie

2

Dow Industrials

1

Dow Transports

8000
7000
6000
5000
4000

Apr Jul Oct '95 Apr Jul Oct '96 Apr Jul Oct '97 Apr Jul Oct '98

3/02 1:08pm Printed using TradeStation © Omega Research, Inc. 1997

Abbildung 2.2 Beispiele zweier Bestätigungen der Dow-Theorie. Zu Beginn von 1997 (Punkt 1) bestätigt der Dow-Jones-Transport-Index den früheren Ausbruch im Industrie-Index. Im folgenden Mai (Punkt 2) bestätigte der Dow-Industrie-Index das vorherige neue Hoch im Transport-Index.

6. Ein Trend besteht so lange, bis es definitive Signale gibt, dass er sich umgekehrt hat.

Diese Aussage, die wir bereits in Kapitel 1 berührt hatten, beschreibt viel von der Grundlage moderner Trendfolgeansätze. Sie bezieht sich auf ein physikalisches Gesetz der Bewegung, das besagt, dass ein Objekt in Bewegung (in diesem Fall ein Trend) dazu tendiert, in Bewegung zu bleiben, bis externe Kräfte einen Richtungswechsel verursachen. Trader verfügen über eine ganze Anzahl technischer Hilfsmittel, die sie bei der schwierigen Aufgabe unterstützen, Umkehrsignale zu lokalisieren, darunter die Untersuchung von Unterstützungs- und Widerstandslinien, Kursformationen, Trendlinien und gleitende Durchschnitte. Manche Indikatoren können sogar frühzeitige Warnsignale durch Momentumverlust geben. Dass die Wahrscheinlichkeit in der Regel dafür spricht, dass der existierende Trend sich fortsetzen wird, widerspricht all diesem nicht.

Die schwierigste Aufgabe eines Verfechters der Dow-Theorie oder irgendeines anderen Trendfolgers ist die Fähigkeit, zwischen einer normalen sekundären Korrektur in einem bestehenden Trend und dem ersten Abschnitt eines neuen Trends in der ent-

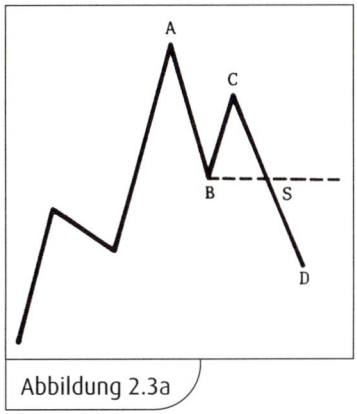

Abbildung 2.3a

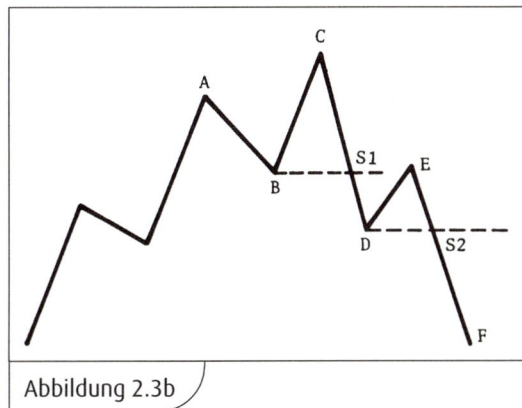

Abbildung 2.3b

gegengesetzten Richtung zu unterscheiden. Dow-Theoretiker sind sich oftmals nicht einig, wann der Markt ein echtes Umkehrsignal zeigt. Die Abbildungen 2.3 a und 2.3 b zeigen, wie sich diese Meinungsverschiedenheit selbst offenbart.

Diese Grafiken illustrieren zwei verschiedene Marktszenarien. Beachten Sie in **Abbildung 2.3 a**, dass die Rallye zu Punkt C niedriger endet als der vorherige Gipfel bei A. Anschließend fallen die Kurse unter Punkt B. Das Auftauchen zweier sukzessive niedrigeren Gipfel und Täler gibt ein klares Verkaufssignal an dem Punkt, an dem das Tief bei B gebrochen wird (Punkt S). Dieses Umkehrmuster wird manchmal als „Failure Swing" bezeichnet.

In Abbildung 2.3 b ist das Top der Rallye bei C höher als der vorherige Gipfel bei A. Danach fallen die Kurse unter Punkt B zurück. Einige Dow-Theoretiker würden dies als klare Verletzung der Unterstützungslinie bei S 1 betrachten, was gleicherseits ein Verkaufssignal bedeutet. Sie weisen darauf hin, dass in diesem Fall nur tiefere Tiefs, aber nicht tiefere Hochs existieren. Nach einer Rallye zu Punkt E, der tiefer ist als Punkt C, würden sie nach einem weiteren neuen Tief unter Punkt D Ausschau halten. Für diese Leute ist S 2 das eigentliche Verkaufssignal mit zwei tieferen Hochs und zwei tieferen Tiefs.

Die in **Abbildung 2.3 b** gezeigte Umkehrformation wird als „Nonfailure Swing" bezeichnet. Ein Failure Swing (siehe Abbildung 2.3 a) ist ein viel schwächeres Muster als der Nonfailure Swing in Abbildung 2.3 b. Die **Abbildungen 2.4 a** und **2.4 b** zeigen vergleichbare Szenarien an einem Marktboden.

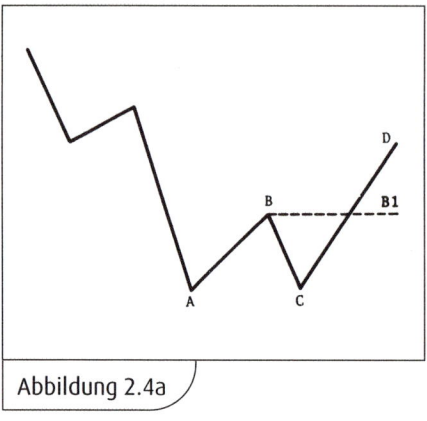

Abbildung 2.4a

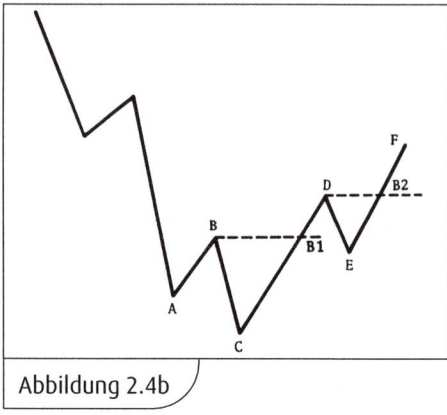

Abbildung 2.4b

☐ DER GEBRAUCH VON SCHLUSSKURSEN UND DIE GEGENWART VON LINIEN

Dow verließ sich ausschließlich auf Schlusskurse. Er glaubte, dass Indizes über einem vorherigen Gipfel oder unter einem vorherigen Trog *schließen* müssen, um Signifikanz zu besitzen. Intraday-Verletzungen betrachtete Dow nicht als gültige Signale.

Wenn Trader von *Linien* bei den Indizes sprechen, beziehen sie sich auf horizontale Muster, die gelegentlich auf den Charts auftauchen. Diese seitwärts gerichteten Trading Ranges spielen gewöhnlich die Rolle von Korrekturphasen und werden als Konsolidierungen bezeichnet. Im modernen Sprachgebrauch bezeichnen wir solche Seitwärtsmuster als „Rechtecke".

☐ EINIGE KRITIKPUNKTE DER DOW-THEORIE

Die Dow-Theorie hat über die Jahre gut bei der Identifizierung primärer Bullen- und Bärenmärkte funktioniert, ist jedoch nicht ohne Kritik geblieben. Im Durchschnitt verpasst die Dow-Theorie 20 bis 25 % einer Bewegung, bevor sie ein Signal generiert. Für viele Trader ist dies zu spät. Ein Dow-Theorie-Kaufsignal taucht normalerweise in der zweiten Phase eines Aufwärtstrends auf, wenn die Kurse einen vorangegangenen mittelfristigen Gipfel übersteigen. Nebenbei bemerkt ist dies auch der Punkt, an dem die meisten trendfolgenden technischen Systeme anfangen, den Trendwechsel zu identifizieren und in den bestehenden Trend einzusteigen.

In Erwiderung auf diese Kritik muss man sich aber daran erinnern, dass Dow nie beabsichtigte, Trends zu antizipieren; er wollte vielmehr die Entwicklung eines grundlegenden Bullen- oder Bärenmarktes erkennen, um den großen Mittelteil wichtiger Marktbewegungen einzufangen. Verfügbare Aufzeichnungen belegen, dass Dows Theorie diese Funktion recht gut erfüllt hat. Von 1920 bis 1975 fingen die Dow-Theorie-Signale 68 % der Bewegungen im Industrie- und Transportindex und 67 % des S&P 500 Composite Index ein (Quelle: Barron's). Diejenigen, die die Dow-Theorie dafür kritisieren, dass sie die eigentlichen Marktgipfel- und böden verpasst, lassen ein grundlegendes Verständnis der Trendfolgephilosophie vermissen.

☐ AKTIEN ALS WIRTSCHAFTSINDIKATOREN

Dow beabsichtigte anscheinend nie, seine Theorie für die Prognose von Trendrichtungen an den Aktienmärkten zu benutzen. Er glaubte, der eigentliche Wert bestehe darin, Trendrichtungen am Aktienmarkt als ein Barometer für die allgemeine Wirtschaftskonjunktur zu benutzen. Wir können Dows Vision und Genie nur bewundern. Zusätzlich zur Formulierung eines großen Teils der heutigen Prognosemethoden gehörte er zu den Ersten, die die Eignung von Aktienindizes als ökonomische Frühindikatoren erkannten.

☐ ANWENDUNG DER DOW-THEORIE AUF FUTURES-TRADING

Dows Arbeit bezog sich auf das Verhalten von Aktienindizes. Obwohl ein Großteil seiner Erkenntnisse grundlegende Bedeutung für Warenterminkontrakte hat, gibt es einige wichtige Unterschiede zwischen dem Trading von Aktien und Futures. So nahm Dow beispielsweise an, dass die meisten Investoren nur den großen Trends folgen und mittelfristige Korrekturen nur für Timingaufgaben benutzten. Dow bezeichnete die untergeordneten oder kurzfristigen Trends als uninteressant. Beim Trading von Terminkontrakten, wo die meisten trendfolgenden Händler im mittelfristigen statt im langfristigen Trend handeln, ist dies offensichtlich nicht der Fall. Diese Trader müssen einen großen Teil ihrer Aufmerksamkeit auf kurzfristige Trendwechsel als Timinginstrumente richten. Wenn ein Futures-Trader annimmt, dass ein mittelfristiger Aufwärtstrend für einige Monate anhält, würde er nach kurzfristigen Dellen Ausschau halten, um Käufe zu signalisieren. In einem mittelfristigen Abwärtstrend wird ein Trader kleinere Erholungen dazu benutzen, Leerverkäufe zu initiieren. Der kurzfristige Trend ist aus diesen Gründen beim Futures-Trading extrem wichtig.

Neue Methoden zum Trading der Dow-Indizes

In den ersten 100 Jahren seines Bestehens konnte der Dow Jones Industrial Average nur als Marktindikator benutzt werden. Dies alles änderte sich am 6. Oktober 1997, als der Handel von Terminkontrakten und Optionen auf Dows ehrwürdigen Index zum ersten Mal begann. Der Chicago Board of Trade (CBoT) startete einen Terminkontrakt auf den Dow Jones Industrial Average, während gleichzeitig Optionen auf den Dow (Symbol: DJX) auf der Chicago Board Options Exchange (CBOE) gehandelt wurden. Außerdem wurde der Handel mit Optionen auf den Dow Jones Transportation Average (Symbol: DJTA) und den Dow Jones Utility Index (Symbol: DJUA) gehandelt. Im Januar 1998 startete die American Stock Exchange (ASE) den Handel mit dem Diamonds-Trust, ein Investmentfonds, der die 30 Dow-Industriewerte abbildet. Zusätzlich wurden zwei weitere Investmentfonds, die die 30 Dow-Werte als Benchmark haben, angeboten. Mister Dow würde wahrscheinlich froh sein zu erfahren, dass es nun, ein Jahrhundert nach seiner Erfindung, möglich ist, die Dow-Indizes zu traden, und dadurch gewissermaßen seine Theorie in die Praxis umzusetzen.

☐ SCHLUSSFOLGERUNG

Dieses Kapitel präsentierte einen relativ schnellen Überblick über die wichtigeren Aspekte der Dow-Theorie. Wenn Sie in diesem Buch weiterlesen, wird Ihnen klar, dass das Verständnis und die Würdigung der Dow-Theorie ein solides Fundament für jedes Studium der Technischen Analyse sind. Vieles von dem, was in den folgenden Kapiteln diskutiert wird, stellt eine Anpassung an Dows originäre Theorie dar. Die Standarddefinition eines Trends, die Klassifikation eines Trends in drei Kategorien bzw. Phasen, die Prinzipien von Bestätigung und Abweichung, die Interpretation des Umsatzes und der Einsatz prozentualer Retracements, nur um ein paar zu nennen, leiten sich alle in dem einen oder anderen Weg aus der Dow-Theorie ab.

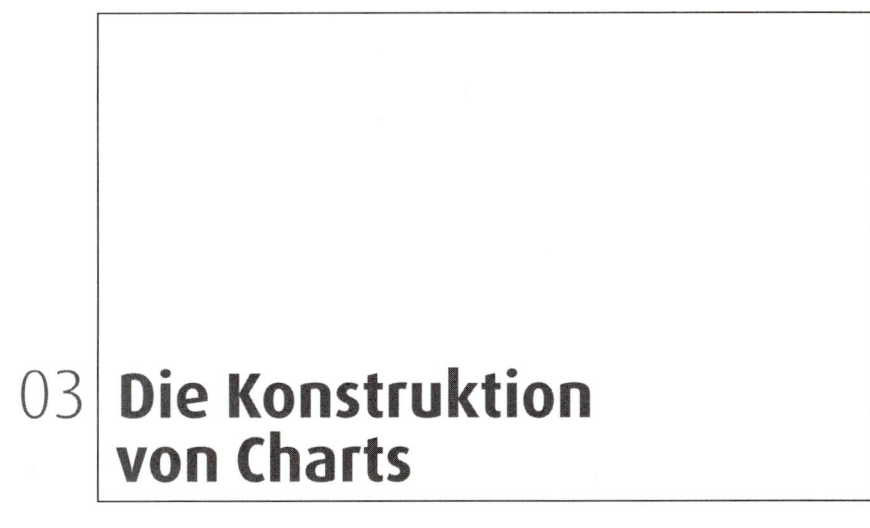

03 | Die Konstruktion von Charts

☐ EINLEITUNG

Dieses Kapitel ist in erster Linie für solche Leser gedacht, die mit der Konstruktion von Charts nicht vertraut sind. Wir werden mit der Diskussion der verschiedenen Charttypen beginnen. Dann werden wir den Blick auf den am häufigsten verwendeten Chart – den Tages-Balkenchart – wenden.

Wir werden untersuchen, wie die Kursdaten gelesen und auf dem Chart dargestellt werden. Umsatz und Open Interest sind in den Charts, zusätzlich zu den Kursen, ebenfalls enthalten. Anschließend geht es um Variationen des Balkencharts, darunter um längerfristige Wochen- und Monatscharts. Sobald wir dies abgeschlossen haben, sind wir bereit, uns einige Analysehilfsmittel anzuschauen, die auf diese Charts angewendet werden. Leser, die mit der Chartkonstruktion bereits vertraut sind, mögen dieses Kapitel zu einfach finden. Sie können gleich zum nächsten Kapitel übergehen.

☐ CHARTTYPEN

Der Balkenchart mit täglichen Kursen wurde bereits als der am meisten verwendete Charttyp in der technischen Analyse angesprochen. Es gibt natürlich auch andere Charttypen, die von Technikern ebenso verwendet werden, wie zum Beispiel Liniencharts, Point&Figure-Charts und in jüngster Zeit auch Kerzencharts. Abbildung 3.1 zeigt einen herkömmlichen Tages-Balkenchart. Er wird Balkenchart genannt, weil die

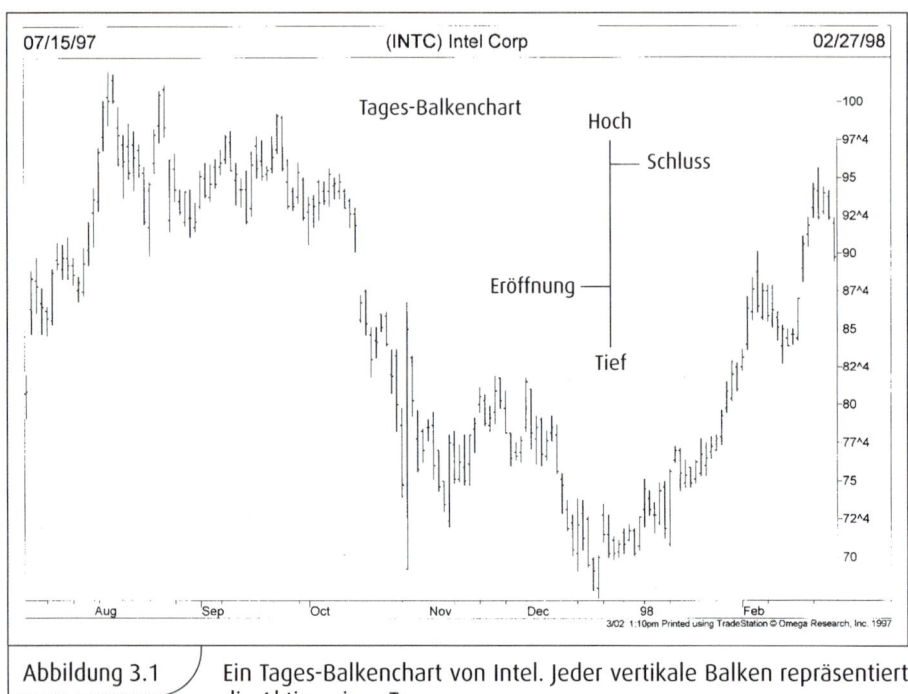

Abbildung 3.1 / Ein Tages-Balkenchart von Intel. Jeder vertikale Balken repräsentiert die Aktion eines Tages.

Schwankungsbreite eines jeden Tages durch einen senkrechten Balken dargestellt wird. Aus dem Balkenchart lassen sich der Eröffnungskurs, der Tageshöchstkurs, der Tagestiefstkurs und der Tagesschlusskurs ablesen. Der kleine waagerechte Strich rechts des Balkens ist der Schlusskurs. Der Eröffnungskurs ist der waagerechte Strich auf der linken Seite des Balkens.

Abbildung 3.2 zeigt dieselbe Marktbewegung, dargestellt als Linienchart. In Liniencharts wird nur der Schlusskurs für jeden aufeinander folgenden Tag eingezeichnet. Viele Chartisten glauben, dass ein Linienchart eine geeignete Darstellungsmethode der Tagesaktivitäten darstellt, weil der Schlusskurs der wichtigste Kurs eines Handelstages ist.

Ein dritter Charttyp, der Point&Figure-Chart, ist in Abbildung 3.3 dargestellt. Der Point&Figure-Chart zeigt zwar dieselbe Kursbewegung, aber in komprimierter Form. Beachten Sie die abwechselnden x- und o-Säulen. Die x-Säulen bedeuten steigende und die o-Säulen fallende Kurse. Kauf- und Verkaufssignale sind präzise und einfacher zu sehen als in einem schwarzen Balken. Dieser Charttyp besitzt auch viel mehr Flexibilität. In Kapitel 11 kommen wir darauf zurück.

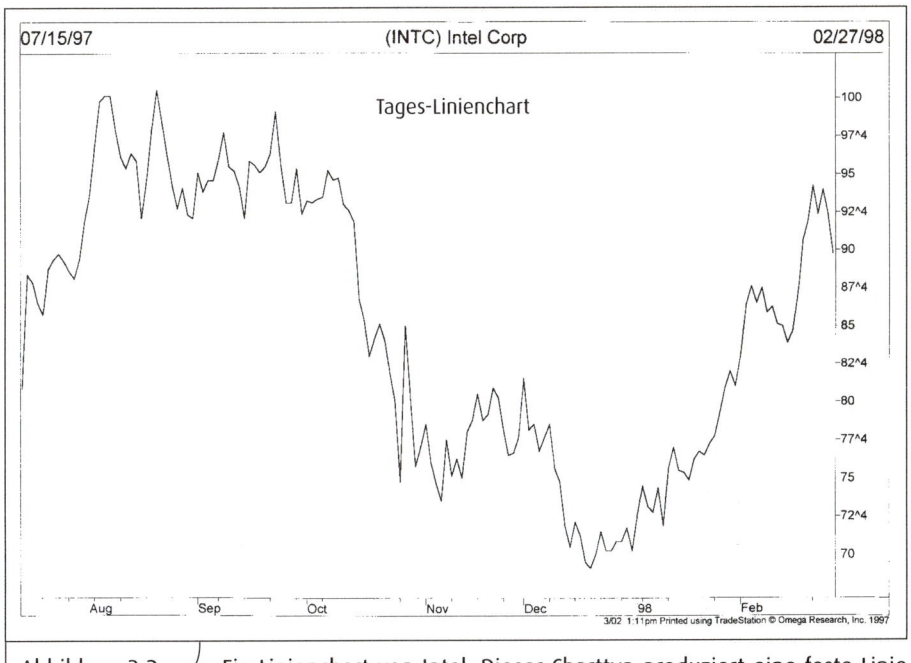

| 07/15/97 | (INTC) Intel Corp | 02/27/98 |

Tages-Linienchart

100
97^4
95
92^4
90
87^4
85
82^4
80
77^4
75
72^4
70

Aug   Sep   Oct   Nov   Dec   98   Feb

3/02 1:11pm Printed using TradeStation © Omega Research, Inc. 1997

Abbildung 3.2 Ein Linienchart von Intel. Dieser Charttyp produziert eine feste Linie durch Verbinden der aufeinander folgenden Schlusskurse.

☐ KERZENCHARTS

Kerzencharts sind die japanische Version des Balkencharts. Sie sind in den letzten Jahren bei westlichen Chartanalysten sehr populär geworden. Die japanische Kerze zeichnet dieselben vier Kurse wie der traditionelle Balkenchart auf – Open, High, Low und Close. Die grafische Darstellung weicht allerdings davon ab. Beim Kerzenchart zeigt eine dünne Linie (*Schatten* genannt) die tägliche Schwankungsbreite vom Hoch- zum Tiefkurs. Ein breiterer Teil des Balkens (*Körper* genannt) misst den Abstand zwischen Eröffnungs- und Schlusskurs. Ist der Schlusskurs höher als der Eröffnungskurs, dann ist der Körper weiß (positiv). Liegt der Schlusskurs niedriger als der Eröffnungskurs, ist der Körper schwarz (negativ). (Siehe Abbildung 3.4.)

Das Schlüsselelement der Kerzencharts ist die Beziehung zwischen Eröffnungs- und Schlusskurs. Vielleicht ist es wegen der wachsenden Popularität der Kerzencharts, warum westliche Chartisten dem Eröffnungskurs auf Ihrem Balkenchart jetzt wesentlich mehr Aufmerksamkeit widmen. Sie können mit einem Kerzenchart alles das machen, was Sie auch mit einem Balkenchart tun können. Mit anderen Worten, alle technischen Werkzeuge und Indikatoren, die wir Ihnen anhand von Balkencharts zeigen

53

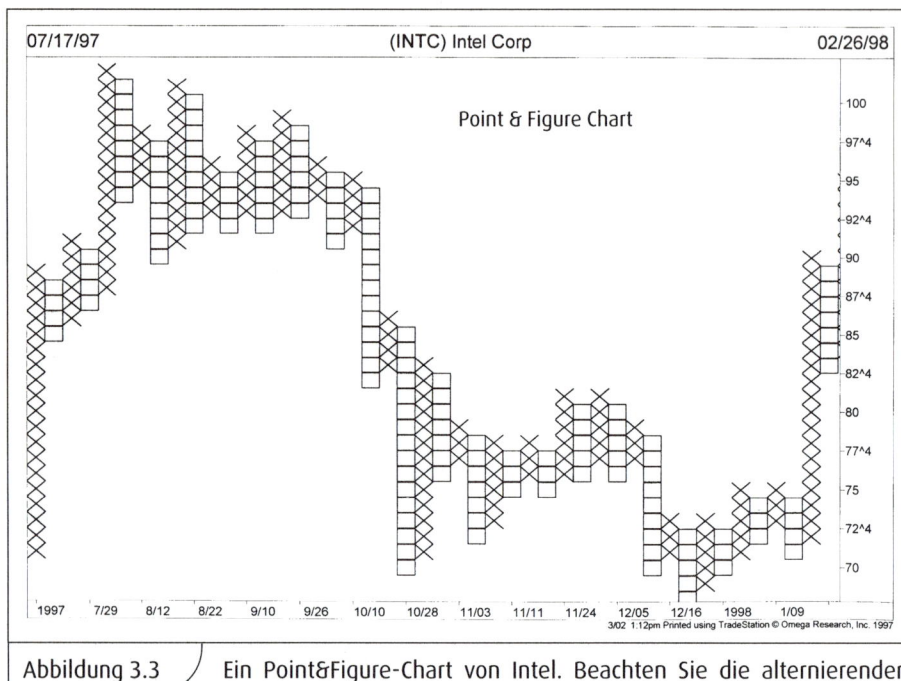

| 07/17/97 | (INTC) Intel Corp | 02/26/98 |

Point & Figure Chart

| Abbildung 3.3 | Ein Point&Figure-Chart von Intel. Beachten Sie die alternierenden x- und o-Säulen. Die x-Säule zeigt steigende Kurse. Die o-Säule zeigt fallende Kurse. Kauf- und Verkaufssignale sind bei diesem Charttyp präziser. |

werden, können auch auf Kerzencharts angewendet werden. Etwas später in diesem Kapitel werden wir Ihnen zeigen, wie man Balkencharts für Wochen- und Monatsperioden konstruiert. Das Gleiche können Sie auch mit Kerzencharts unternehmen. In Kapitel 12 über „Japanische Kerzencharts" finden Sie eine vertiefte Darstellung dieser Technik.

□ ARITHMETISCHE VERSUS LOGARITHMISCHE SKALIERUNG

Charts können entweder mit einer arithmetischen oder einer logarithmischen Kursskala konstruiert werden. Für manche Analyseaufgaben, besonders die sehr langfristige Trendanalyse, birgt die Verwendung logarithmischer Charts einige Vorteile (siehe Abbildungen 3.5 und 3.6). Abbildung 3.5 demonstriert, wie die verschiedenen Skalen aussehen. Beim arithmetischen Maßstab zeigt die vertikale Kursskala gleiche Abstände für gleiche Kurseinheiten. Beachten Sie in diesem Beispiel, dass jeder Punkt auf der arithmetischen Skala äquidistant ist. Beachten Sie auf der anderen Seite, dass bei der

| 07/24/97 | (INTC) Intel Corp | 01/29/98 |

Tages-Kerzenchart

3/02 1:12pm Printed using TradeStation © Omega Research, Inc. 1997

Abbildung 3.4 — Ein Kerzenchart von Intel. Die Farbe der Kerze wird von dem Verhältnis zwischen Eröffnungs- und Schlusskurs bestimmt. Weiße Kerzen sind positiv, während schwarze Kerzen negativ sind.

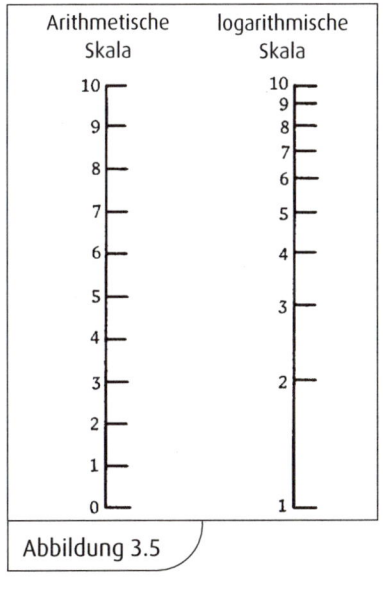

logarithmischen Skalierung mit steigenden Kursen die prozentualen Zuwächse kleiner werden. Der Abstand zwischen den Punkten 1 und 2 ist der gleiche, wie derjenige zwischen den Punkten 5 und 10, weil es sich beide Male um eine Verdopplung des Kurses handelt. Auf einer arithmetischen Skala würde eine Kursbewegung von 5 auf 10 die gleiche Entfernung zurücklegen wie ein Anstieg von 50 auf 55, obwohl die erste Bewegung eine Verdopplung bedeutet, während die letzte nur einen Kursanstieg von 10 % dar-

Abbildung 3.5 — Vergleich zwischen arithmetischer und logarithmischer Skalierung. Beachten Sie die gleichen Abstände auf der linken Skala. Die logarithmische Skala zeigt prozentuale Veränderungen (rechte Skala).

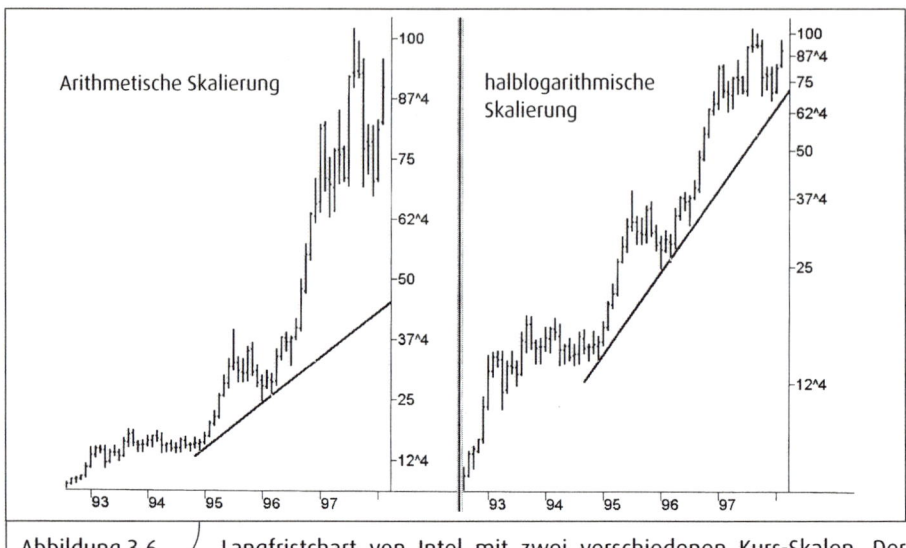

| Abbildung 3.6 | Langfristchart von Intel mit zwei verschiedenen Kurs-Skalen. Der linke Chart zeigt die traditionelle arithmetische Skala, der rechte Chart die logarithmische Skala. Beachten Sie, dass die dreijährige Aufwärtstrendlinie auf dem logarithmischen Chart besser funktioniert. |

stellt. Kurse im logarithmischen Maßstab zeigen gleiche vertikale Abstände für identische prozentuale Veränderungen. So legt beispielsweise eine Bewegung von 10 auf 20 (100 % Zuwachs) in einem logarithmischen Maßstab die gleiche Distanz zurück wie ein Kursanstieg von 20 auf 40 oder von 40 auf 80. Viele Anbieter von Aktienchartheften verwenden logarithmische Charts, während Futures-Charts in den USA oft arithmetisch sind. Technische Analyse-Software erlauben beide Skalierungen, wie in Abbildung 3.6 gezeigt wird.

☐ KONSTRUKTION EINES BALKENCHARTS

Die Konstruktion eines Balkencharts auf Tagesbasis ist extrem einfach. Der Balkenchart ist ein Kurs-/Zeit-Diagramm. Die vertikale Achse (die y-Achse) zeigt eine Skala, die den Kurs des Kontrakts darstellt. Die horizontale Achse (die x-Achse) zeichnet den Zeitverlauf auf. Die Datumsangaben werden entlang des unteren Chartrandes markiert. Alles, was der Anwender zu tun hat, ist, einen vertikalen Balken an dem dazugehörigen Tag vom Tageshoch bis zum Tagestief (Tagesschwankung, Handelsspanne oder Bandbreite genannt) zu zeichnen. Platzieren Sie einen horizontalen Strich auf der

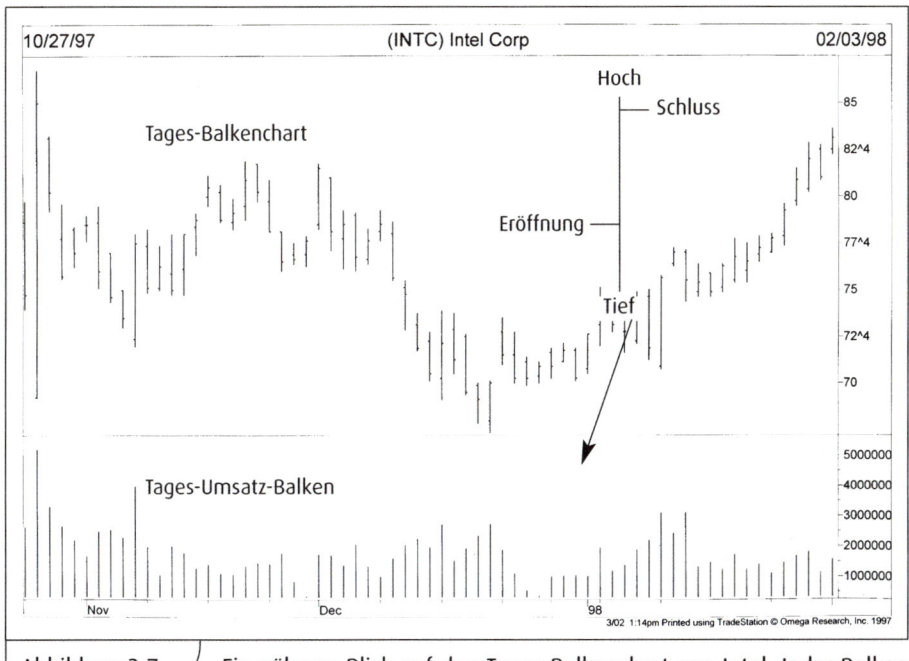

| 10/27/97 | (INTC) Intel Corp | 02/03/98 |

Hoch
— Schluss

Tages-Balkenchart

Eröffnung —

Tief

Tages-Umsatz-Balken

85
82^4
80
77^4
75
72^4
70

5000000
4000000
3000000
2000000
1000000

Nov   Dec   '98

3/02 1:14pm Printed using TradeStation © Omega Research, Inc. 1997

Abbildung 3.7 Ein näherer Blick auf den Tages-Balkenchart von Intel. Jeder Balken misst die tägliche Bandbreite der Kurse. Der Eröffnungskurs wird durch einen kleinen waagerechten Strich links des Balkens markiert. Der Schlusskurs ist der Strich nach rechts. Die Balken unten zeigen den Tagesumsatz an.

rechten Seite des vertikalen Balkens, um den Tagesschlusskurs zu identifizieren (siehe Abbildung 3.7).

Der Grund für die Platzierung des Striches auf der rechten Seite des Balkens ist. ihn von dem Eröffnungskurs zu unterscheiden, den die Chartisten links des Balkens anbringen. Sobald die Aktivität des gesamten Tages aufgezeichnet ist, geht man einen Tag weiter nach rechts, um sich die Aktion des nächsten Tages vorzunehmen. Die meisten Charthefte nutzen 5-Tage-Wochen. Wochenenden werden auf dem Chart nicht gezeigt. Immer dann, wenn eine Börse während der Handelswoche geschlossen ist, bleibt der Raum des betreffenden Tages frei. Die Säulen am unteren Rand des Charts messen den Umsatz (siehe Abbildung 3.7).

☐ Umsatz

Der Chart sollte eine weitere wichtige Information beinhalten – den Umsatz. Der *Umsatz* ist die Gesamtsumme der Handelsaktivität in dem betreffenden Markt für diesen Tag. Es ist die Gesamtzahl aller Terminkontrakte, die an dem Tag gehandelt wurden, bzw. die Anzahl der Aktien, die an dem gegebenen Tag an der Aktienbörse den Besitzer gewechselt haben. Der Umsatz wird durch eine vertikale Säule am unteren Ende des Charts unter dem Kursbalken desselben Tages dargestellt. Eine höhere Umsatzsäule bedeutet, dass der Umsatz an diesem Tag höher war. Eine kleinere Säule zeigt einen geringeren Umsatz. Um die Daten richtig einzuordnen, gibt es für den Umsatz eine eigene vertikale Skala, wie in Abbildung 3.7 gezeigt wird.

☐ Open Interest von Terminkontrakten

Das *Offene Interesse (Open Interest)* wird definiert als die Gesamtzahl der offenen Terminkontrakte, die von den Marktteilnehmern am Ende des Tages gehalten werden. Open Interest ist die Anzahl der Kontrakte, die als Long- oder Short-Positionen gehalten werden, nicht die Summe aus beiden. Erinnern Sie sich, dass es bei Terminkontrakten für jede Long-Position auch eine Short-Position geben muss. Deswegen brauchen wir nur die Summe einer der beiden Seiten zu wissen. Die Entwicklung des Open Interest wird im Chart durch eine Linie am unteren Rand markiert, üblicherweise oberhalb des Umsatzes, aber unterhalb der Kurskurve (siehe Abbildung 3.8).

⊙ Gesamt- oder Einzelzahlen für Umsatz und Open Interest im Futures-Bereich?

Anbieter von Futures-Charts und die meisten Technischen Analysten, die sich mit den Terminmärkten beschäftigen, berücksichtigen nur das *gesamte* Volumen und Open Interest. Obwohl Zahlen für jeden einzelnen Liefermonat erhältlich sind, sind es die Gesamtzahlen für jeden Warenterminmarkt, die für die Erstellung von Prognosen verwendet werden. Dafür gibt es einen guten Grund.

In den frühen Stadien der Laufzeit eines Terminkontrakts sind Umsatz und Open Interest in der Regel recht gering. Die Zahlen nehmen zu, wenn sich der Kontrakt seinem Verfalldatum nähert. In den letzten Monaten des Lebenszyklus fangen die Zahlen allerdings wieder an zu fallen. Offensichtlich haben Trader damit begonnen, offene Positionen mit näher rückendem Verfalltermin zu liquidieren. Deshalb haben der Anstieg in Umsatz und Open Interest während der ersten Monate der Laufzeit und die Abnahme gegen Ende der Handelsperiode nichts mit der Trendrichtung des Marktes zu tun und sind nichts weiter als eine Funktion der begrenzenden Lebensdauer eines

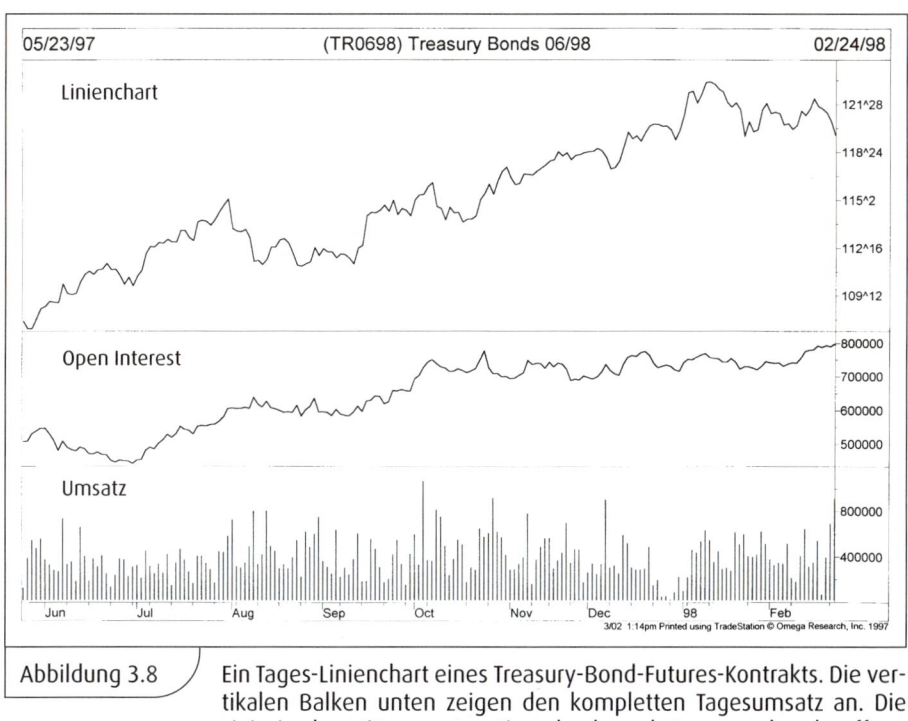

| 05/23/97 | (TR0698) Treasury Bonds 06/98 | 02/24/98 |

Linienchart

Open Interest

Umsatz

3/02 1:14pm Printed using TradeStation © Omega Research, Inc. 1997

Abbildung 3.8 Ein Tages-Linienchart eines Treasury-Bond-Futures-Kontrakts. Die vertikalen Balken unten zeigen den kompletten Tagesumsatz an. Die Linie in der Mitte repräsentiert das komplette ausstehende offene Interesse (open interest) des Treasury-Bond-Future-Marktes.

Warenterminkontrakts. Um die notwendige Kontinuität in Umsatz- und Open Interest-Daten zu gewährleisten und ihnen einen Prognosewert zu gewähren, werden immer die Gesamtzahlen genutzt. (Aktiencharts zeigen das gesamte Umsatzvolumen, beinhalten aber nicht das Open Interest.)

⊙ Verspätete Veröffentlichung von Umsatz und Open Interest von Terminkontrakten

Die Zahlen von Umsatz und Open Interest von Futures werden mit einem Tag Verspätung veröffentlicht. Deswegen muss der Charttechniker damit leben, die Zahlen mit einem Tag Verzögerung zu erhalten und auszuwerten. Über die Daten wird üblicherweise während der Handelsstunden des folgenden Tages berichtet, jedoch zu spät, um in den Finanzzeitungen veröffentlicht zu werden. Geschätzte Umsatzdaten sind allerdings nach Marktschluss erhältlich und in den Morgenzeitungen des folgenden Tages zu finden. Geschätzte Umsatzzahlen sind nicht mehr als das, doch sie geben dem Technischen Analysten wenigstens einen Hinweis, ob die Aktivität des Tages höher oder niedriger als diejenige des Vortages war. Was der Leser einer Morgenzeitung erfährt, sind die Schlusskurse des vergangenen Tages und die geschätzten Umsatzzahlen. Die offiziellen Umsatz- und Open-Interest-Zahlen beziehen sich auf vorgestern. Aktienanalysten haben dieses Problem nicht. Umsätze von Aktien sind sofort verfügbar.

⊙ **Die Bedeutung von Umsatz- und Open-Interest-Zahlen einzelner Terminkontrakte**

Die auf einen einzelnen Kontrakt bezogenen Zahlen beinhalten wertvolle Informationen. Sie sagen uns, welche Kontrakte am liquidesten sind. *Als generelle Regel sollte man nur die Futures mit denjenigen Liefermonaten traden, die das höchste Open Interest aufweisen. Kontrakte mit niedrigem Open Interest sollten gemieden werden.* Wie die Bezeichnung impliziert, bedeutet höheres Open Interest ein größeres Interesse in bestimmten Liefermonaten.

Abbildung 3.9 Ein Wochen-Balkenchart des US-Dollar-Indexes.

☐ Wöchentliche und monatliche Balkencharts

Bislang haben wir uns auf Tages-Balkencharts konzentriert. Seien Sie sich aber dessen bewusst, dass ein Balkenchart für jede beliebige Zeitperiode konstruiert werden kann. Ein Intraday-Balkenchart misst den höchsten, tiefsten und letzten Kurs für Zeitperioden bis zu einer Kürze von fünf Minuten. Der durchschnittliche Tages-Balkenchart deckt eine Zeitspanne von sechs bis neun Monaten ab. Für längerfristige Trendanalysen sollten Wochen- und Monatscharts verwendet werden. Über den Nutzen der Verwendung solcher längerfristigen Charts berichtet Kapitel 8. Doch die Methoden, die Charts zu konstruieren und auf den aktuellsten Stand zu bringen, sind absolut die gleichen (siehe Abbildungen 3.9 und 3.10).

Bei einem Wochenchart repräsentiert ein Balken die Kursbewegung einer ganzen Woche. Der Balken eines Monatscharts zeigt die Kursbewegungen eines ganzen Monats. Es ist einleuchtend, dass Wochen- und Monatscharts die Kursbewegungen komprimieren, um die Analyse längerfristiger Trends zu ermöglichen. Ein Wochenchart kann bis zu fünf Jahre und ein Monatschart bis zu 20 Jahre Kurshistorie beinhalten. Es ist eine simple Technik, die den Chartisten hilft, die Märkte aus einer langfristigen Per-

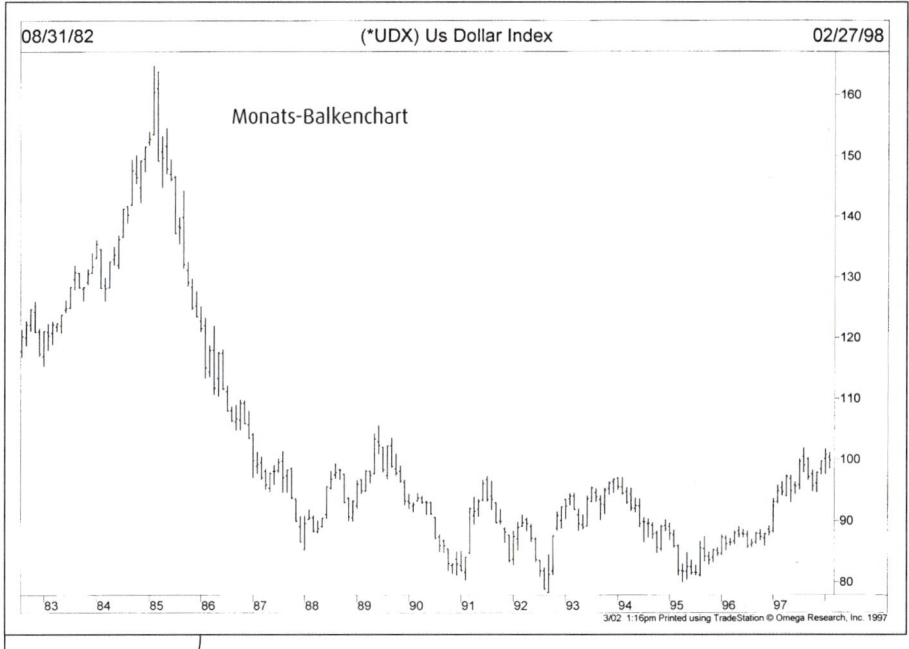

Abbildung 3.10 / Ein Monats-Balkenchart des US-Dollar-Indexes. Jeder Balken repräsentiert die Kursdaten eines Monats. Durch noch weitere Kompression der Daten erlaubt der Monatschart die Analyse von Perioden von 20 Jahren.

spektive zu studieren – eine wertvolle Perspektive, die oft verloren wird, wenn man sich ausschließlich auf Tagescharts verlässt.

☐ Fazit

Nun, da wir wissen, wie man einen Balkenchart konstruiert, und nachdem wir über die drei grundlegenden Informationsquellen – Kurs, Umsatz und Open Interest – gesprochen haben, sind wir in der Lage, uns der Interpretation dieser Daten zuzuwenden. Berücksichtigen Sie, dass ein Chart die Daten nur darstellt. Für sich allein hat er wenig Wert. Es ist mehr so etwas wie Pinsel und Leinwand. Für sich allein haben die beiden keinen Wert. In der Hand eines talentierten Künstlers allerdings können sie dazu beitragen, schöne Gemälde zu kreieren. Ein noch besserer Vergleich ist vielleicht das Skalpell. In der Hand eines berufenen Chirurgen kann es Leben retten. In der Hand der meisten von uns allerdings ist ein Skalpell nicht nur nutzlos, sondern möglicherweise sogar gefährlich. Ein Chart kann ein extrem wertvolles Werkzeug bei der Kunst oder der Geschicklichkeit der Marktprognose werden, wenn die Regeln verstanden werden. Lassen Sie uns den Prozess beginnen. Im nächsten Kapitel werden wir einige grundlegende Konzepte des Trendverhaltens untersuchen und das, was ich als die Bausteine der Chartanalyse bezeichne.

04 | **Das grundlegende Konzept des Trends**

☐ DEFINITION DES TRENDS

Das Trendkonzept ist absolut unverzichtbar für den technischen Ansatz der Marktanalyse. All die Hilfsmittel, die der Technische Analyst benutzt – gleitende Durchschnitte, Trendlinien usw. –, haben die einzige Aufgabe, bei der Bestimmung des Markttrends zu helfen, um an diesem Trend partizipieren zu können. Wir hören oft vertraute Ausdrücke wie „immer in Richtung des Trends handeln", „sich niemals gegen den Trend stemmen" oder „der Trend ist dein Freund". Lassen Sie uns deshalb ein wenig Zeit damit verbringen, zu definieren, was ein Trend ist, und ihn in einige Kategorien zu klassifizieren.

In einem allgemeinen Sinn ist der Trend einfach die Richtung des Marktes, in der er sich bewegt. Doch wir brauchen eine präzisere Definition, um damit zu arbeiten. Zunächst bewegen sich Märkte nicht generell geradlinig in einer bestimmten Richtung. Marktbewegungen werden charakterisiert durch eine Serie von Zacken. Diese Zacken gleichen einer Reihe aufeinander folgender Wellen, mit recht eindeutigen Gipfeln und Tälern. *Es ist die Richtung dieser Gipfel und Täler, die einen Markttrend konstituiert.* Ob sich solche Gipfel und Täler aufwärts, abwärts oder seitwärts bewegen, verrät uns den Trend des Marktes. Ein Aufwärtstrend wird demnach definiert als eine Serie sukzessive höherer Gipfel und Täler; ein Abwärtstrend ist genau das Gegenteil, eine Serie niedrigerer Gipfel und Täler; gleich hohe Gipfel und Täler identifizieren einen seitwärts gerichteten Kurstrend (siehe Abbildungen 4.1 a bis d).

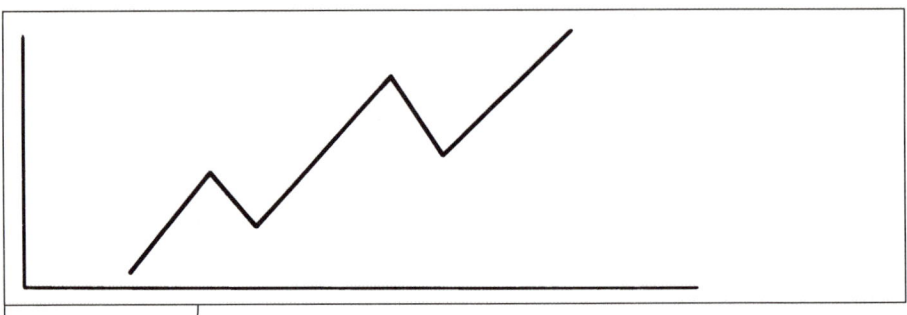

Abbildung 4.1a / Beispiel eines Aufwärtstrends mit steigenden Gipfeln und Tälern.

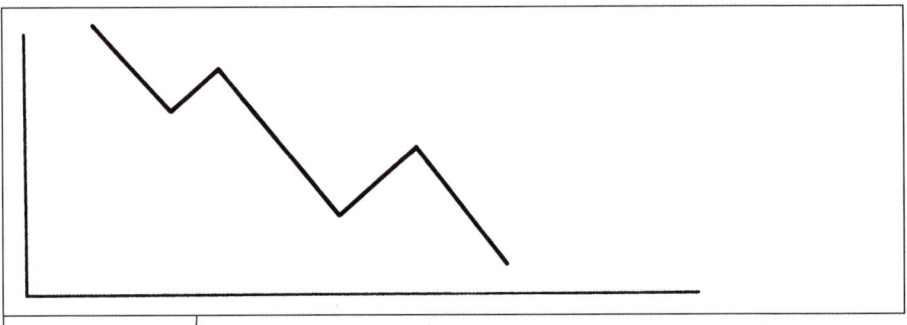

Abbildung 4.1b / Beispiel eines Abwärtstrends mit fallenden Gipfeln und Tälern.

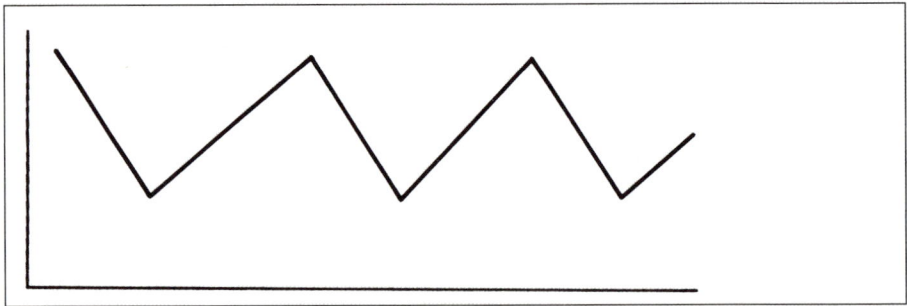

Abbildung 4.1c / Beispiel eines Seitwärtstrends mit horizontalen Gipfeln und Tälern. Dieser Markttyp wird oft als „trendlos" bezeichnet.

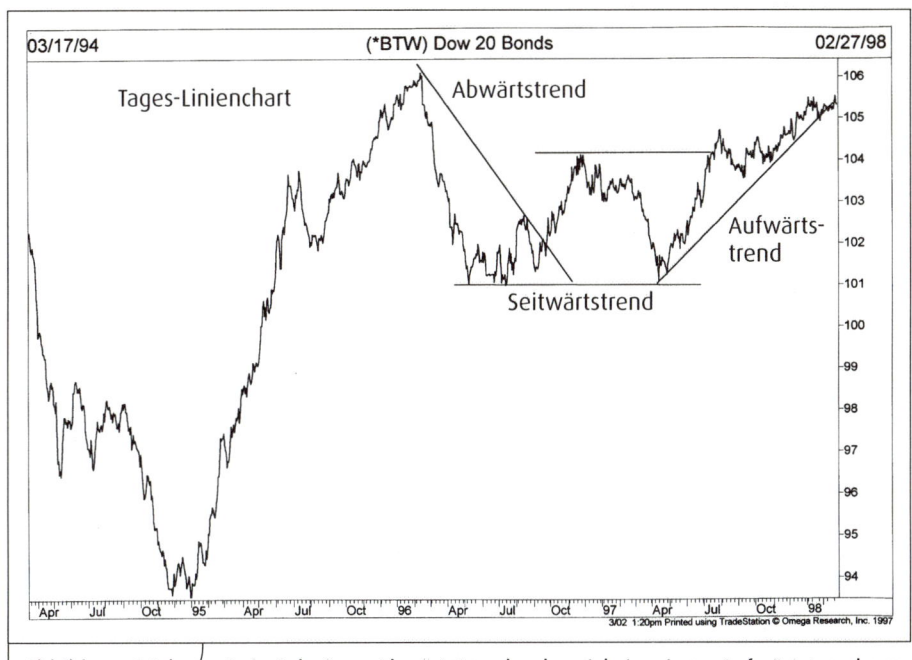

Abbildung 4.1d Beispiel eines Abwärtstrends, der sich in einen Aufwärtstrend umkehrt. Der erste Abschnitt links zeigt einen Abwärtstrend. Von April 1996 bis April 1997 tendierte der Markt seitwärts. Während des Sommers 1997 drehte der Trend nach oben.

□ DER TREND HAT DREI RICHTUNGEN

Wir haben den Aufwärtstrend, Abwärtstrend und Seitwärtstrend aus einem sehr guten Grund erwähnt. Die meisten Leute tendieren dazu, von Märkten anzunehmen, dass sie sich immer entweder in einem Auf- oder Abwärtstrend befinden. Tatsache ist aber, dass sich Märkte eigentlich in drei Richtungen bewegen – aufwärts, abwärts und seitwärts. Es ist wichtig, sich dessen bewusst zu sein, dass sich die Kurse in mindestens 1/3 der Zeit – konservativ gerechnet – in flachen, horizontalen Mustern bewegen, die man als *Trading Range* bezeichnet. Diese Art von Seitwärtsbewegung reflektiert eine Periode des Gleichgewichts, in der sich die Kräfte von Angebot und Nachfrage in einer relativen Balance zueinander befinden. (Erinnern Sie sich, dass die Dow-Theorie diesen Formationstyp als *Linie* bezeichnet.) Obwohl wir einen richtungslosen Markt bereits als Seitwärtstrend definiert haben, wird üblicherweise eher der Begriff *trendlos* gebraucht.

Die meisten technischen Hilfsmittel und Systeme sind ihrer Natur nach trendfolgend, was bedeutet, dass sie in erster Linie für Märkte entwickelt wurden, die sich nach oben oder unten bewegen. Üblicherweise funktionieren sie schlecht oder gar nicht, sobald die Märkte in trendlose Phasen übergehen. Gerade in diesen Perioden von Seitwärtsbewegungen erleben technische Trader ihre größten Frustrationen und Systemtrader verzeichnen ihre größten Kapitalverluste. Ein Trendfolgesystem braucht nach seiner ureigenen Definition einen Trend, um seine Sache zu erledigen. Das Versagen liegt hier nicht im System begründet. Vielmehr hat der Trader den Misserfolg selbst zu verantworten, wenn er versucht, ein System auf eine trendlose Marktsituation anzuwenden, welches für Trendmärkte entwickelt wurde.

Der Trader wird mit drei möglichen Entscheidung konfrontiert – einen Markt zu kaufen (long gehen), einen Markt verkaufen (short gehen) oder gar nichts tun (draußen bleiben). Wenn ein Markt steigt, ist die Kaufstrategie vorzuziehen. Wenn er fällt, ist der zweite Ansatz der richtige. Wenn der Markt hingegen seitwärts tendiert, ist die dritte Möglichkeit – aus dem Markt draußen zu bleiben – üblicherweise die klügste.

☐ DIE DREI KLASSIFIKATIONEN EINES TRENDS

Zusätzlich zu den drei Richtungen, die ein Trend haben kann, wird er auch in die drei Kategorien klassifiziert, die im vorigen Kapitel erwähnt wurden. Diese drei Kategorien sind der langfristige, mittelfristige und kurzfristige Trend. In Wirklichkeit gibt es eine

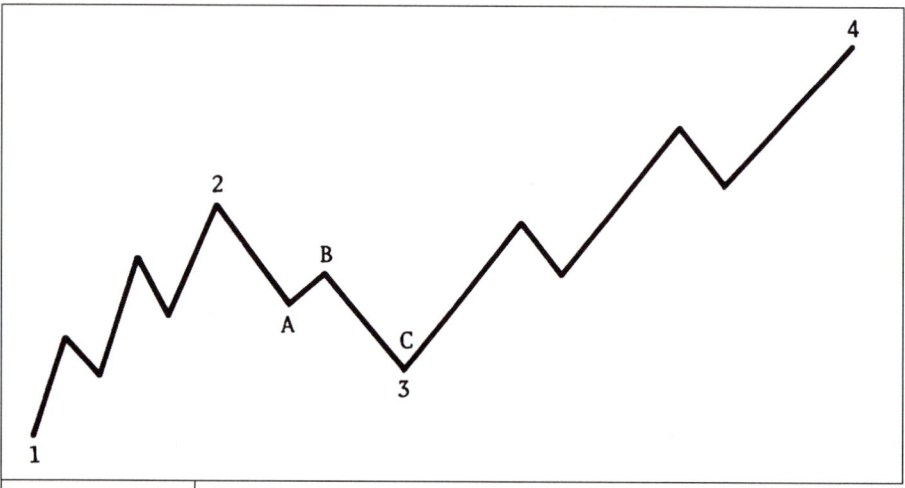

| Abbildung 4.2a | Beispiel der drei Ausprägungen von Trends: primär, sekundär und tertiär. Die Punkte 1, 2, 3 und 4 zeigen den primären Aufwärtstrend. Die Welle 2-3 repräsentiert eine sekundäre Korrektur innerhalb des primären Aufwärtstrends. Jede sekundäre Welle wiederum unterteilt sich in kurzfristige Trends, beispielsweise die Welle 2-3 in die untergeordneten Wellen A-B-C. |

unendliche Anzahl von Trends, die miteinander interagieren, von extrem kurzfristigen Trends, die nur Minuten oder Stunden anhalten, zu superlangen Trends, die fünfzig oder hundert Jahre dauern. Die meisten technischen Analysten begrenzen die Trendklassifikation allerdings auf drei. Es gibt aber ein gewisses Maß an Mehrdeutigkeit, wie verschiedene Analysten einen Trend definieren.

Die Dow-Theorie zum Beispiel klassifiziert den übergeordneten Trend als länger als ein Jahr dauernd. Weil Futures-Trader in kürzeren Zeitdimensionen operieren als Aktieninvestoren, neige ich dazu, in den Terminmärkten als übergeordnete Trends zu bezeichnen, was über sechs Monate hinausgeht. Dow definierte den mittelfristigen oder sekundären Trend von drei Wochen bis zu vielen Monaten, was auch für die Futures-Märkte richtig erscheint. Als kurzfristige Trends gelten normalerweise Bewegungen, die kürzer als zwei oder drei Wochen sind.

Jeder Trend wird zu einem Teil des längeren Trends. So ist zum Beispiel der mittelfristige Trend eine Korrektur innerhalb des übergeordneten Trends. In einem langfristigen Aufwärtstrend pausiert der Markt, um sich selber über ein paar Monate zu korrigieren, bevor er seinen Aufwärtspfad wieder aufnimmt. Diese sekundäre Korrektur wiederum

Abbildung 4.2b / Der primäre Trend (über ein Jahr) ist aufwärts gerichtet. Eine kurzfristige Korrektur war im März zu beobachten. Eine mittelfristige Korrektur dauerte von August bis November (drei Monate). Die mittelfristige Korrektur zerfiel in drei kurzfristige Trends.

besteht aus kürzeren Wellen, die als kurzfristige Dellen und Rallyes identifiziert werden. Dieser Vorgang wiederholt sich viele Male – jeder Trend ist Teil des nächstgrößeren Trends und besteht seinerseits aus kürzeren Trends (siehe Abbildung 4.2 a und b.)

In Abbildung 4.2 a ist der übergeordnete Trend aufwärts gerichtet, was durch die steigenden Gipfel und Täler (Punkte 1, 2, 3, 4) definiert wird. Die Korrekturphase (2-3) repräsentiert eine mittelfristige Korrektur innerhalb des langfristigen Aufwärtstrends. Beachten Sie aber, dass die Welle 2-3 wiederum in drei kleinere Wellen (A, B, C) zerfällt. An Punkt C wird der Analyst sagen, dass der langfristige Trend noch aufwärts gerichtet ist, die mittel- und kurzfristigen Trends hingegen nach unten gehen. An Punkt 4 sind alle drei Trends ansteigend. Es ist wichtig, die Unterschiede zwischen den verschiedenen Trendgraden zu verstehen. Wenn Sie jemand nach dem Trend in einem gegebenen Markt fragt, ist es schwierig, wenn nicht gar unmöglich, darauf zu antworten, solange Sie nicht wissen, welchen Trend die Person meint. Sie werden bei Ihrer Antwort die drei verschiedenen Trendklassifikationen, die wir soeben diskutiert haben, berücksichtigen müssen.

Gewisse Missverständnisse erwachsen aus der unterschiedlichen Wahrnehmung verschiedener Trader, was mit einem Trend gemeint ist. Einem langfristig orientierten Position Trader werden die Kursbewegungen weniger Tage bis zu wenigen Wochen unbedeutend erscheinen. Für einen Day Trader hingegen wird ein Kursanstieg von zwei oder drei Tagen bereits einen primären Aufwärtstrend bilden. Hier ist es besonders wichtig, die verschiedenen Grade eines Trends zu verstehen und sicherzugehen, dass alle Personen, die in eine Transaktion involviert sind, von denselben Dingen sprechen.

Es lässt sich eine generelle Aussage treffen, dass die meisten Trendfolgeansätze auf den mittelfristigen Trend, der mehrere Monate dauert, gerichtet sind. Der kurzfristige Trend wird in erster Linie für Timing-Aufgaben genutzt. In einem mittelfristigen Aufwärtstrend dienen kurzfristige Korrekturbewegungen zum Eingehen von Long-Positionen.

☐ UNTERSTÜTZUNG UND WIDERSTAND

In der bisherigen Diskussion um Trends wurde gesagt, dass sich Kurse in einer Serie von Gipfeln und Tälern bewegen, und dass die Richtung dieser Gipfel und Täler den Trend des Marktes bestimmt. Lassen Sie uns nun diesen Gipfeln und Täler ihre richtigen Bezeichnungen zuweisen und gleichzeitig das Konzept von *Unterstützung* und *Widerstand* einführen.

Die Täler oder Reaktionstiefs werden Unterstützung genannt. Der Begriff ist selbsterklärend und definiert Unterstützung als ein Niveau oder eine Zone auf dem Chart *unter den aktuellen Kursen*, wo das Kaufinteresse stark genug ist, um den Verkaufsdruck zu übersteigen. Als Resultat wird der Kursverfall aufgehalten, und die Aktie fängt wieder an zu steigen.

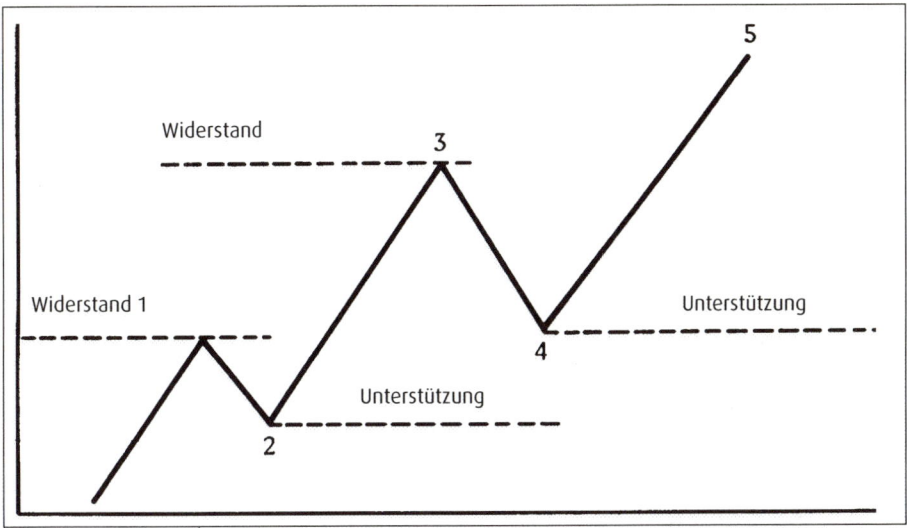

Abbildung 4.3a — Die Abbildung zeigt steigende Unterstützungs- und Widerstandslinien in einem Aufwärtstrend. Die Punkte 2 und 4 bilden als vorherige Reaktionstiefs Unterstützungslinien. Die Punkte 1 und 3 sind Widerstandslinien, markiert durch vorherige Gipfel.

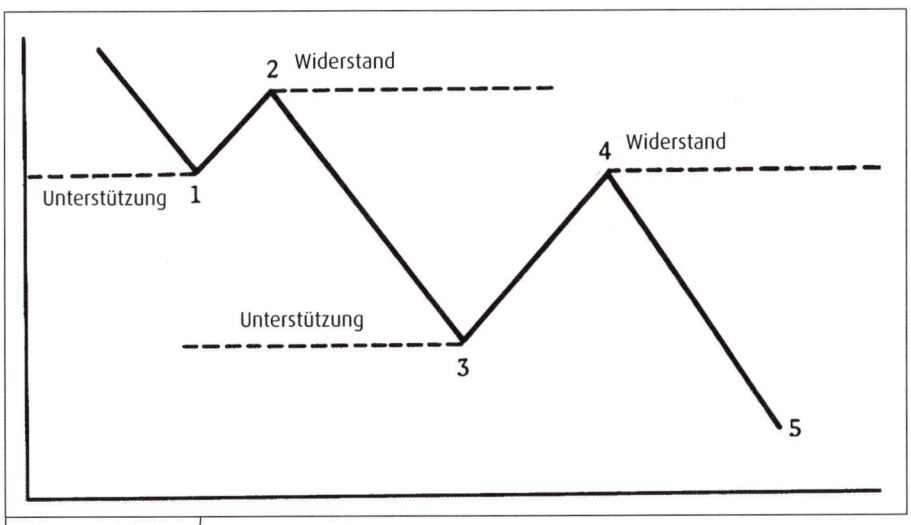

Abbildung 4.3b — Die Abbildung zeigt Unterstützung und Widerstand in einem Abwärtstrend.

Eine Unterstützungslinie wird normalerweise im Vorhinein durch ein früheres Reaktionstief festgelegt. In Abb. 4.3a bilden die Punkte 2 und 4 Unterstützungslinien in einem Aufwärtstrend (s. Abb. 4.3a und b).

Widerstand ist das Gegenteil von Unterstützung und ein Kursniveau oder -bereich oberhalb der aktuellen Kurse, wo das Angebot die Oberhand über die Nachfrage gewinnt und sich der Kursanstieg umkehrt. Eine Widerstandslinie wird üblicherweise durch einen früheren Kursgipfel festgelegt. In Abb. 4.3a markieren die Punkte 1 und 3 solche Widerstandslinien. Die Abbildung zeigt einen Aufwärtstrend. In einem Aufwärtstrend zeigen Unterstützungs- und Widerstandslinien ein ansteigendes Muster. Abb. 4.3b zeigt hingegen einen Abwärtstrend mit fallenden Unterstützungs- und Widerstandslinien. In einem Abwärtstrend sind die Punkte 1 und 3 Unterstützungslinien unterhalb und die Punkte 2 und 4 Widerstandslinien oberhalb der aktuellen Kurse.

In einem Aufwärtstrend markieren Widerstandslinien Unterbrechungen dieses Trends, die normalerweise zu irgendeinem Zeitpunkt überschritten werden. In einem Abwärtstrend sind Unterstützungslinien nicht hinreichend in der Lage, die Abwärtsbewegung dauerhaft zu stoppen, aber zumindest temporär.

Ein gesundes Verständnis der Bedeutung von Unterstützung und Widerstand ist Voraussetzung für das volle Verständnis des Trendkonzepts. Damit ein Aufwärtstrend fortgesetzt werden kann, muss jedes sukzessive Tief (Unterstützungslinie) höher als das vorangegangene sein. Jedes Zwischenhoch (Widerstandslinie) muss das vorherige übertreffen. Wenn die Korrekturbewegung in einem Aufwärtstrend den gesamten Weg des vorangegangenen Kursanstiegs zurücklegt, kann dies ein frühzeitiges Warnzeichen dafür sein, dass der Aufwärtstrend gebrochen wird oder zumindest in einen Seitwärtstrend übergeht. Wird die Unterstützungslinie verletzt, ist ein Trendwechsel nach unten wahrscheinlich.

Jedes Mal, wenn das Niveau eines vorangegangenen Kurshochs getestet wird, befindet sich der Aufwärtstrend in einer besonders kritischen Phase. Kommt es hier zu einem fehlgeschlagenen Ausbruchsversuch oder die Kurse durchbrechen in einem Abwärtstrend eine Unterstützungslinie nicht mehr nach unten, ist dies ein erstes Warnzeichen für einen Wechsel der vorherrschenden Trendrichtung. Die Kapitel 5 und 6 handeln von Kursformationen und zeigen, wie der Test solcher Unterstützungs- und Widerstandslinien bestimmte Bilder auf dem Chart formen, die entweder auf eine sich entwickelnde Trendumkehr hindeuten oder bloß eine Pause innerhalb des bestehenden Trends signalisieren. Doch das Grundelement, auf dem diese Kursmuster basieren, sind Unterstützungs- und Widerstandslinien.

Die Abbildungen 4.4a-c sind Beispiele einer klassischen Trendumkehr. Beachten Sie in Abb. 4.4a, dass es die Kurse an Punkt 5 nicht geschafft hatten, das vorherige Hoch (Punkt 3) zu übertreffen, bevor sie nach unten drehten und das vorherige Tief bei Punkt 4 unterboten. Diese Trendumkehr konnte durch das bloße Beobachten der Unterstützungs- und Widerstandslinien identifiziert werden. Wenn wir die Kursformationen behandeln, wird dieser Typ von Umkehrmuster als **Doppeltop** *bezeichnet.*

☉ Wie Unterstützung und Widerstand ihre Rollen vertauschen

Bis jetzt haben wir „Unterstützung" als vorheriges Tief und „Widerstand" als vorheriges Hoch definiert. Das ist allerdings nicht immer der Fall, was uns zu den interessanteren und weniger bekannten Aspekten von Unterstützung und Widerstand führt – dem Vertauschen ihrer Rollen. *Immer wenn eine Unterstützungs- oder Widerstandslinie signifikant gebrochen wird, vertauschen sie ihre Rollen und wandeln sich in ihr Gegenteil.* Mit

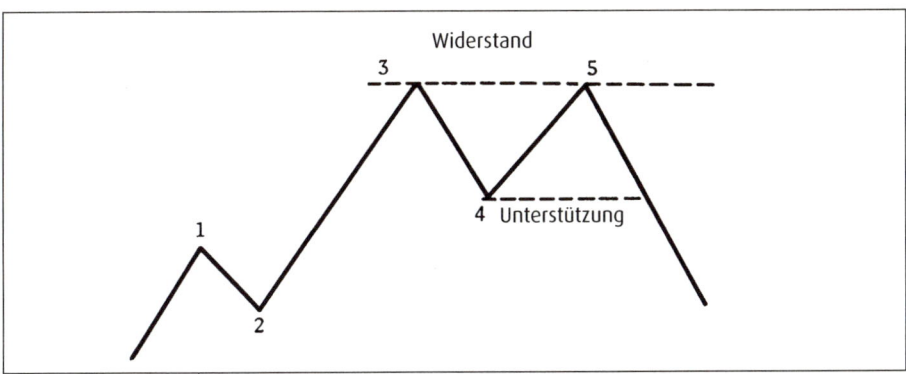

| Abbildung 4.4a | Beispiel einer Trendumkehr. Der fehlgeschlagene Ausbruch der Kurse an Punkt 5 über den vorherigen Gipfel von Punkt 3, gefolgt von einer Verletzung der Unterstützung des vorherigen Tiefs von Punkt 4 vollendet eine Trendumkehr nach unten. Diese Formation wird Doppel-Top genannt. |

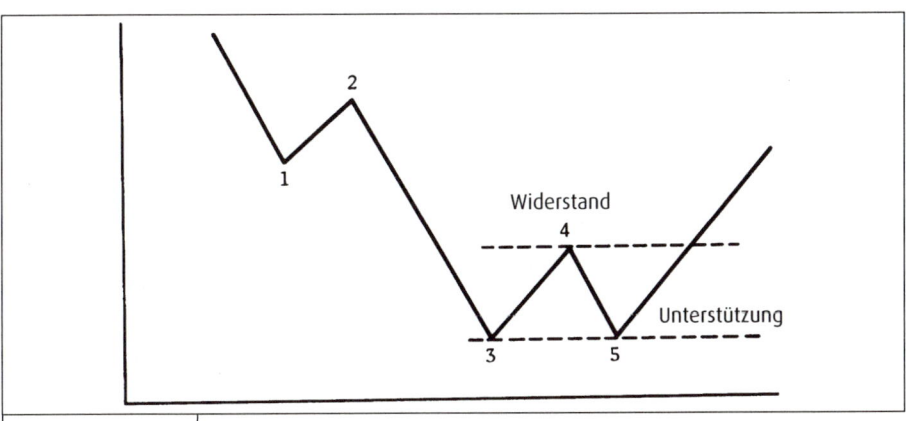

| Abbildung 4.4b | Beispiel einer Boden-Umkehrformation. Wenn sich die Kurse an Punkt 5 über dem Niveau des vorherigen Tiefs an Punkt 3 halten können, ist dies üblicherweise das erste Zeichen eines Bodens. Der Boden ist bestätigt, wenn der Gipfel von Punkt 4 überwunden wird. |

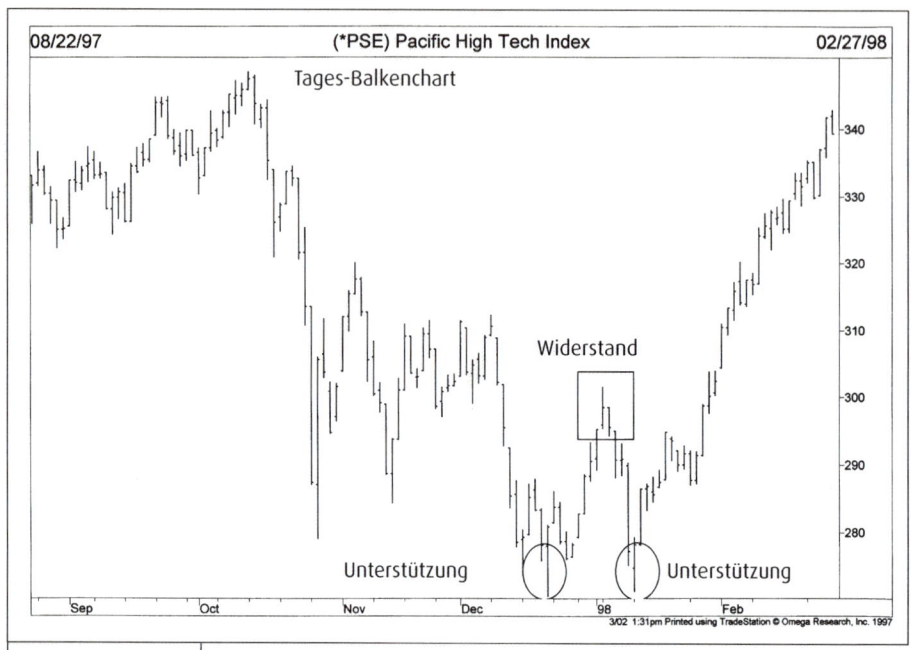

| Abbildung 4.4c | Beispiel einer Bodenumkehr. Im Januar 1998 testeten die Kurse die vom September herrührende Unterstützung, prallten von ihr ab und bildeten eine zweite Unterstützungslinie. Das Überwinden des mittleren Widerstandspunkts signalisierte einen neuen Aufwärtstrend. |

anderen Worten: Eine Widerstandslinie wird zur Unterstützungslinie, und Unterstützung wird zu Widerstand.

☉ Die Psychologie von Unterstützung und Widerstand

Lassen Sie uns die Marktteilnehmer zu Illustrationszwecken in drei Gruppen unterteilen – die Inhaber von Long-Positionen, die Inhaber von Short-Positionen und die Unentschlossenen.

Die Inhaber von Long-Positionen sind Trader, die bereits Terminkontrakte gekauft haben; die Inhaber von Short-Positionen haben sich bereits auf die Seite der Verkäufer geschlagen; die Unentschlossenen sind entweder aus dem Markt gegangen oder haben sich noch nicht entschieden, in welche Richtung sie einsteigen sollen.

Nehmen wir an, dass ein Markt anfängt, sich von einer Unterstützungszone, wo die Kurse eine Zeit lang fluktuiert sind, nach oben zu bewegen. Die Aktienbesitzer (die in der Nähe der Unterstützungszone gekauft haben) sind erfreut, doch sie bereuen, nicht mehr gekauft zu haben. Wenn die Kurse noch einmal auf die Unterstützungszone zurückfallen, könnten sie ihre Long-Positionen aufstocken. Die Leerverkäufer realisieren (oder befürchten stark), dass sie sich auf der falschen Seite des Marktes befinden. (Wie weit sich die Kurse bereits von der Unterstützungszone entfernt haben, beeinflusst die Entscheidungsfindung in hohem Maße; wir kommen auf diesen Punkt ein wenig später zurück.) Die Inhaber der Short-Positionen hoffen (und beten), dass die Kurse noch einmal in den Bereich zurückfallen, wo sie short gegangen sind, so dass sie ihre Positionen ohne Verluste schließen können.

Diejenigen, die noch warten, können in zwei Gruppen unterteilt werden – jene, die noch nie eine Position hatten, und solche, die – aus welchen Gründen auch immer – kürzlich eine Long-Position in der Unterstützungszone verkauft hatten. Die Letzteren ärgern sich natürlich, dass sie zu früh verkauft haben, und hoffen auf eine Chance, ihre Position in der Nähe ihres Verkaufskurses zurückzukaufen.

Die letzte Gruppe, die Unentschlossenen, erkennen nun, dass sich die Kurse nach oben bewegen, und entscheiden sich, bei der nächsten sich bietenden Kaufgelegenheit long zu gehen. Alle vier Gruppen von Marktteilnehmern entschließen sich, „in die nächste Korrektur zu kaufen". Sie alle haben ein Eigeninteresse, in der Unterstützungszone unterhalb der aktuellen Kurse zu kaufen. Es ist klar, dass erneute Käufe aller vier Gruppen in dem Moment einsetzen, wenn sich die Kurse dieser Unterstützung nähern und die Kurse nach oben treiben.

Je mehr Handelsaktivitäten in der Unterstützungszone stattfinden, umso bedeutender wird sie, weil sich eine größere Zahl von Marktteilnehmern in dieser Region engagiert. Die Handelsaktivität in einer Unterstützungs- oder Widerstandszone kann auf drei Arten bestimmt werden: Der Zeitumfang des Aufenthalts, das Volumen, und wie weit in der Vergangenheit der Umsatz stattgefunden hat.

Je länger die Zeitspanne ist, in der sich die Kurse in einer Unterstützungs- oder Widerstandszone aufhalten, umso bedeutender wird diese Zone. Wenn die Kurse beispielsweise drei Wochen lang konsolidieren, bevor sie steigen, ist die Unterstützungszone signifikanter, als wenn die Aktie nur drei Tage in diesem Kursbereich gehandelt worden wäre.

Der getätigte Umsatz ist eine weitere Methode, die Bedeutung von Unterstützung und Widerstand zu messen. Wird die Bildung einer Unterstützungslinie von starken Umsätzen begleitet, deutet dies auf eine größere Anzahl von Aktien hin, die den Besitzer wechseln, und das ist natürlich bedeutsamer, als wenn nur geringer Handel stattgefunden hätte. Point & Figure Charts, die die Handelsaktivität innerhalb eines Tages messen, sind besonders nützlich bei der Identifizierung von Kursniveaus, wo starke Umsätze stattgefunden haben und wo, als Konsequenz daraus, Unterstützung und Widerstand am wahrscheinlichsten funktionieren werden.

Ein dritter Weg, um die Signifikanz einer Unterstützungs- oder Widerstandszone zu bestimmen, ist die Kürze der Zeitspanne, die seit den starken Umsätzen verstrichen ist. Wir beschäftigen uns mit der Reaktion von Marktteilnehmern auf Kursbewegungen und auf Positionen, die sie bereits eingegangen sind oder versäumt haben, dies zu tun. Deshalb steht zu vermuten, dass die Wirkung umso stärker ist, je kürzer die Ereignisse zurückliegen.

Nun lassen Sie uns den Spieß umdrehen und davon ausgehen, dass die Kurse nach unten statt nach oben gehen. In dem obigen Beispiel einer Aufwärtsbewegung hatten die gemeinsamen Reaktionen der Marktteilnehmer zusätzliche Käufe in jeder Abwärtskorrektur zur Folge und verursachten so eine neue Unterstützung. Fangen die Kurse aber an zu sinken und fallen unter die bisherige Unterstützungszone, passiert in der Korrektur das genaue Gegenteil. Alle diejenigen, die in der Unterstützungszone gekauft hatten, erkennen, dass sie einen Fehler begangen haben. Handelt es sich dabei um Futures-Trader, so werden ihre Broker dringende Margin Calls an sie richten und zusätzliche Einschüsse auf die Long-Positionen fordern. Aufgrund des hohen Hebeleffekts beim Terminhandel können Trader Verluste nicht lange aussitzen. Sie müssen zusätzliches Kapital aufwenden oder ihre Verlustpositionen liquidieren.

Was im ersten Fall die Unterstützung hervorrief, war der unter den aktuellen Kursen vorherrschende Überhang an Kauforders. Nun sind die früheren Kauflimite oberhalb des Marktes zu Verkaufslimiten unterhalb des Marktes geworden. *Unterstützung wurde zu Widerstand.* Und je signifikanter die vorherige Unterstützungszone war – was bedeutet, je höher hier die Umsätze waren, und je kürzer sie zurückliegen –, umso kräftiger wird sie jetzt in ihrer neuen Eigenschaft als Widerstandszone. All diejenigen Einflüsse, die durch die drei Gruppen von Marktteilnehmern – die Inhaber von Long- und Short-Positionen bzw. die Unentschiedenen – Unterstützung verursacht hatten, sorgen jetzt für einen Deckel über den Kursen, der bei aufeinander folgenden Gegenreaktionen oder Rallyes als Widerstand wirkt.

Es ist sinnvoll, dann und wann innezuhalten und zu reflektieren, warum die von den Technischen Analysten benutzten Chartformationen und Konzepte wie dasjenige von Unterstützung und Widerstand tatsächlich funktionieren. Es ist nicht wegen etwas Magischem oder einiger Linien auf dem Chart. Diese Formationen funktionieren, weil sie ein Abbild dessen sind, was die Marktteilnehmer gerade tun, und uns in die Lage versetzen, ihre Reaktionen auf Marktereignisse zu bestimmen. Chartanalyse ist eigentlich ein Studium der menschlichen Psychologie und des Verhaltens von Marktteilnehmern bei sich ändernden Marktbedingungen. Unglücklicherweise, weil wir in der schnelllebigen Welt der Finanzmärkte leben, tendieren wir dazu, uns zu sehr auf die Chartterminologie und die verkürzten Ausdrücke zu verlassen und dabei die Kräfte zu übersehen, die den Chartbildern eigentlich zugrunde liegen. Es gibt handfeste psychologische Gründe dafür, warum Unterstützungs- und Widerstandslinien auf Kurscharts auftauchen und dazu benutzt werden können, Marktbewegungen vorherzusagen.

☉ Rollentausch von Unterstützung und Widerstand: Ab wann signifikant?

Eine Unterstützungslinie, die um ein signifikantes Maß verletzt wird, wird zu einer Widerstandslinie und umgekehrt. Die Abbildungen 4.5a–c sind den Abbildungen 4.3a und b vergleichbar, mit Ausnahme einer zusätzlichen Verfeinerung. Beachten Sie beim

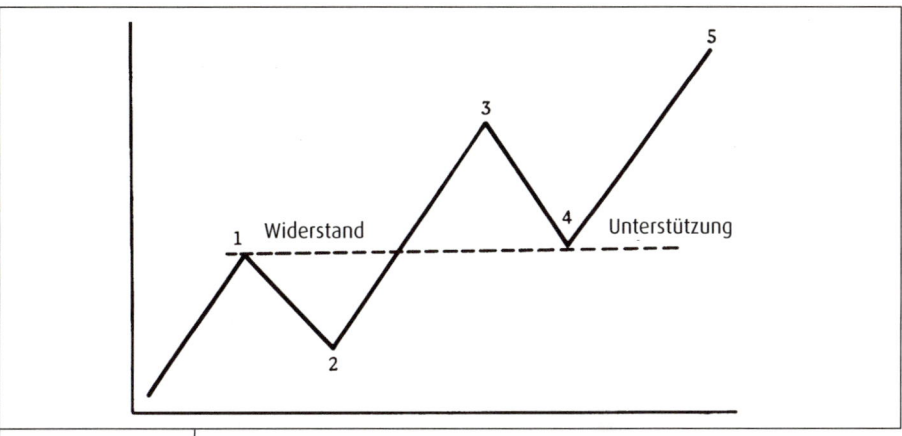

Abbildung 4.5a — In einem Aufwärtstrend werden Widerstandslinien, die signifikant durchbrochen werden, zu Unterstützungslinien. Beachten Sie, dass der Widerstand von Punkt 1 nach der Überwindung an Punkt 4 Unterstützung bot. Vorherige Gipfel fungieren in untergeordneten Korrekturen als Unterstützung.

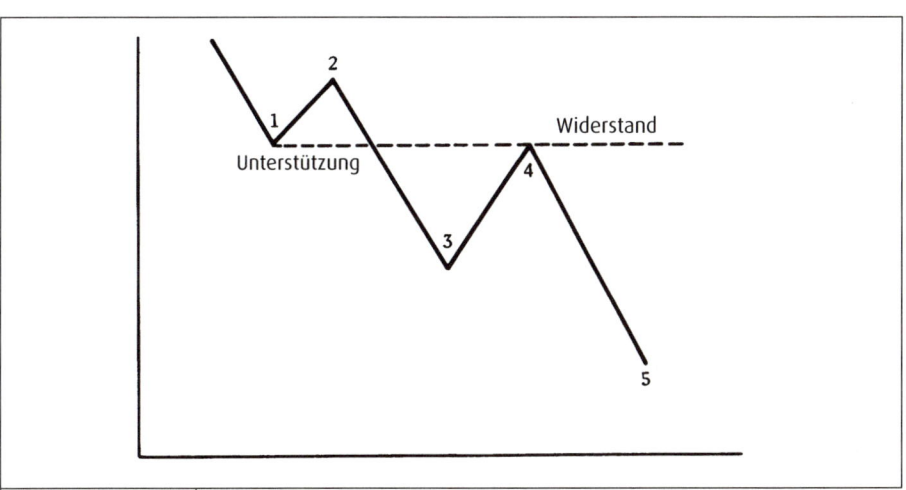

Abbildung 4.5b — In einem Abwärtstrend werden verletzte Unterstützungslinien in untergeordneten Reaktionen zu Widerstandslinien. Beachten Sie, wie die vorherige Unterstützung von Punkt 1 an Punkt 4 zum Widerstand wurde.

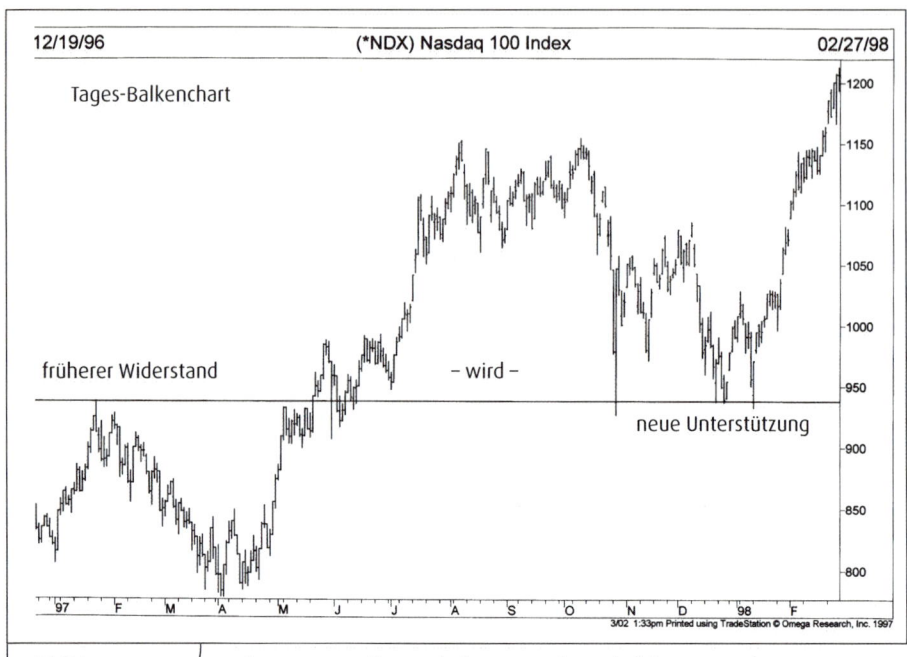

Abbildung 4.5c Vollzogene Rollenumkehr. War der Gipfel von Anfang 1997 erst einmal überboten, kehrte sich die Rolle zu einer Unterstützungslinie um. Ein Jahr später stoppte die mittelfristige Abwärtsbewegung genau an dem ehemaligen Widerstand, der zur neuen Unterstützung geworden war.

Steigen der Kurse in Abbildung 4.5a, dass die Reaktion bei Punkt 4 am oder über dem Gipfel von Punkt 1 stoppte. Dieses frühere Hoch bei Punkt 1 stellte eine Widerstandslinie da. Doch sobald sie durch Welle 3 entscheidend verletzt wird, wird der bisherige Widerstandspunkt zu einer Unterstützungslinie. Alle diese früheren Verkäufe am Gipfel von Welle 1 (die für die Bildung des Widerstands sorgte) werden nun zu Kaufkraft unterhalb der aktuellen Kurse. In der Abbildung 4.5b, die einen fallenden Trend zeigt, wurde Punkt 1 (der eine Unterstützung bildete) nun zu einer Widerstandslinie bei Punkt 4, die den Markt gewissermaßen mit einem Deckel versah.

Es wurde bereits erwähnt, dass die Strecke, die die Kurse von der Unterstützungs- oder Widerstandslinie zurückgelegt haben, die Bedeutung der Unterstützung oder des Widerstands erhöhen. Dies gilt insbesondere dann, wenn die Unterstützungs- und Widerstandslinien durchbrochen werden und ihre Rollen vertauschen. Es wurde behauptet, dass Unterstützungs- und Widerstandslinien ihre Rollen nur nach einer signifikanten Verletzung vertauschen. Aber was heißt signifikant? Die Beurteilung, ob es sich um einen Durchbruch handelt oder nicht, ist sicher ein wenig subjektiv. Mancher Technische Analyst verwendet einen Durchbruch um mindestens 3 % als Messlatte, insbesondere für bedeutende Unterstützungs- und Widerstandslinien. Kürzerfristige Unterstützungs- und Widerstandszonen erfordern wahrscheinlich einen viel kleineren Betrag, etwa 1 %. In der Praxis muss jeder Analyst selbst entscheiden, welcher Durchbruch für ihn signifikant ist. Dabei ist es aber wichtig, zu berücksichtigen, dass Unterstützungs- und Widerstandszonen nur dann ihre Rollen vertauschen, wenn die Kursbewegungen weit genug gehen, um die Marktteilnehmer davon zu überzeugen, dass sie einen Fehler gemacht haben. Je weiter weg sich der Markt bewegt, umso mehr werden sie überzeugt.

⊙ Die Bedeutung runder Zahlen als Unterstützung und Widerstandszonen

Es gibt eine Tendenz, dass Auf- oder Abwärtsbewegungen an runden Kursmarken stoppen. Trader neigen dazu, runde Zahlen wie zum Beispiel 10, 20, 25, 50, 75, 100 (und Vielfache von 1000) als Kursziele anzunehmen und danach zu handeln. Diese runden Zahlen werden deshalb oft als psychologische Unterstützung oder Widerstandslinie bezeichnet. Ein Trader kann diese Information dazu benutzen, mit Gewinnmitnahmen zu beginnen, wenn sich die Kurse einer wichtigen runden Zahl nähern.

Der Goldmarkt ist ein hervorragendes Beispiel für dieses Phänomen. Das Tief des Bärenmarktes von 1982 war bei rund 300 $. Anschließend sprang der Markt bis etwas über 500 $ im ersten Quartal 1983, bevor er auf 400 $ zurückfiel. Eine Goldrallye in 1987 stoppte erneut bei 500 $. Von 1990 bis 1997 missglückte jeder Ausbruchsversuch über 400 $. Der Dow Jones Industrials Average zeigt eine Tendenz, bei 1000er-Niveaus zu verharren.

Es gibt eine Handelsregel, die dieses Prinzip berücksichtigt: Vermeiden Sie, Wertpapierorders in der Nähe auffälliger runder Zahlen zu platzieren. Wenn ein Trader beispielsweise in eine kurzfristige Marktschwäche in einem Aufwärtstrend kaufen will, macht es Sinn, Kauflimite etwas oberhalb einer bedeutenden runden Zahl zu legen. Weil nämlich andere versuchen werden, an dieser Kursmarke zu kaufen, wird der Markt diese Marke möglicherweise nie ganz erreichen. Trader, die in einer kurzfristigen Erholung verkaufen wollen, platzieren ihre Verkaufsaufträge ein wenig unterhalb runder Zahlen. Das Gegenteil ist zu tun, wenn man bestehende Positionen mit Stop-Aufträgen schützen will. Berücksichtigen Sie die allgemeine Regel, Stop-Limite nicht direkt auf runden Zahlen zu platzieren.

Anders ausgedrückt, Stop-Aufträge von Long-Positionen sollten unter runden Zahlen platziert werden, und von Short-Positionen über solchen Zahlen. Die Tendenz von Märkten, runde Zahlen zu respektieren, und dabei speziell die soeben besprochenen besonders wichtigen runden Zahlen, ist eine jener besonderen Marktcharakteristiken, die sich beim Trading als sehr hilfreich erweisen und deshalb im Hinterkopf eines technisch orientierten Traders behalten werden sollten.

☐ TRENDLINIEN

Nachdem wir nun Unterstützung und Widerstand verstanden haben, lassen Sie uns unserem Arsenal technischer Instrumente einen weiteren Baustein hinzufügen – die Trendlinie (siehe Abbildung 4.6 a-c). Die einfache Trendlinie ist eines der simpelsten technischen Hilfsmittel, die von Chartisten eingesetzt werden, aber sie ist auch eine der wertvollsten. Eine Aufwärtstrendlinie ist eine gerade Linie, die entlang aufeinander folgender Reaktionstiefs nach oben gezogen wird, wie es die durchgezogene Linie in Abbildung 4.6a demonstriert. Eine Abwärtstrendlinie wird durch aufeinander folgende Kursgipfel nach rechts unten gezogen, wie in Abbildung 4.6b gezeigt.

☉ Zeichnen einer Trendlinie

Bei dem korrekten Ziehen von Trendlinien verhält es sich ähnlich wie mit jedem anderen Aspekt der Chartanalyse: Einiges Experimentieren mit verschiedenen Linien ist normalerweise notwendig, um die richtige zu finden. Manchmal muss selbst eine richtig aussehende Trendlinie neu gezeichnet werden. Bei der Suche für diese korrekte Linie gibt es jedoch einige hilfreiche Richtlinien.

Zunächst müssen Anzeichen eines Trends da sein. Für das Ziehen einer Aufwärtstrendlinie bedeutet dies, dass es mindestens zwei Reaktionstiefs geben muss, von denen das zweite höher liegt als das erste. Natürlich braucht es immer zwei Punkte, um irgendeine Gerade zu ziehen. In Abbildung 4.6 a beispielsweise konnte der Chartist erst

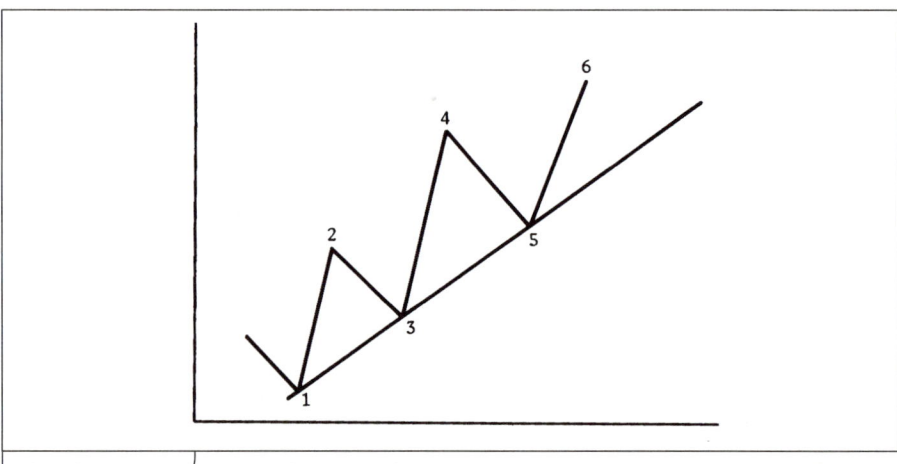

Abbildung 4.6a / Beispiel einer Aufwärtstrendlinie. Die Aufwärtstrendlinie wird unter die steigenden Reaktionstiefs gezeichnet. Eine versuchsweise vorläufige Trendlinie wird durch zwei steigende Tiefpunkte (Punkte 1 und 3) gezogen, benötigt jedoch einen dritten Test, um die Gültigkeit der Trendlinie zu bestätigen (Punkt 5)

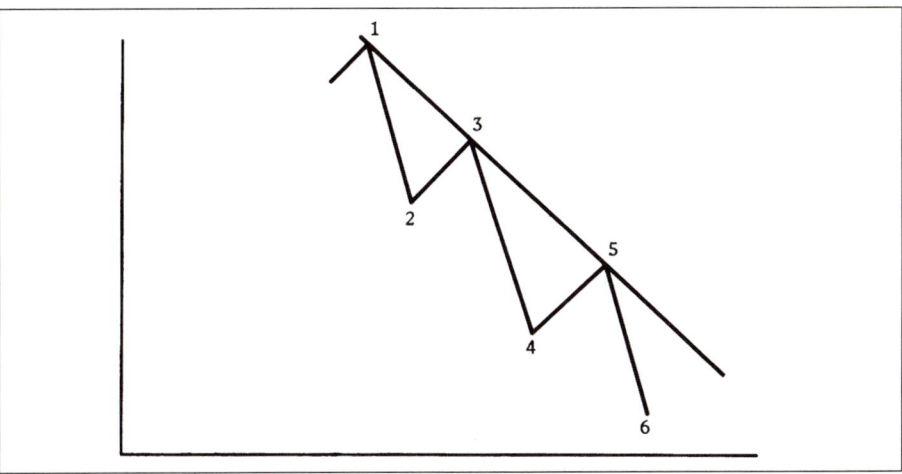

Abbildung 4.6b Eine Abwärtstrendlinie wird über die aufeinander folgenden, tieferen Rallyehochs gelegt. Eine versuchsweise vorläufige Abwärtstrendlinie benötigt zwei Punkte (1 und 3), um gezogen zu werden, und einen dritten Test (Punkt 5), um ihre Gültigkeit zu bestätigen.

Abbildung 4.6c Eine langfristige Aufwärtstrendlinie. Sie wurde entlang der ersten beiden Reaktionstiefs (durch Pfeile markiert) nach rechts oben gezogen. Am dritten Tief zu Beginn von 1998 prallten die Kurse von der steigenden Trendlinie ab, der Aufwärtstrend blieb intakt.

dann einigermaßen zuversichtlich davon ausgehen, dass ein Reaktionstief gebildet wurde, nachdem die Kurse von Punkt 3 aus angefangen haben zu steigen, und erst dann kann er eine versuchsweise Trendlinie durch die Punkte 1 und 3 ziehen.

Manche Chartisten verlangen, dass das Hoch an Punkt 2 übertroffen werden muss, um den Aufwärtstrend zu bestätigen, bevor die Trendlinie gezogen wird. Andere wiederum verlangen nur eine 50-%ige Korrekturbewegung der Welle 2-3, oder dass die Kurse den Gipfel von Welle 2 ansteuern. Die Kriterien mögen differieren, doch der wesentliche Punkt besteht darin, dass sich der Charttechniker relativ sicher sein will, dass ein Reaktionstief gebildet wurde, bevor er es als Auflagepunkt einer Trendlinie benutzt. Sobald zwei ansteigende Tiefs identifiziert wurden, wird eine gerade Linie gezogen, die die beiden Tiefs miteinander verbindet, und nach rechts oben verlängert.

⊙ Versuchsweise versus gültige Trendlinie

Bis jetzt haben wir erst eine *versuchsweise Trendlinie*. Um die Gültigkeit einer Trendlinie zu bestätigen, sollte diese Linie allerdings ein drittes Mal von den Kursen berührt und wieder verlassen werden. In Abbildung 4.6a bestätigte der erfolgreiche Test der Aufwärtstrendlinie bei Punkt 5 die Gültigkeit dieser Linie. Abbildung 4.6b zeigt einen Abwärtstrend, doch die Regeln sind dieselben. Der erfolgreiche Test der Trendlinie erfolgte bei Punkt 5. Zusammenfassend lässt sich sagen, dass zwei Punkte benötigt werden, um eine Trendlinie zu ziehen, und ein dritter Punkt, um aus ihr eine *gültige Trendlinie* zu machen.

⊙ Wie man die Trendlinie benutzt

Sobald der dritte Punkt bestätigt wurde und der Trend sich in seiner ursprünglichen Richtung fortsetzt, wird diese Trendlinie zu einem in verschiedener Weise nützlichen Hilfsmittel. Eine der Grundannahmen des Trendkonzepts besagt, dass ein in Bewegung befindlicher Trend dazu tendiert, in Bewegung zu bleiben. Daraus lässt sich weiterhin folgern, dass, wenn ein Trend erst einmal eine bestimmte Steigung oder Geschwindigkeit angenommen hat, was sich in der Trendlinie ausdrückt, wird er normalerweise diese Steigung beibehalten. Die Trendlinie hilft dann nicht nur, die Extrempunkte von Korrekturphasen zu bestimmen, sondern – und das ist noch wichtiger – sie sagt uns, wann der Trend wechselt.

In einem Aufwärtstrend beispielsweise wird die unvermeidliche Korrekturdelle die Aufwärtstrendlinie häufig berühren oder ihr zumindest sehr nahe kommen. Weil der Trader in Aufwärtstrends Korrekturbewegungen zum Kauf nutzen will, wird diese Trendlinie zu einer unterstützenden Grenze unterhalb der Kurse, die als Kaufbereich genutzt werden kann. Eine Abwärtstrendlinie eignet sich als Widerstandszone für Verkäufer (siehe Abbildungen 4.7a und b).

So lange die Trendlinie nicht verletzt wird, kann sie dazu verwendet werden, Kauf- und Verkaufsbereiche zu bestimmen. Bei Punkt 9 in Abbildung 4.7a – b signalisiert die Verletzung der Trendlinie allerdings einen Trendwechsel und macht eine Liquidation aller Positionen in Richtung des vorherigen Trends erforderlich. Sehr *oft ist der Bruch der Trendlinie einer der besten Frühwarnungen eines Trendwechsels.*

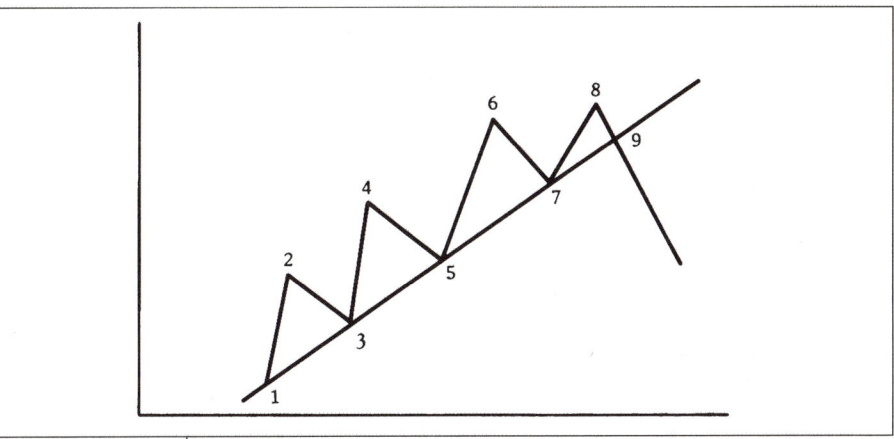

Abbildung 4.7a / Sobald die Aufwärtstrendlinie etabliert ist, können aufeinander folgende Dellen nahe der Linie als Kaufzonen genutzt werden. Die Punkte 5 und 7 in diesem Beispiel könnten für neue oder zusätzliche Longpositionen genutzt worden sein. Der Bruch der Trendlinie bei Punkt 9 und damit das Signal einer Trendumkehr forderte die Liquidation aller Longpositionen

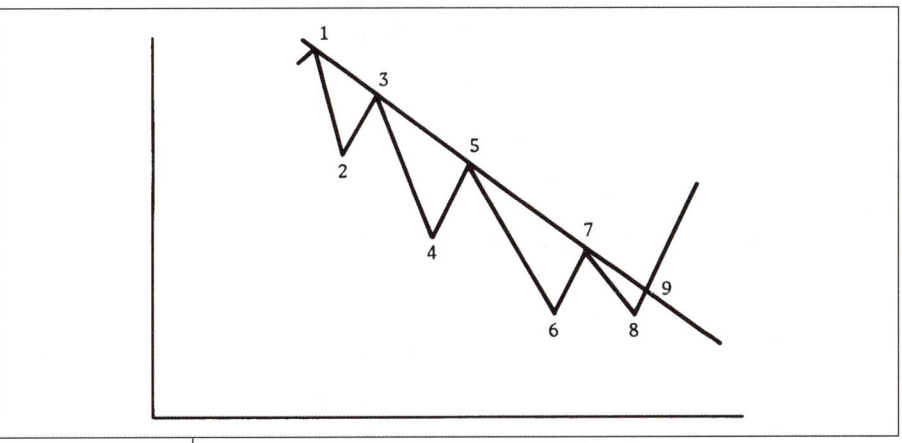

Abbildung 4.7b / Die Punkte 5 u. 7 könnten als Verkaufszonen genutzt worden sein. Der Bruch der Trendlinie bei Punkt 9 zeigt eine Trendumkehr nach oben.

⊙ Wie man die Signifikanz einer Trendlinie bestimmt

Lassen Sie uns einige vertiefende Aspekte der Trendlinie diskutieren. Was bestimmt zunächst die Signifikanz einer Trendlinie? Die Antwort auf diese Frage ist zweifach – *je länger sie intakt war, und je öfter sie getestet wurde.* Eine Trendlinie beispielsweise, die achtmal erfolgreich getestet wurde und so fortlaufend ihre Gültigkeit demonstriert hat, ist offensichtlich signifikanter als eine, die nur dreimal berührt wurde. Weiterhin ist eine Trendlinie, die seit neun Monaten besteht, von größerer Bedeutung als eine, die erst neun Wochen oder neun Tage alt ist. Je signifikanter die Trendlinie ist, umso mehr Vertrauen flößt sie ein, und umso bedeutender ist ein Durchbruch.

⊙ Trendlinien sollten die gesamte Kursbewegung einschließen

Auf Balkencharts sollten Trendlinien unter der gesamten Handelsspanne des Tages gezogen werden. Einige Chartisten ziehen es vor, die Trendlinie durch Verbindung nur der Schlusskurse zu zeichnen, doch das ist nicht die standardmäßige Prozedur. Der Schlusskurs mag sehr wohl der wichtigste Kurs des Tages sein, doch er repräsentiert nur einen kleinen Ausschnitt aus der Handelsaktivität dieses Tages. Gebräuchlicher ist die Technik, die gesamte Handelsspanne des Tages zu berücksichtigen (siehe Abbildung 4.8).

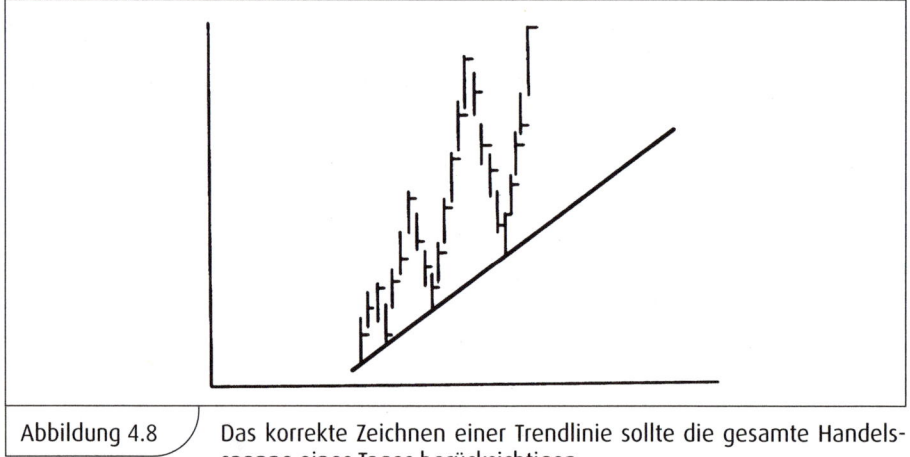

| Abbildung 4.8 | Das korrekte Zeichnen einer Trendlinie sollte die gesamte Handelsspanne eines Tages berücksichtigen. |

⊙ Wie man kleine Durchbrüche durch Trendlinien behandelt

Manchmal werden die Kurse eine Trendlinie nur innerhalb eines Tages verletzen, um dann wieder in Richtung des ursprünglichen Trends zu schließen, und damit den Analysten in einigem Zweifel lassen, ob die Trendlinie nun eigentlich gebrochen wurde oder nicht (siehe Abbildung 4.9). Die Abbildung 4.9 zeigt, wie solch eine Situation aus-

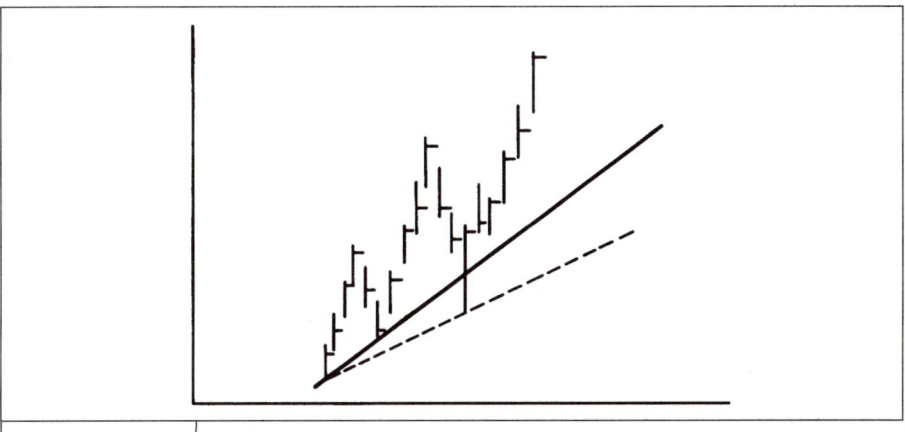

Abbildung 4.9 Eine Intraday-Verletzung einer Trendlinie wird den Chartisten manchmal im Zweifel lassen, ob die ursprüngliche Trendlinie noch gültig ist oder ob eine neue Linie gezogen werden sollte. Ein Kompromiss besteht darin, die ursprüngliche Trendlinie beizubehalten und eine neue gestrichelte Linie zu ziehen, bis man besser bestimmen kann, welche Linie die geeignetere ist.

sehen kann. Die Kurse tauchten während des Tages unter die Trendlinie, schlossen dann jedoch über der Aufwärtstrendlinie. Sollte die Trendlinie jetzt neu gezogen werden?

Leider gibt es keine feste Regel, die in solchen Situationen befolgt werden kann. Manchmal ist es am besten, diesen kleinen Durchbruch zu ignorieren, besonders dann, wenn die folgende Marktbewegung darauf hindeutet, dass die ursprüngliche Linie immer noch gültig ist.

⊙ Was ist für den gültigen Bruch einer Trendlinie nötig?

Allgemein gesagt, *ist ein Schlusskurs jenseits der Trendlinie signifikanter als eine Verletzung nur auf Intraday-Basis.* Wir gehen noch einen Schritt weiter und sagen, dass manchmal sogar ein Durchbruch auf Schlusskursbasis nicht genug ist. Die meisten Techniker verwenden eine Reihe von Zeit- und Kursfiltern in dem Versuch, gültige Brüche von Trendlinien zu isolieren und falsche Signale (whipsaws) zu eliminieren. Ein Beispiel eines Kursfilters ist die *3-Prozent-Regel*. Dieser Kursfilter wird hauptsächlich für den Bruch von längerfristigen Trendlinien benutzt und erfordert den Durchbruch der Trendlinie auf Schlusskursbasis um mindestens 3 Prozent. (Die 3-Prozent-Regel lässt sich auf manche Finanzterminkontrakte, wie die Zinsmärkte, nicht anwenden.)

Wenn zum Beispiel der Goldpreis eine bedeutende Aufwärtstrendlinie bei 400 $ durchstieße, müssten die Preise um 3 % unter demjenigen Preisniveau schließen, wo die Linie gebrochen wurde (in diesem Fall müssten die Preise um 12 $ unterhalb der Trendlinie, also bei 388 $, schließen). Natürlich wäre ein 12 $-Durchbruchkriterium für ein kurzfristiges Trading nicht angebracht. In solchen Fällen wäre vielleicht ein 1-%-Durchbruchkriterium besser geeignet. Die Prozentregel stellt nur einen Typ von Kursfiltern dar. Aktienanalysten beispielsweise mögen den Durchbruch um einen vollen Punkt fordern und geringfügigere Bewegungen ignorieren. Es gibt eine Wechselbeziehung bei der Benutzung aller Art von Filtern. Ist der Filter zu klein, wird er sich nicht als sehr nützlich bei der Reduktion von Fehlsignalen erweisen. Ist er zu groß, wird viel von der Kursbewegung verpasst, bevor ein gültiges Signal gegeben wird. Hier muss jeder Trader herausfinden, welcher Typ von Filtern am besten für den Grad des verfolgten Trends geeignet ist, und Ausnahmen für die Unterschiede in den einzelnen Märkten zulassen.

Eine Alternative zu dem Kursfilter (also zu fordern, dass eine Trendlinie durch einen vorbestimmten absoluten oder prozentualen Betrag gebrochen wird) ist ein *Zeitfilter*. Ein verbreiteter Zeitfilter ist die *2-Tage-Regel*. Mit anderen Worten: Die Kurse müssen an zwei aufeinander folgenden Tagen jenseits der Trendlinie schließen, um einen gültigen Bruch der Trendlinie zu erhalten. Zum Bruch einer Aufwärtstrendlinie müssen die Kurse damit zwei Tage in Folge unterhalb der Trendlinie schließen. Eine nur einen Tag andauernde Verletzung zählt nicht. Die 1- bis 3-Prozent-Regel und die 2-Tage-Regel werden nicht nur für wichtige Trendlinien, sondern auch auf den Bruch wichtiger Unterstützungs- und Widerstandszonen angewendet. Ein anderer Filter erfordert einen Freitag-Schlusskurs jenseits eines wichtigen Durchbruchspunktes, um ein Signal auf Wochenbasis zu generieren.

☉ Wie Trendlinien ihre Rollen vertauschen

Es wurde bereits erwähnt, dass Unterstützungs- und Widerstandslinien zu ihrem Gegenteil werden, sobald sie verletzt werden. Dasselbe Prinzip gilt für Trendlinien (siehe Abbildungen 4.10a bis d). Anders ausgedrückt, eine Aufwärtstrendlinie (Unterstützungslinie) wird normalerweise zu einer Widerstandslinie, sobald sie signifikant gebrochen wurde. Eine Abwärtstrendlinie (Widerstandslinie) wird oft zu einer Unterstützungslinie werden, wenn sie erst einmal entscheidend gebrochen wurde. Das ist der Grund, warum es normalerweise eine gute Idee ist, alle Trendlinien so weit wie möglich auf dem Chart nach rechts zu verlängern, selbst nachdem sie gebrochen wurden. Es überrascht, wie häufig alte Trendlinien als Unterstützungs- oder Widerstandslinien in der Zukunft wirken, aber in der entgegengesetzten Weise.

☉ Die Bestimmung von Auswirkungen von Trendlinien

Trendlinien können dazu benutzt werden, um bei der Bestimmung von Kurszielen zu helfen. Über Kursziele werden wir in den nächsten zwei Kapiteln, wenn es um Kursformationen geht, noch eine Menge mehr zu sagen haben. Tatsächlich sind einige der angesprochenen Kursziele, die von verschiedenen Kursformationen abgeleitet werden, denjenigen vergleichbar, die wir hier im Zusammenhang mit Trendlinien behandeln.

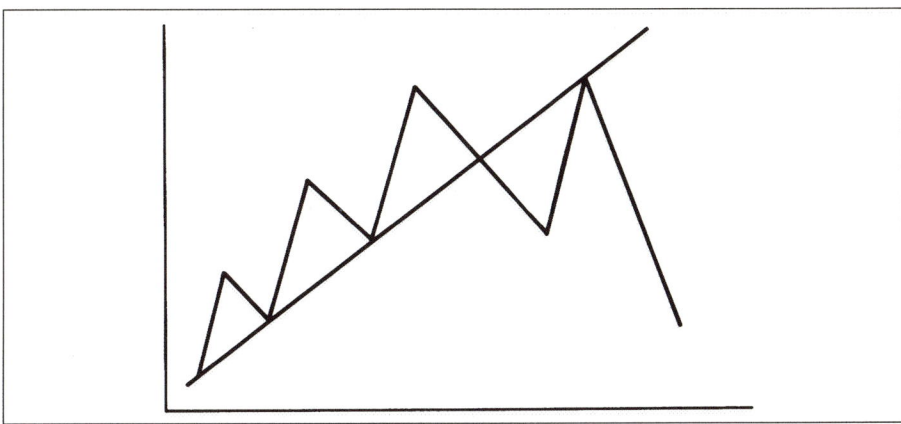

Abbildung 4.10a / Beispiel einer steigenden Unterstützungslinie, die zur Widerstandslinie wird. Eine Unterstützungslinie wird sich bei untergeordneten
Rallyes gewöhnlich als Widerstandsbarriere erweisen, nachdem sie
einmal nach unten durchbrochen wurde.

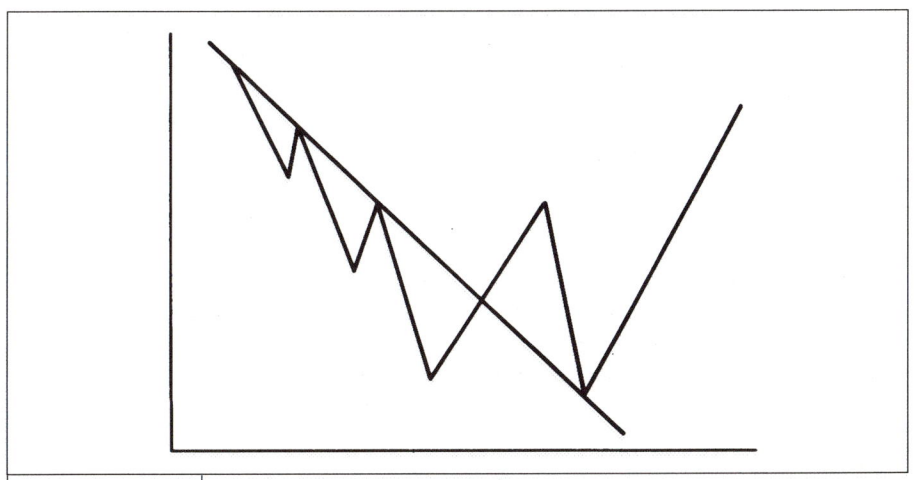

Abbildung 4.10b / Eine Abwärtstrendlinie wird sehr oft zu einer Unterstützungslinie,
nachdem sie nach oben durchbrochen wurde.

Kurz gesagt, sobald eine Trendlinie gebrochen ist, werden die Kurse gewöhnlich jenseits der Trendlinie eine Strecke zurücklegen, die der vertikalen Distanz entspricht, die
die Kurse auf der anderen Seite der Linie überstrichen haben.

Mit anderen Worten: Wenn sich die Kurse in dem vorangegangenen Aufwärtstrend
um 50 $ (vertikal gemessen) oberhalb der Aufwärtstrendlinie bewegt haben, kann man
erwarten, dass die Kurse um dieselben 50 $ unter die Trendlinie fallen werden, nach-

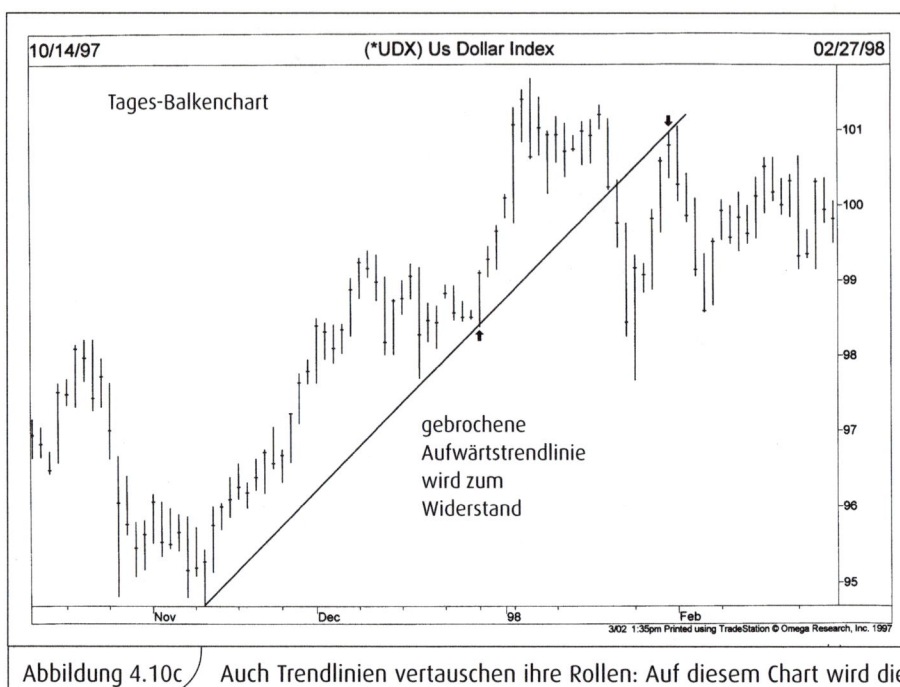

Abbildung 4.10c Auch Trendlinien vertauschen ihre Rollen: Auf diesem Chart wird die gebrochene Aufwärtstrendlinie bei dem folgenden Rallyeversuch zur Widerstandslinie.

dem sie gebrochen wurde. Im nächsten Kapitel werden wir beispielsweise sehen, dass diese Kurszielformel unter Verwendung einer Trendlinie ähnlich derjenigen ist, die für die wohl bekannte *Kopf-Schulter*-Umkehrformation benutzt wird, bei der die Distanz vom „Kopf" zur „Nackenlinie" nach dem Durchbruchspunkt in die neue Trendrichtung projiziert wird.

□ DAS FÄCHERPRINZIP

Dies führt uns zu einer anderen interessanten Anwendung der Trendlinie – dem *Fächerprinzip* (siehe Abbildungen 4.11a – c). Manchmal werden die Kurse nach dem Durchbruch durch eine Aufwärtstrendlinie ein wenig fallen, bevor sie an den unteren Rand der alten Aufwärtstrendlinie (jetzt eine Widerstandstrendlinie) zurückreagieren werden. Beachten Sie in Abbildung 4.11a, wie die Kurse eine Rallye zur Linie 1 gemacht haben, sie aber nicht übersteigen konnten. Nun kann eine zweite Trendlinie (Linie 2) gezogen werden, die auch gebrochen wird. Nach einem weiteren fehlgeschlagenen Rallyeversuch wird eine dritte Linie eingezeichnet (Linie 3). *Der Bruch dieser dritten Trendlinie ist normalerweise eine Indikation für tiefere Kurse.* In Abbildung 4.11b bedeutet der Bruch der dritten Abwärtstrendlinie (Linie 3) ein neues Aufwärtstrendsignal. Beachten Sie in diesen Beispielen, wie vorher gebrochene Unterstützungslinien zu Widerstandslinien werden, während sich Widerstandslinien zur Unterstützung wandeln. Die Bezeichnung „Fächerprinzip" leitet sich von dem Erscheinungsbild der Linien ab, die allmählich flacher werden und an einen Fächer erinnern. *Als wichtiger Punkt bleibt festzuhalten, dass der Bruch der dritten Linie das eigentliche Trendwendesignal darstellt.*

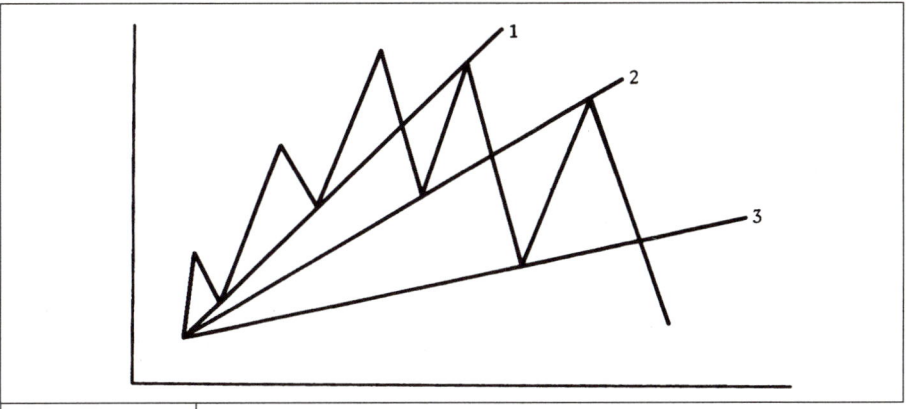

Abbildung 4.11a / Beispiel des Fächerprinzips. Der Bruch der dritten Trendlinie signalisiert die Trendumkehr. Beachten Sie, dass die gebrochenen Trendlinien 1 und 2 oft zu Widerstandslinien werden.

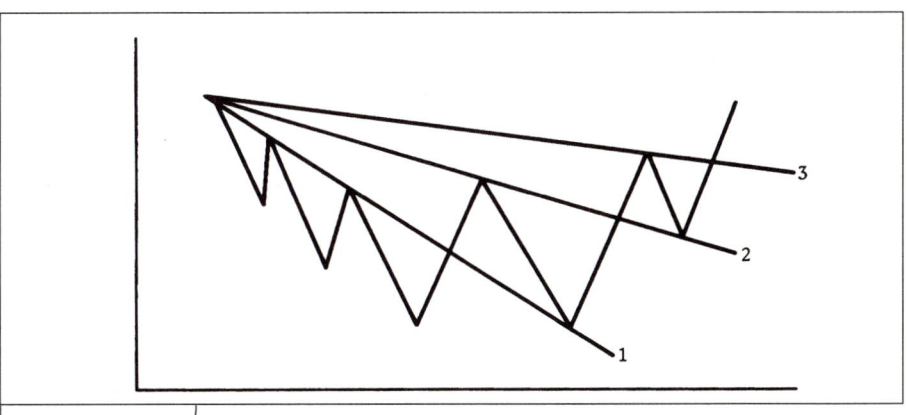

Abbildung 4.11b / Das Fächerprinzip bei einer Bodenformation. Der Bruch der dritten Trendlinie signalisiert die Trendumkehr nach oben. Die zuvor gebrochenen Trendlinien (1 und 2) werden zu Unterstützungslinien.

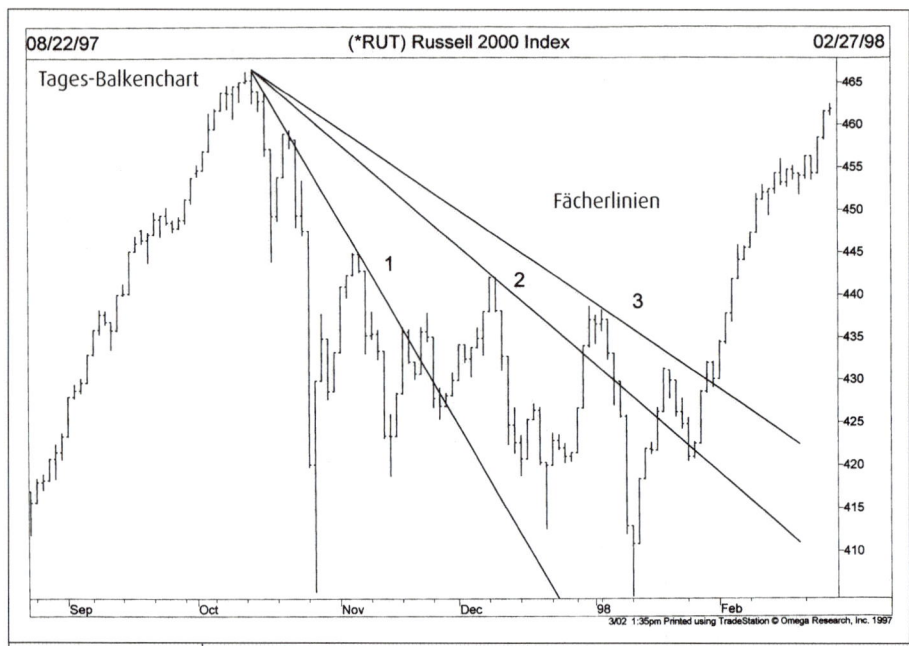

| 08/22/97 | (*RUT) Russell 2000 Index | 02/27/98 |

Tages-Balkenchart

Fächerlinien

1 2 3

Sep Oct Nov Dec 98 Feb

3/02 1:35pm Printed using TradeStation © Omega Research, Inc. 1997

Abbildung 4.11c Fächerlinien werden entlang aufeinanderfolgender Gipfel, wie im Chart illustriert, gezeichnet. Der Bruch der dritten Fächerlinie signalisiert üblicherweise den Start eines Aufwärtstrends.

☐ DIE BEDEUTUNG DER ZAHL DREI

Anlässlich der Untersuchung der drei Linien beim Fächerprinzip ist es interessant, festzustellen, wie häufig sich die Zahl drei bei dem Studium der technischen Analyse zeigt, und welche bedeutende Rolle sie in vielen Technischen Ansätzen spielt. Das Fächerprinzip beispielsweise benutzt drei Linien; bedeutende Bullen- und Bärenmärkte haben üblicherweise drei bestimmende Phasen (Dow- und Elliott-Wellen-Theorie); es gibt drei Arten von *Lücken* (wird in Kürze behandelt); einige der bekannteren Umkehrformationen wie die *Dreifach-Spitze* und die *Kopf-Schulter-Formation* haben drei ausgeprägte Spitzen; es gibt drei verschiedene Trendklassen (primär, sekundär und tertiär) und drei Trendrichtungen (aufwärts, abwärts und seitwärts); unter den allgemein bekannten Fortsetzungsformationen gibt es drei Typen von *Dreiecken* – das symmetrische Dreieck, das Aufwärtsdreieck und das Abwärtsdreieck; es gibt drei Informationsquellen – Kurs, Umsätze und Open Interest. Aus welchem Grund auch immer, die Zahl drei spielt quer durch das ganze Feld der Technischen Analyse eine herausragende Rolle.

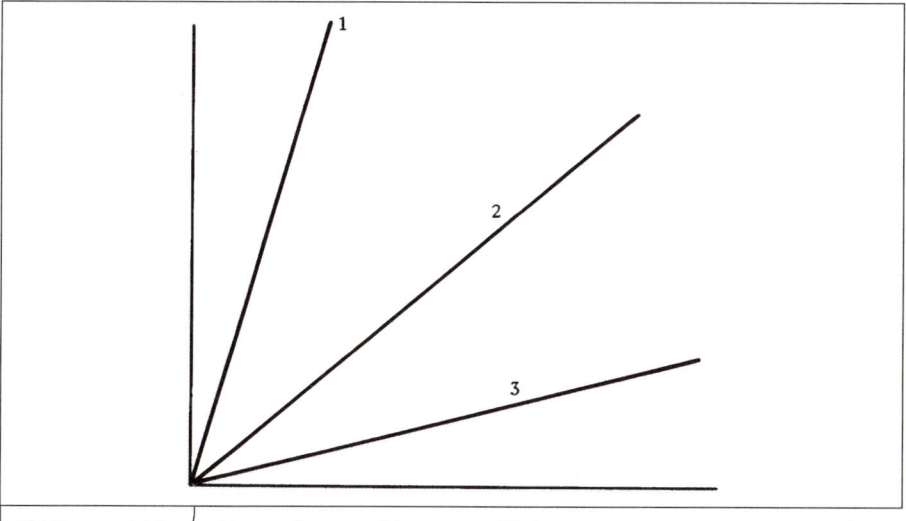

Abbildung 4.12 Die meisten gültigen Trendlinien steigen mit einem Winkel von ungefähr 45 Grad (siehe Linie 2). Ist die Trendlinie zu steil (Linie 1), ist die Steigungsrate zu hoch, um durchgehalten zu werden. Eine zu flache Trendlinie (Linie 3) zeigt an, dass der Aufwärtstrend zu schwach und wahrscheinlich suspekt ist. Viele Technische Analysten benutzen 45-Grad-Linien, von vorangegangenen Gipfeln oder Böden ausgehend, als primäre Trendlinien.

☐ DIE RELATIVE STEILHEIT DER TRENDLINIE

Die relative Steilheit der Trendlinie ist ebenfalls von Bedeutung. Im Allgemeinen weisen die meisten wichtigen Aufwärtstrendlinien eine durchschnittliche Steigung von 45 Grad auf. Einige Chartisten zeichnen – ausgehend von einem ausgeprägten Hoch oder Tief – einfach eine 45-Grad-Linie in den Chart und benutzten diese als bedeutende Trendlinie. Die 45-Grad-Linie war eine der Techniken, die W. D. Gann bevorzugte. Solch eine Linie reflektiert eine Situation, in der die Kurse mit einer Neigung steigen oder fallen, dass Kurs und Zeit in perfektem Gleichklang miteinander stehen.

Ist eine Trendlinie zu steil (siehe Linie 1 in Abbildung 4.12), bedeutet das normalerweise, dass die Kurse zu schnell steigen und dass der aktuelle steile Anstieg nicht durchhaltbar ist. Ein Bruch dieser steilen Trendlinie könnte dann nur eine Reaktion zurück zu einer stabileren Steigung in der Nähe der 45-Grad-Linie (Linie 2) sein. Ist eine Trendlinie zu flach (siehe Linie 3), kann dies heißen, dass der Aufwärtstrend zu schwach und damit fragwürdig ist.

⊙ Wie man Trendlinien adjustiert

Manchmal müssen Trendlinien adjustiert werden, um sie einem verlangsamten oder einem beschleunigten Trend anzupassen. (Siehe Abbildungen 4.13 und 4.14a – b.) Wenn beispielsweise eine steile Trendlinie gebrochen wird, wie im obigen Fall demonstriert,

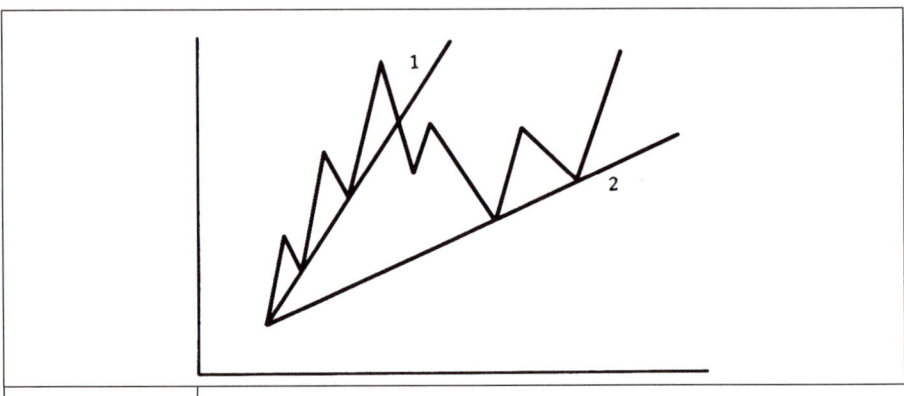

Abbildung 4.13 Beispiel einer zu steilen Trendlinie (Linie 1). Die originäre Aufwärtstrendlinie erwies sich als zu steil. Der Bruch einer zu steilen Trendlinie erweist sich oft nur als eine Anpassung an eine weniger steile und nachhaltigere Aufwärtstrendlinie (Linie 2).

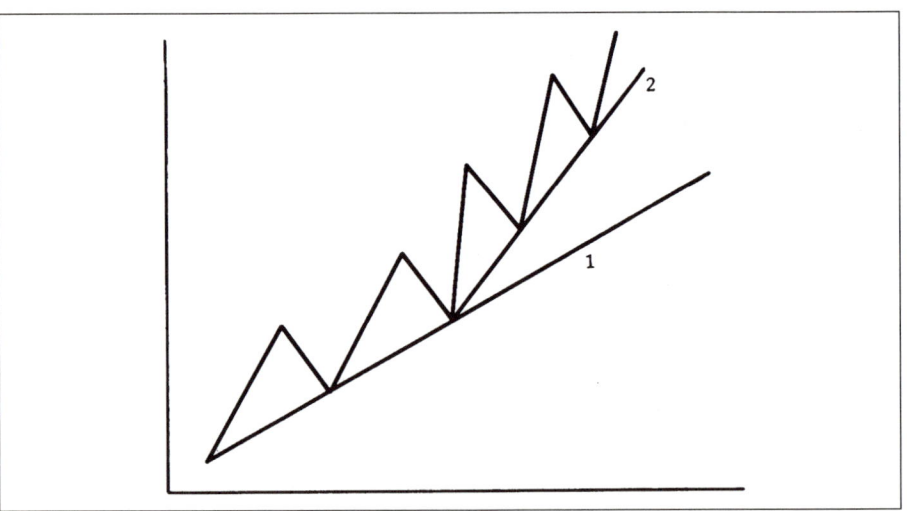

Abbildung 4.14a Beispiel einer zu flachen Trendlinie (Linie 1). Linie 1 erwies sich als zu flach, als sich der Aufwärtstrend beschleunigte. In diesem Fall sollte eine zweite und steilere Trendlinie (Linie 2) gezeichnet werden, um dem ansteigenden Trend näher zu sein.

Abbildung 4.14b Ein sich beschleunigender Aufwärtstrend erfordert die Einzeichnung steiler werdender Trendlinien wie in diesem Chart abgebildet. Die steilste Trendlinie wird die wichtigste.

könnte eine langsamere Trendlinie eingezeichnet werden. Verläuft die ursprüngliche Trendlinie zu flach, könnte sie mit einem steileren Winkel neu gezogen werden. Die Abbildung 4.13 zeigt eine Situation, wo der Bruch der steileren Trendlinie (Linie 1) das nachträgliche Einzeichnen einer langsameren Linie (Linie 2) notwendig gemacht hat.

In Abbildung 4.14 a ist die ursprüngliche Trendlinie (Linie 1) zu flach und muss mit einem steileren Winkel neu gezeichnet werden (Linie 2). Der Aufwärtstrend beschleunigte sich und erforderte eine steilere Linie. Eine Trendlinie, die zu weit weg von der Kursbewegung verläuft, ist ganz offensichtlich bei der Verfolgung des Trends von geringem Nutzen.

Im Falle eines sich beschleunigenden Trends müssen manchmal mehrere Trendlinien mit immer steileren Winkeln gezeichnet werden. Wenn solche steileren Trendlinien nötig werden, ist es aus meiner Erfahrung allerdings besser, zu einem anderen Instrument zu wechseln: dem gleitenden Durchschnitt, der nichts anderes ist als eine gekrümmte Trendlinie. Die Tatsache, dass man mehrere verschiedene Typen technischer Indikatoren zur Verfügung hat, ist von Vorteil, weil man in der Lage ist, das für eine gegebene Situation am besten geeignete Instrument auszuwählen. Alle die in diesem Buch behandelten Techniken funktionieren in bestimmten Situationen gut, in anderen weniger. Weil der Techniker ein ganzes Arsenal von Werkzeugen zur Verfügung hat, auf die er zurückgreifen kann, kann er auch schnell von einem zum anderen wechseln, das in einer gegebenen Situation besser funktionieren könnte. Ein beschleunigter Trend ist einer von solchen Fällen, in denen ein gleitender Durchschnitt nützlicher ist als eine Serie von immer steiler werdenden Trendlinien.

Weil zu jeder Zeit mehrere, unterschiedlich starke Trends herrschen, braucht man verschiedene Trendlinien, um diesen unterschiedlichen Trends gerecht zu werden. Eine primäre Aufwärtstrendlinie verbindet beispielsweise die Tiefpunkte des primären Aufwärtstrends, während eine kürzere und empfindlichere Linie für die Schwünge des sekundären Trends benutzt wird. Eine noch kürzere Linie kann kurzfristige Bewegungen verfolgen (siehe Abbildung 4.15).

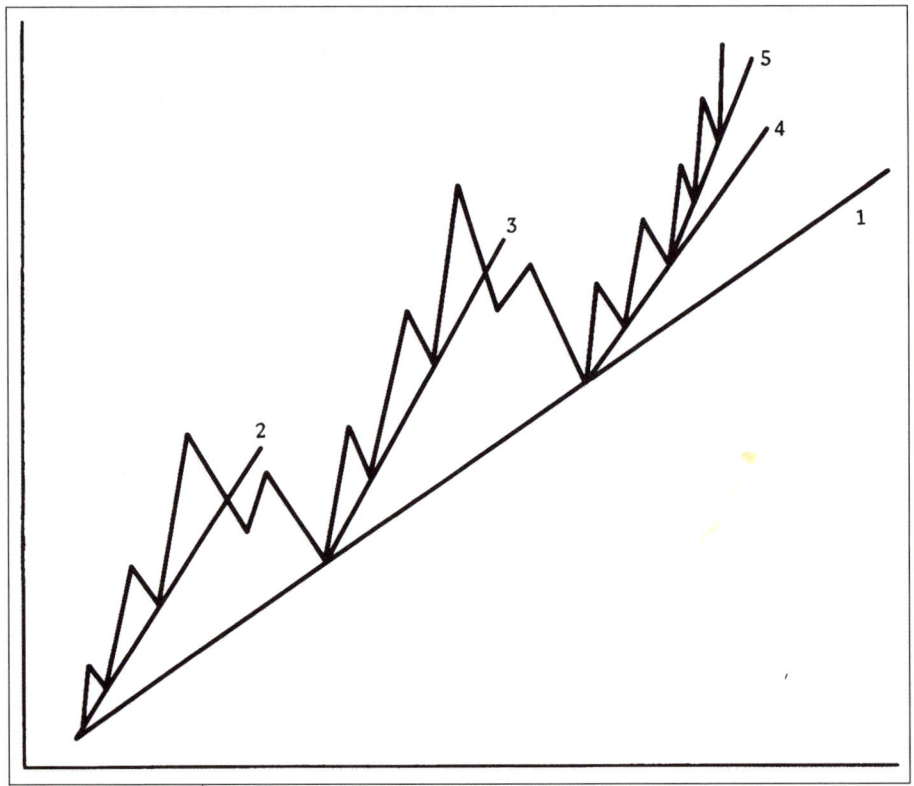

| Abbildung 4.15 | Um verschiedene Grade von Trends festzulegen, werden unterschiedliche Trendlinien benutzt. Linie 1 in dem obigen Beispiel ist die primäre Aufwärtstrendlinie, die den primären Aufwärtstrend definiert. Die Linien 2, 3 und 4 zeigen die sekundären Aufwärtstrends. Linie 5 definiert schließlich eine kurzfristige Aufwärtsbewegung innerhalb des aktuellen mittelfristigen Aufwärtstrends. Technische Analysten benutzen viele verschiedene Trendlinien auf einem Chart. |

☐ DIE KANALLINIE

Die *Kanallinie* oder *Rückkehrlinie,* wie sie manchmal genannt wird, ist eine weitere hilfreiche Variante der Trendlinientechnik. Manchmal pendeln die Kurse innerhalb eines Trends zwischen zwei parallelen Linien – die eigentliche Trendlinie und die Rückkehrlinie. Wenn dies der Fall ist und der Analyst erkennt, dass ein solcher Kanal existiert, ist es einleuchtend, dass man aus diesem Wissen einen gewinnbringenden Vorteil ziehen kann.

Das Zeichnen einer Kanallinie ist relativ einfach. In einem Aufwärtstrend (siehe Abbildung 4.16a) ziehen Sie zunächst die grundlegende Trendlinie entlang der Tiefpunkte. Dann ziehen Sie, vom ersten ausgeprägten Gipfel (Punkt 2) ausgehend, eine gestrichelte Linie, die parallel zu der eigentlichen Aufwärtstrendlinie verläuft. Beide Linien verlaufen nach rechts oben und bilden einen Trendkanal. Wenn die nächste Kursrallye die Rückkehrlinie (an Punkt 4) erreicht und dann erneut zurückfällt, könnte es sich um einen Kanal handeln. Wenn die Kurse dann bis zur ursprünglichen Trendlinie (bei Punkt 5) zurückfallen, spricht die Wahrscheinlichkeit für einen solchen Kanal. Dasselbe gilt auch für einen Abwärtstrend (Abbildung 4.16b), doch natürlich in der entgegengesetzten Richtung.

Der Leser sollte den Wert solch einer Situation sofort erkennen. Die Aufwärtstrendlinie kann dazu benutzt werden, neue Long-Positionen einzugehen. Die Rückkehrlinie kann für kurzfristige Gewinnmitnahmen genutzt werden. Aggressivere Trader

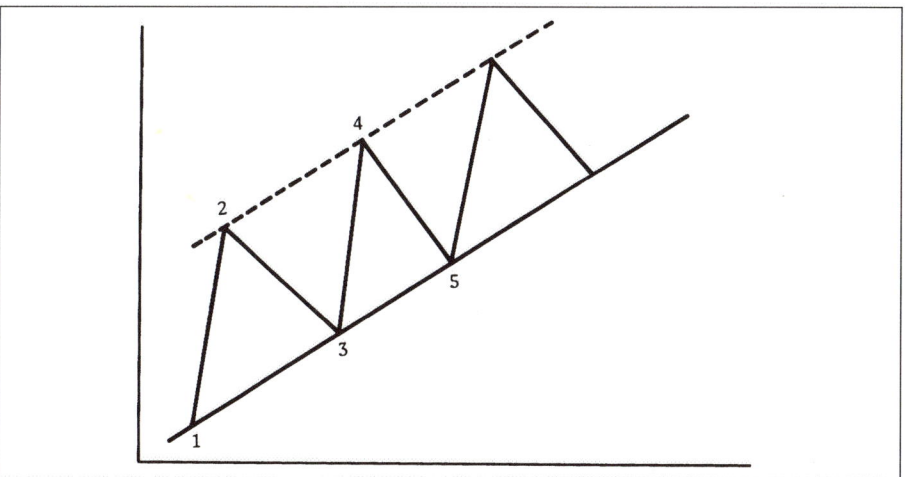

Abbildung 4.16a / Beispiel eines Trendkanals. Sobald die grundlegende Aufwärtstrendlinie gezeichnet ist (durch die Punkte 1 und 3), kann eine Rückkehrlinie (gestrichelte Linie) vom ersten Gipfel (Punkt 2) aus projiziert werden, die parallel zu der grundlegenden Aufwärtstrendlinie verläuft.

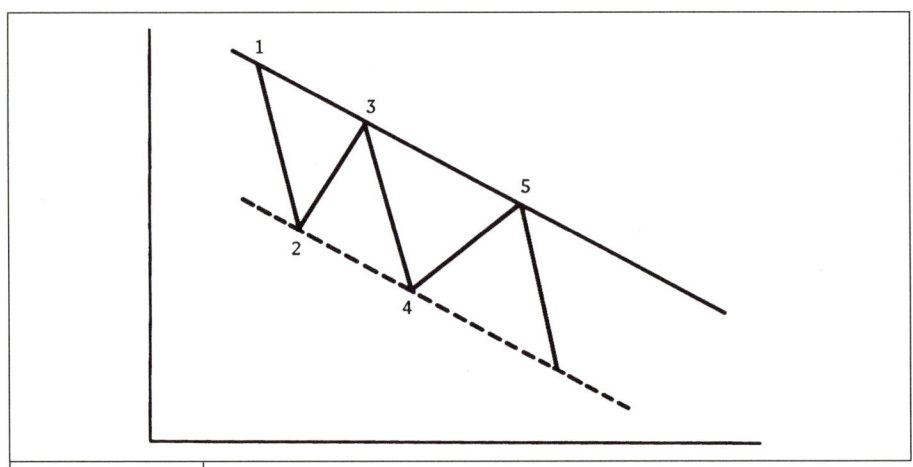

Abbildung 4.16b Ein Trendkanal in einem Abwärtstrend. Der Kanal wird von dem ersten Tief bei Punkt 2, parallel zu der Abwärtstrendlinie entlang der Gipfel 1 und 3, gezeichnet. Die Kurse werden häufig innerhalb eines solchen Trendkanals verbleiben.

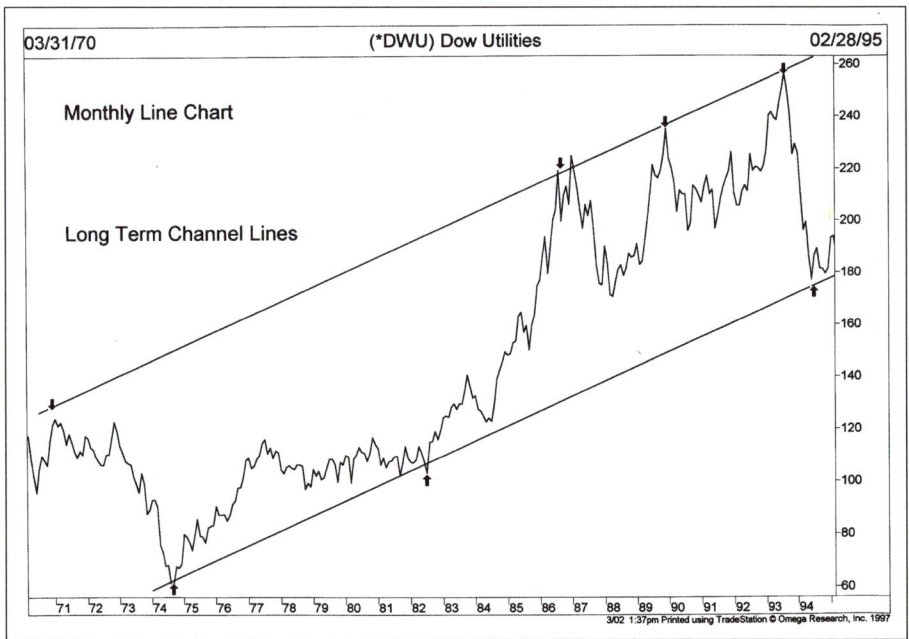

Abbildung 4.16c Beachten Sie, wie die Kurse über einen Zeitraum von 25 Jahren zwischen der oberen und unteren Trendkanallinie fluktuieren. Die Gipfelbildung in den Jahren 1987, 1989 und 1993 erfolgte genau an der oberen Kanallinie. Der 1994er Boden bildete sich an der unteren Trendlinie.

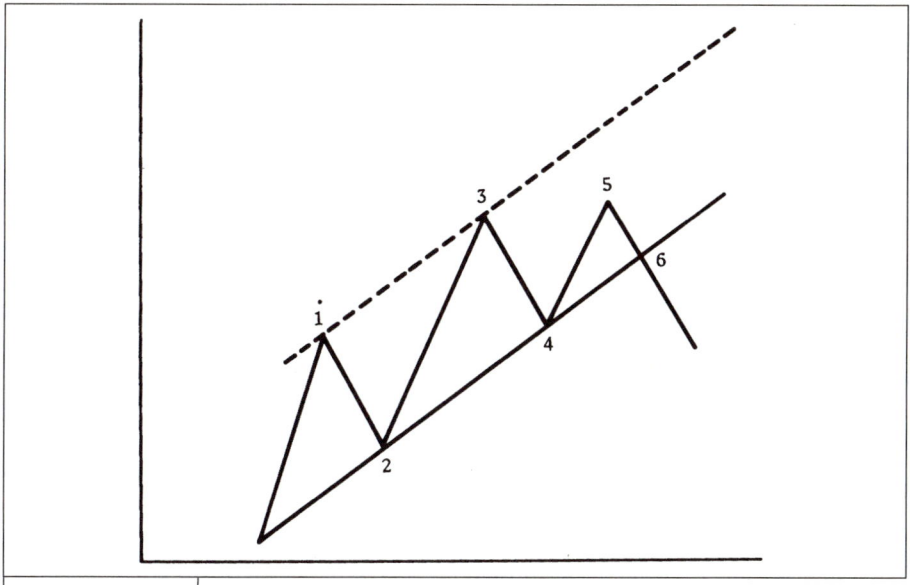

Abbildung 4.17 Das Nichterreichen des oberen Endes eines Trendkanals ist oft eine frühzeitige Warnung, dass die untere Linie gebrochen wird. Beachten Sie den Bruch der grundlegenden Trendlinie bei Punkt 6, nachdem die Kurse bei Punkt 5 die obere Trendlinie nicht erreicht hatten.

könnten die Rückkehrlinie sogar dazu verwenden, eine neue, gegen den Trend gerichtete Short-Position zu initiieren, obwohl ein Trading gegen den vorherrschenden Trend eine gefährliche und üblicherweise kostspielige Taktik sein kann. Wie für die eigentliche Trendlinie gilt auch in dem Fall der Rückkehrlinie, dass je länger sie intakt bleibt, und je öfter sie erfolgreich getestet wird, umso wichtiger und verlässlicher wird sie.

Der Bruch der primären Trendlinie zeigt einen wichtigen Wechsel im Trendverhalten. Doch der Bruch einer steigenden Kanallinie hat genau die umgekehrte Bedeutung und signalisiert eine Beschleunigung des bestehenden Trends. Manche Trader sehen einen Bruch der oberen Linie in einem Aufwärtstrend als Grund für eine Aufstockung ihrer Long-Positionen an.

Eine weitere Anwendung der Kanaltechnik ist das Aufspüren von Fehlversuchen, die Rückkehrlinie zu erreichen, was normalerweise auf einen sich abschwächenden Trend hindeutet. In Abbildung 4.17 könnte der missglückte Versuch der Kurse, das obere Ende des Kanals (bei Punkt 5) zu erreichen, eine frühzeitige Warnung für eine Umkehrung des Trends bedeuten und erhöht die Wahrscheinlichkeit, dass die andere Linie (die Basistrendlinie) gebrochen werden wird. Als generelle Daumenregel gilt, dass ein fehlgeschlagener Versuch der Kurse, innerhalb eines etablierten Trendkanals eine Seite des Kanals zu erreichen, bedeutet, dass der Trend dabei ist, umzukippen, was

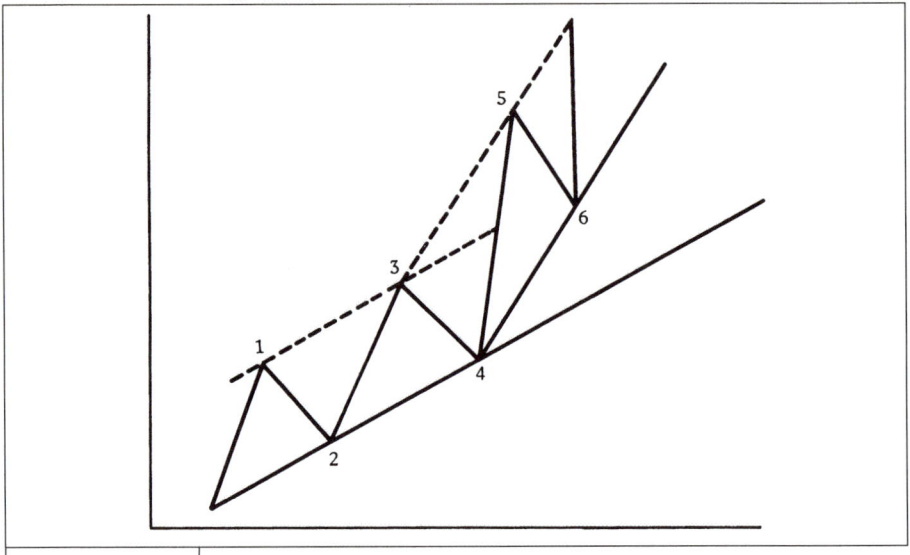

Abbildung 4.18 Wenn die obere Linie des Trendkanals gebrochen wird (im Verlauf der Welle 5), zeichnen viele Chartisten eine neue untere Trendlinie parallel zu der neuen oberen. Mit anderen Worten: Die Linie 4-6 wird parallel zur Linie 3-5 gezogen. Aufgrund der Beschleunigung des Aufwärtstrends ist es folgerichtig anzunehmen, dass die untere Aufwärtstrendlinie ebenfalls steiler wird.

wiederum die Wahrscheinlichkeit erhöht, dass auch die andere Seite des Kanals gebrochen wird.

Der Trendkanal kann auch dazu benutzt werden, um die Basistrendlinie zu adjustieren. (Siehe Abbildungen 4.18 und 4.19). Steigen die Kurse über eine projizierte steigende Kanallinie um einen signifikanten Betrag, deutet dies normalerweise auf einen stärker werdenden Trend hin. Manche Charttechniker ziehen dann ausgehend vom letzten Reaktionstief eine steilere Basis-Aufwärtstrendlinie parallel zu der neuen Kanallinie, wie in Abbildung 4.18 demonstriert wird. Oft funktioniert die neue, steilere Unterstützungslinie besser als die alte, flachere Linie. Andererseits rechtfertigt eine Bewegung, die innerhalb eines Aufwärtstrends das obere Ende des Kanals nicht erreicht, das Ziehen einer neuen Unterstützungslinie unter das letzte Reaktionstief parallel zu der neuen Widerstandslinie, die sich durch Verbindung der letzten beiden Kursgipfel (wie in Abbildung 4.19 gezeigt) ergibt.

Rückkehrlinien sind der Ausgangspunkt von Kurszielformeln. Sobald die Kurse aus einem existierenden Trendkanal ausbrechen, legen sie gewöhnlich eine Distanz zurück, die der Breite des Kanals entspricht. Deswegen muss der Anwender nur einfach die Breite des Kanals messen und diesen Abstand von dem Punkt, an dem eine der beiden Trendlinien gebrochen wird, projizieren.

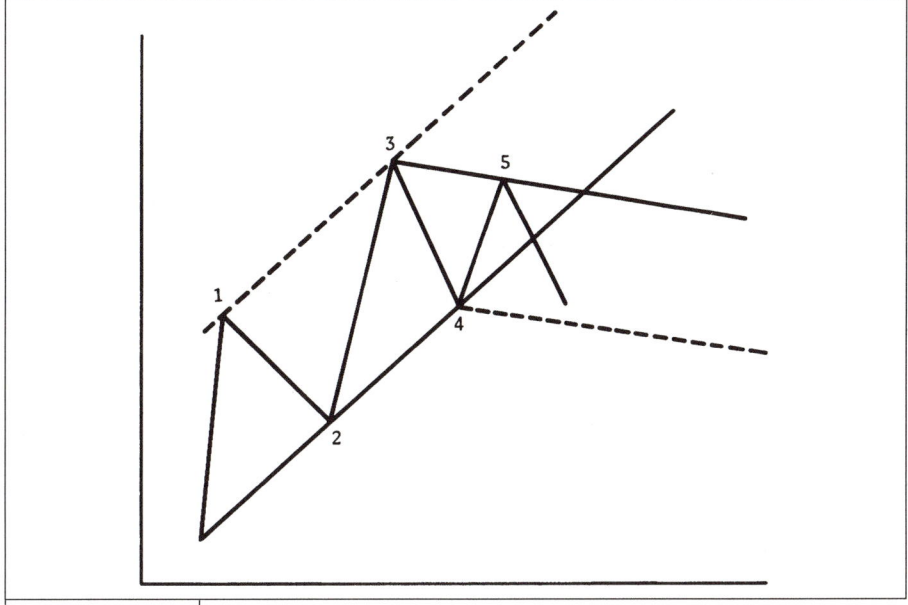

| Abbildung 4.19 | Wenn die Kurse den oberen Rand eines Trendkanals nicht erreichen und eine Abwärtstrendlinie durch zwei fallende Gipfel (Linie 3-5) gezogen wird, so kann versuchsweise eine untere Trendkanallinie ausgehend von dem Tief bei Punkt 4 parallel zur Linie 3-5 gezeichnet werden. Die untere Trendlinie zeigt manchmal an, wo eine erste Unterstützung zu erkennen sein wird. |

Man sollte allerdings im Kopf behalten, dass die Basistrendlinie die bei weitem wichtigere und verlässlichere der beiden Linien ist. Die Kanallinie ist bei der Trendlinientechnik von sekundärer Bedeutung. Doch der Einsatz der Rückkehrlinie funktioniert oft genug, um sie als Bestandteil in der Werkzeugkiste des Charttechnikers zu rechtfertigen.

☐ PROZENTUALE KORREKTURBEWEGUNGEN
    (RETRACEMENTS)

Der Leser hat in allen vorangegangenen Beispielen von Auf- und Abwärtstrends zweifellos bemerkt, dass die Kurse nach einer bestimmten Marktbewegung um einen gewissen Teil des vorangegangenen Trends korrigieren, bevor sie ihre Bewegung in der ursprünglichen Richtung wieder aufnehmen. Diese Gegenbewegungen tendieren dazu, in bestimmte vorhersehbare prozentuale Parameter zu fallen. Die bekannteste

4 Das grundlegende Konzept des Trends

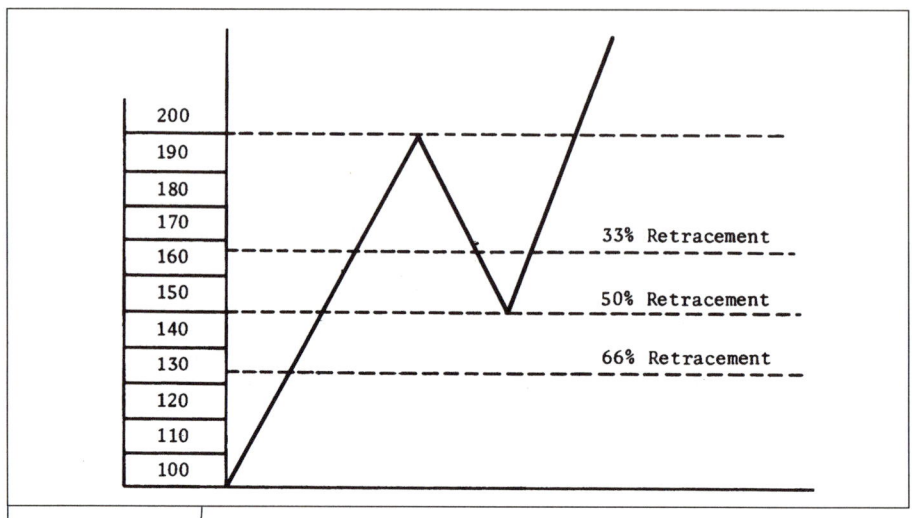

Abbildung 4.20a | Die Kurse fallen oft um die Hälfte des vorangegangenen Auf-
schwungs zurück, bevor sie die ursprüngliche Bewegungsrichtung
wieder aufnehmen. Dieses Beispiel zeigt eine 50-Prozent-Korrektur.
Die Minimum-Korrektur beträgt ein Drittel, die Maximal-Korrektur
zwei Drittel des vorangegangenen Trends.

Anwendung dieses Phänomens ist das *50 %-Retracement*. Sagen wir beispielsweise, dass
ein Markt sich in einem Aufwärtstrend befindet und von 100 auf 200 steigt. Sehr oft
korrigiert die nachfolgende Reaktion ungefähr die Hälfte der vergangenen Bewegung
auf ungefähr das Niveau von 150 (bei linearer Kursskala; Anmerkung des Übersetzers),
bevor das Aufwärtsmomentum wieder einsetzt. Dies ist eine sehr bekannte Markttten-
denz und geschieht recht häufig. Diese prozentualen Korrekturen lassen sich auf jeden
Trendgrad anwenden – primäre, sekundäre und kurzfristige Trends.

Außer des 50 %-Retracements gibt es auch minimale und maximale prozentuale
Parameter, die ebenso stark beachtet werden, *die Eindrittel- und Zweidrittel-Korrektur.*
Der Kurstrend kann, mit anderen Worten, in Drittel unterteilt werden. Eine Korrektur-
bewegung beträgt üblicherweise im Minimum 33 % und im Maximum ungefähr 66 %.
Das bedeutet, dass der Markt in einer Korrektur eines starken Aufwärtstrends minde-
stens um ein Drittel der vorangegangenen Bewegung zurückreagiert. Wenn ein Trader
Ausschau hält nach einer Kaufzone unterhalb der aktuellen Kurse, so kann er einfach
eine 33 %- bis 50 %-Zone in den Chart zeichnen und diesen Bereich als allgemeinen
Rahmen oder Empfehlung für Kaufgelegenheiten einsetzen (siehe Abbildungen 4.20 a
und b).

Der maximale Retracement-Parameter ist 66 %, der zu einem besonders kritischen
Bereich wird. Wenn der vorhergehende Trend nämlich beibehalten werden soll, muss
die Korrektur an dem Zweidrittel-Punkt stoppen. Dies wird dann zu einem Gebiet,

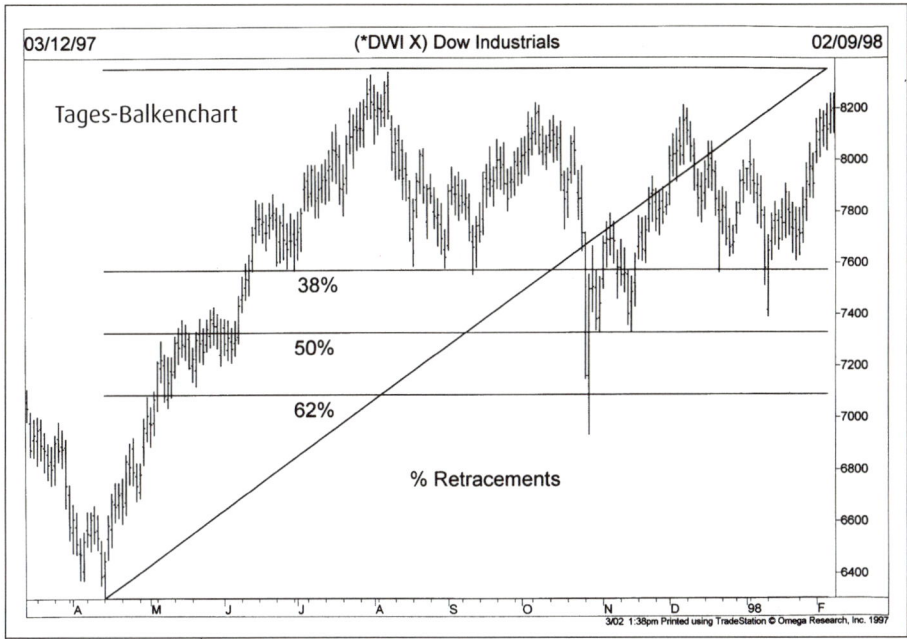

| 03/12/97 | (*DWI X) Dow Industrials | 02/09/98 |

Tages-Balkenchart

38%

50%

62%

% Retracements

Abbildung 4.20b Die drei horizontalen Linien markieren das 38 %, 50 % und 62 % Korrekturniveau, gemessen vom April-Tief zum August-Hoch des Jahres 1997. Der erste Abschwung ging bis zur 38 %-Linie, der zweite bis zur 62 %-Linie, und der dritte bis in die Nähe der 50 %-Linie. Die meisten Korrekturen finden Unterstützung in der Zone zwischen 38 % und 50 %. Die 38 % und die 62 % Linien sind Fibonacci Retracements, die bei Technischen Analysten sehr populär sind.

wo mit relativ geringem Risiko in einem Aufwärtstrend gekauft oder in einem Abwärtstrend verkauft werden kann. Steigen oder fallen die Kurse jenseits des Zwei-drittel-Punkts sprechen die Chancen eher für eine Trendumkehr als für nur eine Korrekturbewegung. Dann macht die Bewegung gewöhnlich 100 % des vorangegangenen Trends rückgängig.

Sie werden bemerkt haben, dass die drei prozentualen Retracement-Parameter, die wir bislang erwähnt haben – 50 %, 33 % und 66 % – original von der Dow-Theorie entnommen worden sind. Wenn wir zu der Elliott-Wellen-Theorie und den Fibo-nacci-Zahlen gelangen, werden wir sehen, dass die Anhänger dieses Ansatzes Retracements von 38 % und 62 % benutzen. Ich bevorzuge die Kombination beider An-sätze für ein Minimum-Retracement von 33 – 38 % und einer Maximum-Zone von 62 – 66 %. Einige Techniker runden diese Zahlen weiter auf, um zu einer 40 bis 60 % Retracement-Zone zu gelangen.

Die Studenten von W. D. Gann sind sich bewusst, dass er die Trendstruktur in Achtel heruntergebrochen hat – 1/8, 2/8, 3/8, 4/8, 5/8, 6/8, 7/8, 8/8. Nichtsdestotrotz maß sogar Gann den Niveaus von 3/8 (38 %), 4/8 (50 %) und 5/8 (62 %) eine spezielle Bedeutung bei und war auch der Annahme, dass es wichtig sei, den Trend in Drittel – 1/3 (33 %) und 2/3 (66 %) – zu unterteilen.

☐ SPEED RESISTANCE LINES

Wenn wir schon von Dritteln sprechen, lassen Sie uns eine weitere Technik ansprechen, die die Trendlinie mit prozentualen Retracements kombiniert – *Speedlines*. Diese von Edson Gould entwickelte Technik ist eigentlich eine Anpassung an den Gedanken der Teilung des Trends in Drittel. Der hauptsächliche Unterschied zu dem Konzept der prozentualen Korrekturbewegungen besteht darin, dass die Speed Resistance Lines (oder Speedlines) die Steigung bzw. das Gefälle (oder, in anderen Worten, die Geschwindigkeit) eines Trends messen.

Um eine bullishe *Speedline* zu konstruieren, finden Sie zunächst den höchsten Punkt in dem aktuellen Aufwärtstrend (siehe Abbildung 4.21a). Von diesem Hochpunkt auf dem Chart wird eine vertikale Linie bis zu dem Niveau gezogen, wo auf dem Chart der Trend begann. Anschließend wird die vertikale Linie in Drittel unterteilt. Dann wird eine Trendlinie vom Anfangspunkt des Trends durch die beiden Zweidrittel-Marken auf der vertikalen Linie gezogen. In einem Abwärtstrend drehen Sie diesen Prozess einfach um. Messen Sie die vertikale Distanz vom Tiefpunkt des Abwärtstrends bis zu seinem Anfang, und ziehen Sie von dem Startpunkt des Trends zwei Linien durch die Ein- und Zweidrittel-Punkte auf der vertikalen Linie (siehe Abbildungen 4.21a und b).

Jedes Mal, wenn in einem Aufwärtstrend ein neues Hoch oder in einem Abwärtstrend ein neues Tief erreicht wird, muss eine neue Gruppe von Linien gezeichnet werden (weil nun ein neuer Hoch- oder Tiefpunkt etabliert wurde). Weil die *Speedlines* vom Anfangspunkt des Trends zu dem Eindrittel und Zweidrittel-Punkt gezogen werden, durchschneiden diese Trendlinien manchmal die Kurskurve. Dies ist einer der Fälle, wo Trendlinien nicht unter Tiefs oder über Hochs gezeichnet werden, sondern quer durch die Kursbewegung.

Befindet sich ein Aufwärtstrend in dem Prozess der Selbstkorrektur, wird die Abwärtsbewegung normalerweise an der höheren Speedline (der Zweidrittel-Speedline) anhalten. Wenn nicht, werden die Kurse weiter zur unteren Speedline (der Eindrittel-Speedline) fallen. Wird auch die untere Linie gebrochen, werden die Kurse wahrscheinlich den gesamten Weg bis zum Beginn des vorherigen Trends fallen. In einem Abwärtstrend bedeutet der Bruch der unteren Linie eine wahrscheinliche Rallye zu der höheren Linie. Sobald diese gebrochen wird, sollte es zu einer Rallye bis an den Gipfel des vorherigen Trends kommen.

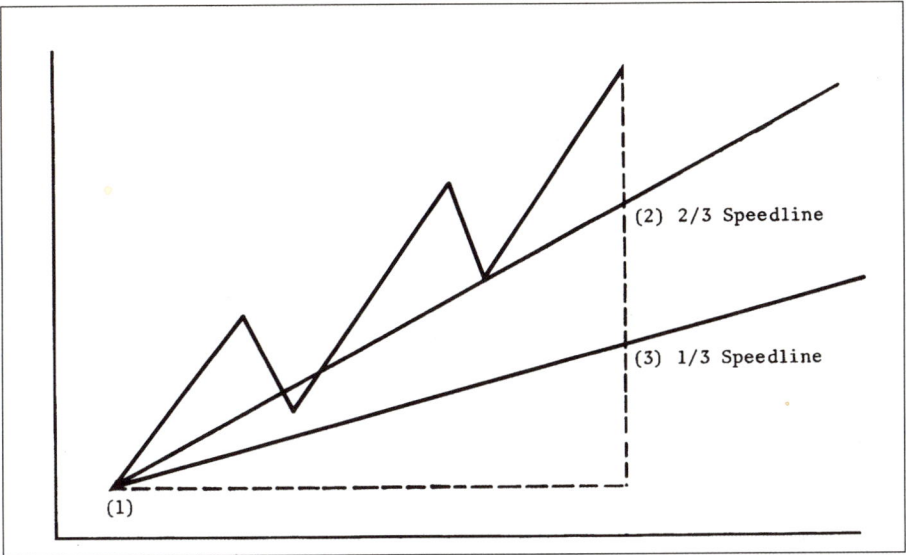

Abbildung 4.21a Beispiele von Speed Resistance Lines in einem Aufwärtstrend. Der vertikale Abstand vom Gipfel zum Ursprung des Trends wird gedrittelt. Dann werden zwei Trendlinien von Punkt 1 durch die Punkte 2 und 3 gezogen. Die obere Linie ist die 2/3 Speedline, die untere die 1/3 Speedline. Diese Linien sollten bei Marktkorrekturen als Unterstützung wirken. Werden sie gebrochen, so wandeln sie sich bei Erholungen in Widerstandslinien. Manchmal unterteilen diese Speedlines die Kursbewegungen in Segmente.

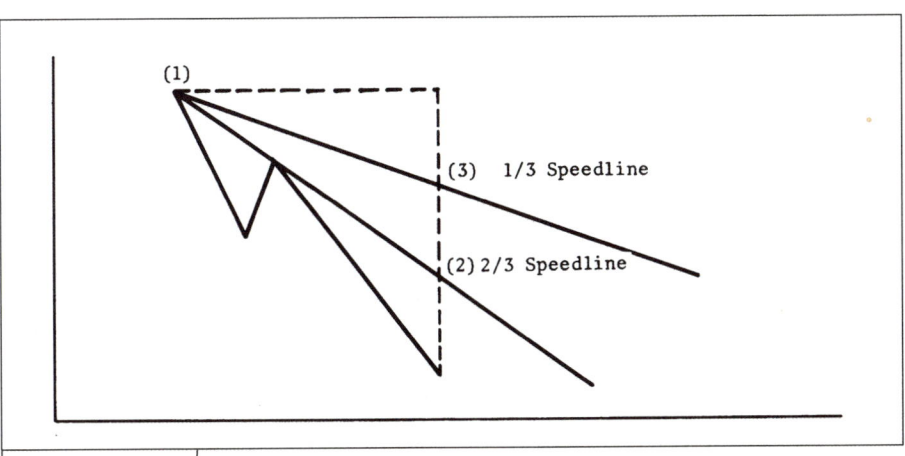

Abbildung 4.21b / Speedlines in einem Abwärtstrend.

Wie alle Trendlinien kehren auch Speedlines ihre Rollen um, sobald sie gebrochen werden. Während der Korrektur eines Aufwärtstrends wird die obere Linie (Zweidrittel-Linie) zu einer Barriere, wenn die Kurse sie unterschreiten, zur Eindrittel-Linie fallen und sich anschließend von dort aus erholen. Nur wenn diese obere Linie gebrochen wird, würde ein Signal gegeben, dass die alten Hochs wahrscheinlich getestet werden. Dasselbe Prinzip gilt auch in Abwärtstrends.

☐ GANN- UND FIBONACCI-FÄCHERLINIEN

Die Chart-Software erlaubt auch das Zeichnen von *Gann-* und *Fibonacci*-Fächerlinien. Fibonacci-Fächerlinien werden auf dieselbe Art und Weise gezogen wie die Speedlines, außer dass die Fibonacci-Linien Winkel von 38 % und 62 % aufweisen. (Wir werden in Kapitel 13 über die Elliott-Wellen-Theorie erklären, woher diese Zahlen von 38 % und 62 % kommen.) *Gann*-Linien (benannt nach dem legendären Commoditytrader W. D. Gann) sind Trendlinien, die von ausgeprägten Hoch- oder Tiefpunkten ausgehend in bestimmten geometrischen Winkeln gezeichnet werden. Die wichtigste Gann-Linie wird mit einem Winkel von 45 Grad von einem Gipfel oder Boden gezeichnet. Steilere Gann-Linien können in einem Aufwärtstrend bei Winkeln von 63,75 und 75 Grad gezogen werden. Flachere Gann-Linien verlaufen bei 26,25 und 15 Grad. Insgesamt gibt es neun verschiedene Gann-Linien.

Gann- und Fibonacci-Fächerlinien werden genauso angewendet wie Speedlines. Bei Abwärtskorrekturen sollten sie Unterstützung bieten. Wird eine Linie gebrochen, so werden die Kurse normalerweise bis zur nächst tieferen Linie fallen. Gann-Linien sind etwas umstritten. Selbst wenn eine von ihnen funktioniert, weiß man nicht im Vorhinein, welche es sein wird. Einige Chartisten stellen die Konstruktion geometrischer Trendlinien insgesamt in Frage.

☐ INTERNE TRENDLINIEN

Hierbei handelt es sich um Variationen der Trendlinien, die nicht auf extremen Hochs oder Tiefs basieren. Stattdessen werden *interne* Trendlinien durch die Kursbewegung gezogen und verbinden so viele interne Hoch- oder Tiefpunkte wie möglich. Einige Charttechniker haben ein gutes Auge für diesen Typ von Trendlinien entwickelt und finden sie nützlich. Das Problem mit internen Trendlinien besteht darin, dass ihre Zeichnung sehr subjektiv ist; demgegenüber sind die Konstruktionsregeln der traditionelleren Trendlinien entlang der extremen Hochs und Tiefs exakter (siehe Abbildung 4.21c).

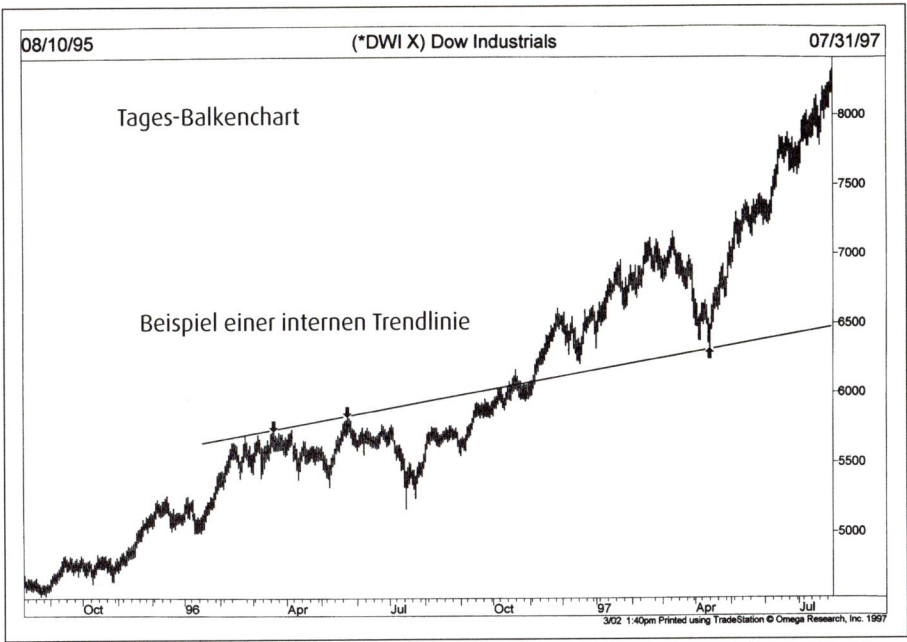

| 08/10/95 | (*DWI X) Dow Industrials | 07/31/97 |

Tages-Balkenchart

Beispiel einer internen Trendlinie

3/02 1:40pm Printed using TradeStation © Omega Research, Inc. 1997

Abbildung 4.21c Interne Trendlinien werden quer durch die Kurse gezogen, indem sie möglichst viele Hoch und Tiefs miteinander verbinden. Die abgebildete interne Trendlinie durch die Hochs von Anfang 1996 erwies sich ein Jahr später, im Frühjahr 1997, als Unterstützung.

☐ UMKEHRTAGE

Ein weiterer wichtiger Baustein ist der *Umkehrtag*. Für diese besondere Chartformation gibt es viele Namen – Top-Reversal-Day, Bottom-Reversal-Day, *Buying*- oder *Selling-Climax*, oberer und unterer Umkehrtag. Für sich allein hat diese Formation keine größere Bedeutung. Doch im Zusammenhang mit anderen technischen Informationen kann sie aber manchmal signifikant sein. Lassen Sie uns zunächst definieren, was ein Umkehrtag ist.

Ein *Umkehrtag* kommt entweder an einem Gipfel oder an einem Boden vor. Die allgemein akzeptierte Definition eines *oberen Umkehrtages* ist das Markieren eines neuen Hochs in einem Aufwärtstrend, gefolgt von einem tieferen Schlusskurs am selben Tag. Mit anderen Worten, die Kurse setzen für eine gegebene Aufwärtsbewegung an irgendeinem Punkt während des Tages ein neues Hoch (üblicherweise am oder in der Nähe des Eröffnungskurses), schwächen sich dann ab und schließen deutlich tiefer als der Schlusskurs des vergangenen Tages. Ein *unterer Umkehrtag* zeigt ein neues Tief, das während des Tages von einem höheren Schlusskurs gefolgt wird.

Je größer die Handelsspanne des Tages und je stärker die Umsätze, umso signifikan-

103

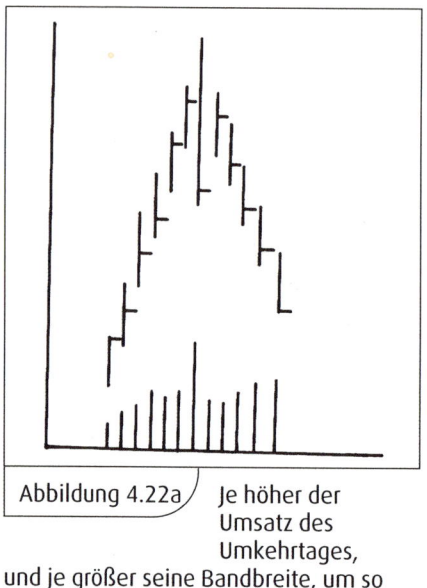

Abbildung 4.22a / Je höher der Umsatz des Umkehrtages, und je größer seine Bandbreite, um so bedeutsamer wird er.

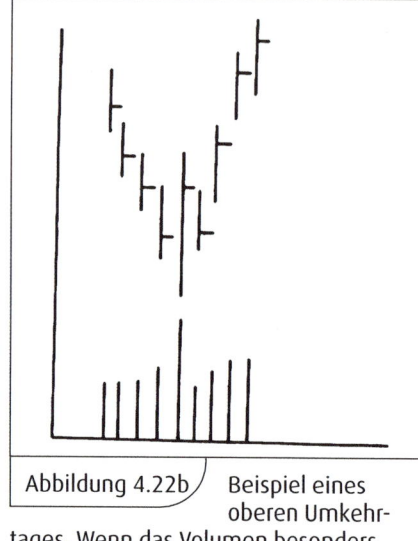

Abbildung 4.22b / Beispiel eines oberen Umkehrtages. Wenn das Volumen besonders hoch ist, wird die untere Umkehr häufig als „Selling Climax" bezeichnet.

ter ist das Signal für einen möglichen kurzfristigen Trendwechsel. Die Abbildungen 4.22a und b zeigen, wie die Umkehrtage auf einem Balkenchart aussehen. Beachten Sie das höhere Volumen an dem Umkehrtag. Bemerken Sie außerdem, dass sowohl das Hoch als auch das Tief des Umkehrtages jenseits der Handelsspanne des vorangegangenen Tages liegen und damit einen *Outside Day* bilden. Obwohl ein Outside Day keine Voraussetzung für einen Umkehrtag darstellt, erhöht es doch die Signifikanz (siehe Abbildung 4.22c).

Der untere Umkehrtag wird manchmal auch als *Selling Climax* bezeichnet. Dies ist üblicherweise ein dramatischer Turnaround am Boden einer Abwärtsbewegung, an dem alle entmutigten Inhaber von Long-Positionen endlich bei hohen Umsätzen aus dem Markt geworfen wurden. Das nachfolgende Fehlen von Verkaufsdruck hat ein Vakuum im Markt zur Folge, das durch rasche Kurssteigerungen gefüllt wird. Der Selling Climax ist eine der dramatischeren Formen des Umkehrtages und, obwohl er nicht den endgültigen Boden eines fallenden Marktes markieren muss, signalisiert er gewöhnlich, dass ein signifikantes Tief gesehen wurde.

☉ Umkehrwochen und –monate

Diese Typen von Umkehrformationen zeigen sich auf Wochen- und Monats-Balkencharts und besitzen eine viel größere Signifikanz. Auf einem Wochenchart schließt jeder Balken die Handelsspanne der kompletten Woche ein, wobei der Schlusskurs am

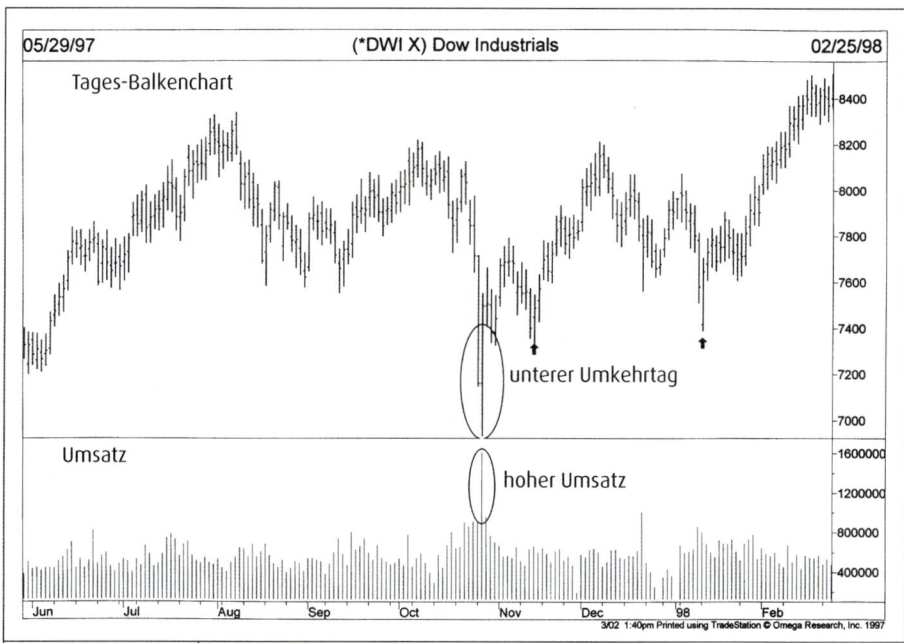

Abbildung 4.22c Die Marktbewegung vom 28. Oktober 1997 war das klassische Beispiel eines unteren Umkehrtages oder selling climax. Die Kurse eröffneten erheblich tiefer und schlossen deutlich höher. Der ungewöhnlich hohe Umsatzbalken dieses Tages verstärkte seine Bedeutung. Zwei weniger dramatische Umkehrtage (siehe Pfeile) markierten ebenso Kurstiefs.

Freitag gebildet wird. Damit kommt es zu einer *unteren Wochenumkehr,* wenn der Markt während der Woche niedriger notiert, ein neues Tief diese Bewegung markiert, am Freitag jedoch oberhalb des vorangegangenen Freitags-Schlusskurses schließt.

Umkehrwochen sind aus nahe liegenden Gründen viel signifikanter als Umkehrtage und werden von Charttechnikern genau beobachtet, da sie bedeutende Drehpunkte signalisieren. Eine Monatsumkehr ist wiederum bedeutender als eine Wochenumkehr.

☐ KURSLÜCKEN

Kurs*lücken* sind einfach Gebiete auf dem Balkenchart, in denen keine Handelsaktivitäten stattgefunden haben. In einem Aufwärtstrend beispielsweise eröffnen die Kurse über dem höchsten Kurs des Vortages und hinterlassen eine Lücke oder offenen Raum auf dem Chart, der nicht während dieses Tages gefüllt wird. In einem Abwärtstrend liegt der Tageshöchstkurs unter dem Tiefstkurs des Vortages. Aufwärtslücken sind Zeichen von Marktstärke, während Abwärtslücken gewöhnlich Zeichen von Schwäche darstellen. Lücken können auch auf langfristigen Wochen- und Monatscharts auftauchen und sind dann gewöhnlich sehr signifikant. Doch sie werden häufiger auf Tages-Balkencharts gesehen.

Rund um die Interpretation von Lücken (gaps) ranken sich mehrere Mythen. Eine der am meisten gehörten Maximen besagt, dass „Lücken immer gefüllt werden". Dies ist einfach nicht wahr. Einige sollten gefüllt werden, und andere nicht. Wir werden auch sehen, dass Lücken unterschiedliche Prognose-Implikationen haben, je nachdem, welchem Typ sie angehören und wo im Chart sie auftauchen.

☉ Drei Arten von Lücken

Es gibt drei allgemeine Arten von Lücken – die *Ausbruchslücke (breakaway gap), die Fortsetzungslücke (runaway gap, measuring gap, continuation gap)* und *die Erschöpfungslücke (exhaustion gap)*.

Die Ausbruchslücke. Die *Ausbruchslücke* zeigt sich normalerweise nach der Vollendung einer wichtigen Kursformation und signalisiert üblicherweise den Beginn einer signifikanten Marktbewegung. Nachdem ein Markt eine bedeutende untere Umkehrformation vollendet hat, erfolgt der Durchbruch durch die Widerstandslinie oft mit einer Ausbruchslücke. Übergeordnete Ausbrüche von Top- oder Bodenformationen sind Brutstätten für diesen Typ von Lücken. Der Bruch einer wichtigen Trendlinie, der eine Trendumkehr signalisiert, kann auch mit einer Ausbruchslücke zusammenfallen.

Ausbruchslücken sind normalerweise mit hohen Umsätzen verbunden. Ausbruchslücken werden weniger häufig gefüllt, als dass sie offen bleiben. Die Kurse können zu dem oberen Ende der Lücke (im Falle eines bullishen Breakouts) zurückkehren und mögen sogar einen Teil der Lücke schließen, doch der andere Teil der Lücke bleibt oft ungefüllt. Je höher die Umsätze nach solch einer Lücke sind, umso unwahrscheinlicher ist es, dass sie gefüllt wird – so besagt eine Regel. Aufwärtslücken erweisen sich bei nachfolgenden Marktkorrekturen in der Regel als Unterstützungszonen. Dabei ist es wichtig, dass die Kurse in einem Aufwärtstrend nicht unter solche Lücken fallen. In jedem Fall ist ein Schlusskurs unterhalb einer Aufwärtslücke ein Zeichen von Schwäche (siehe Abbildungen 4.23a und b).

Die Fortsetzungslücke. Nachdem die Kursbewegung schon weiter fortgeschritten ist, schießen die Kurse irgendwo in der Mitte der Bewegung nach oben und formen einen zweiten Typ von Lücken (oder einer Serie von Lücken), *Fortsetzungslücke* genannt. Dieser Typ von Lücken offenbart eine Situation, in der sich der Markt bei mittleren Umsätzen mühelos bewegt. In einem Aufwärtstrend ist das ein Zeichen von Marktstärke, in einem Abwärtstrend ein Zeichen von Schwäche. Auch hier unterstützen

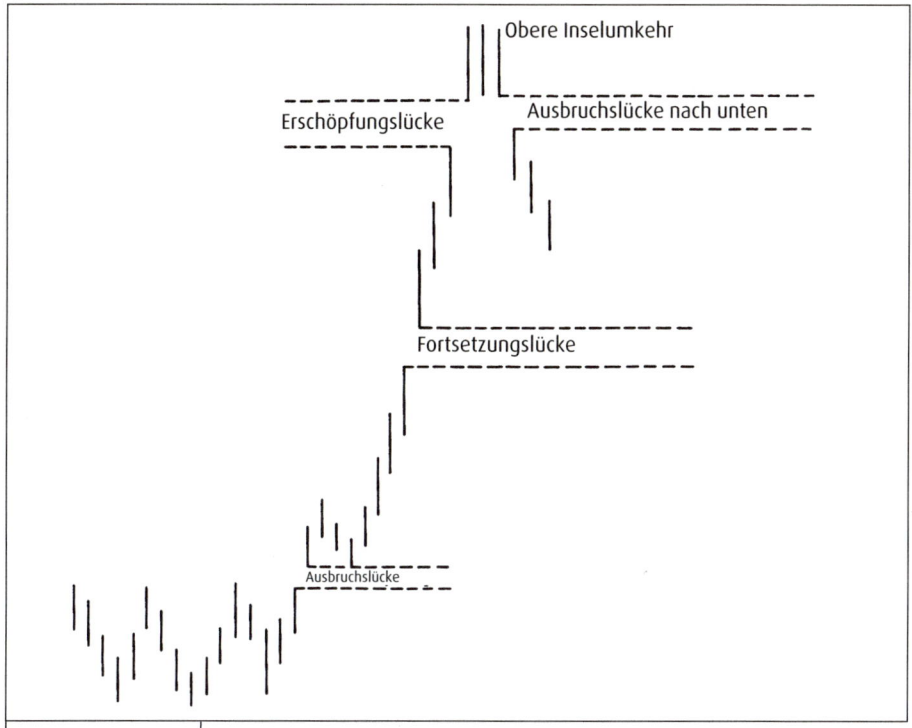

Abbildung 4.23a Die drei Typen von Lücken. Die Ausbruchslücke signalisierte die Vollendung der Bodenformation. Die Fortsetzungslücke tauchte ungefähr am Mittelpunkt der Bewegung auf (weshalb sie auch als „messende Lücke" bezeichnet wird). Eine obere Erschöpfungslücke, innerhalb einer Woche gefolgt von einer Ausbruchslücke nach unten, hinterließ eine Inselumkehr. Beachten Sie, dass die Ausbruchslücke und die Fortsetzungslücke auf dem Weg nach oben nicht gefüllt wurden, was häufig vorkommt.

Fortsetzungslücken den Markt bei nachfolgenden Korrekturen und werden oft nicht gefüllt. Wie im Fall der Ausbruchslücke ist ein Schlusskurs unterhalb der Fortsetzungslücke in einem Aufwärtstrend ein negatives Zeichen.

Diese Variation einer Lücke wird auch *Measuring gap („messende Lücke")* genannt, weil sie üblicherweise ungefähr auf halbem Weg in einem Trend auftritt. Durch messen der Distanz, die der Trend bereits zurückgelegt hat, vom ursprünglichen Trendsignal oder Ausbruchspunkt aus betrachtet, kann man das wahrscheinliche Ausmaß der verbleibenden Bewegung durch Verdopplung der bereits zurück gelegten Entfernung abschätzen.

Die Erschöpfungslücke. Der letzte Typ von Lücken taucht nahe dem Ende einer

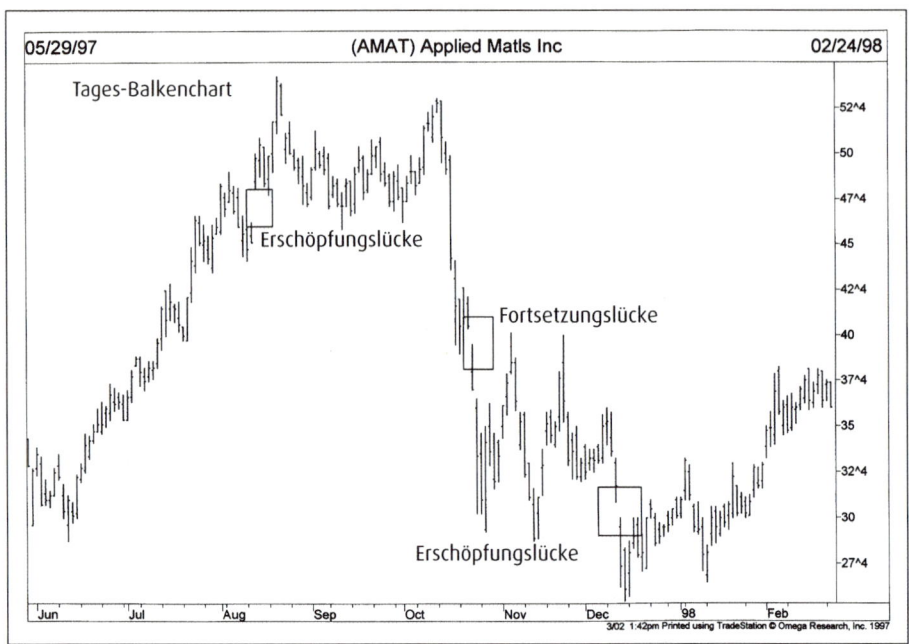

| 05/29/97 | (AMAT) Applied Matls Inc | 02/24/98 |

Tages-Balkenchart

Erschöpfungslücke

Fortsetzungslücke

Erschöpfungslücke

3/02 1:42pm Printed using TradeStation © Omega Research, Inc. 1997

Jun Jul Aug Sep Oct Nov Dec 98 Feb

52^4
50
47^4
45
42^4
40
37^4
35
32^4
30
27^4

Abbildung 4.23b / Das erste Kästchen zeigt eine Erschöpfungslücke nahe dem Ende der Rallye. Die Kurse, die durch die Lücke fielen, signalisierten einen Gipfel. Das zweite Kästchen ist eine „messende Lücke" ungefähr auf halbem Wege des Abwärtstrends. Das dritte Kästchen ist eine weitere Erschöpfungslücke nahe de Boden. Die Bewegung zurück über die Lücke kündigte höhere Kurse an.

Marktbewegung auf. Nachdem alle Kursziele erreicht wurden und die anderen beiden Typen von Lücken (Ausbruchs- und Fortsetzungslücke) vorgekommen sind, sollte der Analyst anfangen, die *Erschöpfungslücke* zu erwarten. Nahe dem Ende eines Aufwärtstrends kommt es zu einem letzten Aufbäumen der Kurse. Dieser Aufwärtsschub verliert allerdings schnell an Kraft und die Kurse schwächen sich innerhalb weniger Tage oder einer Woche. Wenn die Kurse unter diesem letzten Gap schließen, ist dies normalerweise ein untrügliches Zeichen dafür, dass die Erschöpfungslücke ihren Auftritt hatte.

Dies ist ein klassisches Beispiel dafür, dass der Fall unter eine Lücke in einem Aufwärtstrend sehr negativ zu sehen ist.

108

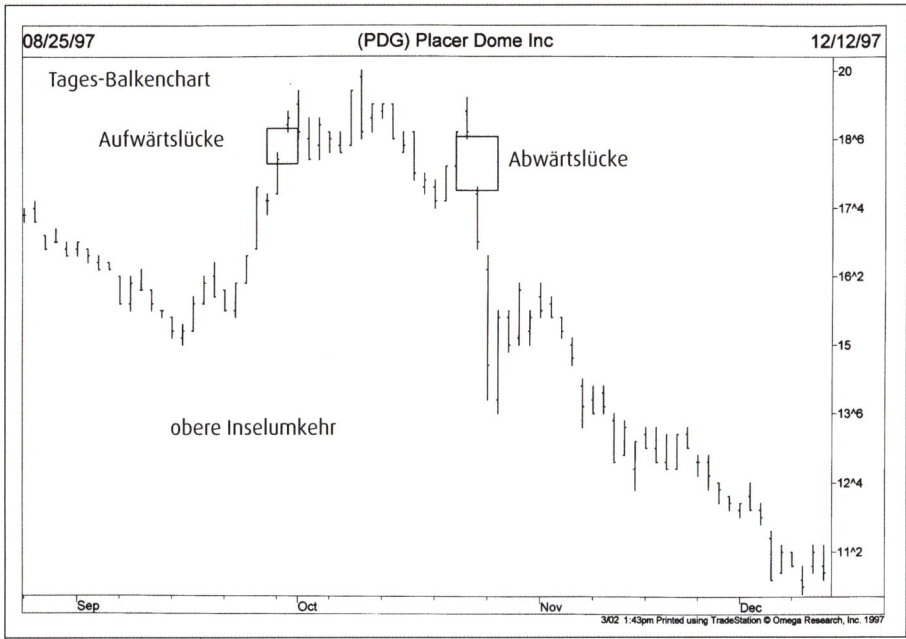

3/02 1:43pm Printed using TradeStation © Omega Research, Inc. 1997

Abbildung 4.23c Die zwei Lücken auf diesem Tageschart formen eine obere Inselumkehr. Das erste Kästchen zeigt eine Aufwärtslücke nach einer Rallye, das zweite eine Abwärtslücke drei Wochen später. Eine solche Kombination von Lücken signalisiert in der Regel einen bedeutenden Gipfel.

☉ Die Inselumkehr

Das führt uns zu der Formation der *Inselumkehr*. Manchmal werden die Kurse nach der Ausbildung einer Erschöpfungslücke in einem Aufwärtstrend für einige Tage oder Wochen in einem engen Band seitwärts tendieren, bevor sie plötzlich mit einer Lücke nach unten rauschen. Solch eine Situation hinterlässt einige Tage an Preisbewegungen, die wie eine „Insel" aussehen und von offenem Raum oder Wasser umgeben sind. Eine Erschöpfungslücke nach oben, die von einer Ausbruchslücke nach unten gefolgt wird, vollendet die Formation der Inselumkehr und zeigt normalerweise einen Trendwechsel einigen Ausmaßes an. Natürlich hängt die übergeordnete Signifikanz dieser Umkehr davon ab, wo sich die Kurse in der allgemeinen Trendstruktur befinden (siehe Abbildung 4.23c).

☐ Fazit

Dieses Kapitel behandelte die einleitenden technischen Hilfsmittel, die ich als grundlegende Bausteine der Chartanalyse betrachte – Unterstützung und Widerstand, Trendlinien und -kanäle, prozentuale Retracements, Speed Resistance Lines, Umkehrtage und Kurslücken. Jeder in den späteren Kapiteln besprochene technische Ansatz benutzt diese Konzepte und Hilfsmittel in der einen oder anderen Form. Gerüstet mit einem besseren Verständnis dieser Konzepte sind wir nun bereit, mit der Untersuchung der Kursformationen zu beginnen.

05 | **Umkehrformationen des primären Trends**

☐ EINLEITUNG

Bis jetzt haben wir uns mit der Dow-Theorie beschäftigt, die die Basis der meisten heute benutzten Trendfolgekonzepte darstellt. Wir haben die grundlegenden Trend-konzepte wie Unterstützung, Widerstand und Trendlinien untersucht, und wir haben uns mit Umsatz und Open Interest beschäftigt. Nun sind wir für den nächsten Schritt bereit, das Studium von Chartformationen. Sie werden gleich sehen, dass diese Kurs-muster auf den genannten Konzepten aufbauen.

In Kapitel 4 wurde ein Trend als eine Serie aufeinander folgender steigender oder fallender Gipfel und Täler definiert. Solange sie steigen, geht der Trend nach oben; fal-len sie, ist er nach unten gerichtet. Es wurde ferner betont, dass Märkte in bestimmten Zeiten seitwärts tendieren. Um diese Perioden seitwärts gerichteter Kursbewegungen geht es in den folgenden zwei Kapiteln in erster Linie.

Es wäre falsch, anzunehmen, dass die meisten Trendwechsel sehr abrupt erfolgen. Tatsache ist vielmehr, dass die meisten bedeutenden Trendumkehrungen in der Regel eine Übergangsperiode erfordern. Das Problem liegt darin, dass diese Übergangsperi-oden nicht immer eine Trendumkehr signalisieren. Manchmal zeigen Seitwärtsbewe-gungen nur eine Pause oder Konsolidierung im bestehenden Trend an, nach deren Ende die ursprüngliche Trendrichtung wieder aufgenommen wird.

111

☐ KURSFORMATIONEN

Die Untersuchung solcher Übergangsperioden und ihrer Eignung für die Kursprognose führt uns zu der Frage von Kursformationen. Formationen sind Bilder oder Muster, die auf Charts von Aktien oder Rohstoffen auftauchen, die in verschiedene Kategorien unterteilt werden können und die einen Prognosewert besitzen.

☐ ZWEI ARTEN VON FORMATIONEN: TRENDUMKEHR UND TRENDBESTÄTIGUNG

Es gibt zwei Hauptkategorien von Kursformationen – Trendumkehr- und Trendbestätigungsformationen. Wie ihre Namen andeuten, bedeuten Umkehrformationen, dass ein bedeutender Trendwechsel stattfindet. Auf der anderen Seite lassen Bestätigungsformationen vermuten, dass der Markt nur für eine Weile verschnauft, möglicherweise um eine kurzfristige Überkauft- oder Überverkaufsituation abzubauen, um dann dem bestehenden Trend weiter zu folgen. Der Trick besteht darin, möglichst frühzeitig während der Ausbildung einer Formation zwischen den beiden Typen zu unterscheiden.

In diesem Kapitel werden wir die fünf gebräuchlichsten Trendumkehrformationen untersuchen: Die Kopf-Schulter-Formation, Dreifach-Gipfel und –Böden, Doppeltops und –böden, V-Formationen sowie Untertassenformationen. Zunächst werden wir uns die Formation selbst betrachten, wie sie sich auf dem Chartbild entwickelt und wie sie identifiziert werden kann. Dann werden wir uns anderen wichtigen Elementen zuwenden – den begleitenden Umsatzverläufen und der Ermittlung von Kurszielen.

Der Umsatz spielt bei allen Kursformationen eine wichtige Rolle als Bestätigung. In Zeiten der Unsicherheit (und davon gibt es sehr viele) kann die Beachtung von Umsatzmustern im Zusammenhang mit den Kursdaten der entscheidende Faktor sein, ob man einer Formation trauen kann oder nicht.

Bei den meisten Kursformationen gibt es Projektionstechniken, die dem Analysten helfen, Mindestkursziele zu bestimmen. Obwohl diese Ziele nur eine Annäherung an die mögliche Ausdehnung der folgenden Kursbewegung darstellen, unterstützen sie den Trader bei der Einschätzung seines Chance-Risiko-Verhältnisses.

In Kapitel 5 werden wir uns der zweiten Kategorie von Formationen zuwenden – den vielfältigen Bestätigungsmustern. Dann werden wir Dreiecke, Flaggen, Wimpel, Keile und Rechtecke untersuchen. Diese Formationen stellen eher Unterbrechungen des bestehenden Trends als Trendwechsel dar und sind Bestandteile von sekundären und tertiären Trends, im Gegensatz zu den Umkehrformationen, die sich auf den primären Trend beziehen.

Einige Vorbemerkungen, die für alle Umkehrformationen gelten

Bevor wir die einzelnen Umkehrformationen diskutieren, müssen einige Punkte in Betracht gezogen werden, die für alle Umkehrformationen gelten.

1. Eine Voraussetzung für jede Umkehrformation ist die Existenz eines Trends.
2. Das erste Signal eines drohenden Trendwechsels ist oft der Bruch einer bedeutenden Trendlinie.
3. Je größer die Formation, umso größer die nachfolgende Bewegung.
4. Topformationen dauern gewöhnlich kürzer und sind volatiler als Bodenformationen.
5. Bodenformationen weisen in der Regel geringere Handelsspannen auf und brauchen länger für ihre Ausbildung.
6. Die Umsatzentwicklung ist bei Trendwenden nach oben von größerer Bedeutung.

Die Notwendigkeit eines vorhergehenden Trends. Die Existenz eines bestehenden primären Trends ist eine wichtige Vorbedingung jeder Umkehrformation. Der Markt muss einfach etwas umkehren können. Gelegentlich entwickelt sich eine Formation auf dem Chart, deren Aussehen an eine Umkehrformation erinnert. Ist dieser Formation jedoch kein Trend vorausgegangen, dann gibt es nichts umzukehren, und die Formation ist zweifelhaft. Das Wissen, an welcher Stelle in der Trendstruktur bestimmte Formationen bevorzugt auftauchen, ist eines der Schlüsselelemente der Formationenerkennung.

Die Bestimmung von Kurszielen nach einer Trendumkehr ist eine zusätzliche Technik, die sich erst durch die Existenz eines vorherigen Trends ergibt. Wir haben bereits erwähnt, dass die meisten Projektionstechniken nur *Mindest*kursziele ermitteln. Das *maximale* Kursziel ist das gesamte Ausmaß der vorangegangenen Bewegung. Wenn eine Umkehrformation einen primären Aufwärtstrend beendet, dann kann die potenzielle Abwärtsbewegung 100 % des vorherigen Bullenmarktes betragen oder zu dem Punkt zurückführen, an dem alles begann.

Der Bruch bedeutender Trendlinien. Das erste Signal eines möglichen Trendwechsels ist oft der Bruch einer bedeutenden Trendlinie. Denken Sie aber daran, dass die Verletzung einer primären Trendlinie nicht notwendigerweise eine Trendumkehr signalisiert. Was angekündigt wird, ist ein Wechsel im Trendverhalten. Der Bruch einer wichtigen Aufwärtstrendlinie könnte den Beginn einer Seitwärtsbewegung bedeuten, die sich später entweder als Trendumkehr- oder als Konsolidierungsformation erweisen wird. Manchmal fällt der Bruch einer wichtigen Aufwärtstrendlinie mit der Vollendung einer Kursformation zusammen.

Je größer die Formation, umso größer das Kurspotenzial. Wenn wir das Wort „größer" benutzen, meinen wir die Höhe und Breite der Kursformation. Die Höhe entspricht der Volatilität der Formation. Die Breite ist die Zeitspanne, die für die Entwicklung und Vollendung der Formation benötigt wird. Je größer die Formation ist – also je wei-

113

ter die Kurse innerhalb der Formation schwingen (Volatilität), und je mehr Zeit es braucht, um sie auszubilden, um so bedeutender wird die Formation und umso größer wird das Potenzial der anschließenden Kursbewegung.

Beinahe alle Projektionstechniken in diesen beiden Kapiteln basieren auf der *Höhe* einer Formation. Diese Methoden, die auf vertikalen Abständen aufbauen, werden in erster Linie auf Balkencharts angewandt. Das Verfahren, die horizontale Breite einer Kursformation als Maß für eine Kurszielermittlung zu nehmen, ist gewöhnlich Point&Figure-Charts vorbehalten. Diese Chartmethode ist als „count" bekannt; sie berücksichtigt eine enge Verbindung zwischen der Breite eines Gipfels bzw. Bodens und des folgenden Kursziels.

Unterschiede zwischen Top- und Bodenformationen. Gipfelformationen sind in der Regel kürzer und volatiler als Böden. Kursschwünge innerhalb der Tops sind ausladender und heftiger. Tops brauchen normalerweise weniger Zeit zu ihrer Ausbildung. Bodenformationen weisen kleinere Kursschwünge auf, benötigen aber länger bis zu ihrer Vollendung. Aus diesen Gründen ist es gewöhnlich einfacher und weniger kostspielig, Bodenformationen zu erkennen und zu traden, als Marktgipfel richtig zu erwischen. Kurse neigen dazu, *schneller zu fallen als zu steigen*; das belohnt die Analyse von Gipfelformationen, obwohl sie trügerischer sind als Bodenformationen.

Deshalb kann ein Trader mehr Geld machen und das auch noch schneller, wenn er in einem Bärenmarkt short geht, im Gegensatz zu der Longseite eines Bullenmarktes. Alles im Leben ist ein Abwägen zwischen Ertrag und Risiko. Die höheren Risiken werden durch eine größere Chance kompensiert, und umgekehrt. Top-Formationen sind schwerer zu erwischen, aber es ist die Mühe wert.

Bei Trendwechseln nach oben ist der Umsatz von größerer Bedeutung als bei Trendwechseln nach unten. Der Umsatz sollte generell in Trendrichtung ansteigen und ist ein wichtiger Bestätigungsfaktor bei der Vollendung aller Kursformationen. Der Abschluss jeder Formation sollte von einem deutlichen Umsatzanstieg begleitet sein. In den frühen Stadien einer Trendumkehr *nach unten ist das Volumen allerdings nicht so wichtig.* Sobald eine Abwärtsbewegung einsetzt, *fallen Märkte durch ihr eigenes Gewicht.* Charttechniker möchten gerne eine Zunahme der Handelsaktivität sehen, wenn die Kurse fallen, doch ist dies kein entscheidendes Kriterium. Bei dem Abschluss von Bodenformationen hingegen ist der Anstieg der Umsätze absolut notwendig. Wenn die Umsätze während eines *Ausbruchs* nach oben nicht signifikant anziehen, sollte man die gesamte Kursformation in Frage stellen. Wir werden den Umsatz in Kapitel 7 noch ausführlicher erörtern.

☐ KOPF-SCHULTER-UMKEHRFORMATION

Lassen Sie uns nun einen genauen Blick auf die bekannteste und verlässlichste aller Trendumkehrformationen werfen – die Kopf-Schulter-Umkehrformation. Wegen ihrer Wichtigkeit werden wir diese Formation ausführlich und in allen Details besprechen. Die meisten anderen Umkehrformationen sind nur Varianten der Kopf-Schulter-Formation und brauchen deshalb nicht so eingehend behandelt zu werden.

Diese Umkehrformation des primären Trends ist, wie alle anderen auch, nur eine Verfeinerung der in Kapitel 4 erläuterten Trendkonzepte. Stellen Sie sich eine Situation in einem langfristigen Aufwärtstrend vor, wo eine Serie steigender Gipfel und Täler allmählich an Momentum verliert. Dann flacht sich der Aufwärtstrend für eine Weile ab. Zu dieser Zeit befinden sich die Kräfte von Angebot und Nachfrage in relativem Gleichgewicht. Sobald diese Distributionsphase beendet ist, werden die Widerstandslinien am unteren Rand der Trading Range durchbrochen, und ein neuer Abwärtstrend ist etabliert. Dieser neue Abwärtstrend hat nun fallende Gipfel und Täler.

Lassen Sie uns ansehen, wie dieses Szenario bei einer oberen Kopf-Schulter-Formation aussieht (siehe Abbildungen 5.1a und b). Bei Punkt A ist der Aufwärtstrend voll intakt, ohne Anzeichen einer Gipfelbildung. Der Umsatz nimmt zu, während die Kurse neue Hochs erreichen, was normal ist. Die Korrekturbewegung zu Punkt B erfolgt bei niedrigerem Umsatz, was ebenso zu erwarten ist. Bei Punkt C allerdings könnte der aufmerksame Chartist bereits bemerken, dass das Volumen beim Durchbruch durch das Niveau von Punkt A etwas niedriger ist als bei der vorangegangenen Rallye. Diese Tatsache an sich ist noch nicht von großer Bedeutung, doch im Hinterkopf des Analysten springt die Ampel auf Gelb.

Anschließend beginnen die Kurse zu Punkt D zu fallen, und noch etwas Beunruhigenderes geschieht. Der Kursrückgang setzt sich unter den früheren Hochpunkt A fort. Erinnern Sie sich daran, dass bei einer Korrektur in einem Aufwärtstrend ein früherer Gipfel als Unterstützung fungieren sollte. Der Kursverfall deutlich unter Punkt A, sogar beinahe zum vorherigen Reaktionstief bei Punkt B, ist eine weitere Warnung, dass mit dem Aufwärtstrend etwas schief läuft.

Der Markt steigt wieder bis Punkt E, und zwar bei erneut niedrigerem Umsatz, und ist nicht in der Lage, den Höhepunkt der vorangegangenen Rallye bei Punkt C zu erreichen. (Dieser letzte Aufschwung zu Punkt E korrigiert häufig die Hälfte bis zwei Drittel der Abwärtsbewegung von Punkt C zu D.) Um den Aufwärtstrend fortzusetzen, muss jeder Hochpunkt den Hochpunkt der vorhergehenden Rallye übertreffen. Der Fehlschlag der Rallye zu Punkt E, den vorherigen Gipfel bei Punkt C zu erreichen, erfüllt bereits die Hälfte der Voraussetzung eines neuen Abwärtstrends – nämlich fallende Hochs.

Zu diesem Zeitpunkt wurde die primäre Aufwärtstrendlinie (Linie 1) bereits gebrochen, üblicherweise bei Punkt D, was ein weiteres Gefahrenzeichen auslöste. Doch trotz aller Warnungen, die wir bis zu diesem Punkt wahrgenommen haben, hat sich der

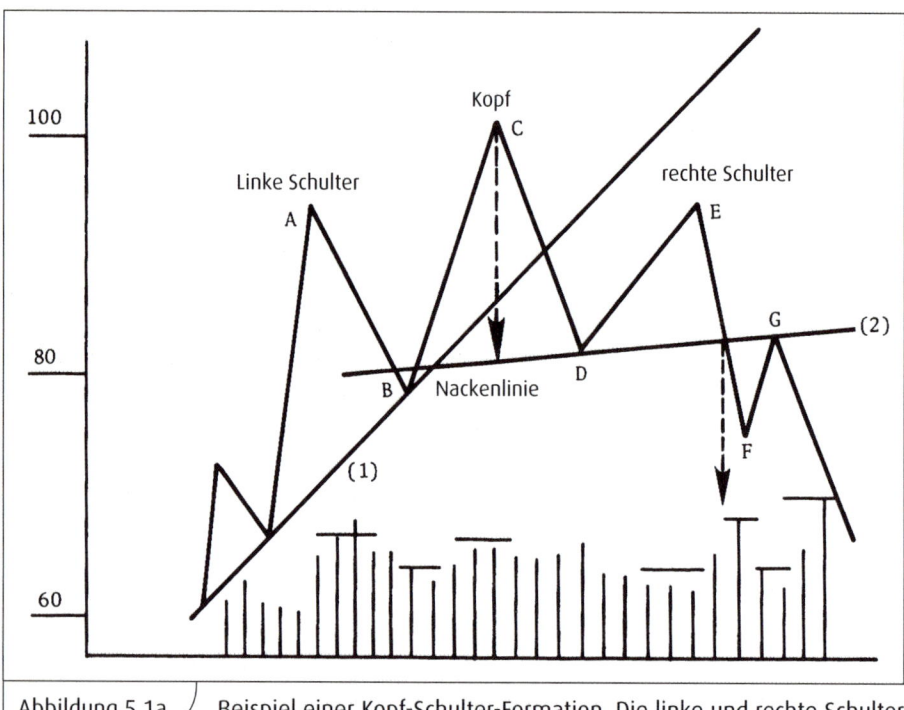

Abbildung 5.1a	Beispiel einer Kopf-Schulter-Formation. Die linke und rechte Schulter (A und E) sind etwa auf derselben Höhe. Der Kopf (C) ist höher als jede Schulter. Beachten Sie den bei jedem Gipfel niedriger werdenden Umsatz. Die Formation ist bei einem Schlusskurs unter der Nackenlinie (Linie 2) vollendet. Das Mindestkursziel ist der vertikale Abstand vom Kopf zur Nackenlinie, vom Durchbruchspunkt nach unten projiziert. Eine Rückkehrbewegung führt die Kurse oft zur Nackenlinie zurück; sie sollten die Nackenlinie aber nicht wieder überschreiten, nachdem sie einmal gebrochen wurde.

Trend nur von aufwärts zu seitwärts verschoben. Das mag ein hinreichender Grund sein, um Long-Positionen glatt zu stellen, doch nicht unbedingt genug, um neue Short-Positionen zu rechtfertigen.

☉ Der Bruch der Nackenlinie vollendet die Formation

Zu dieser Zeit kann eine flachere Trendlinie unter die letzten beiden Reaktionstiefs (Punkte B und D) gezogen werden, die als Nackenlinie bezeichnet wird (siehe Linie 2). Diese Linie hat bei Kursgipfeln in der Regel eine leichte Aufwärtsneigung (obwohl sie manchmal auch horizontal verlaufen und seltener sogar abwärts geneigt sein kann). *Der entscheidende Faktor für die Auflösung einer oberen Kopf-Schulter-Formation ist ein Schlusskurs,*

116

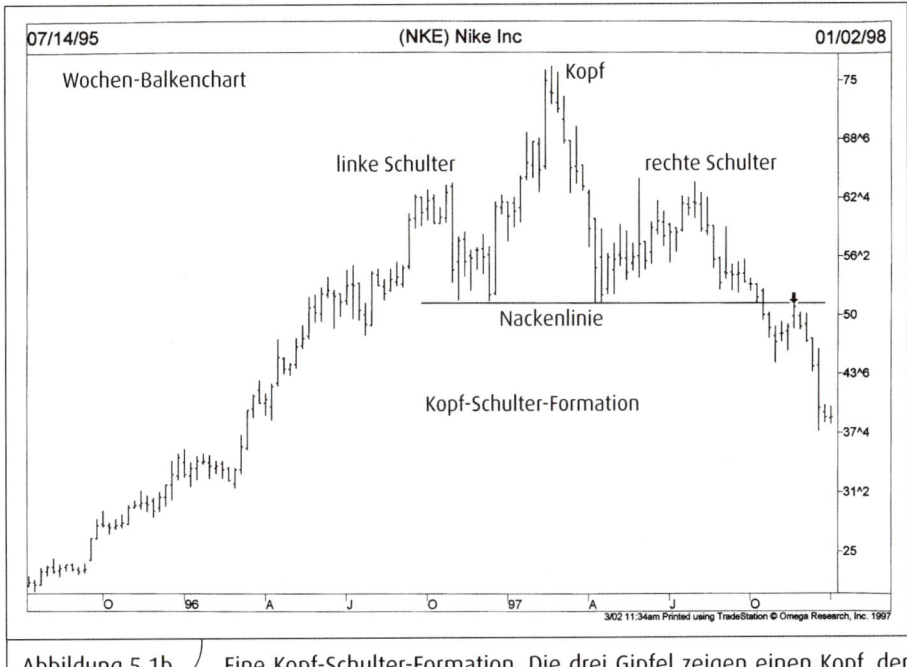

07/14/95   (NKE) Nike Inc   01/02/98

Wochen-Balkenchart   Kopf

linke Schulter   rechte Schulter

Nackenlinie

Kopf-Schulter-Formation

3/02 11:34am Printed using TradeStation © Omega Research, Inc. 1997

Abbildung 5.1b / Eine Kopf-Schulter-Formation. Die drei Gipfel zeigen einen Kopf, der höher ist als die beiden Schultern. Die Rückkehrbewegung (siehe Pfeil) erfolgte planmäßig.

der diese Nackenlinie signifikant nach unten durchbricht. Die Kurse haben nun die Trendlinie verletzt, die die beiden Punkte B und D verbindet, und die Unterstützung bei Punkt D durchbrochen und komplettieren damit die Kennzeichen eines neuen Abwärtstrends – absteigende Gipfel und Täler. Der neue Abwärtstrend wird durch fallende Hoch- und Tiefpunkte bei C, D, E und F identifiziert. Ein scharfer Umsatzanstieg bei fallenden Kursen ist in den Anfangsphasen einer Top-Bildung allerdings nicht von entscheidender Bedeutung.

⊙ Die Rückkehrbewegung

Normalerweise entwickelt sich jetzt eine entgegengesetzte Kursbewegung, die ein Rücksprung an die gebrochene Nackenlinie bzw. das vorherige Reaktionstief bei Punkt D darstellt (siehe Punkt G), die nun beide zu Widerstandslinien geworden sind. Zu einer solchen Rückkehrbewegung kommt es nicht immer, und manchmal ist es nur ein sehr kleiner Rücksprung. Der Umsatz hilft dabei, das Ausmaß einer Rückkehrbewegung zu bestimmen. Erfolgt der erste Bruch der Nackenlinie bei sehr hohem Volumen, stehen die Chancen für eine Rückkehrbewegung schlecht, weil die erhöhte

Handelsaktivität auf einen hohen Verkaufsdruck hindeutet. Ein geringeres Volumen beim ersten Durchbruch durch die Nackenlinie erhöht hingegen die Wahrscheinlichkeit einer Rückkehrbewegung. Dieser kleine Kursanstieg sollte allerdings bei niedrigem Umsatz stattfinden, während die nächstfolgende Wiederaufnahme des Abwärtstrends von deutlich höherer Handelsaktivität begleitet sein sollte.

⊙ Zusammenfassung

Lassen Sie die grundlegenden Zutaten einer oberen Kopf-Schulter-Formation Revue passieren.

1. Ein vorheriger Aufwärtstrend.
2. Eine linke Schulter bei hoher Umsatzentwicklung (Punkt A), gefolgt von einer Korrekturbewegung zu Punkt B.
3. Eine Rallye zu neuen Hochs, doch bei geringerem Umsatz (Punkt C).
4. Ein Kursverfall, der unter den vorherigen Gipfel (bei A) führt und sich dem vorangegangenen Reaktionstief (Punkt D) nähert.
5. Eine dritte Rallye (Punkt E) bei bemerkenswert niedrigem Umsatz, die den Kopf (bei Punkt C) nicht mehr erreicht.
6. Ein Schlusskurs unter der Nackenlinie.
7. Eine Kursbewegung zurück zur Nackenlinie (Punkt G), gefolgt von neuen Tiefs.

Was augenscheinlich geworden ist, sind drei klar erkennbare Gipfel. Der mittlere Gipfel (der Kopf) ist etwas höher als jede der beiden Schultern (Punkte A und E). Die Formation ist allerdings nicht vollendet, bevor die Nackenlinie auf Schlusskursbasis nicht eindeutig durchbrochen ist. Hier eignet sich wiederum die 1%- – 3%-Regel (oder eine Variante davon), oder das Erfordernis zweier aufeinanderfolgender Schlusskurse unter der Nackenlinie (die 2-Tage-Regel) für eine zusätzliche Bestätigung. Bevor der Durchbruch nach unten erfolgt ist, besteht allerdings immer die Möglichkeit, dass die Formation nicht wirklich eine Kopf-Schulter-Umkehrformation ist, und dass sich der Aufwärtstrend an irgendeinem Punkt fortsetzt.

☐ Die Bedeutung des Umsatzes

Das begleitende Umsatzmuster spielt bei der Entwicklung einer Kopf-Schulter-Formation – wie bei allen Kursformationen – eine wichtige Rolle. Als generelle Regel sollte sich der Kopf bei niedrigerem Volumen als die linke Schulter entwickeln. Dies ist kein hinreichendes Kriterium, aber eine starke Tendenz und eine frühzeitige Warnung sinkenden Kaufdrucks. Das bedeutendste Umsatzsignal taucht während des dritten

Gipfels (der rechten Schulter) auf. Das Volumen sollte erkennbar niedriger sein als bei den vorherigen beiden Gipfeln. Anschließend sollte der Umsatz beim Durchbruch der Nackenlinie ansteigen, während der Rückkehrbewegung abflauen, und danach erneut zunehmen.

Wie bereits erwähnt, ist die Umsatzentwicklung bei der Vollendung von oberen Umkehrformationen nicht so kritisch. Doch an irgendeinem Punkt sollte der Umsatz ansteigen, während sich der neue Abwärtstrend fortsetzt. Bei unteren Umkehrformationen spielt das Volumen eine entschieden größere Rolle, wie wir gleich sehen werden. Vorher wollen wir allerdings über die Kurszielformel der Kopf-Schulter-Formation sprechen.

☐ Ermittlung eines Kursziels

Die Methode, zu einem Kursziel zu gelangen, beruht auf der Höhe der Formation. Nehmen Sie den vertikalen Abstand vom Kopf (Punkt C) zur Nackenlinie. Dann projizieren Sie diese Distanz von dem Punkt aus, an dem die Nackenlinie gebrochen wird, nach unten. Nehmen Sie beispielsweise an, das obere Ende des Kopfes sei bei 100 und die Nackenlinie bei 80. Damit entspricht der vertikale Abstand der Differenz, nämlich 20. Diese 20 Punkte werden nun von dem Niveau, an dem die Nackenlinie gebrochen wurde, nach unten abgetragen. Liegt die Nackenlinie in Abbildung 5.1a am Durchbruchspunkt bei 82, wird das Kursziel nach unten auf das Niveau von 62 projiziert (82 − 20 = 62). (Dies gilt unter der Voraussetzung einer linearen Skalierung; A.d.Ü.)

Eine andere Technik, die denselben Zweck erfüllt, jedoch etwas einfacher ist, besteht darin, die Länge der ersten Welle der Abwärtsbewegung (Punkte C zu D) zu bestimmen, und sie dann zu verdoppeln. In jedem Fall ist das Kursziel umso weiter entfernt, je größer die Höhe oder Volatilität der Formation ist. In Kapitel 4 wurde bereits festgestellt, dass das Kursziel, was aus dem Bruch einer Trendlinie ermittelt wird, ähnlich dem aus einer Kopf-Schulter-Formation ist. Sie sollten jetzt in der Lage sein, dies nachzuvollziehen. Kurse legen nach dem Bruch einer Nackenlinie ungefähr dieselbe Entfernung zurück, wie sie davor bis zur Nackenlinie gefallen waren. Sie werden in unserer gesamten Abhandlung der Kursformationen feststellen, dass *Kursziele von Balkencharts auf der Höhe oder Volatilität der verschiedenen Formationen beruhen.* Die Vorgehensweise des Messens der Höhe einer Formation und der anschließenden Projektion dieser Entfernung von einem Ausbruchspunkt wird ständig wiederholt.

Es ist wichtig, sich daran zu erinnern, dass ein erreichtes Kursziel nur ein Mindestkursziel darstellt. Die Kurse werden sich oft noch viel weiter über das Kursziel hinaus bewegen. Ein Mindestkursziel zum Arbeiten zu haben ist allerdings sehr hilfreich, wenn es darum geht, im Vorhinein zu bestimmen, ob eine Marktbewegung genug Potenzial hat, um das

Eingehen einer Position zu rechtfertigen. Wenn der Markt das Kursziel dann übertrifft, ist das wie das Sahnehäubchen auf dem Kuchen. Das *maximale* Kursziel ist die gesamte vorangegangene Bewegung. Führte der vorherige Bullenmarkt von 30 auf 100, so entspricht das maximale Kursziel von einer oberen Trendumkehrformation nach unten der kompletten Korrektur der gesamten Aufwärtsbewegung, bis hinunter zu 30. Umkehrformationen können nur das umkehren oder korrigieren, was ihr vorausgegangen ist.

⊙ Anpassung von Kurszielen

Wenn man ein Kursziel erreichen will, gibt es eine Reihe weiterer Faktoren zu berücksichtigen. Die Projektionstechniken von Kursformationen, wie wir sie soeben für die Kopf-Schulter-Formation erklärt haben, sind nur der erste Schritt. Es gibt noch andere technische Faktoren, die man beachten muss. Zum Beispiel, wo liegen die prominenten Unterstützungslinien, die während des vorangegangenen Bullenmarktes von Reaktionstiefs hinterlassen wurden? Bärenmärkte legen auf diesen Niveaus oft eine Pause ein. Wie verhält es sich mit prozentualen Retracements? Das *Maximum-Kursziel* würde ein 100 % Retracement des vorherigen Bullenmarktes bedeuten. Doch wo befinden sich die 50 % und 66 % Retracement Levels? Diese Niveaus wirken oft als signifikante Unterstützung. Was ist mit wichtigen Kurslücken unterhalb der aktuellen Kurse? Auch sie fungieren oft als Unterstützungszonen. Sind irgendwelche langfristigen Trendlinien unterhalb der aktuellen Kurse sichtbar?

Der Technische Analyst muss weitere technischen Daten berücksichtigen, wenn er Kursziele von Formationen ableiten will. Wenn eine Projektion nach unten beispielsweise ein Kursziel von 30 ergibt, und eine wichtige Unterstützungslinie bei 32 existiert, wird der Chartist klugerweise sein Kursziel anpassen und bei 32 statt bei 30 ansetzen. Besteht eine leichte Diskrepanz zwischen einem projizierten Kursziel und einer klar geschnittenen Unterstützungs- oder Widerstandslinie, so gilt als generelle Sicherheitsregel, dass man das Kursziel an die Unterstützungs- oder Widerstandslinie anpasst. Wenn man zusätzliche technische Informationen in seine Überlegungen einbezieht, ist es oftmals nötig, die von Kursformationen abgeleiteten Kursziele zu adjustieren. Dem Analysten stehen viele verschiedene Werkzeuge zur Verfügung. Die geschicktesten Technischen Analysten sind diejenigen, die lernen, alle diese Hilfsmittel sauber miteinander zu verknüpfen.

☐ DIE INVERSE KOPF–SCHULTER-FORMATION

Die Kopf-Schulter-Bodenformation oder inverse Kopf-Schulter-Formation, wie sie manchmal genannt wird, ist im Großen und Ganzen ein Spiegelbild der Gipfelforma-

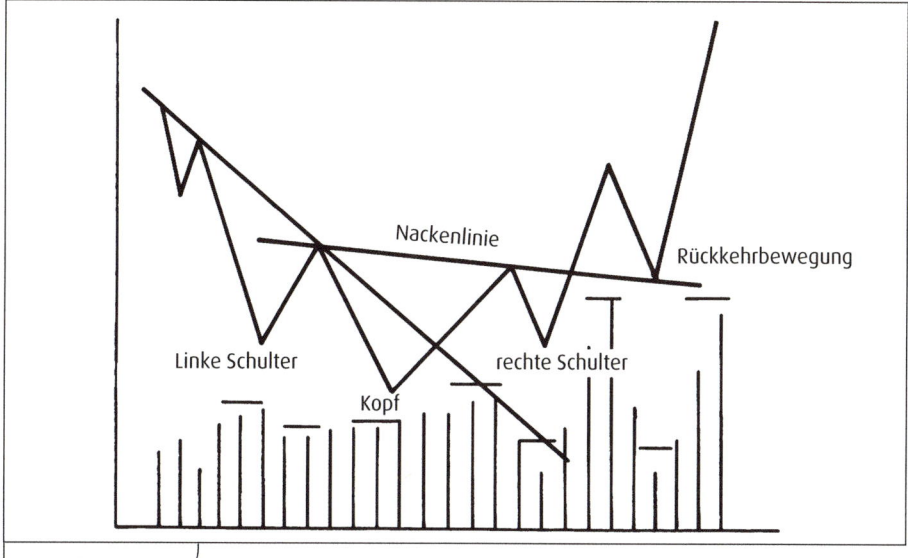

Linke Schulter

Kopf

Nackenlinie

rechte Schulter

Rückkehrbewegung

Abbildung 5.2a / Beispiel einer umgekehrten Kopf-Schulter-Formation. Die untere Version dieser Formation ist ein Spiegelbild der oberen. Der einzige signifikante Unterschied ist das Umsatzmuster in der zweiten Hälfte der Formation. Die Rallye vom Kopf zeigt höheres Volumen, und beim Bruch der Nackenlinie sollte die Handelsaktivität explodieren. Die Rückkehrbewegung zur Nackenlinie ist bei Bodenformationen üblicher als bei Gipfelformationen.

tion. Wie Abbildung 5.2a zeigt, besteht sie aus drei deutlichen Böden, wobei der Kopf (das mittlere Tal) etwas tiefer als die beiden Schultern ist. Ein eindeutiger Schlusskurs oberhalb der Nackenlinie ist wiederum erforderlich, um die Formation zu vollenden, und auch die Projektionstechnik ist dieselbe. Ein kleiner Unterschied der Bodenformation ist die größere Neigung zu einer Rückkehrbewegung an die Nackenlinie nach erfolgtem bullishen Ausbruch (siehe Abbildung 5.2b).

Der wichtigste Unterschied zwischen Gipfel- und Bodenformationen ist die Volumensequenz. Der Umsatz spielt bei der Identifikation und Vollendung einer inversen Kopf-Schulter-Formation eine viel kritischere Rolle. Dies gilt für alle unteren Umkehrformationen. Es wurde bereits gesagt, dass Märkte dazu neigen, aufgrund ihres eigenen Gewichts zu fallen. Bodenformationen erfordern allerdings eine signifikante Zunahme von Kaufdruck, was durch ein höheres Volumen ersichtlich wird, um einen neuen Bullenmarkt zu starten.

Eine mehr technische Sichtweise bei der Betrachtung dieses Unterschieds ist, dass ein Markt einfach aufgrund von Trägheit fallen kann. Ein Mangel an Nachfrage oder Kaufinteresse bei einem Teil der Marktteilnehmer reicht oft bereits aus, um die Kurse nach unten zu drücken; durch Trägheit steigen kann ein Markt allerdings nicht. Die

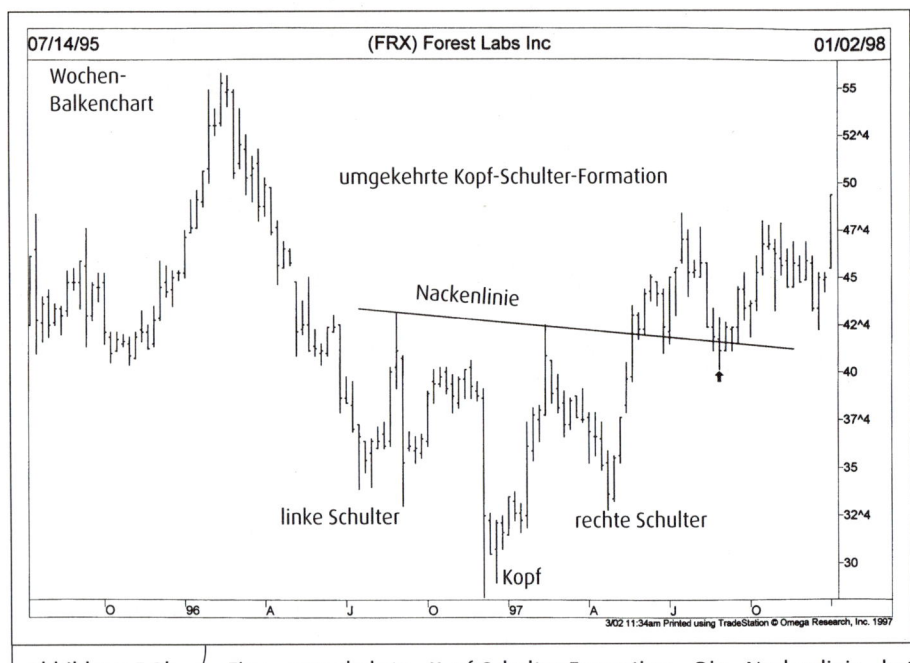

07/14/95 · (FRX) Forest Labs Inc · 01/02/98

Wochen-Balkenchart

umgekehrte Kopf-Schulter-Formation

Nackenlinie

linke Schulter

rechte Schulter

Kopf

3/02 11:34am Printed using TradeStation © Omega Research, Inc. 1997

Abbildung 5.2b Eine umgekehrte Kopf-Schulter-Formation. Die Nackenlinie hat normalerweise eine leichte Abwärtsneigung. Der Rückfall nach dem Ausbruch verletzte die Nackenlinie ein wenig, doch dann wurde der Aufwärtstrend wieder aufgenommen.

Kurse können nur anziehen, wenn die Nachfrage das Angebot übersteigt und die Käufer aggressiver agieren als die Verkäufer.

Das Umsatzmuster eines Bodens ist demjenigen der ersten Hälfte einer Gipfelformation sehr ähnlich, nämlich dass das Volumen am Kopf etwas niedriger ist als an der linken Schulter. Die Rallye vom Kopf aus sollte allerdings nicht nur eine Zunahme bei der Handelsaktivität zeigen, vielmehr übertreffen die Umsätze diejenigen, die bei der Rallye von der linken Schulter zu beobachten waren. Die Delle zur rechten Schulter sollte bei sehr niedrigem Volumen stattfinden. Der kritische Punkt kommt bei der Rallye durch die Nackenlinie. Dieses Signal muss von einem scharfen Anstieg des Handelsvolumens begleitet sein, wenn der Ausbruch echt sein soll.

An dieser Stelle differieren Gipfel- und Bodenformationen am meisten. Am Boden ist ein hohes Volumen ein absolut unverzichtbares Element beim Abschluss einer Umkehrformation. Die Rückkehrbewegung ist bei Böden üblicher als bei Tops und sollte bei niedrigem Umsatz ablaufen. Danach sollte der neue Aufwärtstrend bei höheren Umsätzen aufgenommen werden. Die Projektionstechnik ist dieselbe wie bei oberen Umkehrformationen.

⊙ Die Neigung der Nackenlinie

An einem Top ist die Nackenlinie üblicherweise leicht aufwärts gerichtet. Manchmal verläuft sie auch waagerecht. Die beiden Fälle machen aber keinen allzu großen Unterschied. Gelegentlich neigt sich die Nackenlinie allerdings nach unten. Dieses Gefälle ist ein Zeichen von Marktschwäche und wird üblicherweise von einer schwach ausgebildeten rechten Schulter begleitet. Hierbei handelt es sich aber um einen zweifelhaften Segen. Der Analyst, der mit dem Eingehen einer Short-Position auf das Durchbrechen der Nackenlinie wartet, muss nämlich etwas länger warten, weil das Verkaufssignal von einer abwärts geneigten Nackenlinie viel später ausgelöst wird, und dies auch erst dann, wenn ein Großteil der Kursbewegung bereits stattgefunden hat. Bei Bodenformationen sind die meisten Nackenlinien leicht abwärts geneigt. Eine steigende Nackenlinie ist ein Zeichen größerer Marktstärke, verbunden mit dem Nachteil eines später gegebenen Kaufsignals.

☐ KOMPLEXE KOPF-SCHULTER-FORMATIONEN

Manchmal taucht eine Variante der Kopf-Schulter-Formation auf, die *komplexe Kopf-Schulter-Formation* genannt wird. Dabei handelt es sich um Formationen, bei denen zwei Köpfe oder eine doppelte linke und rechte Schulter erscheinen. Formationen dieser Art sind nicht so häufig, doch für sie gelten die gleichen Regeln für die Kursprognose. Ein wichtiger Hinweis in diesem Zusammenhang ist die starke Tendenz von Kopf-Schulter-Formationen zur Symmetrie. Das heißt, dass eine einfache linke Schulter auch eine einfache rechte Schulter erwarten lässt. Eine doppelte linke Schulter hingegen erhöht die Wahrscheinlichkeit für eine doppelte Ausprägung auch der rechten Schulter.

⊙ Taktiken

Markttaktiken spielen bei jedem Handeln an der Börse eine wichtige Rolle. Nicht alle technisch orientierten Trader möchten auf den Bruch einer Nackenlinie warten, bevor sie eine neue Position eingehen. Aggressivere Trader, die annehmen, dass sie eine inverse Kopf-Schulter-Formation richtig erkannt haben, werden erste Long-Trades bereits während der Ausbildung der rechten Schulter initiieren. Dies zeigt Abbildung 5.3. Oder sie kaufen beim ersten technischen Zeichen, dass der Abstieg zur rechten Schulter beendet ist.

Andere werden die Entfernung der Rallye vom Kopf messen (Punkte C zu D) und dann bei einer Korrektur von 50 % oder 66 % dieser Rallye kaufen. Wieder andere Analysten werden über die Abwärtsbewegung von Punkt D zu E eine steile Abwärtstrendlinie ziehen und beim ersten Bruch dieser Trendlinie nach oben kaufen. Wegen der Symmetrie dieser Formationen werden einige Analysten in die rechte Schulter hineinkaufen, sobald sich die Kurse dem Niveau der linken Schulter nähern. Während der Bildung einer rechten Schulter werden viele antizipatorische Käufe vorgenommen. Wenn sich die zuerst eingegangene Long-Position als profitabel erweist, können bei dem eigentlichen Durchgang durch die Nackenlinie oder bei einer Rückkehrbewegung nach erfolgtem Ausbruch weitere Positionen aufgestockt werden.

⊙ Die fehlgeschlagene Kopf-Schulter-Formation

Wenn die Kurse einmal die Nackenlinie durchbrochen und die Kopf-Schulter-Formation damit vollendet haben, *sollten sie die Nackenlinie nicht erneut kreuzen.* Sobald die Nackenlinie einer Gipfelformation nach unten durchbrochen wurde, ist jeder eindeutig über der Nackenlinie liegende Schlusskurs eine Warnung, dass der erste Bruch eventuell ein Fehlsignal war und es sich um ein Muster handelt, das aus nahe liegenden Gründen als *fehlgeschlagene Kopf-Schulter-Formation* bezeichnet wird. Diese Formation sieht zunächst wie eine klassische Kopf-Schulter-Umkehrformation aus, doch an

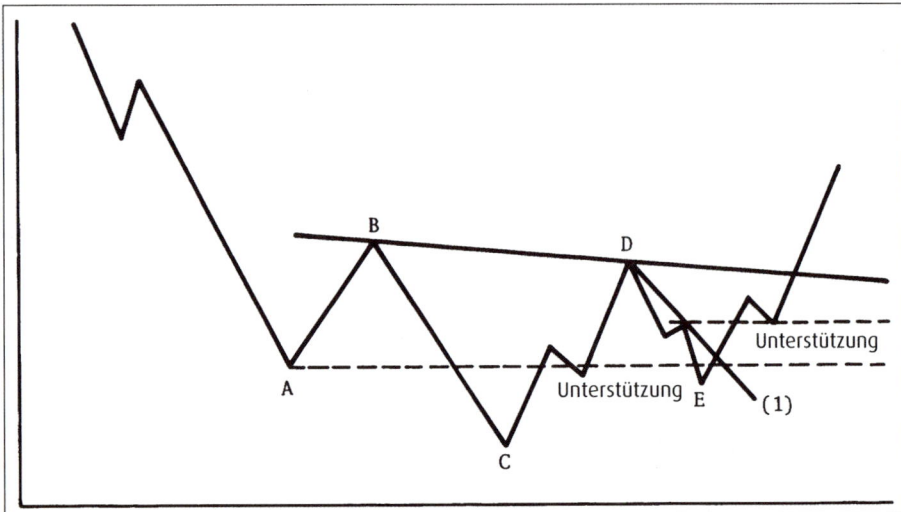

| Abbildung 5.3 | Taktiken bei einer umgekehrten Kopf-Schulter-Formation. Viele technisch orientierte Trader beginnen, Longpositionen einzugehen, noch während die rechte Schulter (E) geformt wird. Eine Halb- bis Zweidrittel-Reaktion auf den Kursanstieg von C nach D, ein Rückfall auf das Niveau der linken Schulter bei Punkt A oder der Bruch einer kurzfristigen Abwärtstrendlinie (Linie 1) sind alles frühzeitige Gelegenheiten für einen Markteinstieg. Beim Bruch der Nackenlinie oder in der Rückkehrbewegung zu ihr können die Positionen aufgestockt werden. |

einem bestimmten Punkt in ihrer Entwicklung (entweder vor dem Bruch der Nackenlinie oder kurz danach) nehmen die Kurse ihren ursprünglichen Trend wieder auf.

Hier gibt es zwei wichtige Lektionen zu lernen. Die erste ist die Erkenntnis, dass keine dieser Chartformationen unfehlbar ist. Sie funktionieren meistens, aber nicht immer. Die zweite Lehre besteht darin, dass ein technischer Analyst immer damit rechnen muss, dass seine Analyse falsch sein könnte. Einer der Schlüssel des Überlebens auf den Finanzmärkten ist es, die Verluste klein zu halten und aus einer Verlustposition so schnell wie möglich wieder auszusteigen. Einer der größten Vorteile der Technischen Analyse ist ihre Fähigkeit, den Trader schnell zu alarmieren, wenn er sich auf der falschen Seite des Marktes befindet. Die Fähigkeit und Bereitschaft, Tradingfehler schnell zu erkennen und sofortige Abwehrmaßnahmen zu treffen, sind in den Finanzmärkten ernst zu nehmende Qualitäten.

☉ Die Kopf-Schulter-Formation als Konsolidierungsformation

Bevor wir zur nächsten Formation weitergehen, gibt es einen letzten Punkt zur Kopf-Schulter-Formation zu besprechen. Zu Beginn der Erörterung bezeichneten wir die Kopf-Schulter-Formation als bekannteste und zuverlässigste aller Umkehrformationen. Seien Sie aber trotzdem gewarnt, dass diese Formation gelegentlich auch als Konsolidierungsformation auftaucht. Wenn dies passiert, ist es eher die Ausnahme als die Regel. Wir werden hierüber mehr in Kapitel 6, „Fortsetzungsformationen", hören.

☐ DREIFACH-SPITZEN UND -BÖDEN

Die meisten Punkte, die wir bei der Behandlung der Kopf-Schulter-Formation aufgeführt haben, sind auch auf andere Typen von Umkehrformationen anwendbar (siehe Abbildungen 5.4a – c). Die *Dreifach-Spitze* bzw. der *Dreifach-Boden*, die viel seltener vorkommen, sind nur eine leichte Variation dieser Formation. Der Hauptunterschied besteht darin, dass die drei Gipfel oder Täler beim *triple top* oder *triple bottom* auf ungefähr demselben Niveau liegen (siehe Abbildung 5.4a). Charttechniker sind sich oftmals nicht einig, ob es sich bei einer Umkehrformation um eine Kopf-Schulter-Formation oder eine Dreifach-Spitze handelt. Da beide Formationen exakt dieselben Dinge beinhalten, ist die Diskussion akademisch.

Der Umsatz tendiert dazu, mit jedem sukzessiven Gipfel bei der Top-Formation nachzulassen, und sollte am Durchbruchspunkt anziehen. Die Dreifach-Spitze ist nicht komplett, bis die Unterstützungslinie entlang der beiden Zwischentiefs gebrochen ist. Umgekehrt müssen die Kurse über dem Niveau der Zwischenhochs schließen, um den Dreifach-Boden zu vollenden. (Als alternative Strategie kann auch der Bruch des

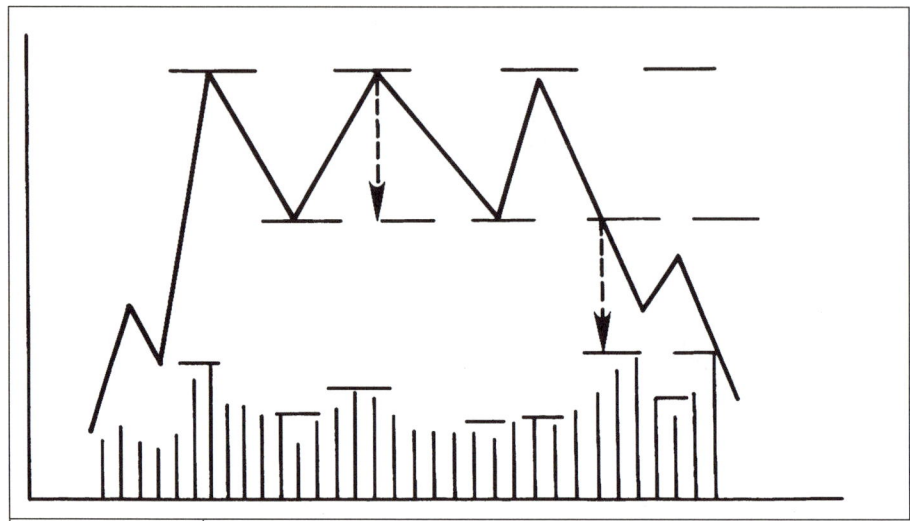

Abbildung 5.4a

Eine Dreifach-Spitze. Vergleichbar mit der Kopf-Schulter-Formation, außer dass alle Gipfel auf demselben Niveau sind. Der Umsatz sollte bei jeder Anstiegsbewegung abnehmen. Die Formation ist vollendet, wenn beide Tröge bei anziehendem Volumen gebrochen werden. Die Kurszielformel ist die Höhe der Formation, vom Durchbruchspunkt nach unten abgetragen. Rückkehrbewegungen zur unteren Linie sind nicht ungewöhnlich.

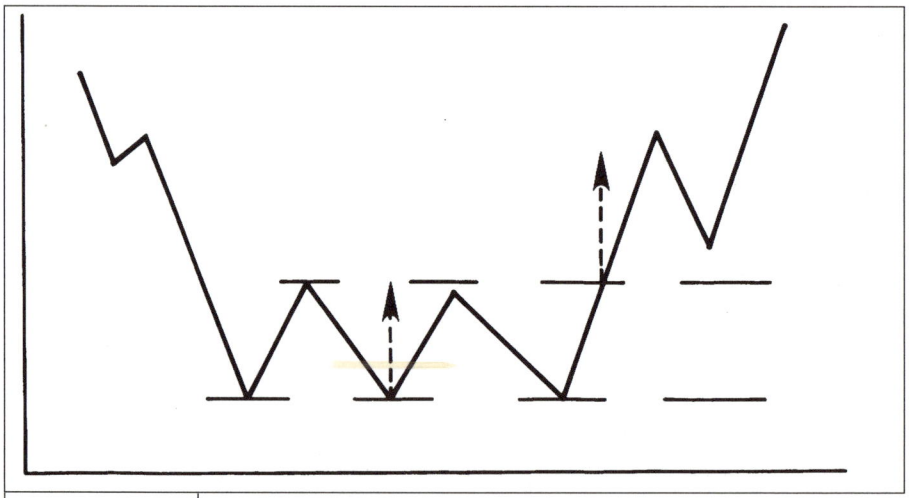

Abbildung 5.4b

Ein Dreifach-Boden. Vergleichbar mit der umgekehrten Kopf-Schulter-Formation, außer dass alle Tiefs auf demselben Niveau sind. Ein Spiegelbild der Dreifach-Spitze mit der Einschränkung, dass das Umsatzverhalten bei einem Ausbruch nach oben wichtiger ist.

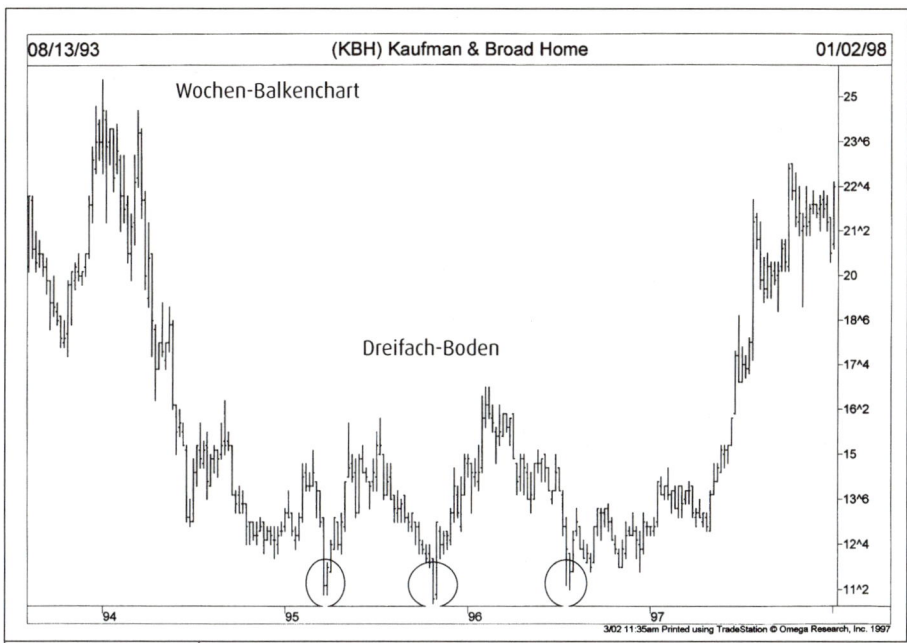

Abbildung 5.4c Eine Dreifach-Boden-Umkehrformation. Auf dem Chart fanden die Kurse dreimal knapp unter 12 Dollar Unterstützung, was einen kräftigen Anstieg einleitete. Die Bodenformation auf diesem Wochenchart dauerte zwei volle Jahre, was dem Ganzen eine große Bedeutung beimaß.

nächstgelegenen Gipfels oder Tals als Umkehrsignal benutzt werden.) Ein kräftiger Umsatzanstieg beim Verlassen der Bodenformation ist unabdingbar.

Die Kurszielformel funktioniert ebenso wie bei der Kopf-Schulter-Formation und basiert auf der Höhe der Formation. Die Kurse werden in der Regel vom Durchbruchspunkt aus mindestens die Strecke zurücklegen, die der Höhe der Formation entspricht. Nach erfolgtem Ausbruch ist eine Rückkehrbewegung zum Ausbruchspunkt nicht ungewöhnlich. Weil die Dreifach-Spitze bzw. der Dreifach-Boden nur Varianten der Kopf-Schulter-Formation darstellt, brauchen wir hier nicht mehr darüber zu sagen.

☐ DOPPEL-SPITZEN UND –BÖDEN

Eine viel häufigere Umkehrformation ist die Doppel-Spitze (Doppeltop; double top) bzw. der Doppel-Boden (double bottom). Nach der Kopf-Schulter-Formation findet sie sich am häufigsten und wird am einfachsten erkannt (siehe Abbildungen 5.5a – e). Die Abbildungen 5.5a und 5.5b zeigen das Vorkommen als obere und untere Umkehrformation. Aus nahe liegenden Gründen wird das Doppeltop auch als „M-Formation", der doppelte Boden auch als „W-Formation" bezeichnet. Die allgemeine Charakteristik eines Doppeltops ist ähnlich denjenigen der Kopf-Schulter-Formation und der Dreifach-Spitze, nur dass zwei anstatt drei Gipfel erscheinen. Das Umsatzmuster ist ebenso wie die Kurszielformel vergleichbar.

In einem Aufwärtstrend (wie in Abbildung 5.5a) markieren die Kurse bei Punkt A ein neues Hoch, üblicherweise bei zunehmendem Umsatz, und fallen anschließend zu Punkt B bei nachlassendem Volumen. Bis hierher geschieht alles so, wie man es in einem normalen Aufwärtstrend erwartet. Die nächste Rallye zu Punkt C ist allerdings nicht mehr in der Lage, den vorherigen Gipfel bei A auf Schlusskursbasis zu übertreffen, und die Kurse fangen wieder an zu fallen. Ein potenzielles Doppeltop wurde etabliert. Ich verwende das Wort „potenziell" deshalb, weil – wie bei allen Umkehrformationen – der Trendwechsel nicht erfolgt ist, bis die vorherige Unterstützung von Punkt B auf Schlusskursbasis verletzt wird. Bis das geschieht, könnten sich die Kurse auch nur in einer seitwärts gerichteten Konsolidierungsphase befinden und die Wiederaufnahme des originären Aufwärtstrends vorbereiten.

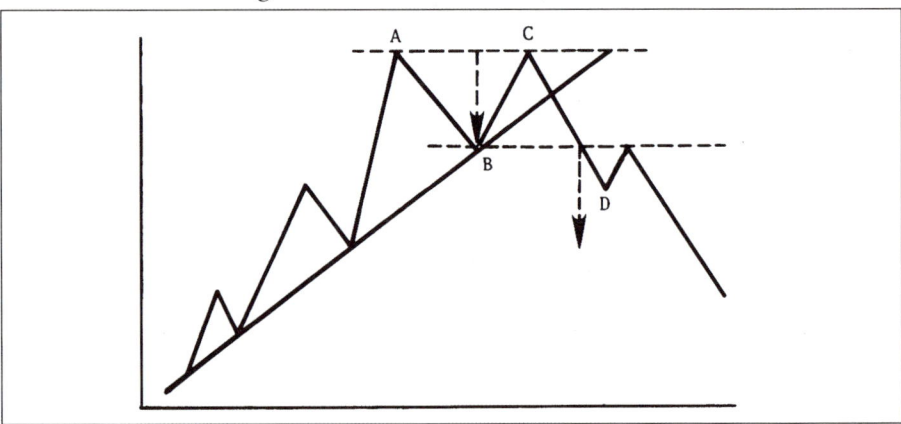

Abbildung 5.5a / Beispiel eines Doppeltops (Doppel-Spitze, M-Formation; A. d. Ü.). Diese Formation hat zwei Gipfel (A und C) auf ungefähr gleicher Höhe. Die Formation ist vollendet, wenn das Niveau des mittleren Tals bei Punkt B auf Schlusskursbasis durchbrochen ist. Der Umsatz ist beim zweiten Gipfel gewöhnlich niedriger und nimmt beim Durchbruch (D) zu. Eine Rückkehrbewegung zur unteren Linie ist nicht ungewöhnlich. Das Mindestkursziel ist die Höhe des Gipfels, vom Durchbruchspunkt aus nach unten projiziert.

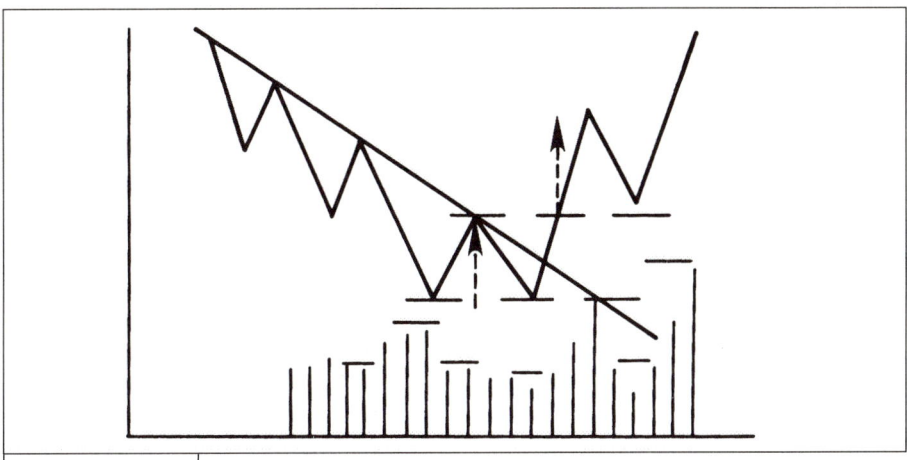

Abbildung 5.5b Beispiel eines Doppel-Bodens. Spiegelbild des Doppeltops. Der Umsatz ist bei einem Ausbruch nach oben wichtiger. Rückkehrbewegungen zum Ausbruchspunkt sind bei Bodenformationen häufiger zu finden.

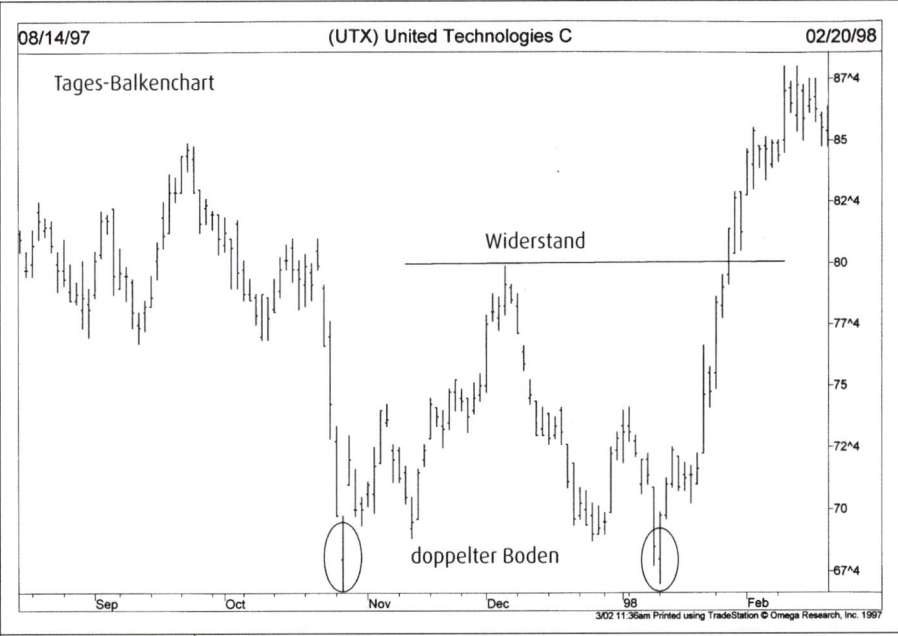

Abbildung 5.5c Beispiel eines Doppel-Bodens. Diese Aktie federte vom Niveau bei 68 zweimal innerhalb von drei Monaten ab. Beachten Sie, dass der zweite Boden gleichzeitig ein Umkehrtag nach oben war. Der Durchbruch durch den Widerstand bei 80 komplettierte die Formation.

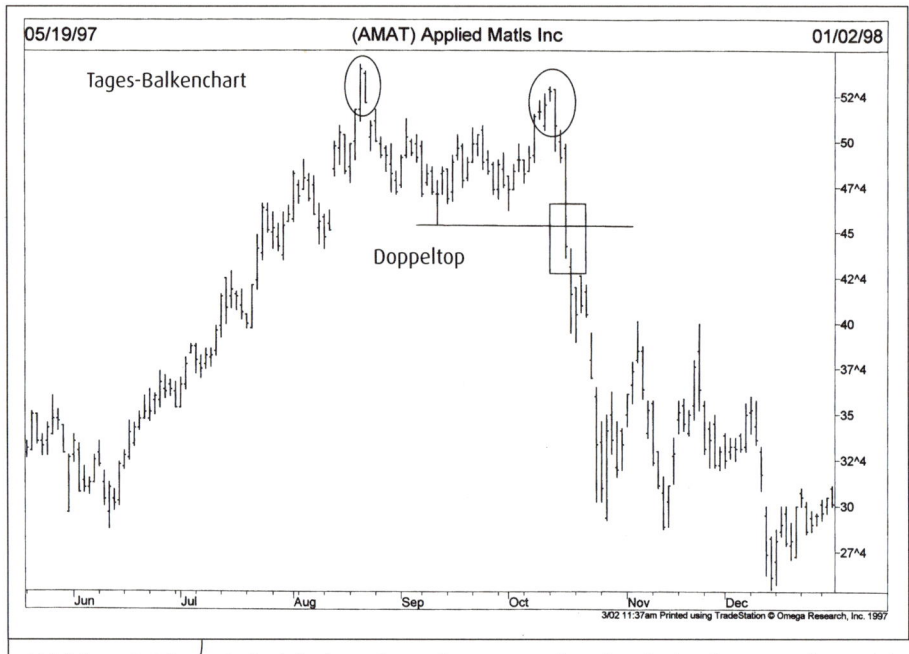

05/19/97 · (AMAT) Applied Matls Inc · 01/02/98

Tages-Balkenchart

Doppeltop

3/02 11:37am Printed using TradeStation © Omega Research, Inc. 1997

| Abbildung 5.5d | Beispiel eines Doppeltops. Manchmal, wie in diesem Fall, erreicht der zweite Gipfel nicht ganz die Höhe des ersten. Dieses Doppeltop über zwei Monate signalisierte einen primären Abwärtstrend. Das eigentliche Signal war der Durchbruch durch die Unterstützungslinie bei 46 (siehe Kasten). |

Das ideale Top hat zwei ausgeprägte Gipfel auf ungefähr der gleichen Höhe. Der Umsatz ist beim ersten Gipfel gewöhnlich höher, und beim zweiten niedriger. Ein Schlusskurs eindeutig unter dem Niveau des mittleren Einschnitts bei Punkt B, verbunden mit höherem Volumen, vollendet die Formation und signalisiert einen Trendwechsel nach unten. Bevor der Abwärtstrend fortgesetzt wird, ist eine Rückkehrbewegung zum Durchbruchspunkt nicht ungewöhnlich.

⊙ Kurszielformel beim Doppeltop

Zur Bestimmung des Kursziels beim Doppeltop wird die Höhe der Formation vom Durchbruchspunkt aus (dem Punkt, wo der mittlere Einschnitt bei Punkt B unterboten wird) nach unten projiziert. Alternativ können Sie auch die Länge der ersten Abwärtsbewegung (von Punkt A nach Punkt B) messen und diese Länge vom Einschnitt bei Punkt B nach unten projizieren. Die Kurszielformel beim Dreifach-Boden ist die gleiche, nur in umgekehrter Richtung.

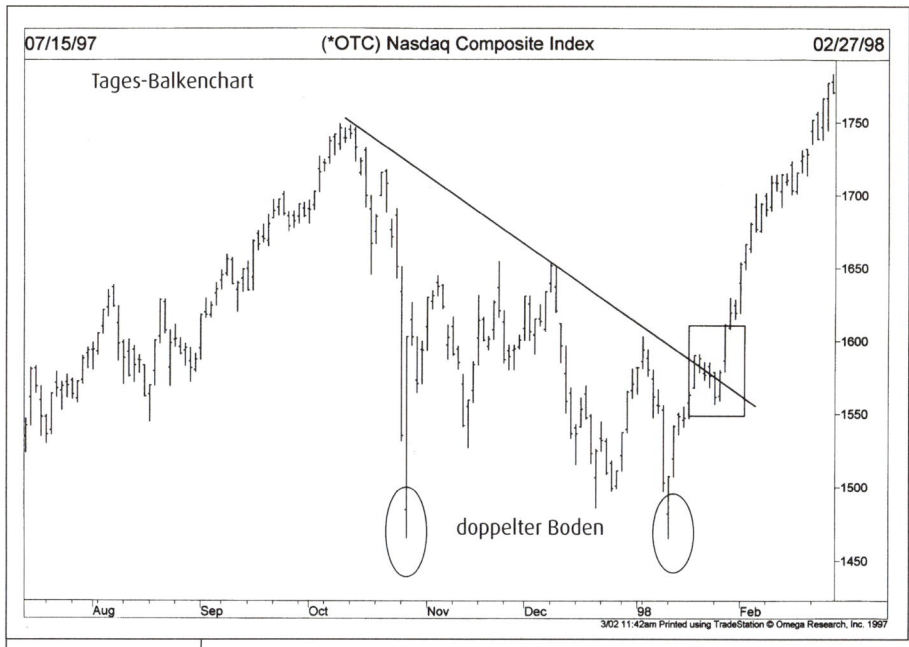

Abbildung 5.5e Kursformationen zeigen sich regelmäßig auch auf den Charts bekannter Aktienindizes. Auf diesem Bild formte der Nasdaq Composite Index einen doppelten Boden nahe der Linie bei 1470, bevor er nach oben marschierte. Der Bruch der Abwärtstrendlinie (siehe Kasten) bestätigte den Aufschwung.

☐ ABWEICHUNGEN VON DER IDEALEN FORMATION

Wie in den meisten anderen Gebieten der Marktanalyse auch, zeigen die Beispiele der realen Welt normalerweise gewisse Abweichungen von der idealen Form. Zum einen liegen die beiden Gipfel manchmal nicht exakt auf der gleichen Höhe. Gelegentlich wird der zweite Gipfel nicht ganz das Niveau des ersten Gipfels erreichen, was nicht zu problematisch ist. Was allerdings einige Probleme verursacht, wenn der zweite Gipfel geringfügig höher als der erste liegt. Was zunächst wie ein gültiger Ausbruch nach oben und eine Fortsetzung des Aufwärtstrends aussieht, entpuppt sich als Teil eines Gipfelbildungsprozesses. Um dieses Dilemma zu lösen, bieten sich einige der bereits erwähnten Filtertechniken an.

☉ Filter

Die meisten Technischen Analysten verlangen einen Schlusskurs jenseits einer Widerstandslinie statt nur einer Intraday-Verletzung. Zweitens kann ein Kursfilter eingesetzt werden, beispielsweise das Prozent-Kriterium (wie die 1%- oder die 3%-Regel). Drittens kann die 2-Tage-Regel als Zeitfilter verwendet werden. Mit anderen Worten, die Kurse müssen an zwei aufeinander folgenden Tagen über dem Niveau des vorangegangenen Gipfels schließen, um einen gültigen Durchbruch anzuzeigen. Ein weiterer Zeitfilter könnte ein Freitags-Schlusskurs über dem vorherigen Gipfel sein. Auch der Umsatz beim Ausbruch nach oben liefert einen Hinweis auf dessen Verlässlichkeit.

Diese Filter sind natürlich nicht unfehlbar, doch sie dienen dazu, die Anzahl der häufig auftretenden Fehlsignale (whipsaws) zu reduzieren. Manchmal sind die Filtertechniken nützlich, manchmal auch nicht. Der Analyst muss realisieren, dass er es mit Prozentwerten und Wahrscheinlichkeiten zu tun hat und dass es Zeiten gibt, in denen falsche Signale auftreten. Das ist einfach eine Tatsache des realen Trading.

Für die finale Welle eines Bullenmarktes ist es nicht ungewöhnlich, ein neues Hoch zu markieren, bevor die Trendrichtung wechselt. In solch einem Fall erweist sich der finale Ausbruch nach oben als „Bullenfalle" (siehe Abbildungen 5.6a und b). Wir werden Ihnen später einige Indikatoren vorstellen, die Ihnen dabei helfen können, solche falschen Ausbrüche zu erkennen.

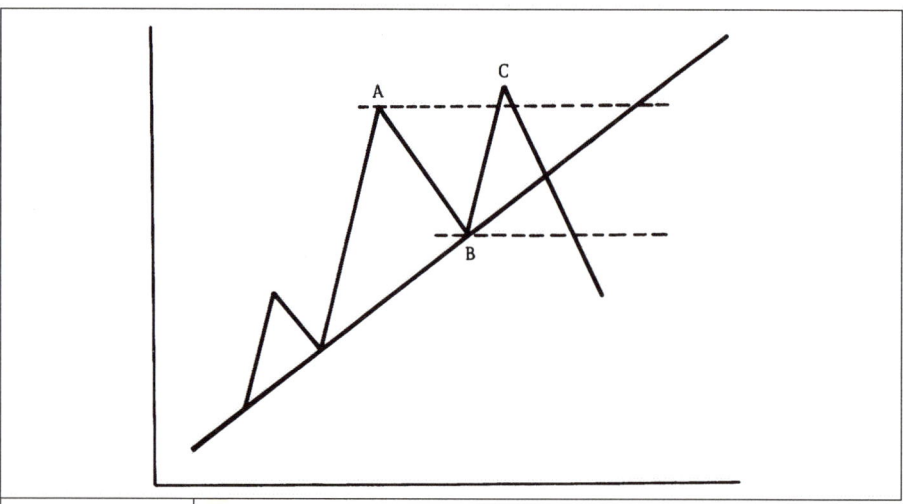

Abbildung 5.6a / Beispiel eines falschen Ausbruchs, was gewöhnlich als Bullenfalle bezeichnet wird. Nahe dem Ende eines primären Aufwärtstrends übersteigen die Kurse gelegentlich einen früheren Gipfel, bevor sie fallen. Technische Analysten verwenden verschiedene Zeit- und Kursfilter, um solche Fehlsignale zu reduzieren. Die abgebildete Gipfelformation würde möglicherweise als Doppeltop qualifiziert.

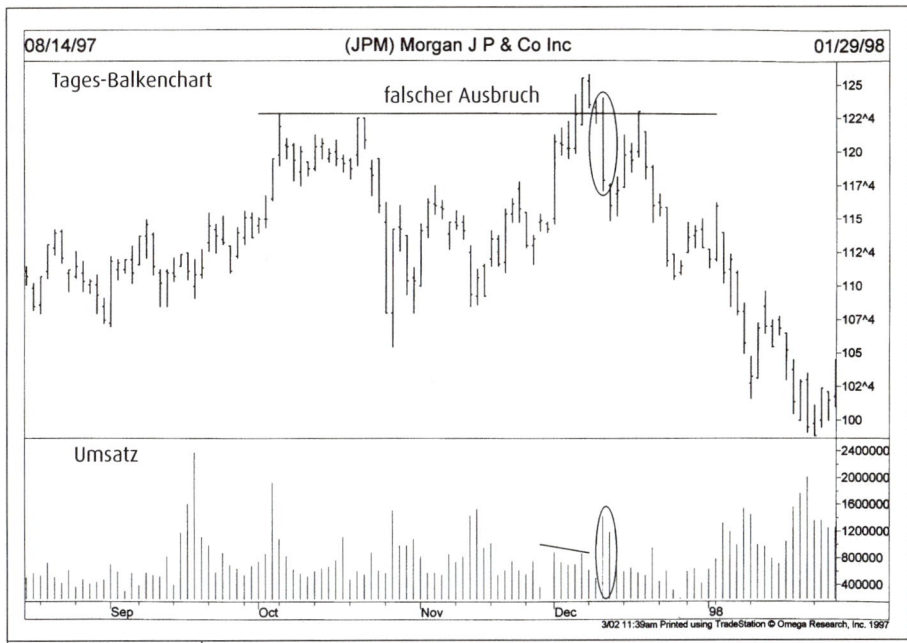

| Abbildung 5.6b | Beispiel eines falschen Ausbruchs. Beachten Sie, dass der Ausbruch nach oben bei schwachem und der anschließende Fall bei starkem Volumen stattfand – eine negative Chartkombination. Die Beobachtung der Umsatzentwicklung hilft, manche Fehlsignale zu vermeiden, aber nicht alle. |

⊙ Übermäßige Benutzung des Begriffs „Doppeltop"

Die Begriffe „Doppeltop" und „Doppel-Boden" werden in den Finanzmärkten viel zu häufig benutzt. Die meisten potenziellen Dreifach-Spitzen und -Böden entwickeln sich zu etwas anderem. Der Grund dafür besteht darin, dass die Kurse eine starke Tendenz haben, von den Niveaus früherer Gipfel oder Täler abzuprallen. Diese Kurswechsel sind eine natürliche Reaktion und begründen für sich noch nicht eine Umkehrformation. Bedenken Sie, dass die Kurse bei einem Gipfel erst das Niveau des vorherigen Tiefs nach unten durchbrechen müssen, bevor ein Doppeltop existiert.

Bemerken Sie in Abbildung 5.7a, dass die Kurse bei Punkt C von dem Niveau des vorherigen Gipfels bei Punkt A abprallen. In einem Aufwärtstrend ist dies eine vollkommen normale Aktion. Viele Trader werden dieses Muster dennoch sofort als Doppeltop bezeichnen, sobald klar wird, dass die Kurse den ersten Gipfel nicht im ersten Anlauf übertreffen. Abbildung 5.7b zeigt die gleiche Situation in einem Abwärtstrend. Für den Charttechniker ist es sehr schwierig, zu beurteilen, ob der Pullback von einem früheren Hoch bzw. das Abprallen von einem früheren Tief nur ein temporärer Rück-

133

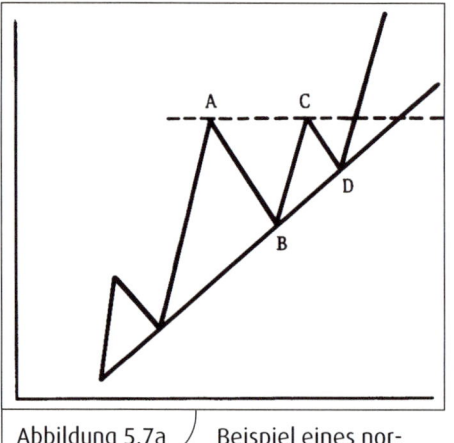

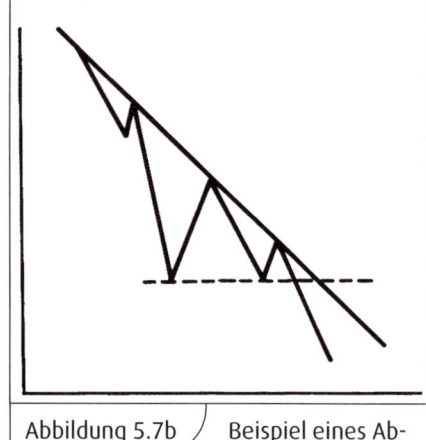

Abbildung 5.7a Beispiel eines normalen Pullback von einem vorherigen Gipfel vor der Wiederaufnahme des Aufwärtstrends. Dies ist eine ganz normale Marktbewegung und darf nicht mit einem Doppeltop verwechselt werden. Ein Doppeltop ist es nur, wenn die Unterstützung bei Punkt B gebrochen wird.

Abbildung 5.7b Beispiel eines Abprallens von einem früheren Tief. Dies ist eine ganz normale Marktbewegung und darf nicht mit einem Doppel-Boden verwechselt werden. Solche Bewegungen vom Niveau eines früheren Tiefs kommen normalerweise mindestens einmal vor und geben Anlass, verfrüht von einem doppelten Boden zu sprechen.

schlag in einem bestehenden Trend ist oder der Beginn einer M- bzw. W-Formation. Weil die Wahrscheinlichkeiten eher für eine Fortsetzung des gegenwärtigen Trends sprechen, ist es gewöhnlich klug, die Vollendung einer Formation abzuwarten, bevor man in Aktion tritt.

☉ Bedeutung der Zeit zwischen Gipfeln oder Tälern

Am Ende ist die Größe der Formation immer von Bedeutung. Je länger die Zeitperiode zwischen den beiden Gipfeln, und je höher die Formation ist, umso größer ist das Kurspotenzial nach einem Trendwechsel. Dies gilt für alle Chartformationen. Im Allgemeinen sollte mindestens ein Monat Zeit zwischen den beiden Gipfeln bzw. Tälern verstreichen, damit es sich um ein echtes Double Top oder Bottom handelt. Manche Hochs oder Tiefs werden sogar zwei oder drei Monate auseinander liegen. (Auf längerfristigen Monats- oder Wochencharts können diese Formationen mehrere Jahre umfassen.) Die meisten der in dieser Diskussion gezeigten Beispiele haben Gipfelformationen beschrieben. Der Leser sollte sich jetzt jedoch bewusst sein, dass Bodenformationen Spiegelbilder von Topformationen sind, mit Ausnahme einiger allgemeiner Unterschiede, die zu Beginn dieses Kapitels bereits angesprochen wurden.

□ UNTERTASSEN UND V-FORMATIONEN

Obwohl sie nicht so häufig vorkommen, nehmen Umkehrformationen gelegentlich die Form von Untertassen oder runden Böden (rounding bottoms) an. Die Untertassen-Formation zeigt einen sehr langsamen und allmählichen Wechsel von abwärts über seitwärts zu aufwärts gerichtet. Es ist schwierig zu sagen, wann genau die Untertasse vollendet ist, oder zu bestimmen, wie weit die Kurse in die entgegengesetzte Richtung gehen werden. Untertassen-Formationen werden gewöhnlich auf Wochen- oder Monatscharts, die mehrere Jahre umfassen, wahrgenommen. Je länger sie dauern, umso signifikanter werden sie (siehe Abbildung 5.8).

V-Formationen (spikes) sind am schwierigsten in den Griff zu bekommen, weil die Trendumkehr so schnell verläuft und wo es nur eine geringe oder gar keine Übergangsperiode gibt.

Sie kommen üblicherweise in einem Markt vor, der in eine Richtung so stark überdehnt wurde, dass eine plötzliche ungünstige Nachricht den Markt dazu veranlasst, seine Richtung abrupt zu wechseln. Eine Tages- oder Wochen-Umkehr, verbunden mit einem sehr starken Umsatz, ist manchmal das einzige Warnzeichen, das gegeben wird.

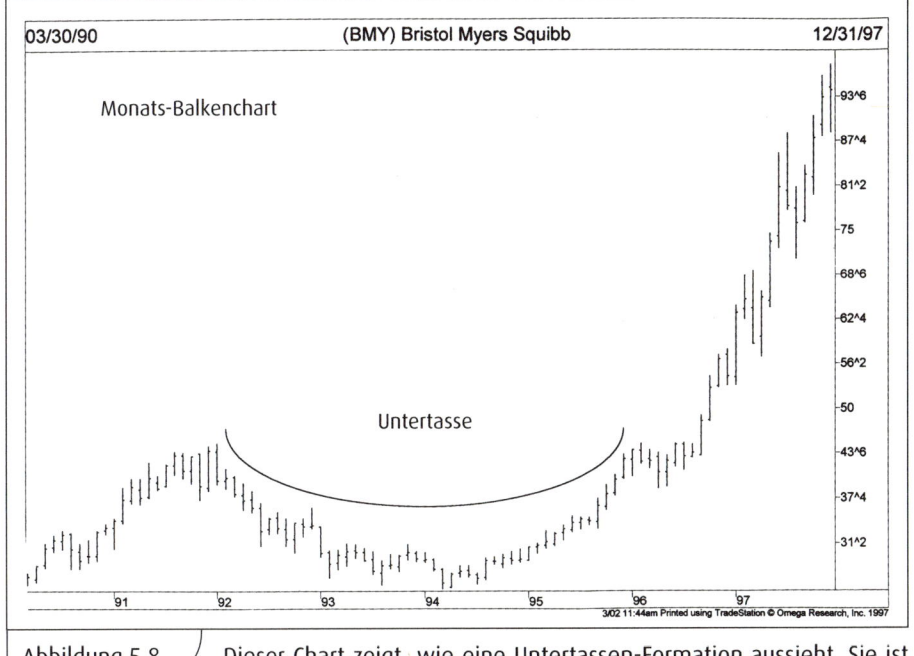

Abbildung 5.8 / Dieser Chart zeigt, wie eine Untertassen-Formation aussieht. Sie ist recht langgezogen und flach, markiert aber bedeutende Trendwenden. Dieser Boden wurde über vier Jahre ausgebildet.

135

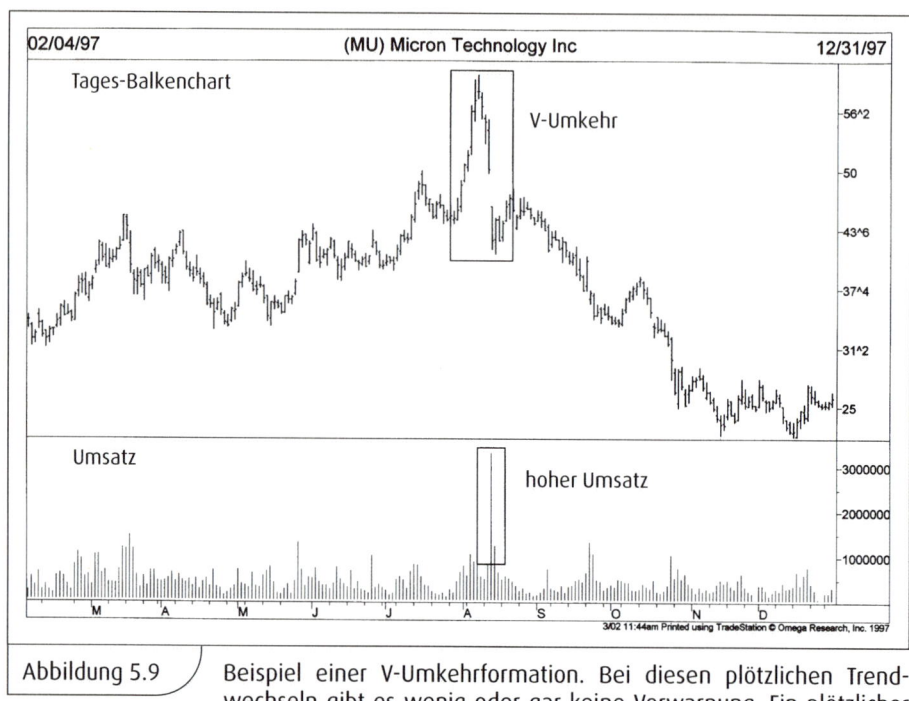

| 02/04/97 | (MU) Micron Technology Inc | 12/31/97 |

Tages-Balkenchart

V-Umkehr

56^2
50
43^6
37^4
31^2
25

Umsatz

hoher Umsatz

3000000
2000000
1000000

3/02 11:44am Printed using TradeStation © Omega Research, Inc. 1997

Abbildung 5.9 Beispiel einer V-Umkehrformation. Bei diesen plötzlichen Trend-wechseln gibt es wenig oder gar keine Vorwarnung. Ein plötzlicher Kurseinbruch bei hohem Volumen ist normalerweise das einzige verräterische Zeichen. Dummerweise sind solche abrupten Umkehr-bewegungen schwer im Vorhinein zu sehen.

Weil das der Fall ist, können wir von diesen Formationen nicht viel mehr sagen, außer dass wir hoffen, dass Sie in nicht zu viele dieser Art hineinlaufen. Einige technische Indikatoren, die wir in späteren Kapiteln besprechen, helfen Ihnen zu bestimmen, wann Märkte gefährlich überdehnt sind (siehe Abbildung 5.9).

☐ Fazit

Wir haben die am meisten genutzten Umkehrformationen des primären Trends dis-kutiert – die Kopf-Schulter-Formationen, die doppelten und dreifachen Spitzen und Böden, die Untertassen und die V-Formationen. Von ihnen sind die Kopf-Schulter-Formation und die Doppel-Spitze bzw. der Doppel-Boden die häufigsten. Diese For-mationen signalisieren normalerweise im Gange befindliche bedeutende Trendwechsel und werden als Trendumkehrformationen des primären Trends bezeichnet. Es gibt allerdings eine weitere Klasse von Formationen, die kurzfristigerer Natur sind und in der Regel eher Trendkonsolidierungen als Trendwechsel anzeigen. Sie werden passenderweise als Fortsetzungsformationen bezeichnet. Lassen Sie uns in Kapitel 6 einen Blick auf diesen anderen Formationstyp werfen.

06 | **Fortsetzungsformationen**

☐ EINLEITUNG

Die Chartformationen, um die es in diesem Kapitel geht, werden *Fortsetzungsformationen, Konsolidierungsformationen* oder *Trendbestätigungsformationen* genannt. Diese Formationen deuten an, dass die Seitwärtsbewegung auf dem Chart nichts weiter ist als eine Pause im vorherrschenden Trend und dass die nächste Kursbewegung in derselben Richtung erfolgen wird wie der Trend, der der Formation vorausgegangen war. Das unterscheidet diese Gruppe von Formationen von denjenigen des letzten Kapitels, die gewöhnlich einen primären Trendwechsel anzeigten.

Ein weiterer Unterschied zwischen Trendumkehr- und -bestätigungsformationen ist ihre Zeitdauer. Umkehrformationen brauchen für ihre Ausbildung gewöhnlich viel länger und verkörpern Wechsel im primären Trend. Auf der anderen Seite sind Fortsetzungsformationen gewöhnlich kürzerfristig und werden korrekterweise als Formationen des sekundären oder tertiären Trends klassifiziert.

Beachten Sie die ständige Benutzung des Wortes „gewöhnlich". Bei der Betrachtung aller Chartformationen handelt es sich notgedrungen eher um allgemeine Tendenzen als um starre Regeln. Es gibt immer Ausnahmen. Selbst die Gruppierung der Kursformationen in verschiedene Kategorien erscheint manchmal etwas dürftig. Dreiecke sind gewöhnlich Fortsetzungsformationen, erweisen sich jedoch manchmal als Umkehrformationen. Obwohl Dreiecke normalerweise als mittelfristige Formationen angesehen werden, erscheinen sie gelegentlich auch auf Langfristcharts und werden für den primären Trend signifikant. Eine Variante des Dreiecks − das umgekehrte oder inverse Dreieck − signalisiert üblicherweise einen primären Marktgipfel. Selbst die

Kopf-Schulter-Formation, die bekannteste aller Umkehrformationen, erweist sich gelegentlich als Konsolidierungsformation.

Selbst mit der Einschränkung einer gewissen Mehrdeutigkeit und gelegentlichen Ausnahmen fallen Chartformationen allgemein in die o. g. beiden Kategorien und können, wenn sie sauber interpretiert werden, dem Technischen Analysten helfen zu bestimmen, was der Markt wahrscheinlich während der meisten Zeit tun wird.

□ DREIECKE

Lassen Sie uns die Betrachtung der Fortsetzungsformationen mit dem Dreieck beginnen. Es gibt drei Typen von Dreiecken – das *symmetrische*, das *aufsteigende* und das *absteigende* Dreieck. (Manche Techniker zählen auch das *umgekehrte Dreieck* oder *broadening formation* als vierten Typ dazu, doch wird dies als eigenständige Formation später behandelt.) Jeder Dreieckstyp hat eine leicht abweichende Form und unterschiedliche Bedeutung für die Kursprognose.

Die Abbildungen 6.1a – c sind Beispiele dafür, wie jedes Dreieck aussieht. Das symmetrische Dreieck (siehe Abbildung 6.1a) hat zwei konvergierende Trendlinien, wobei die obere Linie fällt und die untere steigt. Die vertikale Linie auf der linken Seite, die die Höhe der Formation misst, wird Basis genannt. Der Kreuzungspunkt rechts, an dem sich die beiden Linien treffen, wird als *Spitze* bezeichnet. Aus nahe liegenden Gründen wird das symmetrische Dreieck auch *Spule* genannt.

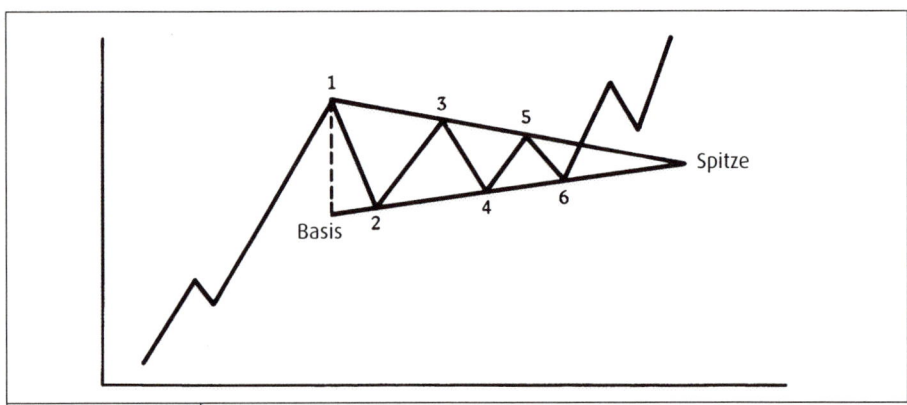

| Abbildung 6.1a | Beispiel eines bullishen symmetrischen Dreiecks. Beachten Sie die beiden konvergierenden Trendlinien. Ein Schlusskurs außerhalb einer der beiden Trendlinien vollendet die Formation. Die vertikale Linie auf der linken Seite ist die Basis. Der Punkt rechts, an dem sich die beiden Linien treffen, ist die Spitze. |

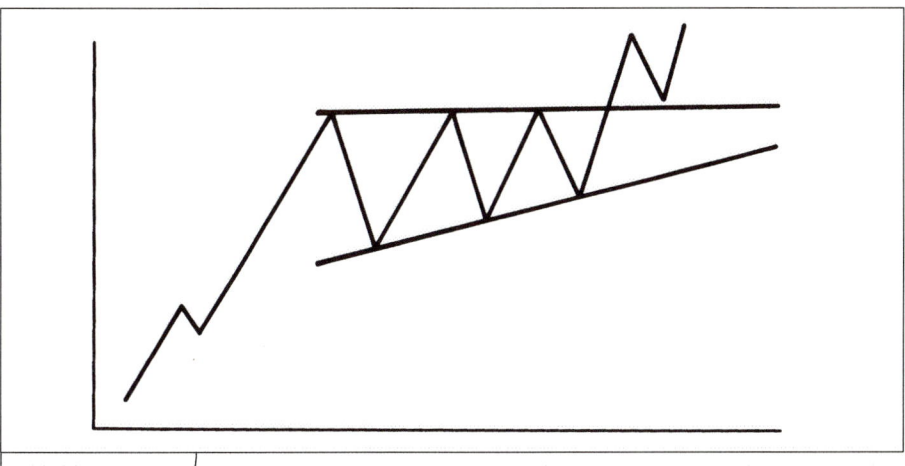

Abbildung 6.1b / Beispiel eines aufsteigenden Dreiecks. Beachten Sie die waagerechte obere und die ansteigende untere Linie. Hier handelt es sich generell um eine bullishe Formation.

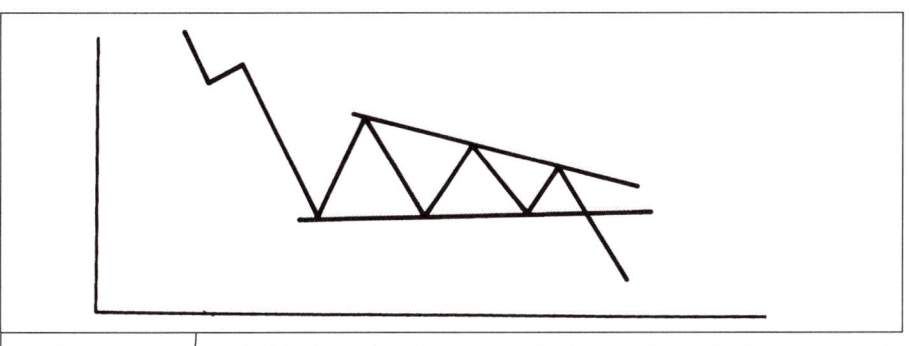

Abbildung 6.1c / Beispiel eines absteigenden Dreiecks. Beachten Sie die waagerechte untere und die fallende obere Linie. Dies ist im Allgemeinen eine bearishe Formation.

Das aufsteigende Dreieck hat eine steigende untere Linie und eine waagerechte oder horizontale obere Linie (siehe Abbildung 6.1b). Das absteigende Dreieck (siehe Abbildung 6.1c) hat im Gegensatz dazu eine fallende obere Linie und eine waagerechte Grundlinie. Lassen Sie uns nun sehen, wie jede Form interpretiert wird.

☐ DAS SYMMETRISCHE DREIECK

Das *symmetrische Dreieck* (oder *Spule*) ist gewöhnlich eine Fortsetzungsformation. Es verkörpert eine Unterbrechung im existierenden Trend, nach der der ursprüngliche Trend wieder aufgenommen wird. In dem Beispiel in Abbildung 6.1a war der vorhergehende Trend aufwärts gerichtet, so dass die Wahrscheinlichkeit für eine Auflösung der Dreiecks-Konsolidierung nach oben spricht. Wäre der Trend abwärts gerichtet, so hätte das symmetrische Dreieck eine bearishe Implikation.

Die Minimalanforderung für ein Dreieck sind vier Umkehrpunkte. Bedenken Sie, dass man immer zwei Punkte benötigt, um eine Trendlinie zu zeichnen. Um zwei konvergierende Trendlinien zu erhalten, muss deshalb jede Linie mindestens zweimal berührt werden. In Abbildung 6.1a beginnt das Dreieck bei Punkt 1, wo die Konsolidierung im Aufwärtstrend beginnt. Die Kurse fallen auf Punkt 2 zurück und steigen dann zu Punkt 3. Dieser ist allerdings niedriger als Punkt 1. Die obere Trendlinie kann erst dann gezogen werden, wenn sich die Kurse von Punkt 3 aus nach unten bewegen.

Beachten Sie, dass Punkt 4 höher liegt als Punkt 2. Erst wenn die Kurse von Punkt 4 aus gestiegen sind, kann die untere, aufwärts geneigte Linie gezeichnet werden. Zu diesem Zeitpunkt fängt der Analyst an, sich zu fragen, ob er es mit einem symmetrischen Dreieck zu tun hat. Jetzt gibt es vier Umkehrpunkte (1, 2, 3 und 4) und zwei konvergierende Trendlinien.

Obwohl die Minimalanforderung vier Umkehrpunkte beträgt, haben viele Dreiecke sechs Umkehrpunkte, wie in Abbildung 6.1a dargestellt. Das bedeutet, dass man eigentlich drei Hoch- und drei Tiefpunkte hat, die in ihrer Kombination fünf Wellen innerhalb des Dreiecks ergeben, bevor der Aufwärtstrend wieder aufgenommen wird. (Wenn wir zur Elliott-Wellen-Theorie kommen, werden wir noch mehr über die Fünfwellen-Tendenz innerhalb von Dreiecken zu sagen haben.)

⊙ Zeitlimit für die Auflösung eines Dreiecks

Es gibt ein Zeitlimit für die Auflösung der Formation: Das ist der Punkt, an dem sich die beiden Linien treffen, nämlich die Spitze. Eine allgemeine Regel besagt, dass die Kurse in Richtung des vorherigen Trends zwischen zwei Drittel und drei Viertel der horizontalen Breite des Dreiecks ausbrechen sollten. Das ist der Abstand zwischen der vertikalen Basis am linken Rand der Formation bis zur Spitze weit rechts. Der Abstand kann bestimmt werden, sobald die zwei konvergierenden Trendlinien gezeichnet sind, denn die beiden Linien müssen sich an einem Punkt treffen. Ein Ausbruch nach oben ergibt sich durch den Bruch der oberen Trendlinie. Wenn die Kurse jenseits der $\frac{3}{4}$-Marke noch innerhalb des Dreiecks verharren, so verliert das Dreieck an Kraft, und die Kurse werden normalerweise in die Spitze und darüber hinaus driften.

Das Dreieck stellt deshalb eine interessante Kombination von Kurs und Zeit dar. Die

05/29/97   (DELL) Dell Computer Corp   02/24/98

Tages-Balkenchart

ein bullishes symmetrisches Dreieck

3/02 11:46am Printed using TradeStation © Omega Research, Inc. 1997

Abbildung 6.1d   Dell formte im 4. Quartal 1997 ein bullishes symmetrisches Dreieck. Von links nach rechts gemessen, beträgt die Breite des Dreiecks 18 Wochen. Die Kurse brachen in der 13. Woche (siehe Kreis) aus, kurz vor dem Zwei-Drittel-Punkt.

konvergierenden Trendlinien sind die Preisgrenzen und zeigen an, ab welchem die Formation vollendet ist und der Trend nach dem Bruch der oberen Begrenzungslinie (im Falle eines Aufwärtstrends) wieder aufgenommen wird. Doch diese Trendlinien verkörpern auch ein Zeitziel, indem sie die Breite der Formation festlegen. Beträgt die Breite beispielsweise 20 Wochen, so sollte der Ausbruch irgendwann zwischen der 13. und 15. Woche stattfinden (siehe Abbildung 6.1d).

Das eigentliche Trendsignal wird gegeben, wenn eine der beiden Trendlinien auf Schlusskursbasis überschritten wird. Manchmal kommt es nach dem Ausbruch zu einer Rückkehrbewegung an die durchschnittene Trendlinie. In einem Abwärtstrend wird die untere Linie, sobald sie gebrochen wurde, zu einer Widerstandslinie. Auch die Spitze kann nach erfolgtem Ausbruch als bedeutende Unterstützungs- oder Widerstandslinie fungieren. Auf den Ausbruch können verschiedene Verletzungskriterien angewendet werden, ähnlich denjenigen, die in den beiden vorangegangenen Kapiteln besprochen wurden. Als Mindestvoraussetzung gilt ein Schlusskurs außerhalb der Trendlinie; eine Intraday-Verletzung allein reicht nicht.

☉ Die Bedeutung der Umsätze

Die Umsätze sollten abnehmen, während die Kursausschläge innerhalb des Dreiecks immer kleiner werden. Diese Tendenz der Volumenabnahme gilt für alle Konsolidierungsformationen. Die Umsätze sollten klar erkennbar anziehen, wenn die Kurse eine Trendlinie durchschneiden und die Formation vollenden. Die Rückkehrbewegung sollte von schwachem Volumen begleitet sein, während die Handelsaktivität bei der Wiederaufnahme des Trends erneut zunehmen sollte.

Zwei andere Punkte in Bezug auf das Volumen bedürfen noch der Erwähnung. Wie im Fall der Umkehrformationen ist die Umsatzentwicklung bei einem Ausbruch nach oben wichtiger als bei einem Ausbruch nach unten. Bei allen Konsolidierungsformationen ist für die Wiederaufnahme eines Aufwärtstrends ein Anstieg des Volumens wesentlich.

Der zweite Punkt ist folgender: Selbst wenn die Handelsaktivität innerhalb der Formation abnimmt, ergibt die genaue Untersuchung der Umsätze Hinweise, ob das höhere Volumen während Aufwärts- oder Abwärtsbewegungen zu beobachten ist. In einem Aufwärtstrend sollte beispielsweise eine leichte Tendenz zu höheren Umsätzen bei Rallyes und niedrigeren Umsätzen bei Rückschlägen festzustellen sein.

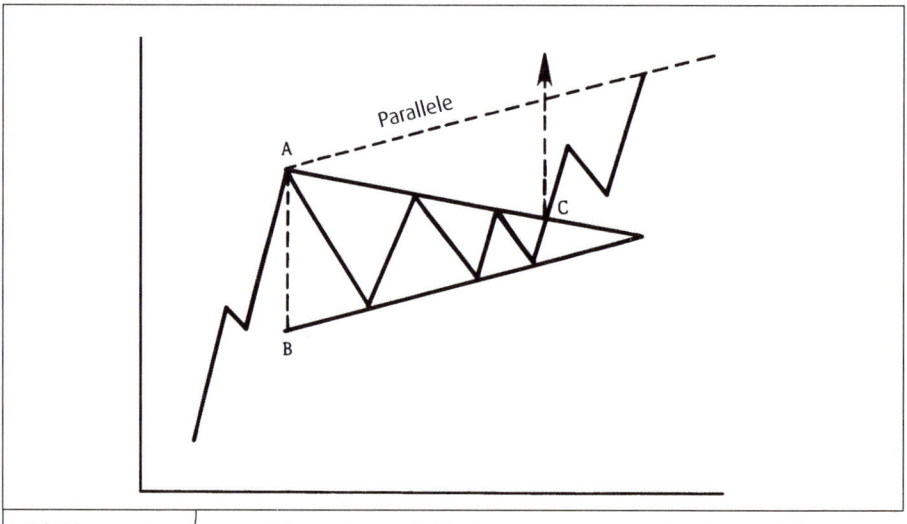

Abbildung 6.2 Es gibt zwei Möglichkeiten, um ein Mindestkursziel bei einem symmetrischen Dreieck zu bestimmen. Die erste Methode besteht darin, die Höhe der Basis (AB) zu messen und diesen vertikalen Abstand vom Ausbruchspunkt C nach oben zu projizieren. Eine andere Methode ist das Ziehen einer Parallele zur unteren Linie des Dreiecks, vom Punkt A ausgehend.

☉ Kurszielbestimmung

Für Dreiecke gibt es Techniken zur Kurszielbestimmung. Im Falle des symmetrischen Dreiecks gibt es eine Reihe von allgemein benutzten Methoden. Die einfachste Technik besteht darin, die Länge der senkrechten Linie an der breitesten Stelle des Dreiecks (der Basis) zu messen und vom Durchbruchspunkt aus in Trendrichtung abzutragen. Abbildung 6.2 zeigt die vom Ausbruchspunkt projizierte Distanz; das ist die Technik, die ich vorziehe.

Bei der zweiten Methode geht es darum, eine Trendlinie vom oberen Ende der Basis (bei Punkt A) parallel zur unteren Trendlinie zu ziehen. In einem Aufwärtstrend wird diese obere Trendkanallinie zum Kursziel nach oben. Es ist möglich, ein grobes Zeitziel zu bestimmen, wann die Kurse die obere Trendkanallinie erreichen sollten. Die Kurse erreichen die Trendkanallinie manchmal zur gleichen Zeit, wie sich die beiden konvergierenden Trendlinien an der Spitze treffen.

☐ DAS AUFSTEIGENDE DREIECK (AUFWÄRTSDREIECK)

Das aufsteigende und absteigende Dreieck sind Variationen des symmetrischen Dreiecks, haben allerdings einen anderen Prognosewert. Die Abbildungen 6.3a und b zeigen Beispiele eines *aufsteigenden Dreiecks*. Beachten Sie, dass die obere Trendlinie flach

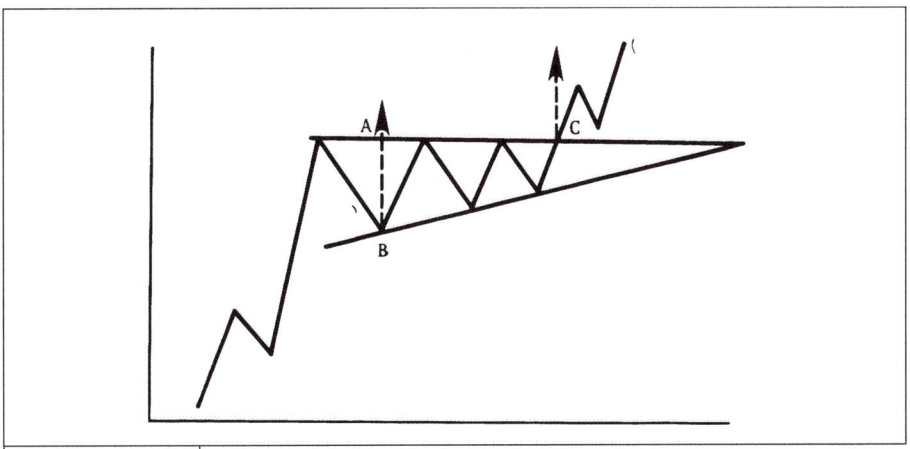

Abbildung 6.3a | Ein aufsteigendes Dreieck. Die Formation ist abgeschlossen, wenn die Kurse eindeutig über der oberen Linie schließen. Dieser Ausbruch sollte von einem scharfen Umsatzanstieg begleitet sein. Man erhält das Mindestkursziel, indem man die Höhe des Dreiecks misst und diese Distanz vom Ausbruchspunkt C nach oben projiziert.

145

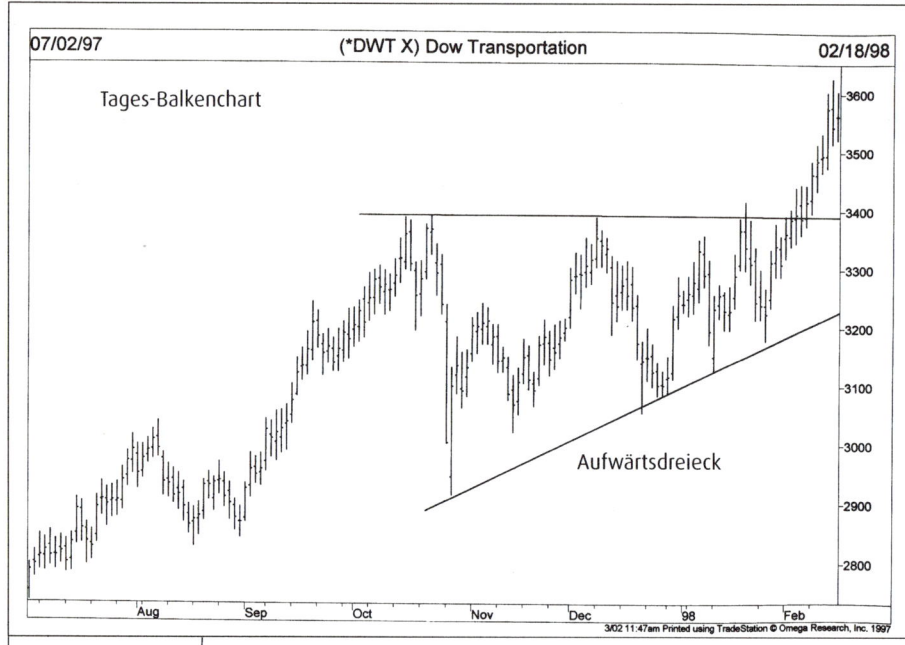

Abbildung 6.3b Der Dow Jones Transportation Index bildete gegen Ende des Jahres 1997 ein bullishes aufsteigendes Dreieck. Beachten Sie die waage- rechte obere Linie bei 3400 und die ansteigende untere Linie. Dies ist im Allgemeinen eine bullishe Formation, unabhängig davon, wo sie auf dem Chart auftaucht.

verläuft, während die untere ansteigt. Diese Formation verdeutlicht, dass die Käufer aggressiver als die Verkäufer sind. Sie gilt als bullish und wird gewöhnlich durch einen Ausbruch nach oben aufgelöst.

Sowohl das aufsteigende als auch das absteigende Dreieck unterscheiden sich von dem symmetrischen Dreieck in einem sehr wichtigen Sinn. Egal, an welcher Stelle ein aufsteigendes oder absteigendes Dreieck innerhalb der Trendstruktur auftaucht, es hat klar definierte Prognoseeigenschaften. Das aufsteigende Dreieck ist bullish, und das ab- steigende Dreieck ist bearish. Im Gegensatz dazu ist das symmetrische Dreieck an und für sich eine neutrale Formation. Das bedeutet allerdings nicht, dass das symmetrische Dreieck keinen Prognosewert besitzt. Im Gegenteil: Weil das symmetrische Dreieck eine Fortsetzungsformation ist, muss sich der Analyst nur die Richtung des vorher- gehenden Trends anschauen und kann dann die Annahme treffen, dass sich der vorher- gehende Trend fortsetzen wird.

Kommen wir zu dem aufsteigenden Dreieck zurück. Wie bereits gesagt, ist das Auf- wärtsdreieck häufiger bullish als das Gegenteil. Der bullishe Ausbruch wird durch einen eindeutigen Schlusskurs jenseits der flachen oberen Trendlinie signalisiert. Wie bei allen verlässlichen Ausbruchsbewegungen nach oben, sollten die Umsätze beim Ausbruch erkennbar zunehmen. Eine Rückkehrbewegung zur Unterstützungslinie (der horizontalen oberen Linie) ist nicht unüblich und sollte bei geringem Volumen stattfinden.

⊙ Kurszielbestimmung

Die Technik zur Ermittlung des Kursziels beim aufsteigenden Dreieck ist relativ simpel. Messen Sie einfach die Höhe der Formation an ihrer weitesten Stelle, und projizieren Sie diese vertikale Strecke vom Ausbruchspunkt nach oben. Dies ist nur ein weiteres Beispiel für die Verwendung der Volatilität einer Formation zur Bestimmung eines Mindestkursziels.

⊙ Das aufsteigende Dreieck als Bodenformation

Obwohl das aufsteigende Dreieck am häufigsten in einem Aufwärtstrend vorkommt und als Konsolidierungsformation angesehen wird, taucht es manchmal auch als Bodenformation auf. Am Ende eines Abwärtstrends ist es nicht ungewöhnlich, dass sich ein Aufwärtsdreieck entwickelt. Wie dem auch sei, selbst in dieser Situation wird die Formation als bullish interpretiert. Der Ausbruch über die obere Linie markiert die Vollendung der Basisbildung und ist ein bullishes Signal. Sowohl die aufsteigenden Dreiecke als auch die absteigenden Dreiecke werden auch als *rechtwinklige Dreiecke* bezeichnet.

☐ DAS ABSTEIGENDE DREIECK

Das absteigende Dreieck ist ein Spiegelbild des aufsteigenden Dreiecks und ist generell eine bearishe Formation. Beachten Sie in den Abbildungen 6.4a und b die fallende obere und die flache untere Linie. Diese Formation zeigt an, dass die Verkäufer aggressiver sind als die Käufer, und sie wird gewöhnlich nach unten aufgelöst. Das Signal nach unten wird durch einen eindeutigen Schlusskurs unterhalb der unteren Trendlinie ausgelöst, üblicherweise bei steigenden Umsätzen. Manchmal kommt es zur einer Rückkehrbewegung, die den Widerstand an der unteren Trendlinie testen sollte.

Die Technik zur Kurszielbestimmung ist exakt die gleiche wie beim aufsteigenden Dreieck in dem Sinne, dass der Analyst die Höhe der Formation an der Basis (links) misst und dann diese Strecke vom Durchbruchspunkt aus nach unten projiziert.

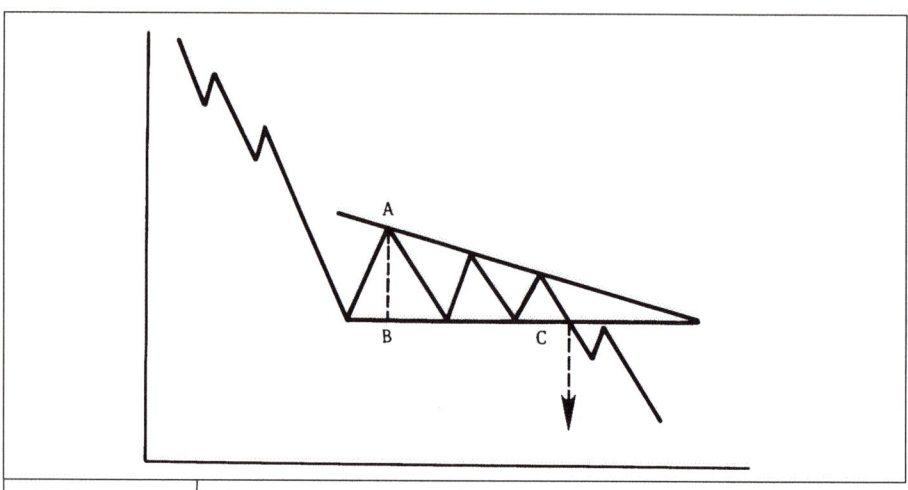

Abbildung 6.4a — Ein absteigendes Dreieck. Die Formation ist abgeschlossen, wenn die Kurse eindeutig unter der unteren Linie schließen. Die Ermittlung des Mindestkursziels erfolgt durch Projektion der Höhe des Dreiecks (AB) vom Ausbruchspunkt C nach unten.

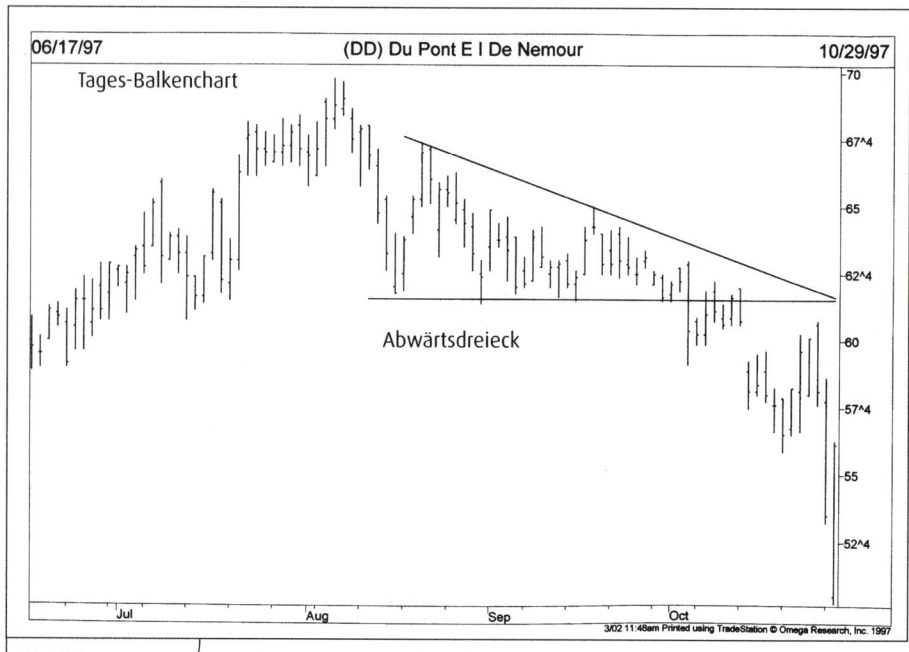

Abbildung 6.4b — Ein bearishes absteigendes Dreieck bei DuPont im Herbst 1997. Die obere Linie ist geneigt, während die untere flach verläuft. Der Bruch der unteren Linie Anfang Oktober löste die Formation nach unten auf.

⊙ Das absteigende Dreieck als Topformation

Obwohl das absteigende Dreieck als Konsolidierungsformation gilt und üblicherweise in Abwärtstrends vorkommt, ist es für das absteigende Dreieck nicht ungewöhnlich, gelegentlich auch an Marktgipfeln gefunden zu werden. Dieser Formationstyp ist nicht so schwierig zu erkennen, wenn er in einer Gipfelregion auftaucht. In diesem Fall signalisiert ein Schlusskurs unter der flachen unteren Linie einen bedeutenden Trendwechsel nach unten.

⊙ Der Umsatzverlauf

Der Umsatzverlauf beim aufsteigenden und absteigenden Dreieck ist bezüglich der Volumenabnahme während der Ausbildung der Formation und dem Anstieg beim Ausbruch gleich. Wie beim symmetrischen Dreieck auch, findet der Technische Analyst subtile Veränderungen beim Volumenverlauf, die mit den Kursbewegungen übereinstimmen. Beim aufsteigenden Dreieck bedeutet das, dass die Umsätze bei Kursanstiegen etwas höher und bei Kursabschlägen niedriger sind. Bei der absteigenden Formation ist das Volumen bei Bewegungen nach unten höher und bei Kurserholungen niedriger.

⊙ Der Zeitfaktor bei Dreiecken

Ein letzter Faktor, der bei den Dreiecken berücksichtigt werden muss, ist die zeitliche Dimension. Das Dreieck wird als mittelfristige Formation angesehen, was bedeutet, dass sie zu ihrer Ausbildung gewöhnlich länger als einen Monat, aber immer weniger als drei Monate benötigt. Ein Dreieck, das weniger als einen Monat dauert, ist wahrscheinlich eine andere Formation, etwa ein Wimpel, der weiter unten besprochen wird. Wie bereits erwähnt, erscheinen Dreiecke auch auf Langfristcharts, doch ihre grundlegende Bedeutung ist immer die gleiche.

☐ DAS UMGEKEHRTE DREIECK (BROADENING TOP)

Die nächste Formation ist eine ungewöhnliche Variante des Dreiecks und kommt ziemlich selten vor. Sie ist eigentlich ein umgekehrtes oder rückwärts gerichtetes Dreieck. Alle bisher untersuchten Dreiecksformationen haben konvergierende Trendlinien. Die sich *erweiternde Formation des Broadening Top* ist, wie schon der Name sagt, das genaue Gegenteil. Wie die Abbildung 6.5 zeigt, divergieren die Trendlinien beim Broadening Top und formen ein Bild, das wie ein sich erweiterndes Dreieck aussieht. Es wird auch Megaphon-Top genannt.

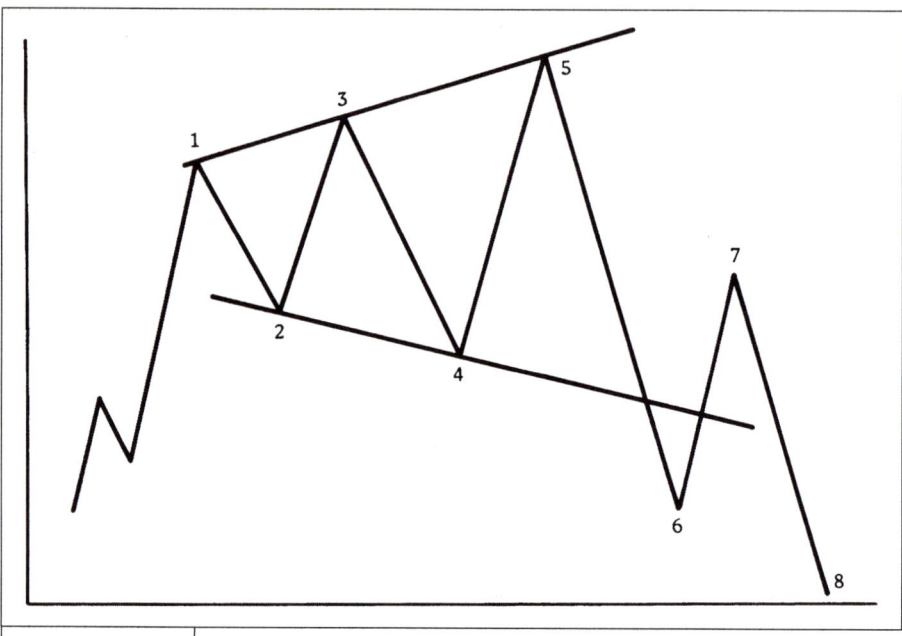

Abbildung 6.5 / Ein Broadening Top. Dieser Typ eines umgekehrten Dreiecks taucht üblicherweise an bedeutenden Kursgipfeln auf. Es besteht aus drei sukzessive höheren Gipfeln und zwei fallenden Tälern. Die Verletzung des zweiten Tals vollendet die Formation. Dies ist eine ungewöhnlich schwierige Formation zum Traden und glücklicherweise ziemlich selten.

Der Volumenverlauf bei dieser Formation ist auch anders. Bei den übrigen Dreiecksformationen tendiert das Volumen dazu, bei kleiner werdenden Kursausschlägen abzunehmen. Genau das Gegenteil geschieht beim Broadening Top. *Die Umsätze neigen dazu, sich mit den größer werdenden Kursausschlägen zu erhöhen.* Diese Situation kennzeichnet einen Markt, der außer Kontrolle geraten und ungewöhnlich gefühlsbetont ist. Weil diese Formation außerdem durch eine ungewohnt hohe Beteiligung des breiten Publikums bestimmt wird, tritt sie am häufigsten an bedeutenden Marktgipfeln auf. *Das Broadening Top ist darum gewöhnlich eine bearishe Formation.* Sie taucht in der Regel am Ende eines bedeutenden Bullenmarktes auf.

☐ FLAGGEN UND WIMPEL

Flaggen und *Wimpel* sind recht weit verbreitete Formationen. Sie werden gemeinsam behandelt, da sie in ihrem Erscheinungsbild sehr ähnlich sind, an ungefähr denselben Stellen in einem existierenden Trend auftauchen und die gleichen Umsatzverläufe wie auch Kurszielformeln haben.

Flagge und Wimpel stellen kurze Verschnaufpausen in einer dynamischen Marktbewegung dar. Tatsächlich besteht eine der Anforderungen beider Formationen darin, dass ihrer Ausbildung eine scharfe und beinahe senkrechte Bewegung vorausgegangen ist. Hierbei handelt es sich um Situationen, wo sich ein scharfer Anstieg oder Kursverfall gewissermaßen überschlagen hat und wo der Markt kurz pausiert, um „Luft zu schnappen", bevor er weiter in dieselbe Richtung stürmt.

Flaggen und Wimpel gehören zu den zuverlässigsten Fortsetzungsformationen und produzieren nur selten einen Trendwechsel. Die Abbildungen 6.6a und b zeigen, wie diese zwei Formationen aussehen. Beachten Sie zu Beginn den steilen Kursanstieg bei hohen Umsätzen im Vorfeld der Formation. Beachten Sie auch den dramatischen Rückgang der Aktivität, während sich die Konsolidierungsformation entwickelt, und dann den plötzlichen Ausbruch des Volumens nach dem Ausbruch nach oben.

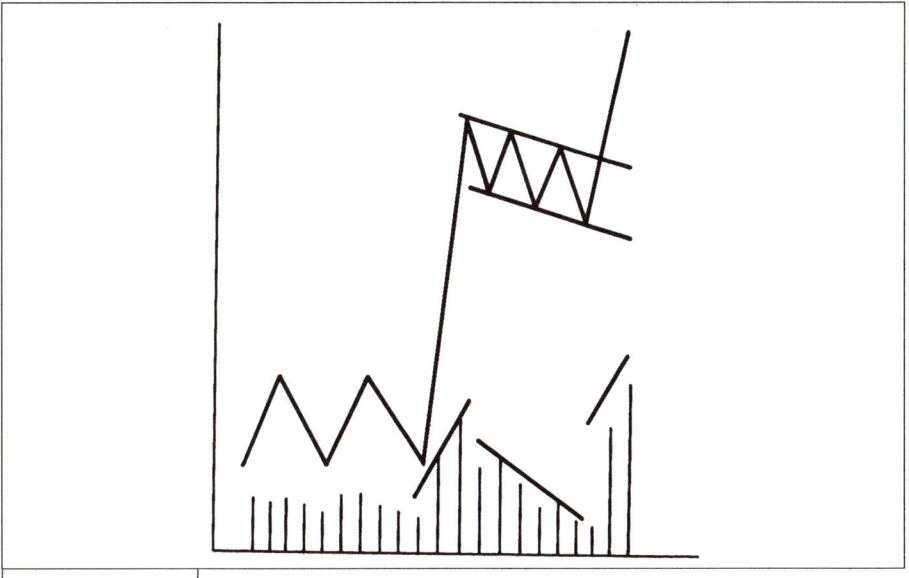

Abbildung 6.6a Beispiel einer bullishen Flagge. Eine Flagge taucht gewöhnlich nach einer scharfen Kursbewegung auf und markiert eine kurze Pause im Trend. Die Flagge sollte entgegen der Trendrichtung geneigt sein. Innerhalb der Formation sollte der Umsatz austrocknen und beim Ausbruch erneut anziehen. Die Flagge zeigt sich üblicherweise am Mittelpunkt einer Bewegung.

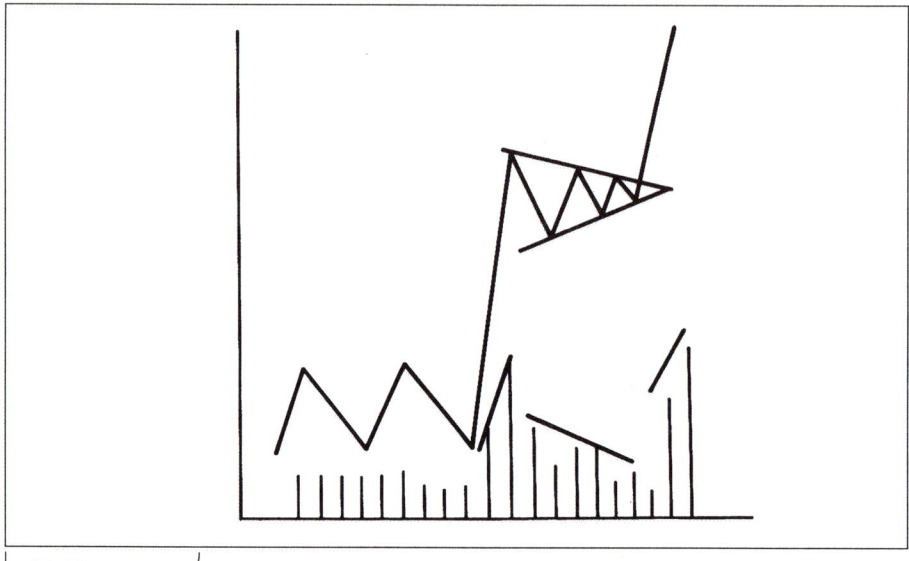

Abbildung 6.6b Ein bullisher Wimpel. Er gleicht einem kleinen symmetrischen Drei-eck, dauert aber normalerweise nicht länger als drei Wochen. Der Umsatz sollte innerhalb der Formation niedrig sein. Die Bewegung nach dem Ausbruch aus dem Wimpel sollte das Ausmaß der vorangegangenen Bewegung verdoppeln.

☉ Konstruktion von Flaggen und Wimpeln

Die Konstruktion der beiden Formationen weicht leicht voneinander ab. Die Flagge gleicht einem Parallelogramm oder einem Rechteck mit zwei parallelen Trendlinien, das gegen den vorherrschenden Trend geneigt ist. In einem Abwärtstrend hat die Flagge eine leicht aufwärts gerichtete Neigung.

Der Wimpel wird durch zwei konvergierende Trendlinien charakterisiert und ver-läuft horizontaler. Er erinnert sehr stark an ein kleines symmetrisches Dreieck. Als wichtige Voraussetzung sollten die Umsätze erkennbar austrocknen, während sich jede der beiden Formationen ausbildet.

Beide Formationen sind relativ kurzfristig und sollten innerhalb von ein bis drei Wochen vollendet sein. Wimpel und Flaggen in Abwärtstrends können sich in noch kürzerer Zeit entwickeln und dauern oft nicht länger als ein oder zwei Wochen. Beide Formationen werden in einem Aufwärtstrend durch einen Bruch der oberen Trend-linie abgeschlossen. Der Bruch der unteren Trendlinie würde eine Wiederaufnahme von Abwärtstrends bedeuten. Der Bruch dieser Trendlinien sollte bei anziehenden Umsätzen stattfinden. Wie üblich, ist die Umsatzentwicklung bei Ausbrüchen nach oben wichtiger als bei Ausbrüchen nach unten (siehe Abbildungen 6.7a-b).

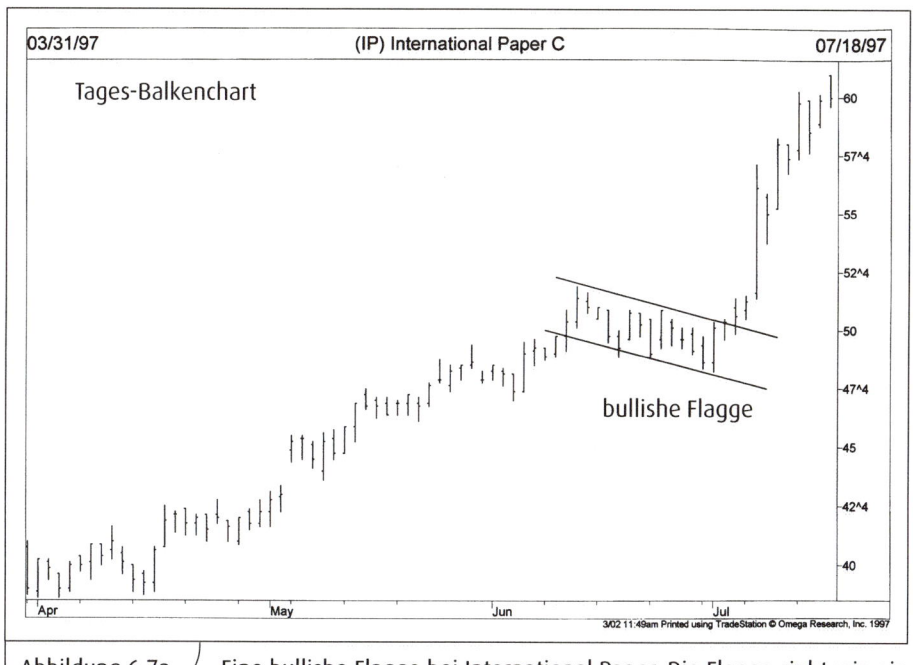

| 03/31/97 | (IP) International Paper C | 07/18/97 |

Tages-Balkenchart

bullishe Flagge

3/02 11:49am Printed using TradeStation © Omega Research, Inc. 1997

Abbildung 6.7a Eine bullishe Flagge bei International Paper. Die Flagge sieht wie ein abwärts geneigtes Parallelogramm aus. Beachten Sie, dass die Flagge ungefähr auf halbem Wege des Aufwärtstrends auftauchte.

⊙ Kurszielformeln

Die Kurszielformeln sind für beide Formationen gleich. Man spricht sowohl bei der Flagge als auch beim Wimpel davon, dass sie „auf Halbmast wehen". Die Fahnenstange ist der vorangegangene scharfe Kursanstieg oder Kurseinbruch. Der Begriff „Halbmast" verdeutlicht, dass diese kleineren Fortsetzungsformationen dazu tendieren, ungefähr nach der Hälfte der Bewegung aufzutauchen. Die nach Wiederaufnahme des Trends einsetzende Kursbewegung verdoppelt in der Regel den Fahnenmast bzw. die der Konsolidierung vorausgegangene Bewegung.

Um genauer zu sein, messen Sie den Abstand der vorangegangenen Bewegung von ihrem ursprünglichen Ausbruchspunkt aus, das heißt dort, wo das Trendsignal ausgelöst wurde, sei es durch Bruch einer Unterstützungs- oder Widerstandslinie oder einer bedeutenden Trendlinie. Der vertikale Abstand der vorangegangenen Bewegung wird dann vom Ausbruchspunkt der Flagge bzw. des Wimpels – das ist der Punkt, wo in einem Aufwärtstrend die obere Trendlinie bzw. in einem Abwärtstrend die untere Trendlinie gebrochen wird – aus in Trendrichtung projiziert.

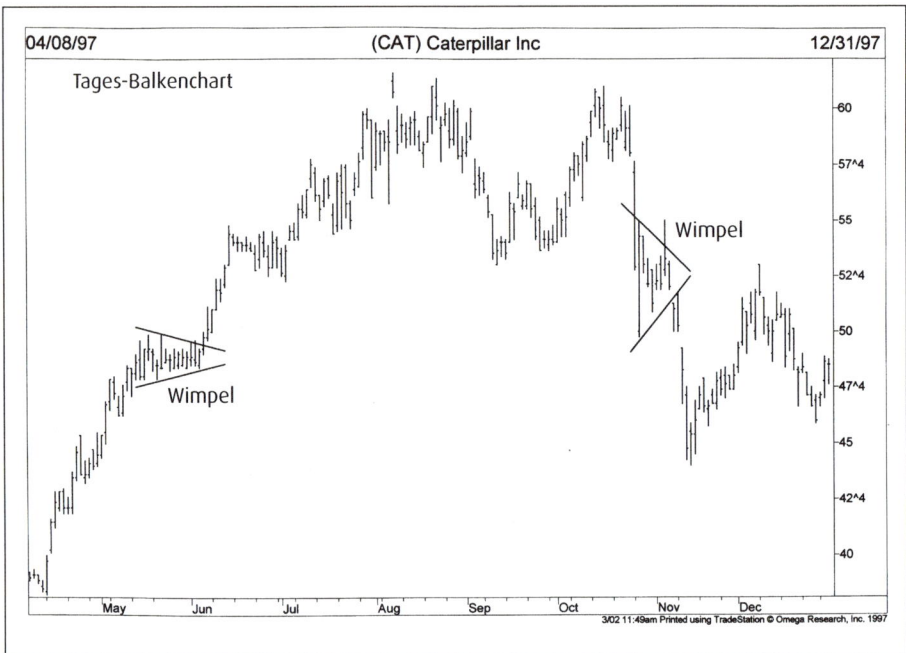

| 04/08/97 | (CAT) Caterpillar Inc | 12/31/97 |

Tages-Balkenchart

Wimpel

Wimpel

May   Jun   Jul   Aug   Sep   Oct   Nov   Dec

3/02 11:49am Printed using TradeStation © Omega Research, Inc. 1997

Abbildung 6.7b Mehrere Wimpel flattern auf diesem Chart von Caterpillar. Wimpel sind kurzfristige Fortsetzungsformationen, die wie kleine symmetrische Dreiecke aussehen. Der linke Wimpel bestätigte den Aufwärtstrend, während der rechte die Fortsetzung des Abwärtstrends anzeigte.

⊙ Zusammenfassung

Lassen Sie uns die wichtigeren Punkte der beiden Formationen zusammenfassen.

1. Beiden Formationen geht eine beinahe senkrechte Bewegung (Fahnenstange genannt) bei hohen Umsätzen voraus.
2. Dann konsolidieren die Kurse bei geringem Volumen für etwa ein bis drei Wochen.
3. Der Trend wird wieder aufgenommen, wobei die Handelsaktivität explodiert.
4. Beide Formationen zeigen sich etwa in der Mitte einer Marktbewegung.
5. Der Wimpel gleicht einem kleinen symmetrischen Dreieck.
6. Die Flagge gleicht einem kleinen Parallelogramm, das gegen den vorherrschenden Trend geneigt ist.
7. Beide Formationen brauchen in Abwärtstrends weniger Zeit, um sich zu entwickeln.
8. Beide Formationen sind in Finanzmärkten weit verbreitet.

☐ DIE KEIL-FORMATION

Die *Keil*-Formation ist einem symmetrischen Dreieck hinsichtlich ihrer Form und ihres zeitlichen Umfangs vergleichbar. Wie das symmetrische Dreieck auch, wird durch zwei konvergierende Trendlinien gebildet, die sich in einer Spitze treffen. Der Keil benötigt üblicherweise mehr als einen Monat, aber nicht mehr als drei Monate zu seiner Ausbildung und gehört damit in die Kategorie der Formationen des sekundären Trends.

Was den *Keil* von den Dreiecken unterscheidet, ist seine eindeutige Neigung entweder nach oben oder nach unten. Wie die Flagge ist der Keil regelmäßig gegen den vorherrschenden Trend geneigt. Deswegen ist *ein fallender Keil bullish und ein steigender Keil bearish.* Beachten Sie in Abbildung 6.8a, dass der bullische Keil zwischen zwei konvergierenden Trendlinien nach unten gerichtet ist. Bei dem Abwärtstrend in Abbildung 6.8b sind die beiden konvergierenden Trendlinien unmissverständlich aufwärts geneigt.

☉ Keile als obere und untere Umkehrformationen

Keile zeigen sich meistens innerhalb bestehender Trends und bilden normalerweise Fortsetzungsformationen. Der Keil kann jedoch auch an Gipfeln oder Böden auftreten und eine Trendumkehr einleiten. Doch dieser Situationstyp ist eher die Ausnahme. Am Ende eines Aufwärtstrends mag der Charttechniker einen klar geschnittenen Aufwärtskeil beobachten. Weil ein Fortsetzungs-Keil in einem Aufwärtstrend eine Neigung

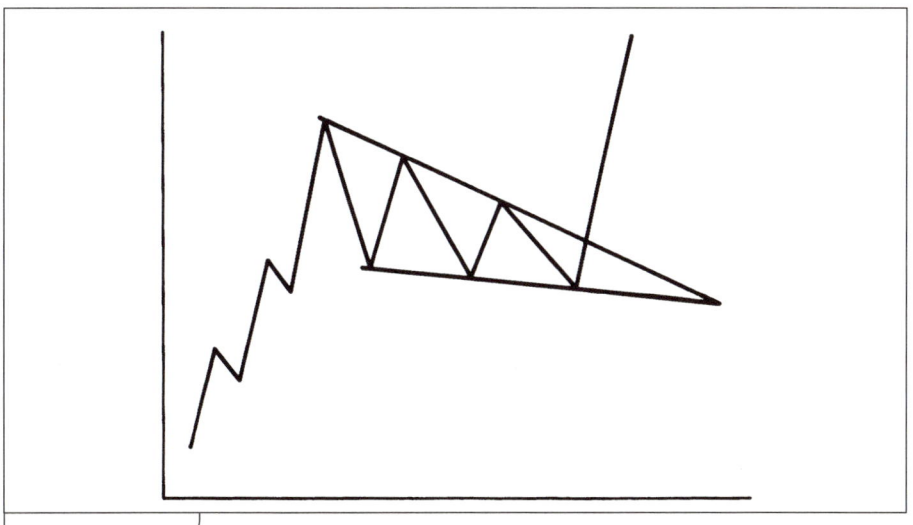

| Abbildung 6.8a | Beispiel eines bullishen, fallenden Keils. Die Keilformation weist zwei konvergierende Trendlinien auf, doch beide sind gegen den vorherrschenden Trend geneigt. Ein fallender Keil ist in der Regel bullish. |

155

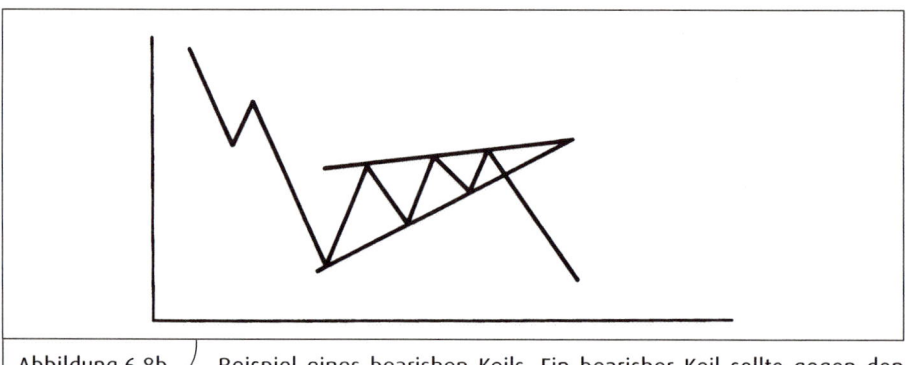

Abbildung 6.8b Beispiel eines bearishen Keils. Ein bearisher Keil sollte gegen den vorherrschenden Abwärtstrend nach oben geneigt sein.

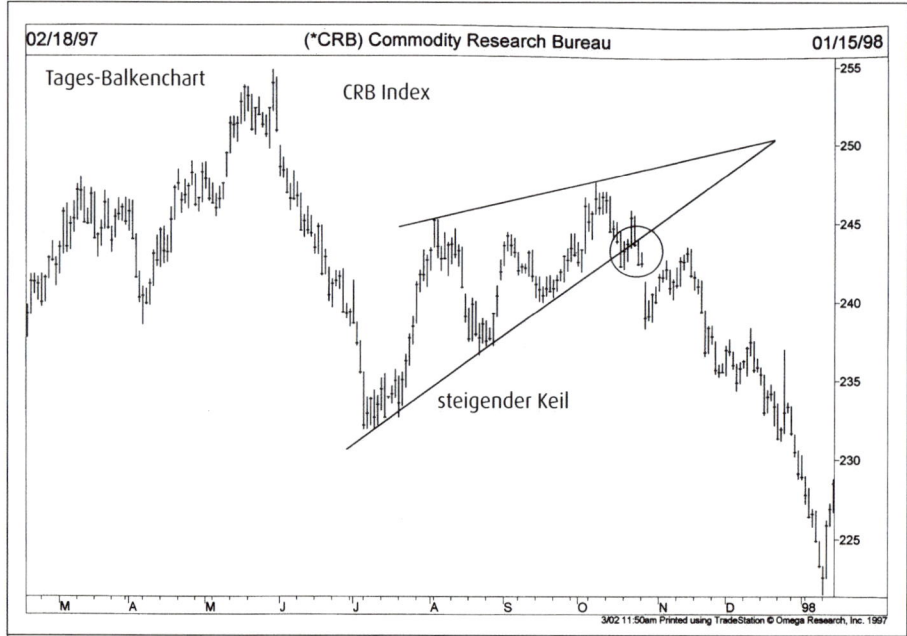

Abbildung 6.8c Beispiel eines bearishen, steigenden Keils. Die zwei konvergierenden Trendlinien haben eine definitive Neigung nach oben. Der Keil neigt sich gegen den vorherrschenden Trend. Deshalb ist ein steigender Keil bearish, und ein fallender Keil bullish.

gegen den vorherrschenden Trend aufweisen sollte, ist ein steigender Keil ein Hinweis dafür, dass es sich um eine bearishe und nicht um eine bullishe Formation handelt. An einem Boden gibt ein fallender Keil einen Wink, dass der Bärenmarkt wahrscheinlich zu Ende ist.

Wann immer ein Keil in der Mitte oder am Ende einer Marktbewegung auftaucht, sollte sich der Technische Analyst immer von der allgemeinen Maxime leiten lassen, dass *ein steigender Keil bearish und ein fallender Keil bullish ist* (siehe Abbildung 6.8c).

☐ DIE RECHTECK-FORMATION

Die *Rechteck-Formation* wird häufig anders genannt, ist aber gewöhnlich leicht auf einem Kurschart zu erkennen. Sie stellt eine Unterbrechung in einem Trend dar, während der sich die Kurse zwischen zwei parallelen horizontalen Linien seitwärts bewegen (siehe Abbildungen 6.9a-c).

Das Rechteck wird manchmal als *Trading Range oder Congestion Area* (Staugebiet) bezeichnet. Im Sprachgebrauch der Dow-Theorie heißt es *Linie*.

Wie immer es auch genannt wird, es stellt normalerweise nur eine Konsolidierungsperiode in einem bestehenden Trend dar und wird üblicherweise in der Trendrichtung

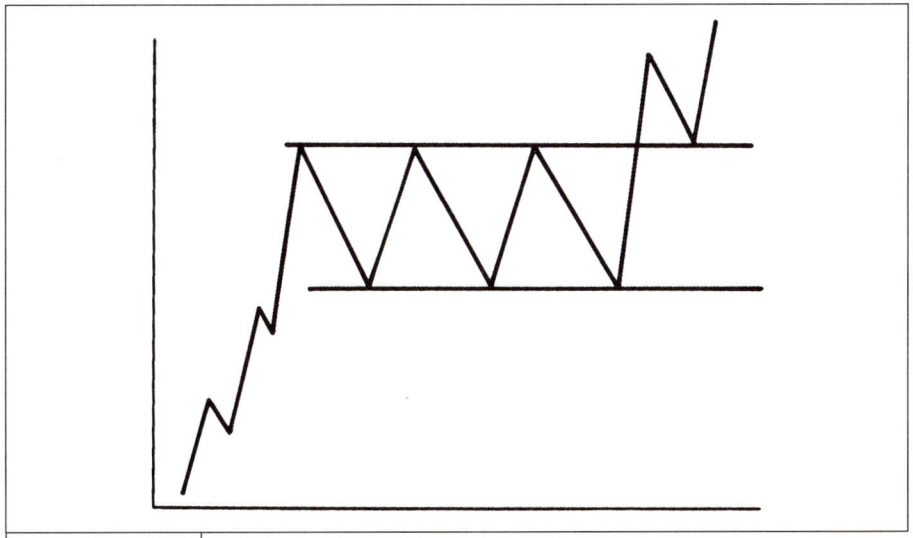

Abbildung 6.9a Beispiel eines bullishen Rechtecks in einem Aufwärtstrend. Diese Formation wird auch Trading Range genannt und umgrenzt Kurse, die zwischen zwei horizontal verlaufenden Trendlinien hin und her fluktuieren. Eine weitere Bezeichnung ist Stauzone (congestion area).

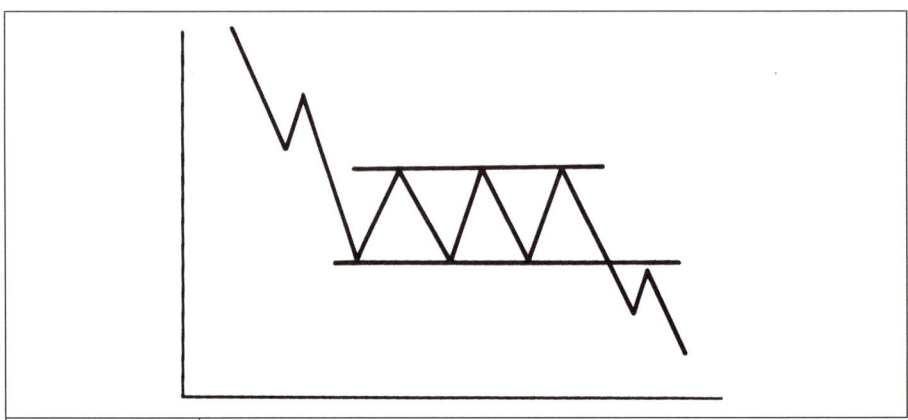

Abbildung 6.9b | Beispiel eines bearishen Rechtecks. Obwohl Rechtecke in der Regel Konsolidierungsformationen sind, muss der Trader jederzeit auf Zeichen achten, die die Formation in ein Umkehrmuster wie zum Beispiel einen Dreifach-Boden verwandeln.

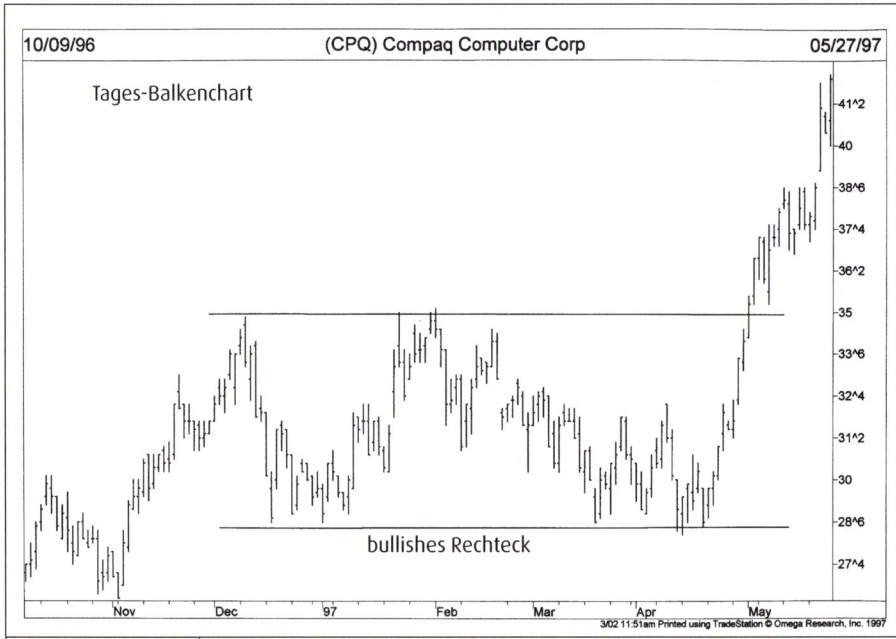

Abbildung 6.9c | Ein bullishes Rechteck. Compaqs Aufwärtstrend wurde für einen Zeitraum von vier Monaten unterbrochen, in denen die Kurse seitwärts tendierten. Der Ausbruch über die obere Linie Anfang Mai schloss die Formation ab, und der Aufwärtstrend wurde fortgesetzt. Rechtecke sind in der Regel Konsolidierungsformationen.

aufgelöst, die vor dem Rechteck geherrscht hat. Bezogen auf den Prognosewert kann es mit dem symmetrischen Dreieck verglichen werden, mit Ausnahme von flachen anstatt von konvergierenden Trendlinien.

Ein eindeutiger Schlusskurs außerhalb entweder der oberen oder der unteren Grenze vollendet das Rechteck und deutet in die Richtung des zukünftigen Trends. Der Marktanalyst muss allerdings immer darauf gefasst sein, dass sich ein Konsolidierungs-Rechteck nicht in eine Umkehrformation verwandelt. Beachten Sie beispielsweise bei dem in Abbildung 6.9a gezeigten Aufwärtstrend, dass die drei Gipfel anfänglich als ein mögliches triple top gesehen werden konnten.

⊙ Die Bedeutung des Umsatzverlaufs

Ein wichtiger Punkt, der beachtet werden sollte, ist der Umsatzverlauf. Da die Kursausschläge in beiden Richtungen recht breit sind, muss der Analyst sein Augenmerk stark darauf richten, welche Bewegungen den höheren Umsatz zeigen. Wenn die Rallyes bei höherem und die Rückschläge bei niedrigerem Volumen stattfinden, deutet die Formation wahrscheinlich auf eine Fortsetzung des Aufwärtstrends hin. Zeigen sich die höheren Umsätze bei Abwärtsbewegungen, kann dies als Warnung dafür gesehen werden, dass sich eine mögliche Trendumkehr entwickelt.

⊙ Kursausschläge innerhalb der Trading Range können getradet werden

Einige Charttechniker traden die Kursschwünge innerhalb einer solchen Formation, indem sie bei Kursrückschlägen nahe der unteren Linie kaufen und nach Rallyes in der Nähe der oberen Begrenzung verkaufen. Dank dieser Technik können kurzfristig orientierte Trader von den gut definierten Kursgrenzen profitieren und in einem sonst trendlosen Markt Gewinne machen. Die Risiken sind relativ klein und überschaubar, weil die Positionen an den Extrempunkten der Trading Range eingegangen werden. Solange das Rechteck intakt bleibt, klappt dieser antizyklische Tradingansatz recht gut. Wenn es zu einem Ausbruch kommt, wird der Trader nicht nur seine Verlust-Position sofort schließen, sondern er kann die Position „umdrehen", indem er eine neue Position in Richtung des neuen Trends initiiert. Oszillatoren sind in Seitwärtstrends sehr nützlich, doch aus Gründen, die in Kapitel 10 besprochen werden, weniger hilfreich, wenn ein Ausbruch erst einmal stattgefunden hat.

Andere Trader sehen das Rechteck als Fortsetzungsformation an und kaufen am unteren Ende des Kursbandes in einem Aufwärtstrend, oder sie gehen in der Nähe des oberen Bandes short in Abwärtstrends. Andere meiden solche trendlosen Märkte gänzlich und warten auf einen klaren Ausbruch, bevor sie Geld einsetzen. Die meisten Trendfolgesysteme performen in diesen Perioden von Seitwärtsbewegungen und trendlosen Märkten sehr schlecht.

⊙ Andere Ähnlichkeiten und Unterschiede

Bezüglich der Zeitdauer fällt das Rechteck in die Kategorie von ein bis drei Monaten, ähnlich wie die Dreiecke und Keile. Der Volumenverlauf weicht von dem anderer Formationen in dem Sinne ab, dass die größeren Kursausschläge den bei anderen Formationen üblichen Umsatzrückgang verhindern.

Die gebräuchlichste Kurszielformel, die auf das Rechteck angewendet wird, basiert auf der Höhe der Kursspanne. Messen Sie die Höhe der Trading Range von oben nach unten und projizieren Sie dann diese vertikale Distanz vom Ausbruchspunkt. Diese Methode ist ähnlich den anderen, bereits erwähnten Projektionstechniken und gründet auf der Volatilität des Marktes. Wenn wir den count bei Point & Figure Charts behandeln, werden wir auf die Frage horizontaler Kursziele zurückkommen.

Alles bisher Gesagte, was sich auf Umsätze, Ausbrüche und die Wahrscheinlichkeit von Rückkehrbewegungen bezieht, lässt sich hier ebenso anwenden. Weil die obere und untere Begrenzung des Rechtecks horizontal verlaufen und eindeutig abgegrenzt sind, fallen Unterstützung und Widerstand klar ins Auge. Das bedeutet, dass nach einem Ausbruch nach oben die obere Begrenzungslinie des früheren Kursbandes bei eventuellen Kursrückschlägen eine solide Unterstützung bieten sollte. Nach einem Ausbruch nach unten in einem Abwärtstrend legt der untere Rand der Trading Range (die ehemalige Unterstützungslinie) bei zukünftigen Rallyeversuchen einen festen Deckel über die Kurse.

☐ Die gemessene Bewegung (Measured Move)

Die *gemessene Bewegung* beschreibt das Phänomen, dass ein bedeutender Kursanstieg oder –abfall in zwei gleiche und parallele Bewegungen zerfällt (siehe Abbildung 6.10a). Für den Ansatz dieses Buches sollten die Marktbewegungen ziemlich regelmäßig und gut abgegrenzt sein. Die gemessene Bewegung ist wirklich nur eine Variante einer der Techniken, die wir bereits angesprochen haben. Wir haben festgestellt, dass einige der Konsolidierungsformationen wie Flagge und Wimpel üblicherweise auf halber Strecke einer Marktbewegung auftauchen. Wir haben auch die Tendenz von Märkten erwähnt, um etwa ein Drittel bis zur Hälfte des vorangegangenen Trends zu korrigieren, bevor dieser Trend weitergeht.

Wenn der Charttechniker eine so klar definierte Situation wie in Abbildung 6.10a erkennt, wo einer Rallye von Punkt A nach Punkt B eine Gegenbewegung von Punkt B nach Punkt C folgt (die ein Drittel bis die Hälfte der Impulswelle AB korrigiert), so geht das Prinzip der gemessenen Bewegung davon aus, dass der nächste Impuls im Aufwärtstrend (CD) den ersten Impuls (AB) ungefähr verdoppelt. Deshalb wird einfach die Höhe der Welle AB gemessen und vom Boden der Korrektur (Punkt C) nach oben projiziert.

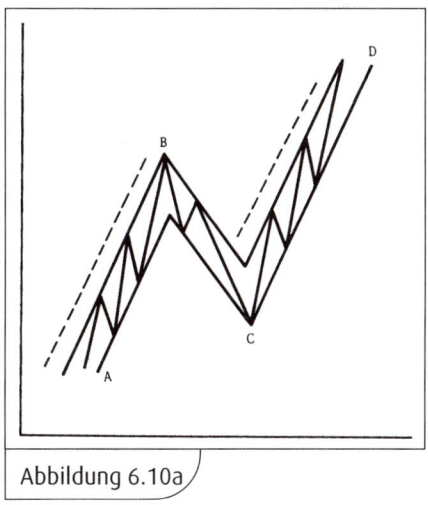

Abbildung 6.10a

Beispiel einer Kursziel-Bewegung in einem Aufwärtstrend. Die Theorie des „Measured Move" besagt, dass das zweite Bein der Aufwärtsbewegung (CD) das Ausmaß und die Steigung des ersten Beins (AB) wiederholt. Die Korrekturwelle (BC) korrigiert oft ein Drittel bis zur Hälfte der Strecke AB, bevor der Aufwärtstrend wieder aufgenommen wird.

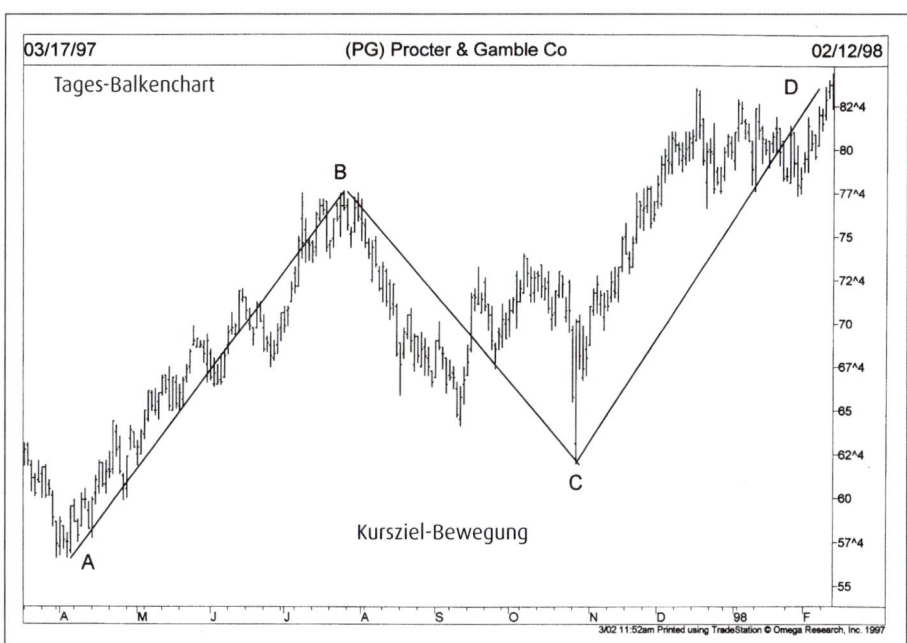

Abbildung 6.10b

Eine Kursziel-Bewegung nimmt das erste Bein (AB) und addiert diesen Wert zu dem Kurstief der Korrektur bei Punkt C. Auf diesem Chart betrug der erste Teil der Aufwärtsbewegung (AB) 20 Punkte. Zu dem Kurstief bei C (62) hinzugezählt, ergab sich ein Kursziel von 82 (D).

☐ Die Kopf-Schulter-Konsolidierungs-Formation

Im vergangenen Kapitel haben wir die Kopf-Schulter-Formation recht ausführlich behandelt und sie als die bekannteste und zuverlässigste Umkehrformation beschrieben. Die Kopf-Schulter-Formation kann manchmal allerdings auch als Fortsetzungsformation statt als Umkehrformation erscheinen.

In der Fortsetzungs-Variante formen die Kurse ein Muster, das einer seitwärts gerichteten Rechtecks-Formation ähnelt, mit der Ausnahme, dass in einem Aufwärtstrend (siehe Abbildung 6.11a) der mittlere Einschnitt tiefer ist als eine der beiden Schultern. In einem Abwärtstrend (siehe Abbildung 6.11b) übertrifft die mittlere Spitze der Konsolidierung die beiden anderen Spitzen. In beiden Fällen ist eine verkehrte Kopf-Schulter-Formation das Resultat. Da sie in umgekehrter Ausrichtung auftritt, kann man sie nicht mit der Umkehrformation verwechseln.

☐ Bestätigung und Abweichung

Das Prinzip der *Bestätigung* ist ein allgemeines Thema, das sich durch das ganze Feld der Marktanalyse zieht, und wird zusammen mit seinem Gegenpart, der *Divergenz* (Abweichung), benutzt. Wir werden Sie an dieser Stelle in beide Konzepte einführen und ihre

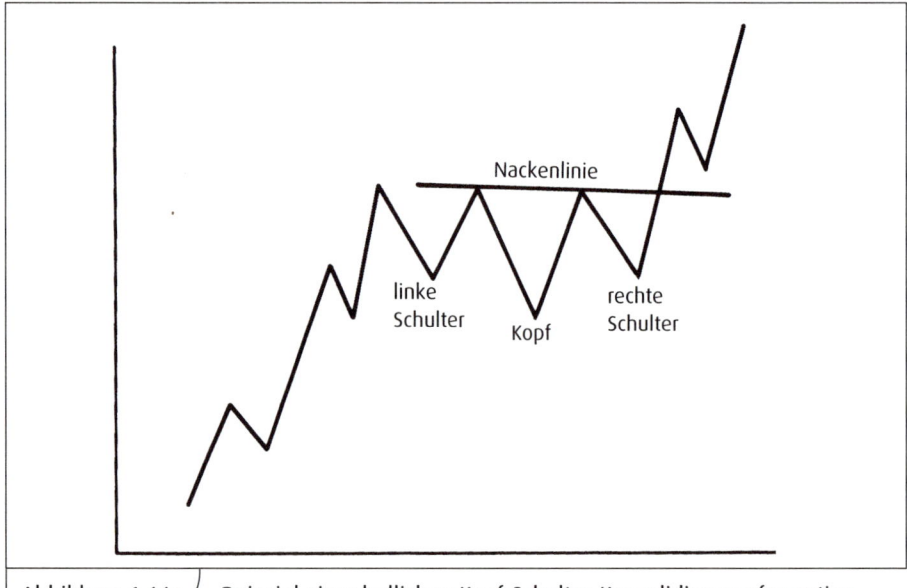

Abbildung 6.11a   Beispiel einer bullishen Kopf-Schulter-Konsolidierungsformation.

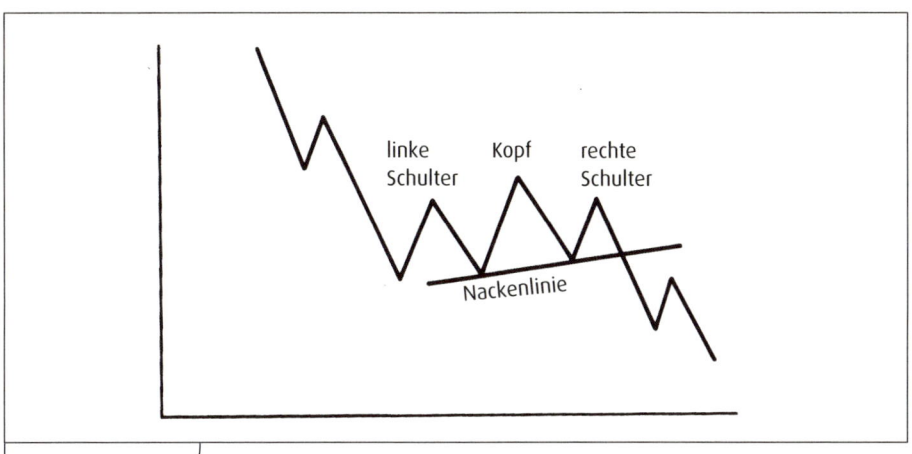

Abbildung 6.11b Beispiel einer bearishen Kopf-Schulter-Konsolidierungsformation.

Abbildung 6.11c General Motors bildete im ersten Halbjahr 1997 eine Kopf-Schulter-Konsolidierungsformation. Die Formation ist sehr klar, taucht jedoch an ungewohnter Stelle auf. Mit dem Schlusskurs über der bei 60 verlaufenden Nackenlinie wurde die Formation vollendet und der Aufwärtstrend wieder aufgenommen.

163

Bedeutung erklären, doch wir werden wegen ihrer Wichtigkeit während des ganzen Buches immer wieder darauf zurückkommen. Wir diskutieren die Bestätigung hier im Zusammenhang mit Kursformationen, doch sie lässt sich auf praktisch jeden Aspekt der Technischen Analyse anwenden. *Bestätigung* bezieht sich auf den Vergleich aller technischen Signale und Indikatoren, um sicherzugehen, dass die meisten dieser Indikatoren in dieselbe Richtung deuten und einander bestätigen.

Abweichung ist das Gegenteil von Bestätigung und beschreibt eine Situation, in der sich verschiedene technische Indikatoren nicht gegenseitig bestätigen. Obwohl der Begriff „Abweichung" hier in einem negativen Sinn verwendet wird, handelt es sich bei der Divergenz um ein wertvolles marktanalytisches Konzept und um eines der Frühwarnsignale bevorstehender Trendwechsel. Wir werden das Prinzip der Abweichung in größerer Ausführlichkeit in Kapitel 10, „Oszillatoren und Contrary Opinion", behandeln.

☐ FAZIT

Hiermit schließen wir das Thema der Chartformationen ab. Wir haben weiter oben festgestellt, dass *Kurs, Umsatz* und *Open Interest* die drei Typen von Rohdaten sind, die die meisten Technischen Analysten benutzen. Das meiste des bisher Gesagten konzentrierte sich auf die Kurse. Lassen Sie uns nun das Volumen und Open Interest genauer betrachten und dabei untersuchen, wie sie in den analytischen Prozess einbezogen werden.

07 | Umsatz und Open Interest

☐ EINLEITUNG

Die meisten Technischen Analysten in den Finanzmärkten nutzen einen multidimensionalen Ansatz der Marktanalyse, indem sie die Bewegungen von drei Datenreihen verfolgen – Kurs, Umsatz und Open Interest.

Die Volumenanalyse lässt sich auf alle Märkte anwenden, das Open Interest hingegen in erster Linie auf die Terminmärkte. In Kapitel 3 diskutierten wir die Konstruktion von Tages-Balkencharts und zeigten, wie die drei Zeitreihen bei diesem Charttyp dargestellt werden. Wir stellten fest, dass im Allgemeinen nur die Gesamtzahlen für Prognoseaufgaben verwendet werden, obwohl die Daten über Umsätze und Open Interest für jeden einzelnen Liefermonat der Terminmärkte verfügbar sind. Bei der Analyse von Aktiencharts wird einfach das Gesamtvolumen zusammen mit den entsprechenden Kursen aufgezeichnet.

Der größte Teil der bis zu diesem Punkt diskutierten Charttheorie hat sich hauptsächlich auf die Kursbewegungen konzentriert, bei gelegentlicher Erwähnung von Umsätzen. In diesem Kapitel werden wir den dreidimensionalen Ansatz dadurch abrunden, dass wir einen genaueren Blick auf die Rolle werfen, die Volumen und Open Interest im Prognoseprozess spielen.

☐ VOLUMEN UND OPEN INTEREST ALS SEKUNDÄRE INDIKATOREN

Beginnen wir damit, dass wir Volumen und Open Interest in den richtigen Blickwinkel rücken. Die *Kurse* sind bei weitem am wichtigsten. *Umsätze* und *Open Interest* sind von sekundärer Bedeutung und werden hauptsächlich als bestätigende Indikatoren verwendet. Von diesen beiden sind die Umsätze wichtiger.

⊙ Umsätze

Die *Umsätze* sind die Anzahl von Handelsgegenständen, die während der betrachteten Zeitperiode gehandelt werden. Weil wir uns in erster Linie mit Tagescharts beschäftigen, gilt unser hauptsächliches Interesse dem Tagesvolumen (Anm. des Übersetzers: dem englischen Begriff „Volume" stehen zwei deutsche Begriffe gegenüber: Umsätze und Volumen; obwohl sich im engeren Sinne die Umsätze auf die Anzahl der gehandelten Aktien und das Volumen auf den geldmäßigen Gegenwert beziehen, werden die beiden Begriffe von den Technischen Analysten in der Praxis wie auch im Text dieses Buches austauschbar benutzt.). Diese täglichen Umsätze werden als vertikale Balken am unteren Rand des Charts unterhalb der Kurskurve dargestellt (siehe Abbildung 7.1).

Die Umsätze können auch für *Wochencharts* gezeichnet werden. In diesem Fall wird einfach das Gesamtvolumen der Woche unter demjenigen Balken gezeichnet, der sich auf die Kursbewegung dieser Woche bezieht. Bei *Monatscharts* werden die Umsätze allerdings normalerweise nicht benutzt.

⊙ Open Interest bei Terminkontrakten

Die Gesamtzahl der ausstehenden oder noch nicht liquidierten Kontrakte am Tagesende ist das *Open Interest*. In Abbildung 7.2 ist das Open Interest die durchgezogene Linie unter den korrespondierenden Kursdaten des betreffenden Tages, aber oberhalb der Umsatzbalken. Denken Sie daran, dass die offiziellen Umsatz- und Open Interest-Zahlen in den Terminmärkten einen Tag verspätet veröffentlicht und deswegen auch mit einem Tag Verspätung in den Chart integriert werden. (Für den letzten Handelstag sind jeweils nur geschätzte Umsatzzahlen erhältlich.) Das bedeutet, dass der Chartist an jedem Tag den Hoch-, Tief- und Schlusskurs für den gerade abgeschlossenen Handelstag, und die offiziellen Umsätze und das Open Interest für den vorangegangenen Tag einträgt.

Das Open Interest ist die Gesamtzahl aller ausstehenden Long- oder Short-Kontrakte im Markt, *nicht die Summe von beiden*. Das Open Interest ist die Anzahl der Kontrakte. Ein Kontrakt muss sowohl einen *Käufer* und einen *Verkäufer* haben. Daher müssen zwei Marktteilnehmer – ein *Käufer* und ein *Verkäufer* – kombiniert werden, um

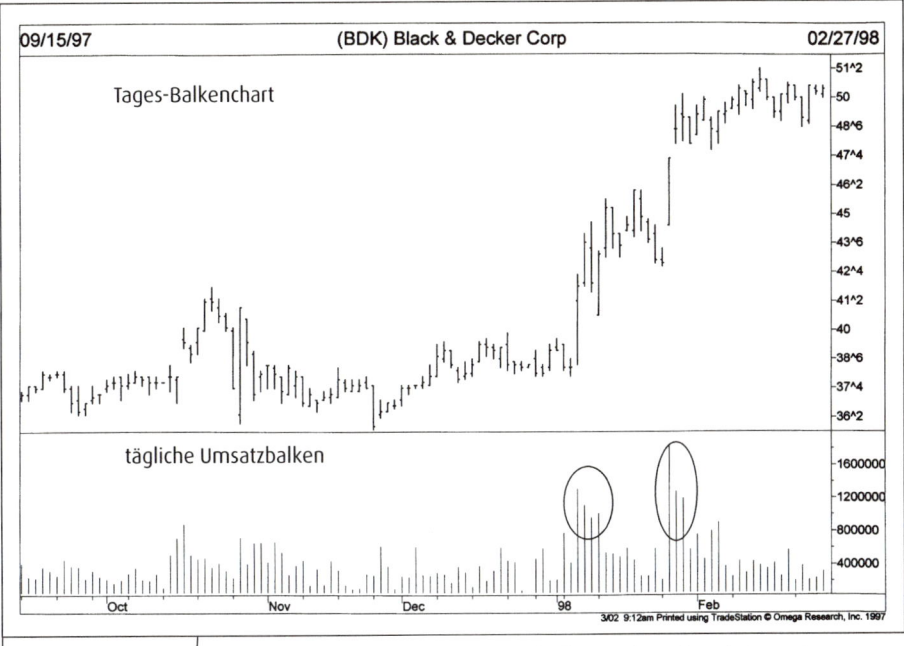

| 09/15/97 | (BDK) Black & Decker Corp | 02/27/98 |

Tages-Balkenchart

tägliche Umsatzbalken

3/02 9:12am Printed using TradeStation © Omega Research, Inc. 1997

Abbildung 7.1 / Beachten Sie, dass die Umsatzbalken erkennbar höher sind, wenn die Kurse stark steigen (siehe Kreise). Das bedeutet, dass das Volumen den Kursanstieg bestätigt – ein bullishes Zeichen.

einen einzelnen Kontrakt zu kreieren. Die täglich veröffentlichte Open-Interest-Zahl wird entweder von einer positiven oder einer negativen Zahl ergänzt, die die Zu- oder Abnahme in der Kontraktanzahl dieses Tages aufzeigt. Diese Veränderungen im Open Interest, nach oben oder nach unten, geben den Chartisten Hinweise auf den sich verändernden Charakter der Marktteilnehmerschaft und verleihen dem Open Interest seinen Prognosewert.

Wie die Veränderungen im Open Interest stattfinden. Um zu begreifen, wie die Veränderungen im Open Interest interpretiert werden, muss der Leser zunächst verstehen, in welcher Weise jede Transaktion eine Änderung in diesen Zahlen herbeiführt.

Jedes Mal, wenn ein Termingeschäft auf dem Börsenparkett abgeschlossen wird (Anm. des Übersetzers: An den europäischen Börsen werden Termingeschäfte nicht auf dem Parkett, sondern ausschließlich über Computerbörsen abgewickelt.), wird das Open Interest in drei verschiedenen Weisen berührt – es steigt, es fällt oder es bleibt unverändert. Lassen Sie uns sehen, wie diese Veränderungen zustande kommen.

Käufer	Verkäufer	Change in Open Interest
1. neue Position long	neue Position short	steigt
2. neue Position long	alte Position long	unverändert
3. alte Position short	neue Position short	unverändert
4. alte Position short	alte Position long	sinkt

Im ersten Fall initiieren sowohl der Käufer als auch der Verkäufer eine neue Position, und ein neuer Kontrakt wurde etabliert. In Fall 2 eröffnet der Käufer eine neue Long-Position, doch der Verkäufer liquidiert lediglich eine alte Long-Position. Der eine tritt in ein Geschäft ein, und der andere verlässt es. Das Ergebnis ist ein Unentschieden, und bei der Kontraktanzahl ergibt sich keine Veränderung. In Fall 3 geschieht dasselbe mit der Ausnahme, dass es dieses Mal der Verkäufer ist, der eine neue Short-Position eröffnet, während der Käufer nur eine alte Short-Position eindeckt. Wiederum wird keine Veränderung produziert, weil einer der beiden Trader in einen Kontrakt einsteigt und der andere ihn verlässt. In Fall 4 liquidieren beide Trader eine alte Position, und das Open Interest vermindert sich dementsprechend.

Zusammenfassend lässt sich sagen, dass das Open Interest steigt, wenn beide Kontrahenten eines Termingeschäfts eine neue Position eröffnen. Wenn beide eine alte Position liquidieren, wird das Open Interest fallen. Wenn allerdings der eine einen neuen Kontrakt eröffnet, während der andere einen alten Kontrakt schließt, bleibt das Open Interest unverändert. Indem der Chartist auf die Nettoveränderung im gesamten Open Interest am Tagesende schaut, ist er in der Lage zu bestimmen, ob Kapital in den Markt hinein- oder aus ihm herausfließt. Diese Information befähigt den Analysten, einige Schlüsse über die Stärke oder Schwäche des gerade herrschenden Kurstrends zu ziehen.

⊙ Allgemeine Regeln für die Interpretation von Volumen und Open Interest

Der Terminmarktanalyst schließt die Information über Volumen und Open Interest in seine Marktanalyse mit ein. Die Interpretationsregeln von Umsätzen und Open Interest werden im Allgemeinen miteinander kombiniert, weil sie so ähnlich sind. Es gibt allerdings einige Unterschiede zwischen den beiden, die angesprochen werden müssen. Wir werden an dieser Stelle mit den Regeln beginnen, die für beide gelten. Danach werden wir Volumen und Open Interest separat behandeln, bevor wir sie am Ende erneut gemeinsam betrachten.

Preis	Umsatz	Open Interest	Markt
Rising	auf	auf	stark
Rising	ab	ab	schwach
Declining	auf	auf	schwach
Declining	ab	ab	stark

Wenn Umsätze und Open Interest beide ansteigen, dann wird der aktuelle Kurstrend in seiner gegenwärtigen Richtung (entweder auf- oder abwärts) wahrscheinlich fortgesetzt. Wenn Volumen und Open Interest allerdings fallen, kann dies als Warnung dafür gesehen werden, dass sich der aktuelle Kurstrend seinem Ende nähern könnte. Nach dieser Aussage lassen Sie uns separate Blicke auf Volumen und Open Interest werfen (siehe Abb. 7.2).

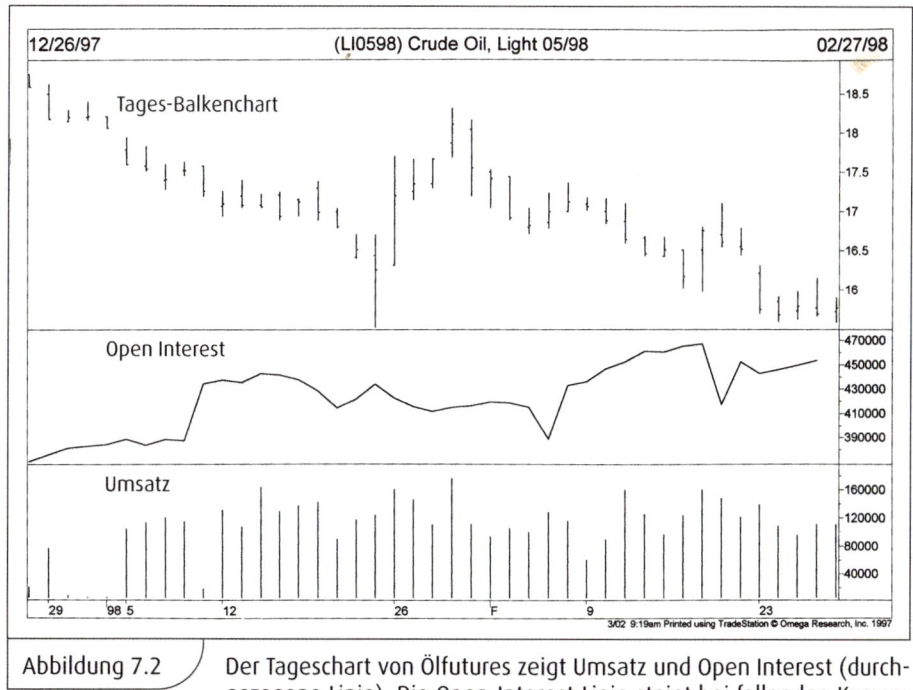

Abbildung 7.2 / Der Tageschart von Ölfutures zeigt Umsatz und Open Interest (durchgezogene Linie). Die Open-Interest-Linie steigt bei fallenden Kursen, was bearish ist.

169

□ INTERPRETATION DER UMSÄTZE
(FÜR ALLE MÄRKTE GÜLTIGE REGELN)

Das Umsatzniveau misst die Intensität oder Dringlichkeit hinter einer Preisbewegung. Höhere Umsätze bedeuten einen höheren Grad an Intensität oder Druck. Indem er die Höhe der Umsätze gemeinsam mit der Kursbewegung verfolgt, ist der Technische Analyst eher in der Lage, den hinter einer Marktbewegung stehenden Kauf- oder Verkaufsdruck abzuschätzen. Diese Information kann dann dazu benutzt werden, eine Kursbewegung zu bestätigen, oder davor zu warnen, dass einer Kursbewegung nicht zu trauen ist (siehe Abbildungen 7.3 und 7.4).

Kurz und bündig: *Die Umsätze sollten in Richtung des existierenden Kurstrends zunehmen.* In einem Aufwärtstrend sollten die Umsätze bei Aufwärtsbewegungen höher sein und sollten bei Kursrückschlägen abnehmen. So lange sich dieses Muster fortsetzt, spricht man davon, dass die Umsätze den Kurstrend bestätigen.

Der Technische Analyst hält auch Ausschau nach Zeichen von *Divergenzen* (hier taucht dieses Wort wieder auf). Eine Divergenz tritt auf, wenn die Kurse über ein früheres Hoch steigen und dies bei fallenden Umsätzen stattfindet. Ein solches Marktverhalten warnt den Charttechniker vor abnehmendem Kaufdruck. Wenn das Volu-

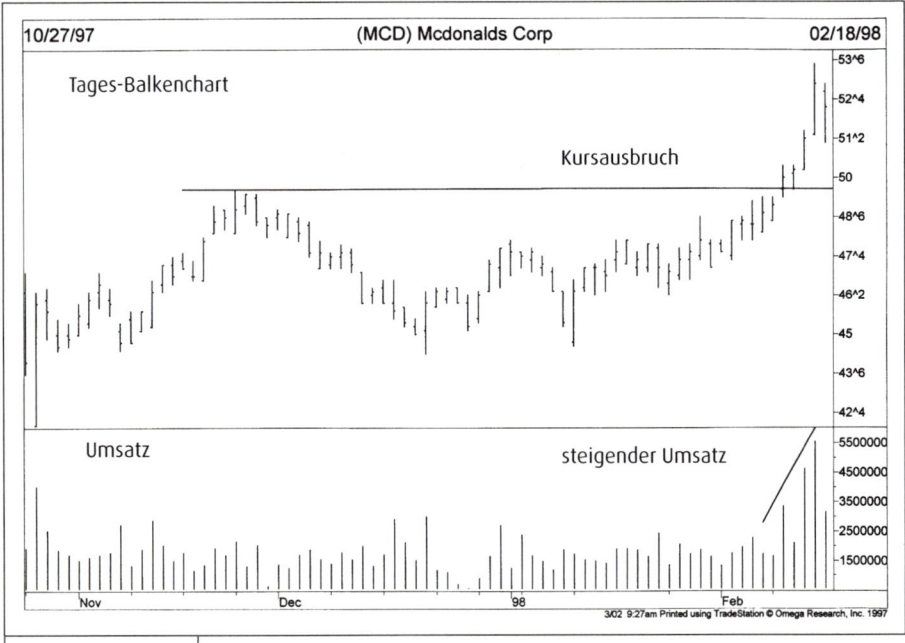

| Abbildung 7.3 | Der Ausbruch von McDonalds über den Gipfel von November 1997 nach oben wurde von einer bemerkenswerten Explosion der Handelsaktivität begleitet. Das ist bullish. |

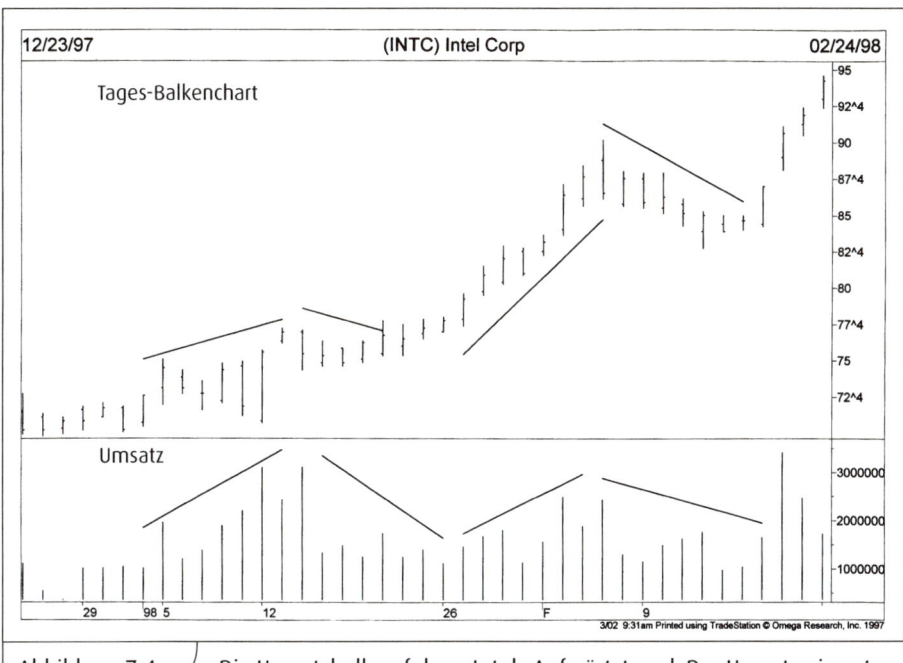

| 12/23/97 | (INTC) Intel Corp | 02/24/98 |

Tages-Balkenchart

Umsatz

3/02 9:31am Printed using TradeStation © Omega Research, Inc. 1997

Abbildung 7.4 / Die Umsatzbalken folgen Intels Aufwärtstrend. Der Umsatz nimmt zu, wenn die Kurse steigen, und fällt, wenn sich die Kurse abschwächen. Beachten Sie den Ausbruch der Handelsaktivität während des Kurssprungs der letzten drei Tage.

men außerdem bei Kursrückschlägen eine steigende Tendenz hat, beginnt der Analyst zu argwöhnen, dass sich der Aufwärtstrend in Schwierigkeiten befindet.

⊙ Volumen als Bestätigung bei Kursformationen

Während unserer Behandlung der Kursformationen in den Kapiteln 5 und 6 wurden die Umsätze mehrere Male als wichtiger bestätigender Indikator erwähnt. Eines der ersten Anzeichen *einer Kopf-Schulter-Formation* tritt auf, wenn die Kurse während der Ausbildung des *Kopfes* neue Hochs erreichen bei gleichzeitig geringem Volumen, während der folgende Kursrückgang zur *Nackenlinie* von höherer Aktivität begleitet ist. Die Doppel- und Dreifach-Spitze zeigen bei jedem aufeinander folgenden Gipfel ein niedriger werdendes Volumen, was von höheren Umsätzen bei der nächsten Kursbewegung nach unten abgelöst wird. Fortsetzungsformationen wie das Dreieck sollten von einem allmählichen Umsatzrückgang begleitet sein. Als Regel sollte die Auflösung aller Kursformationen (der Ausbruchspunkt) von höherer Handelsaktivität begleitet sein, wenn das durch den Ausbruch ausgelöste Signal zuverlässig sein soll (siehe Abbildung 7.5).

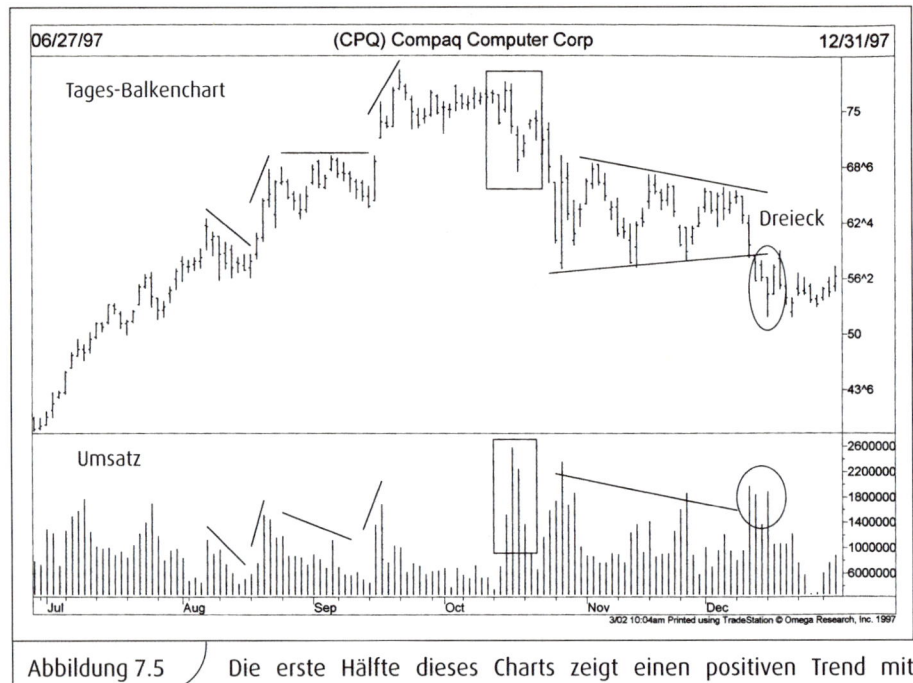

| 06/27/97 | (CPQ) Compaq Computer Corp | 12/31/97 |

Tages-Balkenchart

Dreieck

Umsatz

3/02 10:04am Printed using TradeStation © Omega Research, Inc. 1997

Abbildung 7.5 Die erste Hälfte dieses Charts zeigt einen positiven Trend mit anziehendem Umsatz an Tagen mit steigenden Kursen. Der Kasten am Top zeigt einen plötzlichen Dreh nach unten bei hohem Volumen – ein negatives Zeichen. Beachten Sie den Umsatzanstieg, als das Fortsetzungsdreieck nach unten durchbrochen wurde.

In einem Abwärtstrend sollte das Volumen während Kursbewegungen nach unten höher und bei Kurserholungen niedriger sein. So lange dieses Muster beibehalten wird, ist der Verkaufsdruck größer als der Kaufdruck, und der Abwärtstrend sollte sich fortsetzen. Nur wenn dieser Umsatzverlauf sich beginnt zu verändern, sollte der Charttechniker anfangen, nach Zeichen einer Bodenbildung Ausschau zu halten.

⊙ Die Umsätze laufen den Kursen voraus

Bei der gemeinsamen Beobachtung von Kursen und Umsätzen benutzen wir eigentlich zwei verschiedene Werkzeuge, um dasselbe Ding zu messen – Druck. Aus der einfachen Tatsache, dass die Kurse nach oben tendieren, können wir erkennen, dass es mehr Kauf- als Verkaufsdruck gibt. Es leuchtet dann ein, dass die höheren Umsätze in derselben Richtung wie der vorherrschende Trend getätigt werden sollten. Die Technischen Analysten glauben, dass die Umsätze den Kursen vorausgehen, was bedeutet, dass ein Verlust von Kursdruck nach oben in einem Aufwärtstrend oder von Kursdruck nach unten in einem Abwärtstrend sich bereits im Volumenverlauf zeigen, bevor er sich in einer Umkehr des Kurstrends manifestiert.

⊙ On-Balance-Volume

Die Techniker haben mit vielen Volumenindikatoren experimentiert, um den Kauf-oder Verkaufsdruck zu quantifizieren. Die vertikalen Umsatzbalken entlang des unteren Rands des Charts mit den Augen zu verfolgen, ist nicht immer genau genug, um signifikante Veränderungen im Umsatzverhalten zu erkennen. Der einfachste und bekannteste dieser Volumenindikatoren ist das On-Balance-Volume oder OBV. Entwickelt und bekannt gemacht durch Joseph Granville in seinem 1963 erschienenen Buch *Granville's New Key to Stock Market Profits* produziert das OBV eigentlich eine gekrümmte Linie auf dem Chart. Diese Linie kann entweder dazu benutzt werden, die Qualität des aktuellen Kurstrends zu bestätigen oder durch Abweichung von der Kursbewegung vor einer drohenden Umkehr zu warnen.

Die Abbildung 7.6 zeigt einen Chart mit der OBV-Linie anstatt der Umsatzbalken am unteren Rand. Beachten Sie, wie viel einfacher es ist, dem Volumentrend mit der OBV-Linie zu folgen.

Die Konstruktion der OBV-Linie ist die Einfachheit selbst. Dem Gesamtumsatz eines jeden Tages wird ein positiver oder negativer Wert zugemessen, in Abhängigkeit davon, ob die Kurse an diesem Tag höher oder niedriger geschlossen haben. Ein höhe-

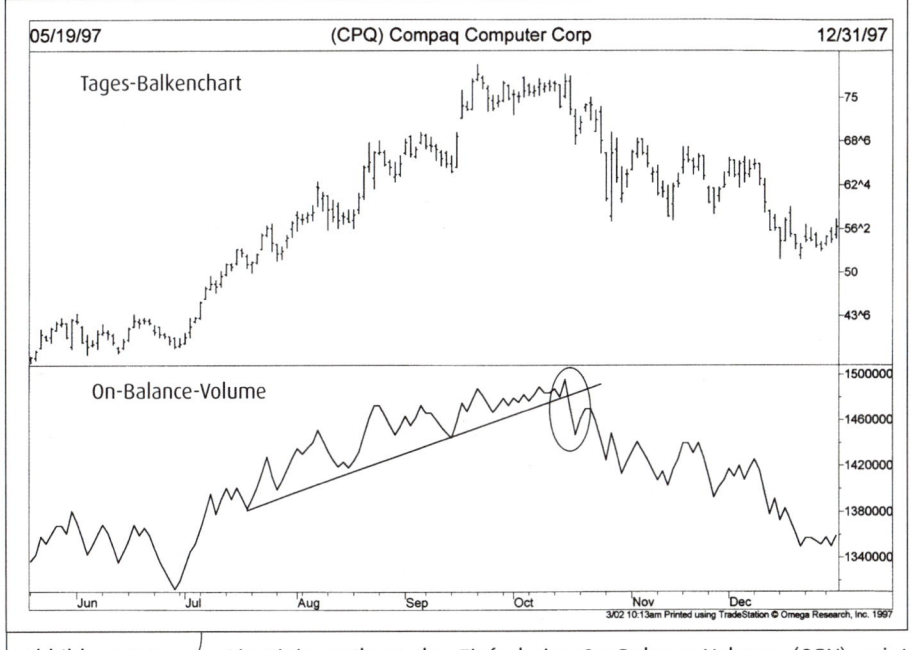

Abbildung 7.6 Die Linie entlang der Tiefs beim On-Balance-Volume (OBV) zeigt dasselbe wie der Compaq Chart. Beachten Sie, wie viel einfacher es war, hier im Oktober den Dreh nach unten zu erkennen.

173

rer Schlusskurs sorgt dafür, dass dem Tagesumsatz ein Pluszeichen vorangestellt wird, während ein niedriger Schlusskurs den Tagesumsatz mit einem negativen Vorzeichen versieht. Durch Addition oder Substraktion jedes Tagesvolumens, das auf der Richtung des Marktschlusskurses basiert, erhält man eine kumulative Summe.

Es ist die Richtung der OBV-Linie (hier Trend), die wichtig ist, und nicht die eigentlichen Zahlen selbst. Der tatsächliche OBV-Wert wird je nach dem gewählten Anfangspunkt seiner grafischen Darstellung variieren. Lassen Sie den Computer die Kalkulationen vornehmen. Konzentrieren Sie sich auf die Richtung der OBV-Linie.

Die On-Balance-Volume-Linie sollte dem Kurstrend folgen. Weisen die Kurse eine Folge höherer Gipfel und Täler auf (ein Aufwärtstrend), sollte die OBV-Linie dasselbe tun. Tendieren die Kurse nach unten, so sollte dies auch für die OBV-Linie gelten. Wenn sich die Volumenlinie nicht mehr in dieselbe Richtung wie die Kurse bewegt, existiert eine Divergenz und warnt vor einer möglichen Trendumkehr.

☉ Alternativen zum OBV

Die On-Balance-Volume-Linie macht ihren Job ganz gut, hat aber einige Schwächen. Zum einen weist sie dem gesamten Tagesvolumen einen positiven oder negativen Wert zu. Denken Sie an einen Tagesschlusskurs, der um einen minimalen Betrag, wie ein oder zwei Ticks höher, schließt. Ist es vernünftig, der gesamten Tagesaktivität einen positiven Wert zuzuweisen? Oder nehmen Sie eine Situation an, in der der Markt den größten Teil des Tages im Plus verweilt, aber dann geringfügig niedriger schließt. Sollte dem gesamten Tagesvolumen ein negativer Wert gegeben werden? Um diese Fragen zu lösen, haben die Technischen Analysten mit vielen Variationen des OBV experimentiert und versucht, das wahre Upside und Downside Volumen zu entdecken.

Eine Variante besteht darin, denjenigen Tagen ein größeres Gewicht zuzuweisen, an denen der Trend am stärksten ist. An einem Tag mit positiver Tendenz z. B. wird das Volumen mit dem Betrag des Tagesgewinns multipliziert. Diese Technik weist immer noch positive oder negative Werte zu, doch gewichtet sie solche Tage mit größeren Preisbewegungen stärker und reduziert den Einfluss von Tagen mit minimalen Kursänderungen.

Es gibt einige kompliziertere Formen, die das Volumen (und Open Interest) mit der Kursbewegung vermischen. James Sibbets Demand Index beispielsweise verknüpft Kurse und Umsätze zu einem vorauslaufenden Indikator. Der Herrick Payoff Index benutzt das Open Interest zur Bestimmung des Geldflusses. (Eine Erklärung beider Indikatoren finden Sie in Anhang A.)

Es sollte erwähnt werden, dass die Berichterstattung über getätigte Umsätze bei den Aktienmärkten viel hilfreicher ist als in den Terminmärkten. Das Aktienvolumen wird nämlich sofort veröffentlicht, während über Futures mit einem Tag Verspätung berichtet wird. Außerdem ist für Aktien auch das Aufwärts- und Abwärtsvolumen erhältlich, jedoch nicht für Futures. Die Verfügbarkeit von Umsatzdaten für jede Kursveränderung von Aktien während des Handelstages hat die Entwicklung eines fortschrittlichen Indikators ermöglicht – des von Laszlo Birinyi, Jr. entwickelten Money Flow (Geldfluss). Diese Realtime-Version des OBV verfolgt das Umsatzniveau bei jeder Kursänderung, um zu bestimmen, ob Kapital in eine Aktie hinein- oder herausfließt. Diese fortschrittliche Berechnung erfordert allerdings eine höhere Rechnerleistung und ist für die meisten Trader nicht leicht erhältlich.

Diese komplizierteren Varianten des OBV verfolgen alle dieselbe Absicht – zu bestimmen, ob das größere Volumen nach oben (bullish) oder nach unten (bearish) stattfindet. Selbst mit ihrer Einfachheit verrichtet die OBV-Linie ihren Job, den Umsatzfluss in einem Markt zu verfolgen, ganz gut – sowohl bei Futures als auch bei Aktien. Außerdem ist das On-Balance-Volume in den meisten Chartprogrammen enthalten. Die meisten Softwarepakete erlauben Ihnen sogar, die OBV-Linie direkt über die Kursdaten zu zeichnen, um einfache Vergleiche anstellen zu können (siehe Abbildungen 7.7 und 7.8).

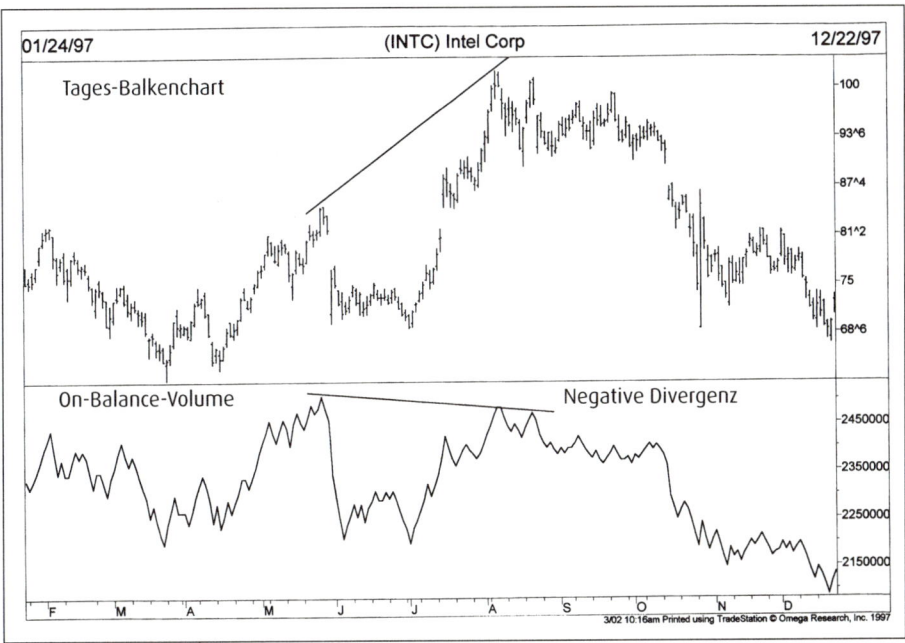

Abbildung 7.7 Ein exzellentes Beispiel dafür, wie eine negative Divergenz zwischen der On-Balance-Volume-Linie (unten) und der Kursentwicklung von Intel richtigerweise vor einem primären Trendwechsel nach unten warnte.

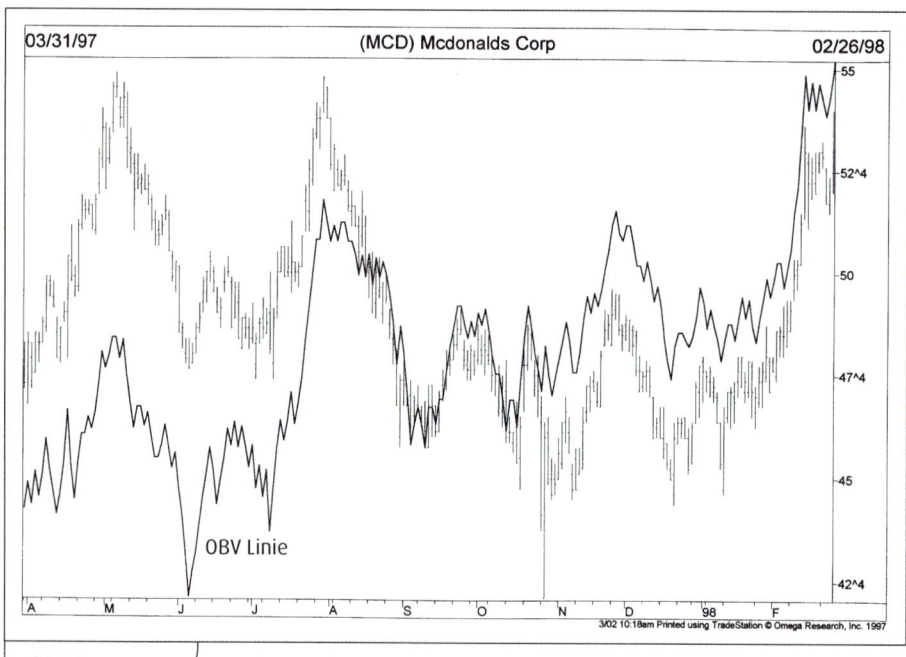

| 03/31/97 | (MCD) Mcdonalds Corp | 02/26/98 |

OBV Linie

3/02 10:18am Printed using TradeStation © Omega Research, Inc. 1997

Abbildung 7.8 / Legt man das OBV (fett gedruckte Linie) genau über die Kursbalken, wird der Vergleich zwischen Kursen und On-Balance-Volume leichter. Dieser Chart von McDonalds zeigt den Vorlauf der OBV-Linie vor den steigenden Kursen und die Warnung im Vorfeld des bullishen Ausbruchs.

⊙ Weitere Einschränkungen beim Umsatz in Futures

Wir haben bereits das Problem der eintägigen Verzögerung bei der Veröffentlichung von Umsatzzahlen bei Futures erwähnt. Außerdem wird in der Praxis ungünstigerweise so verfahren, dass man für die Analyse bestimmter Kontrakte die Gesamtumsätze aller Kontrakte benutzt, statt die Umsätze jedes einzelnen Kontrakts zu untersuchen. Es gibt sicher gute Gründe für die Berücksichtigung des Gesamtumsatzes. Doch wie geht man mit der Situation um, wenn manche Kontrakte desselben Terminmarktes am selben Tag höher und andere tiefer schließen? *Limittage* wirft weitere Probleme auf. (Anmerkung des Übersetzers: Als Limittag wird ein Handelstag bezeichnet, an dem der Kurs des Terminkontrakts um das maximal zulässige Maß nach oben oder nach unten geht.) Tage, an denen die Märkte Limit up sind, weisen in der Regel nur sehr geringe Umsätze auf. Dies ist ein Zeichen von Stärke, weil die Käufer gegenüber den Verkäufern so stark in der Überzahl sind, dass die Kurse sofort das maximale Handelslimit erreichen und der Handel aufhört. Nach den traditionellen Interpretationsregeln ist ein geringes Volumen bei einer Kursrallye allerdings bearish. Die geringen Umsätze an Limittagen stellen eine Verletzung dieses Prinzips dar und können die OBV-Zahlen verzerren.

Doch trotz dieser Begrenzungen kann die Volumenanalyse in den Terminmärkten immer noch benutzt werden, und der technische Trader ist gut beraten, wenn er ein wachsames Auge auf Umsatzindikatoren wirft.

☐ INTERPRETATION DES OPEN INTEREST BEI FUTURES

Die Regeln für die Interpretation von Veränderungen im Open Interest sind denjenigen für die Umsatzentwicklung vergleichbar, bedürfen allerdings zusätzlicher Erklärung.

1. Wenn die Kurse in einem Aufwärtstrend steigen und das gesamte Open Interest zunimmt, *fließt neues Geld in den Markt, was aggressive neue Käufer reflektiert und als bullish angesehen wird* (siehe Abbildung 7.9).

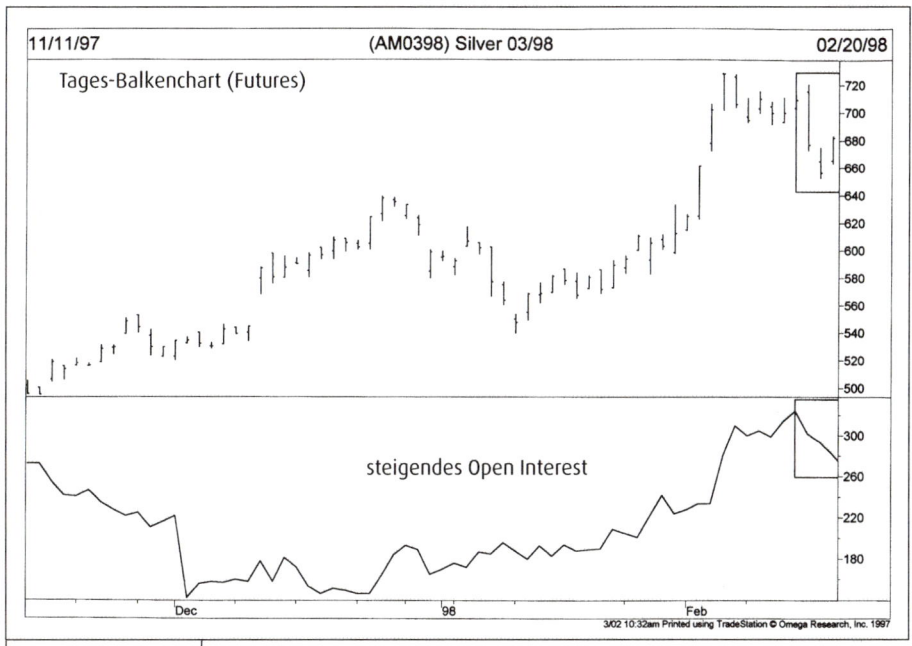

Abbildung 7.9 / Der Aufwärtstrend bei den Silberpreisen wurde durch einen ähnlichen Anstieg beim Open Interest bestätigt. Die Kästchen rechts zeigen normale Liquidationen ausstehender Kontrakte, als die Preise beginnen, nach unten zu korrigieren.

177

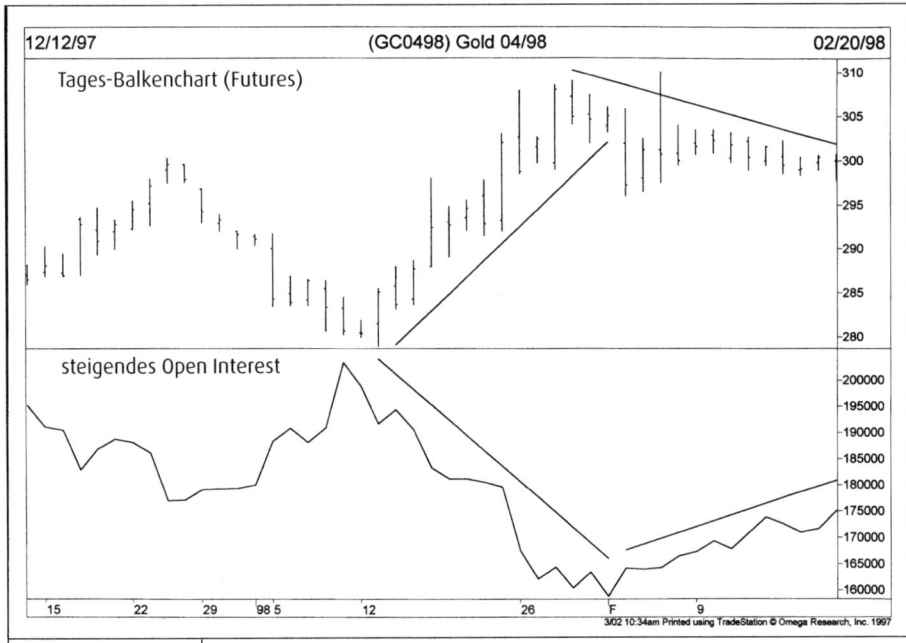

| 12/12/97 | (GC0498) Gold 04/98 | 02/20/98 |

Tages-Balkenchart (Futures)

steigendes Open Interest

3/02 10:34am Printed using TradeStation © Omega Research, Inc. 1997

Abbildung 7.10 Beispiel einer kränkelnden Kurserholung beim Gold Futures. Der Preisanstieg wird von fallendem Open Interest begleitet, während umgekehrt das Open Interest bei sinkenden Kursen wieder anzieht. Bei einem starken Trend würde sich das Open Interest gleichläufig mit den Kursen entwickeln, nicht gegenläufig.

2. Wenn andererseits die Kurse steigen und das Open Interest abnimmt, *ist die Kursrallye hauptsächlich durch Eindeckung von Short-Positionen veranlasst.* (Die Halter von verlustbringenden Short-Positionen werden zur Eindeckung dieser Positionen gezwungen.) *Das Geld fließt aus dem Markt eher heraus, als dass es hereinkommt.* Diese Konstellation ist bearish, weil der Aufwärtstrend vermutlich Dampf ablassen wird, sobald die nötigen Eindeckungen vollzogen sind (siehe Abbildung 7.10).

3. Wenn in einem Abwärtstrend Kurse und Open Interest steigen, weiß der Techniker, dass *durch aggressives Eingehen neuer Short-Positionen neues Geld in den Markt hineinfließt.* Dieses Geschehen vergrößert die Chancen, dass der Abwärtstrend weiter gehen wird und wird deshalb als bearish angesehen (siehe Abbildung 7.11).

4. Wenn allerdings das Open Interest mit sinkenden Kursen abnimmt, *gründet sich der Kursverfall auf entmutigte Halter verlustreicher Long-Positionen, die zur Liquidation ihrer Positionen gezwungen werden.* Diese Situation spiegelt eine zunehmende technische Stärke des Marktes wider, weil der Abwärtstrend wahrscheinlich enden wird, sobald das Open Interest genügend zurückgekommen ist; das ist der Fall, wenn die meisten Verlustpositionen auf der Long-Seite geschlossen worden sind.

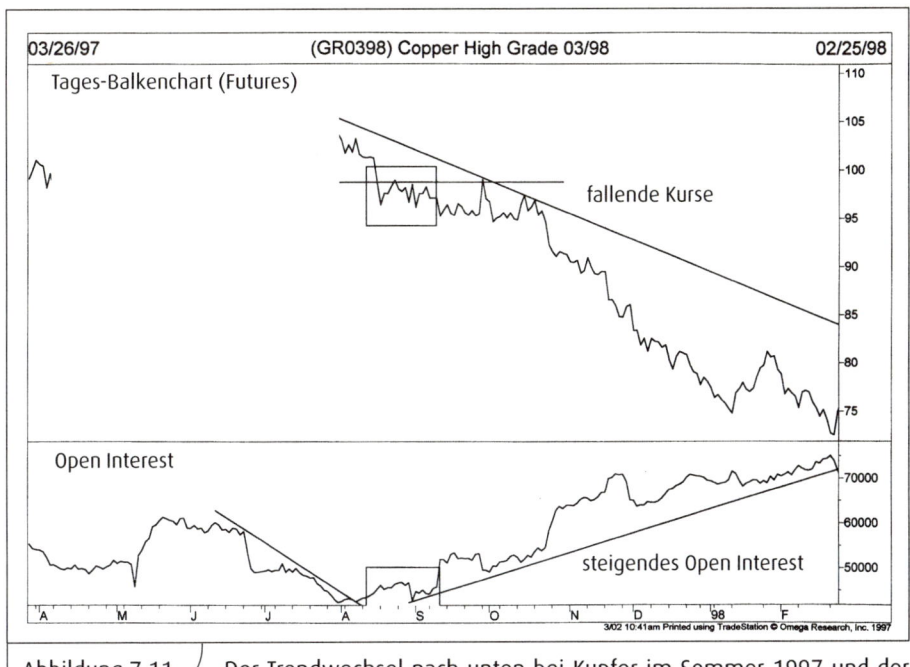

| 03/26/97 | (GR0398) Copper High Grade 03/98 | 02/25/98 |

Tages-Balkenchart (Futures)

fallende Kurse

Open Interest

steigendes Open Interest

3/02 10:41am Printed using TradeStation © Omega Research, Inc. 1997

Abbildung 7.11 Der Trendwechsel nach unten bei Kupfer im Sommer 1997 und der anschließende Kursverfall wurde von steigendem Open Interest begleitet. Anziehendes Open Interest während einer Kursabschwächung ist bearish, weil es aggressive Leerverkäufe reflektiert.

Lassen Sie uns diese vier Punkte zusammenfassen:

1. Steigendes Open Interest in einem Aufwärtstrend ist bullish.
2. Fallendes Open Interest in einem Aufwärtstrend ist bearish.
3. Steigendes Open Interest in einem Abwärtstrend ist bearish.
4. Fallendes Open Interest in einem Abwärtstrend ist bullish.

⊙ Weitere Situationen, in denen Open Interest wichtig ist

Zusätzlich zu den oben genannten Tendenzen gibt es weitere Situationen, in denen sich eine Untersuchung des Open Interest als nützlich erweisen kann.

1. Zum Ende einer bedeutenden Marktbewegung, wobei sich das Open Interest während des gesamten Kurstrends erhöht hat, *ist ein Seitwärtsdriften oder ein Fallen des Open Interest oft eine frühzeitige Warnung vor einem Trendwechsel.*
2. *Eine hohe Zahl offener Kontrakte an Marktgipfeln kann als bearish angesehen werden, wenn*

179

der Kursverfall sehr plötzlich einsetzt. Das bedeutet, dass alle neuen Long-Positionen, die am Ende des Aufwärtstrends eingegangen wurden, nun zu Verlustpositionen geworden sind. Ihre erzwungene Liquidation wird die Kurse so lange unter Druck halten, bis das Open Interest in ausreichendem Maß gesunken ist. Lassen Sie uns beispielsweise annehmen, dass ein Aufwärtstrend seit einiger Zeit intakt ist. Über die letzten Monate hat sich das Open Interest signifikant erhöht. Denken Sie daran, dass jeder neue, in den Open-Interest-Zahlen enthaltene Kontrakt einem neuen Long- und einem neuen Short-Kontrakt entspricht. Plötzlich schmieren die Kurse scharf ab und fallen unter das niedrigste Niveau des letzten Monats. Jede einzelne, innerhalb dieses Monats eingegangene Long-Position liegt nun im Verlust. Die erzwungene Liquidation dieser Long-Positionen hält die Preise unter Druck, bis sie alle liquidiert wurden. Schlimmer noch: Diese Notverkäufe halten sich von selbst aufrecht, weil tiefere Kurse zusätzliche Marging-Calls verursachen, die wiederum zum Verkauf weiterer Long-Positionen führen und den Kursverfall beschleunigen. Als Folgerung aus dem vorgenannten Punkt *ist ein ungewöhnlich hohes Open Interest in einem Bullenmarkt ein Gefahrensignal.*

3. *Wenn sich das Open Interest während einer Seitwärts-Konsolidierung oder horizontalen Trading Range erkennbar aufbaut, so verstärkt dies die einem Ausbruch folgende Kursbewegung.* Das ist nur einleuchtend. Der Markt befindet sich in einer unentschlossenen Phase. Niemand ist sicher, in welche Trendrichtung der Ausbruch erfolgen wird. Der Anstieg im Open Interest zeigt uns allerdings, dass sich eine Vielzahl von Marktteilnehmern in Richtung des vermuteten Ausbruchs positioniert. Sobald es zu dem Ausbruch kommt, stehen viele der Trader auf der falschen Seite des Marktes. Gehen wir einmal von der Situation einer dreimonatigen Trading Range und einem sprunghaften Anstieg des Open Interest um 10.000 Kontrakte aus. Das bedeutet, dass 10.000 neue Long-Positionen und 10.000 neue Short-Positionen eingegangen worden sind. Dann brechen die Kurse nach oben aus, und ein neues Dreimonatshoch wird etabliert. Weil sich die Kurse auf dem höchsten Punkt innerhalb der letzten drei Monate befinden, ist jede einzelne der 10.000 Shortpositionen, die innerhalb der vorangegangenen drei Monate initiiert wurden, im Verlust. Durch die Balgerei der Marktteilnehmer um Eindeckung ihrer Short-Positionen werden die Kurse natürlich weiter nach oben getrieben, was noch mehr Kaufpanik produziert. Die Kurse bleiben fest, bis alle oder zumindest die meisten jener 10.000 Short-Positionen durch Käufe in einen steigenden Markt eingedeckt wurden. Hätte der Ausbruch nach unten stattgefunden, würden sich die Inhaber der Long-Positionen um einen möglichst günstigen Marktausstieg streiten.

Das frühe Stadium jedes neuen Trends unmittelbar nach einem Ausbruch wird normalerweise durch erzwungene Liquidationen von jenen, die sich auf der falschen Seite des Marktes wieder finden, angeheizt. Je mehr Trader falsch liegen (was sich in einem hohen Open Interest zeigt), umso heftiger erfolgt die Antwort auf eine plötzliche entgegengesetzte Marktbewegung. Im positiven Sinne formuliert, wird der neue Trend zusätzlich von denen, die auf der richtigen Seite des Marktes sind und deren Einschätzung sich somit bewahrheitet hat, unterstützt, wenn sie nun die angesammelten Buchgewinne dazu benutzen, zusätzliche Positionen zu finanzieren. Damit wird klar, *warum das Potenzial einer auf einen Ausbruch folgenden Kursbewegung umso größer ist, je stärker das Open Interest in einer Trading Range oder einer Konsolidierungsphase innerhalb irgendeiner Kursformation ansteigt.*

4. *Ein ansteigendes Open Interest bei der Vollendung einer Kursformation wird als zusätzliche Bestätigung eines verlässlichen Trendsignals gesehen.* Der Bruch der *Nackenlinie* beispielsweise einer *Kopf-Schulter*-Bodenformation ist überzeugender, wenn der Ausbruch bei steigendem Open Interest gemeinsam mit einem höheren Volumen stattfindet. Hier muss der Analyst vorsichtig sein. Weil der dem anfänglichen Trendsignal folgende Antrieb oft durch die Marktteilnehmer auf der falschen Seite verursacht wird, *nimmt das Open Interest zu Beginn eines neuen Trends manchmal leicht ab.* Diese anfängliche Korrektur im Open Interest kann den unbedachtsamen Chartanalysten in die Irre führen und spricht gegen eine zu starke Berücksichtigung von sehr kurzfristigen Veränderungen im Open Interest.

☐ Regeln über Umsatz und Open Interest (Zusammenfassung)

Lassen Sie uns einige der wichtigeren Elemente von Kurs, Umsatz und Open Interest zusammenfassen.

1. Umsätze werden in allen Märkten verfolgt; Open Interest hauptsächlich in den Commodity-Märkten.
2. Bei Futures werden nur die Gesamtzahlen für Umsatz und Open Interest genutzt.
3. Ansteigende Umsätze (und Open Interest) deuten darauf hin, dass der aktuelle Kurstrend wahrscheinlich weiter gehen wird.
4. Abnehmende Umsätze (und Open Interest) deuten an, dass sich der Kurstrend ändern könnte.
5. Die Umsätze laufen den Kursen voraus. Veränderungen im Kauf- oder Verkauf werden im Umsatzverlauf oft früher als im Kursverlauf erkannt.
6. On-Balance-Volume (OBV) oder eine Variation davon kann dazu benutzt werden, die Richtung von Volumendruck präziser zu bestimmen.
7. Innerhalb eines Aufwärtstrends warnt ein plötzliches seitwärts oder abwärts driftendes Open Interest vor einem Trendwechsel. (Dies gilt nur für Futures.)
8. Ein sehr hohes Open Interest an Marktgipfeln ist gefährlich und kann den Verkaufsdruck nach unten intensivieren. (Dies gilt nur für Futures).
9. Steigendes Open Interest innerhalb von Konsolidierungsperioden intensiviert den folgenden Ausbruch. (Dieses gilt nur für Futures.)

10. Ansteigendes Volumen (und Open Interest) bestätigen den Abschluss einer Kursformation oder irgend einer anderen signifikanten Chartentwicklung, die den Beginn eines neuen Trends signalisieren.

☐ Blowoffs und Selling Climaxes

Eine bislang nicht besprochene finale Situation, die der Erwähnung bedarf, ist die Erscheinung dramatischer Marktbewegungen, die oft an Gipfeln und Böden auftauchen – *blowoffs (Kursexplosionen, Kaufpaniken)* und *selling climaxes (Kurszusammenbrüche, Verkaufspaniken)*. Zu *Blowoffs* kommt es an wichtigen Marktgipfeln, während *selling climaxes* Tiefpunkte markieren. Bei Futures werden blowoffs oft von einem Rückgang des Open Interest während der finalen Rallye begleitet. Im Falle von blowoffs an Marktgipfeln schießen die Kurse nach einem langen Anstieg plötzlich rasant in die Höhe, was mit einem großen Umsatzanstieg einhergeht, und markieren abrupt einen Höhepunkt (siehe Abbildung 7.12). Bei einem Verkaufshöhepunkt fallen die Kurse plötzlich und mit großen Umsätzen, um sich dann schnell zu erholen. (Blättern Sie zurück zur Abbildung 4.22c.)

☐ Der Bericht über die Teilnahme verschiedener Händlergruppen

Unsere Abhandlung des Open Interest wäre nicht vollständig, ohne den *Commitment of Traders (COT) Report* zu erwähnen, und wie dieser Bericht von den Technikern als Prognosewerkzeug benutzt wird. Der genannte Report wird von der Commodity Futures Trading Commission (CFTC) zweimal im Monat veröffentlicht – einmal in der Monatsmitte, und einmal am Monatsende. Der Bericht unterteilt die Open Interest-Zahlen in drei Kategorien – große Hedger, große Spekulanten und kleine Trader. Die großen Hedger, auch Commercials genannt, benutzen die Terminmärkte in erster Linie zu Absicherungszwecken. Zu den großen Spekulanten gehören die großen Rohstofffonds, die sich vor allem auf mechanische Trendfolgesysteme stützen. Zur letzten Kategorie der kleinen Trader gehört das allgemeine Publikum, das mit viel kleineren Losgrößen operiert.

182

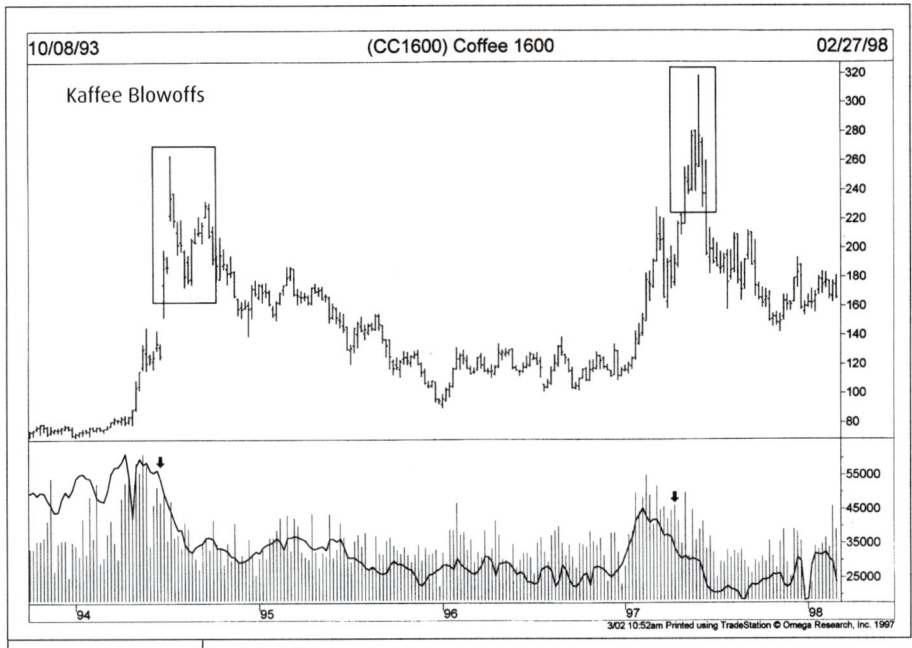

Abbildung 7.12
Einige Blowoff-Spitzen bei Kaffee-Futures. In beiden Fällen stiegen die Kurse bei hohen Umsätzen stark an. Die negativen Warnungen (siehe Pfeile) kamen bei beiden Rallyes vom fallenden Open Interest (durchgezogene Linie)

☐ BEOBACHTEN SIE DIE COMMERCIALS!

Das Grundprinzip bei der Analyse des Commitment Reports ist die Überzeugung, dass die großen, kommerziellen Hedger normalerweise richtig liegen, während sich die Trader üblicherweise auf der falschen Seite befinden. Ist dies der Fall, so sollten Sie sich in derselben Position wie die Hedger platzieren, und damit entgegengesetzt der Positionen der beiden Kategorien der Spekulanten bzw. Trader. An einem Boden des Marktes ist es beispielsweise ein positives Signal, wenn die Commercials im großen Ausmaß netto long sind, während die Spekulanten ebenso per saldo deutlich short sind. In einem steigenden Markt gilt als Warnsignal vor einem möglichen Top, wenn die großen und kleinen Trader stark überwiegend long sind, während die Commercials zur selben Zeit massiv short gehen.

☐ NETTO-HANDELSPOSITIONEN

Es ist möglich, die Trends der drei Kategorien von Marktteilnehmern als Chart darzustellen und diese Trends dazu zu benutzen, Extremwerte in ihren Positionen zu lokalisieren. Eine Möglichkeit hierzu ist das Studium der in *Futures Charts* (publiziert durch Commodity Trend Service, P.O. Box 32309, Palm Beach Gardens, FL 33420) veröffentlichten Net Traders Positions. Dieser Chartservice bildet drei Linien ab, die die Netto-Handelspositionen aller drei Gruppen auf einem Wochenchart für jeden Markt während der letzten vier Jahre verkörpern. Durch die Anzeige von vier Jahre umfassenden Zeitreihen können historische Vergleiche leicht angestellt werden. Nick Van Nice, der Herausgeber des Chartdienstes, sucht nach Situationen, wo die Commercials an einem Extrempunkt, und die beiden Trader-Kategorien am anderen Extrempunkt zu finden sind, was Kauf- und Verkaufsgelegenheiten entspricht (wie in den Abbildungen 7.13 und 7.14 dargestellt). Selbst dann, wenn Sie den COT Report nicht als primären Input in Ihre Handelsentscheidungen einfließen lassen, ist es keine schlechte Idee, sein Augenmerk darauf zu richten, was die drei Gruppen tun.

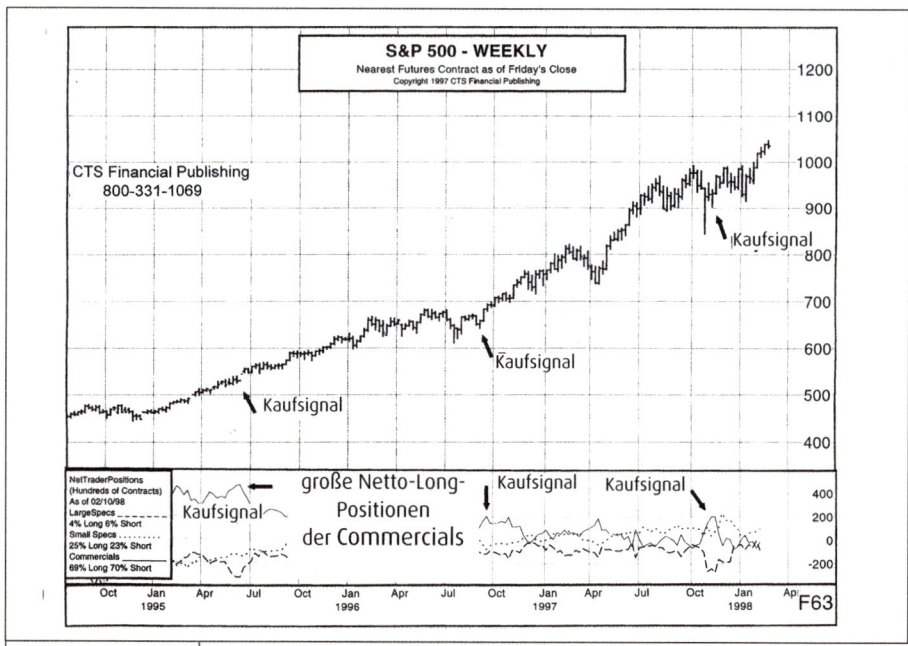

Abbildung 7.13 Dieser Wochenchart des S&P 500 Futures zeigt drei Kaufsignale (siehe Pfeile). Die Linien unten zeigen, wie bei jedem Kaufsignal die Commercials (durchgezogene Linie) in hohem Maße netto long sind, während die großen Spekulanten (gestrichelte Linie) netto short sind.

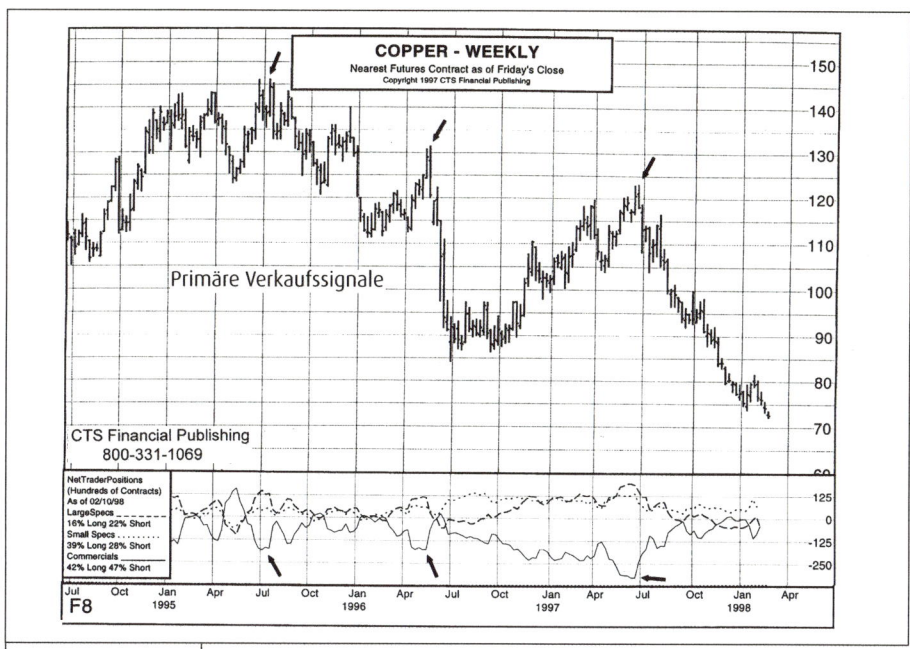

Abbildung 7.14 Dieser Wochenchart des Kupfer-Futures zeigt drei durch Pfeile markierte Verkaufssignale. Jedes Verkaufssignal zeigt Netto-Long-Positionen der beiden Kategorien von Spekulanten und eine Netto-Short-Position der Commercials. Die Commercials lagen richtig.

☐ OPEN INTEREST BEI OPTIONEN

Unsere Ausführungen zum Open Interest haben sich auf die Futuresmärkte konzentriert. Das Open Interest spielt aber auch beim Trading von Optionen eine wichtige Rolle. Open Interest-Zahlen werden täglich für Put- und Call-Optionen auf Terminkontrakte, Aktienindizes, Branchenindizes und einzelne Aktien veröffentlicht. Obwohl das Open Interest von Optionen nicht genau auf die gleiche Weise interpretiert werden darf wie bei Futures, macht es auch Aussagen über dieselbe Sache – über die Liquidität, und wo das Interesse liegt. Einige Option-Trader vergleichen das Open Interest von *Calls* (Bullen) mit dem von *Puts* (Bären), um die Marktstimmung zu erfassen. Andere benutzen das Volumen von Optionen.

☐ Put/Call-Ratios

Umsatzzahlen für den Bereich der Optionen werden genauso benutzt wie für Futures und Aktien – sie geben uns Aufschluss über den Grad des Kauf- und Verkaufsdrucks in einem gegebenen Markt. Volumenzahlen von Optionen werden unterteilt in Umsätze von *Calls* (bullish) und *Puts* (bearish). Indem wir die Umsatzverläufe von Calls gegen Puts verfolgen, können wir den Grad von Optimismus oder Pessimismus in einem Markt bestimmen. Einer der Hauptvorteile von Umsatzdaten von Optionen ist die Bildung von Put/Call-Volumen-Verhältnissen. Wenn die Options-Trader bullish sind, ist das Volumen von Calls höher als dasjenige von Puts, und das Put/Call-Ratio fällt. Eine bearishe Grundstimmung schlägt sich in einem höheren Put-Volumen und einer höheren Put/Call-Ratio nieder. Die Put/Call-Ratio wird gewöhnlich als Kontra-Indikator betrachtet. Ein sehr hohes Put/Call-Verhältnis zeigt einen überverkauften Markt an. Ein sehr niedriges Verhältnis ist eine Negativ-Warnung eines überkauften Marktes.

☐ Kombination des Option-Sentiments mit technischen Instrumenten.

Options-Trader bestimmen über Open-Interest und Put/Call-Umsatzzahlen extrem optimistische oder pessimistische Marktstimmungen. Diese Stimmungsindikatoren funktionieren am besten, wenn sie mit technischen Instrumenten wie beispielsweise Unterstützung, Widerstand und dem Trend des zugrundeliegenden Marktes optimiert werden. Weil Timing bei Optionen so entscheidend ist, sind die meisten Options-Trader technisch orientiert.

☐ Fazit

Damit beschließen wir unsere Ausführungen zu Volumen und Open Interest, zumindest fürs erste. Die Analyse von Umsätzen wird in allen Finanzmärkten – Futures, Options und Aktien – angewendet. Open Interest ist nur bei Terminkontrakten und Optionen relevant. Doch weil Futures und Optionen auf so viele Aktienmarktinstrumente gehandelt werden, ist ein gewisses Verständnis dessen, wie Open Interest funktioniert, hilfreich in allen drei Finanzmarkt-Arenen. In dem größten Teil unserer bisherigen Diskussion haben wir uns auf Tages-Balkencharts konzentriert. Im nächsten Schritt erweitern wir unseren Zeithorizont und wenden die bisher gelernten Werkzeuge auf Wochen- und Monatscharts an, um langfristige Trendanalysen anzustellen. Wir werden dies im nächsten Kapitel ausführen.

08 | Langfristcharts

☐ EINLEITUNG

Von allen Charts, die von Markttechnikern für die Prognose und das Trading von Finanzmärkten benutzt werden, ist der Tageschart der bei weitem populärste. Der Tages-Balkenchart deckt üblicherweise nur eine Periode von 6 bis 9 Monaten ab. Weil die meisten Trader ihr Interesse auf relativ kurzfristige Marktbewegungen beschränken, haben Tagescharts als primäres Arbeitsmittel des Chartisten allgemeine Anerkennung gefunden.

Die Abhängigkeit des durchschnittlichen Traders von diesen Tagescharts und die ausschließliche Beschäftigung mit kurzfristigem Marktverhalten haben allerdings dazu geführt, dass viele ein nützliches und anspruchsvolles Gebiet von Kurscharts übersehen – *die Verwendung von wöchentlichen und monatlichen Charts für längerfristige Trendanalysen und Prognosen.*

Der Tageschart beinhaltet eine relativ kurze Zeitperiode in der Historie eines Marktes. Eine gründliche Trendanalyse eines Marktes sollte allerdings auch Untersuchungen beinhalten, wie die Kursbewegung auf Tagesbasis in Relation zu ihrer längerfristigen Trendstruktur steht. Zur Erfüllung dieser Aufgabe *müssen Langfristcharts verwendet werden.* Während auf dem Tages-Balkenchart jeder Balken die Kursbewegung eines Tages beinhaltet, berücksichtigt jeder Kursbalken auf wöchentlichen und monatlichen Charts die Bewegung einer Woche bzw. eines Monats. *Der Sinn von Wochen- und Monatscharts besteht darin, die Kursbewegungen in einer Weise zu komprimieren, dass der Zeithorizont deutlich ausgedehnt wird und viel längere Zeitperioden untersucht werden können.*

☐ Die Bedeutung der längerfristigen Perspektive

Langfristige Kurscharts ermöglichen eine Perspektive des Markttrends, die mit Tagescharts allein unmöglich zu erhalten ist. Während unserer Einführung in die technische Philosophie in Kapitel 1 wiesen wir darauf hin, dass einer der größten Vorteile der Chartanalyse darin besteht, ihre Prinzipien auf praktisch jede Zeitdimension anwenden zu können, inklusive der langfristigen Prognose. Wir haben auch den Trugschluss angesprochen, dem manche erliegen, dass Technische Analyse auf das kurzfristige „Timing" begrenzt werden sollte, während längerfristige Prognosen dem Fundamentalanalysten überlassen bleiben.

Die begleitenden Charts werden demonstrieren, dass sich die Prinzipien der Technischen Analyse – inklusive Trendanalyse, Unterstützungs- und Widerstandslinie, Trendlinien, prozentuale Retracements sowie Kursformationen – recht gut für die Analyse langfristiger Kursbewegungen eignen. *Jeder, der diese Langfristcharts nicht konsultiert, verpasst eine enorme Menge an wertvoller Kursinformation.*

☐ Konstruktion von fortlaufenden Charts bei Futures

Der durchschnittliche Terminkontrakt hat eine Lebensdauer von ungefähr eineinhalb Jahren, bevor er verfällt. (Anmerkung des Übersetzers: Diese Lebensdauer bezieht sich auf die US-Märkte.) Das Merkmal der *begrenzten Lebensspanne* wirft für den Technischen Analysten, der einen mehrere Jahre zurückgehenden Langfristchart konstruieren will, offensichtliche Probleme auf. Aktienmarktanalysten haben dieses Problem nicht. Charts sind für jede einzelne Aktie und die Aktienindizes von Beginn der Historie leicht erhältlich. Wie konstruiert dann der auf Futures fokussierte Techniker Langfristcharts für Kontrakte, die fortlaufend verfallen?

Die Antwort ist der *fortlaufende* Chart eines Terminkontrakts. Beachten Sie die Betonung auf dem Wort „fortlaufend". Die am meisten angewendete Technik ist einfach die Aneinanderreihung einer Anzahl von Kontrakten, um Kontinuität zu gewährleisten. Sobald ein Kontrakt verfällt, wird ein anderer benutzt. Um dies auszuführen, besteht die einfachste und von den meisten Chartprogrammen verwendete Methode darin, *immer den Kurs des als Nächstes verfallenden Kontrakts zu benutzen.* Wenn der als nächstes verfallende Kontrakt aufhört, gehandelt zu werden, tritt der nächste in der Linie an seine Stelle und wird gezeichnet.

⊙ Andere Wege, um fortlaufende Charts zu konstruieren

Die Technik, Kurse des jeweils als Nächstes verfallenden Kontrakts miteinander zu verbinden, ist relativ einfach und löst das Problem der Gewährleistung von Preiskontinuität nicht. Es gibt allerdings einige Probleme mit dieser Methode. Manchmal notiert der verfallende Kontrakt mit einem signifikanten Auf- oder Abschlag zu dem nächstfolgenden Kontrakt, und der Wechsel zu dem neuen Kontrakt kann einen plötzlichen Preissprung auf dem Chart bewirken. Die extreme Volatilität, die manche kurz vor ihrem Verfall erfahren, ist eine weitere potenzielle Verzerrung.

Die Technischen Analysten von Futures haben manchen Weg ersonnen, um mit diesen gelegentlichen Verzerrungen umzugehen. Einige werden vom nächsten auf den nächst folgenden Kontrakt bereits einen oder zwei Monate vor dem Verfall des ersteren übergehen, um die Volatilität im Verfallmonat zu vermeiden. Andere werden den nächsten Kontrakt insgesamt vermeiden und statt dessen den zweiten oder dritten Kontrakt im Chart berücksichtigen. Eine weitere Methode ist, über dem Kontrakt mit dem höchsten Open Interest im Chart abzubilden, basieren auf der Theorie, dass der betreffende Liefermonat am ehesten den wahren Marktwert repräsentiert.

Fortlaufende Charts können auch durch Verknüpfung spezifischer Kalendermonate konstruiert werden. So verknüpft z. B. ein fortlaufender Chart der November-Sojabohnen nur die historischen Daten, die von jedem aufeinanderfolgenden November-Sojabohnen-Kontrakt herrühren. (Diese Technik der Verknüpfung spezifischer Liefermonate wurde von W. D. Gann favorisiert.) Manche Charttechniker gehen noch weiter, indem sie aus den Kursen mehrerer Kontrakte einen Durchschnitt bilden, oder Indizes konstruieren, die die beim Kontraktwechsel auftauchenden Preissprünge dadurch glätten, indess sie Korrekturen bei der Kursprämie bzw. dem Discount vornehmen.

☐ DER ENDLOSKONTRAKT

Der *Perpetual Contract®* (Endloskontrakt) stellt eine innovative Lösung des Problems der Preiskontinuität dar. Sie wurde von Robert Pelletier entwickelt, dem Präsidenten des Datenanbieters Commodity Systems, Inc. (CSI. 200 W. Palmetto Park Road, Boca Raton, FL 33422). „Perpetual Contract®" ist ein eingetragenes Markenzeichen dieser Firma.

Die Aufgabe des Endloskontraktes ist es, mehrere Jahre Kurshistorie eines Terminmarktes in einer fortlaufenden Zeitreihe zur Verfügung zu stellen. Dies wird durch Konstruktion einer Zeitreihe erreicht, die auf der Verschiebung einer konstanten Zeitperiode in die Zukunft basiert. Nehmen wir an, die Zeitreihe würde auf einen Wert abstellen, der drei bis sechs Monate in der Zukunft liegt. Die Zeitperiode kann variieren und vom Anwender bestimmt werden. Der Endloskontrakt wird nun konstruiert, indem man einen gewogenen Durchschnitt derjenigen beiden Terminkontrakte ermittelt, die die gewünschte Zeitperiode umschließen.

Der Wert des Endloskontrakts ist kein echter Kurs, sondern der gewogene Durchschnitt aus zwei anderen Kursen. Der Hauptvorteil des Perpetual Contract® besteht in der Eliminierung der Notwendigkeit, nur den am nächsten verfallenden Kontrakt zu verwenden und beim „Umschalten" auf den folgenden Kontrakt die Verzerrungen glätten zu müssen. Für Aufgaben der Chartanalyse sind die fortlaufenden Charts der jeweils am nächsten verfallenden Kontrakte gut genug. Die Zeitreihe eines Endloskontrakts ist allerdings besser geeignet, wenn es um das Backtesting von Handelssystemen und das Ausprobieren von Indikatoren geht. Eine ausführlichere Beschreibung der Konstruktion von Endloskontrakten lesen Sie von Greg Morris in Anhang D.

☐ LANGFRISTTRENDS STELLEN ZUFÄLLIGKEIT IN FRAGE

Das auffallendste Merkmal von Langfristcharts ist nicht nur die Tatsache, dass die Trends sehr klar definiert sind, sondern auch, dass langfristige Trends oft jahrelang anhalten. Stellen Sie sich vor, Sie erstellen eine Prognose auf der Basis dieser Langfristtrends, und Sie müssen diese Vorhersage einige Jahre lang nicht ändern!

Das Beharrungsvermögen langfristiger Trends wirft eine andere interessante Frage auf, die erwähnt werden sollte – die Frage der Zufälligkeit von Kursbewegungen. Obwohl Technische Analysten ohnehin nicht der Theorie anhängen, dass Marktbewegungen zufällig und unvorhersehbar sind, ist man doch mit folgender Beobachtung auf der sicheren Seite: Welche Zufälligkeit bei Kursbewegungen auch immer existiert, es ist wahrscheinlich ein Phänomen sehr kurzfristiger Zeitperioden. *Das Beharrungsvermögen existierender Trends über lange Zeitperioden, in vielen Fällen Jahren, ist ein zwingendes Argument gegen die Anhänger der Random-Walk-Theorie, die behaupten, Kurse seien seriell unabhängig, und Kursbewegungen der Vergangenheit hätten keinen Einfluss auf zukünftige Kursbewegungen.*

☐ CHARTFORMATIONEN: WOCHEN- UND MONATSUMKEHR

Formationen, die auf Langfristcharts erscheinen, werden auf dieselbe Weise interpretiert wie Formationen auf Tagescharts. *Doppel-Spitzen* und *-Böden* sind ebenso klar erkennbar wie Kopf-Schulter-Formationen. Dreiecke, die normalerweise zu den Konsolidierungsformationen gehören, tauchen ebenfalls häufig auf.

Eine andere häufig auf Langfristcharts vorkommende Formation ist die *Wochenumkehr* und die *Monatsumkehr.* Wenn beispielsweise auf einem Monatchart ein neues

Monatshoch von einem Schlusskurs gefolgt wird, der unter dem Schlusskurs des vorangegangenen Monats liegt, handelt es sich häufig um einen signifikanten Umkehrpunkt, besonders dann, wenn die Formation in der Nähe einer markanten Unterstützungs- oder Widerstandszone auftaucht. Eine Wochenumkehr ist auf Wochencharts recht häufig auszumachen. Diese Formationen sind das Pendant zum *Umkehrtag* auf Tagescharts, außer dass die längerfristigen Umkehrformationen, wie sie auf Wochen- und Monatscharts zu finden sind, eine sehr viel größere Signifikanz besitzen.

☐ VON LANGFRISTCHARTS ZU KURZFRISTCHARTS

Die Reihenfolge, in der man Charts analysieren sollte, um eine umfassende Trendanalyse zu erstellen, ist nicht beliebig. Der richtige Weg besteht darin, mit dem Langfristchart zu beginnen und sich dann allmählich zum kurzfristigen Bereich vorzuarbeiten. Der Grund für diese Reihenfolge resultiert daraus, dass man mit verschiedenen Zeitdimensionen arbeitet. Wenn der Analyst gleich mit dem kurzfristigen Bild beginnt, ist er regelmäßig gezwungen, seine Schlussfolgerungen zu revidieren, sobald er weiter zurückliegende Daten in seine Analyse einbezieht. Eine an sich abgeschlossene Analyse eines Kurzfristcharts könnte komplett über den Haufen geworfen werden, nachdem man einen Blick auf den Langfristchart geworfen hat. Wenn man aber mit dem großen Bild beginnt und bis zu 20 Jahren zurückgeht, sind alle relevanten Kursdaten bereits im Chart enthalten, und man erhält eine umfassende Perspektive. Sobald der Analyst weiß, wie der Markt aus langfristiger Sicht aussieht, wird er schrittweise in den kürzerfristigen Bereich „zoomen".

Zuerst sollte ein 20-Jahres-Chart mit monatlichen Kursdaten betrachtet werden. Der Analyst hält Ausschau nach klar erkennbaren Chartformationen, zeichnet primäre Trendlinien ein und findet heraus, ob sich die Kurse in der Nähe markanter Unterstützungs- oder Widerstandlinien befinden. Anschließend zieht er einen Wochenchart heran, der die letzten fünf Jahre Kurshistorie umfasst, und wiederholt den Prozess. Nachdem er dies getan hat, richtet er seinen Blick auf die Kursbewegungen der letzten sechs Monate auf einem Tageschart und bewegt sich damit von einem „Makro-Ansatz" hin zu einem „Mikro-Ansatz". Wenn der Trader noch weitergehen will, kann er Intraday-Charts konsultieren und gewissermaßen eine mikroskopische Untersuchung der jüngsten Kursbewegungen anstellen.

☐ Warum sollten Langfristcharts um die Inflation bereinigt werden?

Eine häufig gestellte Frage im Zusammenhang mit Langfristcharts betrifft die Bereinigung der Zeitreihen um die Inflation. Haben langfristige Kursgipfel und -täler irgendeine Gültigkeit, wenn die Zeitreihe nicht inflationsadjustiert ist und so die echten Wertveränderungen, bezogen auf den US-Dollar, widerspiegelt? Hier wird unter Analysten kontrovers argumentiert.

Ich glaube aus verschiedenen Gründen nicht, dass irgendeine Anpassung der Langfristcharts nötig ist. Das Hauptargument ist meine Überzeugung, dass die Märkte selbst die nötigen Adjustierungen bereits vorgenommen haben. Eine Währung, deren Außenwert sinkt, hat zur Folge, dass Rohstoffpreise, die in dieser Währung notieren, steigen. Deshalb trägt ein fallender US-Dollar zu steigen Rohstoffpreisen bei. Ein steigender Dollar hingegen würde zu fallenden Preisen bei den meisten Commodities führen.

Die riesigen Kursgewinne in den Rohstoffmärkten in den siebziger Jahren und die fallende Preistendenz in den achtziger und neunziger Jahren sind klassische Beispiele dafür, wie Inflation wirkt. Der Vorschlag, die sich in den siebziger Jahren verdoppelten oder verdreifachten Rohstoffpreise um die hohen Inflationsraten zu bereinigen, würde keinen Sinn machen. Die steigenden Rohstoffmärkte waren nämlich an sich schon eine Manifestation dieser Inflation. Die seit den achtziger Jahren fallenden Rohstoffpreise reflektierten einen langen Zeitraum von „Disinflation". Sollten wir etwa den Goldpreis, der sich seit seinem Hoch 1980 mehr als halbiert hat, adjustieren, um ihn an die niedrige Inflationsrate anzupassen? Der Markt hat dies bereits getan.

Das letzte Argument in dieser Debatte berührt den Kernpunkt der Theorie der Technischen Analyse, die besagt, dass die Kurse alles diskontieren, sogar die Inflation. Alle Finanzmärkte reagieren auf Inflation und Deflation und Währungsveränderungen. Die wahre Antwort auf die Frage, ob Langfristcharts um Inflationseinflüsse bereinigt werden sollten oder nicht, liegt in den Charts selbst. Viele Märkte scheitern an historischen Widerstandslinien, die viele Jahre zuvor etabliert wurden, und fallende Kurse werden von Unterstützungslinien aufgehalten, die ebenfalls viele Jahre alt sind. Es ist auch klar, dass die seit den frühen achtziger Jahren zurückgehende Inflation zur Unterstützung der Haussen bei Renten und Aktien beitrug. Es scheint so, dass diese Märkte bereits ihre eigene Inflationsanpassung vorgenommen haben (siehe Abbildung 8.1).

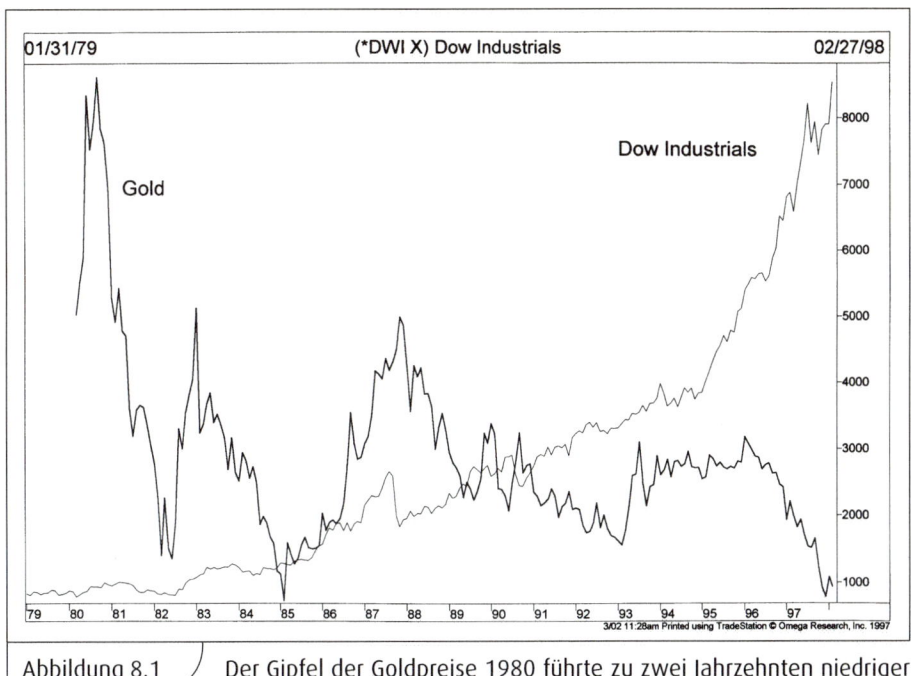

| Abbildung 8.1 | Der Gipfel der Goldpreise 1980 führte zu zwei Jahrzehnten niedriger Inflation. Wie dieser Chart zeigt, verursacht niedrige Inflation normalerweise fallende Goldpreise und steigende Aktienkurse. Warum den Chart nochmals um Inflation adjustieren? Das ist bereits geschehen. |

☐ LANGFRISTCHARTS SIND NICHT ZUM TRADING GEDACHT

Langfristcharts eignen sich nicht für Tradingzwecke. Wir müssen zwischen der Markt-*analyse* zur Kursprognose und dem *Timing*, der Ausführung von Kauf- und Verkaufsentscheidungen, unterscheiden. Langfristcharts unterstützen den analytischen Prozess, weil sie dabei helfen, den primären Trend und Kursziele zu bestimmen. Für das Timing von Ein- und Ausstiegspunkten sind sie jedoch nicht geeignet und sollten auch nicht für diesen Zweck eingesetzt werden. Für diese sensitivere Aufgabe werden Tagescharts und Intraday-Charts herangezogen.

☐ BEISPIELE VON LANGFRISTCHARTS

Die folgenden Seiten enthalten Beispiele langfristiger Wochen- und Monatscharts (siehe Abbildungen 8.2 – 8.12). Die Zeichnungen auf diesen Charts beschränken sich auf langfristige Unterstützungs- und Widerstandslinien, Trendlinien, prozentuale Retracements, Wochenumkehren und gelegentliche Kursformationen. Denken Sie aber daran, dass alles das, was mit einem Tageschart gemacht werden kann, ebenso mit Wochen- und Monatscharts funktioniert. Wir werden Ihnen weiter hinten in diesem Buch zeigen, wie die verschiedenen technischen Indikatoren auf Langfristcharts angewendet werden und wie Signale auf Wochencharts zu wertvollen Filtern für kurzfristige Kauf- und Verkaufsentscheidungen werden. Berücksichtigen Sie auch, dass die Benutzung eines *halblogarithmischen* Maßstabs besonders bei der Betrachtung langfristiger Kurstrends sinnvoll ist.

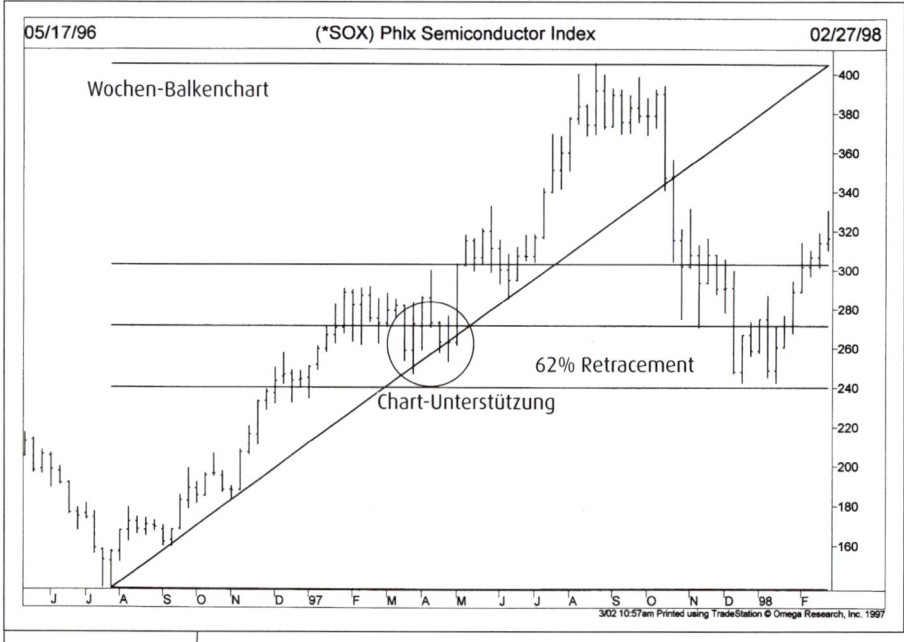

Abbildung 8.2 Diese Grafik von Halbleiteraktien zeigt die wertvolle Perspektive eines wöchentlichen Charts. Der Kursverfall von Ende 1997 stoppte genau am 62%-Retracement-Niveau und prallte von der Unterstützung, die im vergangenen Frühjahr (siehe Kreis) gebildet wurde, ab.

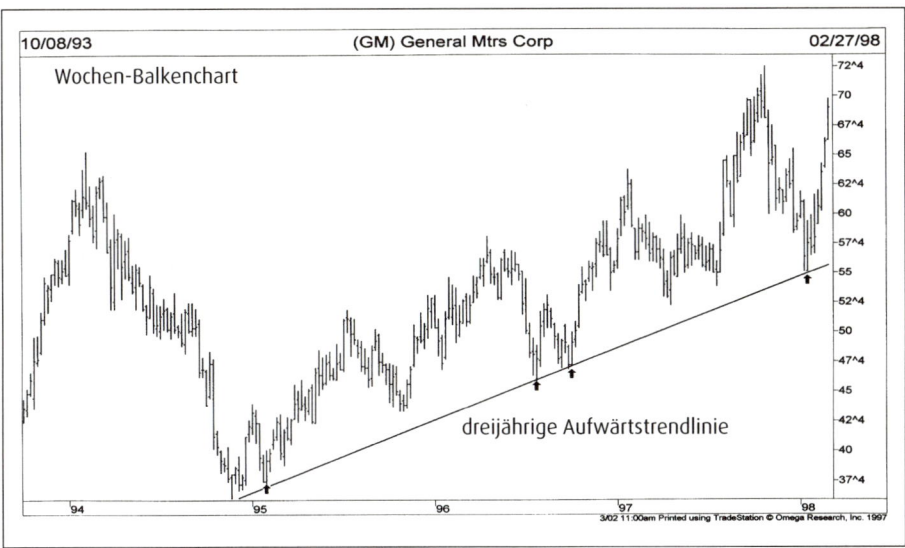

Abbildung 8.3 Das Tief bei General Motors Anfang 1998 begann genau an der Trendlinie, die durch die Tiefs in 1995 und 1996 verlief. Darum ist es eine gute Idee, Wochencharts zu verfolgen.

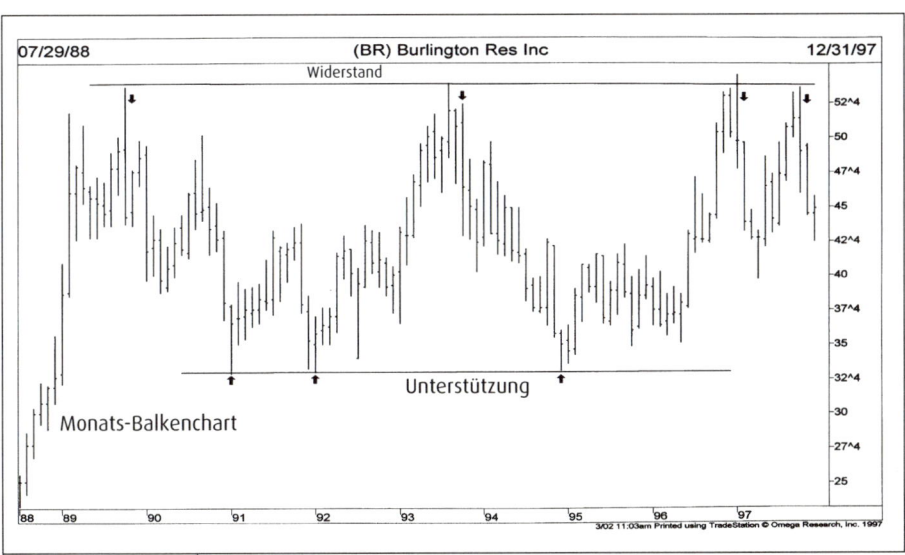

Abbildung 8.4 Dieser Monatschart zeigt, wie die 1997er Rallye bei Burlington Resources genau auf demselben Niveau stoppte wie die Rallyes von 1989 und 1993. Das 1995er Tief befand sich auf demselben Niveau wie der Boden von 1991. Wer behauptet, Charts hätten kein Gedächtnis?

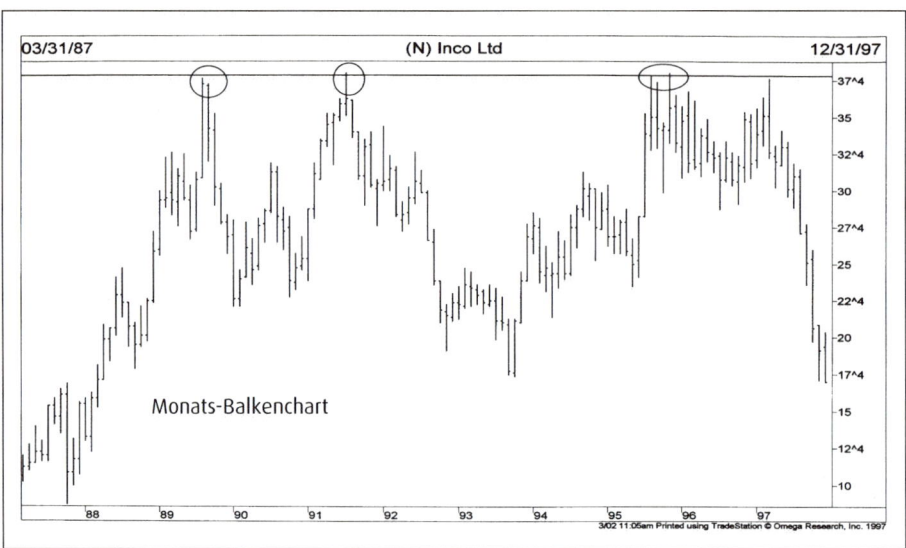

Abbildung 8.5 / Ein Investor in Inco. Ltd. konnte während der 1997er Rallye von dem Wissen profitieren, dass die Topbildung von 1989, 1991 und 1995 bei rund 38 erfolgte.

Abbildung 8.6 / Haben Langfristcharts etwas zu sagen? Der 1993er Boden bei IBM war auf dem gleichen Niveau wie das Tief, das 20 Jahre früher in 1974 gebildet wurde. Der Bruch einer achtjährigen Abwärtstrendlinie (siehe Kasten) in 1995 bestätigte den neuen primären Aufwärtstrend.

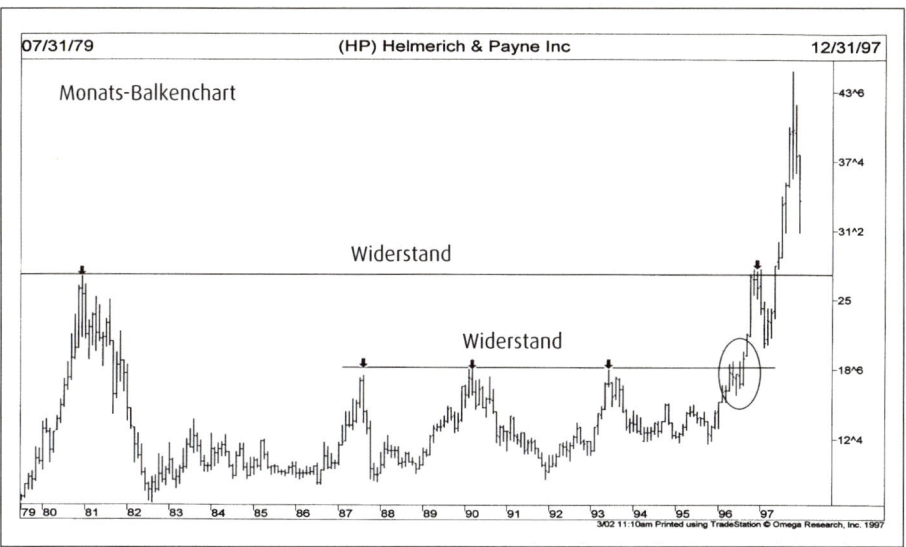

Abbildung 8.7 Helmerich & Payne brach in 1996 schließlich über 19 aus, nachdem dies in 1987, 1990 und 1993 missglückt war. Das Pullback auf 28 Ende 1996 zeigte sich in der Nähe des 1980er Gipfels.

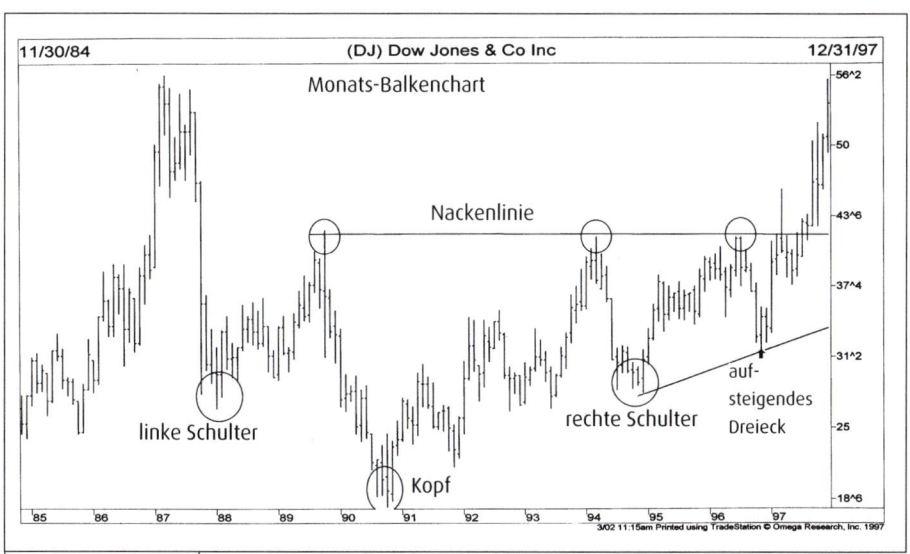

Abbildung 8.8 Dieser Monatschart von Dow Jones zeigt eine umgekehrte Kopf-Schulter-Formation, die von 1988 bis 1997 über zehn Jahre gebildet wurde. Die rechte Schulter hat außerdem die Form eines bullishen aufsteigenden Dreiecks. Der Ausbruch über die Nackenlinie bei 42 vollendete die Formation.

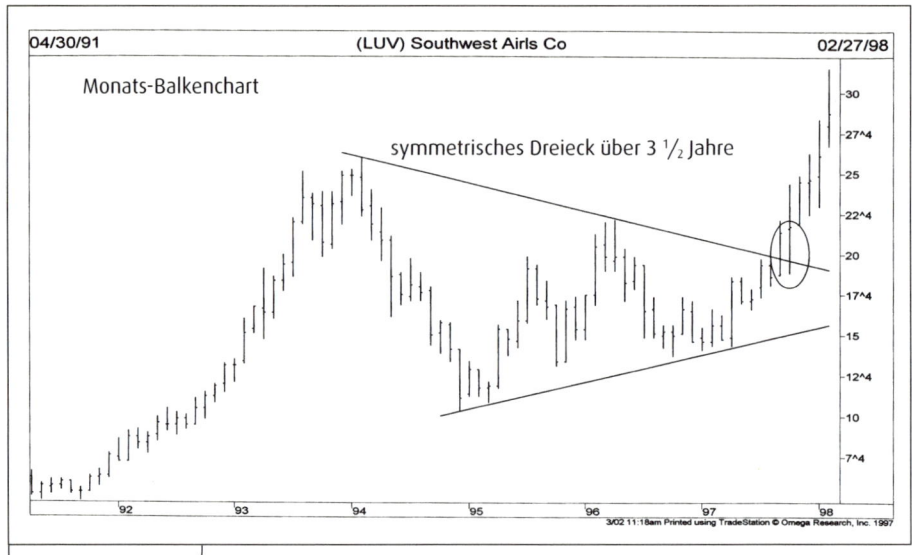

Abbildung 8.9 — Ein bullishes symmetrisches Dreieck war auf dem Monatschart von Southwest Airlines leicht zu erkennen. Aber Sie würden es auf einem Tageschart wahrscheinlich nicht erkannt haben.

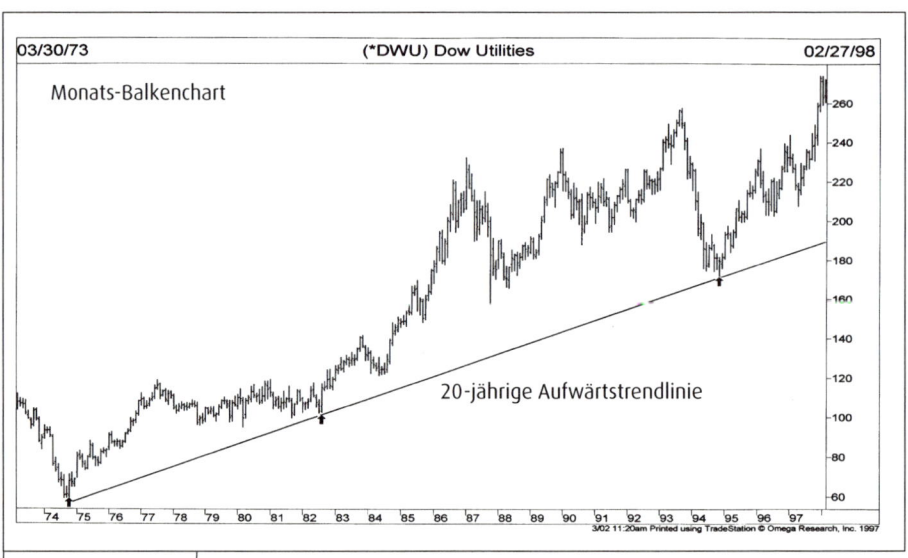

Abbildung 8.10 — Das 1994er Tief beim Dow Jones Utilities Index prallte von einer 20 Jahre dauernden Trendlinie ab. Da gibt es Leute, die behaupten, dass vergangene Kursbewegungen keinen Einfluss auf die Zukunft haben. Wenn Sie das immer noch glauben, blättern Sie zurück und schauen Sie sich die Langfristcharts noch einmal an.

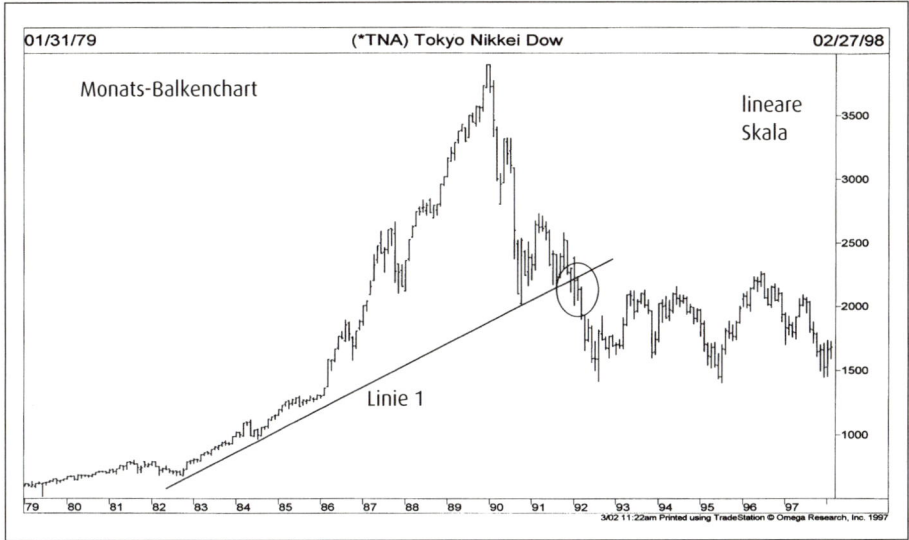

Abbildung 8.11 Auf diesem linear skalierten Chart des japanischen Aktienmarktes wurde die durch die Tiefs von 1982 und 1984 gezogene langfristige Aufwärtstrendlinie Anfang 1992 (siehe Kreis) nahe 22.000 gebrochen. Das war zwei Jahre nach dem eigentlichen Gipfel.

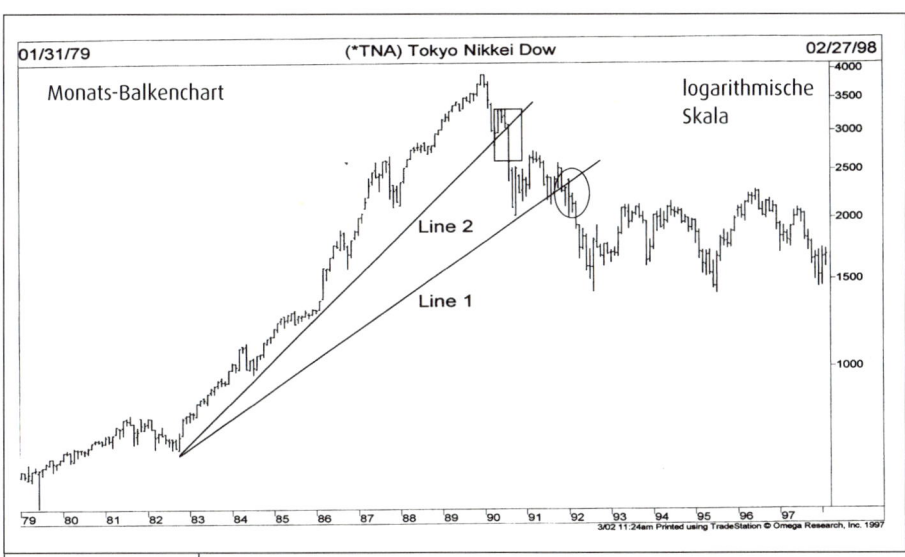

Abbildung 8.12 Derselbe Chart des japanischen Aktienmarktes wie in Abbildung 8.11 mit logarithmischer Skalierung. Linie 1 ist die Trendlinie der vorhergehenden Abbildung. Die steilere Linie 2 wurde Mitte 1990 bei 30.000 gebrochen. Aufwärtstrendlinien auf logarithmischen Charts werden frühher als lineare Aufwärtstrendlinien gebrochen.

09 | Gleitende Durchschnitte

☐ EINLEITUNG

Der *Gleitende Durchschnitt* (moving average) ist einer der vielseitigsten und am häufigsten benutzten technischen Indikatoren. Aufgrund seiner Konstruktionsweise und der Tatsache, dass er so leicht quantifiziert und getestet werden kann, ist er die Grundlage vieler heutzutage benutzten Trendfolgesysteme.

Chartanalyse ist großenteils subjektiv und schwer überprüfbar. Deshalb eignet sich die Chartanalyse nicht so gut für die Computerisierung. Im Gegensatz dazu können die Formeln für gleitende Durchschnitte einfach in einen Computer programmiert werden, der dann spezifische Kauf- und Verkaufssignale generiert. Während zwei Technische Analysten nicht einer Meinung darüber sein mögen, ob es sich bei einer gegebenen Formation um ein Dreieck oder einen Keil handelt oder ob der Umsatzverlauf eher ein bullishes oder ein bearishes Szenario favorisiert, sind Trendsignale auf der Basis von gleitenden Durchschnitten präzise und nicht Gegenstand von Diskussionen.

Lassen Sie uns zunächst definieren, was ein *gleitender Durchschnitt* ist. Wie das zweite Wort impliziert, ist er der Durchschnitt einer bestimmten Datenmenge. Wird zum Beispiel ein 10-Tages-Durchschnitt der Schlusskurse gewünscht, so werden die Kurse der letzten 10 Tage addiert und die Summe durch 10 geteilt. Der Begriff *gleitend* wird benutzt, weil nur die Kurse der letzten 10 Tage in die Berechnung einfließen. Deshalb bewegt sich die Berechnungsgrundlage für die Durchschnittsbildung der Daten (die letzten 10 Schlusskurse) mit jedem neuen Handelstag nach vorn. Der üblichste Weg zur Berechnung des gleitenden Durchschnitts ist es, von der Summe der letzten 10 Schlusskurse auszugehen. An jedem Tag wird der neue Schlusskurs zu der Summe hinzugezählt und der Schlusskurs von vor 11 Tagen abgezogen. Die neue Summe wird wiederum durch die Anzahl der Tage (10) geteilt (siehe Abbildung 9.1a).

Das obige Beispiel drehte sich um einen *einfachen* 10-Tage-Durchschnitt (simple moving average) der Schlusskurse. Es gibt auch andere Arten von gleitenden Durchschnitten, die nicht einfach sind. Es stellen sich auch viele Fragen, was der beste Weg ist, die gleitenden Durchschnitte einzusetzen. Über wie viele Tage soll beispielsweise der Durchschnitt ermittelt werden? Sollte ein kurzfristiger oder ein langfristiger Durchschnitt eingesetzt werden? Gibt es einen *optimalen* gleitenden Durchschnitt für alle Märkte oder für jeden einzelnen Markt? Eignet sich der Schlusskurs für die Durchschnittsbildung am besten? Ist es vielleicht besser, mehr als einen gleitenden Durchschnitt einzusetzen? Welche Art des gleitenden Durchschnitts – einfacher, linear gewichteter oder exponentiell geglätteter – funktioniert besser? Gibt es Zeiten, in denen gleitende Durchschnitte bessere Ergebnisse als andere Indikatoren liefern?

Es gilt, viele Fragestellungen zu berücksichtigen, wenn wir gleitende Durchschnitte benutzen. Wir werden in diesem Kapitel einige dieser Fragen ansprechen und Beispiele einiger der gebräuchlichsten Anwendungen zeigen.

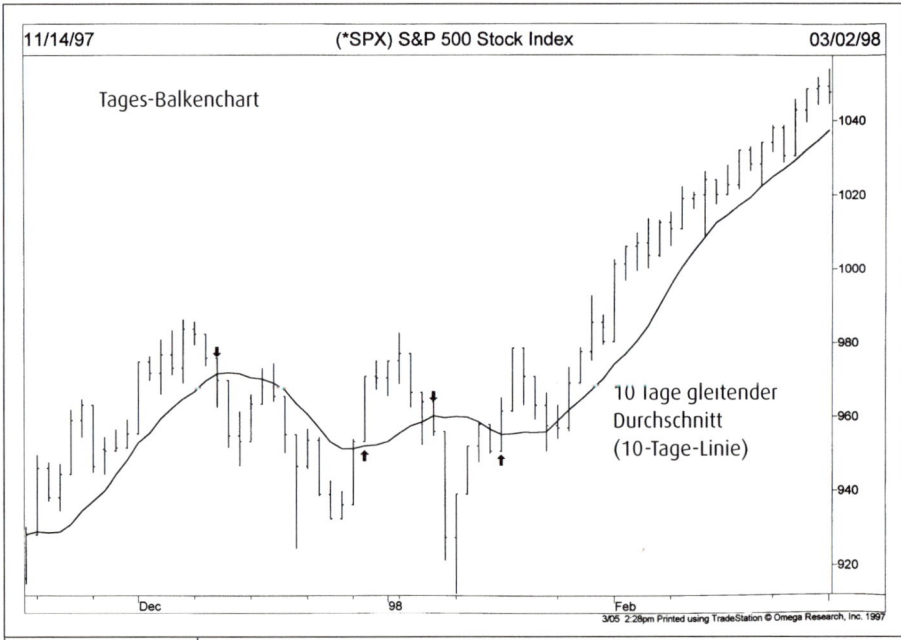

Abbildung 9.1a Ein 10 Tage gleitender Durchschnitt, angewendet auf einen Tages-Balkenchart des S&P 500. Die Kurse kreuzten die Durchschnittslinie mehrere Male (siehe Pfeile), bevor sie schließlich nach oben tendierten. Während der folgenden Rallye blieben die Kurse über dem Durchschnitt.

☐ Der gleitende Durchschnitt: Eine geglättete Linie mit einer Zeitverzögerung

Der *gleitende Durchschnitt* ist vom Wesen her ein Trendfolgeindikator. Es ist seine Aufgabe, zu signalisieren, dass ein neuer Trend begonnen hat oder dass ein alter Trend geendet oder sich umgekehrt hat. Er soll das Fortschreiten des Trends verfolgen. Er kann als gekrümmte Trendlinie angesehen werden. Er sieht allerdings nicht Kursbewegungen vorher, wie es die herkömmliche Chartanalyse versucht zu tun. Der gleitende Durchschnitt folgt, er führt nicht. Er antizipiert nie, sondern er reagiert nur. Der gleitende Durchschnitt folgt einem Markt und erzählt uns, dass ein neuer Trend begonnen hat, aber erst nach dem Ereignis.

Der gleitende Durchschnitt ist eine geglättete Linie. Wenn man von Kursdaten einen Durchschnitt bildet, produziert man eine glattere Linie, der man den zugrunde liegenden Trend viel besser ansieht. Ihrer ureigensten Natur nach läuft die gleitende Durchschnittslinie der Marktbewegung jedoch hinterher. Ein kürzerer gleitender Durchschnitt, wie zum Beispiel die 20-Tage-Linie, wird sich viel enger an die Kursbewegung anschmiegen als eine 200-Tage-Linie. Die Zeitverzögerung kann durch kürzere Durchschnitte reduziert, aber nie vollkommen eliminiert werden. Kürzere gleitende Durchschnitte reagieren empfindlicher auf die Kursbewegung, während längere gleitende Durchschnitte weniger sensitiv sind. In bestimmten Marktphasen ist es vorteilhafter, kürzere gleitende Durchschnitte zu benutzen, während sich zu anderen Zeiten längere und unempfindlichere Durchschnitte als hilfreicher erweisen (siehe Abbildung 9.1b).

☉ Von welchen Kursen der Durchschnitt gebildet werden soll

Bislang haben wir in allen unseren Beispielen den Schlusskurs verwendet. Obwohl dieser als der wichtigste Kurs des Handelstages angesehen und am häufigsten für die Konstruktion gleitender Durchschnitte verwendet wird, sollte sich der Leser bewusst sein, dass manche Techniker andere Kurse vorziehen. Einige bevorzugen einen *Mittelwert*, den man erhält, indem man die Handelsspanne des Tages durch zwei teilt.

Andere Analysten integrieren den Schlusskurs in ihre Kalkulation, indem sie Hoch-, Tief- und Schlusskurs addieren und die Summe durch drei teilen. Wieder andere favorisieren *Kursbänder*, die von der getrennten Durchschnittsbildung von Hoch- und Tiefkursen herrühren. Das Ergebnis sind zwei separate gleitende Durchschnittslinien, die als eine Art Volatilitäts-Puffer oder neutrale Zone fungieren. Trotz dieser Variationen ist der Schlusskurs immer noch der für die Analyse gleitender Durchschnitte am häufigsten benutzte Kurs und derjenige Kurs, dem wir in diesem Kapitel unsere größte Aufmerksamkeit schenken.

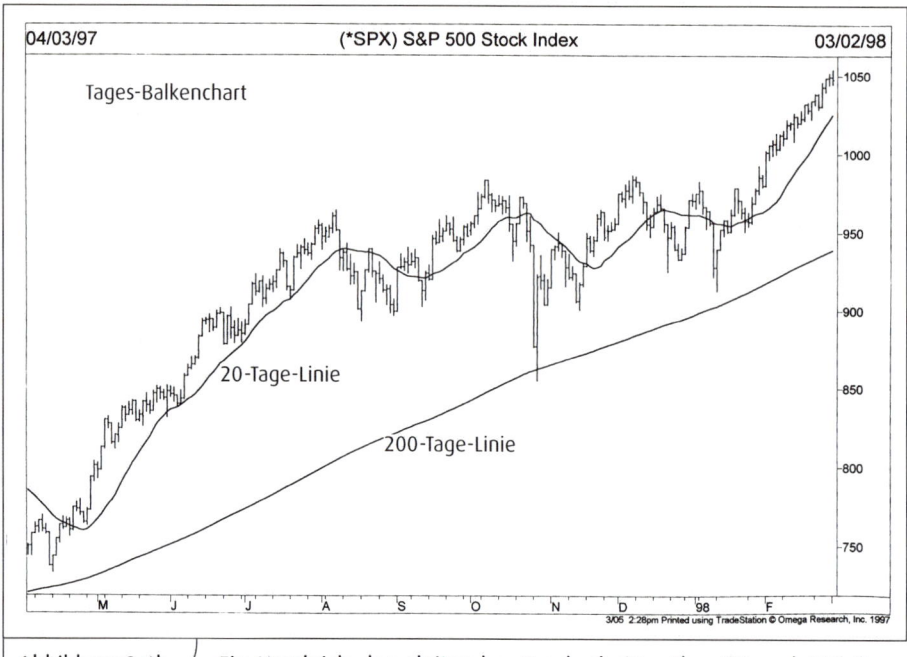

| 04/03/97 | (*SPX) S&P 500 Stock Index | 03/02/98 |

Tages-Balkenchart

20-Tage-Linie

200-Tage-Linie

3/05 2:28pm Printed using TradeStation © Omega Research, Inc. 1997

Abbildung 9.1b Ein Vergleich der gleitenden Durchschnitte über 20 und 200 Tage. Während der Seitwärtsperioden von August bis Januar kreuzten die Kurse den kürzeren Durchschnitt einige Male. Sie blieben allerdings die ganze Zeit über der 200-Tage-Linie.

⊙ Der einfache gleitende Durchschnitt

Der einfache gleitende Durchschnitt oder das arithmetische Mittel ist die von den meisten Technischen Analysten verwendete Art. Doch es gibt einige, die seine Nützlichkeit an zwei Punkten in Frage stellen. Der erste Kritikpunkt ist der, dass nur die von dem Durchschnitt abgedeckte Zeitperiode (beispielsweise die letzten 10 Tage) berücksichtigt wird. Zweitens wird kritisiert, dass der einfache gleitende Durchschnitt jeden Tag gleich gewichtet. Bei einer 10-Tage-Linie bekommt der letzte Tag das gleiche Gewicht wie der erste Tag des Berechnungszeitraumes. Dem Kurs jeden Tages wird ein Gewicht von 10 % zugewiesen. Bei einem 5-Tage-Durchschnitt hätte jeder Tag ein Gewicht von 20 %. Einige Analysten finden, dass den jüngsten Kursbewegungen ein höheres Gewicht gegeben werden sollte.

⊙ Der linear gewichtete gleitende Durchschnitt

In einem Versuch, die Probleme mit der Gewichtung zu korrigieren, verwenden manche Technische Analysten einen *linear gewichteten gleitenden Durchschnitt*. Bei der Berechnungsweise wird der Schlusskurs des zehnten Tages (im Falle eines 10-Tage-Durchschnitts) mit 10 multipliziert, der neunte Tag mit neun, der achte Tag mit acht, und so weiter. Damit wird den erst kürzere Zeit zurückliegenden Tagen ein höheres Gewicht verliehen. Die Summe wird anschließend durch die Summe der Multiplikatoren (55 im Falle der 10-Tage-Linie: 10 + 9 + 8 + …) dividiert. Der linear gewichtete gleitende Durchschnitt berücksichtigt allerdings nicht das Problem, dass nur die zur Berechnungsgrundlage zählenden Kursbewegungen einbezogen werden.

⊙ Der exponentiell geglättete gleitende Durchschnitt

Diese Art von Durchschnitt spricht beide Probleme an, die im Zusammenhang mit dem einfachen gleitenden Durchschnitt erwähnt wurden. Zum einen weist der exponentiell geglättete gleitende Durchschnitt den Kursen der jüngsten Vergangenheit eine größere Gewichtung zu. Deshalb ist es ein gewichteter gleitender Durchschnitt. Doch obwohl er weiter zurückliegenden Daten eine geringere Bedeutung beimisst, beinhaltet die Formel alle verfügbaren Kursdaten. Weiterhin ist der Nutzer in der Lage, die Gewichtung zu verändern, indem er den jüngsten Kursdaten ein größeres oder kleineres Gewicht beimisst. Dies erfolgt dadurch, dass dem letzten Tag ein bestimmter Prozentsatz zugewiesen wird und dieser Wert zu dem Wert des vorangegangenen Tages addiert wird. Die Summe beider Prozentwerte ist 100. Beispielsweise könnte dem letzten Tag ein Wert von 10 % (0,1) zugewiesen werden, der zu dem Wert des vorangegangenen Tages von 90 % (0,9) hinzugezählt wird. Dies verleiht dem letzten Tag einen Anteil von 10 % am Gesamtgewicht und entspricht dem Äquivalent eines 20-Tage-Durchschnitts. Weist man dem letzten Tag einen kleineren Wert von z. B. 5 % (0,05) zu, so ist der letzte Tag niedriger gewichtet, und der Durchschnitt ist weniger empfindlich. Dies würde das Äquivalent zu einem 40-Tage-Durchschnitt darstellen (siehe Abbildung 9.2).

Der Computer macht das für Sie alles sehr einfach. Sie müssen nur die Anzahl der Tage wählen, für die Sie den gleitenden Durchschnitt berechnen wollen – 10, 20, 40 usw. Dann selektieren Sie die Art des gewünschten Durchschnitts, also einfach, gewichtet oder exponentiell geglättet. Sie können auch so viele Durchschnitte auswählen, wie Sie wollen – eins, zwei oder drei.

⊙ Der Einsatz eines gleitenden Durchschnitts

Der einfache gleitende Durchschnitt ist der von Technikern am häufigsten verwendete, und auf ihn wollen wir uns konzentrieren. Manche Trader benutzen nur einen einzigen gleitenden Durchschnitt, um Trendsignale zu generieren. Die gleitende Durchschnitts-

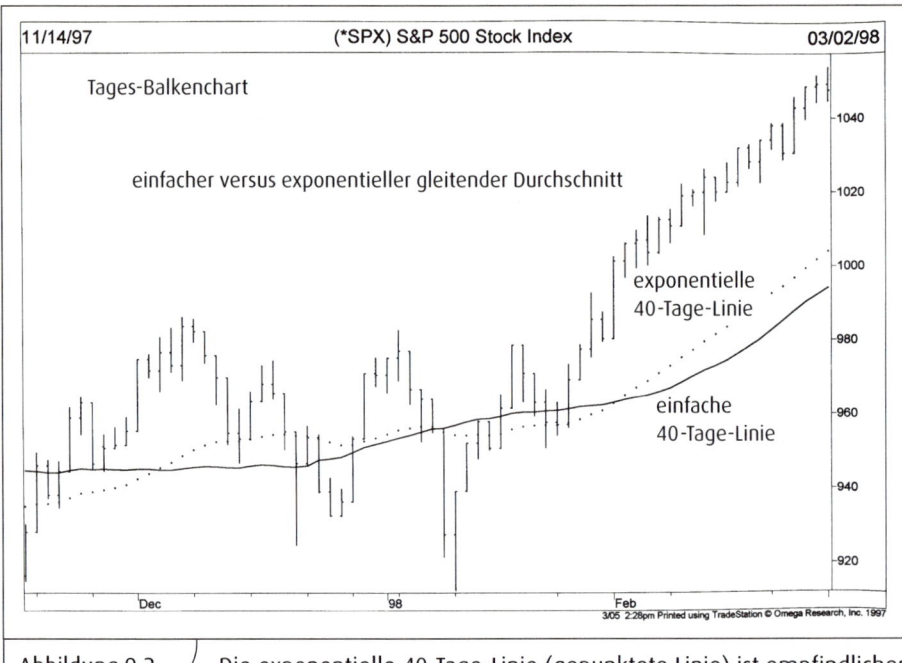

| 11/14/97 | (*SPX) S&P 500 Stock Index | 03/02/98 |

Tages-Balkenchart

einfacher versus exponentieller gleitender Durchschnitt

exponentielle
40-Tage-Linie

einfache
40-Tage-Linie

-1040
-1020
-1000
-980
-960
-940
-920

Dec   '98   Feb

3/05 2:28pm Printed using TradeStation © Omega Research, Inc. 1997

Abbildung 9.2 Die exponentielle 40-Tage-Linie (gepunktete Linie) ist empfindlicher als die einfache arithmetische 40-Tage-Linie (durchgezogene Linie).

linie wird im Balkenchart zusammen mit den Kursen des betreffenden Tages aufgezeichnet. Wenn der Schlusskurs über den gleitenden Durchschnitt steigt, wird ein Kaufsignal generiert. Ein Verkaufssignal wird gegeben, wenn die Kurse unter den gleitenden Durchschnitt fallen. Für eine zusätzliche Bestätigung wollen einige Techniker die gleitende Durchschnittslinie selbst in Kreuzungsrichtung gedreht sehen (siehe Abbildung 9.3).

Bei Verwendung eines sehr kurzen Durchschnitts (5- oder 10-Tage-Linie) verfolgt er die Kurse sehr eng, und es kommt zu mehreren Überkreuzungen. Das kann sowohl gut als auch schlecht sein. Die Benutzung eines sehr empfindlichen Durchschnitts produziert häufiger Trades (mit höheren Transaktionskosten), was zu vielen Fehlsignalen (whipsaws) führt. Ist der gleitende Durchschnitt zu sensitiv, so aktivieren schon einige der kurzfristigen zufälligen Kursbewegungen (oder „Rauschen") falsche Trendsignale.

Obwohl der kürzere Durchschnitt mehr Fehlsignale generiert, hat er den Vorteil, dass er in einer Kursbewegung die Trendsignale früher auslöst. Es leuchtet ein, dass je empfindlicher ein gleitender Durchschnitt ist, umso früher wird er Signale geben. Hier herrscht eine Austauschbeziehung. Der Trick besteht darin, einen Durchschnitt zu finden, der sensitiv genug ist, um frühe Signale zu generieren, andererseits aber unemp-

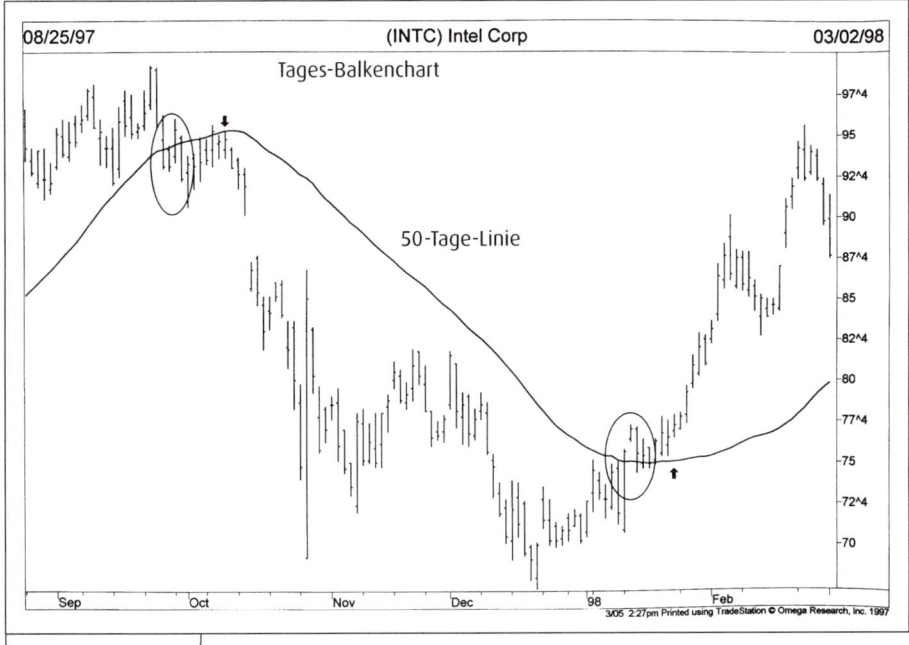

| 08/25/97 | (INTC) Intel Corp | 03/02/98 |

Tages-Balkenchart

50-Tage-Linie

Abbildung 9.3 / Im Oktober fielen die Kurse unter die 50-Tage-Linie (siehe linken Kreis). Das Verkaufssignal ist stärker, wenn auch der gleitende Durchschnitt nach unten dreht (siehe linken Pfeil). Das Kaufsignal im Januar wurde bestätigt, als der gleitende Durchschnitt selbst nach oben drehte.

findlich genug ist, um den größten Teil des „Rauschens" zu übergehen (siehe Abbildung 9.4).

Lassen Sie uns den obigen Vergleich noch ein wenig weiter treiben. Obwohl ein längerer Durchschnitt besser performt, während der Trend in Bewegung bleibt, „gibt er auch sehr viel mehr zurück", wenn der Trend wechselt. Die große Unempfindlichkeit des längeren Durchschnitts (die sich aus der Tatsache ergibt, dass er den Trend aus einer größeren Entfernung verfolgt), die ihn davor bewahrt, zu sehr in kurzfristige Korrekturen innerhalb des Trends verwickelt zu werden, arbeitet gegen den Trader, wenn sich der Trend tatsächlich umkehrt. Deswegen ergänzen wir hier einen Folgesatz: Die längeren gleitenden Durchschnitte funktionieren besser, je länger der Trend in Kraft bleibt, aber ein kürzerer Durchschnitt ist besser, wenn sich der Trend im Umkehrprozess befindet.

Damit wird klarer, dass die Anwendung nur eines einzelnen gleitenden Durchschnitts mehrere Nachteile aufweist. Meistens ist es vorteilhafter, zwei gleitende Durchschnittslinien zu verwenden.

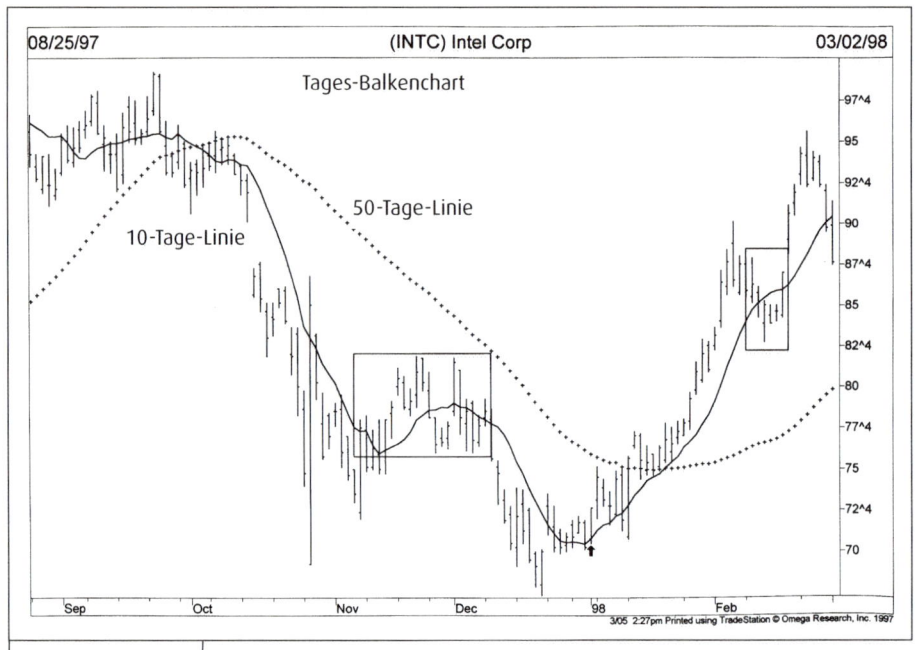

Abbildung 9.4 Ein kürzerer Durchschnitt gibt frühere Signale. Der längere Durchschnitt ist langsamer, aber zuverlässiger. Die 10-Tage-Linie drehte am Boden zuerst nach oben. Aber sie gab auch im November ein frühzeitiges Kaufsignal, und ein schlecht getimtes Verkaufssignal im Februar (siehe Kästen).

⊙ Wie man zwei gleitende Durchschnitte dazu benutzt, Signale zu generieren

Diese Technik wird *Double Crossover Method* (Methode der doppelten Überkreuzung) genannt. Das bedeutet, dass ein Kaufsignal produziert wird, wenn der kürzere Durchschnitt den längeren von unten nach oben schneidet. Zwei gebräuchliche Kombinationen sind zum Beispiel der 5- und 20-Tage-Durchschnitt oder der 10- und 50-Tage-Durchschnitt. Beim Ersteren kommt es zu einem Kaufsignal, wenn die 5-Tage-Linie über die 20-Tage-Linie steigt, und zu einem Verkaufssignal, wenn die 5-Tage-Linie unter die 20-Tage-Linie fällt. Beim letzteren Beispiel signalisiert ein Kreuzen des 10-Tage-Durchschnitts über die 50-Tage-Linie einen Aufwärtstrend, und ein Abwärtstrend beginnt, wenn die 10-Tage-Linie unter die 50-Tage-Linie gleitet. Diese Technik der gemeinsamen Benutzung zweier Durchschnitte läuft dem Markt ein wenig mehr hinterher als der Einsatz eines einzelnen Durchschnitts, produziert jedoch weniger Fehlsignale (siehe Abbildungen 9.5 und 9.6).

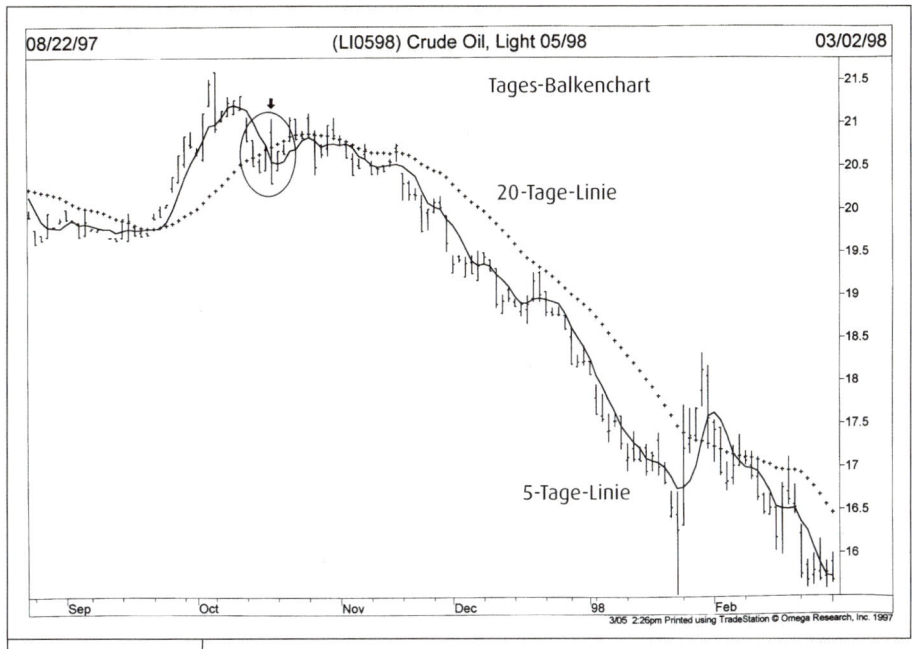

Abbildung 9.5 Die Double Crossover Method benutzt zwei gleitende Durchschnitte. Die Kombination von 5 und 20 Tagen ist bei Terminhändlern populär. Die 5-Tage-Linie fiel im Oktober unter die 20-Tage-Linie (siehe Kreis) und erwischte den gesamten Abwärtstrend bei den Rohölpreisen.

⊙ Der Einsatz dreier Durchschnitte oder die Triple Crossover Method

Das bringt uns zur *Triple Crossover Method* (Methode der dreifachen Überkreuzung). Das am meisten benutzte Triple Crossover System ist die populäre *Kombination von 4, 9 und 18 Tagen.* Die 4-9-18-Methode wird hauptsächlich beim Futures Trading eingesetzt. Dieses Konzept wurde zuerst von R. C. Allen in seinem 1972 erschienenen Buch *How to Use the 4-Day, 9-Day and 18-Day Moving Averages to Earn Larger Profits from Commodities* beschrieben. Das 4-9-18-Tage-System stellt eine Variante der 5, 10 und 20-Tage-Linien dar, die verbreitet von Terminhändlern benutzt werden. Manche kommerziellen Chartanbieter veröffentlichen die gleitenden Durchschnittslinien über 4, 9 und 18 Tage. (Manche Technische Analyse Software-Pakete wählen die Kombination von 4, 9 und 18 Tagen als Standardeinstellung, wenn drei gleitende Durchschnitte gezeichnet werden.)

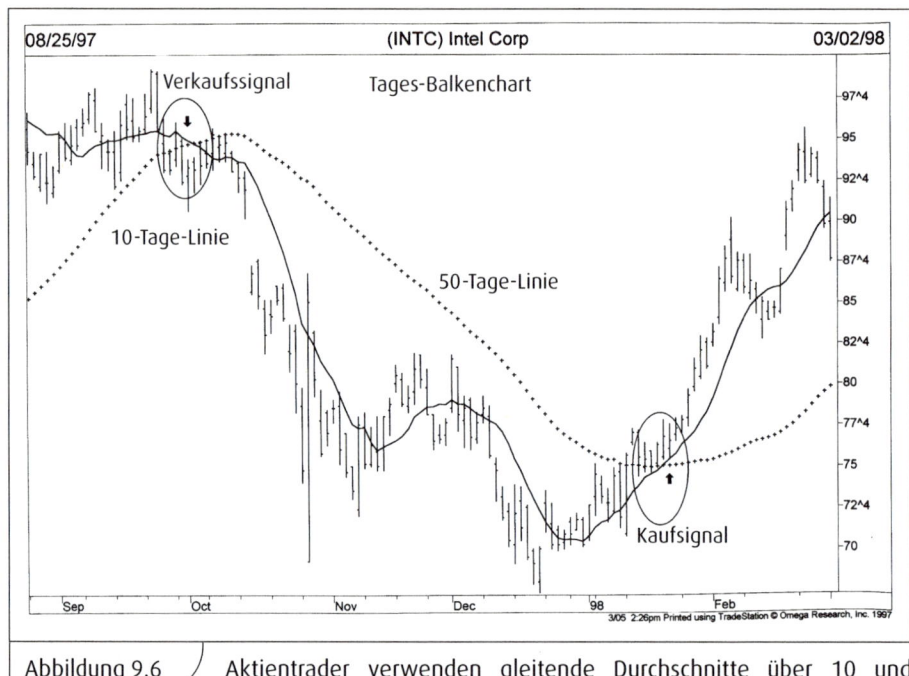

Abbildung 9.6   Aktientrader verwenden gleitende Durchschnitte über 10 und 50 Tage. Im Oktober (linker Kreis) fällt die 10-Tage-Linie unter die 50-Tage-Linie und gibt ein zeitiges Verkaufssignal. Das bullische Kreuzen in die andere Richtung fand im Januar statt (unterer Kreis).

⊙ Wie man das System aus 4, 9 und 18-Tage-Linie anwendet

Es wurde bereits erklärt, dass ein gleitender Durchschnitt dem Kurstrend um so enger folgt, je kürzer er ist. Es leuchtet dann ein, dass der kürzeste der drei Durchschnitte – die 4-Tage-Linie – dem Trend am engsten folgen wird, gefolgt vom 9-Tage- und 18-Tage-Durchschnitt. In einem Aufwärtstrend ist dann eine saubere Ausrichtung, wenn die 4-Tage-Linie über der 9-Tage-Linie liegt, und diese wiederum über der 18-Tage-Linie notiert. In einem Abwärtstrend ist die Ordnung umgekehrt, und die Ausrichtung verkehrt sich in das genaue Gegenteil. Das heißt, die 4-Tage-Linie ist am niedrigsten, gefolgt von der 9-Tage-Linie und dann der 18-Tage-Linie (siehe Abbildungen 9.7a–b).

In einem Abwärtstrend kommt es zu einem vorbereitenden Kaufsignal, wenn die 4-Tage-Linie sowohl über die 9-Tage-Linie als auch die 18-Tage-Linie steigt. Ein bestätigendes Kaufsignal wird gegeben, wenn anschließend die 9-Tage-Linie die 18-Tage-Linie von unten nach oben schneidet. Damit ist die 4-Tage-Linie über der 9-Tage-Linie platziert, die wiederum über der 18-Tage-Linie liegt. Während Korrekturen oder Konsolidierungen kommt es zu Vermischungen, doch der allgemeine Auf-

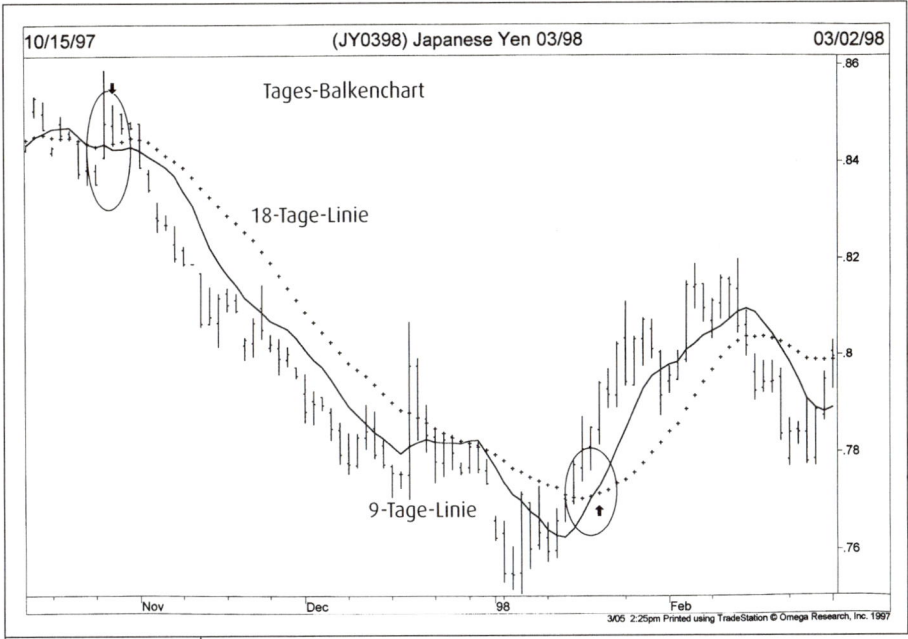

Abbildung 9.7a — Futures-Trader mögen die Kombination von 9- und 18-Tage-Durchschnitt. Ein Verkaufssignal wurde Ende Oktober (linker Kreis) ausgelöst, als die 9-Tage-Linie unter die 18-Tage-Linie fiel. Anfang 1998 kam es zu einem Kaufsignal, als die 9-Tage-Linie die 18-Tage-Linie wieder nach oben durchschnitt.

wärtstrend bleibt intakt. Einige Trader werden in diesen Vermischungen zu Gewinnmitnahmen schreiten, andere mögen dies als Kaufgelegenheiten nutzen. Hier besteht bei der Anwendung der Regeln offensichtlich eine Menge Raum für Flexibilität, je nachdem, wie aggressiv jemand operiert.

Wenn der Aufwärtstrend nach unten umkippt, sollte als Erstes der kürzeste (und empfindlichste) Durchschnitt – nämlich die 4-Tage-Linie – unter den 9-Tage- und unter den 18-Tage-Durchschnitt tauchen. Dies ist nur ein vorbereitendes Verkaufssignal. Manche Trader betrachten dieses erste Durchkreuzen allerdings schon als Grund genug, um mit Verkäufen zu beginnen. Danach, wenn der nächst längere Durchschnitt – die 9-Tage-Linie – unter den 18-Tage-Durchschnitt fällt, wird das bestätigende und endgültige Verkaufssignal gegeben.

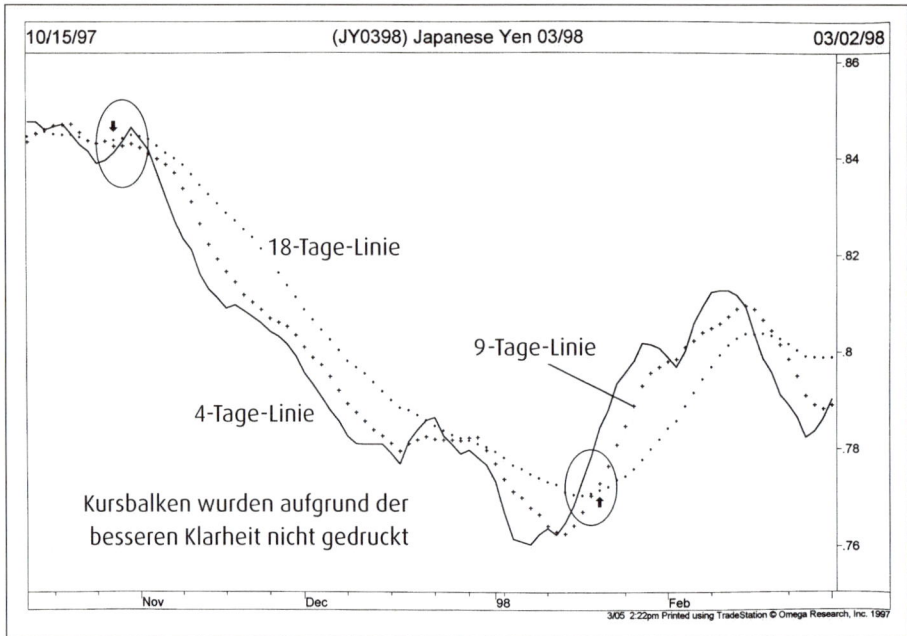

| 10/15/97 | (JY0398) Japanese Yen 03/98 | 03/02/98 |

18-Tage-Linie

9-Tage-Linie

4-Tage-Linie

Kursbalken wurden aufgrund der
besseren Klarheit nicht gedruckt

Nov   Dec   98   Feb

3/05 2:22pm Printed using TradeStation © Omega Research, Inc. 1997

Abbildung 9.7b Die Kombination 4-9-18 Tage ist bei Futures-Tradern auch beliebt. An einem Boden dreht die 4-Tage-Linie (durchgezogene Linie) zuerst und schneidet dann die beiden anderen Linien. Dann kreuzt die 9-Tage-Linie über die 18-Tage-Linie (siehe Kreis), was die Bodenbildung vollendet.

☐ PROZENTBÄNDER

Der Nutzen eines einzelnen gleitenden Durchschnitts kann dadurch erhöht werden, indem man ihn mit Bändern umgibt. Prozentbänder können dabei helfen zu bestimmen, wann ein Markt in irgendeine Richtung überdehnt wurde. Mit anderen Worten: Sie sagen uns, wann sich die Kurse zu weit weg von ihrem gleitenden Durchschnitt abgeschweift sind. Um dies zu gewährleisten, werden die Bänder mit einem festen Prozentsatz über und unter dem gleitenden Durchschnitt angebracht. Kurzfristig orientierte Trader benutzen zum Beispiel oft 3%-Bänder um eine 21-Tage-Linie. Sobald die Kurse eines der beiden Bänder erreichen, gilt der kurzfristige Trend als überdehnt. Für langfristige Analysen geeignete Kombinationen sind 5%-Bänder um einen 10-Wochen-Durchschnitt oder 10%-Bänder um einen 40-Wochen-Durchschnitt (siehe Abbildungen 9.8a-b).

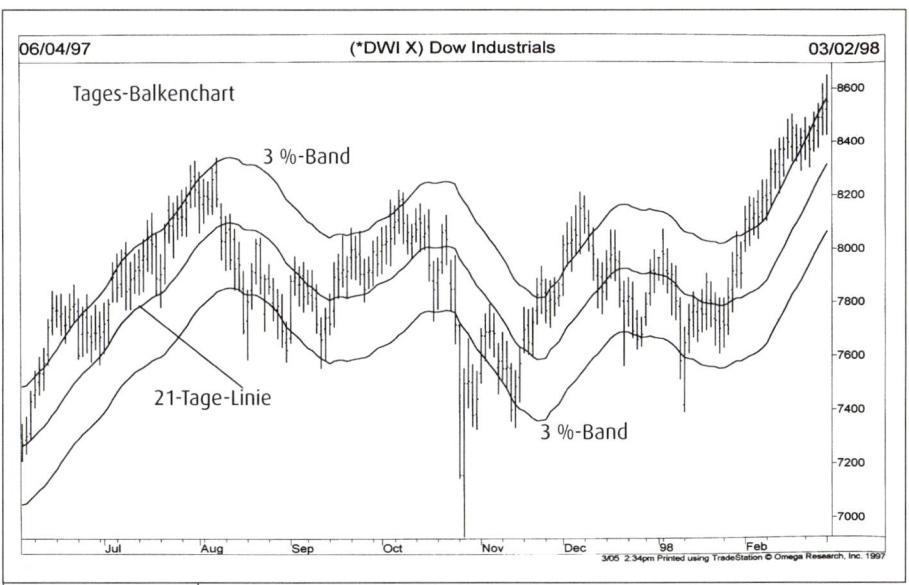

Abbildung 9.8a 3 %-Bänder um einen 21-Tage-Durchschnitt des Dow. Bewegungen über die Bänder hinaus signalisieren einen überdehnten Markt.

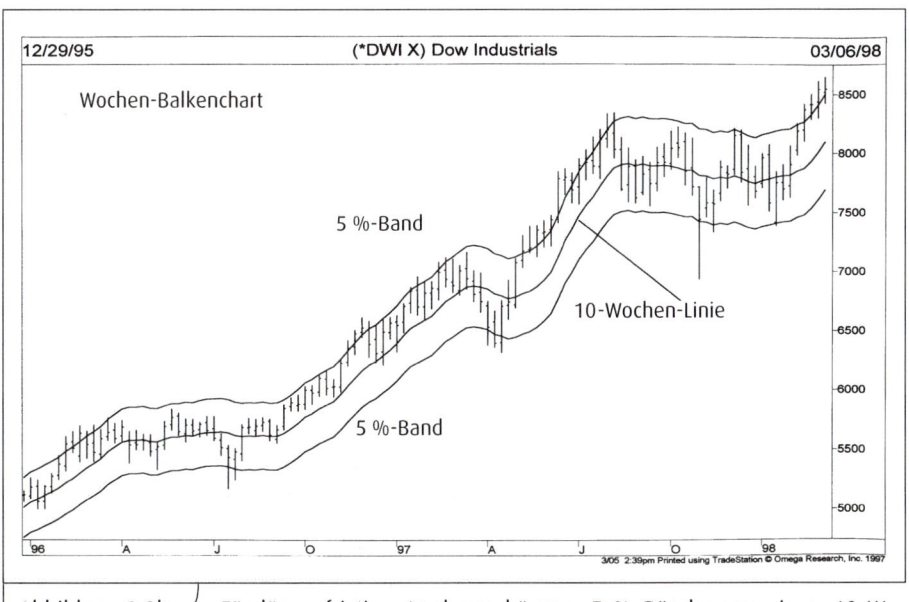

Abbildung 9.8b Für längerfristige Analysen können 5 %-Bänder um einen 10-Wochen-Durchschnitt geschlungen werden. Bewegungen über die Bänder hinaus helfen bei der Identifizierung von Marktextremen.

□ BOLLINGER BÄNDER

Diese Technik wurde von John Bollinger entwickelt. Zwei Trading Bänder werden – ähnlich wie die Prozentbänder – um einen gleitenden Durchschnitt geschlagen. Der Unterschied besteht darin, dass die Bollinger Bands zwei Standardabweichungen über und unter der gleitenden Durchschnittslinie platziert werden, die üblicherweise über 20 Tage berechnet wird. Die *Standardabweichung* ist ein statistisches Konzept, das beschreibt, wie Kurse um einen Durchschnittswert streuen. Die Benutzung von zwei Standardabweichungen gewährleistet, dass 95 % aller Kursdaten in den Zwischenraum zwischen den beiden Trading-Bändern fallen. Die Kurse werden regelmäßig als nach oben überdehnt (überkauft) angesehen, wenn sie das obere Band berühren. Sie gelten als nach unten überdehnt (überverkauft), wenn sie das untere Band berühren (siehe Abbildungen 9.9a-b).

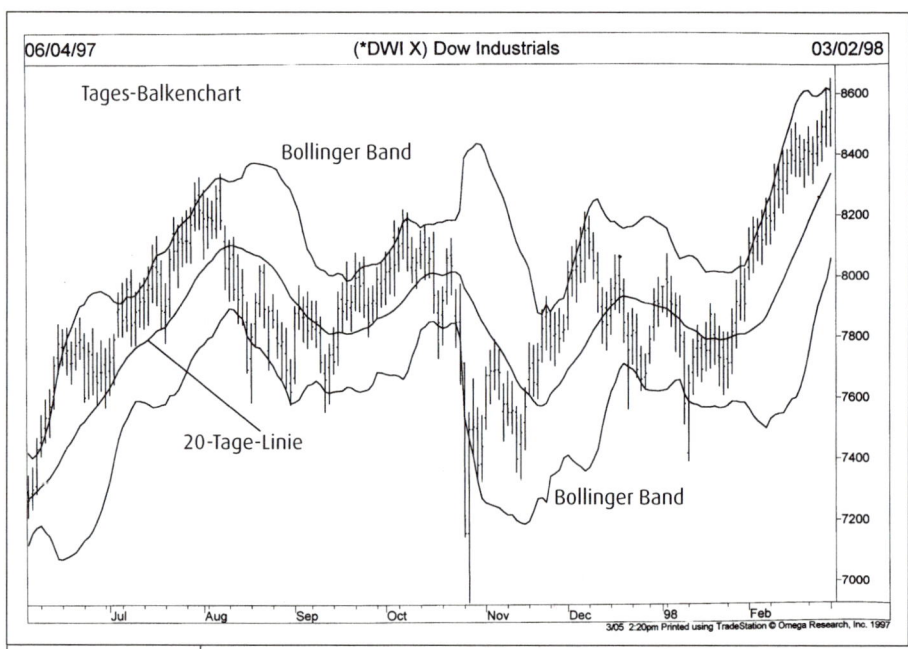

| 06/04/97 | (*DWI X) Dow Industrials | 03/02/98 |

Tages-Balkenchart

Bollinger Band

20-Tage-Linie

Bollinger Band

3/05 2:20pm Printed using TradeStation © Omega Research, Inc. 1997

Jul Aug Sep Oct Nov Dec 98 Feb

Abbildung 9.9a Bollinger Bänder, um einen 20-Tage-Durchschnitt herum platziert. Während der Seitwärtsperioden von August bis Januar bewegten sich die Kurse zwischen den beiden Bändern. Als der Aufwärtstrend wieder aufgenommen wurde, fluktuierten die Kurse zwischen dem oberen Band und dem 20-Tage-Durchschnitt.

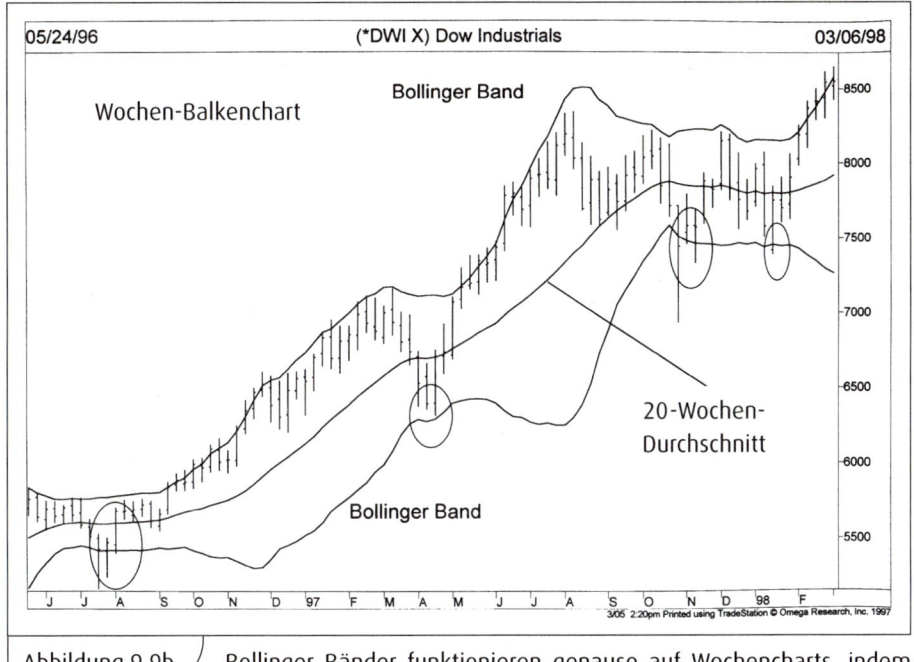

| 05/24/96 | (*DWI X) Dow Industrials | 03/06/98 |

Wochen-Balkenchart

Bollinger Band

Bollinger Band

20-Wochen-Durchschnitt

3/05 2:20pm Printed using TradeStation © Omega Research, Inc. 1997

Abbildung 9.9b Bollinger Bänder funktionieren genauso auf Wochencharts, indem ein 20-Wochen-Durchschnitt als Mittellinie verwendet wird. Jede Berührung des unteren Bandes (siehe Kreise) signalisierte ein bedeutendes Markttief und eine Kaufgelegenheit.

☐ DER EINSATZ VON BOLLINGER BÄNDERN ALS ZIELMARKEN

Der einfachste Weg, Bollinger Bänder einzusetzen, ist die Definition des oberen und unteren Bandes als Kursziele. Anders ausgedrückt, wenn die Kurse von dem unteren Band abprallen und den 20-Tage-Durchschnitt übersteigen, wird das obere Band zum Kursziel nach oben. Ein Schnitt der 20-Tage-Linie nach unten identifiziert das untere Band als Kursziel nach unten. In einem starken Aufwärtstrend werden die Kurse normalerweise zwischen dem oberen Band und dem 20-Tage-Durchschnitt fluktuieren. In diesem Fall warnt ein Durchkreuzen der 20-Tage-Linie nach unten vor einem Trendwechsel nach unten.

215

☐ Die Bandbreite misst die Volatilität

Die Bollinger Bänder unterscheiden sich von den Prozentbändern in einem wesentlichen Punkt. Wo die Prozentbänder in einem konstanten Abstand zueinander verlaufen, reagieren die Bollinger Bänder auf die 20-Tages-Volatilität und *dehnen sich aus* oder *ziehen sich zusammen*. Während einer Periode, in der die Kurse volatiler werden, wird sich der Abstand zwischen den beiden Bändern ausweiten. Umgekehrt schrumpft der Abstand in einer Phase niedriger Marktvolatilität. Die Bänder haben die Tendenz, zwischen Expansion und Kontraktion zu wechseln. Sind die Bänder ungewöhnlich weit voneinander entfernt, ist dies oft ein Zeichen dafür, dass der aktuelle Trend seinem Ende zugeht. Wenn der Abstand zwischen den beiden Bändern zu klein geworden ist, deutet dies oft darauf hin, dass der Markt in Kürze einen neuen Trend beginnen wird. Bollinger Bänder können auch auf Wochen- oder Monatscharts angewendet werden, indem sie auf 20 *Wochen* bzw. 20 *Monate* statt auf 20 *Tage* berechnet werden. Bollinger Bänder funktionieren am besten, wenn sie mit Überkauft-/Überverkauft-Oszillatoren, die im nächsten Kapitel erklärt werden, kombiniert werden (siehe Anhang A für weitere Techniken, die sich auf Bänder beziehen).

☉ Zentrierung des Durchschnitts

Der statistisch korrektere Weg, einen gleitenden Durchschnitt zu zeichnen, ist, ihn zu *zentrieren*. Das heißt, man platziert ihn in der Mitte der Zeitperiode, auf die er berechnet wird. Ein 10-Tage-Durchschnitt wird beispielsweise um 5 Tage zurückverlegt. Ein 20-Tage-Durchschnitt würde um 10 Tage zurückversetzt gezeichnet werden. Die Zentrierung des gleitenden Durchschnitts hat allerdings den großen Fehler, dass Trendwechsel-Signale viel später produziert werden. Deshalb werden gleitende Durchschnitte üblicherweise am Ende statt in der Mitte der zugrunde liegenden Zeitperiode gezeichnet. Die Technik des Zentrierens wird fast ausschließlich von Zyklus-Analysten benutzt, um relevante Marktzyklen zu isolieren.

☐ Gleitende Durchschnitte in Verbindung mit Zyklen

Viele Marktanalysten glauben, *Zeitzyklen spielen* eine bedeutende Rolle bei Marktbewegungen. Weil sich diese Zeitzyklen wiederholen und gemessen werden können, ist es möglich, die ungefähren Zeiten zu bestimmen, wann Marktgipfel oder -böden auftauchen werden. Viele verschiedene Zeitzyklen existieren gleichzeitig, von einem kurzfristigen 5-Tages-Zyklus bis hin zu dem 54 Jahre dauernden Kondratieff-Zyklus. In Kapitel 14 erfahren wir mehr über diesen faszinierenden Zweig der Technischen Analyse.

216

Das Thema Zyklen wird hier nur erwähnt, um festzustellen, dass es eine Beziehung zwischen den zugrunde liegenden Zyklen, die einen bestimmten Markt beeinflussen, und der Wahl der richtigen gleitenden Durchschnitte zu geben scheint. Mit anderen Worten: Die gleitenden Durchschnitte können so adjustiert werden, dass sie für die dominanten Zyklen in jedem Markt passend sind.

Es scheint eine definitive Beziehung zwischen gleitenden Durchschnitten und Zyklen zu bestehen. So ist beispielsweise der *Ein-Monats-Zyklus* einer der bekanntesten Zyklen, der in allen Rohstoffmärkten vorkommt. Ein Monat hat 20 bis 21 Handelstage. Zyklen tendieren dazu, sich zu ihrem nächst längeren und nächst kürzeren Zyklus harmonisch zu verhalten, d. h. mit einem Faktor von 2. Das bedeutet, dass der nächst längere Zyklus die doppelte Länge eines gegebenen Zyklus hat, und der nächst kürzere Zyklus genau halb so lang ist.

Aus diesem Grunde erklärt der Ein-Monats-Zyklus die Popularität der 5-, 10-, 20- und 40-Tage-Durchschnitte. Der 20-Tage-Zyklus entspricht dem 1-Monats-Zyklus. Der 40-Tage-Durchschnitt ist doppelt so lang wie der 20-Tage-Durchschnitt. Der 10-Tage-Durchschnitt ist halb so lang wie der 20-Tage-Durchschnitt, und der 5-Tage-Durchschnitt wiederum bezieht sich auf die Hälfte von 10 Tagen.

Viele der häufig benutzten gleitenden Durchschnitte (inkl. der 4-, 9- und 18-Tage-Linien, die von den 5-, 10- und 20-Tage-Linien abgeleitet sind) können durch zyklische Einflüsse und die harmonische Beziehung zwischen benachbarten Zyklen erklärt werden. Nebenbei bemerkt, kann der 4-Wochen-Zyklus den Erfolg der *4-Wochen-Regel* erklären, die später in diesem Kapitel erklärt wird, und auch ihr kürzeres Gegenstück – die *2-Wochen-Regel*.

☐ Fibonacci-Zahlen als gleitende Durchschnitte

Die Fibonacci-Zahlenreihe werden wir in dem Kapitel über die Elliott-Wellen-Theorie behandeln. Dennoch will ich hier erwähnen, dass diese mysteriöse Zahlenreihe – wie beispielsweise 13, 21, 34, 55, usw. – sich recht gut für die Analyse gleitender Durchschnitte zu eignen scheint. Dies gilt nicht nur für Tagescharts, sondern auch für Wochencharts. Der *21-Tage-Durchschnitt* ist eine Fibonacci-Zahl. Bei Wochencharts hat sich der 13-Wochen-Durchschnitt sowohl bei Aktien als auch bei Rohstoffen als wertvoll erwiesen. Wir werden eine vertiefte Diskussion dieser Zahlen auf Kapitel 13 verschieben.

☐ Gleitende Durchschnitte in Langfristcharts

Der Leser sollte nicht versäumen, diese Technik auch bei längerfristigen Trendanalysen anzuwenden. Längerfristige gleitende Durchschnitte wie die 10- oder 13-Tage-Linie werden, in Verbindung mit dem 30- oder 40-Wochen-Durchschnitt, bereits seit langem in der Aktienanalyse benutzt, haben in den Terminmärkten jedoch weniger Beachtung gefunden. Die 10- und 40-Wochen-Durchschnitte können zur Verfolgung des primären Trends bei Wochencharts von Futures und Aktien benutzt werden (siehe Abbildung 9.10).

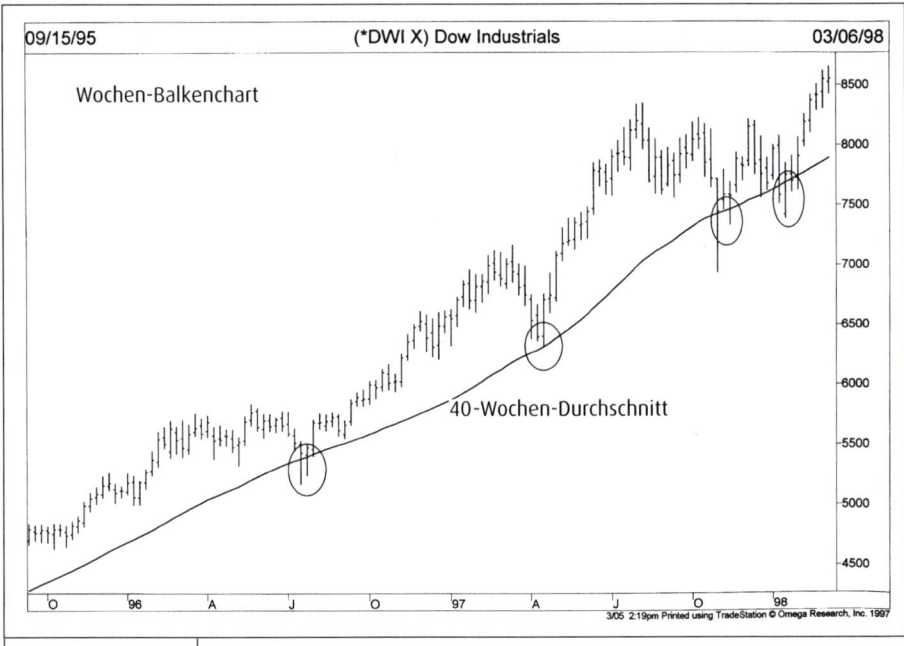

| Abbildung 9.10 | Gleitende Durchschnitte sind auch bei Wochencharts wertvoll. Die 40-Wochen-Linie sollte bei Korrekturen innerhalb von Bullenmärkten Unterstützung bieten, wie hier in diesem Beispiel. |

☉ Einige Pros und Kontras bezüglich gleitender Durchschnitte

Einer der größten Vorteile der Verwendung gleitender Durchschnitte und einer der Gründe dafür, warum sie als Trendfolgesystem so weit verbreitet sind, besteht darin, dass sie einige der ältesten Maximen des erfolgreichen Tradings verkörpern. Sie operieren in Trendrichtung. Sie lassen die Gewinne laufen und begrenzen die Verluste. Das System der gleitenden Durchschnitte zwingt den Trader, diesen Regeln zu gehorchen, da es spezifische Kauf- und Verkaufssignale auf der Grundlage dieser Prinzipien liefert.

218

Weil sie trendfolgender Natur sind, funktionieren gleitende Durchschnitte natürlich am besten, wenn sich die Märkte in Trendphasen befinden. Sie liefern sehr schlechte Ergebnisse, wenn die Märkte unstet werden und für eine Zeit lang seitwärts tendieren. Und das kann ein Drittel bis zur Hälfte der Zeit ausmachen.

Die Tatsache, dass sie für bestimmte Zeitperioden nicht so gut funktionieren, ist ein zwingender Grund, warum es gefährlich ist, sich zu stark auf die Technik der gleitenden Durchschnitte zu verlassen. In bestimmten Trendmärkten sind die gleitenden Durchschnitte nicht zu schlagen. Schalten Sie Ihr Programm einfach auf Automatik um. Zu anderen Zeiten ist eher eine Methode für Nicht-Trendmärkte, wie zum Beispiel die Verwendung von Überkauft-/Überverkauft-Oszillatoren, vorzuziehen. (In Kapitel 15 werden wir Ihnen einen ADX genannten Indikator vorstellen, der Ihnen sagt, wann sich ein Markt in einer Trendphase befindet und wann nicht, und ob das Marktklima einen Trendansatz wie die Technik gleitender Durchschnitte oder einen Tradingansatz wie Oszillatoren favorisiert.)

⊙ Gleitende Durchschnitte als Oszillatoren

Eine Konstruktionsweise eines Oszillators besteht im Vergleich der Differenz zweier gleitender Durchschnitte. Der Einsatz von zwei gleitenden Durchschnitten bei der Double Crossover Method wird wegen der größeren Signifikanz zu einer besonders nützlichen Technik. Wie dies passiert, werden wir in Kapitel 10 sehen. Die eine Methode vergleicht zwei exponentiell geglättete Durchschnitte; sie wird Moving Average Convergence/Divergence (MACD) genannt. Sie wird teilweise als Oszillator benutzt. Deshalb werden wir die Erklärung dieser Technik zurückstellen, bis wir uns dem Gebiet der Oszillatoren in Kapitel 10 zuwenden werden.

⊙ Die Anwendung gleitender Durchschnitte auf andere technischen Daten

Der gleitende Durchschnitt kann auf praktisch alle technischen Daten und Indikatoren angewendet werden. Er kann für Open Interest und Umsatzzahlen verwendet werden, inklusive dem On-Balance-Volume. Auch für verschiedene Indikatoren und Ratios eignet er sich, und auf Oszillatoren kann er ebenso angewendet werden.

☐ Die Wochen-Regel

Zu den gleitenden Durchschnitten als Trendfolgeinstrument gibt es andere Alternativen. Eine der bekanntesten und erfolgreichsten dieser Techniken wird *Wochen-Kurs-Kanal* oder, einfacher, *Wochen-Regel,* genannt. Diese Methode weist viele Vorteile der gleitenden Durchschnitte auf, ist aber weniger zeitaufwendig und einfacher anzuwenden.

Infolge der Verbesserungen der Computertechnologie in den vergangenen zehn Jahren wurde ein erheblicher Teil der Forschung auf die Entwicklung technischer Handelssysteme verwendet. Diese Systeme sind mechanischer Natur, was bedeutet, dass menschliche Emotionen und Beurteilungen eliminiert werden. Die Handelssysteme wurden zunehmend komplizierter. Zunächst wurden einfache gleitende Durchschnitte eingesetzt. Dann wurden Double und Triple Crossovers hinzugefügt. Anschließend wurden die Durchschnittslinien linear gewichtet und exponentiell geglättet. Diese Systeme sind in erster Linie trendfolgend, das heißt, ihre Aufgabe besteht darin, einen Trend zu identifizieren und dann in Richtung des bestehenden Trends zu traden.

Mit der zunehmenden Faszination durch fantasievollere und komplexere Systeme und Indikatoren hat sich allerdings eine Tendenz entwickelt, einige der einfacheren, aber immer noch recht gut funktionierenden Techniken, die dem Zahn der Zeit getrotzt haben, zu vernachlässigen. Wir werden nun eine der einfachsten dieser Techniken diskutieren – die Wochen-Regel.

1970 wurde eine Broschüre mit dem Titel *Trader's Notebook* von Dunn & Hargitt's Financial Services in Lafayette, Indiana, veröffentlicht. Die bekanntesten Commodity Trading Systeme der damaligen Zeit wurden per Computer getestet und miteinander verglichen. Das Endergebnis aller dieser Untersuchungen ergab, dass das erfolgreichste aller getesteten Systeme die von Richard Donchian entwickelte *4-Wochen-Regel* war. Donchian wurde als Pionier in dem Gebiet des computergestützten Trend-Tradings in den Terminmärkten auf der Basis mechanischer Handelssysteme bekannt. (1983 wählte die Zeitschrift *Managed Accounts Reports* Donchian zum ersten Empfänger des *Most Valuable Performer Award* für herausragende Beiträge des Futures Money Managements und verleiht den Donchian Award an andere würdige Preisträger.)

Eine jüngere Arbeit von Louis Lukac, dem ehemaligen Direktor der Research-Abteilung von Dunn & Hargitt, und momentan Präsident von Wizard Trading (Indianapolis, Indiana) unterstützt frühere Erkenntnisse, dass Breakout (oder Channel) Systeme, ähnlich der Wochen-Regel, weiterhin überlegene Resultate zeigen (Lukac et al.).

Von zwölf Systemen, die im Zeitraum von 1975 bis 1984 getestet wurden, generierten nur vier signifikante Gewinne. Von diesen vier gehörten zwei zu den Channel Breakout Systemen, und eines davon war ein zweifaches Moving Average Crosssover System. Ein später erschienener Artikel von Lukac und Brorsen *(The Financial Review,* November 1990) veröffentlichte die Ergebnisse einer ausgedehnteren Studie mit einer

Datenbasis von 1976 bis 1986, die 23 technische Handelssysteme miteinander verglich. Erneut rangierten Channel Breakout und Moving Average ganz oben. Lukac kam schließlich zu der persönlichen Erkenntnis, dass sich am besten ein Channel Breakout System als Startpunkt für das Testen und die Entwicklung aller technischen Handelssysteme eignet.

⊙ Die 4-Wochen-Regel

Die 4-Wochen-Regel wird in erster Linie in den Futures Märkten eingesetzt.
Das auf der 4-Wochen-Regel basierende System ist die Einfachheit selbst:

1. Gehen Sie Long-Positionen und decken Sie Short-Positionen ein, wann immer die Kurse das Hoch der vergangenen vier vollen Kalenderwochen übersteigen.
2. Liquidieren Sie Long-Positionen und eröffnen Sie Short-Positionen, wann immer die Kurse das Tief der vergangenen vier vollen Kalenderwochen unterschreiten.

Das hier beschriebene System ist fortlaufend, was bedeutet, dass der Trader immer eine Position hat, entweder long oder short. Allgemein gilt, dass fortlaufende Systeme eine grundlegende Schwäche aufweisen. In trendlosen Marktphasen bleiben sie im Markt und werden durch häufige Fehlsignale belastet. Es wurde bereits betont, dass Trendfolgesysteme in Seitwärtstrends oder trendlosen Phasen nicht gut funktionieren.

Die 4-Wochen-Regel kann dahingehend modifiziert werden, dass sie nicht fortlaufend ist. Dies kann man durch Verwendung einer kürzeren Zeitspanne – wie eine 1- oder 2-Wochen-Regel – als Ausstiegsregel erreichen. Mit anderen Worten: Ein 4-Wochen-"Ausbruch" ist erforderlich, um eine neue Position einzugehen, aber ein 1- oder 2-Wochen-Signal in die entgegengesetzte Richtung führt bereits zur Liquidation dieser Position. Dann bleibt der Trader so lange aus dem Markt, bis er einen neuen 4-Wochen-Ausbruch registriert.

Die Logik hinter dem System basiert auf vernünftigen technischen Prinzipien. Seine Signale sind mechanisch und klar. Da es trendfolgend ist, garantiert es praktisch, auf der richtigen Seite jedes bedeutenden Trends dabei zu sein. Das System ist auch so strukturiert, dass es der oft zitierten Maxime des erfolgreichen Tradings – „Let profits run, while cutting losses short" – folgt. Ein anderes, nicht zu vernachlässigendes Merkmal dieser Methode ist ihre Tendenz zu einer geringen Handelsfrequenz, so dass die Transaktionskosten niedrig bleiben. Ein weiteres Plus besteht darin, dass das System mit oder ohne Computerhilfe gefahren werden kann.

Der Hauptkritikpunkt der Wochen-Regel ist derselbe, der gegen alle Trendfolgeansätze vorgebracht wird, nämlich, dass es die Hochs und Tiefs nicht erwischt. Doch welches Trendfolgesystem kann das? Man sollte als wichtigen Punkt im Kopf behalten, dass die 4-Wochen-Regel einerseits mindestens so gute Ergebnisse aufweist wie die meisten anderen Trendfolgesysteme, und sogar bessere als viele von ihnen, und andererseits den zusätzlichen Vorteil einer unglaublichen Einfachheit besitzt.

⊙ Anpassungen an die 4-Wochen-Regel

Obgleich wir die 4-Wochen-Regel in ihrer Originalform behandelt haben, sind viele Anpassungen und Verfeinerungen verfügbar. Zum einen muss die Regel nicht unbedingt als Handelssystem benutzt werden. Wochensignale können einfach als ein weiterer technischer Indikator dazu verwendet werden, um Ausbrüche und Trendwechsel zu identifizieren. Wochen-Ausbrüche können auch als bestätigender Filter für andere Techniken, wie das Überkreuzen von gleitenden Durchschnitten, dienen. Ein Moving Average Crossover Signal könnte beispielsweise von einem 2-Wochen-Ausbruch in derselben Richtung bestätigt werden, bevor eine Position im Markt eingegangen wird.

⊙ Verkürzung oder Verlängerung des Stützzeitraumes zur Beeinflussung der Empfindlichkeit

Der verwendete Stützzeitraum kann im Interesse des Risikomanagements und der Sensitivität erweitert oder komprimiert werden. So kann man den Stützzeitraum beispielsweise verkürzen, wenn es wünschenswert erscheint, das System empfindlicher zu machen. In einem relativ hoch bewerteten Markt, bei dem sich die Kurse in einem scharfen Aufwärtstrend bewegen, könnte eine kürzere Zeitspanne gewählt werden, um das System reagibler zu machen. Nehmen Sie beispielsweise an, Sie wären eine Long-Position nach einem 4-Wochen-Ausbruch nach oben eingegangen, und Sie haben einen schützenden Stopkurs knapp unter dem Tief der letzten beiden Wochen platziert. Wenn der Markt eine scharfe Rallye hinlegt, und Sie wollen den Stopkurs näher an Ihre Position heranführen, dann könnten Sie einen 1-Wochen-Stopkurs benutzen.

In einer Trading Range, in der ein Trader so lange aus dem Markt bleiben will, bis ein bedeutendes Trendsignal gegeben wird, kann der Stützzeitraum auf acht Wochen ausgedehnt werden. Dies würde dem kurzfristigen Eingehen von Positionen aufgrund vorzeitiger Trendsignale vorbeugen.

⊙ Die 4-Wochen-Regel in Verbindung mit Zyklen

Weiter oben in diesem Kapitel bezogen wir uns auf die Bedeutung des 1-Monats-Zyklus in den Rohstoffmärkten. Der 4-Wochen- oder 20-Tage-Handelszyklus ist ein dominanter Zyklus, der alle Märkte beeinflusst. Dies mag zu erklären helfen, warum sich der 4-Wochen-Zeitraum als so erfolgreich erwiesen hat. Erinnern Sie sich an die Erwähnung der 1-, 2- und 8-Wochen-Regel. Das Prinzip der *Harmonik* in der Zyklen-analyse beinhaltet, dass jeder Zyklus mit seinen benachbarten Zyklen (dem nächst längeren und dem nächst kürzeren Zyklus) durch den Faktor 2 verbunden ist.

In der vorangegangenen Diskussion der gleitenden Durchschnitte wurde darauf hingewiesen, wie der 1-Monats-Zyklus und die Harmonik die Popularität der 5-, 10,- 20- und 40-Tage-Linie erklären. Die gleichen Zeitperioden gelten im Reich der

Wochenregeln. Wenn man diese Tageszahlen in Wochenperioden überführt, so erhält man 1, 2, 4 und 8 Wochen. Deshalb scheinen Adjustierungen der 4-Wochen-Regel dann am besten zu funktionieren, wenn die Ausgangszahl (4) durch 2 dividiert oder mit 2 multipliziert wird. Um den Stützzeitraum zu verkürzen, gehen Sie von 4 auf 2 Wochen. Ist eine noch kürzere Zeitspanne gewünscht, so gehen Sie von 2 auf 1. Zur Verlängerung gehen Sie von 4 auf 8. Weil diese Methoden Kurs und Zeit kombinieren, gibt es keinen Grund, warum das zyklische Prinzip der Harmonik keine wichtige Rolle spielen sollte. Die Taktik, einen Wochen-Parameter zur Verkürzung durch 2 zu teilen oder zur Verlängerung zu verdoppeln, baut auf der Logik der Zyklen auf.

Die 4-Wochen-Regel ist ein einfaches Breakout System. Das Originalsystem kann dadurch modifiziert werden, indem man einen kürzeren Stützzeitraum – die 1- oder 2-Wochen-Regel – als Ausstiegskriterium benutzt. Wünscht der Anwender ein empfindlicheres System, kann er eine 2-Wochen-Periode als Einstiegskriterium wählen. Da die Regel besonders einfach formuliert ist, sollte man sich auch am besten auf diese Art mit ihr auseinander setzen. Die 4-Wochen-Regel ist simpel, aber sie funktioniert. (Software für Chartanalyse erlaubt die Zeichnung von *Price Channels* [Kanälen] über und unter den aktuellen Kursen, um Channel Breakouts zu erkennen. Price Channels können auf täglicher, wöchentlicher oder monatlicher Basis angewendet werden; siehe Abbildungen 9.11 und 9.12.)

☐ OPTIMIEREN ODER NICHT?

Die erste Ausgabe dieses Buches beinhaltete die Ergebnisse extensiver Research-Tätigkeit von Merrill Lynch. Das Brokerhaus veröffentlichte eine Reihe von Studien über computerisierte Handelstechniken, die in den Terminmärkten von 1978 bis 1982 angewendet wurden. Ausführliche Testläufe über verschiedene Parameter von gleitenden Durchschnitten und Channel Breakouts wurden durchgeführt, um die bestmöglichen Kombinationen in jedem Terminmarkt herauszufinden. Die Analysten von Merrill Lynch produzierten für jeden Markt einen spezifischen Satz optimierter Indikator-Werte.

Die meisten Chart-Softwarepakete erlauben Ihnen, Systeme und Indikatoren zu optimieren. Statt beispielsweise denselben gleitenden Durchschnitt in allen Märkten zu verwenden, können Sie dem Computer befehlen herauszufinden, welcher Moving Average oder welche Kombination gleitender Durchschnitte in der Vergangenheit für diesen Markt am besten funktioniert hat. Dies kann ebenso für Tages- und Wochen-Breakout-Systeme und für praktisch alle technischen Indikatoren, die in diesem Buch beschrieben sind, gemacht werden. Optimierung erlaubt die Anpassung technischer Parameter an sich verändernde Marktbedingungen.

Einige Analysten führen an, dass Optimierung ihre Handelsergebnisse verbessert, andere behaupten, dass sie das nicht tut. Der Kern der Debatte konzentriert sich darauf,

223

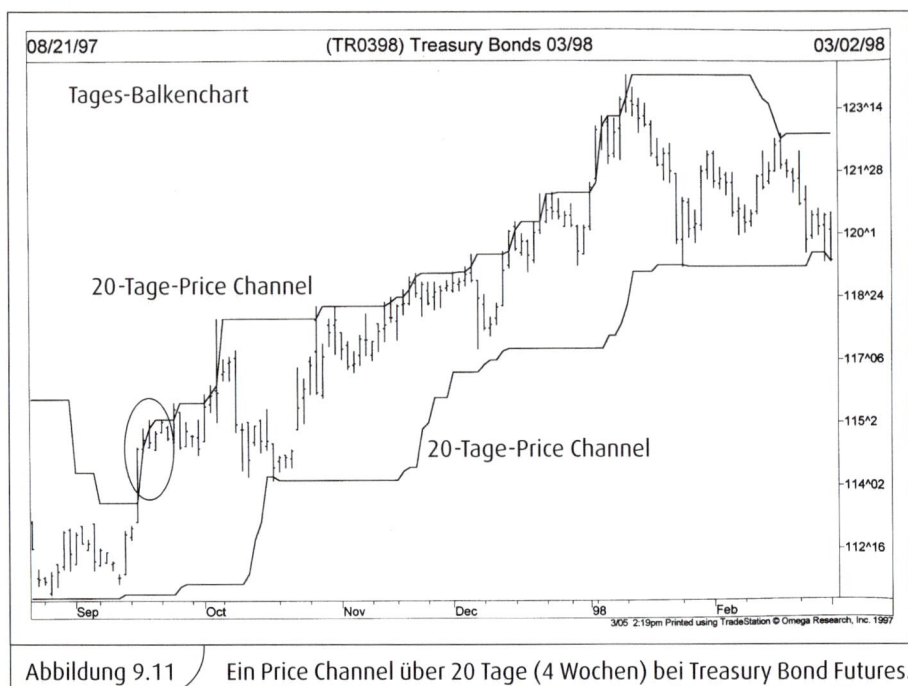

| 08/21/97 | (TR0398) Treasury Bonds 03/98 | 03/02/98 |

Tages-Balkenchart

20-Tage-Price Channel

20-Tage-Price Channel

123^14
121^28
120^1
118^24
117^06
115^2
114^02
112^16

Sep   Oct   Nov   Dec   '98   Feb

3/05 2:19pm Printed using TradeStation © Omega Research, Inc. 1997

Abbildung 9.11 Ein Price Channel über 20 Tage (4 Wochen) bei Treasury Bond Futures. Als die Kurse über der oberen Kanallinie (siehe Kreis) schlossen, wurde ein Kaufsignal gegeben. Um das Signal umzukehren, müssen die Kurse unter der unteren Kanallinie schließen.

wie die Daten optimiert werden. Analysten betonen, dass das richtige Verfahren darin besteht, nur einen Teil der Kursdaten dazu zu benutzen, die besten Parameter zu wählen und einen anderen Teil auf das Testen der Ergebnisse zu verwenden. Durch das Testen der optimierten Parameter auf „Out of sample"-Kursdaten trägt dazu bei, sicherzustellen, dass die Endergebnisse näher bei dem liegen, was man beim Trading in der Praxis erfahren wird.

Zu optimieren oder nicht ist eine persönliche Entscheidung. Das meiste Material zeigt allerdings, dass die Optimierung nicht der Heilige Gral ist, für den manche sie halten. Tradern gebe ich allgemein den Rat, beim Experimentieren mit der Optimierung nur eine Hand voll von Märkten zu verfolgen. Warum sollten Treasury Bonds oder der US-Dollar exakt den gleichen gleitenden Durchschnitt haben wie Mais oder Baumwolle? Die Trader am Aktienmarkt sind eine andere Geschichte. Die Verfolgung Tausender von Aktien spricht gegen Optimierung. Wenn Sie sich auf eine Hand voll von Märkten spezialisieren, versuchen Sie zu optimieren. Sind Sie ein Generalist, der sich um eine große Anzahl von Märkten kümmert, benutzen Sie für alle die gleichen technischen Parameter.

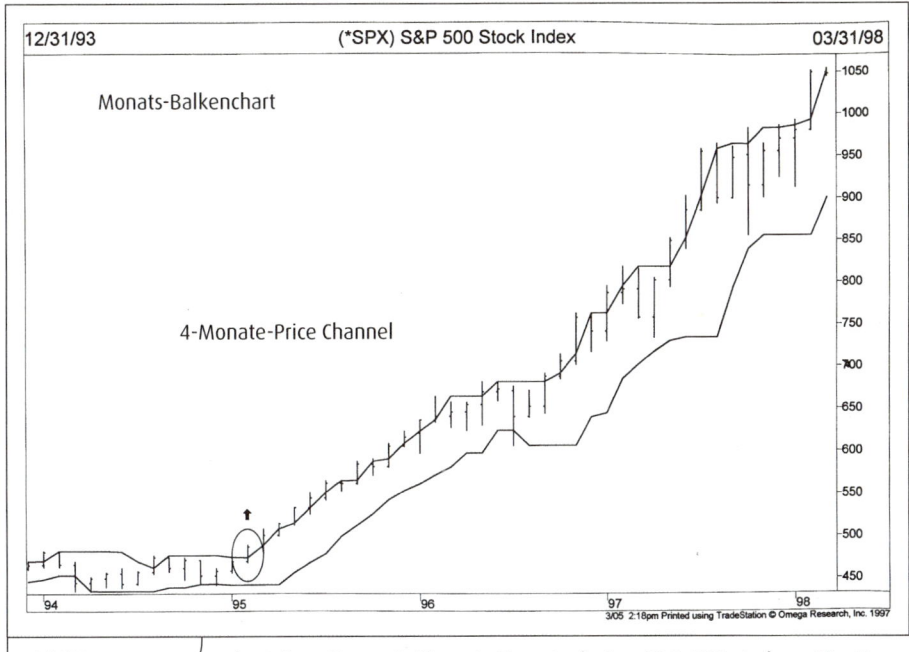

| 12/31/93 | (*SPX) S&P 500 Stock Index | 03/31/98 |

Monats-Balkenchart

4-Monate-Price Channel

3/05 2:18pm Printed using TradeStation © Omega Research, Inc. 1997

Abbildung 9.12 Ein Price Channel über 4 Monate beim S&P 500 Index. Die Kurse überstiegen Anfang 1995 (siehe Kreis) die obere Kanallinie und gaben ein Kaufsignal, das drei Jahre später immer noch galt. Ein Schlusskurs unter der unteren Linie wird benötigt, um ein Verkaufssignal zu geben.

☐ ZUSAMMENFASSUNG

Wir haben Ihnen eine Menge Variationen rund um den Ansatz der gleitenden Durchschnitte präsentiert. Lassen Sie uns die Dinge ein wenig vereinfachen. Die meisten Technischen Analysten verwenden eine Kombination aus zwei gleitenden Durchschnitten. Dabei handelt es sich normalerweise um einfache gleitende Durchschnitte. Obwohl exponentielle gleitende Durchschnitte populär geworden sind, gibt es keinen echten Beweis dafür, dass sie besser funktionieren als der einfache Durchschnitt. Die am meisten verwendeten Kombinationen gleitender Durchschnitte sind 4 und 9 Tage, 9 und 18 Tage, 5 und 20 Tage sowie 10 und 40 Tage. Trader am Aktienmarkt bauen stark auf die 50-Tage- (oder 10-Wochen-)Linie. Für längerfristige Aktienmarktanalysen werden verbreitet 30- oder 40-Wochen-Durchschnitte (oder 200 Tage) eingesetzt. Bollinger Bänder beziehen sich auf die 20-Tage- oder die 20-Wochen-Linie. Der 20-Wochen-Durchschnitt kann auf Tagescharts konvertiert werden, indem man einen 100-Tage-Durchschnitt benutzt, der ebenfalls nützlich ist. Channel Breakout-Systeme funktionieren in Trendmärkten extrem gut und können auf Tages- Wochen- und Monatsbasis eingesetzt werden.

225

☐ DER SICH ANPASSENDE GLEITENDE DURCHSCHNITT

Eines der Probleme, das einem bei gleitenden Durchschnitten begegnen ist die Wahl zwischen einem schnellen und einem langsamen Durchschnitt. Während der eine besser in einem Seitwärts-Markt funktioniert, mag der andere in einem Trendmarkt vorzuziehen sein. Die Antwort auf das Problem, zwischen den beiden zu entscheiden, liegt in dem innovativen Ansatz des „angepassten gleitenden Durchschnitt".

Perry Kaufman präsentiert diese Technik in seinem Buch *Smarter Trading*. Die Geschwindigkeit von Kaufmans „Adaptive Moving Average" wird automatisch an das in einem Markt herrschende Niveau des Rauschens (oder Volatilität) angepasst. Der AMA bewegt sich langsamer, wenn sich die Märkte seitwärts bewegen, und nimmt Geschwindigkeit auf, wenn der Markt in eine Trendphase übergeht. Das vermeidet das Problem der Verwendung eines schnelleren gleitenden Durchschnitts (und das häufige Vorkommen von Fehl-Trades) innerhalb einer Trading Range und des Einsatzes eines langsameren gleitenden Durchschnitts, der in Trendphasen zu weit hinter dem Markt zurückbleibt.

Kaufman realisiert dies durch die Konstruktion eines „Leistungsverhältnisses" (Efficiency Ratio), das die Trendrichtung mit dem Volatilitätsgrad vergleicht. Ist das Efficiency Ratio hoch, ist mehr Trendrichtung als Volatilität vorhanden (was einen schnelleren gleitenden Durchschnitt favorisiert). Wenn das Efficiency Ratio niedrig ist, gibt es mehr Volatilität als Trendrichtung (was einen langsameren gleitenden Durchschnitt bevorzugt). Durch Einverleibung der Efficiency Ratio nimmt der AMA automatisch die für den aktuellen Markt am besten geeignete Geschwindigkeit an.

☐ ALTERNATIVEN ZU DEN GLEITENDEN DURCHSCHNITTEN

Gleitende Durchschnitte funktionieren nicht immer. Sie verrichten die beste Arbeit, wenn sich der Markt in einer Trendphase befindet. Während trendloser Perioden, wenn sich die Kurse seitwärts bewegen, sind sie nicht besonders hilfreich. Glücklicherweise gibt es eine weitere Klasse von Indikatoren, die in jenen frustrierenden Trading Ranges viel bessere Ergebnisse liefern. Sie werden *Oszillatoren* genannt, und wir werden sie im nächsten Kapitel beschreiben.

10 Oszillatoren und Contrary Opinion

10 Oszillatoren und Contrary Opinion

☐ EINLEITUNG

In diesem Kapitel werden wir über eine Alternative zum Trendfolgeansatz – den Oszillator – sprechen. Der Oszillator ist in trendlosen Märkten, wenn die Kurse in einem horizontalen Kursband oder in einer Trading Range fluktuieren extrem nützlich – in einer Marktsituation also, wenn die meisten Trendfolgesysteme einfach nicht so gut funktionieren. Mit dem Oszillator ist der Technische Analyst in der Lage, von diesen periodischen Seitwärtsbewegungen in einer trendlosen Marktumgebung zu profitieren.

Der Wert des Oszillators ist allerdings nicht auf horizontale Trading Ranges beschränkt. Wenn er in Trendphasen in Verbindung mit Kurscharts benutzt wird, wird der Oszillator ein sehr wertvoller Verbündeter, indem er den Trader in kurzfristigen Extremsituationen am Markt, die allgemein *überkauft* oder *überverkauft* genannt werden, alarmiert. Der Oszillator kann auch warnen, dass ein Trend an Momentum verliert, bevor diese Situation durch die Kursbewegung selbst erkennbar wird. Oszillatoren können durch Sichtbarmachung bestimmter Divergenzen signalisieren, dass sich ein Trend seiner Vollendung nähert.

Wir beginnen zunächst mit einer Erklärung dessen, was ein Oszillator ist und was die Grundlagen für seine Konstruktion und Interpretation bildet. Dann werden wir die Bedeutung des Momentums und seine Implikationen für die Marktprognose diskutieren. Einige der allgemeineren Oszillator-Techniken werden behandelt, zuerst die sehr einfachen, später die komplizierteren. Die wichtige Frage der Divergenzen wird abgedeckt. Wir werden auch den Sinn der Oszillator-Analyse in Koordination mit den zugrunde liegenden Märkten ansprechen. Zum Schluss werden wir diskutieren, wie Oszillatoren als Teil der gesamten Technischen Analyse eines Marktes benutzt werden.

☐ Die Verwendung von Oszillatoren in Verbindung mit dem Trend

Der Oszillator ist nur ein sekundärer Indikator in dem Sinn, dass er der grundlegenden Trendanalyse untergeordnet sein muss. Wenn wir die verschiedenen Typen von Oszillatoren durchgehen, die von den Technikern verwendet werden, werden wir immer wieder die Bedeutung des Tradings in Richtung des übergeordneten Markttrends betonen. Der Leser sollte sich auch bewusst sein, dass es bestimmte Zeiten gibt, in denen Oszillatoren nützlicher sind als zu anderen Zeiten. Zu Beginn bedeutender Kursbewegungen beispielsweise ist die Oszillator-Analyse nicht so hilfreich und kann sogar irreführend sein. Gegen Ende einer Marktbewegung werden sie hingegen extrem wertvoll. Wir werden diese Punkte nacheinander ansprechen. Abschließen werden wir mit der Diskussion der gegensätzlichen Meinung (Contrary Opinion), denn ohne sie wäre die Untersuchung von Marktextrema unvollständig. Wir werden über die Rolle der antizyklischen Handelsphilosophie sprechen, und wie sie in die Analyse und das Trading der Märkte integriert werden kann.

⊙ Interpretation von Oszillatoren

Obwohl es viele verschiedene Wege der Konstruktion von Momentum-Oszillatoren gibt, unterscheidet sich die praktische Interpretation von Technik zu Technik nur sehr wenig. Die meisten Oszillatoren sehen einander sehr ähnlich. Sie befinden sich am unteren Rand des Kurscharts und gleichen einem flachen, horizontalen Band. Das Oszillator-Band ist grundsätzlich flach, während die Kurse auf-, ab- oder seitwärts verlaufen können. Die Gipfel und Täler des Oszillators stimmen allerdings mit jenen des Kurscharts überein. Einige Oszillatoren haben einen mittleren Wert, der das horizontale Band in zwei Hälften teilt, in eine obere und eine untere. Dieser Mittelwert hängt von der zugrunde liegenden Formel ab und ist üblicherweise eine *Nulllinie*. Manche Oszillatoren haben auch eine obere und untere Begrenzung und rangieren von 0 bis 100.

⊙ Allgemeine Interpretationsregeln

Wenn der Oszillator am oberen oder unteren Rand des Bandes einen Extremwert erreicht, bedeutet dies im Allgemeinen, dass die aktuelle Kursbewegung zu schnell bzw. zu weit gegangen und anfällig für eine Konsolidierung oder Korrektur irgendeiner Form ist. Eine weitere allgemein gültige Regel besagt, dass ein Trader kaufen sollte, wenn sich der Oszillator am unteren Ende des Bandes befindet, und am oberen Rand verkaufen sollte. Eine Überschreitung der Mittellinie wird oft für die Generierung von Kauf- und Verkaufssignalen benutzt. Wir werden sehen, wie diese allgemeinen Regeln angewendet werden, wenn wir uns mit den verschiedenen Typen von Oszillatoren beschäftigen.

⊙ Die drei wichtigsten Verwendungsmöglichkeiten des Oszillators

Es gibt drei Situationen, in denen der Oszillator am nützlichsten ist. Sie werden sehen, dass diese drei Situationen auf die meisten Oszillatortypen zutreffen.

1. Der Oszillator ist am nützlichsten, wenn sein Wert einen Extrempunkt nahe der oberen oder unteren Begrenzung des Bandes erreicht. Der Markt wird als *überkauft* bezeichnet, wenn der Oszillator am oberen Rand ist, und als *überverkauft*, wenn er unten ist. Dies gilt als Warnzeichen dafür, dass der Kurstrend überstrapaziert wurde und verletzlich ist.
2. Eine Divergenz zwischen Oszillator und Kurskurve, wenn sich der Oszillator in einer extremen Position befindet, ist normalerweise eine wichtige Warnung.
3. Die Kreuzung der Nulllinie (oder Mittellinie) kann wichtige Handelssignale in Trendrichtung geben.

□ DAS MOMENTUM

Das Konzept des *Momentums* ist die einfachste Anwendung der Oszillator-Analyse. Das Momentum misst die Geschwindigkeit von Kursbewegungen, im Gegensatz zum aktuellen Kursniveau selbst. Man erhält das Marktmomentum, indem man fortlaufend Kursdifferenzen für ein festes Zeitintervall misst. Zur Konstruktion eines 10-Tage-Momentums subtrahiert man einfach den Schlusskurs von vor 10 Tagen vom aktuellen Schlusskurs. Dieser positive oder negative Wert wird dann über oder unter einer Nulllinie aufgetragen. Die Formel des Momentums ist:

$$M = V - V_x$$

wobei V = letzter Schlusskurs; V_x = Schlusskurs vor x Tagen

Ist der aktuelle Schlusskurs größer als derjenige vor 10 Tagen (mit anderen Worten, die Kurse sind gestiegen), wird ein positiver Wert oberhalb der Nulllinie angenommen. Liegt der aktuelle Schlusskurs unter demjenigen vor 10 Tagen (die Kurse sind gefallen), wird ein negativer Wert unterhalb der Nulllinie angenommen.

Obwohl aus Gründen, die wir später diskutieren, meistens das 10-Tage-Momentum

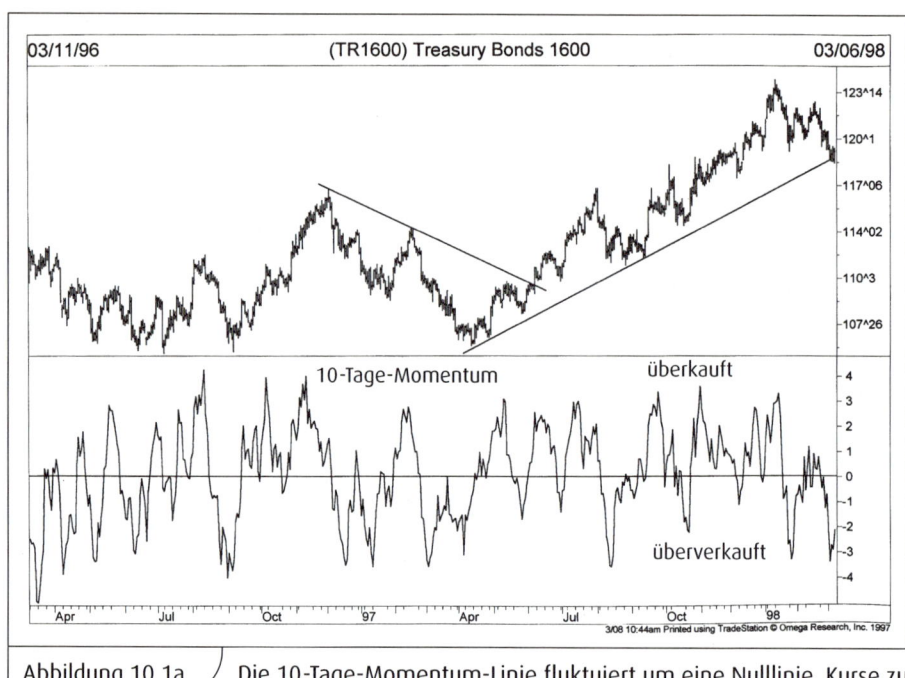

| 03/11/96 | (TR1600) Treasury Bonds 1600 | 03/06/98 |

Abbildung 10.1a Die 10-Tage-Momentum-Linie fluktuiert um eine Nulllinie. Kurse zu weit oberhalb der Nulllinie sind überkauft, während Werte zu weit unter ihr überverkauft sind. Das Momentum sollte im Einklang mit dem Markttrend sein.

benutzt wird, kann jede Zeitperiode eingesetzt werden (siehe Abbildung 10.1a). Eine kürzere Zeitperiode (wie 5 Tage) produziert eine empfindlichere Linie mit ausgeprägteren Ausschlägen. Eine größere Zahl von Tagen (wie zum Beispiel 40 Tage) führt zu einer viel glatteren Linie, und die Schwünge des Oszillators sind weniger volatil (siehe Abbildung 10.1b).

☉ Das Momentum misst die Steigung

Lassen Sie uns etwas mehr von dem sprechen, was der Momentum-Oszillator eigentlich misst. Indem der Chartist die Kursdifferenzen für eine gegebene Zeitperiode untersucht, analysiert er die Steigung oder das Gefälle. Steigen die Kurse, und befindet sich die Momentum-Linie über der Nulllinie und steigt, bedeutet das, dass sich der Aufwärtstrend beschleunigt. Wenn sich die aufwärts gerichtete Momentum-Linie abflacht, so entsprechen die Gewinne, die durch die letzten Kurse entstanden sind, den Gewinnen, die vor 10 Tagen angefallen sind. Obwohl die Kurse noch weiter steigen, ist die Beschleunigung zum Stillstand gekommen. Beginnt die Momentum-Linie, in

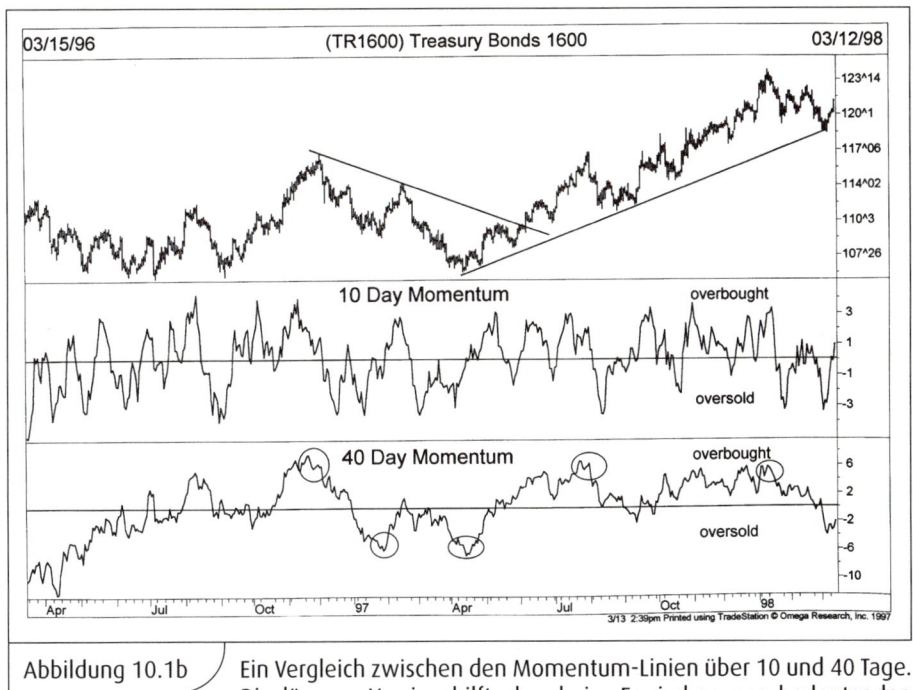

| Abbildung 10.1b | Ein Vergleich zwischen den Momentum-Linien über 10 und 40 Tage. Die längere Version hilft eher beim Erwischen von bedeutenden Drehpunkten des Marktes (siehe Kreise). |

Richtung der Nulllinie zu fallen, so ist der Aufwärtstrend bei den Kursen noch intakt, aber mit abnehmender Steigung. Der Aufwärtstrend verliert Momentum.

Sobald die Momentum-Linie unter die Nulllinie fällt, liegt der aktuelle Schlusskurs unter demjenigen vor 10 Tagen, und ein kurzfristiger Abwärtstrend ist in Kraft. (Und, nebenbei bemerkt, hat auch die 10-Tage-Linie begonnen zu fallen.) Mit weiter unter Null sinkender Momentum-Linie gewinnt der Abwärtstrend Momentum. Erst wenn die Linie wieder anfängt zu steigen, weiß der Analyst, dass sich die Abwärtsbewegung verlangsamt.

Erinnern Sie sich daran, dass das Momentum die Kursdifferenz zwischen zwei Zeitintervallen misst. Damit die Linie steigen kann, muss der Kursgewinn des letzten Tages größer sein als der Kursgewinn, der sich aufgrund des Schlusskurses vor 10 Tagen eingestellt hatte. Steigt der Kurs genauso viel wie 10 Tage vorher, wird die Momentum-Linie flach verlaufen. Ist der Kursanstieg geringer als vor 10 Tagen, fällt die Momentum-Linie, obwohl die Kurse immer noch steigen. Auf diese Weise zeigt die Momentum-Linie die Beschleunigung oder Verlangsamung im gerade herrschenden Auf- oder Abwärtstrend.

⊙ Die Momentum-Linie läuft der Kursbewegung voraus

Aufgrund ihrer Konstruktionsweise ist die Momentum-Linie der Kursbewegung immer einen Schritt voraus. Sie läuft den steigenden oder fallenden Kursen vorneweg und flacht sich dann ab, obwohl der aktuelle Kurstrend noch anhält. Verlangsamt sich die Kursbewegung, setzt sich die Momentum-Linie in die entgegengesetzte Richtung in Bewegung.

⊙ Das Kreuzen der Nulllinie als Handelssignal

Der Momentum-Chart hat eine *Nulllinie*. Viele Techniker benutzen das Kreuzen der Nulllinie für die Generierung von Kauf- und Verkaufssignalen. Ein Kreuzen der Nulllinie nach oben stellt ein Kaufsignal dar, ein Kreuzen nach unten ein Verkaufssignal. Es muss allerdings an dieser Stelle erneut betont werden, dass die Basistechnik der Trendanalyse bei den Überlegungen immer noch Vorrang besitzt. Die Oszillator-Analyse sollte nicht als Ausrede für ein Handeln gegen den vorherrschenden Trend benutzt werden. Käufe sollten bei einem Kreuzen der Nulllinie nach oben nur dann vorgenommen werden, wenn der Markttrend aufwärts gerichtet ist. Short-Positionen sollten

Abbildung 10.2a / Die Trendlinien auf dem Momentum-Chart werden früher gebrochen als diejenigen auf dem Kurschart. Der Wert des Momentum-Indikators besteht darin, dass er eher als der Markt selbst dreht und damit ein Frühindikator ist.

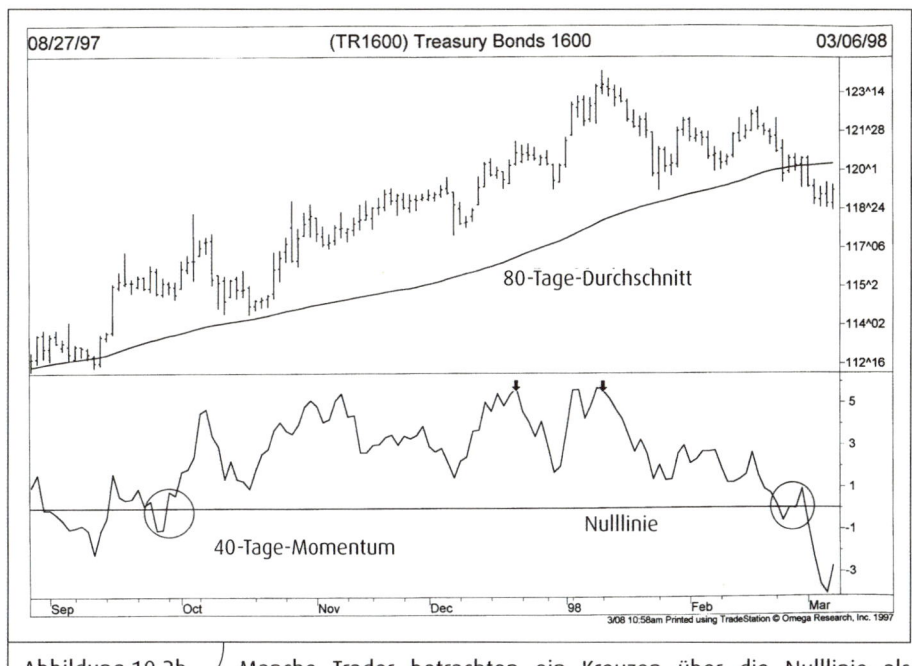

| 08/27/97 | (TR1600) Treasury Bonds 1600 | 03/06/98 |

80-Tage-Durchschnitt

123^14
121^28
120^1
118^24
117^06
115^2
114^02
112^16

5
3
1
-1
-3

Nulllinie

40-Tage-Momentum

Sep   Oct   Nov   Dec   '98   Feb   Mar

3/06 10:58am Printed using TradeStation © Omega Research, Inc. 1997

Abbildung 10.2b Manche Trader betrachten ein Kreuzen über die Nulllinie als Kaufsignal und ein Kreuzen unter die Nulllinie als Verkaufssignal (siehe Kreise). Ein gleitender Durchschnitt ist hilfreich, um Trendwechsel zu bestätigen. Die Momentum-Linie erreichte ihre Spitze vor der Kurskurve (siehe Pfeile).

bei einem Kreuzen der Nulllinie nach unten nur in einem Abwärtstrend eröffnet werden (siehe Abbildungen 10.2a und b).

☉ Die Notwendigkeit einer oberen und unteren Begrenzung

Ein Problem mit der Momentum-Linie, wie sie hier beschrieben ist, besteht in dem Fehlen einer festen oberen und unteren Begrenzung. Weiter oben wurde dargelegt, dass einer der Hauptvorteile der Oszillator-Analyse darin besteht festzustellen, wann sich Märkte in extremen Bereichen befinden. Doch wie hoch ist für die Momentum-Linie zu hoch, und wie tief ist zu tief? Der einfachste Weg, um dieses Problem zu lösen, ist die visuelle Inspektion. Überprüfen Sie auf dem Chart die zurückliegende Historie der Momentum-Linie und ziehen Sie entlang ihrer Extrempunkte horizontale Linien. Diese Begrenzungslinien müssen periodisch adjustiert werden, besonders nach dem Eintritt bedeutender Trendwechsel. Aber es ist wahrscheinlich der einfachste und effektivste Weg, die äußeren Extremwerte zu bestimmen (siehe Abbildungen 10.3 und 10.4).

233

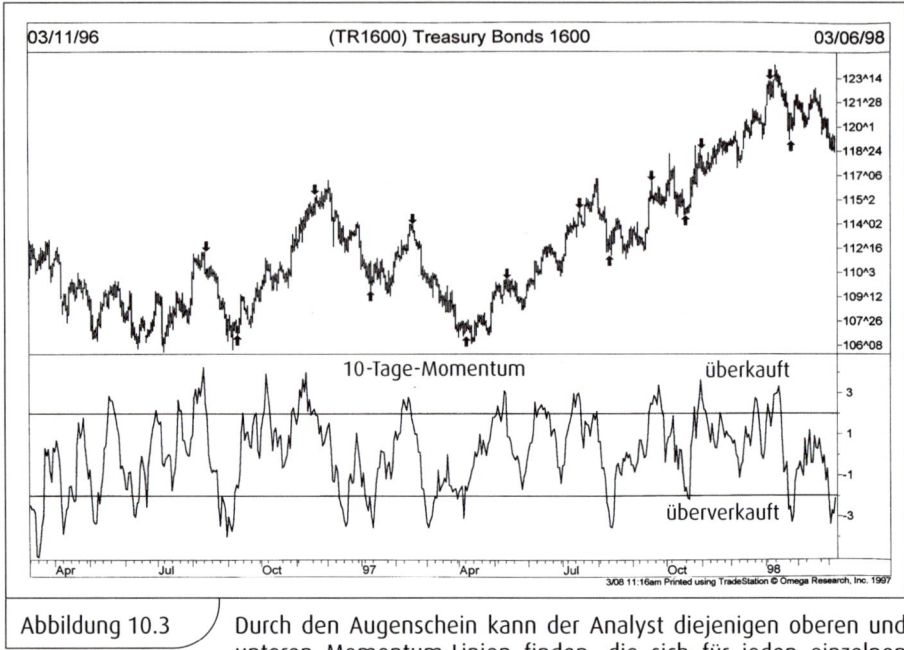

Abbildung 10.3 Durch den Augenschein kann der Analyst diejenigen oberen und unteren Momentum-Linien finden, die sich für jeden einzelnen Markt eignen (siehe horizontale Linien).

☐ DAS RATE OF CHANGE (ROC)

Um das *Rate of Change*, die *Veränderungsrate*, zu bestimmen, wird ein Ratio aus dem aktuellen Schlusskurs und dem Schlusskurs vor einer bestimmten Anzahl von Tagen gebildet. Wenn man einen 10-Tage-ROC Oszillator konstruieren will, so teilt man den aktuellen Schlusskurs durch den Schlusskurs vor zehn Tagen. Die Formel lautet:

$$\text{Rate of Change} = 100 \, /V/V_x)$$

wobei V = letzter Schlusskurs; V_x = Schlusskurs vor x Tagen

In diesem Fall wird die 100-Linie zur Mittellinie. Ist der aktuelle Kurs höher als der Kurs vor 10 Tagen (die Kurse steigen), liegt der resultierende ROC-Wert über 100. Notiert der aktuelle Kurs unter demjenigen vor 10 Tagen, so ergibt sich ein Ratio von unter 100. (Chart-Software benutzt manchmal abweichende Formeln für Momentum und Rate of Change. Obwohl die Konstruktionstechnik variieren kann, bleibt die Interpretation gleich.)

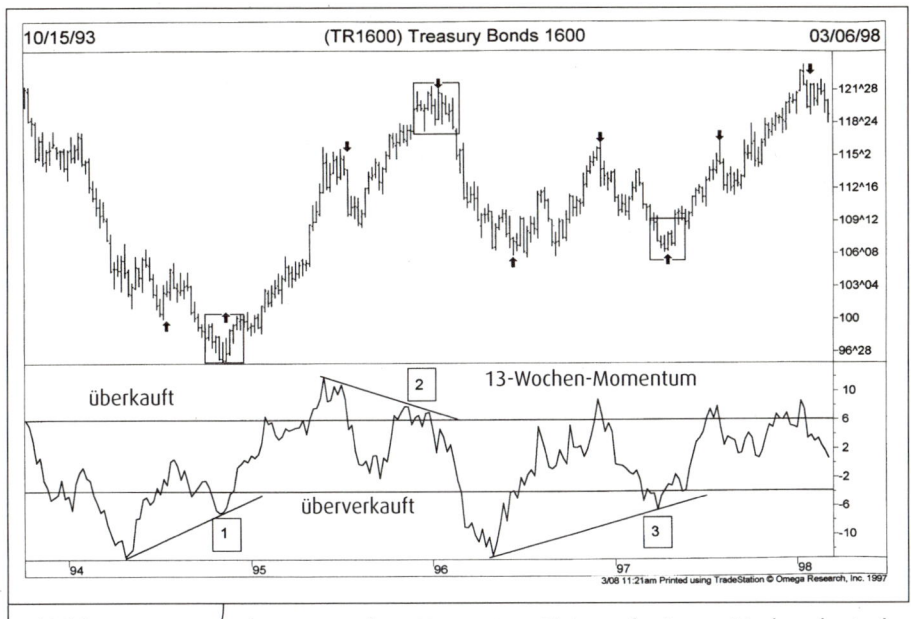

Die Konstruktion eines Oszillators aus zwei gleitenden Durchschnitten

Abbildung 10.4 Eine 13-Wochen-Momentum-Linie auf einem Wochenchart des Treasury Bonds. Die Pfeile markieren die Umkehrpunkte, die von den Extremen des Momentums abgeleitet werden. Die Momentum-Linie wechselte bei jeder wichtigen Umkehr (Punkte 1, 2 und 3) die Richtung vor den Kursen.

☐ DIE KONSTRUKTION EINES OSZILLATORS AUS ZWEI GLEITENDEN DURCHSCHNITTEN

Kapitel 9 diskutierte den Einsatz zweier gleitender Durchschnitte für die Generierung von Kauf- und Verkaufssignalen. Das Kreuzen des kürzeren Durchschnitts über oder unter den längeren Durchschnitt war ein Kauf- bzw. Verkaufssignal. Es wurde an jener Stelle erwähnt, dass eine solche Kombination aus zwei gleitenden Durchschnitten auch zur Konstruktion eines Oszillator-Charts benutzt werden kann. Dies kann dadurch geschehen, dass man die Differenz zu den beiden Durchschnitten als Histogramm darstellt. Diese Histogramm-Balken erscheinen als Plus- oder Minuswert um eine zentrierte Nulllinie. Dieser Typ von Oszillator hat drei Verwendungsmöglichkeiten:

1. Hilfestellung bei der Lokalisierung von Divergenzen.
2. Hilfe bei der Identifizierung kurzfristiger Abweichungen vom langfristigen Trend, wenn der kürzere Durchschnitt sich zu weit von dem längeren Durchschnitt nach oben oder unten entfernt.

235

3. Visualisierung der Kreuzungspunkte zwischen den beiden Durchschnitten, die stattfinden, wenn der Oszillator die Nulllinie kreuzt.

Der kürzere Durchschnitt wird durch den längeren geteilt. In beiden Fällen oszilliert
jedoch der kürzere Durchschnitt um den längeren, der hier die Nulllinie ist. Verläuft der
kürzere Durchschnitt oberhalb des längeren, ist der Oszillator positiv. Er nimmt negative Werte an, wenn sich der kürzere Durchschnitt unter dem längeren befindet (siehe
Abbildungen 10.5 – 10.7).

Sind die beiden gleitenden Durchschnittslinien zu weit voneinander entfernt, so ist
dies ein Marktextrem, das nach einer Verschnaufpause im Trend schreit (siehe Abbildungen 10.6a und b). Sehr oft bleibt der Trend intakt, während sich die kürzere Durchschnittslinie wieder auf die längere zu bewegt. Wenn sich die kürzere Linie der längeren
nähert, ist ein kritischer Punkt erreicht. In einem Aufwärtstrend beispielsweise sollte
die kürzere Linie zwar auf die längere Linie zurückfallen, sie jedoch nicht unterschreiten. Hier handelt es sich normalerweise um eine ideale Kaufzone. Es ist so etwas wie

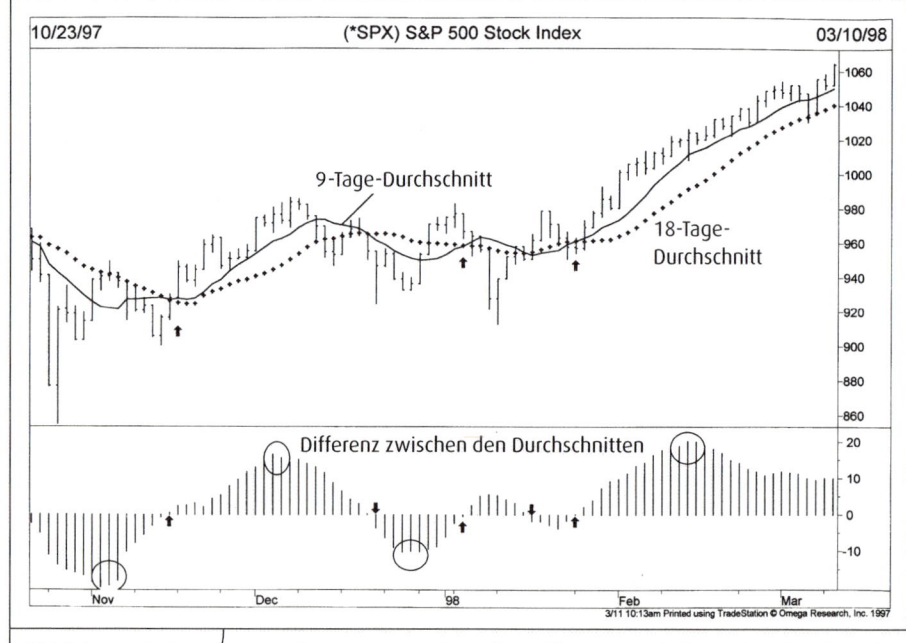

Abbildung 10.5 / Das Histogramm misst die Differenz zwischen den beiden gleitenden Durchschnittslinien. Kreuzungen über und unter die Nulllinie
geben Kauf- und Verkaufssignale (siehe Pfeile). Beachten Sie, dass
das Histogramm deutlich vor den eigentlichen Signalen (siehe
Kreise) drehte.

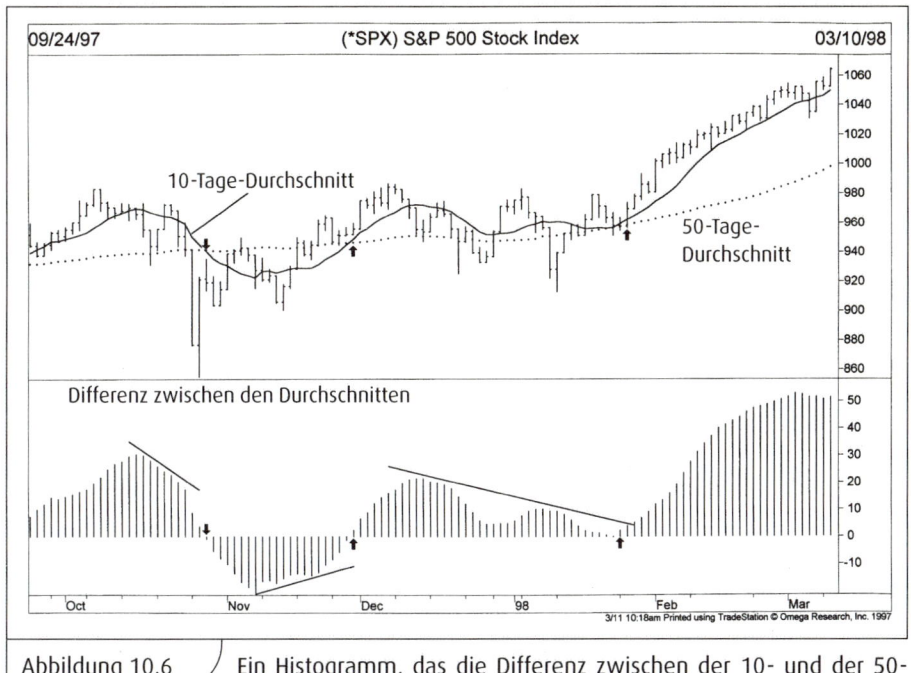

Abbildung 10.6 — Ein Histogramm, das die Differenz zwischen der 10- und der 50-Tage-Linie misst. Das Histogramm dreht immer deutlich vor dem Kreuzen der Nulllinie. In einem Aufwärtstrend wird das Histogramm an der Nulllinie Unterstützung finden und wieder nach oben drehen (dritter Pfeil).

der Test einer Aufwärtstrendlinie. Durchkreuzt der kürzere Durchschnitt allerdings den längeren, so wird eine Trendumkehr signalisiert.

In einem Abwärtstrend repräsentiert ein Anstieg des kürzeren Durchschnitts in Richtung des längeren eine ideale Verkaufszone, es sei denn, die längere Linie wird gekreuzt, in welchem Fall ein Trendumkehrsignal gegeben würde. Das Verhältnis zwischen den beiden Durchschnitten stellt deshalb nicht nur ein ideales Trendfolgesystem dar, sondern es hilft auch dabei, kurzfristige Überkauft- und Überverkauftsituationen zu bestimmen.

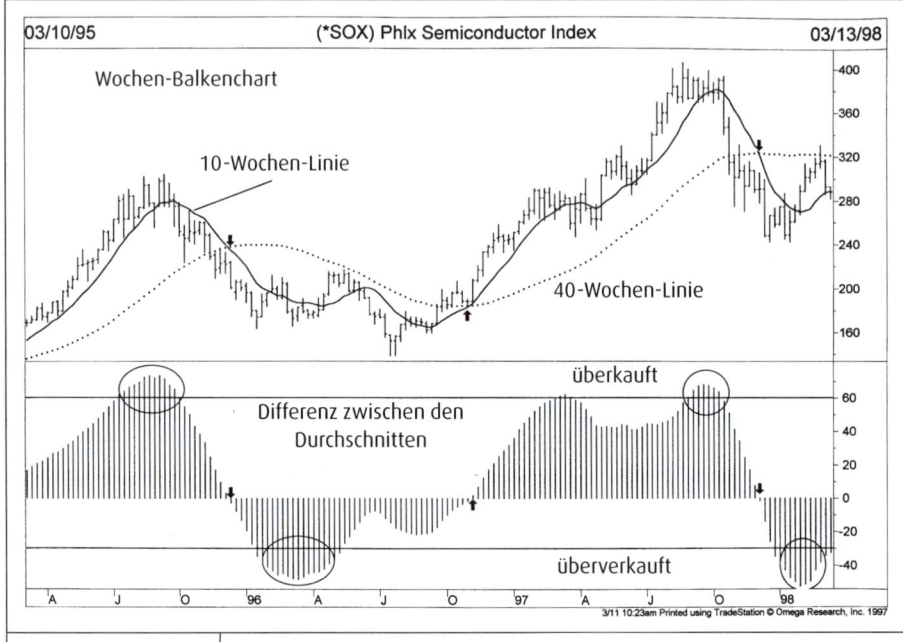

| 03/10/95 | (*SOX) Phlx Semiconductor Index | 03/13/98 |

Abbildung 10.7 / Ein Histogramm, das die Differenz zwischen zwei Wochendurch-schnitte misst. Das Histogramm drehte bereits Wochen vor den eigentlichen Kreuzungspunkten mit der Nulllinie in Richtung des neuen Kurstrends. Beachten Sie, wie leicht die Überkauft- und Überverkauft-Linien erkannt werden können.

□ COMMODITY CHANNEL INDEX

Es ist möglich, einen Oszillator durch Division seines Wertes durch einen konstanten Divisor zu normalisieren. Bei der Konstruktion seines Commodity Channel Index (CCI) vergleicht Donald R. Lambert den aktuellen Kurs mit einem gleitenden Durch-schnitt über eine ausgewählte Zeitspanne – normalerweise 20 Tage. Dann normalisiert er die Oszillatorwerte durch Einsatz eines Divisors, der auf der Standardabweichung basiert. Als Ergebnis fluktuiert der CCI in einer konstanten Bandbreite zwischen +100 nach oben und −100 nach unten. Lambert empfiehlt Long-Positionen in Märkten mit Werten über +100. Märkte mit CCI-Werten unter −100 sind Kandidaten für Leer-verkäufe.

Es scheint allerdings so zu sein, dass die meisten Technischen Analysten den CCI einfach als Überkauft-/Überverkauft-Oszillator verwenden. In diesem Sinne genutzt bedeuten Werte über +100 überkauft und unter −100 überverkauft. Obwohl der Com-modity Channel Index ursprünglich für Commodities entwickelt wurde, wird er auch

238

für das Trading von Aktienindex-Futures und –Optionen wie beispielsweise den S&P 100 (OEX) verwendet. Wenn auch normalerweise 20 Tage der voreingestellte Wert für den CCI ist, kann der Nutzer die Anzahl der Tage verändern, um die Sensitivität zu beeinflussen (siehe Abbildungen 10.8 und 10.9).

☐ DER RELATIVE-STÄRKE-INDEX (RSI)

Der RSI wurde von Welles Wilder, Jr. entwickelt und in seinem 1978 erschienenen Buch *New Concepts in Technical Trading Systems* präsentiert. Wir werden hier nur die wesentlichen Punkte behandeln. Für weiterführende Studien ist die Lektüre des Originalwerks von Wilder zu empfehlen. Weil besonders dieser Oszillator unter den Tradern so populär ist, wollen wir anhand des RSI die meisten Prinzipien der Oszillator-Analyse demonstrieren.

Nach den Ausführungen von Wilder besteht eines der beiden Hauptprobleme bei der Konstruktion einer Momentum-Linie (Verwendung von Kursdifferenzen) in den

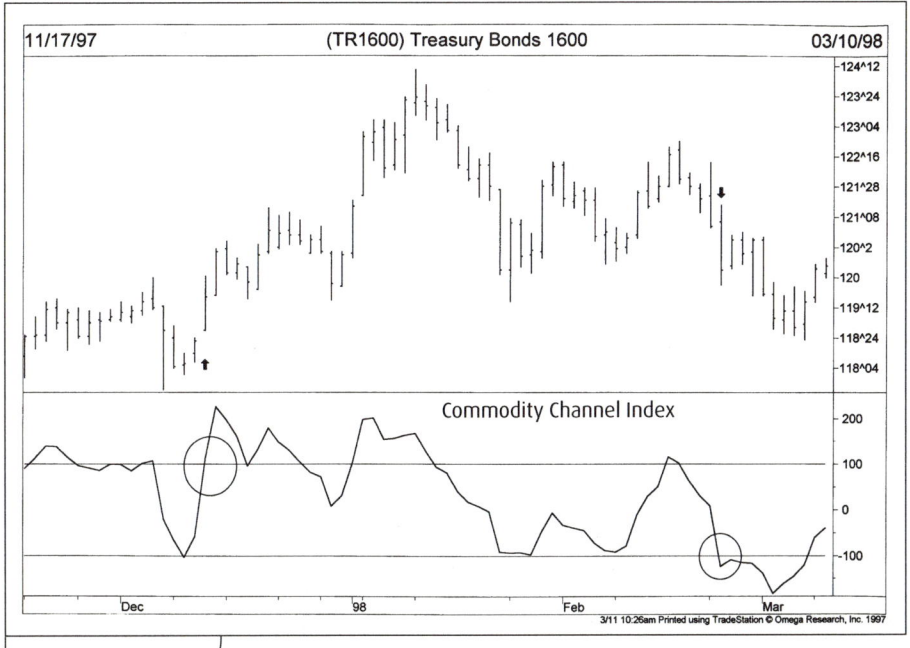

Abbildung 10.8 Ein 20-Tage-Commodity Channel Index. Die ursprüngliche Intention dieses Indikators war es, bei Bewegungen über +100 zu kaufen und unter –100 zu verkaufen, wie hier gezeigt.

239

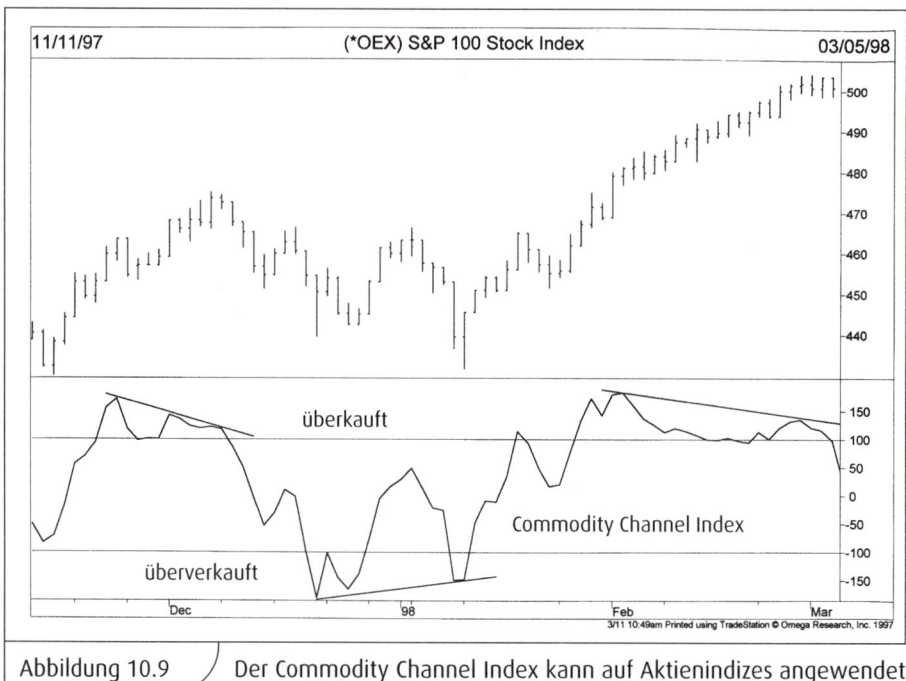

| 11/11/97 | (*OEX) S&P 100 Stock Index | 03/05/98 |

Abbildung 10.9 Der Commodity Channel Index kann auf Aktienindizes angewendet werden und kann, wie jeder andere Oszillator auch, zur Messung von Marktextremen benutzt werden. Beachten Sie, dass der CCI an jedem Top und Boden vor den Kursen drehte. Die Standardlänge beträgt 20 Tage.

erratischen Bewegungen, die oft durch plötzliche Veränderungen der zugrunde liegenden Werte hervorgerufen werden. Ein starker Anstieg oder Abfall vor 10 Tagen (im Falle eines 10-Tage-Momentums) kann plötzliche Verschiebungen der Momentum-Linie zur Folge haben, selbst dann, wenn sich der aktuelle Kurs nur geringfügig verändert. Deshalb ist eine Glättung notwendig, um diese Verzerrungen zu minimieren. Das zweite Problem ist die Notwendigkeit einer konstanten Bandbreite für Vergleichszwecke. Die RSI-Formel sorgt nicht nur für die nötige Glättung, sondern sie löst auch das letzte Problem durch Einführung einer konstanten vertikalen Bandbreite zwischen 0 und 100.

Nebenbei bemerkt, ist die Bezeichnung „Relative Stärke" etwas unglücklich gewählt und führt oft bei denen, die mit diesem in der Aktienmarktanalyse gebräuchlichen Begriff vertraut sind, zur Verwirrung. Die *Relative Stärke* ist allgemein eine Verhältnislinie, die zwei verschiedene Wertpapiere miteinander vergleicht. Das Verhältnis einer Aktie oder eines Branchen-Teilindex des S&P 500 Index ist ein Weg, die Relative Stärke verschiedener Aktien oder Branchen in Relation zu einer objektiven Benchmark zu messen. Wir werden Ihnen später in diesem Buch zeigen, wie nützlich die *Relative-Stärke-* oder *Ratio-Analyse* sein kann. Wilders *Relative-Stärke-Index* misst eigentlich nicht die Relative Stärke zwischen verschiedenen Gegenständen. In diesem Sinne ist der Name etwas irreführend. Der RSI löst allerdings das Problem der erratischen Bewegungen und erfüllt die Anforderung an eine konstante obere und untere Begrenzung. Die eigentliche Formel wird folgendermaßen berechnet:

$$RSI = 100 - \frac{100}{1 + RS}$$

$$RS = \frac{\textit{Durchschnitt der Schlusskurse von x Tagen mit steigenden Kursen}}{\textit{Durchschnitt der Schlusskurse von x Tagen mit fallenden Kursen}}$$

In der Kalkulation werden 14 Tage als Wert für x angesetzt; bei Wochencharts werden 14 Wochen verwendet. Um den Durchschnittswert für die Tage mit positiver Kurstendenz zu finden, addieren Sie die gesamten Kursgewinne, die innerhalb der 14 Tage an Tagen mit steigenden Kursen angefallen sind, und teilen Sie diese Summe durch 14. Um den Durchschnittswert für die Tage mit negativer Kurstendenz zu erhalten, addieren Sie die gesamten Kursverluste, die innerhalb dieses Zeitraums an Tagen mit fallenden Kursen entstanden sind, und teilen Sie die Summe durch 14. Dann wird die Relative Stärke (RS) bestimmt, indem der durchschnittliche Kursgewinn durch den durchschnittlichen Kursverlust geteilt wird. Anschließend wird der RS-Wert in die Formel für den RSI eingefügt. Die Anzahl der Tage kann einfach durch Veränderung des Wertes für x variiert werden.

Wilder verwendete ursprünglich eine Periode von 14 Tagen. *Je kürzer die Zeitperiode, umso empfindlicher wird der Oszillator, und umso weiter wird seine Amplitude.* Der RSI funktioniert am besten, wenn seine Fluktuationen die oberen und unteren Extreme erreichen. Wenn ein Trader auf einer sehr kurzfristigen Basis handelt und ausgeprägtere Schwünge des Oszillators wünscht, kann der Stützzeitraum verkürzt werden. Um den Verlauf des Oszillators zu glätten und seine Amplitude zu verkleinern, wird der Stützzeitraum verlängert. Damit ist die Amplitude eines 9-Tage-Oszillators größer als diejenige des ursprünglichen 14-Tage-RSI. Obwohl die Spannen von 9 und 14 Tagen am häufigsten eingesetzt werden, experimentieren die Techniker auch mit anderen Periodenlängen. Einige benutzen kürzere Längen, wie beispielsweise 5 oder 7 Tage, um die Volatilität der RSI-Linie zu erhöhen. Andere ziehen 21 oder 28 Tage vor, um die RSI-Signale weiterzuglätten (siehe Abbildungen 10.10 und 10.11).

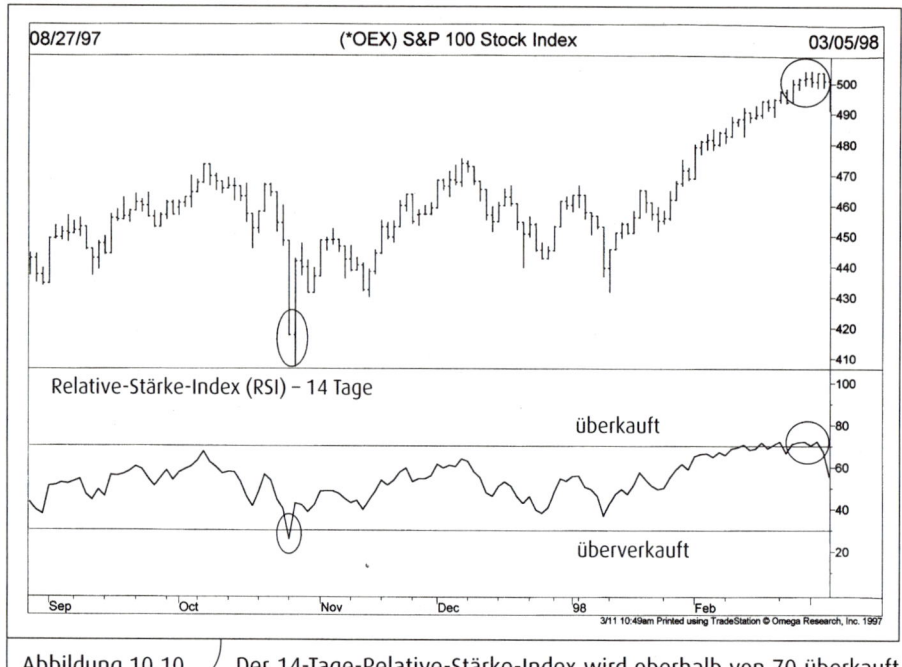

Abbildung 10.10 / Der 14-Tage-Relative-Stärke-Index wird oberhalb von 70 überkauft und unterhalb von 30 überverkauft. Dieser Chart zeigt den S&P 100 im Oktober als überverkauft und im Februar als überkauft.

⊙ Die Interpretation des RSI

Der RSI wird auf einer senkrechten Skala von 0 bis 100 gezeichnet. Bewegungen über 70 werden als überkauft angesehen, während überverkaufte Marktsituationen bei Werten unter 30 herrschen. Aufgrund von Verschiebungen, die bei Bullen- und Bärenmärkten zu beobachten sind, wird das 80er Niveau in Bullenmärkten gewöhnlich zum Überkauft-Niveau und die 20er Linie zum Überverkauft-Niveau in Bärenmärkten.

„Failure Swings", wie Wilder sie nennt, tauchen auf, wenn der RSI über 70 oder unter 30 notiert. Ein *Top Failure Swing* entsteht dann, wenn ein Gipfel im RSI (über 70) es nicht schafft, das Niveau eines vorherigen Gipfels in einem Aufwärtstrend zu überwinden, gefolgt von einer Unterbietung des vorherigen Tiefs. Zu einem *Bottom Failure Swing* kommt es, wenn der RSI in einem Abwärtstrend (unter 30) kein neues Tief etablieren kann und sich dann anschickt, ein vorheriges Hoch zu übertreffen (siehe Abbildungen 10.12a-b).

Divergenzen zwischen dem RSI und der Kurskurve sind, wenn sich der RSI über 70 oder unter 30 befindet, eine ernste Warnung, die beachtet werden sollte. Wilder

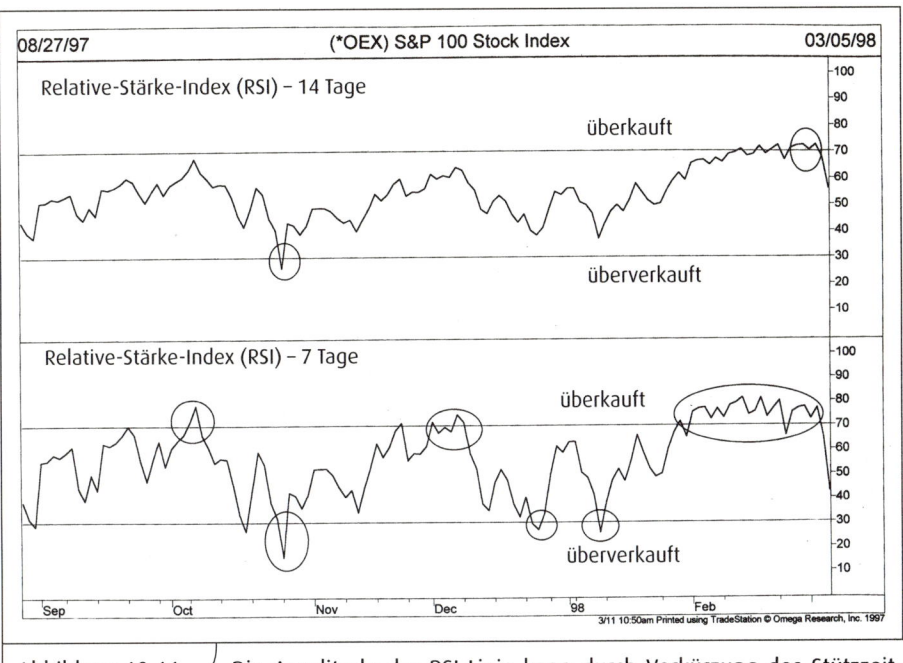

Abbildung 10.11 / Die Amplitude der RSI-Linie kann durch Verkürzung des Stützzeitraums erweitert werden. Beachten Sie, dass der 7-Tage-RSI die äußeren Extreme häufiger erreicht als der 14-Tage-RSI. Das macht den 7-Tage-RSI für kurzfristige Trader nützlicher.

selbst erachtet eine Divergenz als die „aussagekräftigste Charakteristik des Relative-Stärke-Index" (Wilder, S. 70).

Die Trendlinienanalyse kann eingesetzt werden, um Veränderungen im Trend des RSI zu erkennen. Für denselben Zweck können gleitende Durchschnitte verwendet werden (siehe Abbildung 10.13).

Nach meiner eigenen persönlichen Erfahrung mit dem RSI-Oszillator liegt sein größter Wert in den Failure Swings oder Divergenzen, die auftauchen, wenn sich der RSI über 70 oder unter 30 befindet. Lassen Sie uns einen anderen wichtigen Punkt bei dem Einsatz von Oszillatoren klären. Jeder starke Trend, ob nach oben oder nach unten, produziert gewöhnlich für eine zu lange Zeit eine extreme Oszillator-Position. In solchen Fällen ist die Klassifizierung eines Marktes als überkauft oder überverkauft in der Regel verfrüht und kann in einem zu frühen Ausstieg aus einem profitablen Trend resultieren. In starken Aufwärtstrends können überkaufte Märkte eine ganze Weile lang überkauft bleiben. Die Tatsache, dass ein Oszillator in die obere Region vorgedrungen ist, reicht nicht, um eine Long-Position zu liquidieren (oder, schlimmer noch, in einem starken Aufwärtstrend short zu gehen).

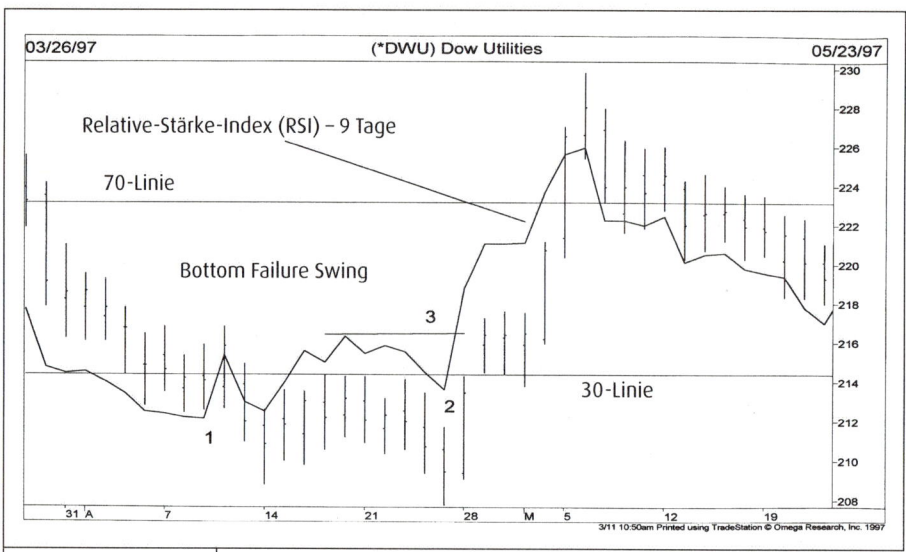

Abbildung 10.12a Ein Bottom Failure Swing bei der RSI-Linie. Das zweite Tief des RSI (Punkt 2) ist höher als das erste (Punkt 1), während es sich unter 30 befindet und die Kurse noch fallen. Die Überschreitung des RSI-Gipfels (Punkt 3) signalisierte, dass der Boden gefunden wurde.

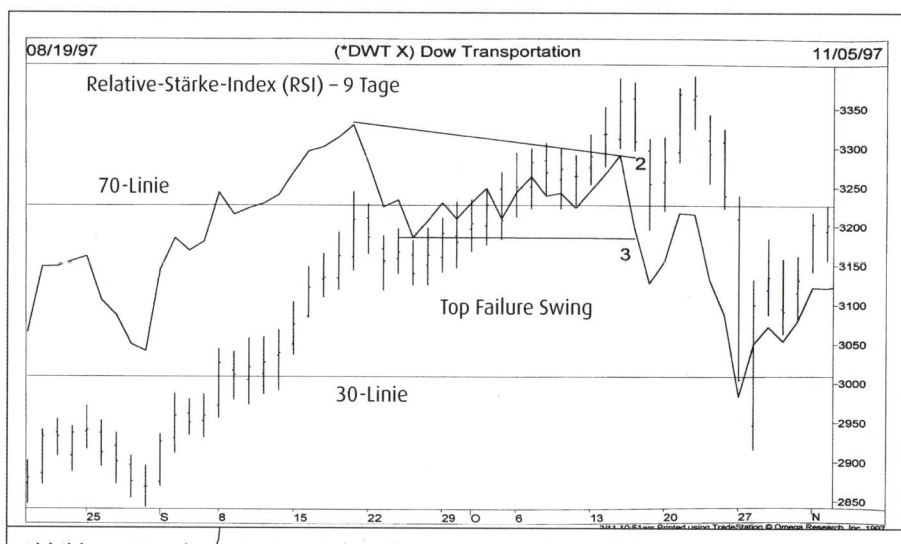

Abbildung 10.12b Ein Top Failure Swing. Der zweite Gipfel (2) ist tiefer als der erste (1), während die RSI-Linie über 70 verläuft und die Kurse noch steigen. Der Bruch der RSI-Linie unter das Tal in der Mitte (Punkt 3) signalisiert das Top.

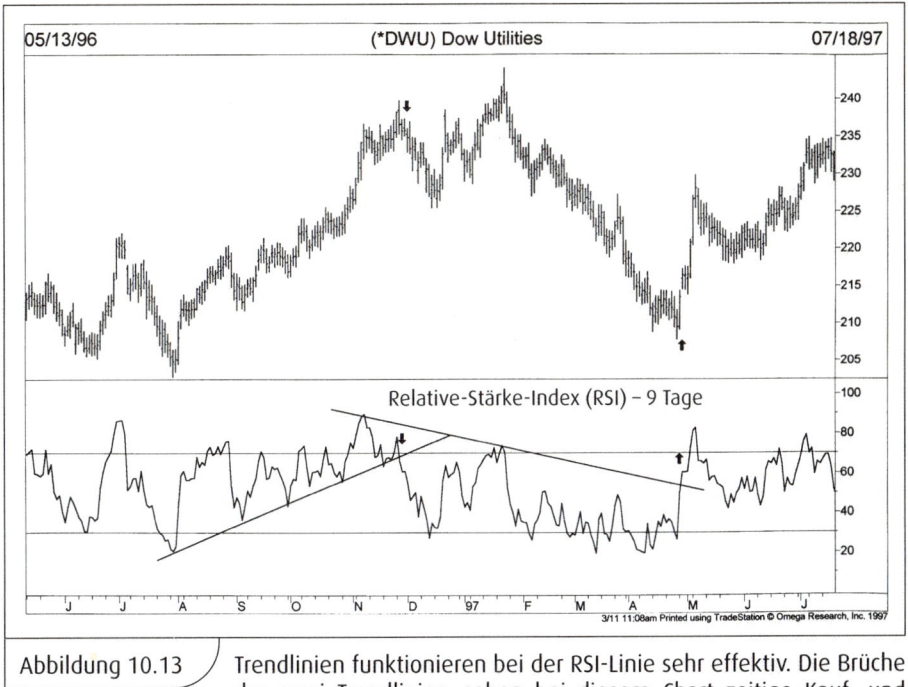

Relative-Stärke-Index (RSI) – 9 Tage

Abbildung 10.13 / Trendlinien funktionieren bei der RSI-Linie sehr effektiv. Die Brüche der zwei Trendlinien gaben bei diesem Chart zeitige Kauf- und Verkaufssignale (siehe Pfeile).

Der erste Vorstoß in die Überkauft- oder Überverkauft-Region ist normalerweise nur eine Warnung. Das Signal, dem eine größere Beachtung geschenkt werden sollte, ist die zweite Bewegung des Oszillators in die *Gefahrenzone*. Schafft es die zweite Bewegung des Oszillators nicht, die Kursbewegung auf neue Hochs oder Tiefs zu bestätigen (indem der Oszillator ein Doppeltop oder einen doppelten Boden ausbildet), so erscheint eine mögliche Divergenz. An diesem Punkt können defensive Maßnahmen ergriffen werden, um bestehende Positionen zu schützen. Wenn sich der Oszillator in die entgegengesetzte Richtung bewegt und das Niveau eines früheren Hochs oder Tiefs durchbricht, so wird eine Divergenz oder ein Failure Swing bestätigt.

Das 50er Niveau ist der Mittelwert des RSI und erweist sich oft als Unterstützung bei Kursrückschlägen und als Widerstand bei Kurserholungen. Einige Trader behandeln das Durchkreuzen der 50-Linie nach oben bzw. unten als Kauf- bzw. Verkaufssignale.

☐ Der Einsatz der 70- und 30-Linien für die Generierung von Signalen

Auf dem Oszillator-Chart erscheinen horizontale Linien bei den Werten 70 und 30. Trader benutzen diese Linien oft, um Kauf- und Verkaufssignale zu generieren. Wir wissen bereits, dass eine Bewegung unter 30 vor einer überverkauften Situation warnt. Nehmen Sie einmal an, der Trader glaubt an die Bodenbildung eines Marktes und hält Ausschau nach einer Kaufgelegenheit. Er beobachtet, dass der Oszillator unter 30 taucht. Dann mag sich eine Art Divergenz in dieser überverkauften Zone des Oszillators entwickeln. Ein Kreuzen zurück über die 30-Linie an diesem Punkt wird von vielen Tradern als Bestätigung dafür gesehen, dass der Trend im Oszillator nach oben gedreht hat. Dementsprechend wird in einem überkauften Markt ein Kreuzen der 70-Linie nach unten oft als Verkaufssignal benutzt (siehe Abbildung 10.14).

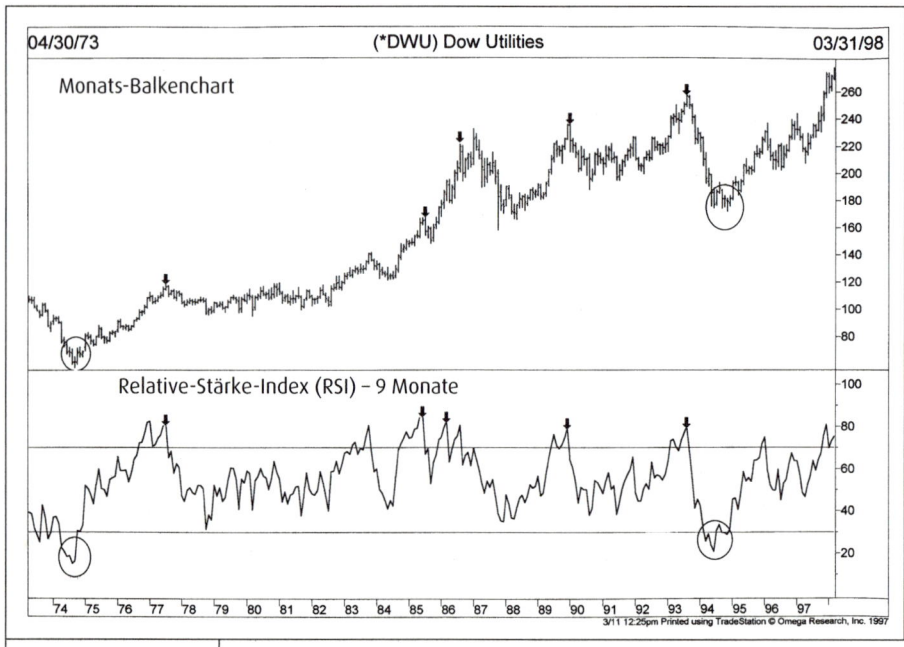

Abbildung 10.14 / Der RSI-Oszillator kann auch bei Monatscharts eingesetzt werden. Beachten Sie die beiden wichtigen Kaufsignale im Überverkauft-Bereich in 1974 und 1994. Die überkauften Spitzen in der RSI-Linie verrichteten eine gute Arbeit, indem sie auf wichtige Tops im Dow Jones Versorger-Index hinwiesen.

☐ DER STOCHASTIK–OSZILLATOR (K%D)

Der *Stochastik-Oszillator* wurde durch George Lane (Präsident von Investment Educators, Inc., Watseka, Illinois) bekannt gemacht. Er basiert auf der Beobachtung, dass die Schlusskurse in einem Aufwärtstrend eher zu dem oberen Ende der Bandbreite tendieren. Umgekehrt tendieren die Schlusskurse in einem Abwärtstrend zum unteren Ende der Bandbreite. Im Stochastik-Prozess werden zwei Linien eingesetzt – die %K-Linie und die %D-Linie. Die %D-Linie ist die wichtigere und diejenige, die die Signale generiert.

Die Absicht liegt darin, zu bestimmen, wo sich die jüngsten Schlusskurse in Relation zu der Bandbreite der gewählten Zeitperiode befinden. 14 Perioden werden für diesen Oszillator am häufigsten eingesetzt. Zur Bestimmung der K-Linie, der empfindlicheren von beiden, gilt folgende Formel:

$$\% K = 100 \, \frac{(C - L_{14})}{(H_{14} - L_{14})}$$

wobei gilt:

C = letzter Schlusskurs,

L_{14} = tiefstes Tief der vergangenen 14 Perioden,

H_{14} = höchstes Hoch der vergangenen 14 Perioden (die 14 Perioden können sich auf Tage, Wochen oder Monate beziehen).

Die Formel ermittelt einfach auf eine Skala von 0 bis 100, wo sich der Schlusskurs in Relation zu der gesamten Bandbreite für die gewählte Zeitperiode befindet. Sehr hohe Werte (über 80) zeigen einen Schlusskurs in der Nähe des oberen Randes, während niedrige Werte (unter 20) auf einen Schlusskurs in der Nähe des unteren Randes hinweisen.

Die zweite Linie (%D) ist ein 3-Perioden gleitender Durchschnitt der %K-Linie. Diese Formel beschreibt die Version des *schnellen* Stochastiks. Durch Verwendung eines weiteren 3-Perioden-Durchschnitts von beiden Linien wird eine geglättete Version, der *langsame* Stochastik, berechnet. Die meisten Trader benutzen den *langsamen* Stochastik wegen seiner verlässlicheren Signale.

Diese Formeln liefern zwei Linien, die auf einer vertikalen Skala zwischen 0 und 100 oszillieren. Die K-Linie ist die schnellere Linie und die D-Linie die langsamere. Das entscheidende Signal, auf das zu achten ist, ist eine Divergenz zwischen der D-Linie und den Kursen des zugrundeliegenden Marktes, wenn sich die D-Linie in einer überkauften oder überverkauften Zone befindet. Die oberen und unteren Grenzlinien verlaufen bei 80 und 20 (siehe Abbildung 10.15).

Eine negative Divergenz entsteht, wenn die D-Linie über 80 ist und zwei Gipfel mit fallender Tendenz bildet, während sich die Kurse weiter nach oben bewegen. Zu einer positiven Divergenz kommt es, wenn die D-Linie unter 20 ist und zwei Täler mit

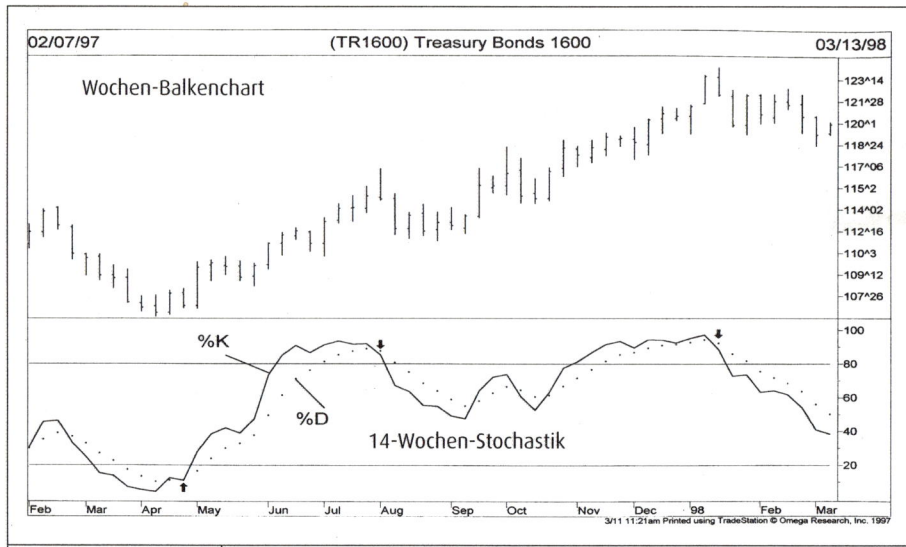

Die Pfeile nach unten zeigen zwei Verkaufssignale, die bei der 80 Linie zustande kommen. Ein Kreuzen der %K-Linie über die %D-Linie unterhalb von 20 ist ein Kaufsignal (Pfeil nach oben).

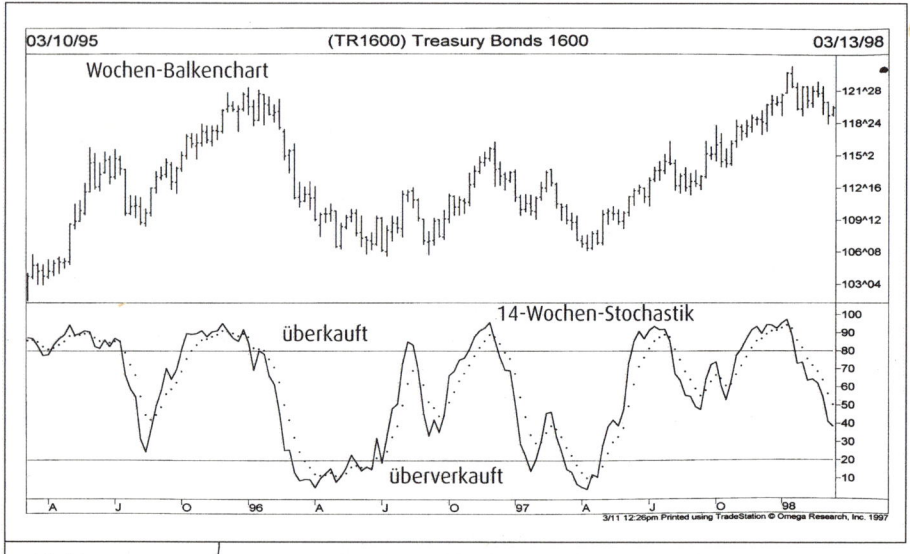

Kehrtwenden des 14-Wochen-Stochastik von oberhalb von 80 und unterhalb von 20 funktionierten ganz gut bei der Antizipation wichtiger Trendwechsel im Treasury Bond Markt. Stochastik-Charts können für 14 Tage, 14 Wochen oder 14 Monate konstruiert werden.

steigender Tendenz bildet, während die Kurse weiter fallen. Berücksichtigt man alle diese Faktoren, wird das eigentliche Kauf- oder Verkaufssignal ausgelöst, wenn die schnellere K-Linie die langsamere D-Linie kreuzt.

Es gibt weitere Verfeinerungen bei der Benutzung des Stochastik-Oszillators, doch die vorstehende Erklärung deckt die wesentlichen Punkte ab. Trotz der höheren Kompliziertheit bleibt die grundlegende Oszillator-Interpretation die gleiche. Ein vorbereitendes Signal (Alarm oder Set-up) wird gegeben, wenn sich die %D-Linie in einer Extremzone befindet und eine Divergenz zur Kursbewegung zeigt. Das eigentliche Signal wird ausgelöst, wenn die D-Linie von der schnelleren K-Linie durchschnitten wird.

Der Stochastik-Oszillator kann für längerfristige Perspektiven auch bei Wochen- oder Monatscharts eingesetzt werden. Er kann auch auf Intraday-Charts effektiv für kurzfristiges Trading genutzt werden (siehe Abbildung 10.16).

Eine Möglichkeit, Tages- und Wochen-Stochastik zu kombinieren, besteht darin, Wochensignale zur Bestimmung der Marktrichtung und Tagessignale zum Timing zu nutzen. Ein gute Idee ist auch, den Stochastik-Oszillator mit dem RSI zu kombinieren (siehe Abbildung 10.17).

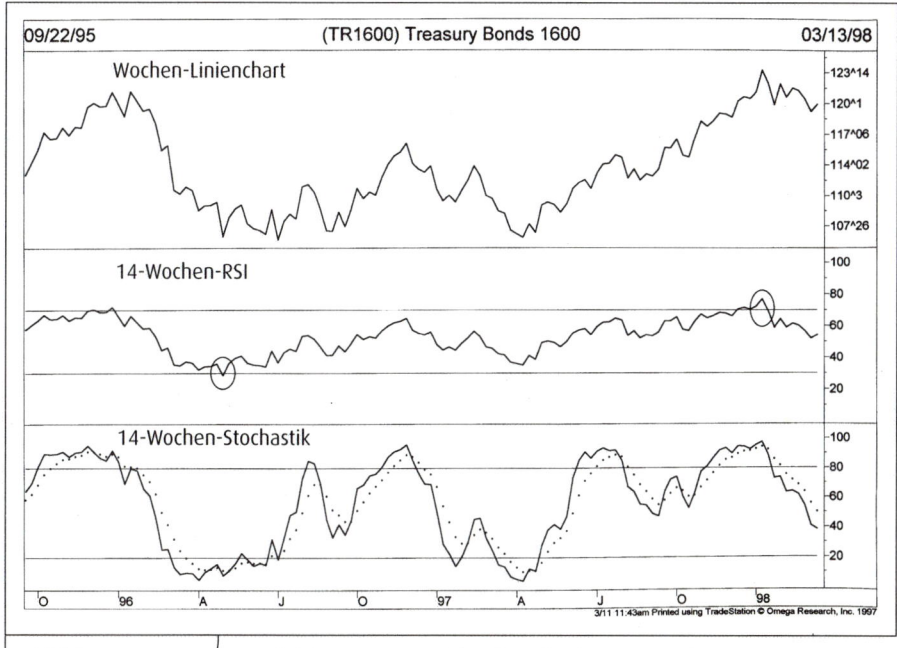

Abbildung 10.17 Vergleich von RSI und Stochastik über 14 Wochen. Die RSI-Linie ist nicht so volatil wie der Stochastik und erreicht seltener Extremwerte. Die besten Signale werden gegeben, wenn sich beide Oszillatoren im überkauften oder überverkauften Territorium befinden.

□ LARRY WILLIAMS %R

Larry Williams %R basiert auf einem ähnlichen Konzept, den jüngsten Schlusskurs in Relation zu der Kursbandbreite einer gegebenen Anzahl von Tagen zu messen. Der aktuelle Schlusskurs wird von dem Höchstkurs dieser Bandbreite abgezogen, und diese Differenz wird durch die gesamte Bandbreite dieses Zeitraums geteilt. Die bereits für die Interpretation von Oszillatoren diskutierten Konzepte gelten für den %R gleichermaßen, wobei die Hauptfaktoren die Präsenz von Divergenzen in Überkauft- und Überverkauft-Zonen sind (siehe Abbildung 10.18). Weil beim %R vom Höchstkurs subtrahiert wird, sieht er wie ein umgekehrter Stochastik aus. Um dies zu korrigieren, beinhalten Chart-Softwarepakete eine invertierte Version des %R.

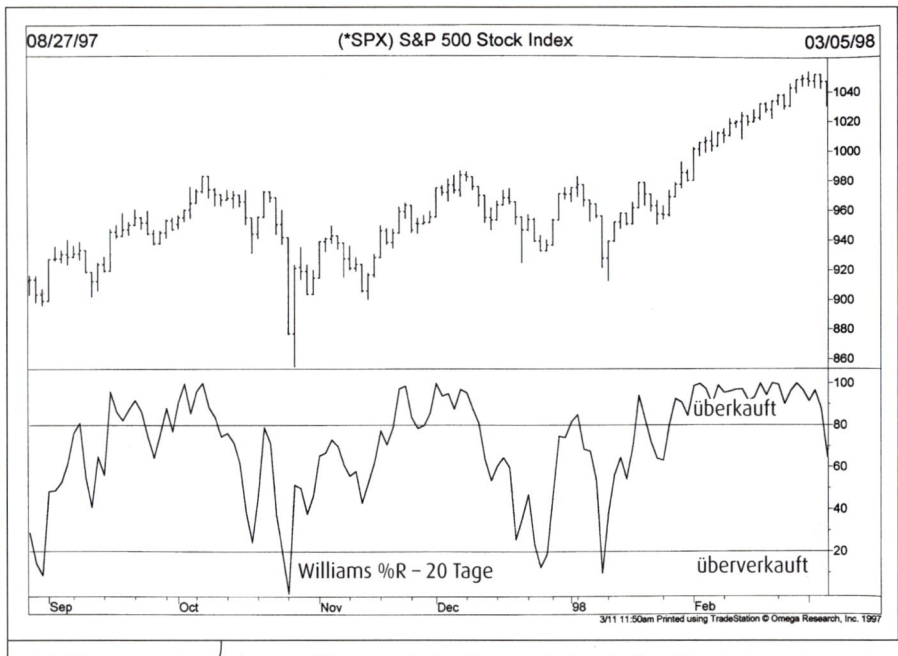

Abbildung 10.18 / Larry Williams %R-Oszillator wird auf dieselbe Weise wie andere Oszillatoren eingesetzt. Werte über 80 oder unter 20 identifizieren Marktextreme.

⊙ Auswahl von Zeitperioden in Abhängigkeit von Zyklen

Oszillator-Längen können auf die zugrunde liegenden Marktzyklen bezogen werden. Dabei wird ein Stützzeitraum von der halben Zykluslänge benutzt. Verbreitete Input-Variablen sind 5, 10 und 20 Tage, die auf den Kalender-Tagesperioden von 14, 28 und 56 Tagen basieren. Wilders RSI verwendet 14 Tage, was die Hälfte von 28 ist. Im vorangegangenen Kapitel diskutierten wir einige Gründe, warum die Zahlen 5, 10 und 20 in den Formeln für gleitende Durchschnitte und Oszillatoren auftauchen, so dass wir dies nicht wiederholen wollen. Es sei hier nur erwähnt, dass 28 Kalendertage (20 Handelstage) einen wichtigen, dominanten monatlichen Handelszyklus repräsentieren und dass die anderen Zahlen zu diesem Zyklus in harmonischer Beziehung stehen. Die Popularität des 10-Tage-Momentums und des 14-Tage-RSI gründet zum größten Teil auf dem 28-Tage-Handelszyklus und beträgt die Hälfte des Wertes jenes dominanten Handelszyklus. Wir werden auf die Bedeutung von Zyklen in Kapitel 14 zurückkommen.

☐ DIE BEDEUTUNG DES TRENDS

In diesem Kapitel haben wir die Verwendung von Oszillatoren bei der Marktanalyse diskutiert, wie sie dazu beitragen, kurzfristige überkaufte und überverkaufte Marktsituationen zu bestimmen, und wie sie Trader für mögliche Divergenzen sensibilisieren. Wir begannen mit der Momentum-Linie. Wir besprachen einen anderen Weg, um Veränderungsraten (ROC) mittels Kurs-Ratios statt Kurs-Differenzen zu messen. Dann zeigten wir, wie man zwei gleitende Durchschnitte miteinander vergleichen kann, um kurzfristige Extreme und Kreuzungspunkte zu erkennen. Zum Schluss betrachteten wir den RSI und den Stochastik-Oszillator und erörterten, wie Oszillatoren mit Zyklen synchronisiert werden können.

Die Analyse von Divergenzen ist am wertvollsten. Der Leser wird allerdings davor gewarnt, zu viel Wert auf die Divergenz-Analyse zu legen, was der Fall ist, wenn die grundlegende Trendanalyse entweder ignoriert oder übersehen wird. Die meisten Kaufsignale von Oszillatoren funktionieren am besten in Aufwärtstrends, und Verkaufssignale von Oszillatoren sind am profitabelsten in Abwärtstrends. Der Punkt, von dem aus Sie Ihre Marktanalyse starten, ist immer die Bestimmung des allgemeinen Markttrends. Geht der Trend nach oben, so ist eine Kaufstrategie gefordert. Oszillatoren können dann dazu benutzt werden, bei dem Markteinstieg zu helfen. Kaufen Sie, wenn der Markt in einem Aufwärtstrend überverkauft ist. Gehen Sie short, wenn der Markt in einem Abwärtstrend überkauft ist. Oder kaufen Sie, wenn der Momentum-Oszillator über die Nulllinie zurückkreuzt, wenn der Primärtrend bullish ist, und verkaufen Sie in einem Bärenmarkt beim Durchschneiden der Nulllinie nach unten.

Die Bedeutung des Trading in Richtung des übergeordneten Markttrends kann nicht stark genug betont werden. Die Gefahr, ein zu großes Gewicht auf Oszillatoren allein zu legen, besteht in der Versuchung, Divergenzen als Ausrede für das Handeln entgegen dem allgemeinen Trend zu verwenden. So nützlich die Oszillatoren auch sind, sie sind doch nur ein Werkzeug unter vielen anderen und dürfen nur als Unterstützung, nicht als Ersatz für die grundlegende Trendanalyse fungieren.

☐ WANN OSZILLATOREN AM NÜTZLICHSTEN SIND

Es gibt bestimmte Zeiten, da sind Oszillatoren nützlicher als zu anderen Zeiten. In unsteten Marktperioden, wenn die Kurse über Wochen oder gar Monate seitwärts verlaufen, bilden Oszillatoren die Kursbewegungen sehr genau ab. Die Hochs und Tiefs auf dem Kurschart fallen beinahe exakt mit den Hochs und Tiefs des Oszillators zusammen. Weil sowohl Kurse als Oszillator seitwärts tendieren, schauen sie einander sehr ähnlich aus. An irgendeinem Punkt allerdings kommt es zu einem Ausbruch, und ein neuer Auf- oder Abwärtstrend beginnt. Konstruktionsbedingt befindet sich der Oszillator bereits in einer Extremposition, gerade wenn der Ausbruch stattfindet. Erfolgt der Ausbruch nach oben, so ist der Oszillator bereits überkauft. Eine überverkaufte Lage begleitet gewöhnlich einen Ausbruch nach unten. Der Trader steckt in einem Dilemma. Soll er bei einem bullishen Breakout angesichts einer überkauften Situation des Oszillators kaufen? Sollte bei einem Ausbruch nach unten in eine überverkaufte Situation hinein verkauft werden?

In solchen Fällen wird der Oszillator einstweilen am besten ignoriert und die Position eingegangen. Der Grund dafür liegt darin, dass die Oszillatoren in den frühen Stadien eines neuen Trends, unmittelbar nach einem bedeutenden Ausbruch, oft sehr schnell Extreme erreichen und hier für eine Weile verharren. Die Analyse des Basistrends sollte zu diesen Zeiten die meiste Berücksichtigung finden, während die Oszillatoren eine geringere Rolle spielen. Später, wenn der Trend zur Reife gelangt, sollte dem Oszillator ein größeres Gewicht beigemessen werden. (Wir werden in Kapitel 13 sehen, dass die fünfte und letzte Welle in der Elliott-Wellen-Analyse oft durch negative Oszillator-Divergenzen bestätigt wird.) Viele dynamischen Aufwärtsbewegungen wurden von Tradern verpasst, die zwar das übergeordnete Trendsignal gesehen haben, sich aber entschlossen, mit dem Kauf zu warten, bis ihre Oszillatoren in eine überverkaufte Situation gelangen. Zusammenfassend lässt sich feststellen: Schenken Sie den Oszillatoren in den frühen Stadien einer bedeutenden Kursbewegung weniger Beachtung, aber widmen Sie ihren Signalen erhöhte Aufmerksamkeit, wenn der Trend ausgereift ist.

□ MOVING AVERAGE CONVERGENCE/DIVERGENCE (MACD)

Wir haben im vorhergehenden Kapitel eine Oszillatortechnik erwähnt, die zwei exponentielle gleitende Durchschnitte einsetzt. Hier ist sie: Der Moving Average Convergence/Divergence Indikator, oder abgekürzt MACD, wurde von Gerald Appel entwickelt. Dieser Indikator kombiniert einige der bereits erwähnten Oszillator-Prinzipien mit der Double Crossover Method der gleitenden Durchschnitte, was ihn zu einem sehr nützlichen Instrument werden lässt. An Ihrem Computerbildschirm werden Sie nur zwei Linien sehen, obwohl eigentlich drei Linien in die Kalkulation einfließen. Die schnellere Linie (MACD-Linie genannt) ist die Differenz zwischen zwei exponentiell geglätteten gleitenden Durchschnitten auf der Basis von Schlusskursen (normalerweise die letzten 12 und 26 Tage oder Wochen). Die langsamere Linie (Signallinie genannt) ist üblicherweise ein exponentiell geglätteter 9-Perioden-Durchschnitt der MACD-Linie. Ursprünglich empfahl Appel zwei verschiedene Zahlenkombinationen für Kauf- und Verkaufssignale. Die meisten Trader benutzen allerdings in allen Fällen die voreingestellten Werte von 12, 26 und 9 Perioden. Das gilt für Tages- wie für Wochenparameter (siehe Abbildung 10.19a).

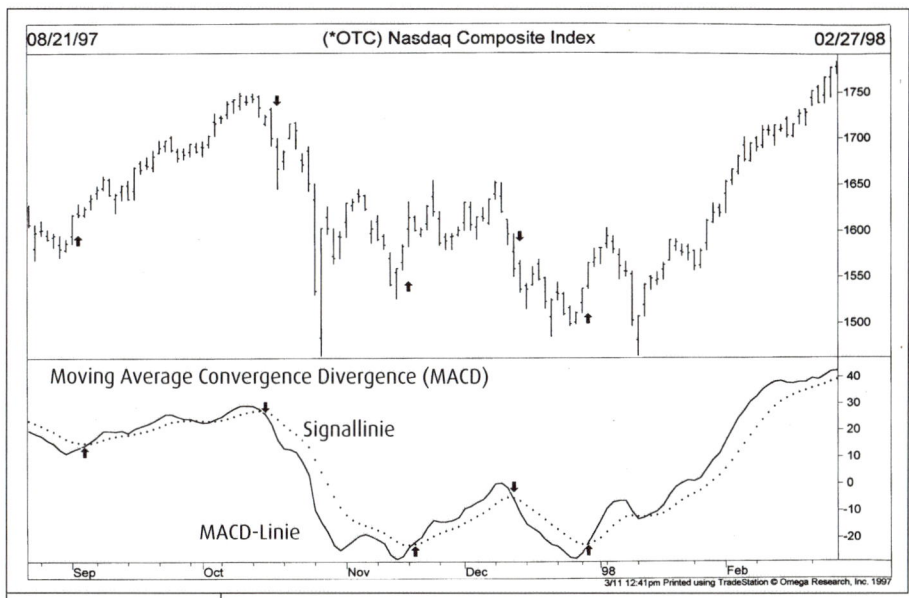

Abbildung 10.19a / Das Moving Average Convergence/ Divergence System zeigt zwei Linien. Ein Signal wird ausgelöst, wenn die schnellere MACD-Linie die langsamere Signallinie kreuzt. Die Pfeile zeigen auf diesem Chart des Nasdaq Composite Index fünf Handelssignale.

253

Die eigentlichen Kauf- und Verkaufssignale werden gegeben, wenn sich die beiden Linien kreuzen. Durchschneidet die schnellere MACD-Linie die langsamere Signallinie von unten nach oben, so ist dies ein Kaufsignal. Ein Kreuzen der schnellen Linie unter die langsame ist ein Verkaufssignal. In diesem Sinne gleicht der MACD der Double Moving Average Crossover Method. Die MACD-Werte fluktuieren aber auch über und unter einer Nulllinie.

Dies erinnert an einen Oszillator. Wenn die Linien zu weit von der Nulllinie entfernt sind, herrscht eine überkaufte Situation. Zu einer überverkauften Situation kommt es, wenn die Linien zu weit unter der Nulllinie verlaufen. Die besten Kaufsignale werden gegeben, wenn der MACD recht weit unter der Nulllinie im Überkauft-Bereich notiert. Kreuzungen über und unter die Nulllinie sind eine weitere Möglichkeit, Kauf- bzw. Verkaufssignale zu generieren, ähnlich der weiter oben besprochenen Momentum-Technik.

Divergenzen erscheinen zwischen dem Trend der MACD-Linie und der Kurskurve. Es kommt zu einer negativen oder bearishen Divergenz, wenn die MACD-Linien deutlich über der Nulllinie (im überkauften Bereich) verlaufen und anfangen, sich abzuschwächen, während sich die Kurse noch im Aufwärtstrend befinden. Dies ist oft eine Warnung vor einem Marktgipfel. Eine positive oder bullishe Divergenz taucht auf, wenn die MACD-Linien deutlich unter der Nulllinie (in der überverkauften Zone) verlaufen und anfangen zu steigen, bevor dies die Kurse tun. Dies ist häufig ein frühzeitiges Zeichen, dass der Markt einen Boden bildet (siehe Abbildung 10.19b).

☐ MACD-HISTOGRAMM

Weiter oben in diesem Kapitel zeigten wir Ihnen, wie ein Histogramm konstruiert wird. Es stellt die Differenz zwischen zwei gleitenden Durchschnittslinien dar. Durch Verwendung derselben Technik können die beiden MACD-Linien in ein MACD-Histogramm verwandelt werden. Das Histogramm besteht aus senkrechten Balken, die die Differenz zwischen den beiden MACD-Linien zeigen. Das Histogramm verfügt von vornherein über eine Nulllinie. Wenn sich die MACD-Linien in positiver Ausrichtung befinden (die schnellere Linie verläuft oberhalb der langsameren), ist das Histogramm über seiner Nulllinie. Kreuzungen des Histogramms über und unter seine Nulllinie korrespondieren mit den eigentlichen MACD-Kreuzungs-Kauf- und Verkaufssignalen.

Der echte Wert des Histogramms offenbart sich, wenn sich der Abstand zwischen den beiden Linien erweitert oder verengt. Ist das Histogramm über seiner Nulllinie (positiv), fängt jedoch an, in Richtung zur Nulllinie zu fallen, schwächt sich der Aufwärtstrend ab. Umgekehrt verliert der Abwärtstrend an Momentum, wenn sich das

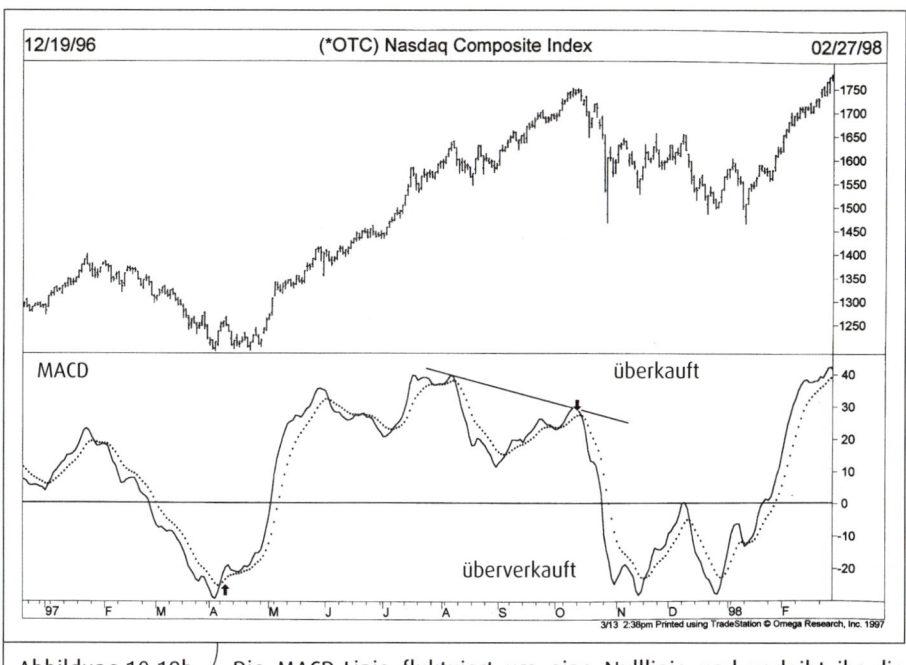

Abbildung 10.19b Die MACD-Linie fluktuiert um eine Nulllinie und verleiht ihr die Qualität eines Oszillators. Die besten Kaufsignale gibt es unter der Nulllinie. Die besten Verkaufssignale werden oberhalb von ihr gegeben. Beachten Sie die negative Divergenz im Oktober (siehe Pfeile nach unten).

Histogramm im negativen Bereich befindet und anfängt, in Richtung Nulllinie zu steigen. Obwohl kein eigentliches Kauf- oder Verkaufssignal ausgelöst wird, bis das Histogramm seine Nulllinie kreuzt, gibt das Drehen des Histogramms frühzeitige Warnsignale, dass der aktuelle Trend an Momentum verliert. Umkehrbewegungen des Histogramms zurück zur Nulllinie gehen den eigentlichen Kreuzungs-Signalen immer voraus. Drehbewegungen im Histogramm werden am besten dazu benutzt, frühzeitig Ausstiegssignale aus bestehenden Positionen zu erkennen. Viel gefährlicher ist es, Umkehrbewegungen des Histogramms als Rechtfertigung dafür zu sehen, neue Positionen entgegen des vorherrschenden Trends einzugehen (siehe Abbildung 10.20a).

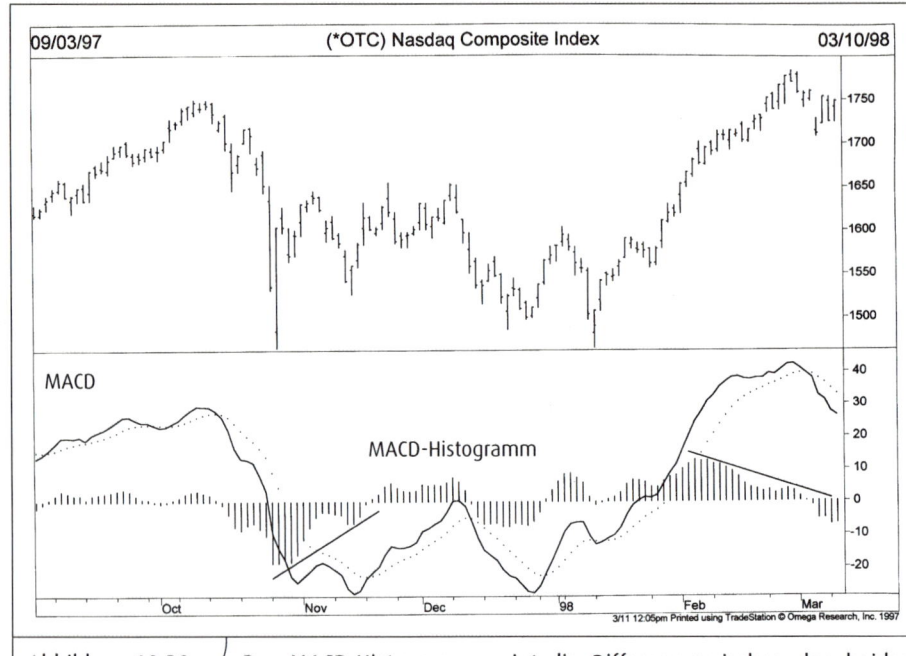

| Abbildung 10.20a | Das MACD-Histogramm zeigt die Differenz zwischen den beiden MACD-Linien. Signale werden beim Kreuzen der Nulllinie gegeben. Beachten Sie, dass die Wendepunkte im Histogramm vor den Kreuzungssignalen auftauchen und dem Trader eine frühe Warnung geben. |

☐ Kombination von Tages- und Wochen-MACD

Wie bei allen technischen Indikatoren sind Signale auf Wochencharts grundsätzlich bedeutender als solche auf Tagescharts. Der beste Weg, sie zu kombinieren, ist die Benutzung wöchentlicher Signale für die Bestimmung der Marktrichtung und die Verwendung von Tagessignalen für das Feintuning von Einstiegs- und Ausstiegspunkten. Einem Tagessignal wird nur dann gefolgt, wenn es mit dem Wochensignal übereinstimmt. In dieser Weise benutzt, werden Wochensignale zu Trendfiltern von Tagessignalen. Dies verhindert, dass Signale auf Tagesbasis beachtet werden, die zum Trading gegen den vorherrschenden Trend führen. Zwei Crossover-Systeme, für die dieses Prinzip besonders gilt, sind der MACD und der Stochastik-Oszillator (siehe Abbildung 10.20b).

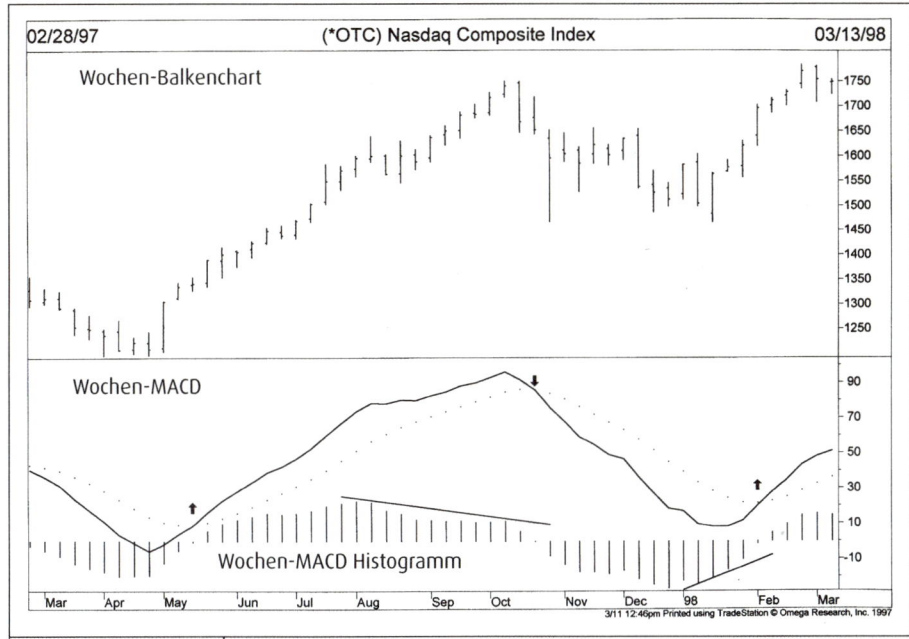

| Abbildung 10.20b | Das MACD-Histogramm funktioniert auch bei Wochencharts gut. Beim mittleren Gipfel drehte das Histogramm 10 Wochen vor dem Verkaufssignal (Pfeil nach unten). Bei den zwei Trendwechseln nach oben drehte das Histogramm 2 und 4 Wochen vor dem Kaufsignal (Pfeile nach oben). |

□ DAS PRINZIP DER GEGENSÄTZLICHEN MEINUNG (CONTRARY OPINION) IM FUTURES-BEREICH

Die Oszillator-Analyse ist die Untersuchung von Marktextremen. Eine der meistbeachteten Theorien in der Erfassung solcher Marktextreme ist das Prinzip der Contrary Opinion. Zu Beginn dieses Buches wurden zwei Hauptphilosophien der Marktanalyse identifiziert – die Fundamentalanalyse und die Technische Analyse. Die Contrary Opinion wird, obwohl sie allgemein unter der Kategorie der Technischen Analyse aufgeführt wird, besser als eine Form der psychologischen Analyse beschrieben.

Das Prinzip der gegensätzlichen Meinung fügt der Marktanalyse eine wichtige dritte Dimension – die psychologische – hinzu, indem sie den Grad der positiven oder negativen Einstellung misst, der bei den Marktteilnehmern der verschiedenen Finanzmärkte herrscht.

Das Prinzip der *Contrary Opinion* bedeutet, dass wenn die große Mehrheit der Leute bezüglich irgendetwas übereinstimmender Meinung ist, sie immer falsch liegt. Ein echter „Gegensätzler" (oder Antizykliker) wird deshalb zunächst zu bestim-

257

men versuchen, was die Mehrheit tut, um dann in die entgegengesetzte Richtung zu agieren.

Humphrey B. Neill, der als Dekan des antizyklischen Denkens angesehen wird, beschrieb seine Theorien in einem 1954 erschienenen Buch namens *The Art of Contrary Thinking*. Zehn Jahre später, 1964, begann James H. Sibbet, Neills Prinzipien auf den Handel mit Warenterminkontrakten anzuwenden, indem er den Beratungsdienst *Market Vane* gründete, der unter anderem die Bullish-Consensus-Daten veröffentlicht (Market Vane, P.O. Box 90490, Pasadena, CA 91109). Jede Woche wird eine Umfrage unter Börsenbriefen gemacht, um den Grad der optimistischen oder pessimistischen Marktmeinung unter professionellen Marktteilnehmern zu bestimmen. Die Aufgabe der Umfrage besteht darin, die Marktstimmung zu quantifizieren und in einen Satz von Zahlen zu fassen, der analysiert und für den Prozess der Marktprognose verwertet werden kann. Der rationale Hintergrund dieses Ansatzes besteht darin, dass die meisten Terminhändler zum großen Teil durch Börseninformationsdienste beeinflusst werden. Indem man die Meinungen der professionellen Börsenbriefe verfolgt, kann man deshalb ein recht genaues Bild von der Haltung der handelnden Marktteilnehmer erhalten.

Der „Consensus Index of Bullish Market Opinion" ist ein weiterer Service, der eine Indikation der Marktmeinung liefert. Er wird veröffentlicht von *Consensus National Commodity Futures Weekly* (Consensus, Inc., 1735 McGee Street, Kansas City, MO 64108). Diese Zahlen werden jeden Freitag publiziert; 75 % gelten als überkauft und 25 % als überverkauft.

⊙ Interpretation der Zahlen des Bullish Consensus

Die meisten Trader scheinen bei der Analyse dieser wöchentlichen Zahlen eine relativ einfache Methode anzuwenden. Liegen die Zahlen über 75 %, wird der Markt als überkauft angesehen, was bedeutet, dass man sich möglicherweise nahe eines Tops befindet. Werte unter 25 % werden als Warnung vor einer überverkauften Marktsituation gesehen und deuten auf eine erhöhte Wahrscheinlichkeit hin, dass sich der Markt seinem Boden nähert.

⊙ Die gegensätzliche Meinung misst den verbleibenden Kauf- oder Verkaufsdruck

Betrachten Sie den Fall eines einzelnen Spekulanten. Nehmen Sie an, dieser Spekulant liest seinen Lieblings-Börsenbrief und wird davon überzeugt, dass der Markt kurz davor ist, signifikant nach oben zu marschieren. Je optimistischer die Prognose, um so aggressiver wird der Trader in den Markt einsteigen. Sobald allerdings die persönlichen finanziellen Mittel des Spekulanten voll in diesen besonderen Markt geflossen sind, ist er „überkauft", d. h. er verfügt über keine weiteren Mittel zum Investieren mehr.

Erweitert man diese Situation auf alle Marktteilnehmer, und nimmt man an, dass 80 bis 90 % aller Trader bullish für einen Markt sind, kann man davon ausgehen, dass sie ihre Marktpositionen bereits eingegangen sind. Wer bleibt übrig, um zu kaufen und den Markt weiter nach oben zu drücken? Das ist einer der Schlüssel, um das Prinzip der Contrary Opinion zu verstehen. Steht das überwältigende Sentiment der Marktteilnehmer auf einer Seite des Marktes, so ist einfach nicht mehr genug Kauf- bzw. Verkaufsdruck vorhanden, um den bestehenden Trend fortzusetzen.

⊙ Contrary Opinion misst die starken und schwachen Hände

Ein zweites Merkmal dieser Philosophie ist ihre Fähigkeit, starke und schwache Hände zu vergleichen. Futures Trading ist ein Nullsummenspiel. Für jede Long-Position gibt es auch eine Short-Position. Wenn 80 % der Trader in einem Markt long sind, so müssen die verbleibenden 20 % (diejenigen, die Short-Positionen halten) finanziell stark genug sein, um die von den übrigen 80 % gehaltenen Long-Positionen absorbieren zu können. Die Pessimisten müssen deshalb viel größere Positionen halten als die Optimisten (in diesem Fall im Verhältnis 4 zu 1).

Das bedeutet weiterhin, dass die Inhaber der Short-Positionen gut kapitalisiert sein müssen; sie werden als „starke Hände" angesehen. Die 80 %, die pro Marktteilnehmer gerechnet viel kleinere Positionen halten, sind die „schwachen Hände", die bei jedem plötzlichen Wechsel des Kurstrends zur Liquidierung ihrer Positionen gezwungen werden.

⊙ Weitere Merkmale der Bullish-Consensus-Zahlen

Lassen Sie uns einige weitere Punkte beleuchten, die man beim Umgang mit diesen Zahlen im Hinterkopf behalten sollte. Der Gleichgewichtspunkt befindet sich bei 55 %. Hierin ist der leichte Hang der breiten Öffentlichkeit zum Optimismus gewissermaßen eingebaut. Das obere Extrem liegt bei 90 % und das untere bei 20 %. Auch hier sind die Parameter leicht nach oben verschoben, um die allgemeine positive Grundstimmung zu berücksichtigen.

Eine antizyklische Position kann normalerweise erwogen werden, wenn die Bullish-Consensus-Zahlen über 90 % oder unter 20 % liegen. Werte über 75 % oder unter 25 % gelten als Warnzonen und deuten darauf hin, dass ein Trendwechsel nah sein könnte. Im Allgemeinen ist es allerdings ratsam, einen Wechsel im Trend dieser Zahlen abzuwarten, bevor man gegen den Trend handelt. Ein Richtungswechsel der Bullish-Consensus-Zahlen sollte genau beachtet werden, besonders dann, wenn er innerhalb einer der Extremzonen stattfindet.

⊙ Die Bedeutung des Open Interest (Futures)

Auch das Open Interest spielt bei den Bullish-Consensus-Zahlen eine Rolle. Je höher das Open Interest ist, um so größer ist allgemein die Chance, dass sich eine Kontra-Position als profitabel erweisen wird. Eine antizyklische Position sollte allerdings nicht eingenommen werden, so lange das Open Interest noch steigt. Warten Sie auf eine Seitwärts- oder Abwärtsbewegung der Open-Interest-Zahlen, bevor Sie in Aktion treten.

Studieren Sie den Commitment of Traders Report, um sicher zu gehen, dass die Hedger (professionelle Absicherer) weniger als 50 % der offenen Kontrakte halten. Die Methode der Contrary Opinion funktioniert besser, wenn der größte Teil des Open Interest auf Spekulanten entfällt, die als Marktteilnehmer mit den schwächeren Händen gelten. Es ist nicht ratsam, gegen große Hedge-Positionen zu traden.

⊙ Achten Sie auf die Reaktion des Marktes auf fundamentale Nachrichten

Achten Sie stark auf die Reaktion des Marktes auf fundamentale Neuigkeiten. Wenn sich die Kurse in einem überkauften Bereich befinden und auf gute Nachrichten nicht mehr reagieren, ist dies eine klare Warnung, dass ein Trendwechsel nicht mehr lange auf sich warten lassen könnte. Die erste schlechte Nachricht reicht dann normalerweise aus, um die Kurse rasch in die andere Richtung in Bewegung zu setzen. Entsprechendes gilt auch andersherum: Reagieren die Kurse in einer überverkauften Zone (unter 25 %) nicht mehr auf schlechte Nachrichten, so ist dies ein Anzeichen, dass alle negativen Fundamentals in dem aktuellen niedrigen Kursniveau voll diskontiert sind. Jede positive Neuigkeit wird die Kurse nach oben drücken.

⊙ Kombinieren Sie Contrary Opinion mit anderen technischen Hilfsmitteln

Traden Sie generell solange in derselben Richtung wie der Trend der Consensus-Zahlen, bis eine Extremzone erreicht ist, und beobachten Sie dann die Zahlen im Hinblick auf mögliche Anzeichen eines Trendwechsels. Es braucht nicht besonders betont zu werden, dass Standardinstrumente der Technischen Analyse als Hilfe eingesetzt werden können und sollten, um Umkehrbewegungen des Marktes zu identifizieren. Der Bruch von Unterstützungs- und Widerstandslinien, Trendlinien oder gleitenden Durchschnittslinien kann als Bestätigung einer Trendumkehr benutzt werden. Divergenzen auf Charts von Oszillatoren sind besonders dann nützlich, wenn die Bullish-Consensus-Zahlen überkauft oder überverkauft sind.

☐ STIMMUNGSINDIKATOREN

Jedes Wochenende enthält die Zeitschrift Barron´s eine Reihe von Zahlen unter der Überschrift „Investor Sentiment Readings". Hier werden vier verschiedene Meinungsumfragen unter Investoren veröffentlicht, um den Optimismus oder Pessimismus am Aktienmarkt abzuschätzen. Die Zahlen beziehen sich auf die vergangene Woche und außerdem, zu Vergleichszwecken, auf die beiden vorhergehenden Wochen. Die nachfolgende Tabelle zeigt ein zufällig gewähltes Beispiel, wie diese Zahlen aussehen können. Denken Sie daran, dass diese Zahlen Kontra-Indikatoren sind. Zu viel Optimismus ist schlecht. Zu viel Pessimismus ist gut.

Investor's Intelligence

Bulls	48%
Bears	27
Correction	24

Consensus Index
Bullish Opinion	77%

AAII Index
(American Association of
Individual Investors
625 N. Michigan Ave.
Chicago, IL 60611)

Bullish	53%
Bearish	13
Neutral	34

Market Vane

Bullish Consensus	66%

☐ INVESTORS INTELLIGENCE-ZAHLEN

Investors Intelligence (30 Church Street, New Rochelle, NY 10801) macht wöchentliche Umfragen unter Anlageberatern und produziert daraus drei Zahlen: der Prozentsatz der Anlageberater, die optimistisch sind, die pessimistisch sind, und diejenigen, die eine Marktkorrektur erwarten. Ein Anteil der Bullen von über 55 % warnt vor zu hohem Optimismus und ist für den Markt potenziell negativ. Ein Anteil der Bullen von unter 35 % reflektiert einen zu hohen Pessimismus und gilt als positiv. Der Anteil der eine Korrektur erwartenden Berater bezieht sich auf Bullen, die eine kurzfristige Marktschwäche erwarten.

Investors Intelligence veröffentlicht jede Woche auch Zahlen, die den Anteil derjenigen Aktien, die über ihrem 10- und 30-Wochen-Durchschnitt notieren. Auch diese Angaben können als Kontra-Indikatoren benutzt werden. Werte über 70 % bedeuten, dass der Aktienmarkt überkauft ist. Werte über 70 % heißen, dass er überverkauft ist. Die 10-Wochen-Zahlen eignen sich für kurz- und mittelfristige Trendanalysen, während die 30-Wochen-Zahlen eher dafür gedacht sind, langfristige Trendwechsel des Marktes zu identifizieren. Das eigentliche Signal eines möglichen Trendwechsels wird gegeben, wenn die Zahlen über den Grenzwert von 30 % steigen oder unter 70 % fallen.

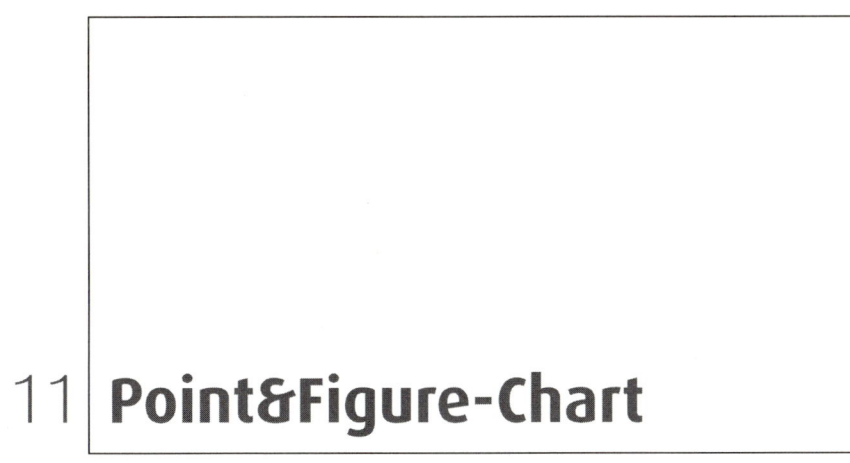

11 | **Point&Figure-Chart**

☐ EINLEITUNG

Die erste Methode der Chartkonstruktion, die von den Tradern am Aktienmarkt vor Beginn des 20. Jahrhunderts benutzt wurde, war die Point & Figure Technik. Die Bezeichnung „Point & Figure" geht auf Victor de Villiers' klassisches, 1933 veröffentlichtes Werk *The Point & Figure Method of Anticipating Stock Price Movements* zurück. Über die Jahre hatte diese Technik verschiedene Namen. In den 1880ern und 1890ern war es als „Buchmethode" bekannt. Das war die Bezeichnung, die ihr Charles Dow in seinem Editorial des *Wall Street Journal* am 20. Juli 1901 gegeben hatte.

Dow führte an, dass die Buchmethode bereits seit 15 Jahren, seit 1886, eingesetzt wurde. Die Bezeichnung „Figure Chart" wurde von den Zwanzigern bis 1933 benutzt, als „Point & Figure" der allgemein anerkannte Name dieser Technik, Marktbewegungen zu verfolgen, wurde. R.D. Wyckoff veröffentlichte ebenfalls mehrere Arbeiten, die sich in den frühen 1930ern mit der Point & Figure Methode beschäftigten.

Das *Wall Street Journal* begann 1886 damit, tägliche Hoch-, Tief und Schlusskurse von Aktien zu veröffentlichen; dies war die erste Erwähnung des heute allgemein bekannten Balkencharts. Damit scheint es, dass die Point & Figure Methode mindestens 15 Jahre vor dem Aufkommen der Balkencharts angewendet wurde.

Wir werden das Thema Point & Figure in zwei Stufen angehen. Zunächst beschäftigen wir uns mit der Originalmethode, die auf Kursveränderungen innerhalb eines Tages beruht. Dann werden wir Ihnen eine einfachere Version von Point&Figure-Charts zeigen, die für ihre Konstruktion nur die Hoch- und Tiefkurse eines Marktes benötigt.

☐ POINT&FIGURE-CHART VERSUS BALKENCHART

Lassen Sie uns mit einigen grundlegenden Unterschieden zwischen Point&Figure-Charts und Balkencharts beginnen, und schauen wir uns einige Beispiel-Charts an. *Der Point&Figure-Chart bildet ausschließlich Kursbewegungen ab.* Das bedeutet, dass er die Zeitkomponente nicht in seine Konstruktion einbezieht. Im Gegensatz dazu kombiniert ein Balkenchart Kurs und Zeit. Aufgrund der Konstruktionsweise des Balkencharts enthält die senkrechte Achse die Kursskala und die waagerechte Achse die Zeitskala. Auf einem Tageschart beispielsweise geht man für die Kursbewegung jedes aufeinanderfolgenden Tages einen Balken nach rechts. Das passiert auch, wenn sich die Kurse an einem Tag nur wenig oder gar nicht verändern. Irgendetwas muss immer im nächstfolgenden Abschnitt nach rechts eingetragen werden. Beim Point&Figure-Chart werden nur die Kursveränderungen aufgezeichnet. Findet keine Kursveränderung statt, bleibt der Chart unangetastet. In aktiven Marktperioden ist eine umfangreiche Zeichenarbeit notwendig. In ruhigen Marktphasen hingegen braucht man wenig oder gar nichts zu tun.

Ein wesentlicher Unterschied ist die Berücksichtigung des Umsatzes. Balkencharts zeichnen die Umsatzbalken unterhalb der Kursbewegung des jeweiligen Tages auf. Point&Figure-Charts ignorieren Umsatzzahlen als separate Größe. Dieser letzte Begriff „separate Größe" ist wichtig. Obwohl die Umsatzzahlen im Point&Figure-Chart nicht dargestellt werden, folgt daraus nicht notwendigerweise, dass Informationen über Volumen oder Handelsaktivität total verloren sind, im Gegenteil. Weil Intraday Point&Figure-Charts alle Kursveränderungen dokumentieren, spiegeln sich die höheren oder niedrigeren Umsätze in der Anzahl der grafisch markierten Kursveränderungen wider. Da das Volumen eines der wichtigeren Ingredienzen bei der Beurteilung der Stärke von Unterstützungs- und Widerstandslinien ist, sind Point&Figure-Charts besonders nützlich bei der Bestimmung, bei welchen Kursniveaus die meiste Handelsaktivität stattgefunden hat, und damit auch, wo sich wichtige Unterstützungs- und Widerstandslinien befinden.

In Abbildung 11.1 werden ein Balkenchart und ein Point&Figure-Chart miteinander verglichen, die dieselbe Zeitspanne umfassen. In der einen Hinsicht sehen die Charts gleich aus, in der anderen recht unterschiedlich. Das allgemeine Kurs- und Trendbild wird von beiden Charts eingefangen, doch die Methode der Kursaufzeichnung ist verschieden. Beachten Sie die alternierenden x- und o-Säulen in Abbildung 11.2. Die *x-Säulen* verkörpern steigende Kurse, während die *o-Säulen* fallende Kurse darstellen. Jedes Mal, wenn eine x-Säule um ein Kästchen über das obere Ende der vorhergehenden x-Säule steigt, findet ein Ausbruch statt (siehe Pfeile in Abbildung 11.2).

Entsprechend kommt es zu einem Ausbruch nach unten, wenn eine o-Säule um ein Kästchen unter das untere Ende der vorherigen o-Säule fällt. Beachten Sie, um wieviel präziser diese Breakouts zu lokalisieren sind wie auf Balkencharts. Diese Ausbrüche können natürlich als Kauf- und Verkaufssignale benutzt werden. Etwas später werden

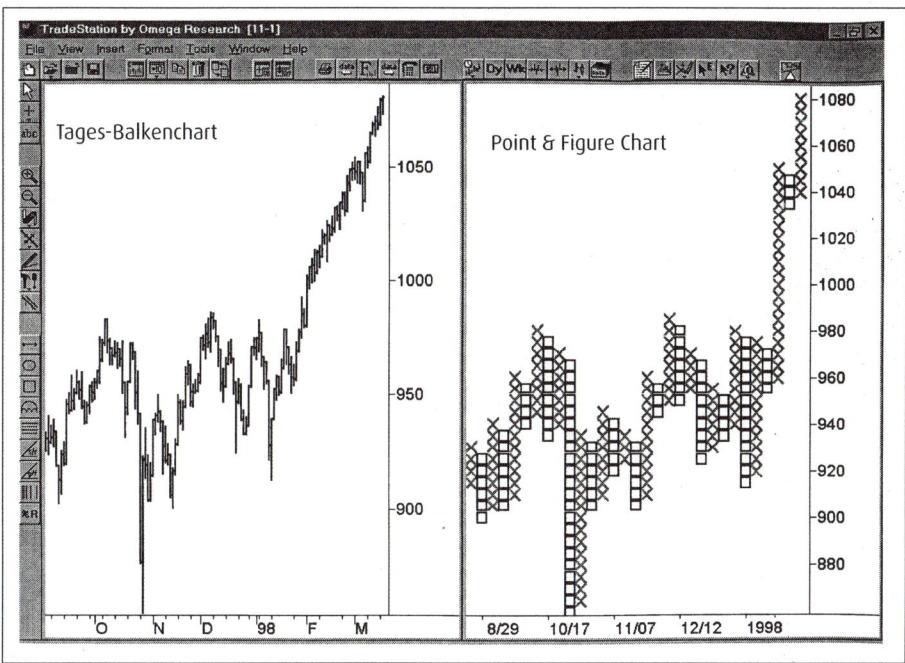

Abbildung 11.1
Ein Vergleich zwischen dem Tages-Balkenchart des S&P 500 Index (links) und einem Point & Figure Chart für dieselbe Zeitperiode. Der Point & Figure Chart verwendet x-Säulen für steigende und o-Säulen für fallende Kurse.

wir noch mehr zu Kauf- und Verkaufssignalen zu sagen haben. Doch die Charts demonstrieren einen der Vorteile der Point & Figure Methode, nämlich die höhere Präzision und das leichtere Erkennen von Trendsignalen.

Die Abbildungen 11.3 und 11.4 offenbaren noch einen weiteren großen Vorteil der Point&Figure-Charts: Flexibilität. Obwohl alle drei Charts (11.1, 11.2, 11.3) die gleiche Kursbewegung abbilden, können wir sie sehr verschieden aussehen lassen, um unterschiedlichen Aufgaben zu dienen. Eine Möglichkeit, den Point&Figure-Chart zu verändern, besteht in der Variation des *Umkehrkriteriums* (also zum Beispiel von einer 3-Punkt-Umkehr zu einer 5-Punkt-Umkehr). Je größer die Anzahl der Kästchen ist, die für eine Umkehr erforderlich sind, um so weniger empfindlich wird der Chart. Die zweite Möglichkeit, den Chart zu variieren, ist die Veränderung der *Kästchengröße*. Abbildung 11.2 verwendet eine Kästchengröße von 5 Punkten. Bei Abbildung 11.3 wurde die Kästchengröße von 5 auf 10 Punkte erweitert. Die Anzahl der Säulen wurde von 44 beim 5x3-Chart in Abbildung 11.2 auf nur noch 16 Säulen in Abbildung 11.3 reduziert. Durch Verwendung der größeren Kästchengröße in Abbildung 11.3 kommt es zu weniger Signalen. Das erlaubt dem Investor, sich auf den primären Trend eines

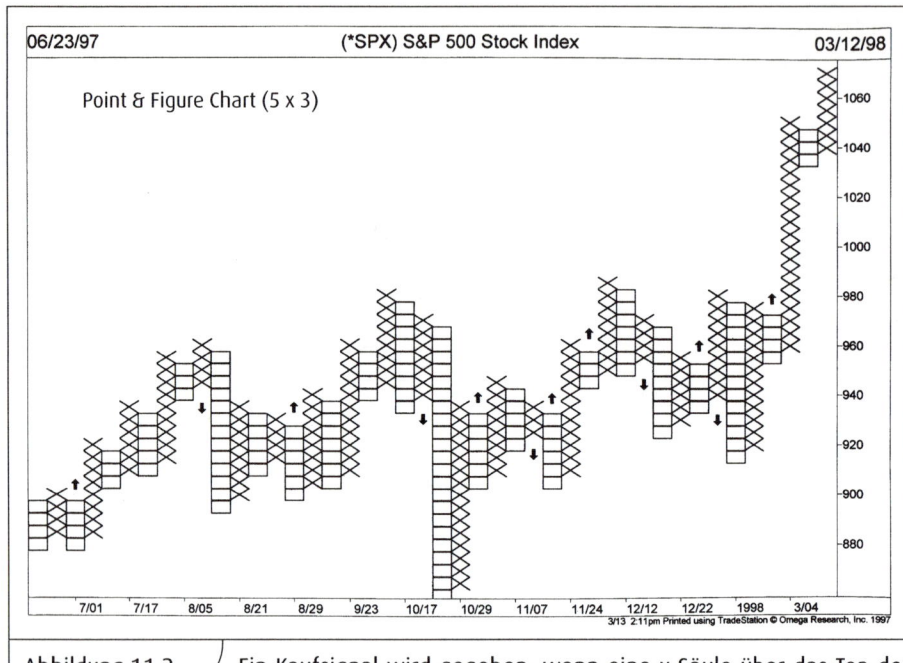

| 06/23/97 | (*SPX) S&P 500 Stock Index | 03/12/98 |

Point & Figure Chart (5 x 3)

3/13 2:11pm Printed using TradeStation © Omega Research, Inc. 1997

Abbildung 11.2 / Ein Kaufsignal wird gegeben, wenn eine x-Säule über das Top der vorherigen x-Säule steigt (siehe Pfeile nach oben). Ein Verkaufssignal wird ausgelöst, wenn eine Säule von o's unter eine vorangegangene o-Säule fällt (siehe Pfeile nach unten). Bei Point & Figure Chart sind die Signale präziser.

Marktes zu konzentrieren und die kurzfristigen Verkaufssignale zu vermeiden, indem sie durch die niedrigere Sensitivität des Charts eliminiert werden.

In Abbildung 11.4 wurde die Kästchengröße von 5 auf 3 reduziert. Das erhöht die Empfindlichkeit des Charts. Warum wird jemand dies tun? Weil es für das kurzfristige Trading besser ist. Vergleichen Sie die letzte Rallye von 920 auf 1060 in allen drei Charts. Der 10x3-Chart (Abbildung 11.3) zeigt die letzte Säule als eine Serie von x´s ohne o-Säulen. Beim 5x3-Chart (Abbildung 11.2) besteht diese letzte Welle nach oben aus 5 Säulen – 3 x-Säulen und 2 o-Säulen. Der 3x3-Chart (Abbildung 11.4) unterteilt die Kursbewegung in 11 Säulen – 6 x-Säulen und 5 o-Säulen. Durch Erhöhung der Anzahl von Korrekturen innerhalb des Aufwärtstrends (durch Erhöhung der Anzahl der o-Säulen) werden mehr wiederholte Kaufsignale geben, die entweder für einen späteren Einstieg oder zur Aufstockung von Gewinnpositionen benutzt werden können. Es erlaubt dem Trader auch, das schützende Stop-Loss-Limit unter der letzten Säule sukzessive anzuheben. Unter dem Strich bleibt festzuhalten, dass Sie das Aussehen von Point&Figure-Charts ändern und ihre Empfindlichkeit an Ihre eigenen Bedürfnisse anpassen können.

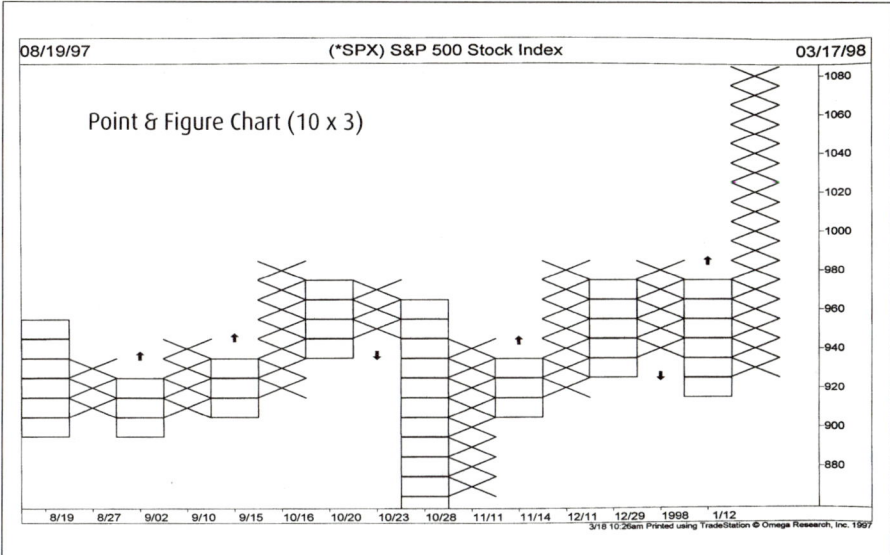

Abbildung 11.3

Die Vergrößerung der Kästchengröße von 5 auf 10 Punkte setzt die Empfindlichkeit des Point & Figure Charts herab, und es werden weniger Signale gegeben. Das ist für einen langfristigen Investor besser geeignet.

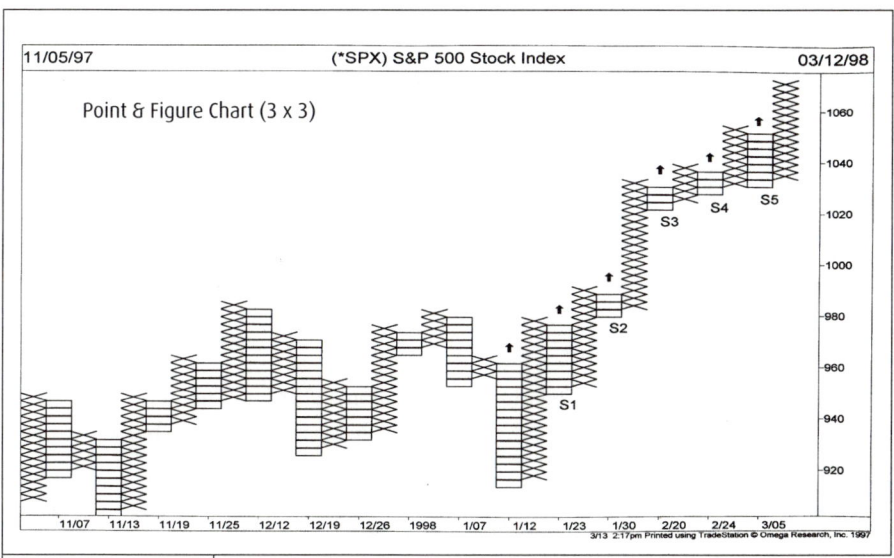

Abbildung 11.4a

Durch Reduzierung der Kästchengröße auf 3 Punkte werden mehr Signale produziert. Das ist für kurzfristiges Trading besser. Die letzte Rallye von 920 auf 1060 generierte 6 verschiedene Kaufsignale. Schützende Verkaufs-Stopkurse können unter der höchsten o-Säule platziert werden (siehe S.1 – S.5).

☐ KONSTRUKTION DES INTRADAY POINT&FIGURE-CHARTS

Wir haben bereits festgestellt, dass es sich bei dem Intraday Chart um den Originaltyp handelt, der von den Point&Figure-Chartisten zuerst eingesetzt wurde. Diese Technik wurde ursprünglich dazu verwendet, Kursbewegungen an den Aktienmärkten zu verfolgen. Es war die Absicht, von allen unter Beobachtung stehenden Aktien jede Kursbewegung einzufangen und aufzuzeichnen. Man dachte, dass Akkumulation (Käufe) und Distribution (Verkäufe) auf diese Weise besser aufgedeckt werden könnten. Nur ganze Zahlen wurden verwendet. Jedem Kästchen wurde der Wert von 1 Punkt zugewiesen, und jede Bewegung um mehr als einen Punkt in jede Richtung wurde aufgezeichnet. Bruchteile wurden größtenteils ignoriert. Als die Technik später auf die Rohstoffmärkte übertragen wurde, musste die Größe eines Kästchens auf jeden einzelnen Commodity-Markt angepasst werden. Lassen Sie uns jetzt einen Intraday Chart unter Verwendung einiger echter Kursdaten konstruieren.

Die folgenden Zahlen beschreiben 9 Handelstage eines Franken/Dollar-Terminkontrakts. Die Kästchengröße beträgt 5 Punkte. Deshalb wird jede Bewegung von 5 Punkten in jeder Richtung aufgezeichnet. Wir beginnen mit einem 1-Punkt-Umkehrchart.

```
4/29  4875  4880  4860  4865  4850  4860  4855

5/2   4870  4860  4865  4855  4860  4855  4860  4855  4860  4855  4865  4855

5/3   4870  4865  4870  4860  4865  4860  4870  4865

5/4   5885  4880  4890  4885  4890  4875

5/5   4905  4900  4905  4900  4905

5/6   4885  4900  4890  4930  4920  4930  4925  4930  4925

5/9   4950  4925  4930  4925  4930  4925  4935  4925  4930  4925  4935  4930  4940  4935

5/10  4940  4915  4920  4905  4925  4920  4930  4925  4935  4930  4940  4935  4940

5/11  4935  4950  4945  4950  4935  4940  4935  4945  4940  4965  4960  4965  4955  4960  4955  4965  4960  4970
```

Abbildung 11.5a stellt dar, wie die oben aufgelisteten Zahlen auf dem Chart aussehen. Beginnen wir auf der linken Seite des Charts. Zuerst wird der Chart mit einer Skala versehen, um eine Zunahme um 5 Punkte für jedes Kästchen zu definieren.

Säule 1: Setzen Sie bei 4875 einen Punkt. Da die nächste Zahl – 4880 – höher ist, füllen Sie das nächste Kästchen nach oben auf 4880 aus.

Säule 2: Die nächste Zahl ist 4860. Gehen Sie 1 Säule nach rechts und ein Kästchen nach unten, und füllen Sie alle Kästchen bis hinunter nach 4860 mit o´s.

Säule 3: Die nächste Zahl ist 4865. Gehen Sie 1 Säule nach rechts und ein Kästchen nach oben und setzen Sie ein x bei 4865. Halten Sie hier an. Bislang haben Sie

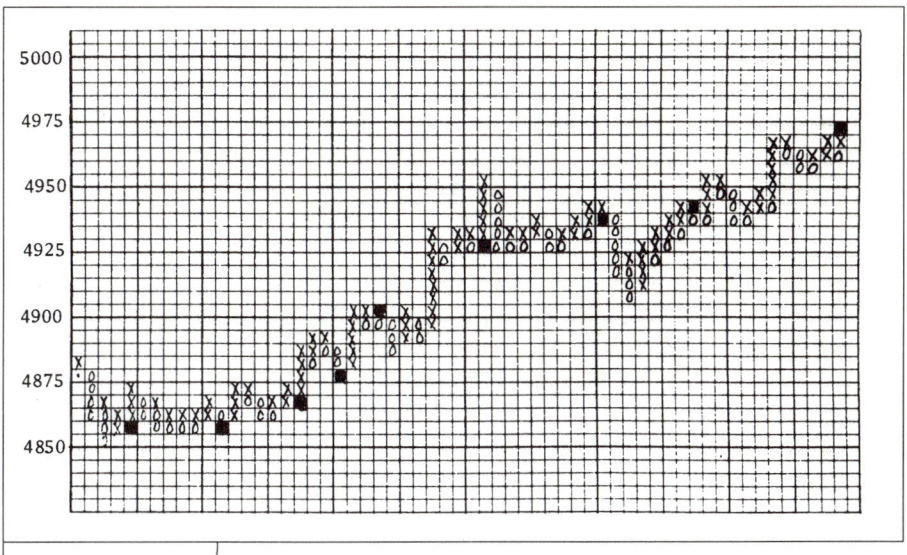

Abbildung 11.5a Im obigen Bild wird ein 5 x 1 Point & Figure Chart eines DM/Dollar-Kontrakts gezeigt. Die geschwärzten Kästchen zeigen das Handelsende des jeweiligen Tages. Die Abbildung 11.5b stellt dieselben Kursdaten als 3-Punkt-Umkehr dar. Beachten Sie die Kompression. Abbildung 11.5c zeigt eine 5-Punkt-Umkehr.

erst 1 x in Säule 3 gesetzt, weil die Kurse nur um 1 Kästchen gestiegen sind. Auf einem 1–Punkt-Umkehrchart müssen immer mindestens 2 Kästchen in jeder Säule gefüllt werden. Beachten Sie, dass die nächste Zahl 4850 ist und o´s bis zu dieser Marke fordert. Gehen Sie nun zur nächsten Säule über, um die Säule von fallenden o´s zu zeichnen? Die Antwort ist nein, weil dies nur eine Markierung, ein einzelnes x, in Säule 3 hinterlassen würde. Darum füllen Sie die o´s bis runter auf 4850 in die Säule mit dem einzelnen x (Säule 3).

Säule 4: Die nächste Zahl ist 4860. Gehen Sie zur nächsten Säule, bewegen Sie sich 1 Kästchen nach oben und füllen Sie alle Kästchen bis 4860 mit x.

Säule 5: Die nächste Zahl ist 4855. Da dies eine Abwärtsbewegung ist, gehen Sie zur nächsten Säule und ein Kästchen nach unten, und tragen Sie das o bei 4860 ein. Beachten Sie, dass dies in der Tabelle der letzte Kurs des Tages war. Gehen wir noch eine Säule weiter.

Säule 6: Die erste Zahl am 2. Mai ist 4870. Bis jetzt haben Sie erst 1 o in Säule 5. Jede Säule muss mindestens 2 Markierungen enthalten. Deshalb zeichnen Sie x´s (weil die Kurse steigen) bis hoch zu 4870 ein. Beachten Sie jedoch, dass der letzte Kurs des Tages geschwärzt wird. Das wird gemacht, um zeitlich auf dem Laufenden zu bleiben. Durch Schwärzung des Tagesschlusskurses ist es viel einfacher, die Handelsaktivitäten der einzelnen Tage zu unterscheiden.

Fühlen Sie sich frei, durch den Rest des Charts zu gehen, um Ihr Verständnis des Konstruktionsprozesses zu schärfen. Beachten Sie, dass dieser Chart mehrere Säulen enthält, in denen sowohl x´s als auch o´s zu finden sind. Diese Situation entwickelt sich nur auf 1-Punkt-Umkehrcharts und wird durch die Notwendigkeit, mindestens zwei ausgefüllte Kästchen in jeder Säule zu haben, verursacht. Einige Puristen mögen wegen der Kombination von x´s und o´s argumentieren. Die Erfahrung zeigt allerdings, dass es mit dieser Zeichenmethode viel einfacher ist, die Reihenfolge der Transaktionen zu verfolgen.

Abbildung 11.5b enthält die gleichen Daten wie Abbildung 11.5a und transformiert sie in einen 3-Punkt-Umkehrchart. Beachten Sie, dass dieser Chart verdichtet ist und eine Menge Daten verloren gehen. Abbildung 11.5c zeigt einen 5-Punkt-Umkehrchart. Damit haben wir die drei Umkehrkriterien, die traditionell eingesetzt werden – die 1-, 3- und 5-Punkt-Umkehr. Die 1-Punkt-Umkehr wird allgemein für sehr kurzfristige Handelsaktivitäten, und die 3-Punkt-Umkehr für Untersuchungen des mittelfristigen Trends eingesetzt. Wegen ihrer enormen Verdichtung wird die 5-Punkt-Umkehr in der Regel für das Studium langfristiger Trends benutzt. Die richtige Reihenfolge der Anwendung ist so wie hier gezeigt, man beginnt also mit dem 1-Punkt-Umkehrchart. Dann können die 3- und 5-Punkt-Umkehrcharts direkt aus dem 1-Punkt-Umkehrchart heraus konstruiert werden. Aus nahe liegenden Gründen kann ein 1-Punkt-Umkehrchart nicht aus einem 3- oder 5-Punkt-Umkehrchart entwickelt werden.

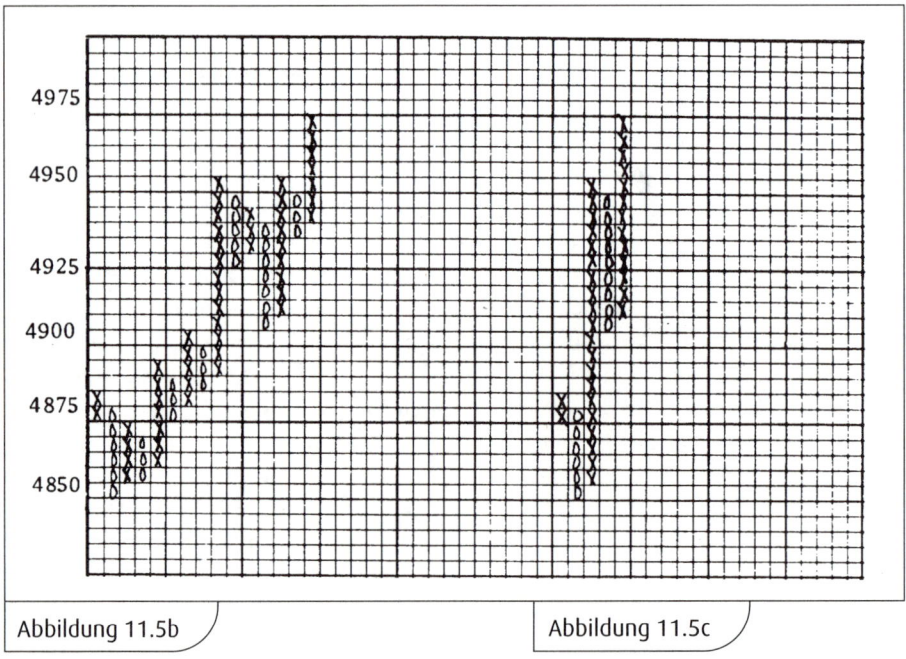

Abbildung 11.5b

Abbildung 11.5c

□ DIE HORIZONTALE ZÄHLWEISE (HORIZONTAL COUNT)

Ein prinzipieller Vorteil des Intraday 1-Punkt-Umkehrcharts ist seine Fähigkeit, Kurs-ziele über den *Horizontal Count* zu erhalten. Erinnern Sie sich an unsere Ausführungen zu Balkencharts und Kursformationen und die Diskussion von Kurszielen. Praktisch alle Methoden der Kurszielbestimmung aus Balkencharts basierten auf der Projektion *vertikaler Strecken*. Das bedeutete, die Höhe einer Formation (die Volatilität) zu messen und dann diesen Abstand nach oben oder unten zu projizieren. Bei der Kopf-Schulter-Formation beispielsweise wird der Abstand vom Kopf zur Nackenlinie gemessen und diese Strecke am Durchbruchspunkt durch diese Nackenlinie nach unten geklappt.

⊙ Point&Figure-Charts erlauben ein horizontales Maßnehmen

Das Prinzip des Horizontal Count beruht auf der Prämisse, dass es zwischen der Breite einer *Congestion Area* (Stauzone) und der auf einen Ausbruch folgenden Kursbewegung einen direkten Zusammenhang gibt. Wenn die Congestion Area eine Bodenformation verkörpert, kann eine Schätzung über das Aufwärtspotenzial angestellt werden, sobald die Bodenbildung abgeschlossen ist. Sobald der Aufwärtstrend begonnen hat, kann man aus nachfolgenden Stauzonen zusätzliche Counts erhalten, die den ursprünglichen, auf der Basisbildung beruhenden Count bestätigen können (siehe Abbildung 11.6).

Die Absicht besteht darin, die Breite einer Formation zu messen. Vergegenwärtigen Sie sich, dass wir hier von Intraday 1-Punkt-Umkehrcharts sprechen. Diese Technik erfordert im Vergleich zu anderen Charttypen einige Modifikationen, auf die wir später

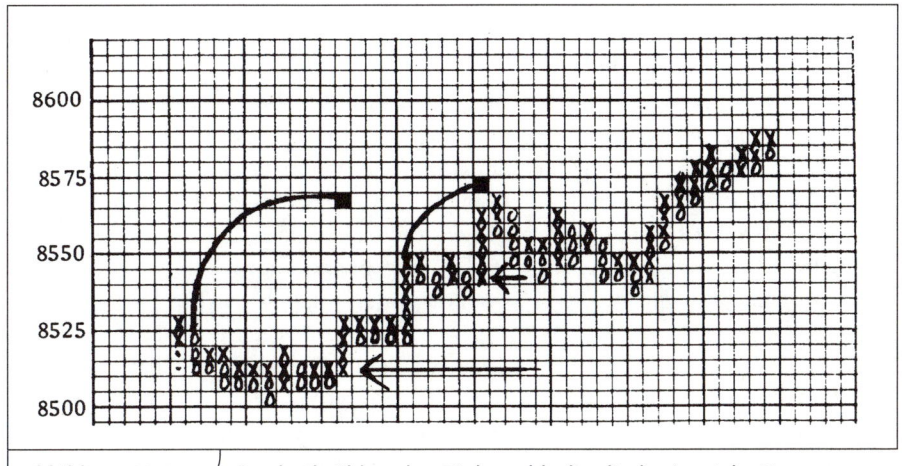

Abbildung 11.6 / Durch Abzählen der Säulenzahl, die die horizontale Stauzone aus-macht, können Kursziele bestimmt werden. Je breiter die Stauzone, umso größer das Kursziel.

zurückkommen. Sobald ein Gipfel- oder Bodenbildungsbereich identifiziert wurde, zählen Sie einfach die Säulen innerhalb dieser Formation. Haben Sie beispielsweise 20 Säulen gezählt, so ist das Kursziel nach oben oder unten 20 Kästchen vom Messpunkt entfernt. Die Schlüsselaufgabe besteht darin, die Linie zu bestimmen, von der aus gemessen werden soll. Manchmal ist das einfach, manchmal schwieriger.

Normalerweise befindet sich die horizontale Linie, entlang der gezählt wird, ungefähr in der Mitte der Congestion Area. Eine präzisere Regel besagt, dass diejenige Linie benutzt werden soll, die die geringste Anzahl leerer Kästchen aufweist. Oder sehen Sie es andersherum und finden Sie die Linie mit den meisten mit x und o ausgefüllten Kästchen. Wenn Sie die richtige Linie zum Zählen ermittelt haben, ist es wichtig, alle Säulen mitzuzählen, auch die leeren. Zählen Sie die Anzahl der Säulen in der Stauzone ab und projizieren Sie dann diese Anzahl von der benutzten Linie aus nach oben oder unten.

☐ KURSFORMATIONEN

Die Identifikation von Formationen ist auch bei Point&Figure-Charts möglich. Die am meisten beachteten Typen sind in Abbildung 11.7 aufgeführt.

Wie Sie sehen können, gibt es keine großen Unterschiede zu denjenigen Formationen, die wir bereits bei den Balkencharts diskutiert hatten. Die meisten der Formationen sind Varianten von Doppel- und Dreifach-Spitzen und –Böden, Kopf-Schulter-Formationen, V-Formationen und inverse V-Formationen sowie Untertassen. Der Begriff „Fulcrum" taucht gelegentlich in der Literatur über Point & Figure auf. Im Wesentlichen handelt es sich bei einem *Fulcrum* um eine klar abgegrenzte Congestion Area, die nach einem signifikanten Kursanstieg oder -verfall auftritt und einen Akkumulations-Boden bzw. einen Distributions-Gipfel bildet. Bei einer Bodenformation beispielsweise ist der untere Rand des Bereichs Gegenstand wiederholter Tests, unterbrochen von wiederkehrenden Rallyeansätzen. Sehr oft erscheint das Fulcrum als doppelter oder dreifacher Boden. Die Basisbildung ist abgeschlossen, wenn ein Ausbruch (Katapult) über den Hochpunkt der Congestion Area erfolgt.

Solche Umkehrformationen mit einem ausgeprägten horizontalen Band eignen sich natürlich recht gut für die Kurszielbestimmung mittels der horizontalen Zählweise. Im Gegensatz dazu ist die V-Formation kaum dafür geeignet, weil ein signifikanter horizontaler Kursbereich fehlt. Die geschwärzten Kästchen in den Chart-Beispielen in Abbildung 11.7 stellen empfohlene Kauf- und Verkaufspunkte dar. Beachten Sie, dass diese Einstiegspunkte im Allgemeinen zusammenfallen mit dem Test von Unterstützungszonen bei einer Bodenformation bzw. von Widerstandszonen bei Gipfeln, Ausbruchspunkten und gebrochenen Trendlinien.

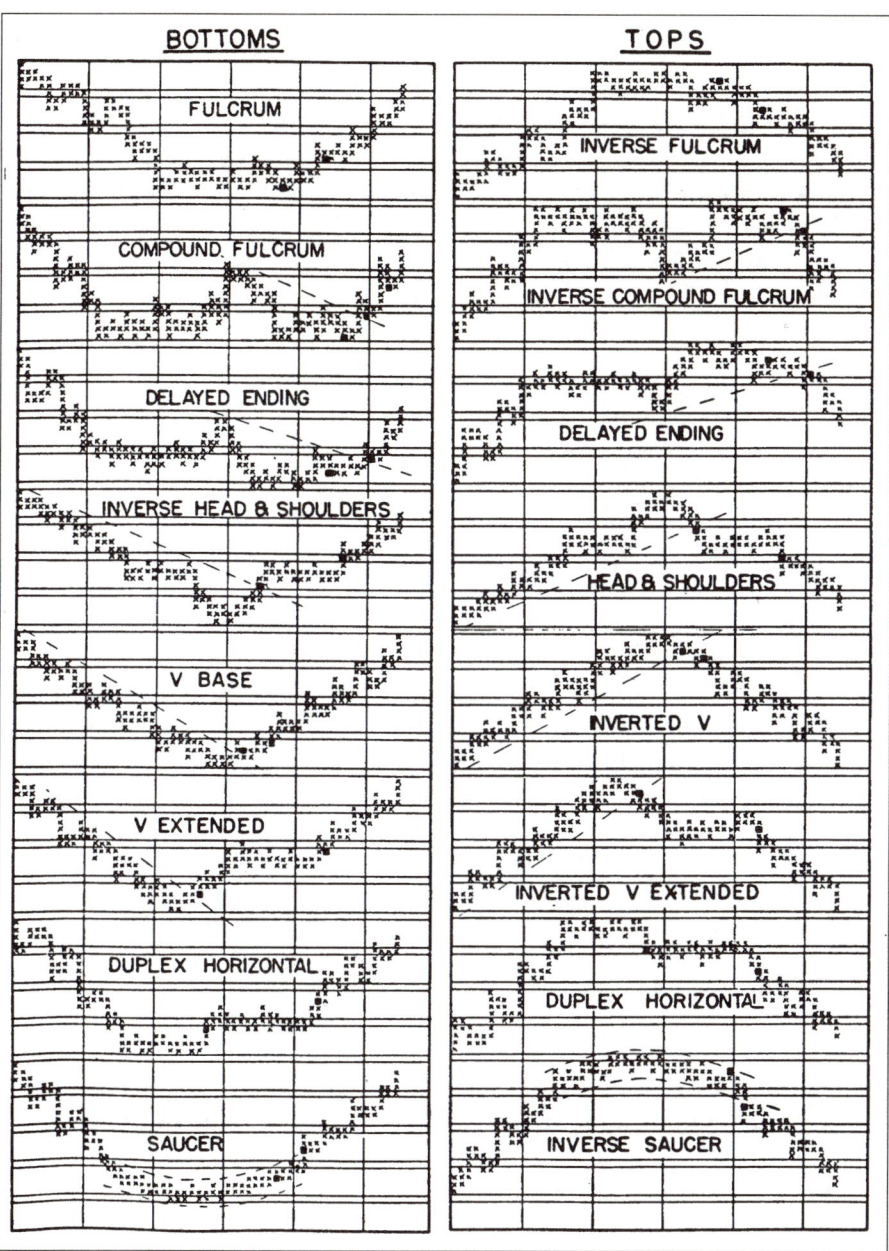

Abbildung 11.7 / Umkehrformationen. Quelle: Alexander H. Wheelan, Study Helps in Point & Figure Technique [New York, NY: Morgan, Rogers and Roberts, Inc., 1954] p. 25.) Reprinted in 1990 by Traders Press, P.O. Box 6206, Greenville, SC 29606.

⊙ Trendanalyse und Trendlinien

Die Kursformationen in Abbildung 11.7 zeigen Trendlinien, die als Teil dieser Formationen erscheinen. Die Trendlinienanalyse bei Intraday Charts erfolgt auf die gleiche Weise wie bei Balkencharts. Aufwärtstrendlinien werden unter aufeinanderfolgende Tiefpunkte, und Abwärtstrendlinien über aufeinander folgende Hochpunkte gezogen. Für die vereinfachten Point&Figure-Charts, die wir als Nächstes untersuchen wollen, gilt dies nicht. Hier kommen 45-Grad-Linien zur Anwendung, die anders gezeichnet werden.

☐ 3-Punkt-Umkehr-Point&Figure-Charts

1947 wurde von A. W. Cohen ein Buch über Point & Figure geschrieben, das den Titel Stock Market Timing hatte. Im folgenden Jahr, als der *Chartcraft Weekly Service* startete, wurde der Buchtitel umbenannt in *The Chartcraft Method of Point & Figure Trading.* Seitdem wurden mehrere überarbeitete Ausgaben veröffentlicht, die auch Commodities und Optionen abdeckten. 1990 schrieb Michael Burke *The All New Guide to the Three-Point Reversal Method of Point & Figure Construction and Formations* (Chartcraft, New Rochelle, NY).

Die ursprüngliche 1-Punkt-Umkehr-Methode der Aufzeichnung von Marktbewegungen erforderte Intraday-Kurse. Die 3-Punkt-Umkehr war eine Verdichtung der 1-Punkt-Umkehr und war für mittelfristige Trends gedacht. Aus der Beobachtung, dass bei Aktienkursen nur wenige 3-Punkt-Umkehrpunkte innerhalb eines Tages auftreten, schlussfolgerte Cohen, dass es nicht nötig sei, zur Konstruktion von 3-Punkt-Umkehrcharts Intraday-Kurse zu benutzen. Hieraus wurde die Entscheidung abgeleitet, nur noch Tageshöchst- und –tiefstkurse, die in den meisten Finanzzeitungen erhältlich waren, zu verwenden. Diese modifizierte Technik, die die Grundlage des Chartcraft Service bildete, vereinfachte die Erstellung von Point&Figure-Charts beträchtlich und machte sie für den durchschnittlichen Trader zugänglich.

☐ Konstruktion des 3-Punkt-Umkehrcharts

Die Konstruktion des Charts ist relativ einfach. Zuerst wird der Chart auf die gleiche Art mit einer Skala versehen wie der Intraday-Chart. Jedem Kästchen muss ein Wert zugewiesen werden. Diese Aufgaben wurden für die Abonnenten vom *Chartcraft Service* erfüllt, weil die Charts bereits konstruiert und die Kästchengrößen definiert waren. Der Chart zeigt eine Serie alternierender Säulen mit x, die steigende Kurse repräsentieren, und o-Säulen für fallende Kurse (siehe Abbildung 11.8).

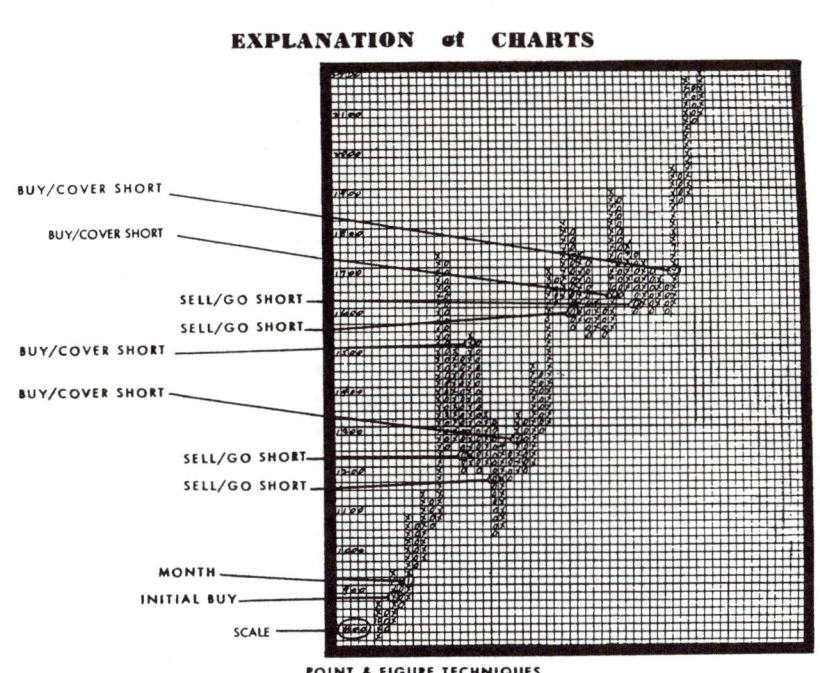

EXPLANATION of CHARTS

BUY/COVER SHORT

BUY/COVER SHORT

SELL/GO SHORT

SELL/GO SHORT

BUY/COVER SHORT

BUY/COVER SHORT

SELL/GO SHORT

SELL/GO SHORT

MONTH

INITIAL BUY

SCALE

POINT & FIGURE TECHNIQUES

BUY SIGNAL - Occurs when a column of Xs rises one box higher than the highest X of the prior X column. Since this point can be anticipated, a stop order to enter the position can be placed at the buy point.

SELL SIGNAL - Occurs when a column of Os declines one box below the lowest O on the prior O column.

COVER POINT FOR A SHORT - Exactly the same point as the buy signal. Since this point can be determined in advance, a stop-loss order to cover should be in the market.

CLOSEOUT OF A LONG - Exactly the same point as the sell signal.

ORDERS - Since all entry and stop-loss points can be determined prior to the occurrence, entry and closeout stop orders can be placed beforehand in the market. But remember, these signal points change and all orders should be periodically reviewed and adjusted.

TRADITIONAL ENTRY SIGNALS - The first buy signal following one or more sell-short signals and the first sell-short signal following one or more buy signals.

BULLISH - If the most recent signal was a buy signal, the position is bullish and remains bullish until a sell-short signal occurs.

BEARISH - If the most recent signal was a sell-short signal, the position is bearish and remains bearish until a buy signal occurs.

PULLBACKS - Rather than taking an immediate entry on a signal, if a reversal is anticipated after a signal, a strategy involving less risk is to take the position after the signal but at a price closer to the stop.

DAILY CHART UPDATING

IF THE CURRENT COLUMN IS AN X COLUMN - Look first at the daily high. If the daily high permits the drawing of one or more X's, draw them and ignore the daily low. If, and only if, no new Xs can be drawn, look at the daily low and determine whether a reversal has occurred. If a reversal has not occurred, make no entries at all.

IF THE CURRENT COLUMN IS AN O COLUMN - Look first at the daily low. If the daily low permits the drawing of one or more Os, draw them and ignore the daily high. If, and only if, no new Os can be drawn, look at the daily high to determine whether a reversal has occurred. If a reversal has occurred draw the appropriate number of Xs. If a reversal has not occurred, make no entries at all.

There can never be Xs and Os drawn on the same day. On a daily basis there is either a continuation of the current column, a reversal, or no new entries are made.

Abbildung 11.8 Quelle: Courtesy of Chartcraft, Inc., New Rochelle, NY.

Die eigentliche Zeichnung der x´s und o´s erfordert nur den Höchst- und -Tiefst-kurs des Tages. Wenn das Tageshoch die Anbringung von einem oder mehreren x´s erlaubt, dann füllen Sie die entsprechenden Kästchen und halten an. Das ist alles, was Sie an diesem Tag tun müssen. Bedenken Sie, dass der gesamte Wertebereich des auszufüllenden Kästchens von den Kursen durchlaufen werden muss. Bruchteile bzw. ein teilweises Füllen des Kästchens zählen nicht. Wiederholen Sie diesen Pro-zess am nächsten Tag, indem Sie nur nach dem Tageshöchstkurs schauen. Solange die Kurse weiter steigen und die Zeichnung von mindestens einem x gestatten, ma-chen Sie weiter mit der Ausfüllung der Kästchen mit x´s und ignorieren Sie den Tiefstkurs.

Irgendwann kommt der Tag, an dem der Tageshöchstkurs nicht hoch genug ist, um das nächste Kästchen mit einem x zu füllen. An diesem Punkt schauen Sie auf den Tagestiefstkurs, um zu bestimmen, ob eine 3-Punkt-Umkehr in die andere Richtung stattgefunden hat. Wenn dem so ist, bewegen Sie sich eine Säule nach rechts, gehen ein Kästchen nach unten und füllen die drei folgenden Kästchen mit o´s aus, womit Sie eine neue Abwärtssäule beginnen. Weil Sie sich jetzt in einer o-Säule befinden, müssen Sie am nächsten Tag den Tiefstkurs betrachten, um zu sehen, ob die Säule von o´s weitergeht. Wenn das Tagestief das Anbringen von weiteren o´s gestattet, tun Sie dies. Nur wenn der Tagestiefstkurs nicht das Ausfüllen mindestens eines weiteren o´s er-laubt, schauen Sie auf den Tageshöchstkurs, um zu sehen, ob eine 3-Punkt-Umkehr nach oben stattgefunden hat. Ist dies der Fall, so gehen Sie eine Säule nach rechts und beginnen eine neue x-Säule.

⊙ Chartformationen

Die Abbildung 11.9 zeigt 16 Kursformationen, die bei diesem Typ von Point&Figure-Charts verbreitet beachtet werden – sechs Kaufsignale und sechs Verkaufssignale.

Werfen wir einen Blick auf diese Formationen. Da die rechte Spalte mit den Signa-len S-1 bis S-8 nur ein Spiegelbild der linken Spalte darstellt, konzentrieren wir uns auf die Kaufseite. Die ersten beiden Signale, B-1 und B-2, sind einfache Formationen. Alles, was für ein *einfaches Hausse-Kaufsignal* erforderlich ist, sind drei Säulen, wobei die zweite x-Säule die erste um ein Kästchen überragt. B-2 ist mit B-1 vergleichbar, mit Ausnahme eines kleinen Unterschieds – hier handelt es sich jetzt um vier Säulen, wo-bei der untere Rand der zweiten o-Säule höher als derjenige der ersten ist. B-1 zeigt ei-nen einfachen Ausbruch über einen Widerstand. B-2 zeigt den gleichen Breakout, doch mit dem zusätzlichen bullishen Aspekt steigender Tiefs. B-2 ist aus diesem Grund eine etwas stärkere Formation als B-1.

Mit der dritten Formation (B-3), dem *Ausbruch aus einer Dreifach-Spitze*, beginnen die komplexen Formationen. Beachten Sie, dass das einfache bullishe Kaufsignal ein Teil jeder komplexen Formation ist. Je weiter wir in der Spalte nach unten gehen, umso stärker werden diese Formationen. Ein Triple Top Breakout ist stärker, weil hier

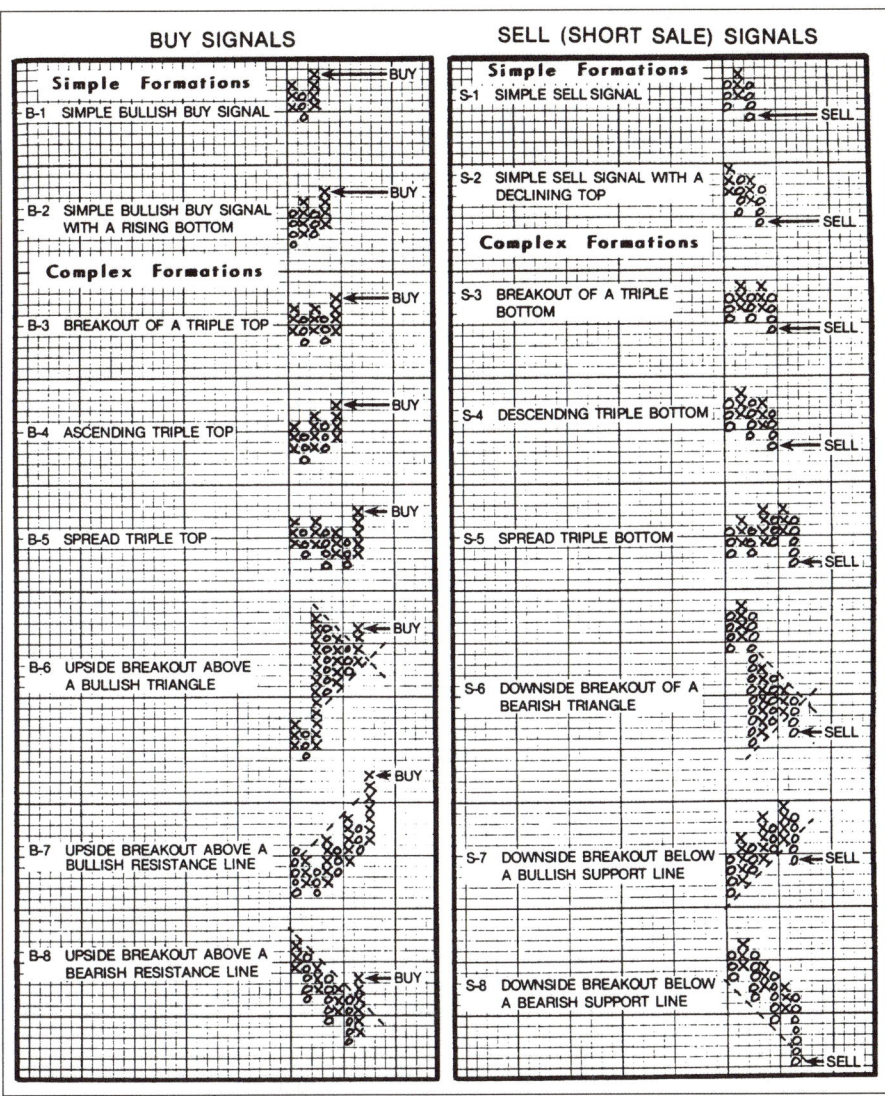

Abbildung 11.9 / Quelle: K. C. Zieg, Jr., and P. J. Kaufman, Point & Figure Commodity Trading Techniques (New Rochelle, NY: Investors Intelligence) p. 73.

5 Säulen involviert sind und 2 x-Säulen übertroffen werden. Erinnern Sie sich daran, dass das Aufwärtspotenzial umso größer ist, je breiter die Basis ist. Die folgende Formation (B-4), die *ansteigende Dreifach-Spitze*, ist stärker als B-3, weil sowohl die Hochs als auch die Tiefs ansteigen. Die *ausgedehnte Dreifach-Spitze* (B-5) ist wiederum stärker, weil sie auf 7 Säulen basiert und 3 x-Säulen übertroffen werden.

Der *Ausbruch über ein Hausse-Dreieck nach oben* (B-6) kombiniert zwei Signale. Zunächst muss ein einfaches Kaufsignal da sein. Dann muss die obere Trendlinie überboten werden. (Wir werden das Zeichnen von Trendlinien in diesen Charts im folgenden Abschnitt behandeln.) Das Signal B-7, *Ausbruch über eine Hausse-Widerstandslinie nach oben*, ist selbsterklärend. Erneut müssen zwei Bedingungen erfüllt sein. Ein Kaufsignal muss bereits gegeben worden sein, und die obere Trendlinie muss eindeutig nach oben durchbrochen werden. Die letzte Formation, der *Ausbruch über eine Baisse-Widerstandslinie nach oben* (B-8), erfordert ebenfalls zwei Elemente. Ein einfaches Kaufsignal muss mit dem Bruch einer Abwärtstrendlinie zusammenfallen. Alles, was wir über die Formationen B-1 bis B-8 gesagt haben, ist den Formationen S-1 bis S-8 vergleichbar, außer dass natürlich die Kurse hier nach unten statt nach oben gehen.

In der Anwendung dieser Formationen auf Commodity- bzw. Aktienmärkte gibt es einen Unterschied. Im Allgemeinen können alle 16 Signale beim Trading von Aktienmärkten eingesetzt werden. Wegen der in den Terminmärkten so charakteristischen schnellen Bewegungen sind die *komplexen* Formationen hier allerdings nicht so häufig. Deshalb wird auf die *einfachen* Signale eine viel größere Betonung gelegt. Viele Futures Trader beachten allein die einfachen Signale. Entschließt sich der Trader, auf die komplexeren und stärkeren Signale zu warten, wird er viele profitable Gelegenheiten versäumen.

☐ DAS ZEICHNEN VON TRENDLINIEN

Bei unserer Diskussion von Intraday-Charts führten wir aus, dass Trendlinien auf die konventionelle Weise gezogen werden. Bei den 3-Punkt-Umkehrcharts ist dies nicht der Fall. Hier werden Trendlinien im 45-Grad-Winkel gezeichnet. Hier müssen Trendlinien auch nicht notwendigerweise vorangegangene Hoch- und Tiefpunkte miteinander verbinden.

⊙ Die grundlegende Hausse-Unterstützungslinie und Hausse-Widerstandslinie

Dies sind Ihre wichtigsten Auf- und Abwärtstrendlinien. Aufgrund der starken Verdichtung dieser Charts wäre es unpraktisch, Rallyehochs und Reaktionstiefs miteinander zu verbinden. Deshalb wird die 45-Grad-Linie eingesetzt. In einem Aufwärtstrend wird die *Hausse-Unterstützungslinie*, ausgehend von der tiefsten o-Säule, in einem *Winkel von 45 Grad* nach rechts oben gezogen. Solange die Kurse oberhalb dieser Linie bleiben, ist der grundlegende Trend bullish. In einem Abwärtstrend wird die Baisse-Widerstandslinie vom oberen Rand der höchsten x-Säule in einem 45-Grad-Winkel nach unten gezeichnet. Solange die Kurse unterhalb dieser Linie verlaufen, ist der grundlegende Trend bearish. (Siehe Abbildungen 11.10 bis 11.12.)

Von Zeit zu Zeit müssen diese Linien adjustiert werden. Es kann beispielsweise während einer Korrektur in einem Aufwärtstrend passieren, dass die ansteigende Unterstützungslinie gebrochen und der Aufwärtstrend danach wieder aufgenommen wird. In solchen Fällen muss eine neue Unterstützungslinie von dem unteren Ende des Reaktionstiefs in einem 45-Grad-Winkel nach oben gezogen werden. Manchmal ist ein Trend so stark, dass die ursprüngliche Aufwärtstrendlinie von dem aktuellen Kursverlauf einfach zu weit weg ist. In diesem Fall sollte in dem Versuch, zu einer am besten an den Kursverlauf angepassten Trendlinie zu gelangen, eine straffere Trendlinie gezogen werden.

☐ TECHNIKEN ZUR ERMITTLUNG VON KURSZIELEN

3-Punkt-Umkehrcharts erlauben den Einsatz zweier verschiedener Techniken zur Ermittlung von Kurszielen – die *horizontale* und die *vertikale Zählweise*. Bei der horizontalen Methode zählen Sie die Anzahl der Säulen in einer Boden- oder Topformation. Diese Säulenanzahl wird dann mit dem Umkehrparameter oder der Anzahl der Kästchen, die für eine Umkehr erforderlich sind, multipliziert. Nehmen wir beispielsweise einen 3-Punkt-Umkehrchart mit einer Kästchengröße von 1 $. Beim Abzählen der Säulen entlang einer Basis kommen wir auf die Zahl 10. Da wir eine 3-Punkt-Umkehr benutzen, beläuft sich der Wert einer Umkehr auf 3 $ (3 mal 1 $). Multiplizieren Sie die 10 Säulen der Basis mit 3 $, und Sie gelangen zu 30 $. Diese Zahl wird dann zu dem unteren Rand der Bodenformation addiert bzw. vom oberen Rand der Gipfelformation subtrahiert, um das Kursziel zu erhalten.

Die *vertikale* Zählweise ist etwas einfacher. Zählen Sie die Anzahl der Kästchen in der ersten Säule eines neuen Trends. In einem Aufwärtstrend nehmen Sie die erste x-Säule, in einem Abwärtstrend die erste o-Säule. Multiplizieren Sie diese Zahl mit 3 und addieren Sie das Produkt zu dem unteren Rand der x-Säule, bzw. subtrahieren Sie es

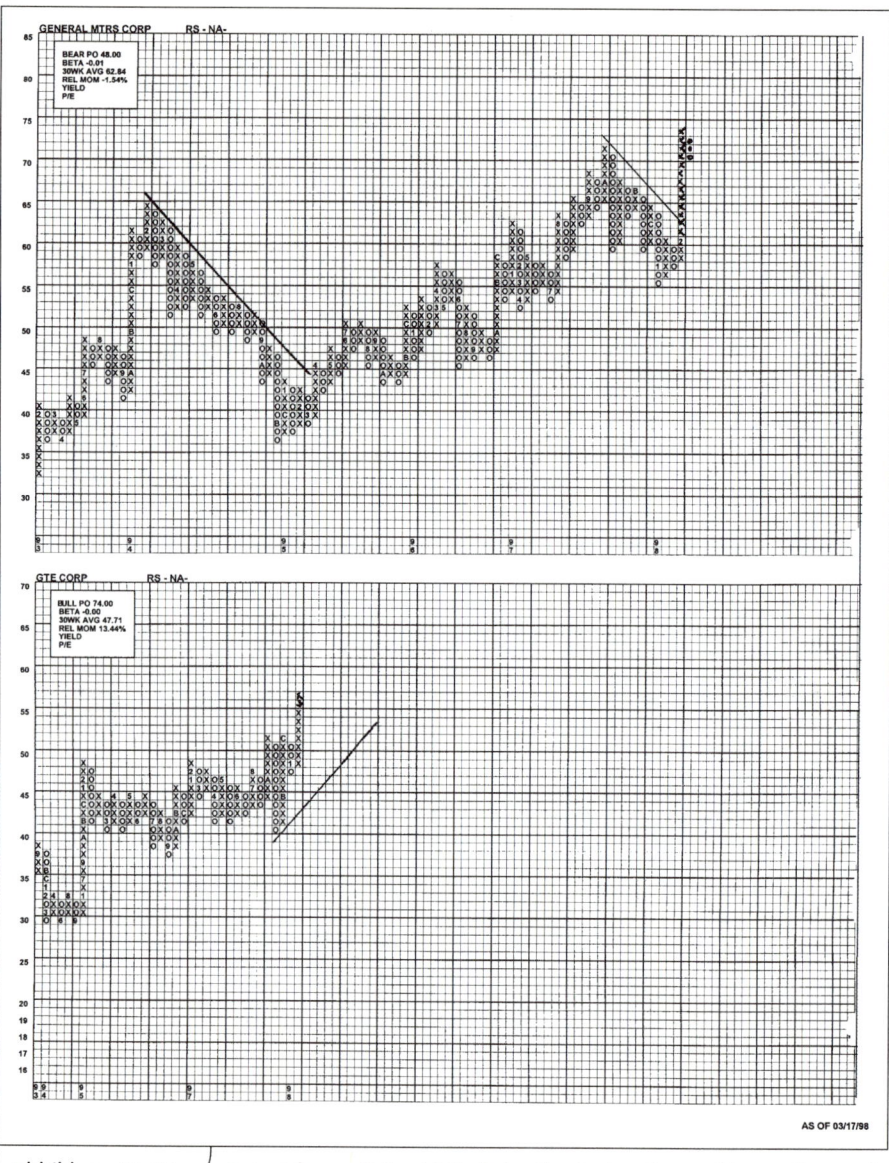

Abbildung 11.10 Beispiele von 3-Punkt-Umkehr-Charts des Chartanbieters Chartcraft. Beachten Sie, dass die Trendlinien mit einem 45-Grad-Winkel gezeichnet werden. (Quelle: mit freundlicher Genehmigung von Chartcraft, New Rochelle, NY.)

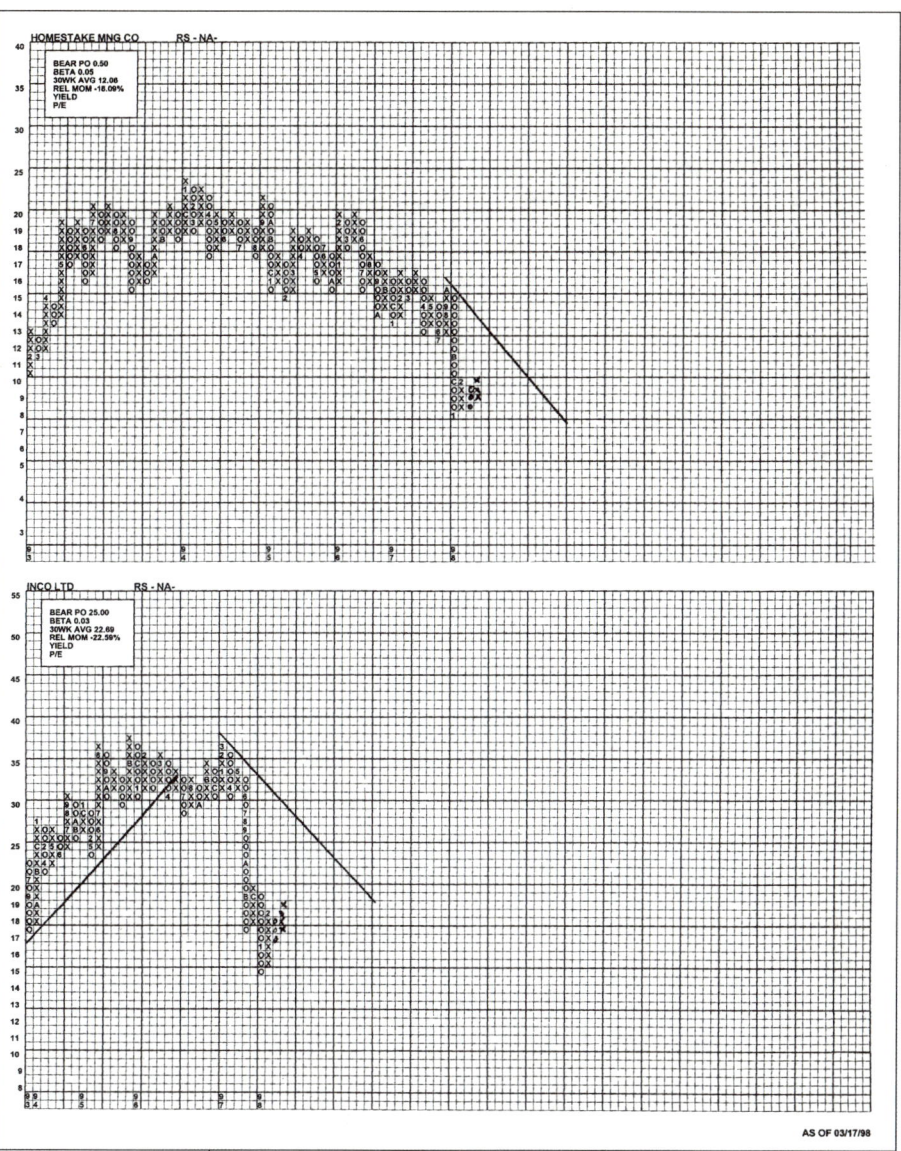

Abbildung 11.11 / Zwei weitere Beispiele der Chartcraft 3-Punkt-Umkehr-Methode. Bei diesen Charts werden Trendlinien in 45-Grad-Winkeln gezeichnet. (Quelle: mit freundlicher Genehmigung von Chartcraft, New Rochelle, NY.)

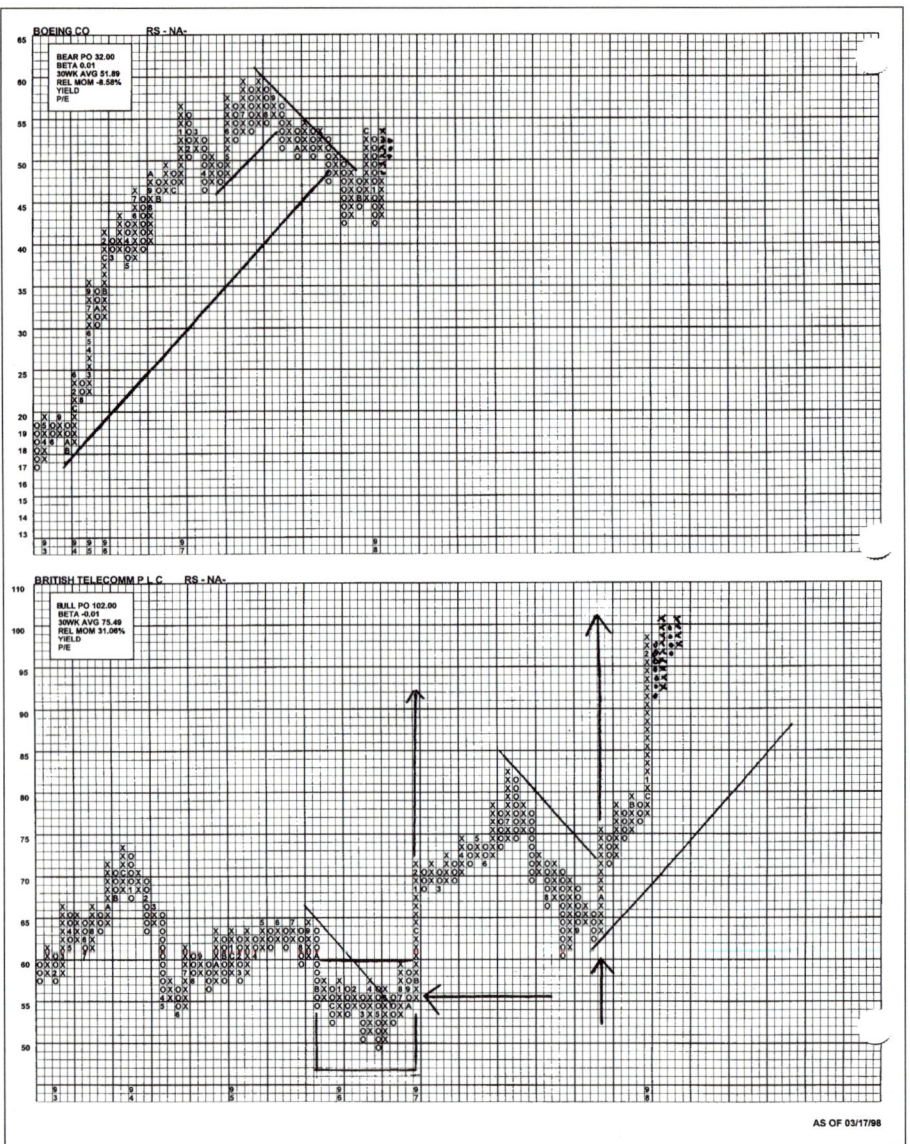

Abbildung 11.12 / Der Kasten links unten zeigt für British Telecom PLC ein horizontales Ziel von 92, das durch Verdreifachung der Basis und Hinzuzählen von 50 erreicht wird. Rechts wird ein vertikales Ziel von 102 erreicht, indem man die x-Säule verdreifacht und 63 addiert. (Quelle: mit freundlicher Genehmigung von Chartcraft, New Rochelle, NY.)

vom oberen Rand der o-Säule. Was Sie eigentlich mit einem 3-Punkt-Umkehrchart tun, ist die Verdreifachung des Ausmaßes des ersten Schenkels. Wenn auf dem Chart ein Doppeltop oder ein doppelter Boden auftaucht, verwenden Sie für den vertikalen Count die zweite o- oder x-Säule (siehe Abbildung 11.12).

☐ HANDELSTAKTIKEN

Schauen wir uns die verschiedenen Wege an, wie Point&Figure-Charts eingesetzt werden können, um spezifische Ein- und Ausstiegspunkte zu bestimmen.

1. Ein einfaches Kaufsignal kann dazu benutzt werden, um bestehende Short-Positionen zu schließen und/oder neue Long-Positionen zu eröffnen.
2. Ein einfaches Verkaufsignal kann dazu benutzt werden, um bestehende Long-Positionen zu liquidieren und/oder neue Short-Positionen zu eröffnen.
3. Das einfache Signal kann auch nur für Liquidationszwecke eingesetzt werden, während komplexe Formationen für das Eingehen einer neuen Position erforderlich sind.
4. Die Trendlinie kann als Filter dienen. Long-Positionen können nur oberhalb, Short-Positionen nur unterhalb der Trendlinie eingegangen werden.
5. Vorbeugende Stop-Limite werden in einem Aufwärtstrend unterhalb der letzten o-Säule und in einem Abwärtstrend oberhalb der letzten x-Säule gesetzt.
6. Der eigentliche Einstiegspunkt kann wie folgt variiert werden:
   a. Kaufen Sie den eigentlichen Ausbruch in einem Aufwärtstrend.
   b. Kaufen Sie eine 3-Punkt-Umkehr nach einem Ausbruch, um einen niedrigeren Einstandskurs zu erhalten.
   c. Kaufen Sie eine 3-Punkt-Umkehr in Trendrichtung des ursprünglichen Ausbruchs, nachdem eine Korrektur stattgefunden hat. Dies erfordert nicht nur die zusätzliche Bestätigung einer positiven Umkehr in der richtigen Richtung, sondern es kann auch ein engerer Stop unter der letzten o-Säule platziert werden.
   d. Kaufen Sie einen zweiten Ausbruch in derselben Trendrichtung wie das ursprüngliche Ausbruchssignal.

Wie Sie aus der Liste entnehmen können, kann man Point&Figure-Charts auf verschiedene Weise einsetzen. Ist die Basistechnik einmal verstanden, gibt es eine beinahe unbegrenzte Flexibilität, wie man unter Verwendung des Point & Figure Ansatzes am besten kauft und verkauft.

⊙ Die Anpassung von Stops

Der eigentliche Einstieg in eine Position erfolgt mit dem ersten Kauf- bzw. Verkaufssignal. Wenn die Bewegung weitergeht, erscheinen allerdings mehrere weitere Signale
auf dem Chart. Diese wiederholten Kauf- oder Verkaufssignale können für zusätzliche
Positionen benutzt werden. Unabhängig davon kann auf jeden Fall das vorbeugende
Stop in einem Aufwärtstrend auf knapp unter die letzte o-Säule angehoben bzw. in
einem Abwärtstrend etwas über die letzte x-Säule abgesenkt werden. Dieser Einsatz
von *Trailing Stops* erlaubt es dem Trader, eine Position beizubehalten und gleichzeitig
immer mehr angesammelte Kursgewinne zu sichern.

⊙ Was man nach einer verlängerten Bewegung macht

Intermittierende Korrekturen gegen den Trend ermöglichen es dem Trader, Stops anzupassen, sobald der Trend wieder aufgenommen wurde. Wie macht man das allerdings,
wenn keine 3-Punkt-Umkehrpunkte innerhalb des Trends vorkommen? Der Trader
steht dann einer langen x-Säule in einem Aufwärtstrend oder einer langen o-Säule in
einem Abwärtstrend gegenüber. Dieser Typ von Marktsituation kreiert einen soge-
nannten *Pol*, das ist eine lange Säule von x´s oder o´s ohne eine Korrektur. Der Trader
will beim Trend dabeibleiben, er verlangt aber auch nach einer Technik zur Gewinn-
sicherung. Hier gibt es zumindest einen Lösungsweg. Nach einer ununterbrochenen
Bewegung von 10 oder mehr Kästchen wird ein vorbeugender Stop an dem Punkt
platziert, an dem eine 3-Punkt-Umkehr stattfindet. Wird die Position ausgestoppt, kann
ein Wiedereinstieg erfolgen, wenn es zu einer weiteren 3-Punkt-Umkehr in Richtung
des ursprünglichen Trends kommt. In diesem Fall ist von zusätzlichem Vorteil, dass ein
neuer Stop unter der jüngsten o-Säule in einem Aufwärtstrend oder der letzten x-Säule
in einem Abwärtstrend platziert werden kann.

☐ VORTEILE VON POINT&FIGURE-CHARTS

Lassen Sie uns kurz einige der Vorteile von Point&Figure-Charts rekapitulieren.
1. Durch Variation von Kästchengröße und Umkehrregel können Point&Figure-
   Charts an beinahe jede Anforderung angepasst werden. Es existieren auch viele verschiedene Wege, wie diese Charts für Ein- und Ausstiegspunkte genutzt werden
   können.
2. Tradingsignale sind bei Point&Figure-Charts präziser als bei Balkencharts.
3. Durch Befolgung dieser spezifischen Point & Figure Signale kann man eine bessere
   Handelsdisziplin erreichen (siehe Abbildungen 11.13 bis 11.18).

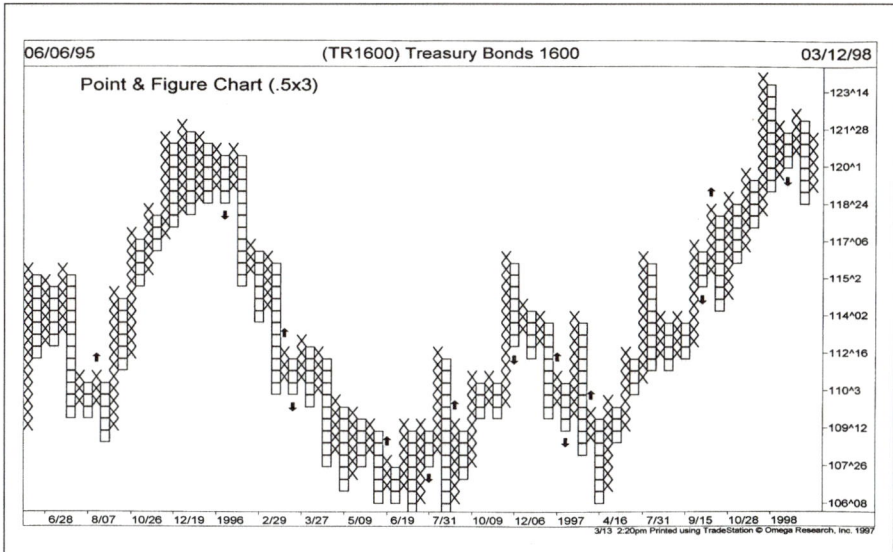

Abbildung 11.13 / Dieser Chart der Kurse des Treasury Bond Futures umfasst mehr als zwei Jahre. Die Pfeile markieren die Kauf- und Verkaufssignale. Die meisten Signale erwischten die Trendphasen sehr gut. Selbst wenn ein Fehlsignal gegeben wurde, hat dies der Chart selbst schnell korrigiert.

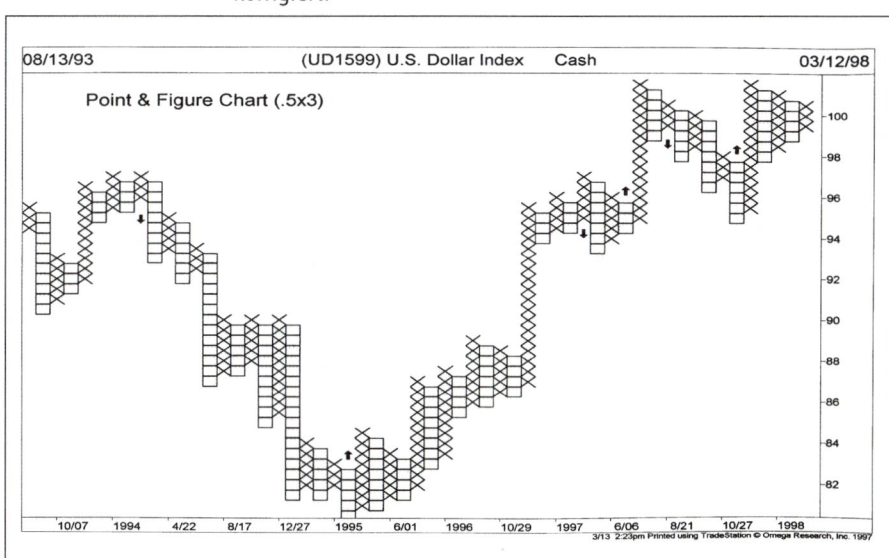

Abbildung 11.14 / Das Verkaufssignal Anfang 1994 (erster Pfeil nach unten) war während des ganzen Jahres 1994 gültig. Das Kaufsignal Anfang 1995 (erster Pfeil nach oben) galt zwei Jahre lang bis 1997. Ein Mitte 1997 aufgetretenes Verkaufssignal wurde Anfang 1998 in ein Kaufsignal verwandelt.

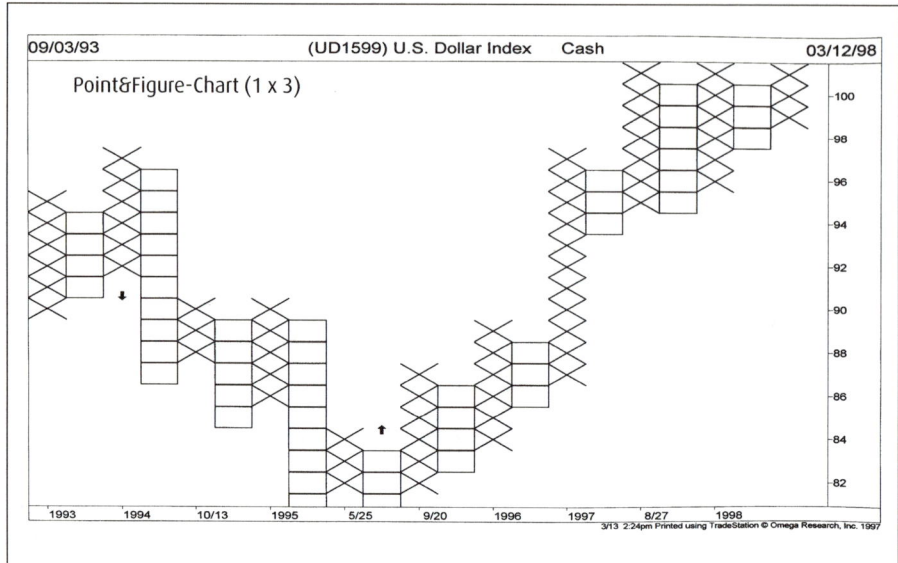

Abbildung 11.15 / Dieser Chart verdichtet den vorhergehenden Dollar-Chart durch Verdopplung der Kästchengröße. Nur zwei Signale werden bei dieser weniger sensitiven Version gegeben. Das letzte Signal Mitte 1995 bei 85 war auf der Kaufseite (siehe Pfeil nach oben) und annähernd drei Jahre lang gültig.

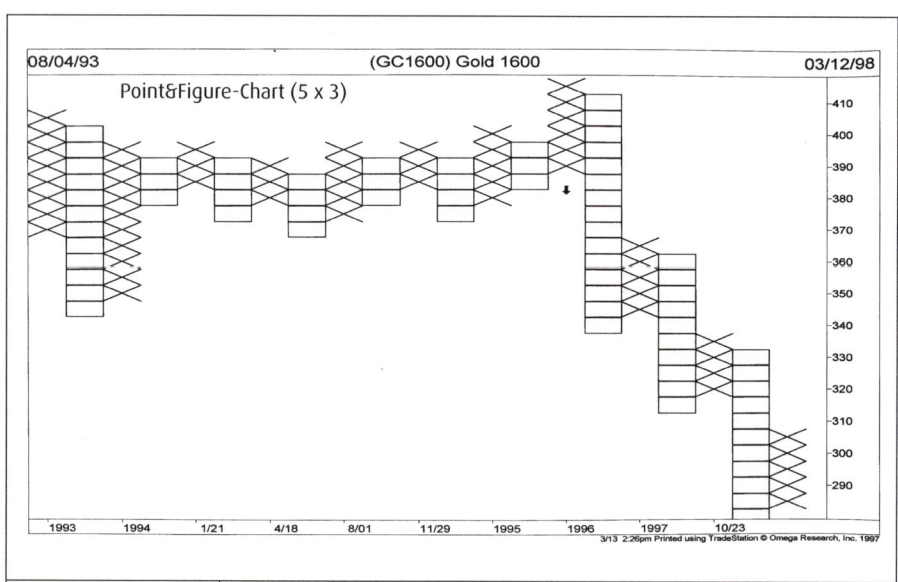

Abbildung 11.16 / Dieser Point&Figure-Chart von Gold gab 1996 in der Nähe von 380 $ ein Verkaufssignal (siehe Pfeil nach unten). Die Goldpreise fielen innerhalb der nächsten zwei Jahre um weitere 100 $.

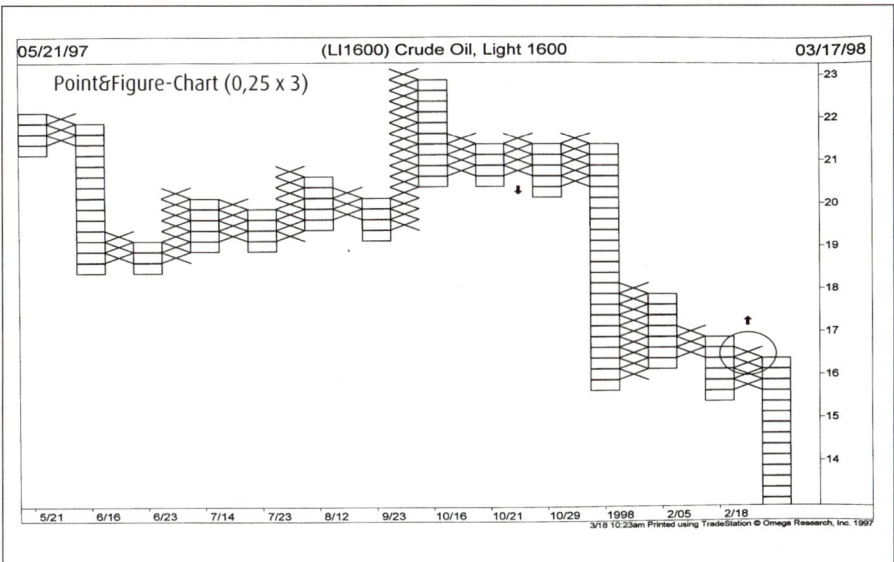

Abbildung 11.17 / Der Rohöl Point&Figure-Chart gab im Oktober 1997 in der Nähe von 20 $ ein Verkaufssignal (siehe Pfeil nach unten), rechtzeitig vor dem folgenden Einbruch um 6 $. Um den Abwärtstrend umzukehren, müssten die Rohölpreise über die letzte x-Säule bei 16,50 steigen.

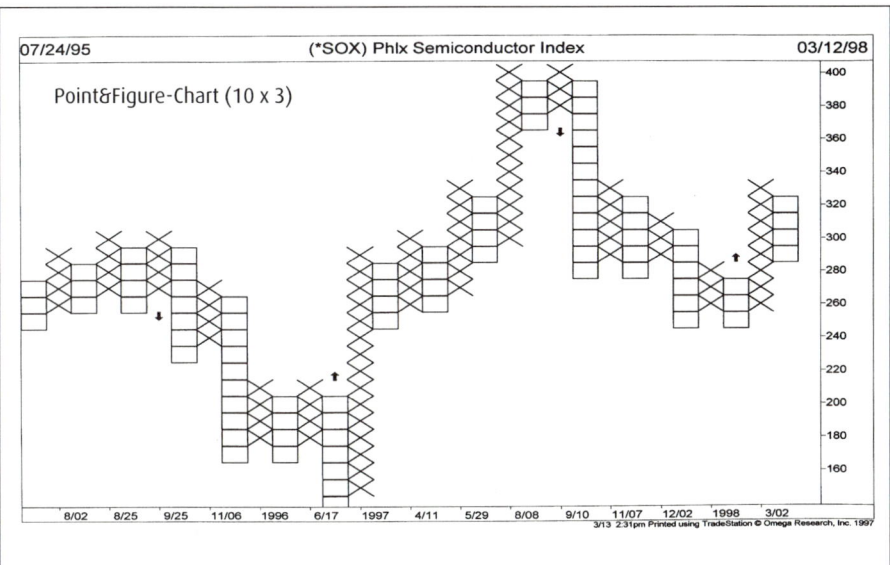

Abbildung 11.18 / Dieser Point&Figure-Chart des Halbleiter-Index gab vier Signale innerhalb einer Periode von zweieinhalb Jahren. Die Pfeile nach unten markieren zwei zeitige Verkaufssignale in 1995 und 1997. Das Kaufsignal in 1996 (erster Pfeil nach oben) nahm den größten Teil der folgenden Rallye mit.

☐ Technische Indikatoren bei Point&Figure-Charts

In seinem 1995 erschienenen Buch *Point&Figure Charting* (John Wiley & Sons) setzt sich Thomas J. Dorsey für die Chartcraft-Methode der 3-Punkt-Umkehr bei Aktien ein. Er diskutierte auch die Anwendung von Point&Figure-Charts auf das Trading von Optionen und Commodities.

Zusätzlich zu der Erklärung, wie man diese Charts konstruiert und liest, zeigt er auch, wie sich die Point & Figure Technik auf die Relative-Stärke-Analyse, Branchenanalyse und die Konstruktion eines NYSE Bullish Percent Index anwenden lässt. Er demonstriert die Konstruktion von Point&Figure-Charts für die NYSE Advance-Decline-Linie, den NYSE High-Low-Index und den Prozentsatz der Aktien, die sich über ihren 10- bzw. 30-Wochen-Durchschnitten befinden. Dorsey rechnet Michael Burke, dem Herausgeber von Chartcraft (Chartcraft Inc., Investors Intelligence, 30 Church Street, New Rochelle, NY 10801) das Verdienst der Entwicklung dieser innovativen Point & Figure Indikatoren zu, die bei diesem Chartanbieter erhältlich sind.

☐ Computerisierte Point&Figure-Charts

Computer haben die Plackerei beim Erstellen von Point&Figure-Charts übernommen. Die Tage des arbeitsintensiven Konstruierens von x- und o-Säulen sind vorbei. Die meisten Chartprogramme erledigen das heutzutage für Sie. Außerdem sind Sie in der Lage, die Kästchengröße und die Umkehrregel mit einem Mausklick zu ändern, um den Chart für kurz- oder langfristige Analysen anzupassen. Point&Figure-Charts lassen sich auf der Basis von Intraday- oder Tagesschlusskursen konstruieren, und Sie können sie in jedem beliebigen Markt einsetzen. Doch mit einem Computer können Sie noch viel mehr tun.

Kenneth Tower (CMT), Technischer Analyst von UST Securities Corporation (5 Vaughn Drive, CN5209, Princeton, N.J. 08543) benutzt eine logarithmische Methode des Point&Figure Charting. Ein Screening-Prozess, der die Volatilität einer Aktie innerhalb der letzten drei Jahre misst, bestimmt die richtige prozentuale Kästchengröße für jede Aktie. Die Abbildungen 11.19 und 11.20 zeigen Beispiele von Towers logarithmischen Point&Figure-Charts für America Online und Intel. Die Kästchengröße bei AOL in Abbildung 11.19 beträgt 3,6 %. Eine 1-Punkt-Umkehr erfordert deshalb eine Korrektur von 3,6 %. Soll dies bei einem 2-Punkt-Umkehrchart passieren, so müssen sich die Kurse um 7,2 % in die andere Richtung verändern, um eine neue Säule zu beginnen. Die Kästchengröße des Intel-Charts in Abbildung 11.20 beläuft sich auf 3,2 %.

288

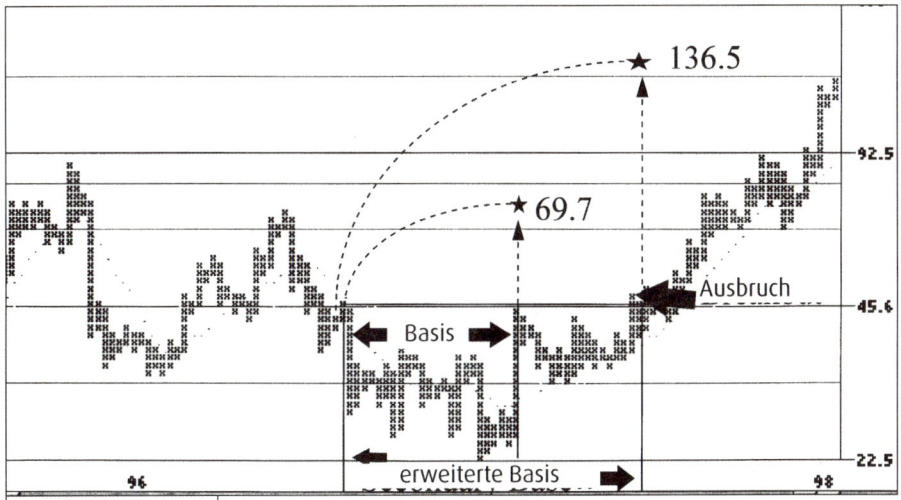

Abbildung 11.19   Ein logarithmischer Point&Figure-Chart von America Online. Das Umkehrkriterium basiert auf Prozentsätzen. Jedes Kästchen entspricht 3,6 %. Für eine Umkehr sind 7,2 % erforderlich, da es sich um einen 2-Punkt-Umkehrchart handelt. Beachten Sie die Projektion der horizontalen Zählweise auf 69,7 und 136,5 (siehe Bögen). (Charts mit freundlicher Genehmigung von UST Securities Corp.)

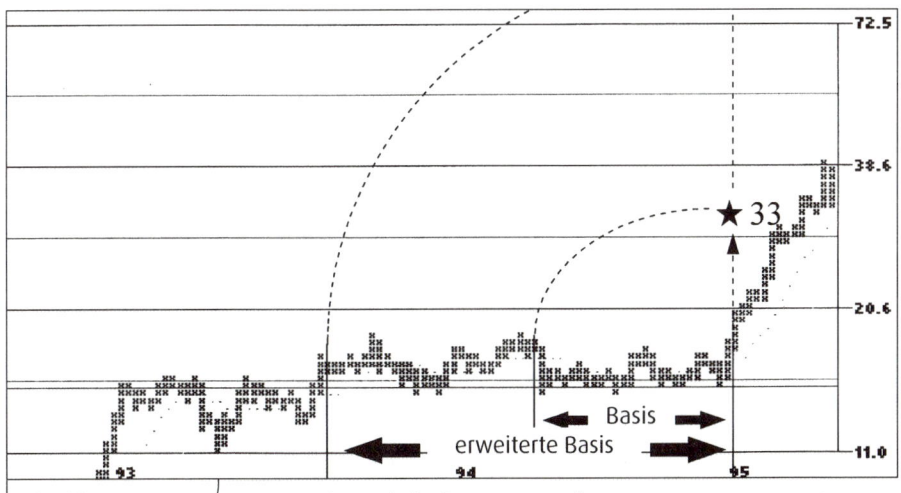

Abbildung 11.20   Ein 1-Punkt-Umkehrchart von Intel unter Benutzung von Prozentsätzen. Eine Umkehrbewegung von 3,2 % ist nötig, um die nächste Säule zu beginnen. Wenn man die horizontale Breite der Basis misst und nach oben zählt, gelangt man zu 33 und 87,6 (siehe Bögen). (Charts mit freundlicher Genehmigung von UST Securities Corp.)

Die Bögen, die Sie auf den beiden Charts sehen, sind Anwendungsbeispiele der horizontalen Zählweise zur Ermittlung von kurz- und langfristigen Kurszielen auf der Grundlage der Breite einer Kursbasis. Der Intel-Chart zeigt beispielsweise ein kurzfristiges Kursziel von 33, das durch Projektion der halben Breite der Kursbasis ermittelt wird (innerer Bogen). Der größere Bogen, der zu einem Kursziel von 87,6 gelangt, berücksichtigt die Anzahl der Säulen der kompletten Basis und projiziert diese Distanz nach oben. Wenn Sie bei den Abbildungen 11.19 und 11.20 genau hinschauen, sehen Sie auch kleine Punkte, die der Kursbewegung folgen. Hierbei handelt sich um gleitende Durchschnitte.

☐ GLEITENDE DURCHSCHNITTE BEI POINT&FIGURE-CHARTS

Gleitende Durchschnitte kommen normalerweise bei Balkencharts zum Einsatz. Hier erscheinen sie aber auf Point&Figure-Charts, mit freundlicher Genehmigung von Ken Tower und UST Securities. Tower benutzt auf seinen Charts zwei gleitende Durchschnitte, die auf 10 Säulen und 20 Säulen berechnet werden. Die Punkte in den Abbildungen 11.19 und 11.20 sind 10-Säulen-Durchschnitte. Diese gleitenden Durchschnitte werden konstruiert, indem man zunächst einen Durchschnittskurs für jede Säule ermittelt. Das erfolgt durch einfache Addition der Kurse in jeder Säule und Division durch die Anzahl von x´s oder o´s, die in dieser Säule enthalten sind. Die resultierenden Zahlen werden dann über 10 oder 20 Säulen gemittelt. Die gleitenden Durchschnitte werden auf die gleiche Art verwendet, wie dies bei Balkencharts üblich ist.

In Abbildung 11.21 sehen Sie zwei Point&Figure-Charts derselben Aktie mit 10-Säulen-Durchschnitten (Punkte) und 20-Säulen-Durchschnitten (Striche). Der untere Chart ist ein logarithmischer 2,7 %-Umkehrchart von Royl Dutch Petroleum, der bis in das Jahr 1992 zurück reicht. Beachten Sie, dass der schnellere Durchschnitt während des vierjährigen Aufwärtstrends von 1993 bis 1997 über dem langsameren Durchschnitt verlief. Im zweiten Halbjahr 1997 können Sie erkennen, wie die beiden Durchschnitte konvergierten, was in ein Jahr der Konsolidierung dieser Aktie mündete. Ganz rechts sehen Sie, dass Royal Dutch möglicherweise kurz vor der Wiederaufnahme des Aufwärtstrends steht. Ein genauerer Blick auf diesen potenziellen Ausbruch nach oben wird im oberen Chart von Abbildung 11.21 ermöglicht.

Der obere Chart ist ein traditioneller, linearer 1-Punkt-Umkehrchart von derselben Aktie. Der in dem linearen Chart abgebildete Zeitrahmen ist viel kürzer als auf dem Langfristchart. Aber Sie erhalten eine bessere Einsicht in die Kursbewegungen von Ende 1997 / Anfang 1998, und Sie können den kurzfristigen Ausbruch nach oben zu Beginn von 1998 sehen. Die Aktie muss immer noch über 60 schließen, um ein lang-

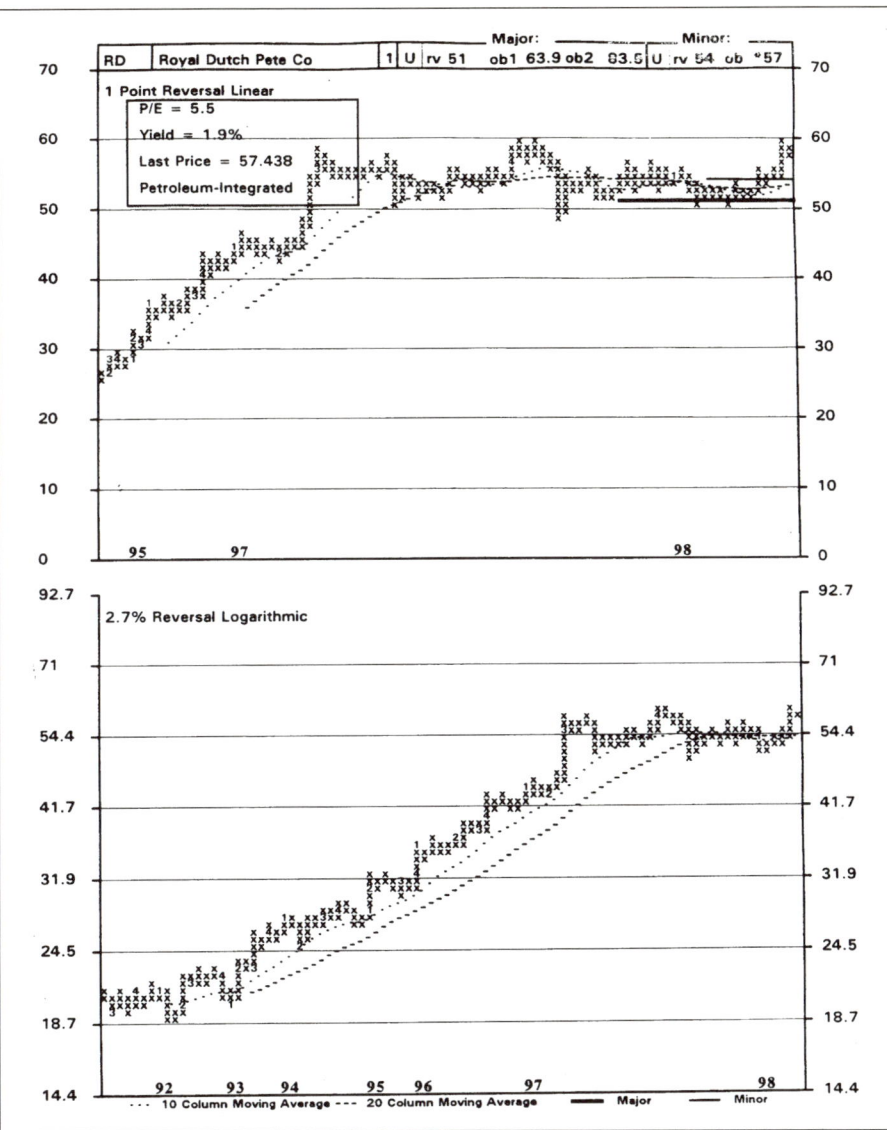

Abbildung 11.21 — Zwei Point&Figure-Versionen von Royal Dutch Petroleum. Der untere Chart ist logarithmisch und umfasst mehrere Jahre. Der obere Chart ist ein linearer 1-Jahreschart. Die gepunktete und gestrichelte Linie sind auf Säulen bezogene gleitende Durchschnittslinien über 10 und 20 Tage. (Charts von UST Securities Corp.; aktualisiert am 26. März 1998.)

fristiges Kaufsignal zu bestätigen. Innerhalb der Trading Range waren die gleitenden Durchschnitte nicht von großem Nutzen (das sind sie nie), doch sie sollten erneut anfangen zu steigen, falls der bullishe Breakout zustande kommt. Durch die Hinzufügung von Moving Averages zu Point&Figure-Charts hat Ken Tower die Point-&-Figure-Technik um einen weiteren wertvollen technischen Indikator ergänzt. Der Einsatz von logarithmischen Charts ist ebenfalls eine moderne Beigabe zu dieser alten Chartmethode.

☐ FAZIT

Die Methode des Point & Figure Charting ist nicht die älteste Technik der Welt. Dieses Privileg gehört den japanischen Kerzencharts, die in diesem Land bereits seit vierhundert Jahren benutzt werden. Im nächsten Kapitel wird Greg Morris, Autor zweier Bücher über Candlestick-Charts, eine Einführung in diese alte Technik geben, die unter westlichen Technischen Analysten in den letzten Jahren zu neuer Popularität gelangt ist.

von Greg Morris

12 | Japanische Candlestick-Charts

☐ EINLEITUNG

Obwohl die Japaner diese Chart- und Analysetechnik schon seit Jahrhunderten einsetzen, wurde sie im Westen erst in den letzten Jahren bekannt. Die Bezeichnung „Candlesticks" (wörtlich: Leuchter) bezieht sich eigentlich auf zwei verschiedene, aber verwandte Gegenstände. Zunächst einmal, und das ist der bekanntere Aspekt, handelt es sich um eine Darstellungsweise von Aktien- und Futureskursen zu Zwecken der Chartanalyse. Zum anderen ist es die Kunst, bestimmte Abfolgen von Kerzen in definierten und geprüften Kombinationen zu identifizieren. Glücklicherweise können beide Techniken sowohl unabhängig voneinander als auch gemeinsam benutzt werden.

☐ DIE KONSTRUKTION VON KERZENCHARTS

Die Darstellung von Marktdaten in Kerzenform verwenden die gleichen Daten, die für normale Balkencharts erhältlich sind: Eröffnungs-, Hoch-, Tief- und Schlusskurse. Obwohl auf exakt die gleichen Daten zugegriffen wird, sind Candlestick-Charts visuell viel ansprechender. Die Informationen scheinen aus der Seite (bzw. dem Computerbildschirm) hervorzuspringen. Die abgebildeten Informationen können viel leichter interpretiert und analysiert werden. Die folgende Darstellung der Kurse eines einzelnen Tages verdeutlicht Ihnen den Unterschied zwischen einem Balkenchart (links) und den Kerzencharts (rechts) (siehe Abbildung 12.1.).

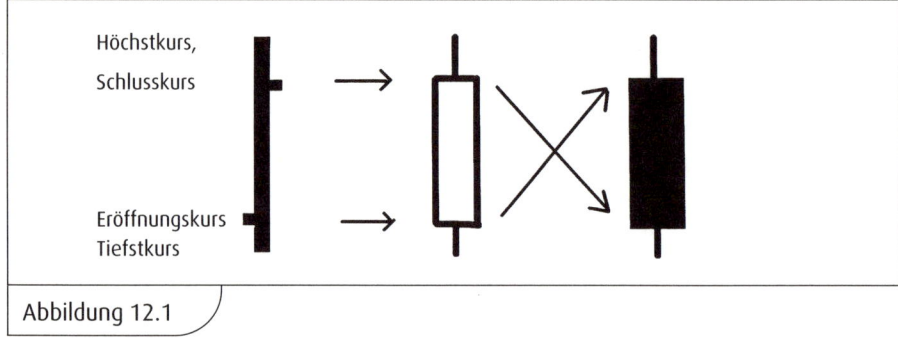

Höchstkurs,
Schlusskurs

Eröffnungskurs
Tiefstkurs

Abbildung 12.1

Sie können sich vorstellen, woher der Name „Kerzenchart" kommt. Die Figur sieht irgendwie einer Kerze mit einem Docht ähnlich. Das Rechteck bildet die Differenz zwischen Eröffnungs- und Schlusskurs des Tages ab und wird *Körper* genannt. Beachten Sie, dass der Körper schwarz oder weiß sein kann. Ein *weißer Körper* bedeutet, dass der Schlusskurs höher ist als der Eröffnungskurs. Eigentlich ist der Körper nicht weiß, sondern offen (nicht ausgefüllt), wodurch es sich besser mit dem Computer arbeiten lässt, genauer gesagt: auf diese Weise werden die Charts korrekt ausgedruckt. Das ist eine der Anpassungen, die diese fernöstliche Technik im Westen erfahren hat; die Japaner benutzen nämlich rote statt weiße Kerzen. Der *schwarze Körper* bedeutet, dass der Schlusskurs niedriger ist als der Eröffnungskurs. Dem Eröffnungs- und Schlusskurs wird bei den japanischen Kerzencharts eine hohe Bedeutung beigemessen. Die beiden Linien ober- und unterhalb des Körpers werden als *Docht* und *Lunte* oder als *oberer* und *unterer Schatten* bezeichnet. In der japanischen Literatur tauchen viele verschiedene Namen für diese Linien auf; das befremdet, weil sie den Höchst- und den Tiefstkurs des Tages anzeigen, die in der japanischen Analyse nicht wesentlich sind (siehe Abbildung 12.2).

Die Abbildung 12.2 zeigt dieselben Daten sowohl in Form des weit verbreiteten Balkencharts als auch im japanischen Candlestick-Format. Sie werden schnell erkennen, dass die Information des Balkencharts nicht so direkt ins Auge springt wie die des Candlestick-Charts. Am Anfang sind die Candlesticks etwas gewöhnungsbedürftig, doch nach einer Weile werden Sie ihnen den Vorzug geben.

Die unterschiedlichen Formen der Kerzen haben verschiedene Bedeutungen. Die Japaner haben auf der Grundlage von Eröffnungs-, Hoch-, Tief- und Schlusskursen verschiedene primäre Kerzen definiert. Mit dem Verständnis dieser Grundformen beginnt die Analyse von Candlestick-Charts.

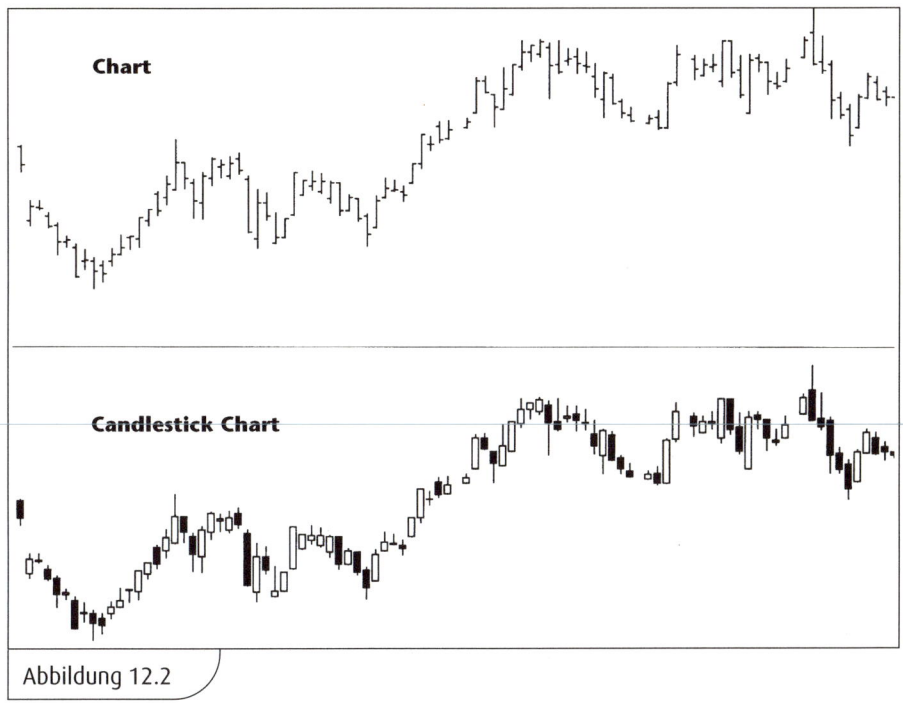

Chart

Candlestick Chart

Abbildung 12.2

☐ CANDLESTICK-GRUNDFORMEN

Verschiedene Kombinationen von Körper und Schatten haben unterschiedliche Bedeutungen. Tage mit einer großen Differenz zwischen Eröffnungs- und Schlusskurs werden *Long Days* genannt. Dementsprechende heißen Tage, an denen dieser Unterschied klein ist, *Short Days*. Denken Sie daran, dass wir im Moment nur von der Größe des Körpers sprechen und dass auf die Hoch- und Tiefkurse kein Bezug genommen wird (siehe Abbildung 12.3).

Spinning Tops sind Tage mit Kerzen, die kleine Körper aufweisen, und wo die oberen und unteren Schatten länger als der Körper sind. Dabei ist die Körperfarbe relativ unwichtig. Diese Kerzen gelten als Tage von Unentschlossenheit (siehe Abbildung 12,4).

Sind Eröffnungs- und Schlusskurs gleich, werden sie als Doji-Linien bezeichnet. *Dojis* können Schatten unterschiedlicher Länge besitzen. Wenn man von Dojis spricht, gibt es einen gewissen Ermessensspielraum, ob Eröffnungs- und Schlusskurs exakt gleich sein müssen. Ich vertrete die Auffassung, dass die Kurse beinahe gleich sein müssen, besonders bei großen Preisbewegungen.

Es gibt verschiedene wichtige Doji-Kerzen. Der Long-legged Doji besitzt lange obere und untere Schatten und spiegelt eine bemerkenswerte Unentschlossenheit bei

295

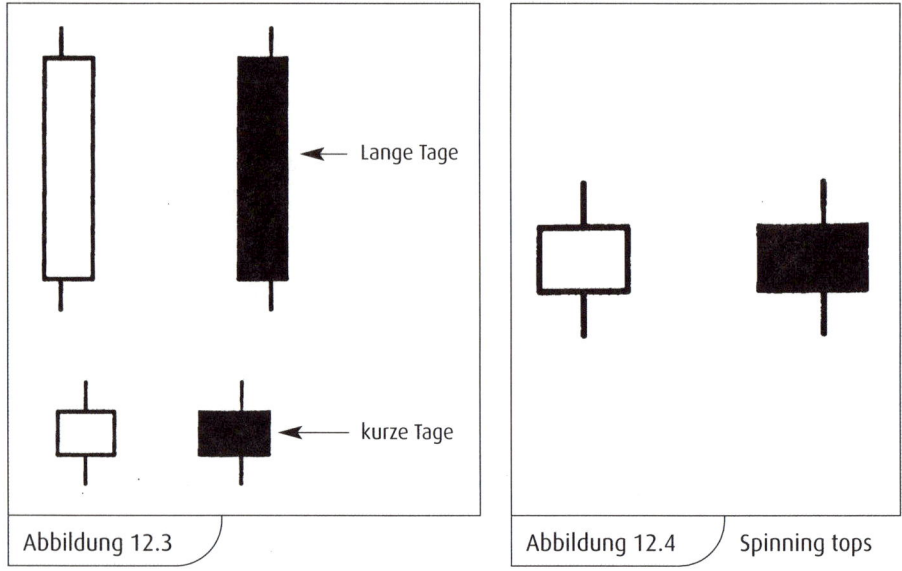

Abbildung 12.3

Abbildung 12.4 / Spinning tops

einem Teil der Marktteilnehmer wider. Der Gravestone Doji hat nur einen langen oberen Schatten und keinen unteren Schatten. Je länger der obere Schatten ist, umso bearisher ist die Interpretation. Der Dragonfly Doji ist das Gegenteil des Gravestone Doji;
der untere Schatten ist lang, während der obere Schatten fehlt. Eine solche Kerze gilt
üblicherweise als recht bullish (siehe Abbildung 12.5).

Die Grundformen der Kerzen sind bei der japanischen Candlestick-Analyse unverzichtbar. Sie werden sehen, dass alle Candlestick-Formationen aus Kombinationen dieser Grundformen zusammengesetzt sind.

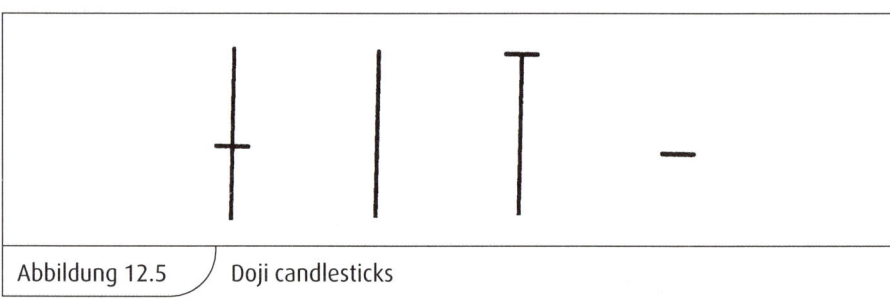

Abbildung 12.5 / Doji candlesticks

☐ ANALYSE VON CANDLESTICK-FORMATIONEN

Eine japanische Candlestick-Formation ist ein psychologisches Abbild der Mentalität der Trader zu dem gegebenen Zeitpunkt. Sie zeigt die Aktionen der Trader auf lebendige Weise, während die Zeit im Markt verstreicht. Die Analyse von Candlestick-Formationen funktioniert aufgrund der einfachen Tatsache, dass Menschen in ähnlichen Situationen auf vergleichbare Art und Weise reagieren.

Eine japanische Candlestick-Formation kann aus einer einzelnen Kerze oder einer Kombination aus mehreren, normalerweise nicht mehr als fünf, Kerzen bestehen. Während die meisten Candlestick-Formationen dazu da sind, Umkehrpunkte im Markt zu bestimmen, gibt es nur wenige Formationen, die auf eine Fortsetzung des Trends hindeuten. Sie werden als Umkehrformationen und Fortsetzungsformationen bezeichnet. Wann immer eine Umkehrformation bullish ist, so hat die inverse Version eine bearishe Bedeutung. Ähnlich verhält es sich bei den Fortsetzungsformationen: Das umgekehrte Muster einer bullishen Formation ist bearish. Wenn es sich um ein Paar von Formationen handelt, die sowohl in bullishen als auch in bearishen Situationen funktionieren, haben sie üblicherweise die gleiche Bezeichnung. In einigen Fällen tragen die bullishe Formation und ihr bearisher Gegenpart jedoch vollkommen unterschiedliche Namen.

☉ Umkehrformationen

Eine Candlestick-Umkehrformation ist eine Kombination von japanischen Candlesticks, die normalerweise einen Trendwechsel zur Folge haben. Ein wichtiger zu beachtender Punkt bei der Beurteilung, ob eine Formation bullish oder bearish ist, ist die Trendrichtung des Marktes vor Ausbildung der Formation. Sie können in einem Aufwärtstrend keine bullishe Umkehrformation haben. Sie können zwar eine Folge von Candlesticks haben, die einer bullishen Formation gleicht, doch wenn der Trend aufwärts gerichtet ist, handelt es sich nicht um eine bullishe japanische Candlestick-Formation. Genau so können Sie in einem Abwärtstrend keine bearishe Formation haben.

Hier wird ein uraltes Problem bei der Analyse von Märkten angesprochen: Was ist der Trend? Sie müssen den Trend bestimmen, bevor Sie eine japanische Candlestick-Formation effektiv nutzen können. Es wurden Bände über Trendbestimmung geschrieben; die Verwendung von gleitenden Durchschnitten funktioniert bei japanischen Kerzencharts ganz gut. Sobald der kurzfristige Trend (10 Perioden oder so) bestimmt wurde, können japanische Kerzen-Formationen bei der Identifikation einer Umkehr dieses Trends eine signifikante Unterstützung leisten.

Die japanische Literatur verweist konstant auf ungefähr 40 Candlestick-Umkehrformationen. Sie variieren von einzelnen Kerzen bis hin zu komplexeren Formationen von bis zu fünf Kerzen. Es gibt viele gute Bücher über Candlesticks, so dass hier nur einige der bekannteren Formationen diskutiert werden.

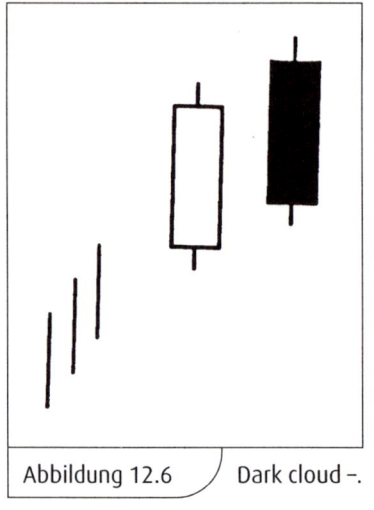

Abbildung 12.6 / Dark cloud –.

Dark Cloud Cover. Dies ist eine aus zwei Kerzen bestehende Umkehrformation mit bearisher Implikation (siehe Abbildung 12.6). Dies ist einer der Fälle, bei denen ein Gegenstück zu der Formation existiert, aber anders heißt (siehe unter Piercing Line). Der erste Tag dieser Formation ist eine lange weiße Kerze. Sie reflektiert den aktuellen Trend des Marktes und trägt dazu bei, die Trader vom Aufwärtstrend zu überzeugen. Am nächsten Tag eröffnen die Kurse über dem Hoch des Vortages, was ebenfalls bullish ist. Der Handel während des Restes des Tages findet jedoch auf einem niedrigeren Niveau statt, wobei der Schlusskurs unterhalb der Mitte des Körpers der Vortageskerze liegt. Dies ist ein signifikanter Gegenwind zur bullishen Mentalität und wird viele Trader aus dem Markt treiben. Weil der Schlusskurs unter dem Eröffnungskurs liegt, ist der Körper schwarz. Dies ist die schwarze Wolke, auf die sich der Name bezieht.

Piercing Line. Das Gegenteil des Dark Cloud Cover, die Piercing Line, hat bullishe Implikationen (siehe Abbildung 12.7). Das Szenario ist vergleichbar, aber entgegengesetzt. Der Trend geht nach unten, und die erste Kerze ist lang und schwarz, was das Vertrauen der Trader in den Abwärtstrend festigt. Am folgenden Tag eröffnen die Kurse auf einem neuen Tief, verlaufen dann während des gesamten Tages höher und schließen über dem Mittelpunkt des Körpers der Kerze des vorangegangenen Tages. Dies zeigt einen signifikanten Wechsel in der Abwärtstrend-Mentalität an und treibt viele dazu, ihre Short-Positionen zu schließen oder umzudrehen.

Abbildung 12.7 / Piercing line +.

Evening Star und Morning Star. Der Evening Star und sein Vetter, der Morning Star, sind zwei starke Umkehrformationen. Sie sind beide 3-Tages-Formationen und funktionieren außergewöhnlich gut. Das dem Evening Star zugrunde liegende Szenario wird hier ausführlich besprochen. Es ist wichtig, den Wechsel in der Psychologie der Trader zu verstehen. Beim Morning Star gilt das spiegelbildliche Verhalten (siehe Abbildungen 12.8 und 12.9.).

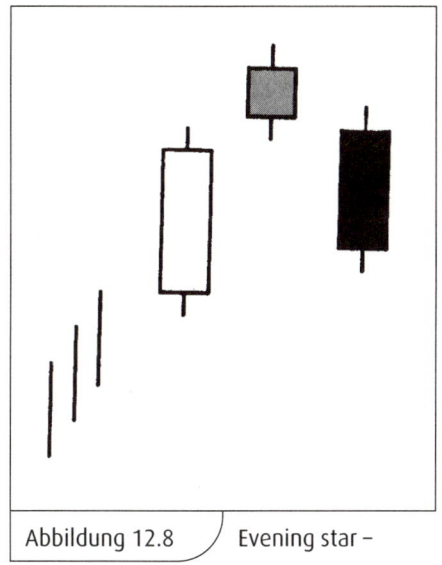

Abbildung 12.8 / Evening star –

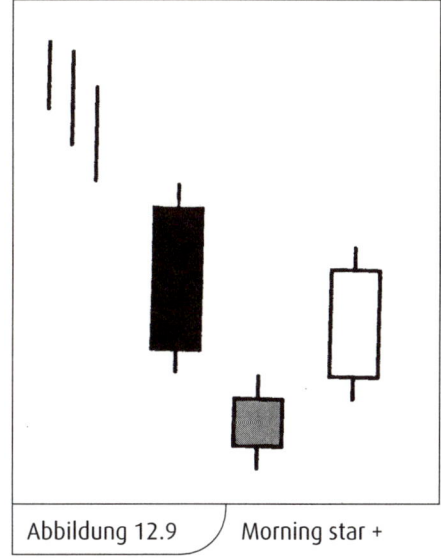

Abbildung 12.9 / Morning star +

Der Evening Star ist eine bearishe Kerzen-Umkehrformation, wie sein Name „Abendstern" bereits andeutet. Der erste Tag dieser Formation ist eine lange weiße Kerze, die den Aufwärtstrend voll bekräftigt. Zur Eröffnung des nächsten Handelstages zeigt sich oberhalb dieses Körpers eine Kurslücke. Die Handelsaktivität an diesem zweiten Tag ist etwas eingeschränkt, und der Schlusskurs liegt in der Nähe des Eröffnungskurses, aber in jedem Fall oberhalb des Körpers des Vortages. Der Körper der Kerze des zweiten Tages ist klein. Dieser Typ eines Tages, der einem Long Day folgt, wird als Star-Formation bezeichnet. Ein „Stern" ist ein kleiner Körper, der von dem langen Körper der Vortageskerze durch ein Gap getrennt ist. Am dritten und letzten Tag der Formation eröffnen die Kurse mit einer Lücke unterhalb des Körpers der „Stern"-Kerze und schließen unterhalb des Mittelpunktes der ersten Kerze.

Die vorangegangene Darstellung beschrieb das perfekte Szenario. Viele Quellen akzeptieren auch einen Evening Star, der nicht jedes Detail exakt nachbildet, als gültige Umkehrformation. So muss beispielsweise der dritte Tag nicht unbedingt eine Kurslücke zum mittleren Tag aufweisen, oder er schließt nicht unterhalb des Mittelpunktes des Körpers des ersten Tages. Wenn man einen Kerzenchart visuell inspiziert, sind diese Details subjektiv, nicht jedoch, wenn man Formationen mit Hilfe eines Computerprogramms automatisch identifiziert. Das verhält sich so, weil Computerprogramme explizite Instruktionen zum Lesen von Candlesticks benötigen und keinen Raum für subjektive Interpretationen lassen.

⊙ Fortsetzungsformationen

An jedem Handelstag muss man entscheiden, ob man eine Position verlässt, eingeht oder beibehält. Eine Candlestick-Formation, die einem die Bestätigung gibt, dass ein Trend vermutlich weiter gehen wird, ist wertvoller als es zunächst erscheinen mag. Sie hilft bei der Beantwortung der Frage, ob man in einer Position bleiben soll oder nicht. Die japanische Literatur kennt 16 Candlestick-Fortsetzungsformationen. Eine davon und ihr umgekehrt wirkendes Gegenstück eignen sich besonders gut dafür, die Fortsetzung eines Trends zu identifizieren.

Rising and Falling Three Methods. Die Rising-Three-Methods-Kerzen-Fortsetzungsformation ist der bullische Partner des Duos und der Gegenstand der folgenden Szenario-Beschreibung. Eine bullische Fortsetzungsformation kann nur in einem Aufwärtstrend, eine bearische Fortsetzungsformation nur in einem Abwärtstrend auftauchen. Dies betont erneut den notwendigen Zusammenhang mit dem Trend, der bei der Analyse von Kerzencharts so wichtig ist. (siehe Abbildungen 12.10 und 12.11.).

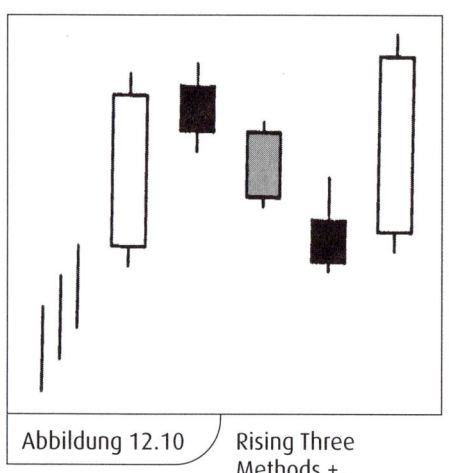

Abbildung 12.10 / Rising Three Methods +.

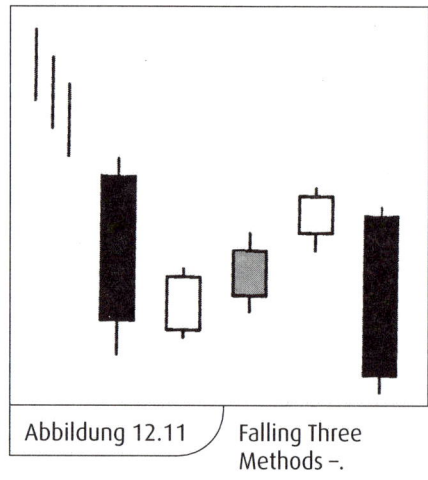

Abbildung 12.11 / Falling Three Methods –.

Der erste Tag der Rising-Three-Methods-Formation ist ein langer weißer Tag, der den aufwärts tendierenden Markt voll unterstützt. Über die nächsten drei Handelsperioden bilden sich Kerzen mit kleinen Körpern, die insgesamt abwärts tendieren. Sie bleiben alle innerhalb des langen Körpers der ersten Kerze, und mindestens zwei dieser kleinen Körper sind schwarz. Ein solcher Zeitabschnitt, während dem der Markt nirgendwo hinzugehen scheint, wird von den Japanern als „Ruheperiode" bezeichnet. Am fünften Tag dieser Formation entwickelt sich ein weiterer langer, weißer Tag, der auf einem neuen Hoch schließt. Am Ende sind die Kurse aus der kurzfristigen Trading Range ausgebrochen, und der Aufwärtstrend setzt sich fort.

Eine aus fünf Kerzen bestehende Formation wie die Rising Three Methods beinhaltet in ihrer Definition eine Menge Details. Das obige Szenario ist das perfekte Beispiel der Rising-Three-Methods-Formation. Eine flexible Handhabung ist demjenigen gestattet, der Erfolg hat, und dieser wiederum kommt mit der Erfahrung. So können sich beispielsweise die drei kleinen Kerzen der Reaktionsperiode innerhalb der kompletten Kerze, statt innerhalb des Körpers des ersten Tages bewegen. Die Kerzen der Reaktionsperiode müssen nicht immer überwiegend schwarz sein. Und schließlich könnte das Konzept der „Ruheperiode" ausgedehnt werden und mehr als drei Reaktionstage umfassen. Ignorieren Sie die Formationen der Rising and Falling Three Methods nicht; sie können Ihnen Vertrauen geben, wenn Sie sich um die Sicherung von Kursgewinnen in einem Aufwärtstrend Sorgen machen.

⊙ Der Einsatz von Computern bei der Erkennung von Candlestick-Formationen

Ein PC mit einer Software, die für das Erkennen von Candlestick-Formationen geschrieben wurde, ist ein großartiger Weg zur Vermeidung von Emotionen, besonders während man eine Position hält. Es gilt allerdings, eine Reihe von Dingen im Auge zu behalten, wenn man sich Candlestick-Charts auf dem Monitor ansieht. Ein Computerbildschirm setzt sich aus kleinen Lichtelementen, Pixel genannt, zusammen. Auf Ihrem Monitor gibt es nur so viele Pixel, wie es der Auflösung Ihrer Grafikkarte in Kombination mit dem Monitor entspricht.

Wenn Sie eine Kursreihe betrachten, die eine Vielzahl von Daten innerhalb einer kurzen Zeitperiode enthält, könnten Sie denken, dass Sie eine Vielzahl von Doji-Tagen vor sich haben, Eröffnungs- und Schlusskurs also identisch sind, obwohl das tatsächlich nicht zutrifft. Bei einer großen Datenmenge auf Ihrem Bildschirm kann jedes Pixel einen eigenen Datenpunkt haben. Ein Börsensoftwareprogramm, das auf Formationenerkennung ausgerichtet ist, wird sich von dieser visuellen Anomalie nicht beirren lassen. Hoffentlich wird diese Erklärung Sie davon abhalten zu denken, dass Ihre Software nicht funktioniert.

☐ GEFILTERTE KERZEN-FORMATIONEN

Ein revolutionäres Konzept, das von Greg Morris 1991 entwickelt wurde und „Candle Pattern Filtering" genannt wird, beinhaltet eine einfache Methode, die durchschnittliche Verlässlichkeit von Candlestick-Formationen zu verbessern. Obwohl der kurzfristige Markttrend bestimmt werden muss, bevor eine Candlestick-Formation existieren kann, wird die Vorhersagekraft einer Formation dadurch verbessert, dass man mit Hilfe der traditionellen Technischen Analyse überkaufte und überverkaufte Marktsituationen bestimmt. Folgerichtig trägt diese Technik dazu bei, verfrühte oder Fehlsignale von Candlesticks zu eliminieren.

Man muss zunächst begreifen, wie ein traditioneller technischer Indikator auf Kursdaten reagiert. In diesem Beispiel wird %D-Stochastik benutzt. Der Stochastik-Indikator oszilliert zwischen 0 und 100, wobei 20 überverkauft und 80 überkauft bedeutet. Dieser Indikator wird primär so interpretiert, dass ein Verkaufssignal gegeben wird, wenn die %D-Linie über 80 steigt und dann unter 80 fällt. Umgekehrt wird ein Kaufsignal ausgelöst, wenn er unter 20 fällt und dann über 20 steigt. (Siehe Kapitel 10 für weitere Informationen zum Thema Stochastik.)

Über den %D-Stochastik wissen wir folgendes: Sobald er sich in einen Bereich über 80 oder unter 20 hinein bewegt, wird er im Laufe der Zeit ein Signal generieren. Mit anderen Worten: Es ist nur eine Frage der Zeit, bis das Signal ausgelöst wird. Die Bereiche über 80 oder unter 20 werden „Vor-Signal-Bereich" genannt und verkörpern das Gebiet, dass die %D-Linie betreten muss, bevor sie von sich aus ein Handelssignal geben kann (siehe Abbildung 12.12).

Das Konzept des Candle Pattern Filtering benutzt diesen Vor-Signal-Bereich. Candlestick-Formationen werden *nur* beachtet, wenn sich %D in dieser Zone befindet. Taucht eine Candlestick-Formation auf, wenn %D bei sagen wir 65 liegt, wird die Formation ignoriert. Außerdem werden in diesem Konzept nur Umkehrformationen beachtet.

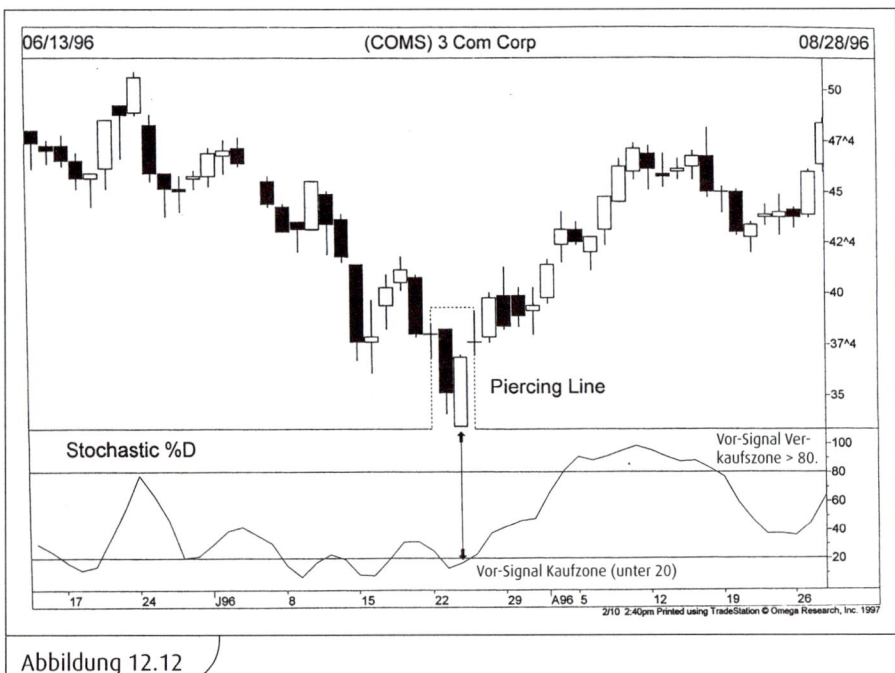

Abbildung 12.12

Diese Filtertechnik in Bezug auf Candlestick-Formationen ist nicht nur auf den Stochastik-Indikator beschränkt. Jeder technische Oszillator, den Sie normalerweise zu Analysezwecken einsetzen, kann zur Filterung von Candlestick-Formationen benutzt werden. Wilders RSI, Lamberts CCI und Williams %R sind einige, die vergleichsweise gut funktionieren. (Diese Oszillatoren sind in Kapitel 10 beschrieben.)

☐ Fazit

Die japanischen Candlestick-Charts und die Analyse ihrer Formationen sind unverzichtbare Timing-Werkzeuge, wenn es darum geht, die richtigen Entscheidungen am Markt zu treffen. Man sollte japanische Kerzen-Formationen auf die gleiche Weise einsetzen wie jedes andere technische Instrument oder jede andere Technik, um die Psychologie der Marktteilnehmer zu studieren. Wenn Sie sich erst einmal an die Betrachtung von Candlesticks gewöhnt haben, werden Sie keine Balkencharts mehr verwenden wollen. In Verbindung mit anderen technischen Indikatoren als Filter werden Candlestick-Formationen Handelssignale beinahe immer zeitlich vor anderen kursbasierten Indikatoren anbieten.

CANDLESTICK-FORMATIONEN

Die unten aufgeführten Candlestick-Formationen enthalten die Liste zur Identifikation von Candlestick-Signalen. Die Ziffern in Klammern am Ende jedes Namens zeigen die Anzahl der Kerzen an, die zur Definition der betreffenden Formation erforderlich sind. Die bullishen und bearishen Formationen werden in zwei Gruppen unterteilt, die sich auf Umkehr- oder Fortsetzungsformationen beziehen.

Bullish Reversals
Long White Body (1)
Hammer (1)
Inverted Hammer (1)
Belt Hold (1)
Engulfing Pattern (2)
Harami (2)
Harami Cross (2)
Piercing Line (2)
Doji Star (2)
Meeting Lines (2)
Three White Soldiers (3)
Morning Star (3)
Morning Doji Star (3)
Abandoned Baby (3)
Tri-Star (3)
Breakaway (5)
Three Inside Up (3)
Three Outside Up (3)
Kicking (2)
Unique Three Rivers Bottom (3)
Three Stars in the South (3)
Concealing Swallow (4)
Stick Sandwich (3)
Homing Pigeon (2)
Ladder Bottom (5)
Matching Low (2)

Bullish Continuation
Separating Lines (2)
Rising Three Methods (5)
Upside Tasuki Gap (3)
Side by Side White Lines (3)
Three Line Strike (4)
Upside Gab Three Methods (3)
In Neck Line (2)

Bearish Reversals
Long Black Body (1)
Hanging Man (1)
Shooting Star (1)
Belt Hold (1)
Engulfing Pattern (2)
Harami (2)
Harami Cross (2)
Dark Cloud Cover (2)
Doji Star (2)
Meeting Lines (2)
Three Black Crows (3)
Evening Star (3)
Evending Doji Star (3)
Abandoned Baby (3)
Tri-Star (3)
Breakaway (5)
Three Inside Down (3)
Three Outside Down (3)
Kicking (2)
Latter Top (5)
Matching High (2)
Upside Gab Two Crows (3)
Identical Three Crows (3)
Deliberation (3)
Advance Block (3)
Two Crows (3)

Bearish Continuation
Separating Lines (2)
Falling Three Methods (5)
Downside Tasuki Gab (3)
Side by Side White Lines (3)
Three Line Strike (4)
Downside Gap Three Methods (3)
In Neck Line (2)

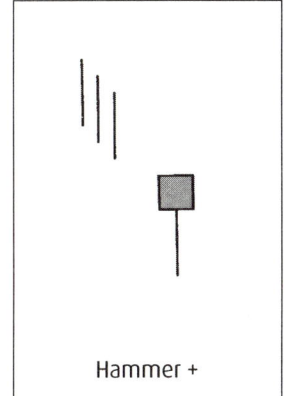

Hammer +

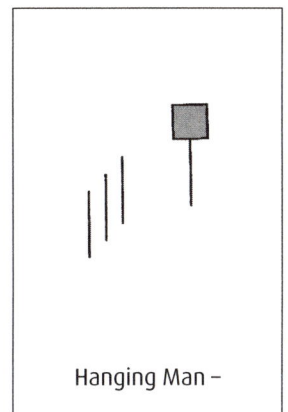

Hanging Man –

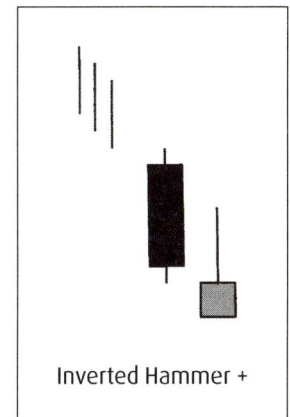

Inverted Hammer +

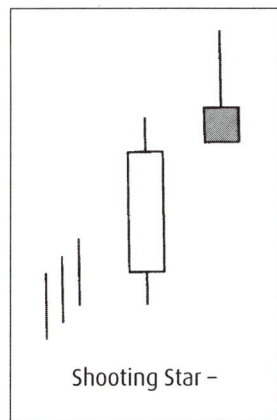

Shooting Star –

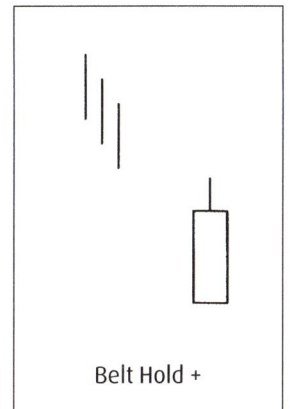

Belt Hold +

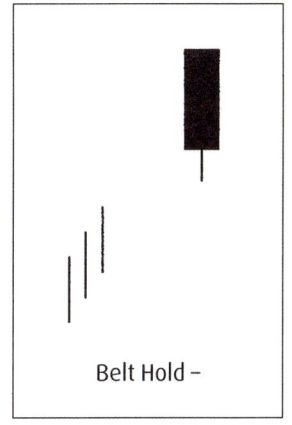

Belt Hold –

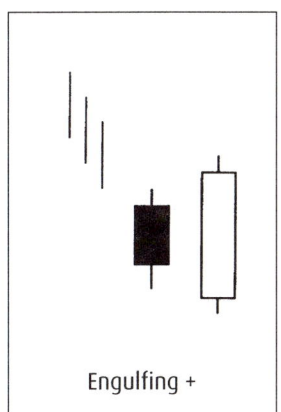

Engulfing +

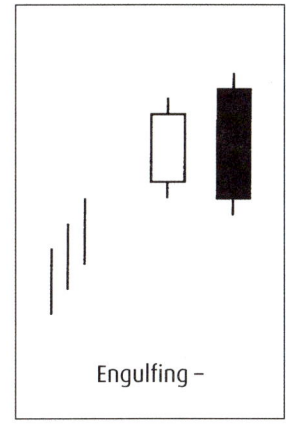

Engulfing –

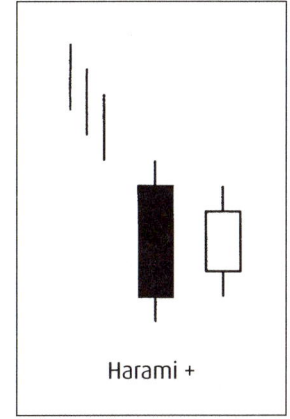

Harami +

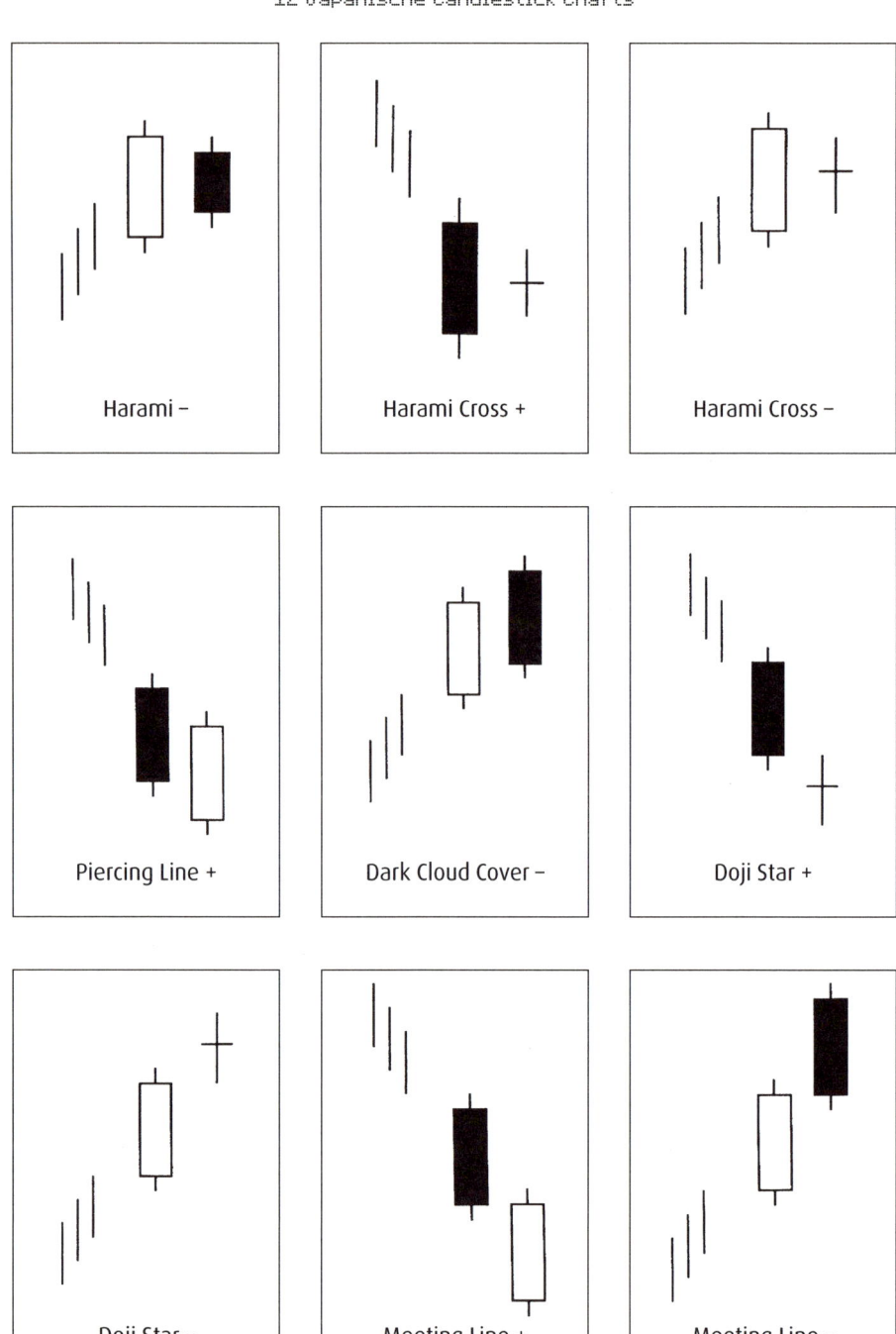

Harami –

Harami Cross +

Harami Cross –

Piercing Line +

Dark Cloud Cover –

Doji Star +

Doji Star –

Meeting Line +

Meeting Line –

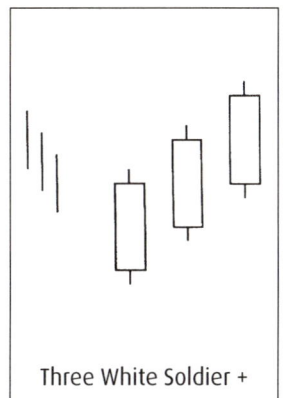

Three White Soldier +

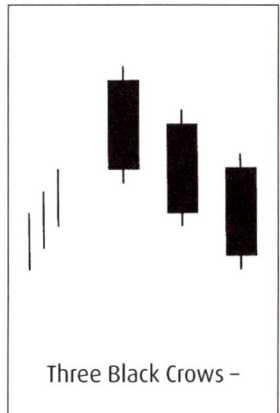

Three Black Crows –

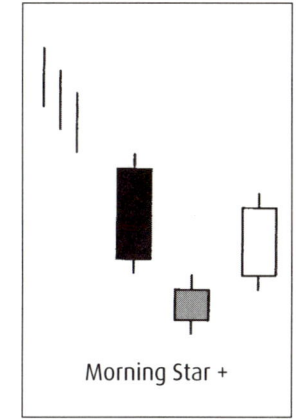

Morning Star +

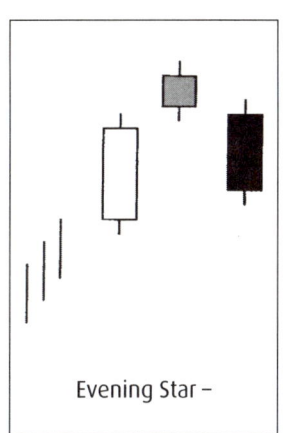

Evening Star –

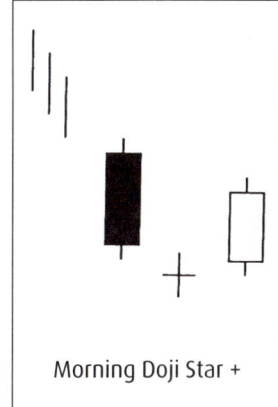

Morning Doji Star +

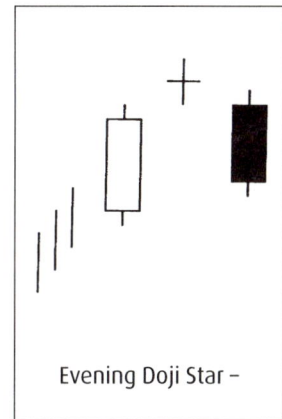

Evening Doji Star –

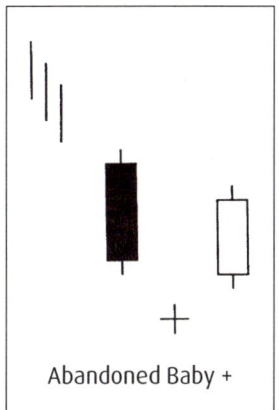

Abandoned Baby +

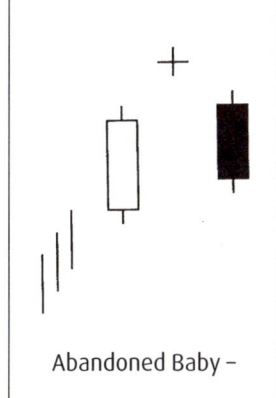

Abandoned Baby –

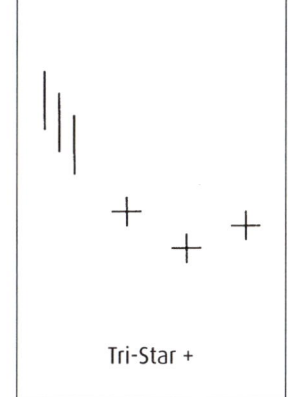

Tri-Star +

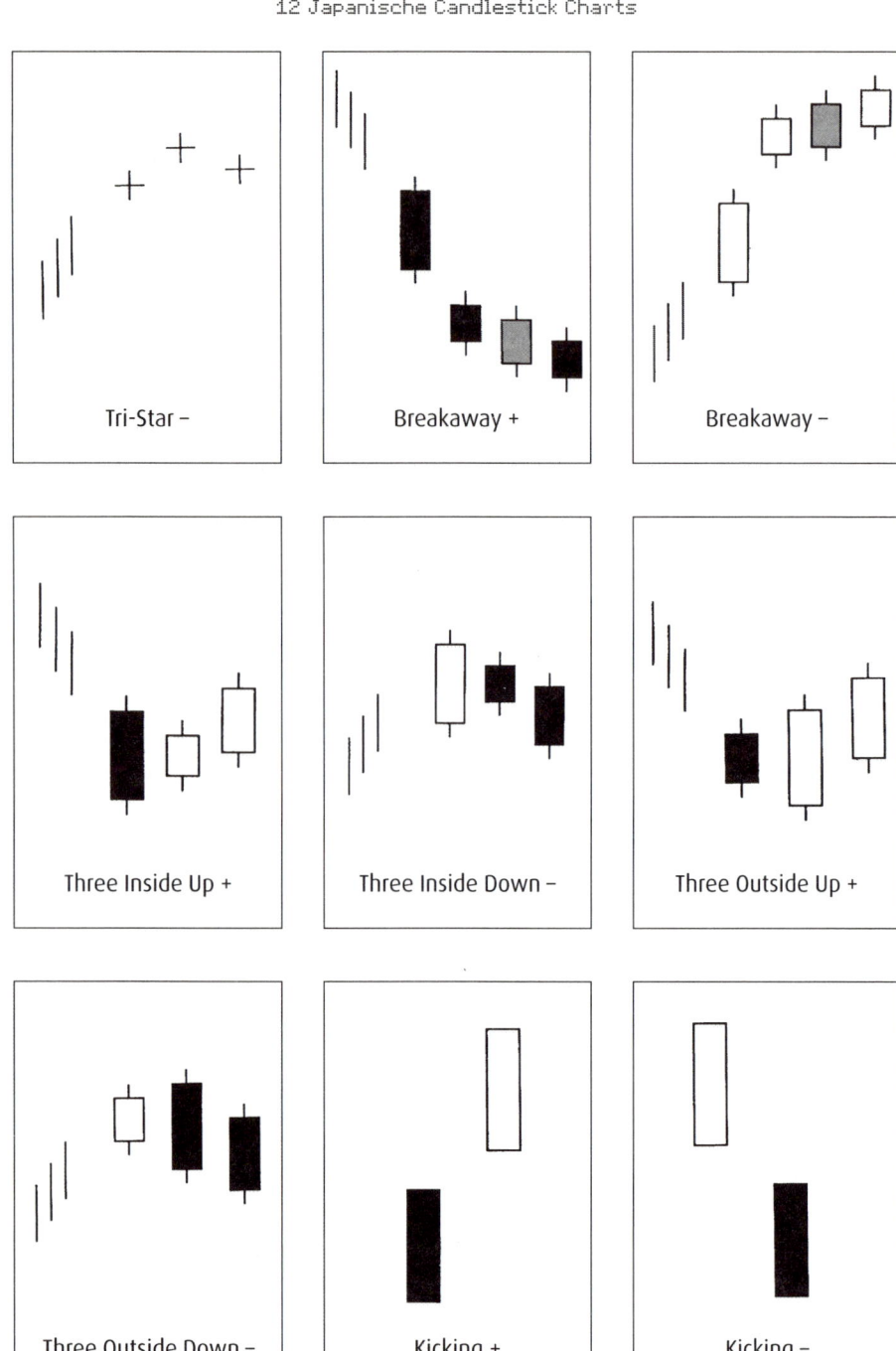

Tri-Star –

Breakaway +

Breakaway –

Three Inside Up +

Three Inside Down –

Three Outside Up +

Three Outside Down –

Kicking +

Kicking –

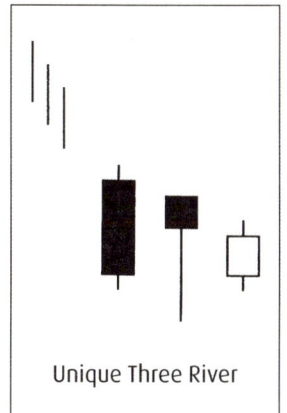

Unique Three River

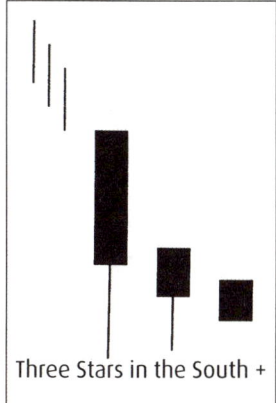

Three Stars in the South +

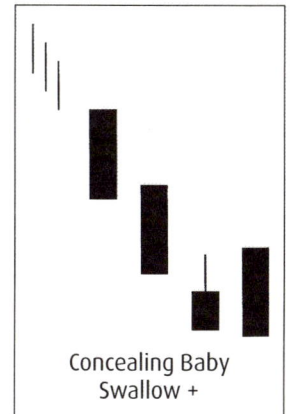

Concealing Baby
Swallow +

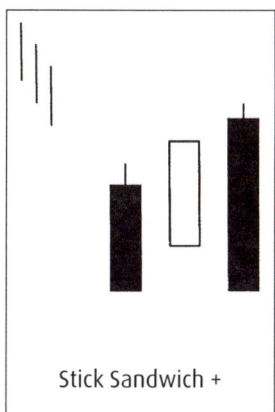

Stick Sandwich +

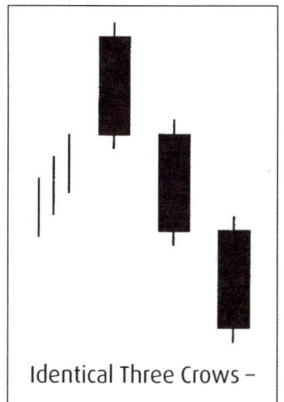

Identical Three Crows –

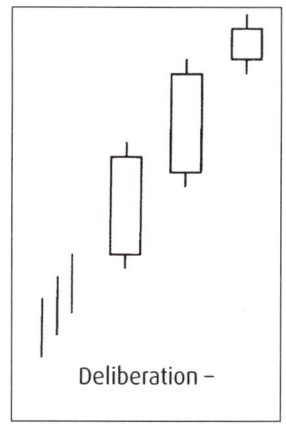

Deliberation –

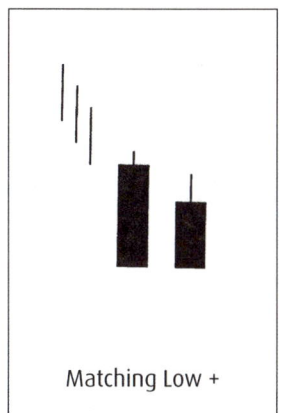

Matching Low +

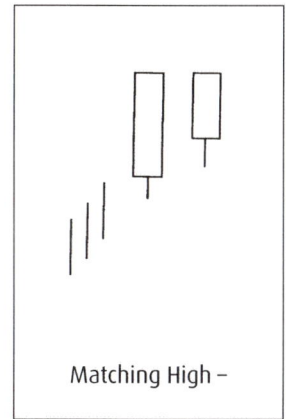

Matching High –

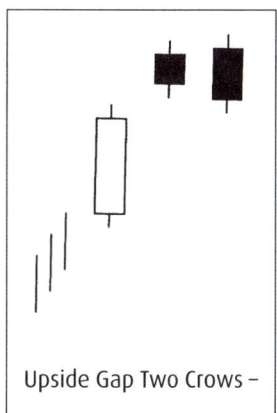

Upside Gap Two Crows –

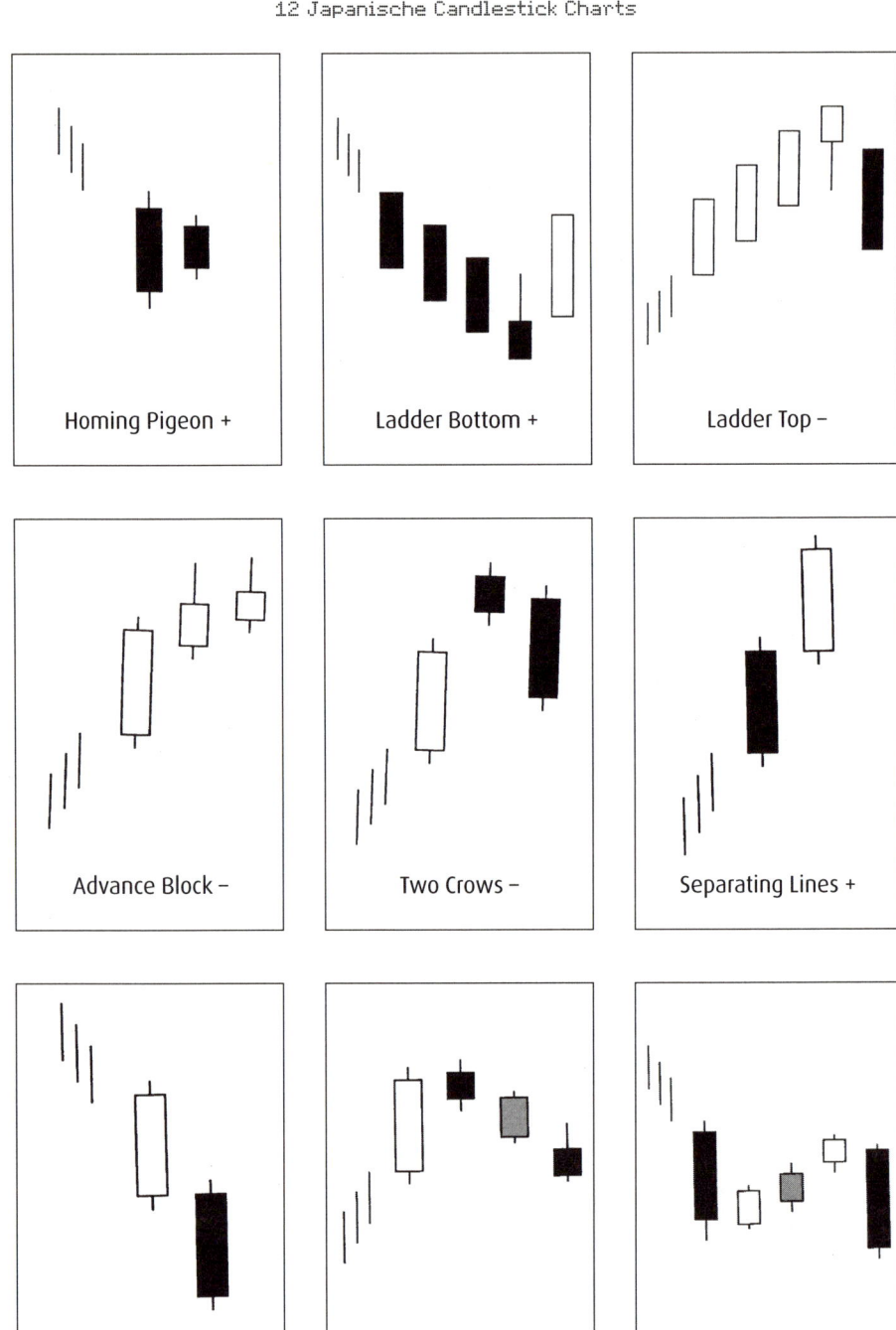

Homing Pigeon +

Ladder Bottom +

Ladder Top –

Advance Block –

Two Crows –

Separating Lines +

Separating Lines –

Rising Three Methods +

Falling Three Methods –

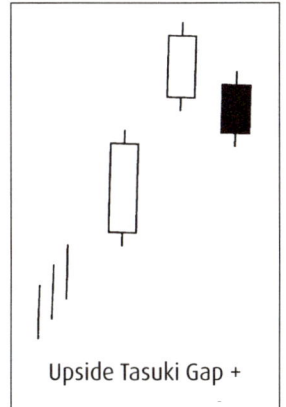

Upside Tasuki Gap +

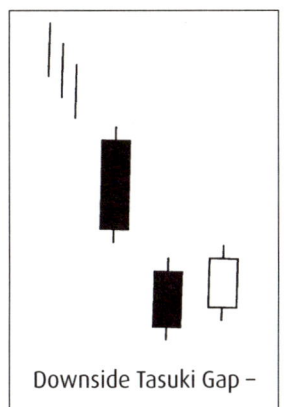

Downside Tasuki Gap –

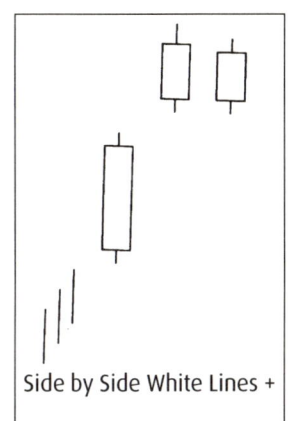

Side by Side White Lines +

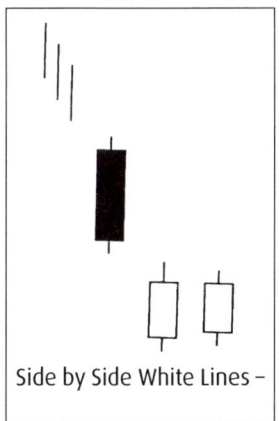

Side by Side White Lines –

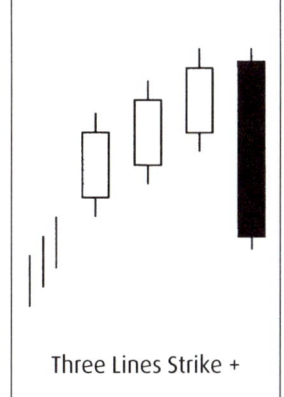

Three Lines Strike +

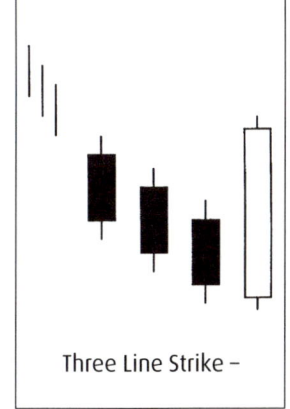

Three Line Strike –

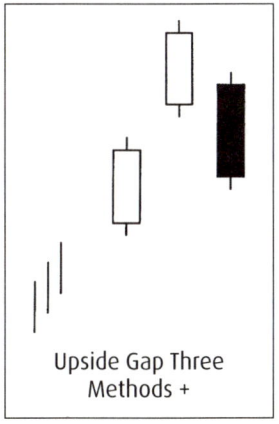

Upside Gap Three
Methods +

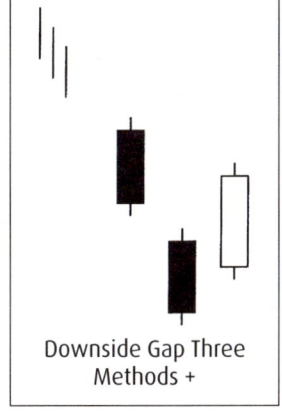

Downside Gap Three
Methods +

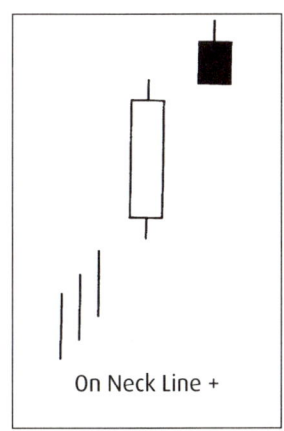

On Neck Line +

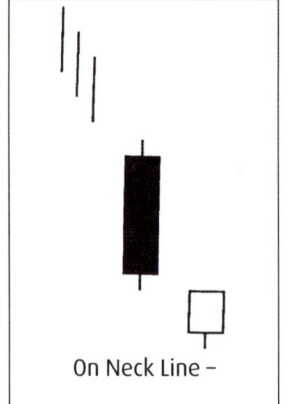

On Neck Line –

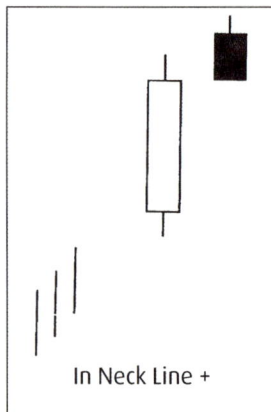

In Neck Line +

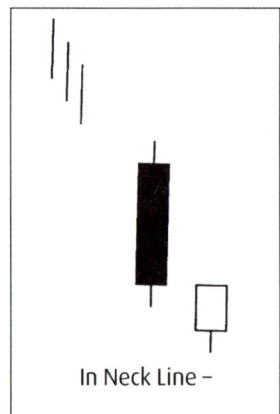

In Neck Line –

13 | Elliott-Wellen-Theorie

HISTORISCHER HINTERGRUND

Im Jahre 1938 erschien eine Monographie mit dem Titel *The Wave Principle*. Dies war die erste Quelle dessen, was später als das Elliott-Wellen-Prinzip bekannt werden sollte. Die Monographie wurde von Charles J. Collins veröffentlicht und basierte auf der Originalarbeit, die ihm der Begründer des Wellenprinzips, Ralph Nelson (R. N.) Elliott, vorgestellt hatte.

Elliott war sehr stark von der Dow-Theorie beeinflusst, die mit dem Wellenprinzip viel gemein hat. In einem Brief an Collins erwähnte Elliott 1934, dass er ein Abonnent von Robert Rheas Stock Market Service und mit Rheas Buch über die Dow-Theorie vertraut sei. Elliott sagte weiter, dass das Wellenprinzip „eine sehr gesuchte Ergänzung zur Dow-Theorie" darstelle.

1946, nur zwei Jahre vor seinem Tod, schrieb Elliott seine definitive Arbeit über das Wellenprinzip, *Nature's Law – The Secret of the Universe*.

Elliotts Ideen mögen aus unserer Erinnerung verschwunden worden sein, wenn sich nicht A. Hamilton Bolton dazu entschieden hätte, das *Elliott Wave Supplement* zu veröffentlichen, eine Beilage zum *Bank Credit Analyst*. Dies tat er 14 Jahre lang, bis zu seinem Tod im Jahre 1967. A. J. Frost übernahm die Elliott Supplements und arbeitete mit Robert Prechter in der 1978 veröffentlichten Arbeit *Elliott Wave Principle* zusammen. Die meisten Abbildungen in diesem Kapitel stammen aus dem Buch von Frost und Prechter. Prechter ging noch einen Schritt weiter und publizierte 1980 *The Major Works of R. N. Elliott,* wodurch die originalen Schriften Elliotts, die lange nicht mehr in gedruckter Form vorlagen, wieder verfügbar wurden.

☐ DIE GRUNDLEGENDEN CHARAKTERISTIKA DES ELLIOTT-WELLENPRINZIPS

Es gibt drei wichtige Aspekte der Wellentheorie-*Formationen, Verhältnisse* und *Zeit* – in dieser Reihenfolge der Bedeutung. *Formationen* beziehen sich auf die Wellenmuster, die das wichtigste Element der Theorie enthalten. Die *Ratio-Analyse* ist bei der Bestimmung von Retracement-Punkten und Kurszielen nützlich, indem sie die Beziehungen zwischen den verschiedenen Wellen misst. Schließlich existieren auch *zeitliche* Beziehungen; sie können dazu eingesetzt werden, die Formationen und Ratios der Wellen zu bestätigen, werden jedoch von manchen Elliott-Anhängern bei der Marktprognose als weniger zuverlässig angesehen.

Die Elliott-Wellen-Theorie wurde ursprünglich für die großen Aktienindizes entwickelt, insbesondere den Dow Jones Industrials Average. In ihrer einfachsten Form besagt die Theorie, dass der Aktienmarkt einem sich wiederholenden Rhythmus von fünf ansteigenden Wellen und nachfolgend drei abfallenden Wellen folgen. Die Abbildung 13.1 zeigt einen kompletten Zyklus. Wenn Sie die Wellen zählen, werden Sie herausfinden, dass ein kompletter Zyklus aus acht Wellen besteht – fünf nach oben und drei nach unten. Beachten Sie in dem ansteigenden Teil des Zyklus, dass die Wellen numeriert sind. Die Wellen 1, 2 und 3 – *Impulswellen* genannt – sind steigende Wellen, während die Wellen 2 und 4 gegen den Aufwärtstrend gerichtet sind. Die Wellen 2 und 4 werden *Korrekturwellen* genannt, weil sie die Wellen 1 und 3 korrigieren. Nachdem der numerierte Fünf-Wellen-Aufschwung beendet ist, beginnt eine Drei-Wellen-Korrektur. Diese drei Korrekturwellen werden durch die Buchstaben a, b und c markiert.

Zusammen mit der konstanten Form der verschiedenen Wellen ist der Rang ein bedeutender Faktor. Es gibt viele verschiedene Ränge von Trends. Elliott kategorisierte in der Tat neun verschiedene Ränge (oder Größe) von Trends – vom 200 Jahre umspannenden *Grand Supercycle* bis zu einem *subminuette degree,* der nur einige Stunden umfasst. Der entscheidende Punkt ist, dass der grundlegende Acht-Wellen-Zyklus konstant bleibt, egal, welcher Rang eines Trends untersucht wird.

Jede einzelne Welle wird in Wellen des nächst niedrigeren Rangs unterteilt, die wiederum in Wellen eines noch tieferen Rangs unterteilt werden. Daraus folgt dann auch, dass jede Welle selbst ein Teil der Welle des nächst höheren Rangs ist. Die Abbildung 13.2 demonstriert diesen Zusammenhang. Die größten zwei Wellen – 1 und 2 – können in acht kleinere Wellen unterteilt werden, die wiederum in 34 noch kleinere Wellen unterteilt werden. Die zwei größten Wellen – 1 und 2 – sind nur die ersten beiden Wellen in einem übergeordneten Fünf-Wellen-Aufschwung. Die 34 Wellen in Abbildung 13.2 werden im nächst niedrigeren Rang weiter unterteilt (siehe Abbildung 13.3), was 144 Wellen ergibt.

Die bis hierher aufgeführten Zahlen – 1, 2, 3, 5, 8, 13, 21, 34, 55, 89, 144 – sind keine zufälligen Zahlen. Sie sind ein Teil der *Fibonacci Zahlenreihe,* die die mathematische Basis

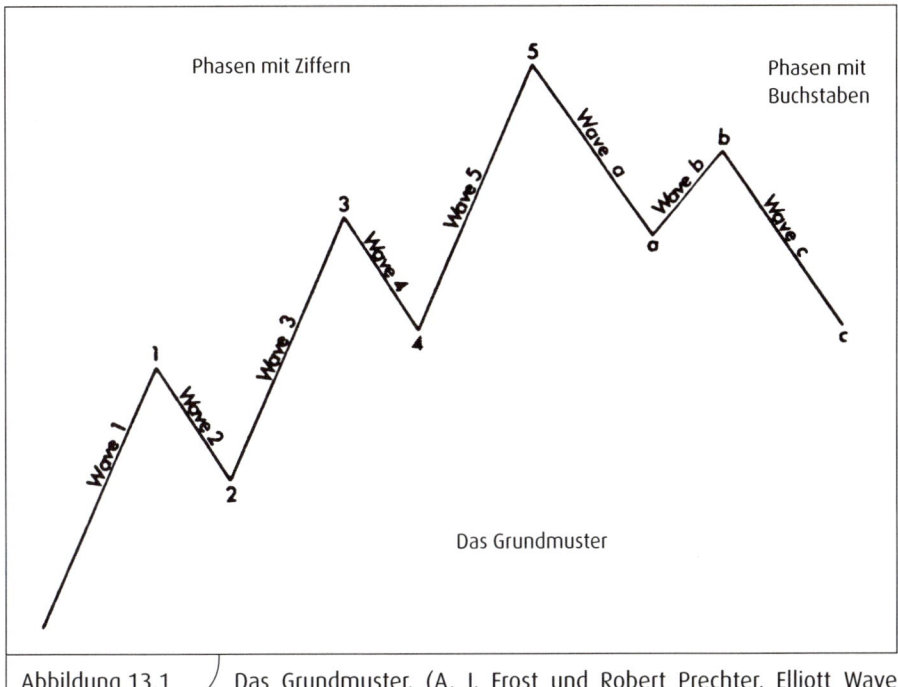

für die Elliott-Wellen-Theorie bildet. Wir kommen hierauf ein wenig später zurück. Einstweilen schauen Sie sich die Abbildungen 13.1 bis 13.3 an und beachten Sie die sehr ausgeprägte Charakteristik der Wellen. Ob eine gegebene Welle in fünf oder drei Wellen unterteilt wird, hängt von der Trendrichtung der nächst größeren Welle ab. In Abbildung 13.2 beispielsweise werden die Wellen (1), (3) und (5) in fünf Wellen unterteilt, weil die höherrangige Welle – Welle ① –, deren Teil sie bildet, eine ansteigende Welle ist. Weil die Wellen (2) und (4) gegen den Trend gerichtet sind, werden sie in nur drei Wellen unterteilt.

Schauen Sie sich die Korrekturwellen (a), (b) und (c), die die größere Korrekturwelle ② enthält, genauer an. Beachten Sie, dass jede der beiden fallenden Wellen – (a) und (c) – in fünf Wellen herunter gebrochen wird. Dies geschieht, weil sie in die gleiche Richtung laufen wie die übergeordnete Welle. Im Gegensatz dazu besteht Welle (b) aus nur drei Wellen, weil sie sich gegen die Richtung der nächst größeren Welle ② bewegt.

Die Fähigkeit, zwischen 3er- und 5er-Wellen zu unterscheiden, ist bei der Anwendung dieses Ansatzes offensichtlich von enormer Bedeutung. Diese Information sagt dem Analysten, was als Nächstes zu erwarten ist. Eine abgeschlossene 5-Wellen-

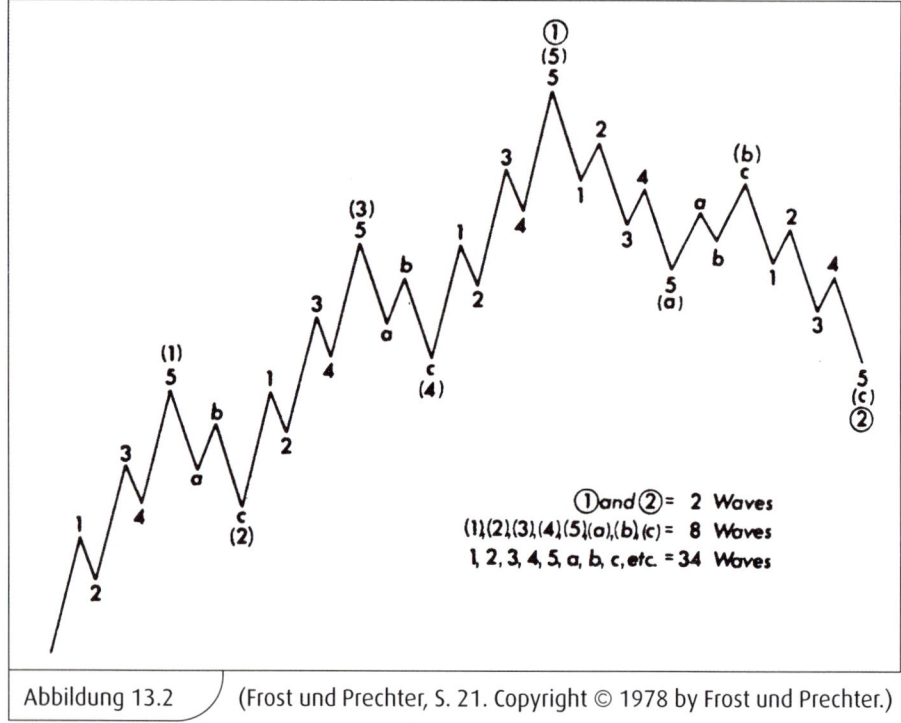

Abbildung 13.2	(Frost und Prechter, S. 21. Copyright © 1978 by Frost und Prechter.)

Bewegung beispielsweise bedeutet in der Regel, dass nur ein Teil einer größeren Welle vollendet ist und dass noch mehr kommt (es sei denn, es ist die Fünf einer Fünf). *Eine der wichtigsten Regeln, die man sich merken muss, ist, dass eine Korrektur niemals in fünf Wellen ablaufen kann.* Wenn sich beispielsweise in einem Bullenmarkt ein aus fünf Wellen bestehender Abschwung zeigt, ist dies wahrscheinlich nur die erste Welle eines 3-Wellen- (a–b–c) Abschwungs, und dass nach unten noch mehr kommt. In einem Bärenmarkt sollte ein 3-Wellen-Anstieg von einer Wiederaufnahme des Abwärtstrends gefolgt werden. Eine 5-Wellen-Rallye wäre eine Warnung vor einer deutlichen Bewegung nach oben und könnte sogar die erste Welle eines neuen Aufwärtstrends sein.

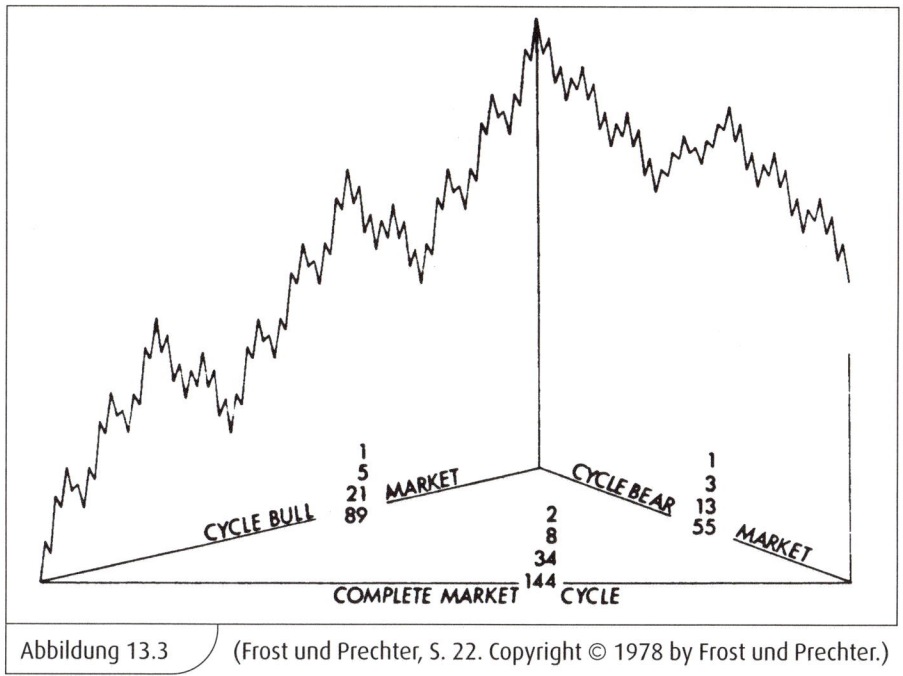

☐ VERBINDUNG ZWISCHEN ELLIOTT-WELLEN- UND DOW-THEORIE

Lassen Sie uns hier einen Moment innehalten und auf die offensichtliche Verbindung zwischen Elliotts Konzept von fünf steigenden Wellen und Dows drei Anstiegsphasen einer Hausse hinweisen. Es scheint klar, dass die drei Impulswellen in Trendrichtung und die beiden dazwischen liegenden Korrekturwellen von Elliott recht gut mit der Dow Theorie übereinstimmen. Obwohl Elliott ohne Zweifel von Dows Analysen beeinflusst war, glaubte er, dass er deutlich über Dows Theorie hinausging und sie faktisch verbessert hat. Interessanterweise hat das Meer beide Männer bei der Formulierung ihrer Theorien inspiriert. Dow verglich den großen Trend, den mittelfristigen Trend und die kleineren Trends eines Marktes mit den Gezeiten, den Wellen und den Kräuselungen des Ozeans. Elliott bezog sich in seinem Schrifttum auf „Ebbe und Flut" und bezeichnete seine Theorie als das „Wellen"-Prinzip.

317

☐ KORREKTURWELLEN

Bis jetzt haben wir hauptsächlich von den Impulswellen in Richtung des übergeordneten Trends gesprochen. Lassen Sie uns nun unsere Aufmerksamkeit auf die Korrekturwellen lenken. Im Allgemeinen sind Korrekturwellen weniger klar abgegrenzt und
deshalb schwieriger zu identifizieren und zu prognostizieren. Eine klare Tatsache ist allerdings, dass Korrekturwellen nie aus fünf Wellen bestehen können. Korrekturwellen
enthalten drei, nie fünf Wellen (ausgenommen bei Dreiecken). Wir werden uns nun die
drei Klassen von Korrekturwellen ansehen – Zick-Zacks, Flats und Dreiecke.

⊙ Zick-Zacks

Ein Zick-Zack ist eine gegen den Trend gerichtete 3-Wellen-Korrekturformation, die
sich in eine 5-3-5-Sequenz unterteilen lässt. Die Abbildungen 13.4 und 13.5 zeigen
eine Hausse-Zig-Zag-Korrektur, während in den Abbildungen 13.6 und 13.7 eine
Bärenmarkt-Rallye dargestellt wird. Beachten Sie, dass die mittlere Welle B nicht den
Ausgangspunkt der Welle A erreicht und dass Welle C ein gutes Stück über das Ende
von Welle A hinausgeht.

Eine weniger häufige Variante des Zick-Zacks ist das in Abbildung 13.8 gezeigte
Doppel-Zick-Zack. Es taucht manchmal in größeren Korrekturformationen auf. Es
sind eigentlich zwei verschiedene 5-3-5-Zick-Zack-Formationen, die durch eine dazwischen liegende a-b-c-Formation miteinander verbunden sind.

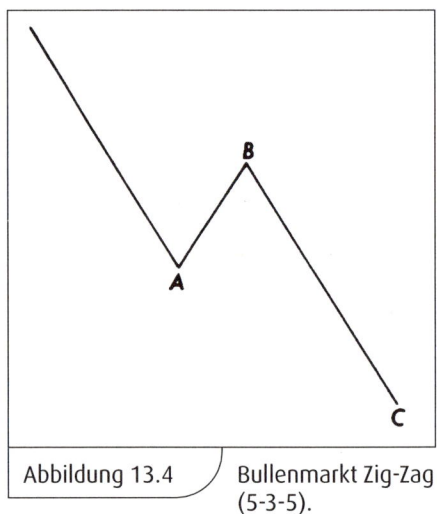

Abbildung 13.4 / Bullenmarkt Zig-Zag
(5-3-5).
(Frost und Prechter, S. 36. Copyright ©
1978 by Frost und Prechter.)

Abbildung 13.5 / Bullenmarkt Zig-Zag
(5-3-5).
(Frost und Prechter, S. 36. Copyright ©
1978 by Frost und Prechter.)

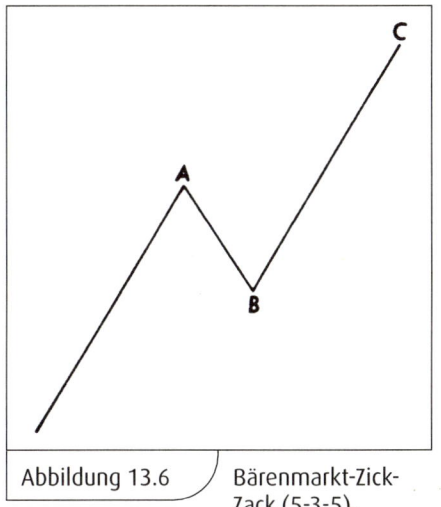

Abbildung 13.6 / Bärenmarkt-Zick-
Zack (5-3-5).
(Frost und Prechter, S. 36. Copyright ©
1978 by Frost und Prechter.)

Abbildung 13.7 / Bärenmarkt-Zick-
Zack (5-3-5).
(Frost und Prechter, S. 36. Copyright ©
1978 by Frost und Prechter.)

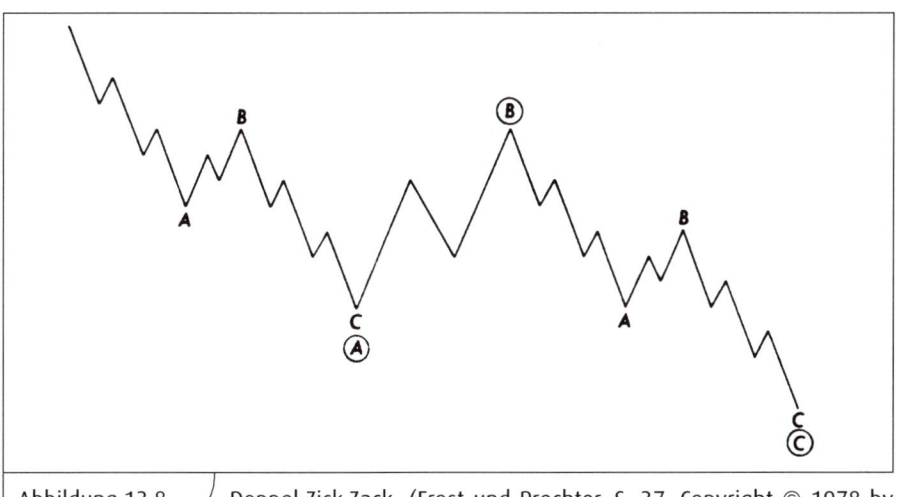

Abbildung 13.8 / Doppel-Zick-Zack. (Frost und Prechter, S. 37. Copyright © 1978 by
Frost und Prechter.)

⊙ Flats

Was eine Flat-Korrektur von einer Zick-Zack-Korrektur unterscheidet, ist, dass das Flat einem 3-3-5-Muster folgt. Beachten Sie in den Abbildungen 13.10 und 13.12, dass die Welle A eine Drei statt einer Fünf ist. Im allgemeinen ist ein Flat eher eine Konsolidierung als eine Korrektur und wird in einer Hausse als Zeichen von Stärke angesehen. Die Abbildungen 13.9 bis 13.12 zeigen Beispiele von normalen Flats. In einer Hausse beispielsweise führt die Rallye der Welle B bis zum Ausgangspunkt der Welle A und demonstriert damit eine größere Stärke des Marktes. Die finale Welle C beendet ihre Bewegung am oder leicht unter dem Endpunkt der Welle A, im Gegensatz zum Zick-Zack, wo die Welle C diesen Punkt deutlich unterbietet.

Es gibt zwei „unregelmäßige" Varianten der normalen *Flat*-Korrektur. In den Abbildungen 13.13 bis 13.16 ist der erste Typ dieser Variante dargestellt. Beachten Sie in dem Bullenmarkt-Flat (Abbildungen 13.13 und 13.14), dass das Top der Welle B das Top der Welle A übersteigt,und dass Welle C den Endpunkt von Welle A verletzt.

Eine weitere Variante entsteht, wenn Welle B das Top von Welle A erreicht, doch Welle C nicht mehr den Boden von Welle A erreicht. Natürlich zeigt die letztere Formation in einem Bullenmarkt die größere Stärke. Diese Variante wird für Bullen- und Bärenmärkte in den Abbildungen 13.17 bis 13.20 gezeigt.

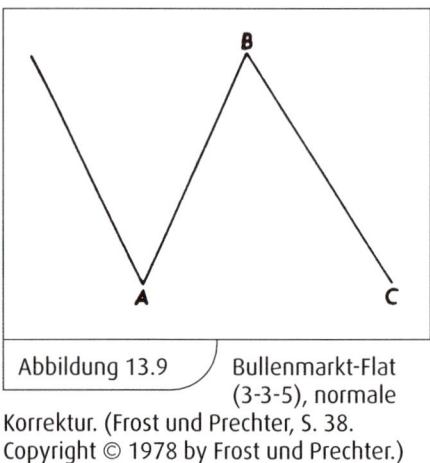

Abbildung 13.9 / Bullenmarkt-Flat (3-3-5), normale Korrektur. (Frost und Prechter, S. 38. Copyright © 1978 by Frost und Prechter.)

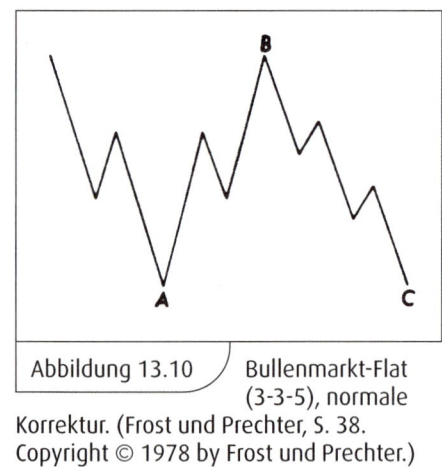

Abbildung 13.10 / Bullenmarkt-Flat (3-3-5), normale Korrektur. (Frost und Prechter, S. 38. Copyright © 1978 by Frost und Prechter.)

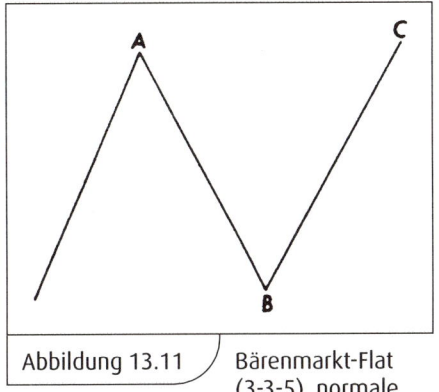

Abbildung 13.11 / Bärenmarkt-Flat (3-3-5), normale Korrektur. (Frost und Prechter, S. 38. Copyright © 1978 by Frost und Prechter.)

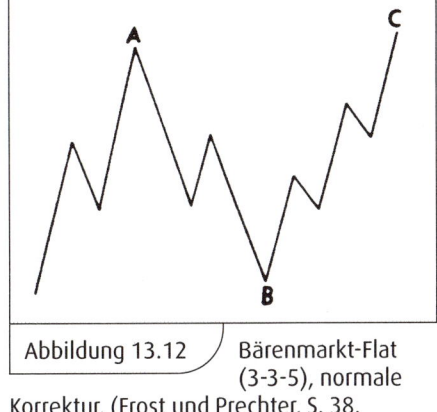

Abbildung 13.12 / Bärenmarkt-Flat (3-3-5), normale Korrektur. (Frost und Prechter, S. 38. Copyright © 1978 by Frost und Prechter.)

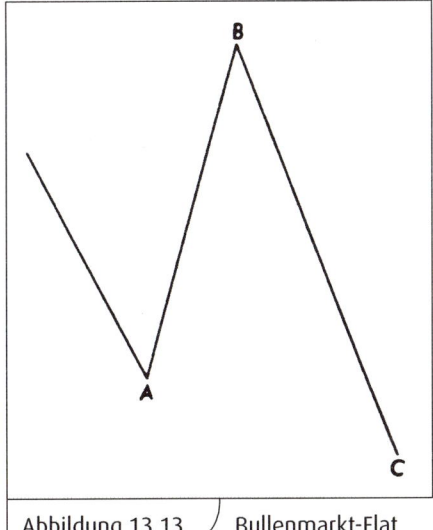

Abbildung 13.13 / Bullenmarkt-Flat (3-3-5), unregelmäßige Korrektur. (Frost und Prechter, S. 39. Copyright © 1978 by Frost und Prechter.)

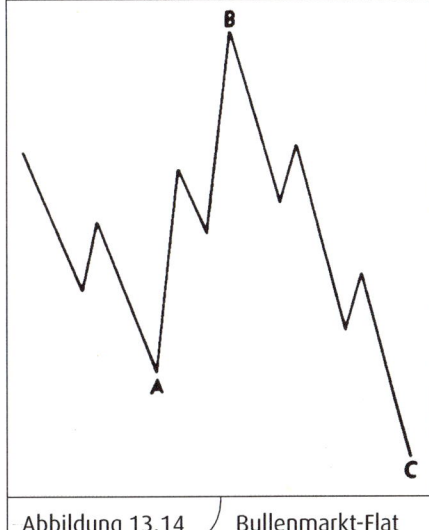

Abbildung 13.14 / Bullenmarkt-Flat (3-3-5), unregelmäßige Korrektur. (Frost und Prechter, S. 39. Copyright © 1978 by Frost und Prechter.)

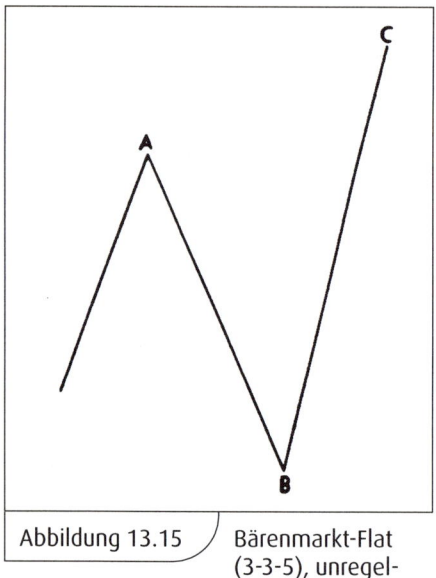

Abbildung 13.15 / Bärenmarkt-Flat (3-3-5), unregelmäßige Korrektur. (Frost und Prechter, S. 39. Copyright © 1978 by Frost und Prechter.)

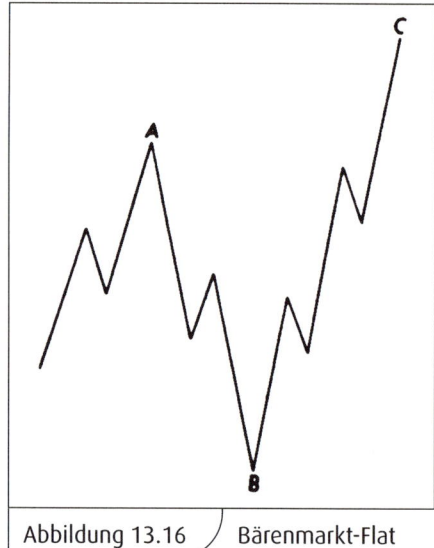

Abbildung 13.16 / Bärenmarkt-Flat (3-3-5), unregelmäßige Korrektur. (Frost und Prechter, S. 39. Copyright © 1978 by Frost und Prechter.)

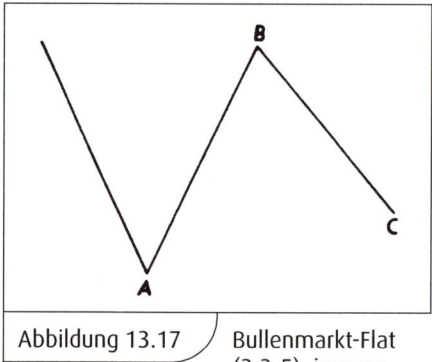

Abbildung 13.17 / Bullenmarkt-Flat (3-3-5), inverse unregelmäßige Korrektur. (Frost und Prechter, S. 40. Copyright © 1978 by Frost und Prechter.)

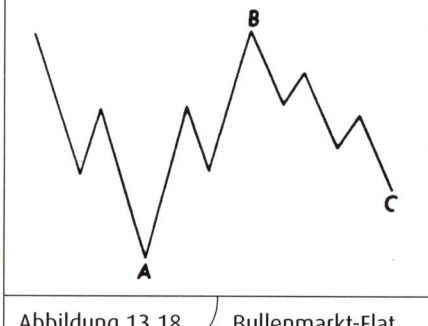

Abbildung 13.18 / Bullenmarkt-Flat (3-3-5), inverse unregelmäßige Korrektur. (Frost und Prechter, S. 40. Copyright © 1978 by Frost und Prechter.)

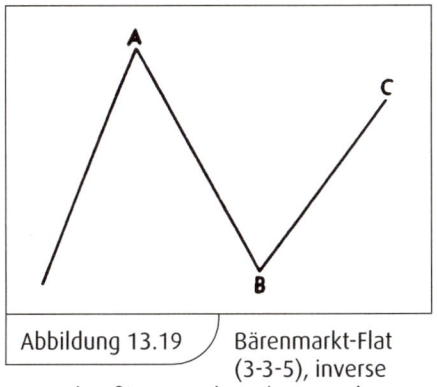

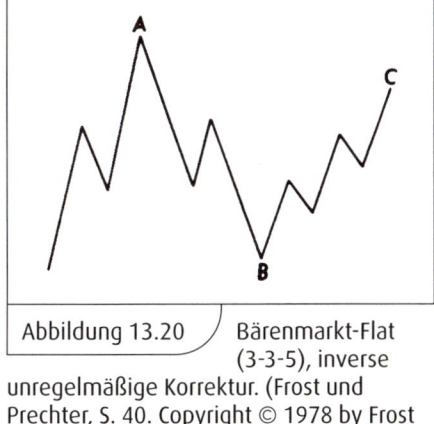

Abbildung 13.19	Bärenmarkt-Flat

(3-3-5), inverse
unregelmäßige Korrektur. (Frost und
Prechter, S. 40. Copyright © 1978 by Frost
und Prechter.)

Abbildung 13.20	Bärenmarkt-Flat

(3-3-5), inverse
unregelmäßige Korrektur. (Frost und
Prechter, S. 40. Copyright © 1978 by Frost
und Prechter.)

⊙ Dreiecke

Dreiecke tauchen üblicherweise in der vierten Welle auf und gehen der finalen Bewegung in Richtung des übergeordneten Trends voraus. (Sie können auch in der Welle b einer a-b-c-Korrektur vorkommen.) In einem Aufwärtstrend kann man deshalb sagen, dass Dreiecke sowohl bullish als auch bearish sind. Sie sind bullish in dem Sinne, dass sie eine Wiederaufnahme des Aufwärtstrends anzeigen. Sie sind bearish, weil sie ebenso ankündigen, dass die Kurse nach der letzten Aufwärtswelle wahrscheinlich ihren Gipfel erreichen (siehe Abbildung 13.21).

Elliotts Interpretation des Dreiecks weist Parallelen mit der klassischen Anwendung der Formation auf, aber wie üblich mit zusätzlicher Präzision. Erinnern wir uns an Kapitel 6, wo gesagt wurde, dass das Dreieck normalerweise eine Fortsetzungsformation ist, was exakt dem entspricht, was auch Elliott sagt. Elliotts Dreieck ist eine seitwärts verlaufende Konsolidierungsformation, die sich in fünf Wellen unterteilen lässt, wobei jede Welle wiederum aus drei Wellen besteht.

Auch Elliott klassifizierte vier unterschiedliche Arten von Dreiecken – *aufsteigendes, absteigendes, symmetrisches und umgekehrtes Dreieck* –, die wir alle bereits in Kapitel 6 betrachtet haben. Abbildung 13.21 zeigt die vier Varianten sowohl im Aufwärtstrend als auch im Abwärtstrend.

Da die Chartformationen in den Rohstoffterminmärkten manchmal nicht so vollständig wie an den Aktienmärkten ausgebildet werden, ist es nicht ungewöhnlich, dass Dreiecke in den Terminmärkten drei anstatt fünf Wellen aufweisen. (Bedenken Sie jedoch, dass die Mindestanforderung für ein Dreieck immer vier Punkte sind, zwei obere und zwei untere, damit man die zwei konvergierenden Trendlinien einzeichnen kann.) Die Elliott-Wellen-Theorie besagt außerdem, dass die fünfte und letzte Welle

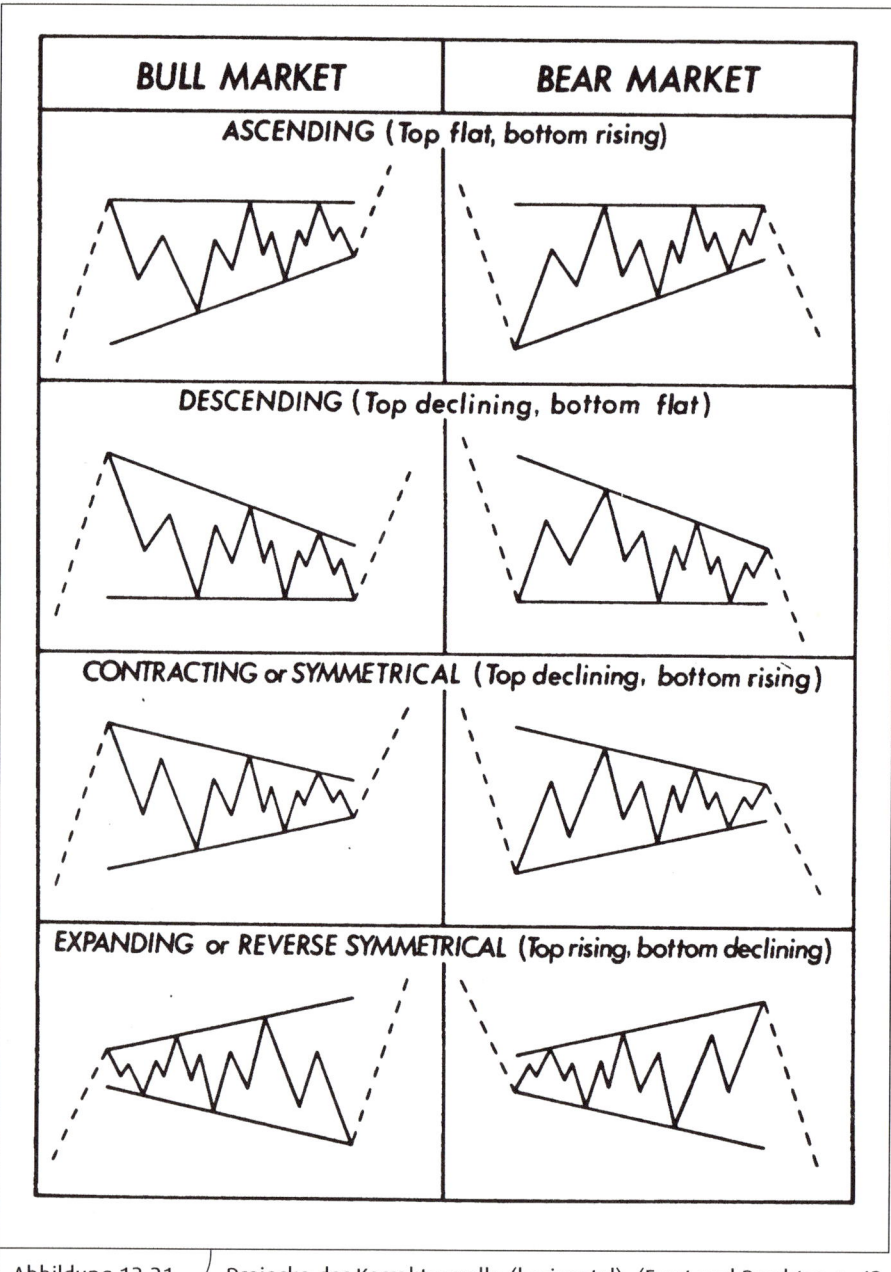

BULL MARKET	BEAR MARKET

ASCENDING (Top flat, bottom rising)

DESCENDING (Top declining, bottom flat)

CONTRACTING or SYMMETRICAL (Top declining, bottom rising)

EXPANDING or REVERSE SYMMETRICAL (Top rising, bottom declining)

Abbildung 13.21 Dreiecke der Korrekturwelle (horizontal). (Frost und Prechter, p. 43. Copyright © 1978 by Frost und Prechter.)

innerhalb des Dreiecks manchmal die Trendlinie durchbricht und dabei ein Fehlsignal gibt, bevor dann der Schub in die ursprüngliche Richtung erfolgt.

Elliotts Kurszielformel über die fünfte und letzte Welle gleicht exakt derjenigen der klassischen Chartanalyse – der Markt wird vermutlich die Distanz zurücklegen, die dem breitesten Teil des Dreiecks (seiner Höhe) entspricht. Es gibt einen weiteren Punkt, der es wert ist, hier angeführt zu werden, und der betrifft das Timing des finalen Gipfels oder Bodens. Nach Prechter markiert die Spitze des Dreiecks (der Punkt, an dem sich die beiden konvergierenden Trendlinien treffen) oft den Zeitpunkt, an dem die finale fünfte Welle vollendet ist.

☐ DIE REGEL DER ALTERNATION

In einer eher allgemeinen Anwendung besagt diese Regel oder dieses Prinzip, dass der Markt normalerweise nie zweimal auf dieselbe Art nacheinander reagiert. Wenn sich beim letzten Mal ein bestimmter Typ von Gipfel- oder Bodenformation gezeigt hat, so wird dies wahrscheinlich diesmal nicht passieren. Die Regel der Alternation sagt uns nicht exakt, was passieren wird, doch sie sagt uns, was vermutlich nicht passieren wird. In einer konkreteren Anwendung wird diese Regel meistens dazu benutzt, um festzustellen, welche Art von Korrekturformation zu erwarten ist. Korrekturformationen neigen dazu, einander abzuwechseln. Anders ausgedrückt, wenn Welle 2 ein einfaches a-b-c-Muster war, wird Welle 4 wahrscheinlich eine komplexe Formation wie beispielsweise ein Dreieck bilden. Hatte umgekehrt Welle 2 eine komplexe Struktur, so wird Welle 4 vermutlich einfach ausfallen. Abbildung 13.22 zeigt einige Beispiele.

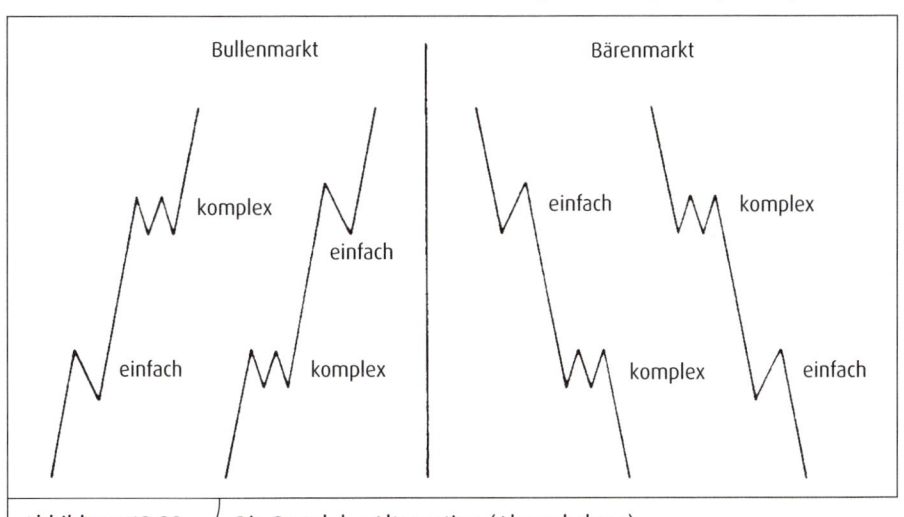

Abbildung 13.22 Die Regel der Alternation (Abwechslung).

☐ KANALBILDUNG

Ein weiterer wichtiger Aspekt der Wellen-Theorie ist der Einsatz von *Kurskanälen*. Sie werden jetzt einwenden, dass wir Trendkanäle bereits in Kapitel 4 behandelt haben. Elliott benutzte Kurskanäle als Methode zur Kurszielbestimmung und als Unterstützung beim Abzählen von Wellen. Sobald ein Aufwärtstrend etabliert ist, wird ein Trendkanal konstruiert, indem man zunächst eine Aufwärtstrendlinie entlang der Tiefs der Wellen 1 und 2 zieht. Anschließend wird, wie in Abbildung 13.23 gezeigt, eine parallele Kanallinie durch das Top von Welle 1 gezeichnet. Der gesamte Aufwärtstrend wird oft innerhalb dieser beiden Begrenzungslinien bleiben.

Wenn sich Welle 3 so beschleunigt, dass sie die obere Kanallinie übertrifft, müssen die Linien entlang des Tops von Welle 1 bzw. des Bodens von Welle 2 neu gezeichnet werden (siehe Abbildung 13.23). Der endgültige Kanal wird unter die beiden Korrekturwellen − 2 und 4 − und durch das Top von Welle 3 gelegt, wie in Abbildung 13.24 demonstriert. Wenn die Welle 3 ungewöhnlich stark ist oder es sich um eine ausgedehnte Version handelt, kann es der Fall sein, dass die obere Linie durch das Top von Welle 1 gezeichnet werden muss. Die fünfte Welle sollte vor ihrem Ende dem oberen Rand des Trendkanals nahe kommen. Beim Zeichnen von Kanallinien auf Langfristcharts wird empfohlen, dass halblogarithmische gemeinsam mit arithmetischen Charts verwendet werden.

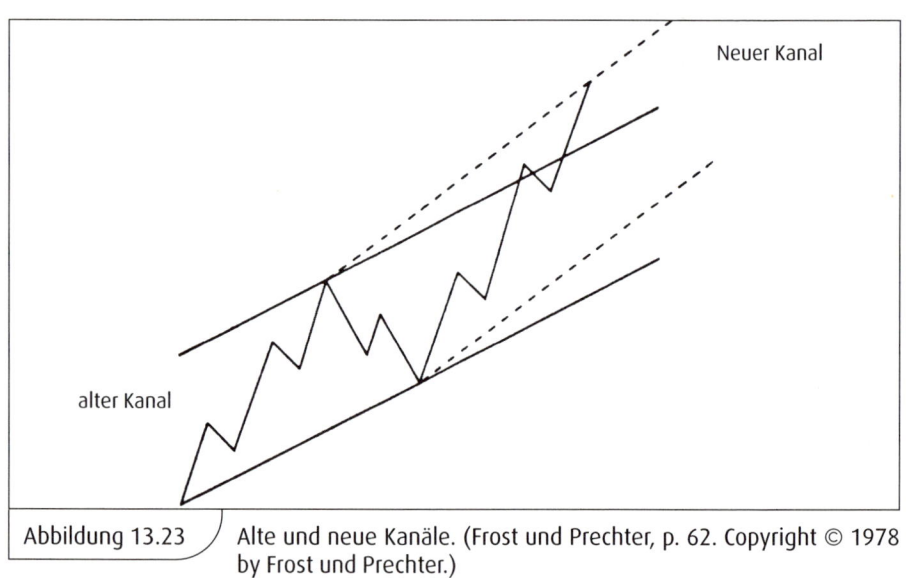

Abbildung 13.23 Alte und neue Kanäle. (Frost und Prechter, p. 62. Copyright © 1978 by Frost und Prechter.)

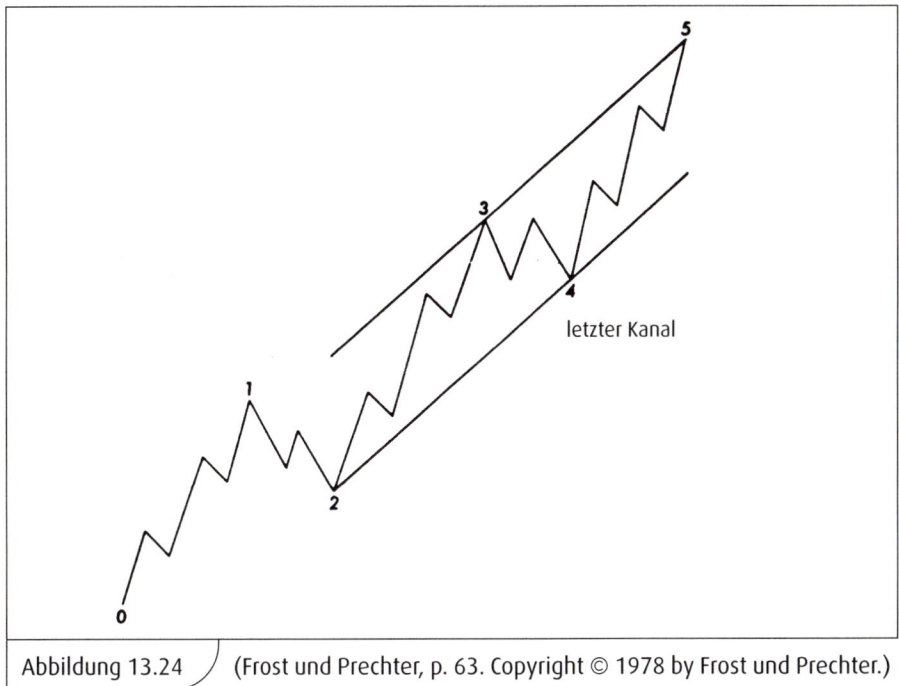

| Abbildung 13.24 | (Frost und Prechter, p. 63. Copyright © 1978 by Frost und Prechter.) |

☐ WELLE 4 ALS UNTERSTÜTZUNGSZONE

Bevor wir unsere Diskussion von Wellen-Formationen und Richtlinien beschließen, muss noch ein wichtiger Punkt erwähnt werden, und das ist die Bedeutung der Welle 4 in aufeinanderfolgenden Baissen. Sobald 5-Wellen-Aufwärtsbewegungen abgeschlossen wurden und ein Abwärtstrend begonnen hat, wird dieser Bärenmarkt normalerweise nicht unter die vorangegangene vierte Welle des nächst niedrigeren Ranges fallen – das ist die letzte Welle 4, die sich im vorherigen Aufwärtstrend gebildet hatte. Es gibt Ausnahmen von dieser Regel, doch üblicherweise hält der Boden der Welle 4 die Baisse auf. Diese Detailinformation kann bei der Bestimmung eines maximalen Kursziels nach unten sehr hilfreich sein.

☐ Fibonacci-Zahlen als Grundlage des Wellenprinzips

Elliott konstatierte in *Nature's Law*, dass eine von Leonardo Fibonacci im 13. Jahrhundert entdeckte Zahlenreihe die mathematische Grundlage seines Wellenprinzips bildet. Diese Zahlenreihe wurde mit ihrem Entdecker identifiziert und ist allgemein als *Fibonacci-Zahlen* bekannt. Die Zahlenreihe lautet 1, 1, 2, 3, 5, 8, 13, 21, 34, 55, 89, 144 und so weiter bis ins Unendliche.

Die Sequenz hat eine Anzahl interessanter Eigenschaften, nicht zuletzt die, dass zwischen den Zahlen ein beinahe konstantes Verhältnis besteht.

1. Die Summe von zwei aufeinander folgenden Zahlen ergibt die nächst höhere Zahl. Zum Beispiel ergeben 3 und 5 zusammen 8, 5 plus 8 sind 13, und so weiter.
2. Das Verhältnis einer Zahl zu ihrer nächst höheren Zahl nähert sich nach den ersten vier Gliedern der Reihe dem Wert 0,618. Zum Beispiel: 1/1 = 1,00; 1/2 = 0,50; 2/3 = 0,67; 3/5 = 0,60; 5/8 = 0,625; 8/13 = 0,615; 13/21 = 0,619 usw. Beachten Sie, wie die Werte der ersten Brüche abwechselnd über und unter 0,618 liegen, wobei sich die Amplitude verkleinert. Beachten Sie außerdem die Werte 1,0; 0,5 und 0,67. Wir kommen auf diese Werte später zurück, wenn wir über Ratio-Analyse und prozentuale Korrekturbewegungen (Retracements) sprechen.
3. Das Verhältnis einer Zahl zu ihrer nächst niedrigeren Zahl beträgt ungefähr 1,618, was dem Kehrwert von 0,618 entspricht. Zum Beispiel: 13/8 = 1,625; 21/13 = 1,615; 34/21 = 1,619. Je höher die Zahlen werden, umso mehr nähern sich die Ratios den Werten 0,618 und 1,618.
4. Das Verhältnis zwischen einer Zahl und der übernächsten Zahl nähert sich dem Wert 2,618 bzw. dem Kehrwert 0,382. Zum Beispiel: 13/34 = 0,382; 34/13 = 2,615.

☐ Fibonacci-Ratios und Retracements

Es wurde bereits festgestellt, dass die Wellen-Theorie drei Aspekte umfasst: Wellenform, Ratio und Zeit. Die Formen der Wellen, die wichtigsten der drei Aspekte, haben wir bereits diskutiert. Lassen Sie uns nun über die Anwendung von *Fibonacci-Ratios und Retracements* sprechen. Diese Beziehungen lassen sich auf Kurse und Zeiten gleichermaßen anwenden, obwohl die erstgenannte Einsatzmöglichkeit als zuverlässiger angesehen wird. Auf den Zeitaspekt kommen wir später zurück.

Blättern wir zunächst zurück zu den Abbildungen 13.1 und 13.3; sie zeigen uns, dass die Basiswelle immer in Fibonacci-Zahlen heruntergebrochen wird. Ein kompletter Zyklus enthält acht Wellen, fünf nach oben und drei nach unten − alles Fibonacci-Zahlen. Zwei weitere Unterteilungen produzieren 34 und 144 Wellen − ebenfalls -

Fibonacci-Zahlen. Die mathematische Grundlage der Fibonacci-Sequenz für die Wellen-Theorie geht aber über das reine Abzählen von Wellen hinaus. Sie deckt auch die Frage der proportionalen Beziehungen zwischen den verschiedenen Wellen ab. Die folgenden Beziehungen gehören zu den am meisten benutzten Fibonacci-Ratios:

1. Eine von drei Impulswellen dehnt sich manchmal aus. Die anderen beiden sind in Zeit und Größe gleich. Erfährt Welle 5 eine Extension (Ausdehnung), sollten die Wellen 1 und 3 ungefähr gleich sein. Ist Welle 3 ausgedehnt, so tendieren die Wellen 1 und 5 zur Gleichheit.

2. Ein Minimum-Kursziel für den Endpunkt der Welle 3 erhält man durch Multiplikation der Länge von Welle 1 mit dem Faktor 1,618 und Addition dieser Strecke zum Tiefpunkt der Welle 2.

3. Das Top von Welle 5 erhält man näherungsweise durch Multiplikation der Länge von Welle 1 mit dem Faktor 3,236 (2 x 1,618) und Addition dieser Strecke zum Hochpunkt (maximales Kursziel) und Tiefpunkt (minimales Kursziel) der Welle 2.

4. Wenn die Wellen 1 und 3 ungefähr gleich sind und bei Welle 5 eine Extension erwartet werden kann, erhält man ein Kursziel, indem man zunächst die Distanz vom Boden der Welle 1 zum Top von Welle 3 misst, diesen Wert mit 1,618 multipliziert und dann das Ergebnis zum Boden der Welle 4 addiert.

5. Bei Korrekturwellen einer normalen 5-3-5-Zick-Zack-Korrektur sind die Längen der Wellen a und c oft gleich.

6. Eine andere Methode, die Länge der Welle c zu messen, besteht in der Multiplikation von 1,618 mit der Länge von Welle a und der Subtraktion des Ergebnisses vom Boden der Welle a.

7. Im Falle einer 3-3-5-Flat-Korrektur, bei der die Welle b das Top von Welle a erreicht oder übertrifft, wird Welle c ungefähr das 1,618-fache der Welle a ausmachen.

8. In einem symmetrischen Dreieck umfasst jede nachfolgende Welle 0,618 mal der Länge der vorangegangenen Welle.

☐ Prozentuale Fibonacci-Retracements

Die vorgenannten Ratios helfen bei der Kurszielbestimmung sowohl von Impuls- als auch von Korrekturwellen. Ein anderer Weg, um Kursziele zu ermitteln, ist der Einsatz von *prozentualen Retracements*. Die am häufigsten benutzten Zahlen bei der Analyse von Retracements sind 61,8 % (üblicherweise aufgerundet auf 62 %), 38 % und 50 %. In Kapitel 4 wurde bereits festgestellt, dass Märkte normalerweise vorangegangene Bewegungen um bestimmte, vorhersagbare Prozentsätze korrigieren – am bekanntesten sind 33 %, 50 % und 67%. Die Fibonacci-Sequenz verfeinert diese Aussage noch ein wenig. In einem starken Trend liegt das Minimum-Retracement bei ca. 38 %. In einem

329

schwächeren Trend bewegt sich das Maximum-Retracement um 62 % (siehe Abbildungen 13.25 und 13.26.).

Weiter oben wurde bereits darauf hingewiesen, dass die Fibonacci-Ratios erst nach den ersten vier Zahlen gegen 0,618 tendieren. Die ersten drei Ratios sind 1/1 (100 %), 1/2 (50 %) und 2/3 (66 %). Vielen Studenten von Elliott mag es nicht bewusst sein, dass die berühmte 50 %-Korrektur eigentlich ein Fibonacci-Ratio ist, ebenso wie das Zwei-Drittel-Retracement. Eine vollständige Korrektur (100 %) einer vorangegangenen Hausse oder Baisse sollte ebenfalls eine bedeutende Unterstützungs- oder Widerstandszone sein.

☐ FIBONACCI-ZEITZIELE

Über den Aspekt der Zeit in Bezug auf die Wellenanalyse haben wir noch nicht viel gesagt. Fibonacci-Zeitbeziehungen existieren. Es ist nur so, dass sie schwieriger vorherzusagen sind und von vielen Elliott-Anhängern als am unbedeutendsten der drei Aspekte der Wellen-Theorie angesehen werden. Man erhält Fibonacci-Zeitziele, indem man von signifikanten Tops oder Böden ausgehend nach vorn zählt. Bei einem Tageschart zählt der Analyst die Anzahl der Handelstage, die seit dem letzten wichtigen Drehpunkt verstrichen sind, und verbindet damit die Erwartung, dass zukünftige Kurshochs oder –tiefs an Fibonacci-Tagen gebildet werden, das heißt am dreizehnten, einundzwanzigsten, vierunddreißigsten, fünfundfünfzigsten oder neunundachtzigsten Handelstag in der Zukunft. Dieselbe Technik kann auf Wochencharts, Monatscharts und sogar Jahrescharts angewendet werden. Bei einem Wochenchart wählt sich der Analyst ein wichtiges Hoch oder Tief aus und hält dann nach einem Wochen-Zeitziel Ausschau, das auf eine Fibonacci-Zahl fällt (siehe Abbildungen 13.27 und 13.28.).

☐ KOMBINATION ALLER DREI ASPEKTE DER WELLEN-THEORIE

Eine ideale Situation entsteht, wenn Wellenform, Ratio-Analyse und Zeitziel übereinstimmen. Nehmen wir an, dass die Wellen-Analyse die Vollendung einer Welle 5 ergibt, dass diese fünfte Welle der 1,618-fachen Distanz vom Boden von Welle 1 bis zum Top von Welle 3 entspricht und dass seit dem letzten Tiefpunkt 13 Wochen und seit dem letzten Hochpunkt 34 Wochen verstrichen sind. Nehmen wir weiter an, dass die fünfte Welle 21 Tage gedauert hat. Die Chancen stünden recht gut, dass ein bedeutender Gipfel in Reichweite ist.

Die Untersuchung von Kurscharts sowohl von Aktien- als auch von Futures-Märk-

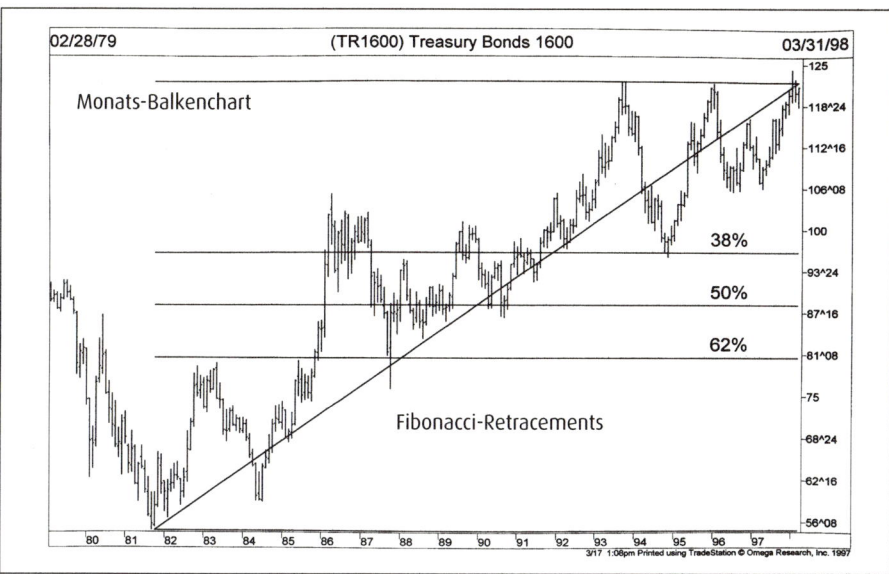

Abbildung 13.25 / Die drei horizontalen Linien zeigen die Niveaus der Fibonacci-Retracements bei 38 %, 50 % und 62 %, gemessen vom 1981er Boden bis zum 1993er Gipfel der Treasury Bonds. Die 1994er Korrektur der Anleihekurse stoppte genau an der 38 % Retracement-Linie.

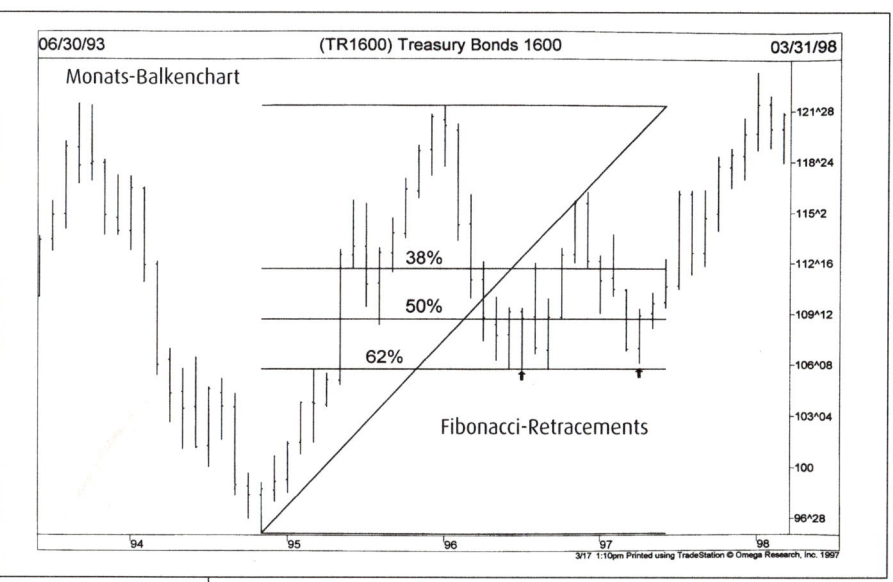

Abbildung 13.26 / Die drei Fibonacci-Retracements-Linien werden vom 1994er Boden der Anleihekurse zum Top Anfang 1996 gemessen. Die Bondpreise korrigierten zu der 62 % Linie.

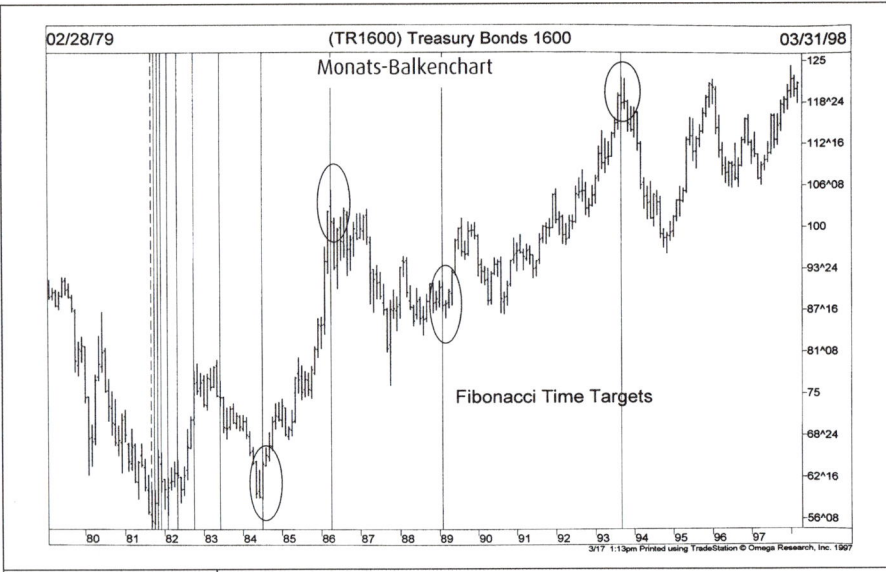

| Abbildung 13.27 | Fibonacci-Zeitziele, gemessen in Monaten, ausgehend vom 1981er Boden der Treasury Bonds. Es mag ein zufälliges Zusammentreffen sein, aber die letzten vier Fibonacci-Zeitziele (vertikale Linien) korrespondierten mit wichtigen Trendwechseln in den Bondpreisen. |

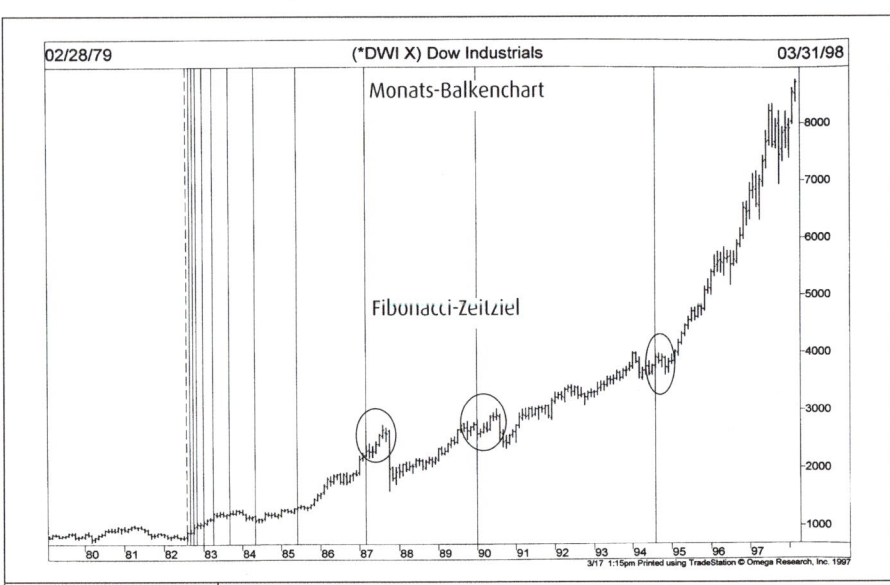

| Abbildung 13.28 | Fibonacci-Zeitziel in Monaten, ausgehend vom 1982er Boden im Dow. Die letzten drei vertikalen Linien korrespondierten mit Bären-markt-Jahren bei Aktien – 1997, 1990 und 1994. Der 1987er Gipfel war fünf Jahre vom 1982er Boden entfernt – eine Fibonacci-Zahl. |

ten offenbart eine ganze Anzahl von Fibonacci-Zeitbeziehungen. Ein Teil des Problems ist allerdings die Vielfalt derartiger Beziehungen. Fibonacci-Zeitziele können von Top zu Top, von Top zu Boden, von Boden zu Boden oder von Boden zu Top gemessen werden. Irgendwelche dieser Zusammenhänge können im Nachhinein immer gefunden werden. Es ist nicht immer klar, welche der in Frage kommenden Beziehungen für den aktuellen Trend relevant sind.

☐ ELLIOTT-WELLEN BEI AKTIEN VERSUS COMMODITIES

Bei der Anwendung der Wellen-Theorie auf Aktien und Rohstoffe bestehen einige Unterschiede. So tendiert beispielsweise in Aktienmärkten die Welle 3, in Rohstoffmärkten die Welle 5 zur Extension. Die bei Aktienmärkten unumstößliche Regel, dass Welle 4 niemals mit Welle 1 überlappen darf, wird bei Commodities nicht so rigide angewendet. (Auf Futures-Charts kann es zu Intraday-Verletzungen kommen.) Manchmal geben die Kassa-Charts ein klareres Elliott-Muster als die Futures-Charts desselben Terminmarktes. Der Einsatz fortlaufender Charts von Terminkontrakten produziert auch Verzerrungen, die sich auf langfristige Elliott-Muster auswirken können.

Der wahrscheinlich größte Unterschied zwischen den beiden Bereichen besteht darin, dass dominante Bullenmärkte in Commodities durchaus Hochpunkte aufweisen können, die vergangene Hochpunkte nicht immer übertreffen. In Commodity-Märkten ist es möglich, dass ein 5-Wellen-Aufwärtstrend unterhalb eines früheren Gipfels abgeschlossen wird. In vielen Rohstoffmärkten kam es in der Zeit von 1980 und 1981 vor, dass die bedeutenden Wendepunkte die Hochs von vor sieben oder acht Jahren nicht übertrafen. Ein letzter Vergleich zwischen den beiden Gebieten besagt, dass bei Commodities die besten Elliott-Muster nach dem Ausbruch aus ausgedehnten, langfristigen Bodenbildungsphasen vorkommen.

Man sollte immer daran denken, dass die Wellen-Theorie ursprünglich für die Aktienmarkt-Indizes entwickelt wurde. Bei einzelnen Aktien funktioniert sie nicht so gut. Es ist durchaus möglich, dass sie in einigen weniger liquiden Terminmärkten ebenfalls weniger gut funktioniert, weil die Massenpsychologie eine der wichtigen Grundlagen ist, auf denen die Theorie aufbaut. Gold ist beispielsweise ein hervorragendes Vehikel für die Wellenanalyse, weil seine Preise von so vielen Marktteilnehmern verfolgt werden.

☐ ZUSAMMENFASSUNG UND SCHLUSSFOLGERUNGEN

Fassen wir die wichtigeren Elemente der Elliott-Wellen-Theorie zusammen und versuchen wir, sie in die richtige Perspektive zu rücken.

1. Ein kompletter Hausse-Zyklus wird aus acht Wellen gebildet, und zwar von fünf Wellen nach oben, gefolgt von drei Wellen nach unten.
2. Ein Trend zerfällt in fünf Wellen in Richtung des nächst höherrangigen Trends.
3. Korrekturbewegungen finden immer in drei Wellen statt.
4. Die zwei Typen der einfachen Korrektur sind Zick-Zacks (5-3-5) und Flats (3-3-5).
5. Dreiecke kommen normalerweise in Welle 4 vor und gehen immer der finalen Welle voraus. Auch Welle b in Korrekturbewegungen kann die Form eines Dreiecks annehmen.
6. Wellen können in längere Wellen erweitert und in kürzere Wellen unterteilt werden.
7. Manchmal wird eine der Impulswellen gedehnt. Die anderen beiden sollten dann in Zeit und Größe etwa gleich sein.
8. Die Fibonacci-Zahlenreihe ist die mathematische Grundlage der Elliott-Wellen-Theorie.
9. Die Anzahl der Wellen folgt der Fibonacci-Sequenz.
10. Fibonacci-Ratios und Retracements werden eingesetzt, um Kursziele zu bestimmen. Am meisten werden die Retracements von 62 %, 50 % und 38 % beachtet.
11. Die Regel der Alternation warnt davor, dieselbe Sache zweimal hintereinander zu erwarten.
12. Bärenmärkte sollten nicht unter den Tiefpunkt der vorherigen Welle 4 fallen.
13. Welle 4 sollte nicht mit Welle 1 überlappen (gilt bei Futures nicht so streng).
14. Die Elliott-Wellen-Theorie setzt sich zusammen aus Wellenformen, Ratios und Zeit, in dieser Reihenfolge der Wichtigkeit.
15. Die Theorie wurde ursprünglich auf Aktienmarkt-Indizes angewendet und funktioniert nicht so gut bei einzelnen Aktien.
16. Die Theorie funktioniert am besten in Commodity-Märkten, die von der breiten Öffentlichkeit beachtet werden, wie zum Beispiel Gold.
17. Im Gegensatz zu Aktienmärkten müssen bei Commodities die Endpunkte von 5-Wellen-Bewegungen nicht unbedingt frühere Extrempunkte desselben Zyklus übertreffen.

Das Elliott-Wellen-Prinzip baut auf den klassischeren Ansätzen wie die Dow Theorie und traditionelle Chartformationen aus. Die meisten dieser Kursformationen können als Teil der Elliott-Wellen-Struktur interpretiert werden. Sie baut auf Kurszielen auf, die durch Projektion von Fibonacci-Ratios und prozentuale Retracements bestimmt werden. Das Elliott-Wellen-Prinzip bezieht alle diese Faktoren ein, geht jedoch darüber hinaus, indem es ihnen eine größere Ordnung verleiht und ihre Vorhersagbarkeit erhöht.

☉ Die Wellen-Theorie sollte in Verbindung mit anderen technischen Instrumenten eingesetzt werden

Es gibt Zeiten, in denen Elliott-Bilder klar geschnitten sind, und andere Zeiten, in denen dies nicht der Fall ist. Der Versuch, unklare Marktbewegungen in Elliott-Muster zu zwängen und bei diesem Prozess andere technische Hilfsmittel zu ignorieren, ist ein Missbrauch dieser Theorie. Der Schlüssel besteht darin, die Elliott-Wellen-Theorie als eine partielle Antwort auf das Puzzle der Marktprognose zu sehen. Der Gebrauch in Verbindung mit den anderen technischen Theorien, die in diesem Buch besprochen werden, wird ihren Wert erhöhen und Ihre Erfolgschancen verbessern.

☐ LITERATURHINWEISE

Zwei der besten Informationsquellen der Elliott-Wellen-Theorie und der Fibonacci-Zahlen sind *The Major Works of R. N. Elliott* (Prechter, Jr.) und *Elliott Wave Principle* (Frost und Prechter). Alle Grafiken der Abbildungen 13.1 bis 13.24 sind dem Buch *Elliott Wave Principle* entnommen und werden in diesem Kapitel mit freundlicher Genehmigung der New Classics Library wiedergegeben.

Ein elementares Büchlein über die Fibonacci-Zahlen, *Understanding Fibonacci Numbers* von Edward D. Dobson, ist bei Traders Press erhältlich (P.O. Box 6206, Greenville, S.C. 29606, Tel. 800-927-8222).

14 | Zeitzyklen

□ EINLEITUNG

Bis hierher haben wir uns hauptsächlich auf Kursbewegungen konzentriert, während über die Bedeutung der Zeit bei der Lösung des Vorhersage-Puzzles noch nicht viel gesagt wurde. Der Faktor der Zeit zieht sich durch die gesamte Thematik der Technischen Analyse, war jedoch im Allgemeinen von sekundärer Bedeutung. In diesem Kapitel werden wir das Problem der Kursprognose aus Blickrichtung des Zyklus-Analysten betrachten, der daran glaubt, dass *Zeitzyklen* den ultimativen Schlüssel zu dem Verständnis darstellen, warum sich Märkte nach oben oder unten bewegen. In diesem Prozess werden wir die wichtige Dimension der Zeit zu unserer anwachsenden Liste von analytischen Hilfsmitteln hinzufügen. Statt uns zu fragen, *in welche Richtung und wie weit* ein Markt gehen wird, werden wir mit der Frage beginnen, *wann* er dort ankommen wird, ja sogar *wann* die Bewegung beginnen wird.

Nehmen wir den standardmäßigen Tages-Balkenchart. Die vertikale Achse ist die Kursskala. Doch das ist nur die Hälfte der relevanten Daten. Die horizontale Skala fügt den Zeithorizont hinzu. Deshalb ist der Balkenchart in der Tat ein Zeit-Kurs-Chart. Viele Trader konzentrieren sich allerdings ausschließlich auf Kursdaten und schließen zeitliche Erwägungen aus. Wenn wir Kursformationen untersuchen, ist uns bewusst, dass es eine Beziehung zwischen der Zeitdauer, die für die Vollendung von solchen Formationen gebraucht wird, und dem Potenzial von nachfolgenden Marktbewegungen gibt. Je länger eine Trendlinie oder eine Unterstützungs- oder Widerstandslinie besteht, umso signifikanter wird sie. Gleitende Durchschnitte haben einen Zeitparameter als Input. Sogar Oszillatoren erfordern eine Entscheidung darüber, auf wie viele Tage sie berechnet werden. Im vorhergehenden Kapitel haben wir die Nützlichkeit von Fibonacci-Zeitzielen diskutiert.

Es scheint deshalb klar, dass alle Phasen der Technischen Analyse zu einem gewissen Ausmaß auf dem Einfluss der Zeit beruhen. Diese Überlegungen werden aber nicht wirklich in konsistenter und verlässlicher Manier angewendet. Das ist der Punkt, an dem Zeitzyklen ins Spiel kommen. Anstatt der Zeit nur eine sekundäre oder unterstützende Rolle bei Marktbewegungen beizumessen, gehen Zyklus-Analysten davon aus, dass Zeitzyklen der bestimmende Faktor in Bullen- und Bärenmärkten sind. Die Zeit ist nicht nur der dominante Faktor, vielmehr können auch alle anderen technischen Hilfsmittel durch die Berücksichtigung von Zyklen verbessert werden. Gleitende Durchschnitte und Oszillatoren können beispielsweise optimiert werden, indem sie mit dominanten Zyklen verbunden werden. Trendlinien können präziser analysiert werden, indem man mit Hilfe von Zyklen bestimmt, welche Trendlinien gültig sind und welche nicht. Die Analyse von Kursformationen kann verbessert werden, wenn sie mit zyklischen Gipfeln und Tälern kombiniert wird. Durch den Einsatz von „Zeitfenstern" können Kursbewegungen dergestalt gefiltert werden, dass externe Einflüsse ignoriert werden können und nur solche Zeiten berücksichtigt werden, bei denen bedeutende zyklische Tops oder Böden zu erwarten sind.

☐ ZYKLEN

Das am meisten neugierig machende Buch, das ich je über Zyklen gelesen habe, wurde von Edward R. Dewey, einem der Pioniere der Zyklusanalyse, und Og Mandino verfasst: *Cycles: The Mysterious Forces That Trigger Events* (Zyklen: Die mysteriösen Kräfte, die Ereignisse auslösen). Tausende von scheinbar unabhängigen Zyklen wurden isoliert, die Hunderte und in einigen Fällen Tausende von Jahren umfassten. Alles Mögliche – vom 9,6-Jahres-Zyklus beim Massenvorkommen des atlantischen Lachses bis zum 22,2-Jahres-Zyklus bei internationalen Schlachten zwischen 1415 und 1930 – wurde zusammengetragen. Ein durchschnittlicher Zyklus von 11,11 Jahren wurde bei Sonnenflecken seit 1527 festgestellt. Es wurden mehrere Wirtschaftszyklen präsentiert, unter anderem der 18,33-Jahres-Zyklus bei Immobilienverkäufen und ein 9,2-Jahres-Börsenzyklus. (siehe Abbildungen 14.1 und 14.2.).

Zwei überraschende Schlussfolgerungen wurden von Dewey diskutiert. Zunächst scheinen viele der Zyklen von scheinbar unabhängigen Phänomenen bei bestimmten Perioden gehäuft aufzutreten. Auf Seite 188 seines Buches listet Dewey 37 verschiedene Beispiele des 9,6-Jahres-Zyklus auf, unter anderem Raupenplagen in New Jersey, das massenhafte Auftauchen von Kojoten in Kanada und Baumwollpreise in den USA. Warum sollten solche Aktivitäten, die nicht miteinander in Beziehung stehen, den gleichen Zyklus aufweisen?

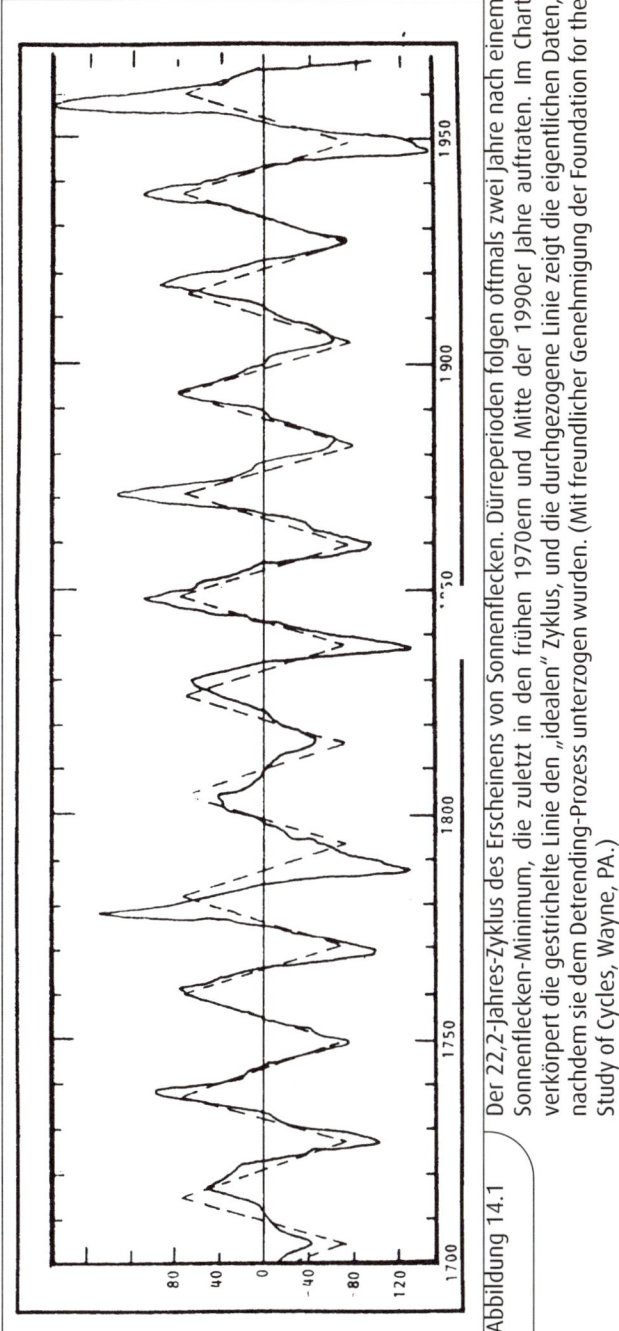

Abbildung 14.1 Der 22,2-Jahres-Zyklus des Erscheinens von Sonnenflecken. Dürreperioden folgen oftmals zwei Jahre nach einem Sonnenflecken-Minimum, die zuletzt in den frühen 1970ern und Mitte der 1990er Jahre auftraten. Im Chart verkörpert die gestrichelte Linie den „idealen" Zyklus, und die durchgezogene Linie zeigt die eigentlichen Daten, nachdem sie dem Detrending-Prozess unterzogen wurden. (Mit freundlicher Genehmigung der Foundation for the Study of Cycles, Wayne, PA.)

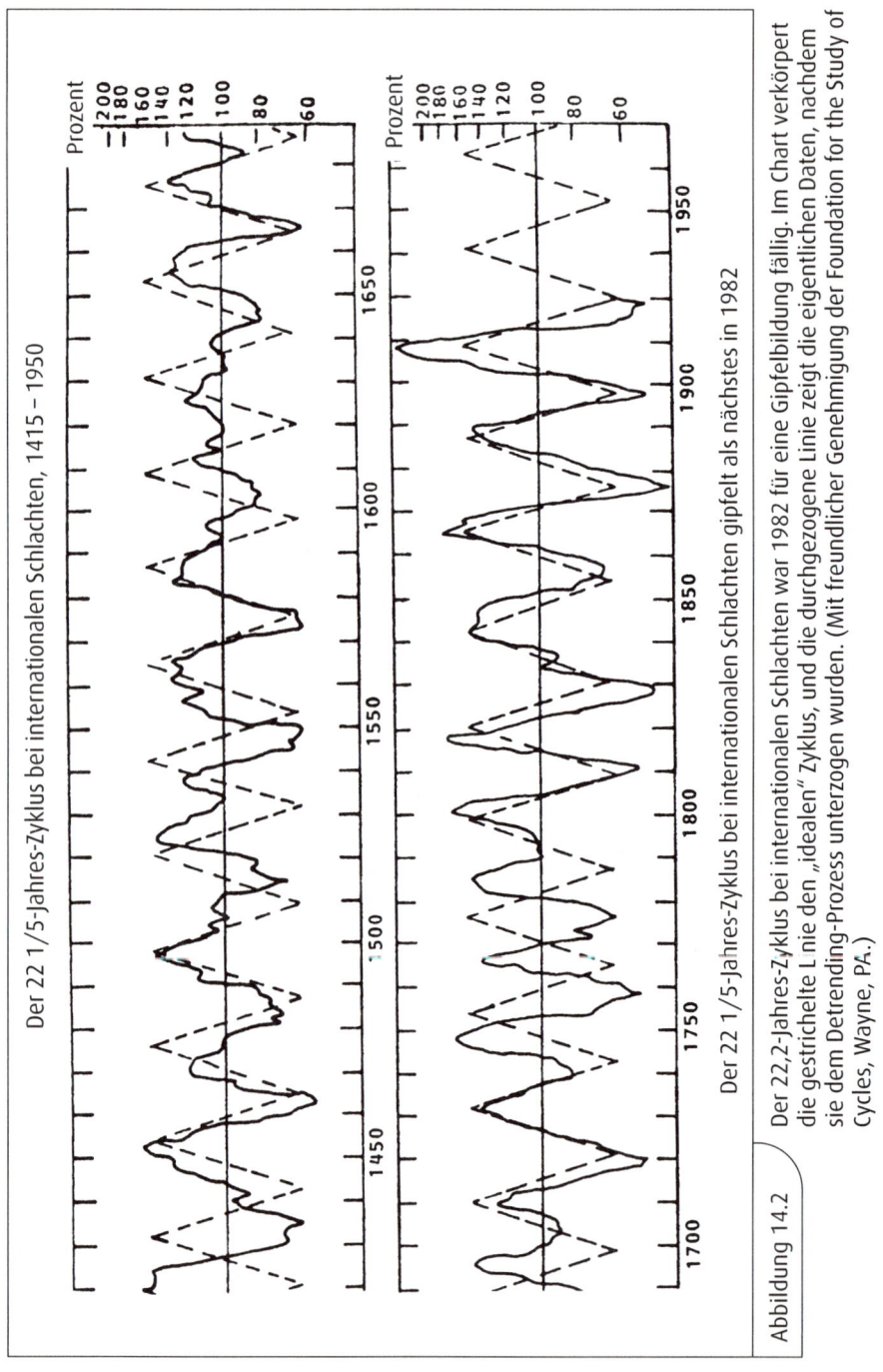

Der 22 1/5-Jahres-Zyklus bei internationalen Schlachten, 1415 – 1950

Der 22 1/5-Jahres-Zyklus bei internationalen Schlachten gipfelt als nächstes in 1982

Abbildung 14.2

Der 22,2-Jahres-Zyklus bei internationalen Schlachten war 1982 für eine Gipfelbildung fällig. Im Chart verkörpert die gestrichelte L nie den „idealen" Zyklus, und die durchgezogene Linie zeigt die eigentlichen Daten, nachdem sie dem Detrending-Prozess unterzogen wurden. (Mit freundlicher Genehmigung der Foundation for the Study of Cycles, Wayne, PA.)

Die zweite Entdeckung bestand darin, dass diese ähnlichen Zyklen auch noch synchron stattfanden, das heißt, sie drehten zur gleichen Zeit. Abbildung 14.3 zeigt 12 unterschiedliche Beispiele des 18,2-Jahres-Zyklus, darunter Eheschließungen, Einwanderungen und Aktienkurse in den USA. Deweys Aufsehen erregende Schlussfolgerung war, dass irgendetwas „dort draußen" im Universum diese Zyklen steuern müsse; dass es im Universum eine Art von *Puls* zu geben scheint, der verantwortlich für die auffällige Gegenwart dieser Zyklen in so vielen Bereichen der menschlichen Existenz ist.

1941 rief Dewey die *Foundation for the Study of Cycles* ins Leben (900 W. Valley Rd., Suite 502, Wayne, PA 19087). Diese Stiftung zum Studium von Zyklen ist die älteste

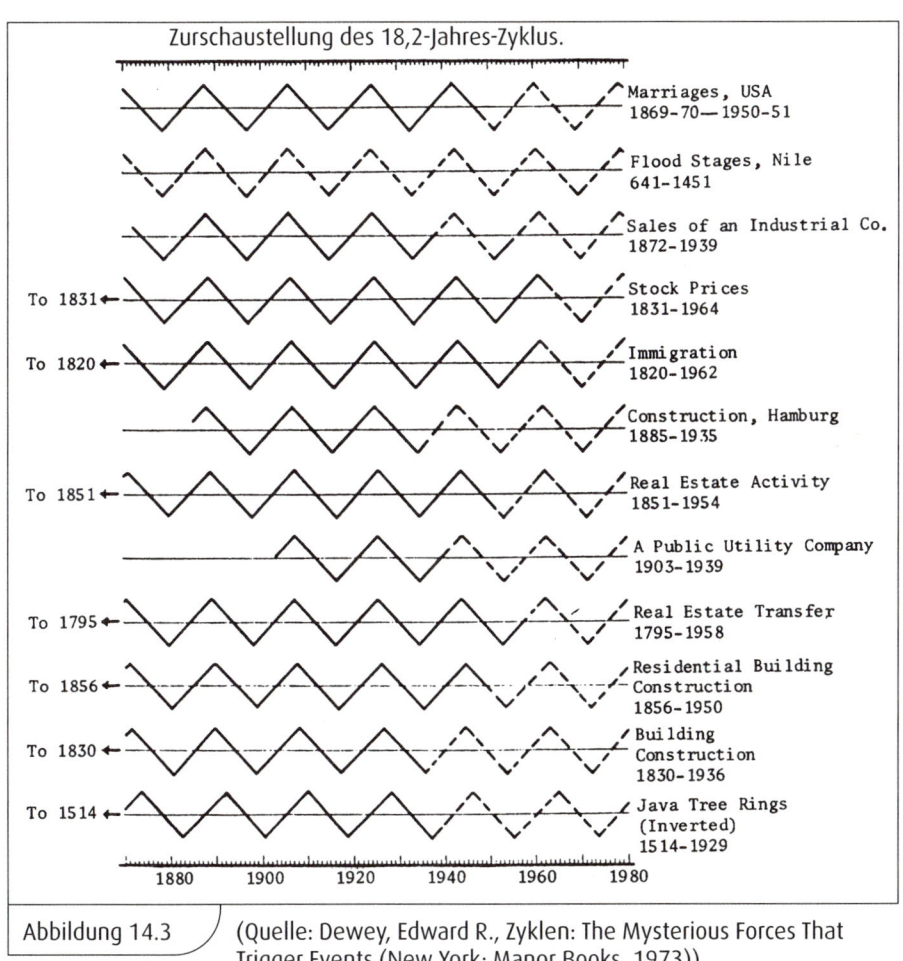

| Abbildung 14.3 | (Quelle: Dewey, Edward R., Zyklen: The Mysterious Forces That Trigger Events (New York: Manor Books, 1973)) |

Organisation, die sich der Untersuchung von Zyklen widmet, und ist als führende Institution in diesem Bereich anerkannt. Die Stiftung publiziert das *Cycles Magazine,* das Studien aus vielen verschiedenen Gebieten, unter anderem Ökonomie und Betriebswirtschaft, veröffentlicht. Sie gibt auch einen Monatsreport namens *Cycle Projections* heraus, in dem die Zyklusanalyse auf Aktien, Commodities, Immobilien und die Konjunktur angewendet wird.

⊙ Grundlegende zyklische Konzepte

Im Jahre 1970 schrieb J. M. Hurst den Titel *The Profit Magic of Stock Transaction Timing.* Obwohl es sich hauptsächlich mit Aktienmarkt-Zyklen beschäftigt, stellt dieses Buch eine der besten Erklärungen der Zyklustheorie dar, die in gedruckter Form erhältlich sind, und wird sehr zur Lektüre empfohlen. Die folgenden Diagramme sind Auszüg von Hursts Originalarbeit.

Zunächst lassen Sie uns anschauen, wie ein Zyklus aussieht, und seine drei Hauptcharakteristiken diskutieren. Die Abbildung 14.4 zeigt zwei Wiederholungen eines Kurszyklus. Die Zyklusböden werden *Wellentäler* genannt und die Tops als *Wellenkämme* bezeichnet. Beachten Sie, dass die beiden hier gezeigten Wellen von Tal zu Tal gemessen werden. *Zyklus-Analysten ziehen es vor, Zykluslängen von Tief zu Tief zu messen.* Messungen können zwar auch zwischen Wellenkämmen getätigt werden, doch sie werden als nicht so stabil oder verlässlich angesehen, als wenn sie zwischen Tälern erfolgen. Deshalb ist es allgemeine Praxis, den Anfang und das Ende einer zyklischen Welle an einem Tiefpunkt zu messen, wie in diesem Beispiel dargestellt.

Die drei Parameter eines Zyklus sind Amplitude, Länge und Phase. Die Amplitude misst die Höhe der Welle, wie in Abbildung 14.5 gezeigt, und wird in Dollars, Cents oder Punkten ausgedrückt. Die Länge einer Welle, wie in Abbildung 14.6 gezeigt, ist die Zeitspanne zwischen zwei Tälern. In diesem Beispiel beträgt die Länge 20 Tage. Die Phase ist die Bestimmung des Zeitpunktes eines Wellentales. In Abbildung 14.7 wird die Phasendifferenz zwischen zwei Wellen gezeigt. Da zur selben Zeit mehrere verschiedene Zyklen existieren, erlaubt die Phasenbestimmung dem Zyklus-Analysten, die Beziehungen zwischen den verschiedenen Zykluslängen zu untersuchen. Die Phasen werden auch dazu benutzt, das Datum des letzten zyklischen Tiefs zu identifizieren. Wenn beispielsweise ein 20-Tages-Zyklus vor 10 Tagen einen Boden gebildet hat, kann das Datum des nächsten zyklischen Tiefs bestimmt werden. Sobald Amplitude, Länge und Phase eines Zyklus bekannt sind, kann dieser Zyklus theoretisch in die Zukunft extrapoliert werden. Unter der Annahme, dass Zyklen relativ konstant bleiben, können sie dazu eingesetzt werden, zukünftige Kursgipfel und −täler zu schätzen. Das ist die Grundlage des zyklischen Ansatzes in seiner einfachsten Form.

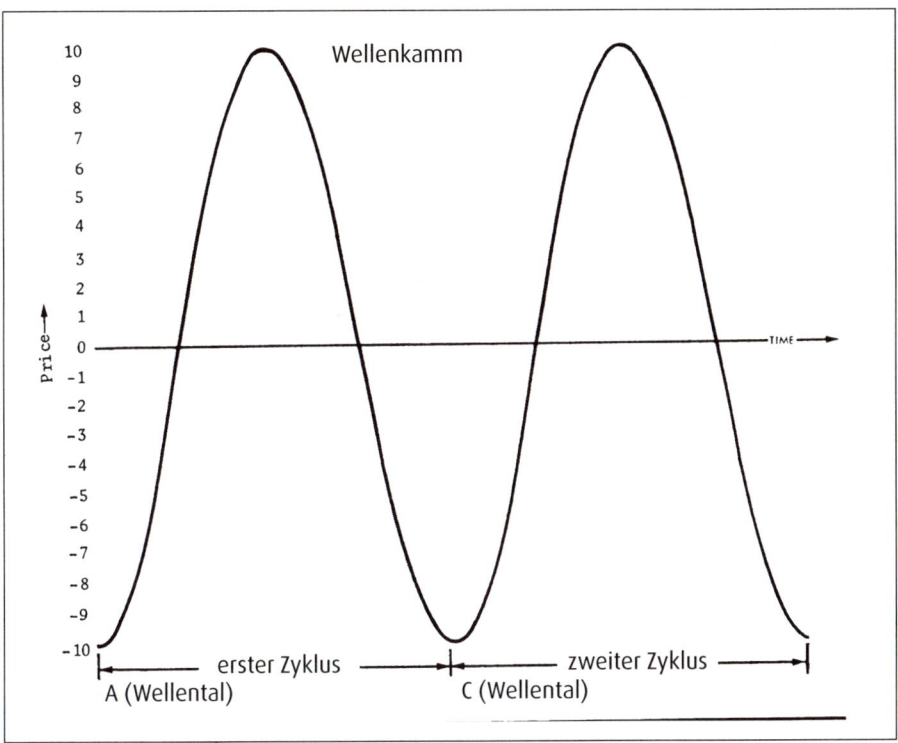

Abbildung 14.4 Zwei Zyklen einer Kurswelle. Eine einfache, einzelne Kurswelle von der Art, die aneinander gereiht wird, um Kursbewegungen von Aktien und Rohstoffen zu bilden. Es werden nur zwei Zyklen dieser Welle gezeigt, doch die Welle selbst setzt sich nach links und rechts unendlich fort. Solche Wellen wiederholen sich Zyklus für Zyklus. Sobald die Welle identifiziert ist, können ihre Werte deshalb zu jedem in der Vergangenheit oder Zukunft liegenden Punkt bestimmt werden. Es ist diese Charakteristik von Wellen, die die Vorhersagbarkeit zukünftiger Kursbewegungen ermöglicht.

☉ Zyklische Prinzipien

Werfen wir nun einen Blick auf die Prinzipien, die der zyklischen Philosophie zu Grunde liegen. Die vier bedeutendsten sind die Prinzipien der Summation, Harmonität, Synchronität und Proportionalität.

Das Prinzip der Summation bedeutet, dass alle Kursbewegungen eine einfache Addition aller aktiven Zyklen darstellen. In Abbildung 14.8 wird demonstriert, wie das Kursmuster oben durch einfaches Addieren der darunter dargestellten verschiedenen Zyklen gebildet wird. Beachten Sie insbesondere die Erscheinung des Doppeltops in der Kompositwelle C. Die Zyklustheorie besagt, dass alle Kursformationen durch das

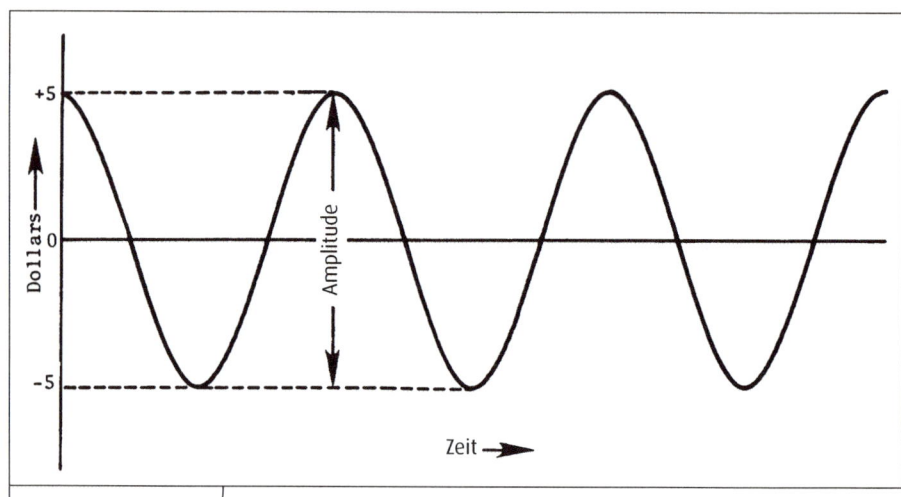

Abbildung 14.5 Die Amplitude einer Welle. In diesem Bild hat die Welle eine Amplitude von zehn Dollar (von minus fünf zu plus fünf Dollar). Die Amplitude wird immer von Wellental zu Wellengipfel gemessen.

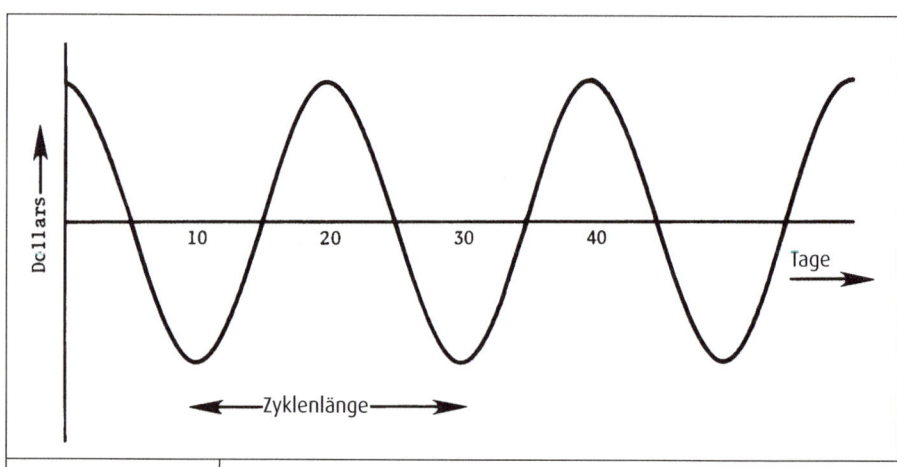

Abbildung 14.6 Die Länge einer Welle. In diesem Fall beträgt die Zykluslänge 20 Tage; sie wird – wie hier dargestellt – zwischen zwei aufeinander folgenden Wellentälern gemessen. Die Länge könnte genauso gut zwischen Gipfeln ermittelt werden, doch bei Kurswellen sind Täler gewöhnlich klarer ausgeprägt als Gipfel; zu den Gründen dafür kommen wir später. Konsequenterweise werden Längen von Kurszyklen meistens von Wellental zu Wellental gemessen.

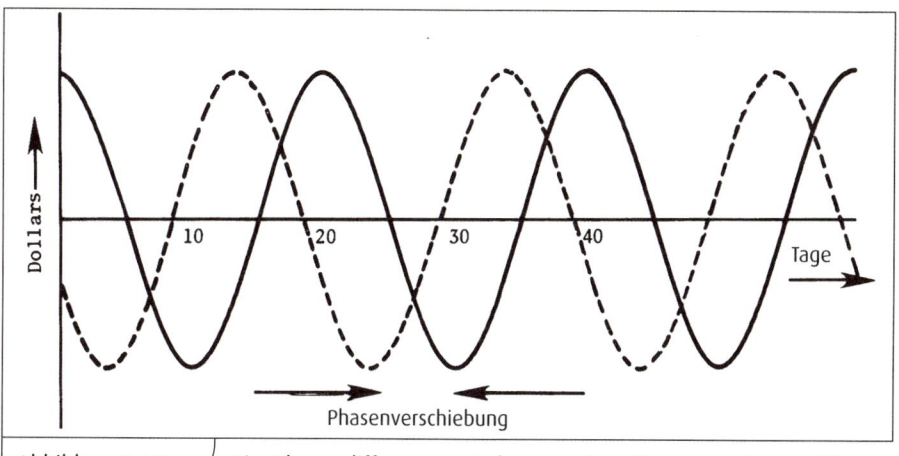

Abbildung 14.7 Die Phasendifferenz zwischen zwei Wellen. Die Phasendifferenz zwischen den zwei gezeigten Wellen beträgt 6 Tage. Diese Phasendifferenz wird zwischen den Tälern der beiden Wellen gemessen, weil – es sei noch einmal gesagt – Wellentäler im Falle von Kurswellen die brauchbarsten Punkte zur Identifizierung sind.

Zusammenspiel von zwei oder mehr verschiedenen Zyklen gebildet werden. Wir kommen auf diesen Punkt später zurück. Das Prinzip der Summation verleiht uns einen wichtigen Einblick in die Theorie der zyklischen Prognose. Nehmen wir an, dass alle Kursbewegungen einfach die Summe verschiedener Zykluslängen sind. Nehmen wir weiter an, dass jeder dieser einzelnen Zyklen isoliert und gemessen werden könnte. Gehen wir außerdem davon aus, dass jeder dieser Zyklen auch in Zukunft hin und her schwingen wird. Dann wird durch einfache Verlängerung jedes Zyklus in die Zukunft und durch die Addition aller vorhandenen Zyklen der zukünftige Kurstrend das Ergebnis sein. Jedenfalls besagt das die Theorie.

Das Prinzip der Harmonität bedeutet einfach, dass benachbarte Wellen üblicherweise durch eine kleine, ganze Zahl miteinander in Beziehung stehen. Diese Zahl ist normalerweise zwei. Zu einem bestehenden 20-Tage-Zyklus beispielsweise wird der nächst kürzere Zyklus halb so lang sein, also 10 Tage umfassen. Der nächst längere Zyklus wird dann 40 Tage betragen. Wenn Sie an die Diskussion der 4-Wochen-Regel zurück denken (Kapitel 9), wurde das Prinzip der Harmonität zu Hilfe genommen, um die Gültigkeit einer kürzeren 2-Wochen-Regel und einer längeren 8-Wochen-Regel zu erklären.

Das Prinzip der Synchronität bezieht sich auf die starke Tendenz von Wellen verschiedener Länge, ungefähr zur selben Zeit einen Boden zu bilden. Die Abbildung 14.9 ist dazu gedacht, um sowohl Harmonität als auch Synchronität zu zeigen. Die Welle B am unteren Rand des Charts ist halb so lang wie Welle A. Die Welle A schließt zwei Wiederholungen der kleineren Welle B ein, was Harmonität zwischen den beiden Wel-

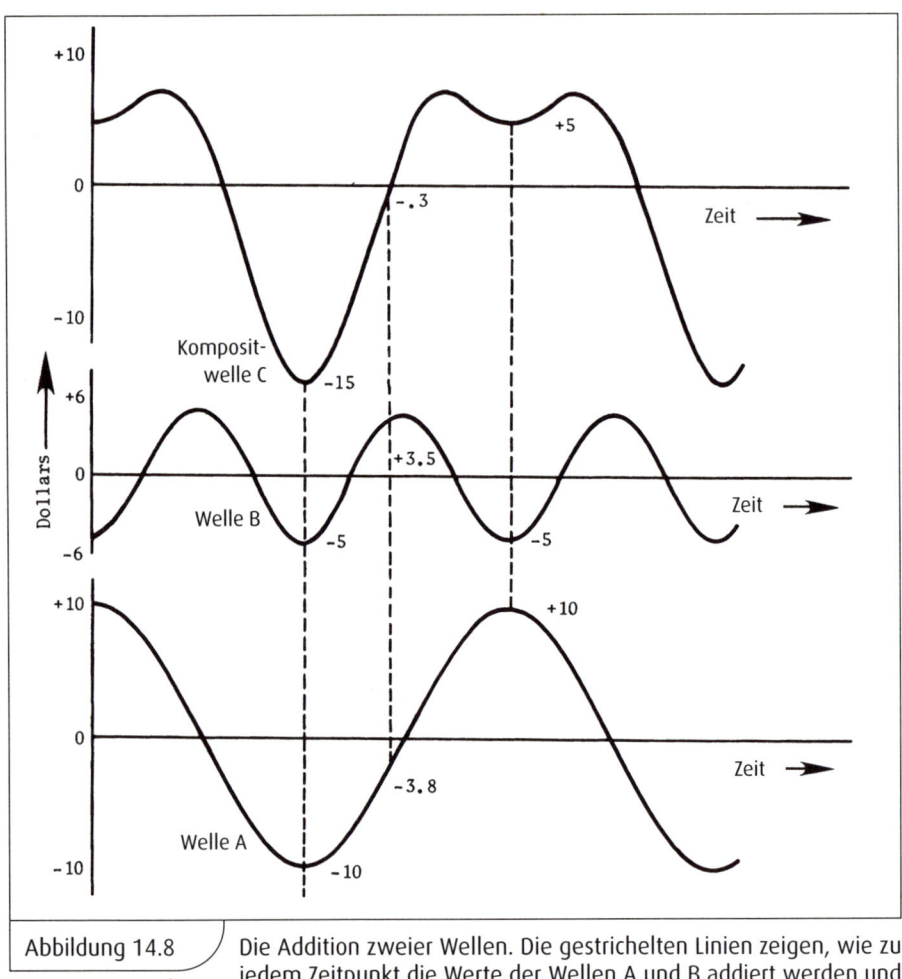

Abbildung 14.8 Die Addition zweier Wellen. Die gestrichelten Linien zeigen, wie zu jedem Zeitpunkt die Werte der Wellen A und B addiert werden und den Wert der Kompositwelle C ergeben.

len bedeutet. Beachten Sie auch, dass wenn Welle A einen Boden bildet, Welle B dasselbe tut, was Synchronität zwischen den beiden Wellen demonstriert. Synchronität bedeutet auch, dass Zyklen vergleichbarer Länge in verschiedenen Märkten dazu tendieren, gemeinsam zu drehen.

Das Prinzip der Proportionalität beschreibt die Beziehung zwischen Zykluslänge und Amplitude. Zyklen mit größeren Längen sollten proportional größere Amplituden haben. Die Amplitude oder Höhe eines 40-Tage-Zyklus z. B. sollte ungefähr das Doppelte der Amplitude eines 20-Tage-Zyklus betragen.

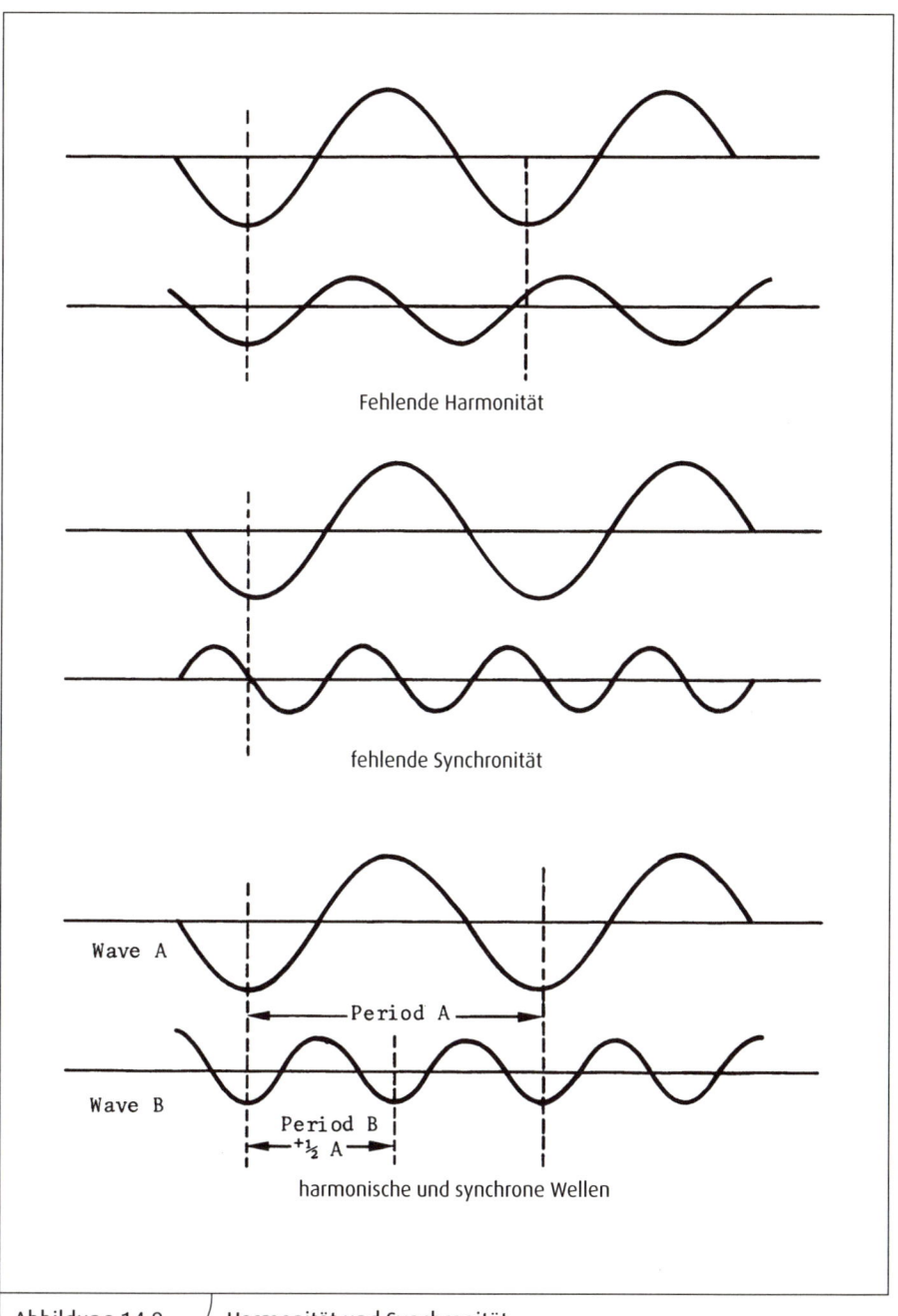

Fehlende Harmonität

fehlende Synchronität

Wave A

Period A

Wave B

Period B

+½ A

harmonische und synchrone Wellen

Abbildung 14.9 / Harmonität und Synchronität.

⊙ Die Prinzipien von Abweichung und Nominalität

Es gibt noch zwei weitere zyklische Prinzipien, die das zyklische Verhalten in einem allgemeineren Sinn beschreiben – *die Prinzipien von Abweichung und Nominalität.*

Das Prinzip der Abweichung ist die Anerkennung der Tatsache, dass all die anderen bereits erwähnten zyklischen Prinzipien – Summation, Harmonität, Synchronität und Proportionalität – nur starke Tendenzen darstellen und keine festen und starren Regeln. In der realen Welt können und werden „Abweichungen" vorkommen.

Das Prinzip der Nominalität basiert auf der Prämisse, dass es – trotz der existierenden Unterschiede in den verschiedenen Märkten und der erlaubten Abweichungen bei der Implementierung zyklischer Prinzipien – eine nominale Reihe von harmonischen Zyklen gibt, die alle Märkte beeinflussen. Und dieses Nominalmodell der Zyklenlängen kann als Ausgangspunkt für die Analyse eines jeden Marktes genommen werden.

Die Abbildung 14.10 zeigt eine vereinfachte Version dieses Nominalmodells. Das Modell beginnt mit einem 18-Jahres-Zyklus und fährt dann fort, indem jeder nachfolgende Zyklus genau *halb* so lang ist. Die einzige Ausnahme besteht in der Beziehung zwischen 54 und 18 Monaten, wo es ein *Drittel* statt der *Hälfte* ist.

Bei der Diskussion der verschiedenen Zykluslängen in den einzelnen Märkten werden wir feststellen, dass das Nominalmodell den größten Teil zyklischer Aktivitäten erklärt. Zunächst kümmern wir uns um die „Tages"-Spalte. Wenn Sie sich 40, 20, 10 und 5 Tage betrachten, erinnern Sie sich sofort daran, dass diese Zahlen häufig als Stützzeiträume für gleitende Durchschnitte eingesetzt werden. Selbst die bekannte Kombination von 4, 9 und 18 Tagen bei gleitenden Durchschnitten ist nur eine Variation der

Jahre	Monate	Wochen	Tage
18			
9			
	54		
	18		
		40	
		20	
			80
			40
			20
			10
			5

Abbildung 14.10 / Das vereinfachte Nominalmodell

348

Zahlen 5, 10 und 20. Viele Oszillatoren benutzen 5, 10 und 20 Tage. Ausbrüche auf der Basis von Wochenregeln verwenden die gleichen Zahlen, die in 2, 4 und 8 Wochen übersetzt werden.

☐ WIE ZYKLISCHE KONZEPTE DAZU BEITRAGEN, CHARTTECHNIKEN ZU ERKLÄREN

Das Kapitel 3 in Hursts Buch beschreibt sehr detailliert, wie die Standardtechniken der Chartanalyse – Trendlinien und Kanäle, Kursformationen und gleitende Durchschnitte – besser verstanden und mit größerem Nutzen eingesetzt werden, wenn sie mit zyklischen Prinzipien koordiniert werden. Die Abbildung 14.11 beschreibt die Existenz von Trendlinien und Trendkanälen aus zyklischer Sicht. Die flach verlaufende Zykluswelle am unteren Rand des Bildes wird zu einem ansteigenden Kurskanal, wenn sie mit einer steigenden Linie summiert wird, die den langfristigen Aufwärtstrend repräsentiert. Beachten Sie, wie sehr der horizontale Zyklus am unteren Rand des Charts an einen Oszillator erinnert.

In Abbildung 14.12 wird gezeigt, wie eine *Kopf-Schulter-Formation* durch Kombination zweier Zykluslängen mit einer steigenden Linie, die die Summe aller längerfristigen Komponenten darstellt, gebildet wird. Hurst beschreibt im weiteren Verlauf des Buches auch Doppeltops, Dreiecke, Flaggen und Wimpel durch die Anwendung von Zyklen. Die V-Formation beispielsweise entsteht, wenn ein mittelfristiger Zyklus exakt zur gleichen Zeit dreht wie der nächst längere und der nächst kürzere Zyklus.

Hurst führt auch an, dass gleitende Durchschnitte dadurch optimiert werden können, indem ihre Stützzeiträume mit der Länge dominanter Zyklen synchronisiert werden. Studenten der traditionellen Charttechnik sollten Hursts Kapitel mit der Überschrift „Verify Your Chart Patterns" lesen, um zusätzliche Einsichten zu gewinnen, wie die populären Chartbilder geformt werden, und vielleicht sogar, warum sie funktionieren.

☐ DOMINANTE ZYKLEN

Es gibt viele verschiedene Zyklen, die die Finanzmärkte beeinflussen. Davon sind die *dominanten Zyklen* die einzigen, die für Prognoseaufgaben einen realen Wert besitzen. Dominante Zyklen sind solche, die konsequent Kurse beeinflussen und die klar identifiziert werden können. Die meisten Terminmärkte haben mindestens fünf dominante Zyklen. In einem früheren Kapitel, in dem es um Langfristcharts ging, wurde

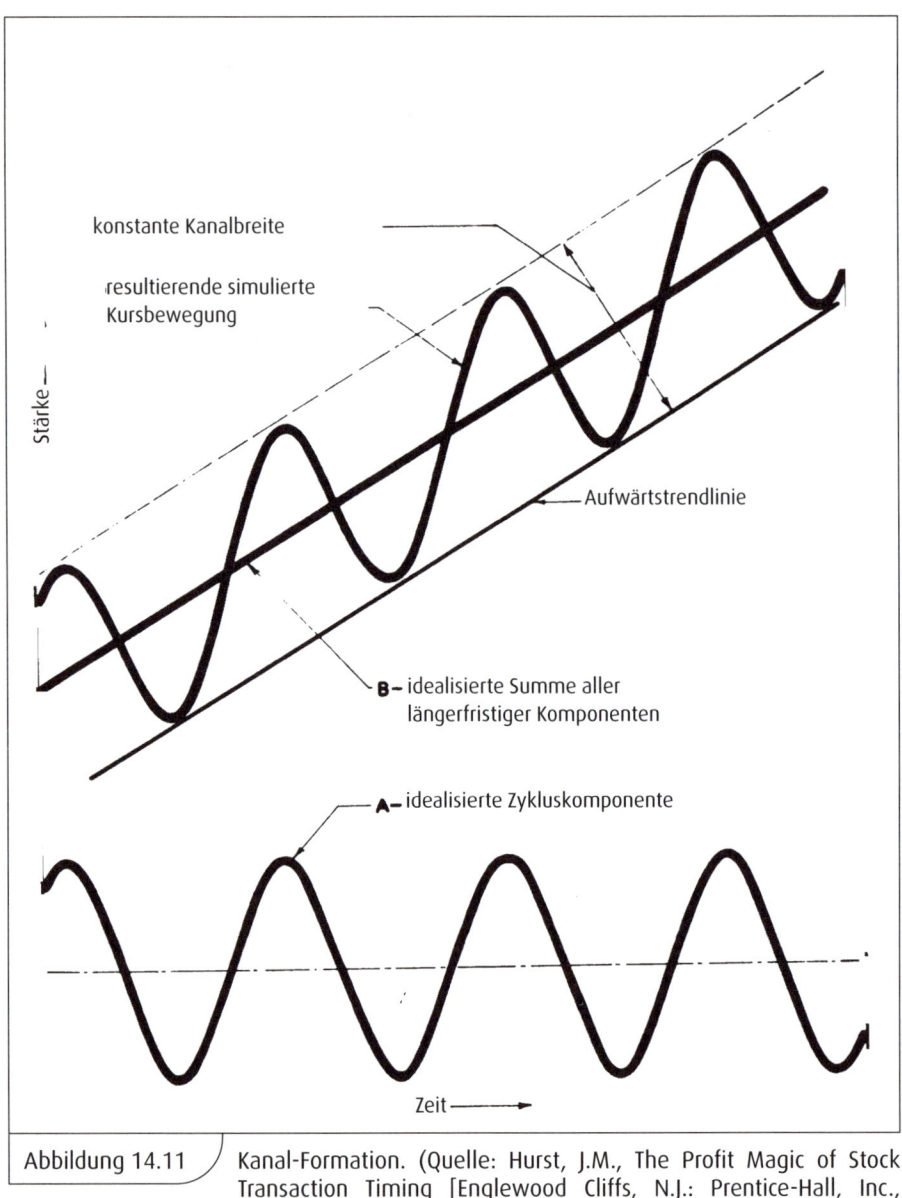

Abbildung 14.11 / Kanal-Formation. (Quelle: Hurst, J.M., The Profit Magic of Stock Transaction Timing [Englewood Cliffs, N.J.: Prentice-Hall, Inc., 1970].)

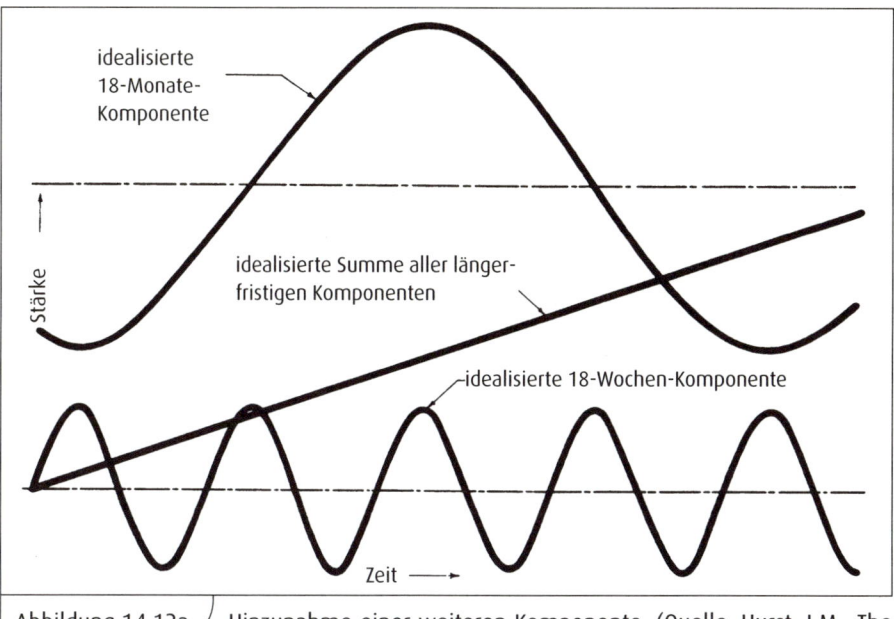

Abbildung 14.12a — Hinzunahme einer weiteren Komponente. (Quelle: Hurst, J.M., The Profit Magic of Stock Transaction Timing [Englewood Cliffs, N.J.: Prentice-Hall, Inc., 1970].)

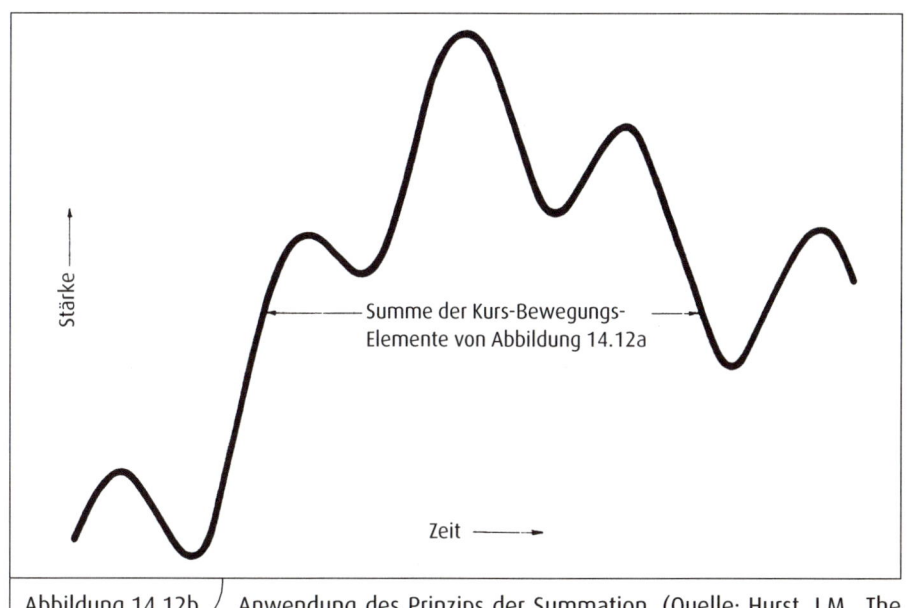

Abbildung 14.12b — Anwendung des Prinzips der Summation. (Quelle: Hurst, J.M., The Profit Magic of Stock Transaction Timing [Englewood Cliffs, N.J.: Prentice-Hall, Inc., 1970].)

betont, dass jede Technische Analyse mit dem langfristigen Bild beginnen sollte, um sich dann schrittweise zum kurzfristigen Bereich vorzuarbeiten. Dieses Prinzip gilt auch für die Untersuchung von Zyklen. Ein sauberes Vorgehen ist es, mit dem Studium langfristiger dominanter Zyklen, die mehrere Jahre umfassen können, zu beginnen; dann zu den mittelfristigen Zyklen, die mehrere Wochen bis mehrere Monate dauern können, überzugehen; und schließlich die kurzfristigen Zyklen im Bereich von mehreren Stunden bis zu mehreren Tagen dazu zu benutzen, das Timing von Einstieg und Ausstieg vorzunehmen und Umkehrpunkte der längerfristigen Zyklen zu bestätigen.

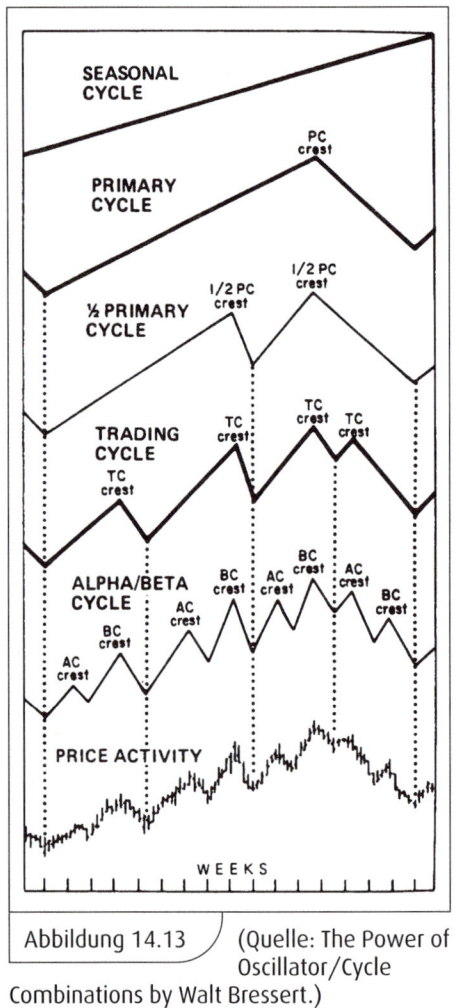

Abbildung 14.13 (Quelle: The Power of Oscillator/Cycle Combinations by Walt Bressert.)

⊙ Klassifikation von Zyklen

Die allgemeinen Kategorien sind: *langfristige Zyklen* (Zyklenlänge von zwei oder mehreren Jahren), der *saisonale Zyklus* (1 Jahr), der *primäre oder mittelfristige Zyklus* (9 bis 26 Wochen) und der *Trading-Zyklus* (4 Wochen). Der Trading-Zyklus wird in die beiden kürzerfristigen *Alpha-* und *Beta-Zyklen* heruntergebrochen, die jeder im Durchschnitt zwei Wochen dauern. (Die Begriffe Primary, Trading, Alpha und Beta wurden von Walt Bessert benutzt, um die verschiedenen Zykluslängen zu beschreiben.) – (siehe Abbildung 14.13.).

⊙ Die Kondratieff-Welle

Es existieren sogar noch längerfristigere Zyklen. Der vielleicht bekannteste ist der ungefähr 54 Jahre umfassende Kondratieff-Zyklus. Dieser umstrittene lange Zyklus wirtschaftlicher Aktivität, der zuerst von einem russischen Ökonomen namens Nikolai D. Kondratieff in den 1920er Jahren entdeckt wurde, scheint einen großen Einfluss auf praktisch alle Aktienkurse und Rohstoffpreise auszuüben. Im Besonderen wurde ein 54-Jahre-Zyklus bei Zinssätzen, Kupfer,

Baumwolle, Weizen, Aktien und Großhandels-Rohstoffpreisen identifiziert. Kondratieff verfolgte seine „lange Welle" seit 1789 durch Benutzung von Faktoren wie Rohstoffpreise, Roheisen-Produktion und Löhne von landwirtschaftlichen Arbeitern in
England (siehe Abbildung 14.14). Der Kondratieff-Zyklus wurde in den jüngsten Jahren zu einem populären Diskussionsgegenstand, vor allem dank der Tatsache, dass sein
letztes Top in den 1920er Jahren lag und sein nächster Gipfel seit langem überfällig ist.
Kondratieff selbst zahlte für seine zyklische Betrachtung der kapitalistischen Volkswirt-
schaften einen hohen Preis. Es wird vermutet, dass er in einem sibirischen Arbeitslager
gestorben ist.

□ KOMBINATION VON ZYKLUSLÄNGEN

Als allgemeine Regel bestimmen langfristige und saisonale Zyklen den langfristigen
Trend eines Marktes. Es ist nahe liegend, dass man nach einer Bodenbildung eines
2-Jahres-Zyklus eine Periode von Kurssteigerungen von mindestens einem Jahr erwarten kann, gemessen vom Wellental zum Wellenkamm. Deshalb übt der langfristige
Zyklus einen wesentlichen Einfluss auf die Trendrichtung des Marktes aus. Die Märkte
weisen auch jährlich wiederkehrende saisonale Muster auf, was bedeutet, dass sie
zur Ausbildung von Gipfeln oder Tälern zu bestimmten Zeiten des Jahres tendieren.
Getreidemärkte beispielsweise erreichen ihren Tiefpunkt gewöhnlich zur Erntezeit
und steigen von dort aus an. Saisonale Bewegungen dauern üblicherweise mehrere
Monate.

Für das Trading *ist der wöchentliche primäre Zyklus am nützlichsten.* Der 3- bis 6-Mo-
nate-Primärzyklus ist das Äquivalent zum mittelfristigen Trend, und legt im Allgemeinen fest, auf welcher Seite des Marktes getraded wird. Der nächst kürzere Zyklus, der
4-Wochen-Trading-Zyklus wird dazu benutzt, um Einstiegs- und Ausstiegspunkte in
Richtung des primären Trends zu bestimmen. Ist der primäre Trend aufwärts gerichtet,
so werden Tiefpunkte des Trading-Zyklus für Käufe genutzt. Geht der primäre Trend
nach unten, werden Hochpunkte des Trading-Zyklus für die Eröffnung von Short-
Positionen verwendet. Der 10-Tage-*Alpha*- und *Beta*-Zyklus können für zusätzliches
Feintuning genutzt werden (siehe Abbildung 14.13).

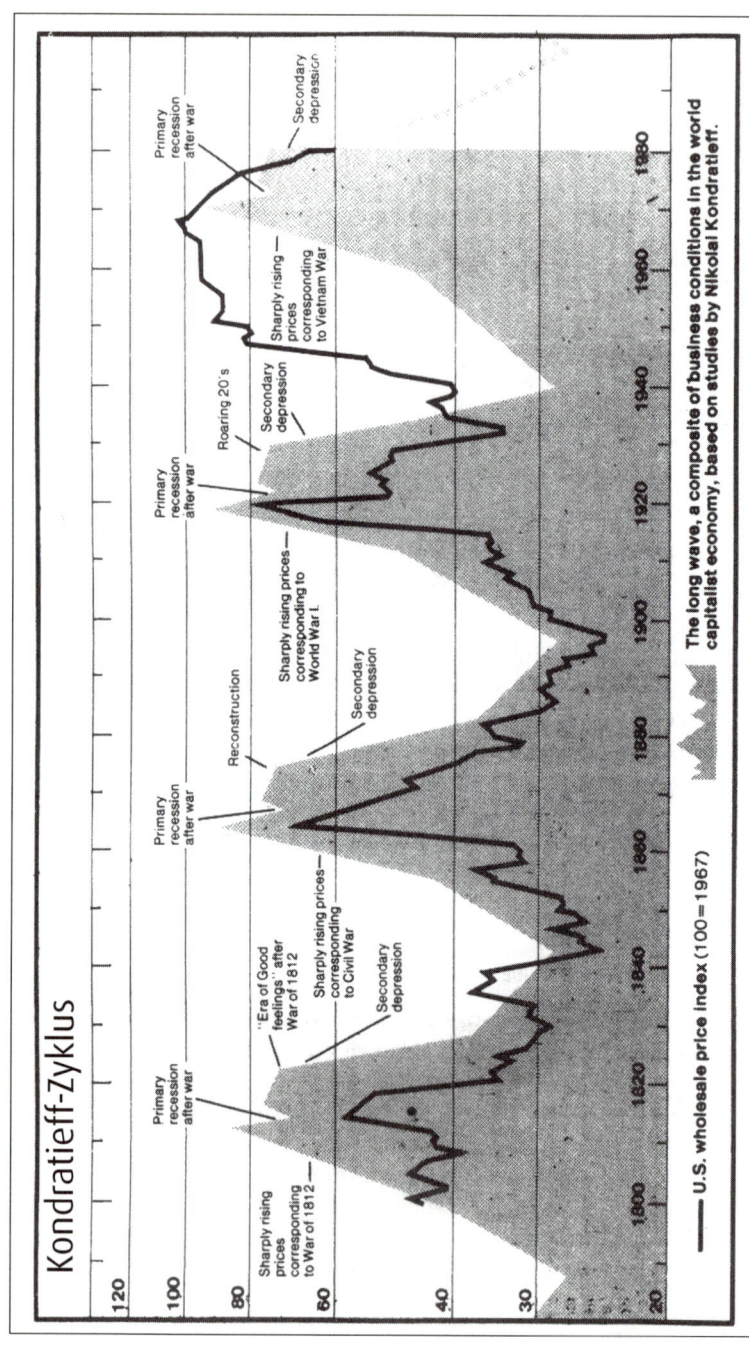

Abbildung 14.14

☐ DIE BEDEUTUNG DES TRENDS

Das Konzept des Trading in Trendrichtung wird im gesamten Bereich der Technischen Analyse betont. In einem früheren Kapitel wurde vorgeschlagen, dass kurzfristige Dellen für Käufe genutzt werden sollen, wenn der mittelfristige Trend aufwärts gerichtet ist, und dass kurzfristige Erholungen in Abwärtstrends verkauft werden sollten. In dem Kapitel über die Elliott-Wellen-Theorie wurde ausgeführt, dass 5-Wellen-Bewegungen nur in Richtung des nächst größeren Trends vorkommen. Deshalb ist es bei dem Einsatz irgendeines kurzfristigen Trends für Timing-Aufgaben notwendig, zuerst die Richtung des nächst längeren Trends zu bestimmen und dann in Richtung dieses längeren Trends zu traden. Dieses Konzept gilt auch für Zyklen. *Der Trend eines jeden Zyklus wird durch die Richtung seines nächst längeren Zyklus bestimmt.* Oder, anders ausgedrückt, sobald der Trend eines längeren Zyklus etabliert ist, ist der Trend des nächst kürzeren Zyklus bekannt.

☉ Der 28-Tage-Trading-Zyklus bei Commodities

Es gibt einen wichtigen kurzfristigen Zyklus, der dazu tendiert, die meisten Rohstoffmärkte zu beeinflussen – *den 28-Tage-Trading-Zyklus.* Mit anderen Worten, die meisten Märkte haben eine Tendenz, alle vier Wochen einen Trading-Zyklus zu bilden. Eine mögliche Erklärung für diese starke zyklische Tendenz über alle Rohstoffmärkte ist der *Mondzyklus.* Burton Pugh untersuchte den 28-Tage-Zyklus im Weizenmarkt in den 1930er Jahren (*Science and Secrets of Wheat Trading,* Lambert-Gann, Pomeroy, WA, 1978, orig., 1933) und schloss daraus, dass der Mond einen gewissen Einfluss auf Umkehrpunkte des Marktes habe. Seine Theorie besagte, dass man Weizen bei Vollmond kaufen und bei Neumond verkaufen sollte. Pugh gab allerdings zu, dass die Effekte des Mondes gering waren und von den Auswirkungen von längerfristigen Zyklen oder wichtigen Neuigkeiten überkompensiert werden konnten.

Ob der Mond irgendetwas damit zu tun hat oder nicht, der durchschnittliche 28-Tages-Zyklus existiert und erklärt viele der Zahlen, die bei der Entwicklung kurzfristiger Indikatoren und Handelssysteme eingesetzt werden. Zuallererst basiert der 28-Tage-Zyklus auf Kalendertagen. Wenn man das in eigentliche Börsentage umsetzt, ergeben sich 20 Tage. Wir haben bereits kommentiert, dass viele populären gleitenden Durchschnitte, Oszillatoren und Wochen-Regeln auf der Zahl 20 und ihren in harmonischer Beziehung stehenden kürzeren Zyklen, 10 und 5, basieren. Die 5-, 10- und 20-Tage-Linien werden, ebenso wie ihre Ableitungen, 4, 9 und 18 Tage, verbreitet eingesetzt. Viele Trader verwenden 10- und 40-Tage-Durchschnitte, wobei die Zahl 40 der nächst längere harmonische Zyklus zu der halb so großen Zahl 20 ist.

In Kapitel 9 diskutierten wir die Profitabilität der von Richard Donchian entwickelten 4-Wochen-Regel. Kaufsignale wurden generiert, wenn ein Markt ein neues 4-Wochen-Hoch erreichte, und ein Verkaufssignal, wenn ein neues 4-Wochen-Tief etabliert wurde. Die Kenntnis der Existenz eines 4-Wochen-Trading-Zyklus gibt eine bessere Einsicht in die Signifikanz dieser Zahl und hilft uns zu verstehen, warum die 4-Wochen-Regel über Jahre hinweg so gut funktioniert hat. Wenn ein Markt das Hoch der vergangenen vier Wochen übertrifft, sagt uns die zyklische Logik, dass zumindest der nächst längere Zyklus (der 8-Wochen-Zyklus) einen Boden gemacht und nach oben gedreht hat.

☐ LINKE UND RECHTE TRANSLATION

Das Konzept der Translation mag sehr wohl der nützlichste Aspekt der Zyklen-Analyse sein. Die linke und rechte Translation bezieht sich auf die Verschiebung der Zyklus-Gipfel vom idealen Zyklus-Mittelpunkt entweder nach links oder nach rechts. Beispiel: Bei einem von Tal zu Tal gemessenen 20-Tage-Zyklus wird der ideale Gipfel nach zehn Tagen oder auf halber Strecke erscheinen. Das würde zu einem zehn Tage währenden Kursanstieg, gefolgt von einem zehntägigen Kursrückgang, führen. Es kommt allerdings nur selten zu einem idealen Zyklus-Gipfel. Die meisten Abweichungen bei Zyklen zeigen sich an Gipfeln (oder Wellenkämmen) und nicht an Tälern. Das ist der Grund, warum Zyklus-Täler als zuverlässiger angesehen werden und zur Messung der Zykluslänge verwendet werden.

Die Zyklus-Gipfel verhalten sich je nach Trendrichtung des nächst längeren Zyklus unterschiedlich. Ist der Trend aufwärts gerichtet, so neigen sich die Wellenkämme zur rechten Seite des idealen Mittelpunkts und verursachen die rechte Translation. Geht der längerfristige Trend nach unten, so bilden sich die Wellenkämme links des Mittelpunkts und führen zu einer linken Translation. Deswegen ist die rechte Translation bullish und die linke Translation bearish. Denken Sie nicht weiter darüber nach. Alles, was hier gesagt wird, ist, dass die Kurse in einem Bullenmarkt länger aufwärts als abwärts gehen. In einem Bärenmarkt verweilen die Kurse länger bei einer Abwärtsbewegung als bei einer Aufwärtsbewegung. Ist das nicht die grundlegende Definition eines Trends? Nur in diesem Fall reden wir von Zeit anstelle von Kursen (siehe Abbildung 14.15).

☐ WIE MAN ZYKLEN ISOLIERT

Um die verschiedenen Zyklen zu untersuchen, die einen gegebenen Markt beeinflussen, ist es zunächst notwendig, jeden dominanten Zyklus zu isolieren. Es gibt verschiedene Wege, diese Aufgabe zu erledigen. Der einfachste ist die visuelle Inspektion. Bei der Untersuchung von Balkencharts ist es beispielsweise möglich, offensichtliche

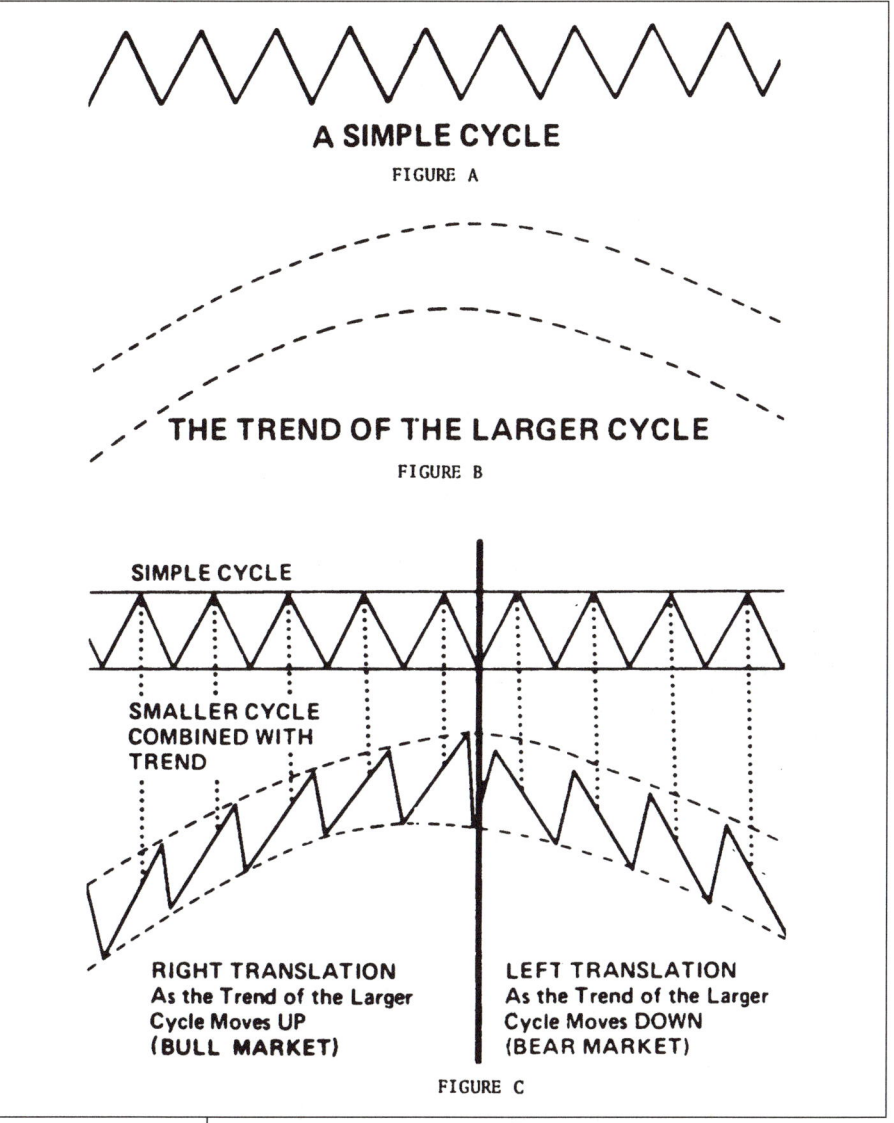

A SIMPLE CYCLE

FIGURE A

THE TREND OF THE LARGER CYCLE

FIGURE B

SIMPLE CYCLE

SMALLER CYCLE
COMBINED WITH
TREND

RIGHT TRANSLATION
As the Trend of the Larger
Cycle Moves UP
(BULL MARKET)

LEFT TRANSLATION
As the Trend of the Larger
Cycle Moves DOWN
(BEAR MARKET)

FIGURE C

Abbildung 14.15 / Beispiel der linken und rechten Translation. Abbildung A zeigt einen einfachen Zyklus. Abbildung B stellt den Trend des übergeordneten Zyklus dar. Abbildung C zeigt den kombinierten Effekt. Ist der längere Trend aufwärts gerichtet, verlagern sich die Mittelgipfel nach rechts. Ist der längere Trend abwärts gerichtet, verlagern sich die Mittelgipfel nach links. Die rechte Translation ist bullish, die linke Translation ist bearish. (Quelle: The Power of Oscillator/Cycle Combination by Walt Bressert.)

Hoch- und Tiefpunkte in einem Markt zu identifizieren. Durch Ermittlung der durchschnittlichen Zeitperioden zwischen diesen zyklischen Hochs und Tiefs kann man bestimmte durchschnittliche Zykluslängen herausfinden.

Es gibt auch Hilfsmittel, die die Aufgabe ein wenig einfacher machen. Eines dieser Werkzeuge ist der *Ehrlich Cycle Finder,* der nach seinem Erfinder, Stan Ehrlich (ECF, 112 Vida Court, Novato, CA 94947 [415]892-1183), benannt wurde. Der Zyklusfinder ist ein ziehharmonikaartiges Instrument, das auf dem Chart für die visuelle Inspektion platziert wird. Die Abstände zwischen den Punkten sind immer gleich und können erweitert oder verengt werden, um eine Zykluslänge zu finden. Durch Abgreifen des Abstandes zwischen zwei offensichtlichen Zyklustiefs kann man schnell bestimmen, ob weitere Tiefpunkte derselben Zykluslänge existieren. Eine elektronische Version dieses Instruments, der *Ehrlich Cycle Forecaster,* ist als Analysetechnik in den Programmen TradeStation und SuperCharts von Omega Research (Omega Research, 8700 West Flagler Street, Suite 250, Miami, FL 33174, [305]551-9991, www.omegaresearch.com) enthalten. (siehe Abbildungen 14.16 bis 14.18.).

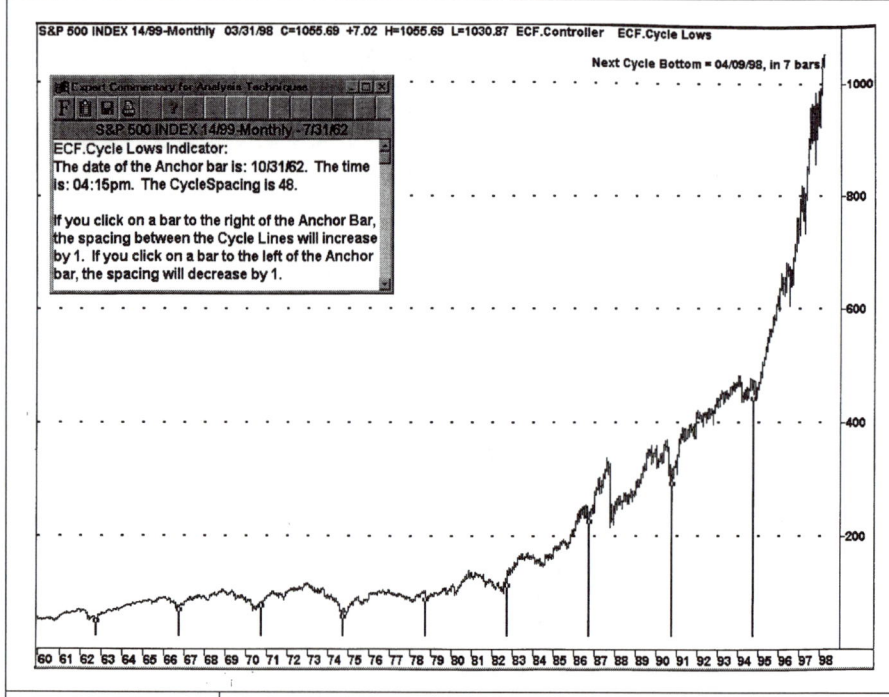

Abbildung 14.16 Der vierjährige Präsidentschafts-Zyklus wird mit der Ehrlich Zyklus-Prognose (siehe senkrechte Linien) klar definiert. Wenn der Zyklus immer noch funktioniert, kann das nächste wichtige Tief während des Jahres 1998 erwartet werden.

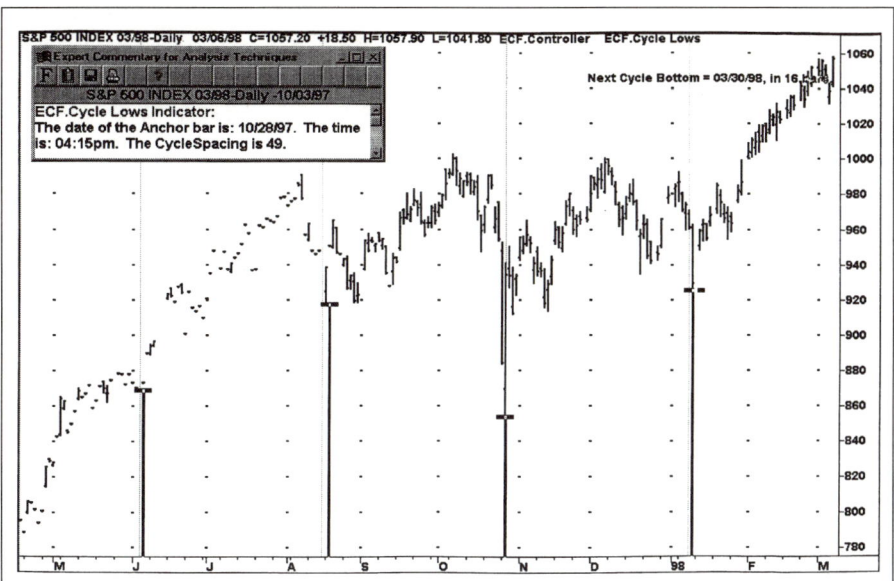

Abbildung 14.17 / Die Ehrlich-Zyklus-Prognose hat einen 49 Tage dauernden Handelszyklus im S&P 500 Futures identifiziert. Die Ehrlich Zyklus-Prognose
schätzt, dass der nächste zyklische Tiefpunkt 49 Tage nach dem
letzten Tief gebildet wird, also am 30. März 1998.

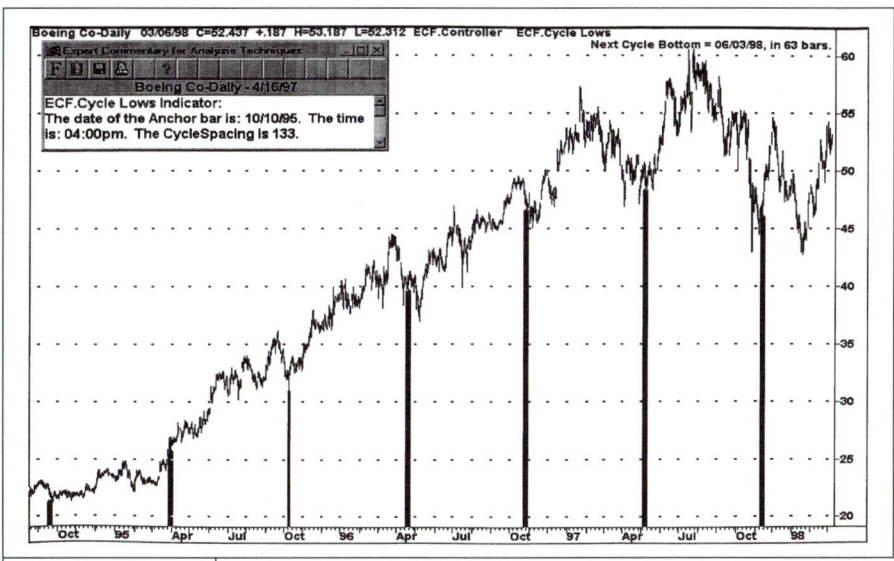

Abbildung 14.18 / Die Ehrlich-Zyklus-Prognose hat einen 133-Tage-Zyklus bei Boeing
(siehe senkrechte Linien) aufgedeckt. Nachdem das letzte zyklische
Tief im November 1997 vorkam, geht die Schätzung vom nächsten
Tief am 3. Juni 1998 aus, 133 Tage später.

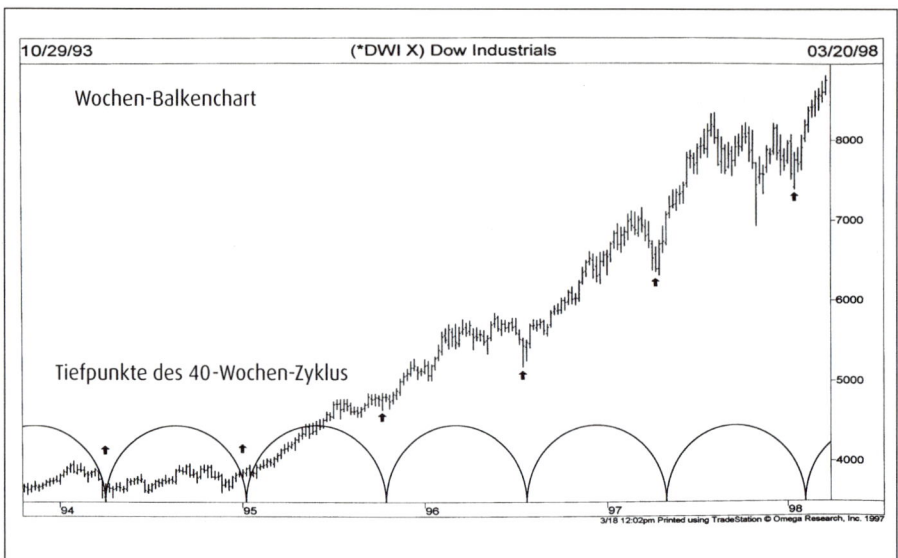

Abbildung 14.19a / Die Tiefs bei den Zyklus-Bögen korrespondieren mit bedeutenden Reaktionstiefs im Dow, wenn sie jeweils vier Wochen voneinander entfernt sind. Die vergangenen zwei zyklischen Tiefs waren im Frühjahr 1997 und zu Beginn von 1998 (siehe Pfeile).

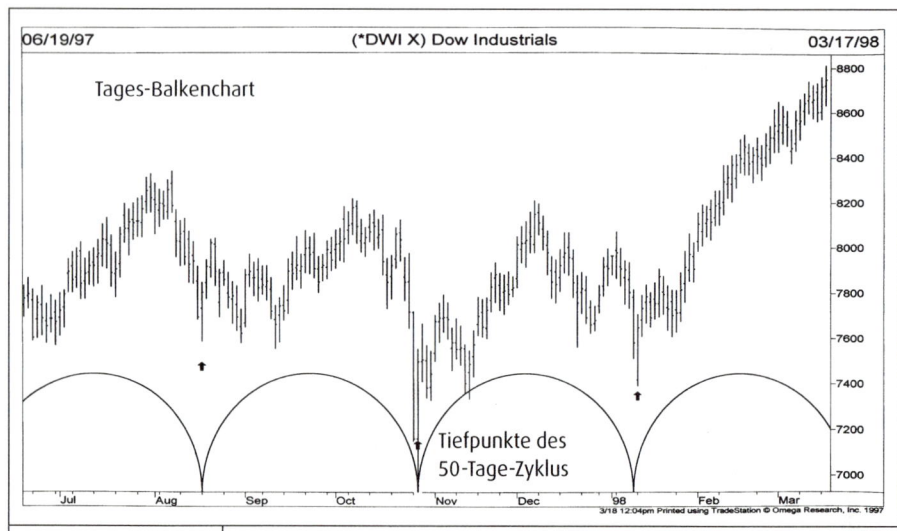

Abbildung 14.19b / Die Tages-Zyklus-Bögen offenbaren beim Dow die Präsenz von zyklischen Tiefs, die alle 50 Tage vorkommen, und zwar in der zweiten Jahreshälfte von 1997 und Anfang 1998. Man geht so vor, dass man die Bögen so lange verschiebt, bis ihre Tiefs mit einer Anzahl von Reaktionstiefs auf der Kurskurve zusammenfallen.

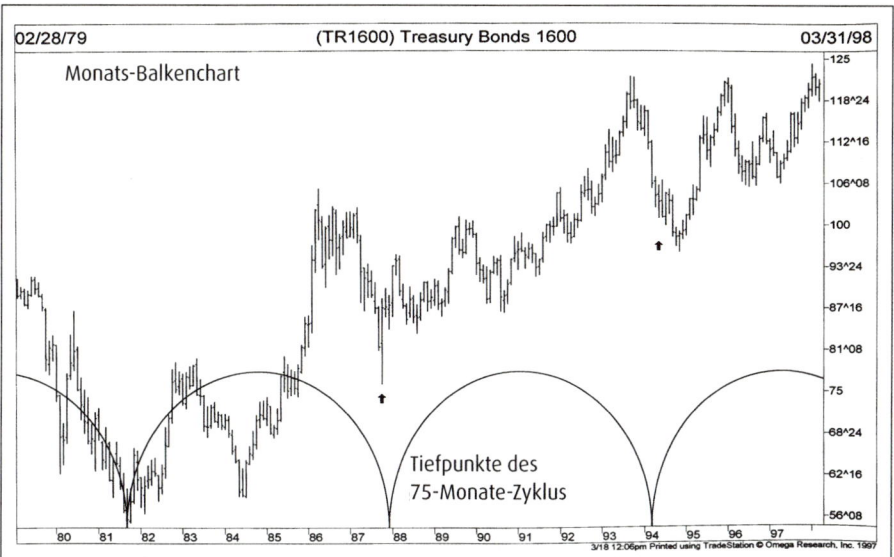

Abbildung 14.20a Beginnend mit dem größeren Boden in 1981, offenbaren die Bögen des Zyklus-Finders, dass die Renten dazu tendieren, alle 75 Monate (6,25 Jahre) wichtige Böden zu bilden. Diese Zahlen mögen sich von Zeit zu Zeit ändern, doch sie beinhalten für den Trader trotzdem nützliche Informationen.

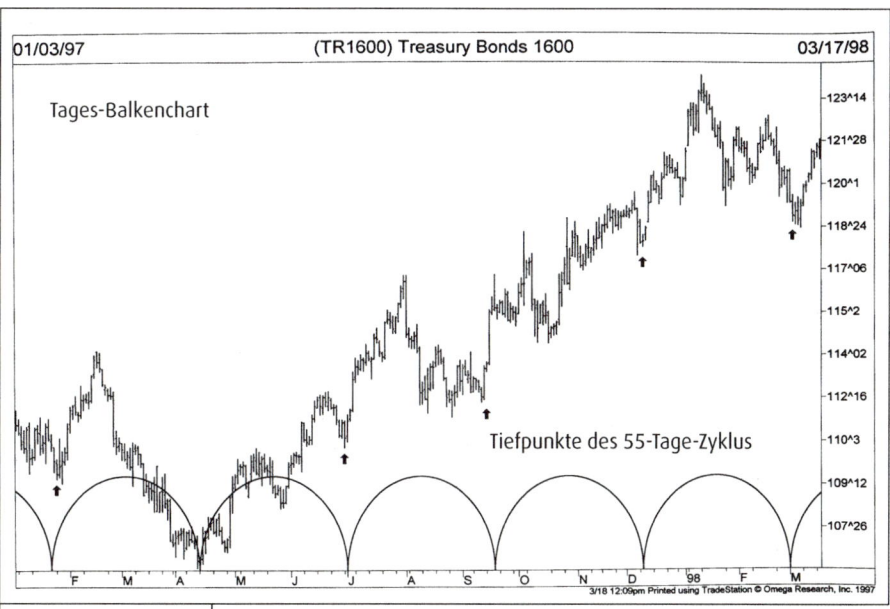

Abbildung 14.20b Angewendet auf diesen Tageschart, zeigen die Zyklus-Bögen innerhalb der abgebildeten Zeitspanne eine Tendenz der Bondpreise, alle 55 Tage einen Boden zu bilden (siehe Pfeile).

Computer können Ihnen helfen, Zyklen durch visuelle Inspektion zu finden. Der Nutzer lädt zunächst einen Chart auf den Bildschirm. Als nächster Schritt wird ein ausgeprägtes Tief auf dem Chart als Ausgangspunkt genommen. Sobald dies getan ist, erscheinen alle 10 Tage (dem voreingestellten Wert) vertikale Linien (oder Bögen). Diese Zykluslängen können verlängert, verkürzt oder nach links oder rechts verschoben werden, um den auf den Chart am besten passenden Zyklus zu finden. (siehe Abbildungen 14.19 und 14.20.).

☐ SAISONALE ZYKLEN

Alle Märkte werden zu einem gewissen Maß von einem jährlichen saisonalen Zyklus beeinflusst. Der saisonale Zyklus bezieht sich auf die Tendenz von Märkten, zu bestimmten Zeiten des Jahres in eine bestimmte Richtung zu tendieren. Zu den auffälligsten Saisonalitäten kommt es in den Getreidemärkten, wo saisonale Tiefs normalerweise zur Erntezeit auftauchen, wenn das Angebot am größten ist. Bei Sojabohnen beispielsweise tauchen die meisten saisonalen Tops zwischen April und Juni auf, während es zwischen August und Oktober zu saisonalen Tiefs kommt (siehe Abbildung 14.21). Ein sehr bekanntes saisonales Muster ist der „Februar-Ausbruch"; zu ihm kommt es, nachdem die Preise von Getreide und Sojabohnen seit Ende Dezember oder Anfang Januar bis in den Februar hinein gefallen sind.

Obwohl die Gründe für saisonale Hoch- und Tiefpunkte für die landwirtschaftlichen Warenmärkte besonders offensichtlich sind, erfahren praktisch alle Märkte saisonale Muster. Kupfer zum Beispiel zeigt einen starken saisonalen Aufwärtstrend beginnend im Januar/Februar mit einer Tendenz, im März oder April ein Hoch zu bilden (siehe Abbildung 14.22). Silber hat ein Tief im Januar mit höheren Preisen im März. Gold weist eine Tendenz auf, im August einen Boden zu bilden. Ölprodukte neigen dazu, im Oktober zu gipfeln und bilden vor dem Ende des Winters keinen Boden (siehe Abbildung 14.23). Finanzmärkte haben ebenso saisonale Muster.

Der US-Dollar hat eine Tendenz zur Bodenbildung im Januar (siehe Abbildung 14.24). Treasury Bonds bilden normalerweise im Januar wichtige Hochpunkte. Über das gesamte Jahr sind die Kurse von Treasury Bonds gewöhnlich in der ersten Hälfte schwächer und in der zweiten Hälfte stärker (siehe Abbildung 14.25). Die Beispiele der saisonalen Charts wurden von dem auf saisonale Analyse von Terminmärkten spezialisierten Moore Forschungszentrum (Moore Research Center, 321 West 13th Avenue, Eugene, OR 97401, [800]927-7259) zur Verfügung gestellt.

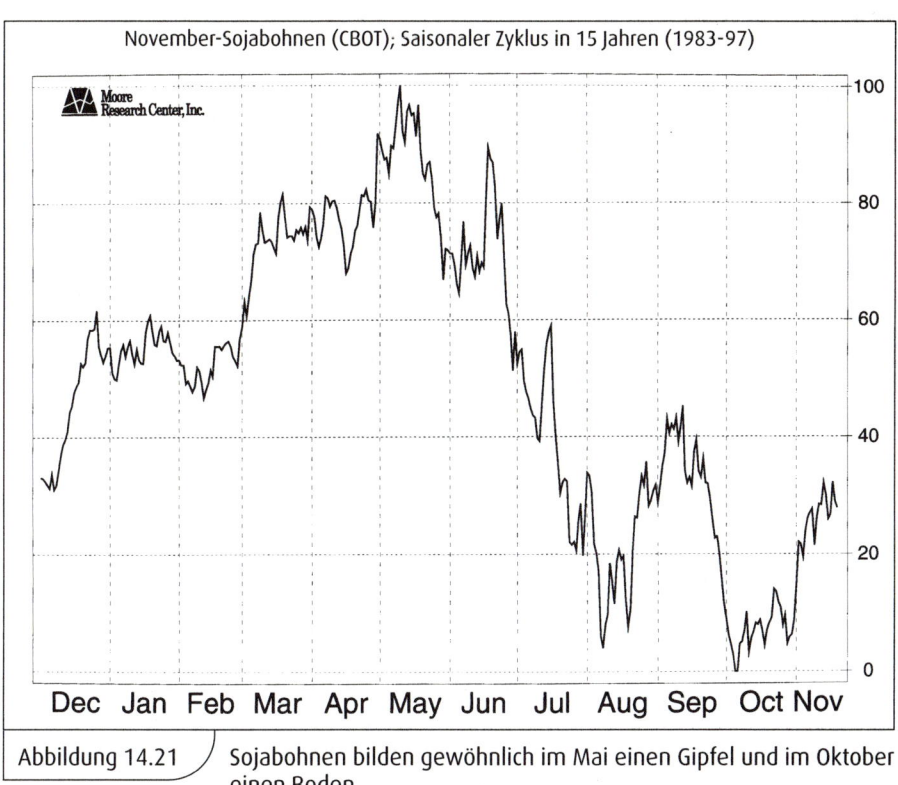

November-Sojabohnen (CBOT); Saisonaler Zyklus in 15 Jahren (1983-97)

Dec Jan Feb Mar Apr May Jun Jul Aug Sep Oct Nov

Abbildung 14.21 / Sojabohnen bilden gewöhnlich im Mai einen Gipfel und im Oktober einen Boden.

☐ AKTIENMARKT-ZYKLEN

Wussten Sie, dass die stärkste Dreimonatsspanne des Aktienmarktes von November bis Januar geht? Der Februar ist dann schwächer und wird von den starken Monaten März und April gefolgt. Nach einem schwachen Juni wird der Markt im Juli (dem Beginn der traditionellen Sommer-Rallye) stark. Der schwächste Monat des Jahres ist der September. Der stärkste Monat ist Dezember (und endet mit der bekannten Weihnachtsrallye kurz nach dem Weihnachtsfest). Diese und noch viel mehr Informationen finden Sie in Yale Hirsch´s *Stock Trader´s Almanac* (The Hirsch Organization, 184 Central Avenue,, Old Tappen, NJ 07675).

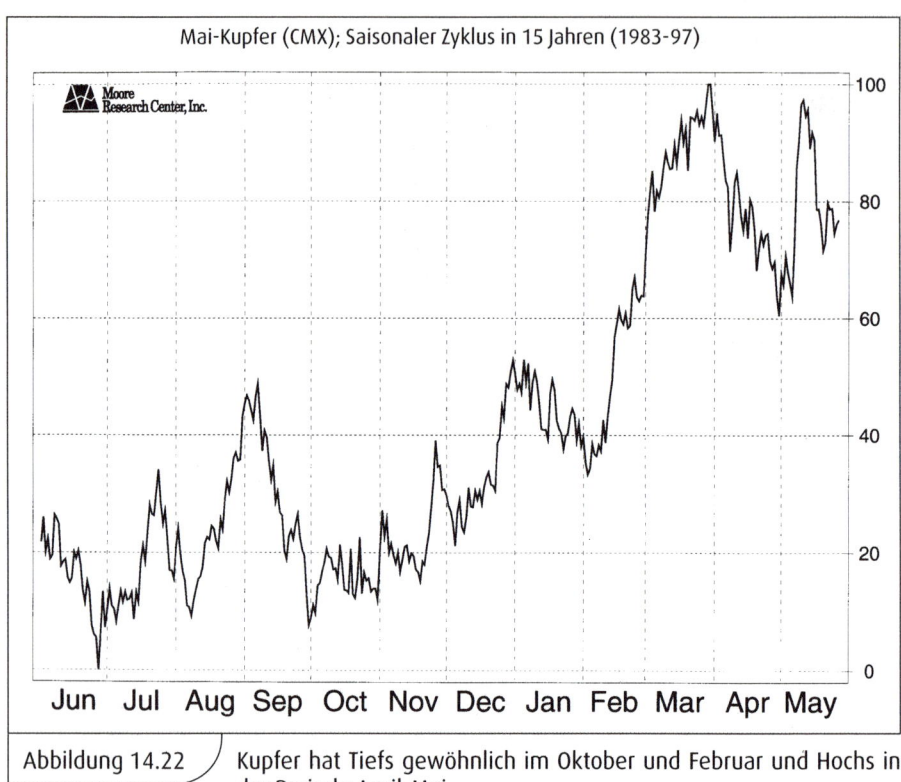

Mai-Kupfer (CMX); Saisonaler Zyklus in 15 Jahren (1983-97)

Jun Jul Aug Sep Oct Nov Dec Jan Feb Mar Apr May

Abbildung 14.22 / Kupfer hat Tiefs gewöhnlich im Oktober und Februar und Hochs in der Periode April-Mai.

□ DAS JANUAR-BAROMETER

Nach Hirsch „verläuft das Jahr so wie der Januar". Das sehr bekannte Januar-Barometer besagt, dass das, was der S&P 500 Index im Januar tut, bestimmt, wie der Rest des Jahres verläuft. Eine andere Variation dieses Themas lautet, dass die ersten fünf Handelstage des Jahres einen Hinweis darauf geben, was in diesem Jahr noch vor einem liegt. Das Januar-Barometer darf nicht mit dem Januar-Effekt verwechselt werden, der die Tendenz kleinerer Aktien zur Outperformance im Januar beinhaltet.

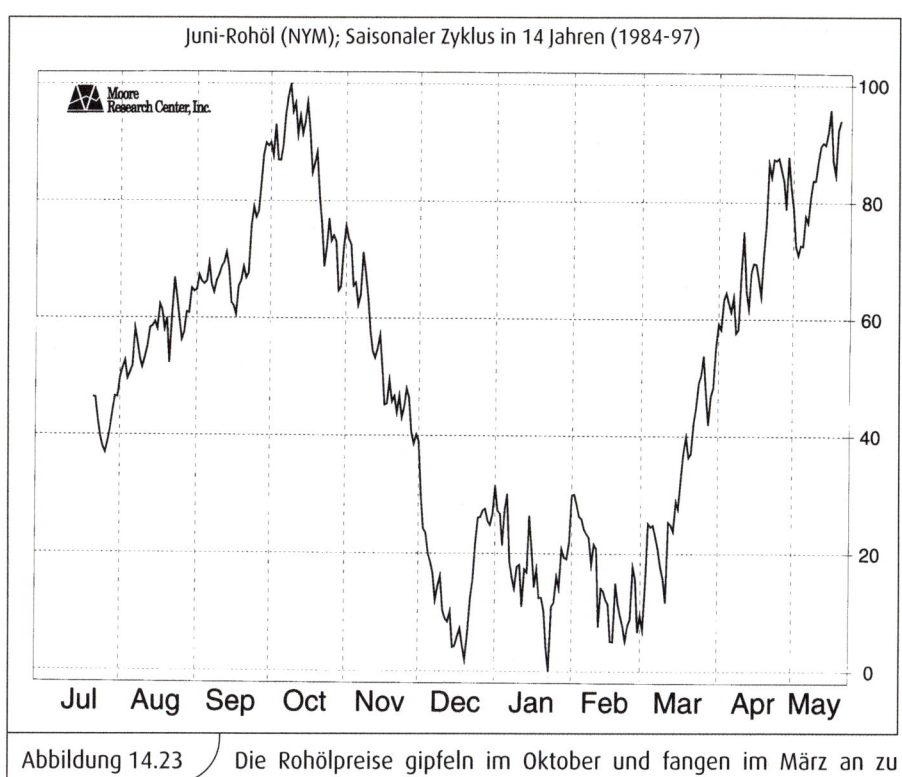

Juni-Rohöl (NYM); Saisonaler Zyklus in 14 Jahren (1984-97)

| Abbildung 14.23 | Die Rohölpreise gipfeln im Oktober und fangen im März an zu steigen. |

☐ DER PRÄSIDENTSCHAFTS-ZYKLUS

Ein weiterer bekannter Zyklus, der den US-Aktienmarkt beeinflusst, ist der 4-Jahres-Zyklus, der mit den Wahlen des US-Präsidenten zusammenfällt und deshalb „Präsidentschafts-Zyklus" genannt wird. Jedes der vier Jahre weist – im historischen Rückblick betrachtet – ein anderes Ergebnis auf. Das Wahljahr (1) ist normalerweise stark. Das Nachwahljahr und das mittlere Jahr (2 und 3) sind in der Regel schwach. Das Vorwahljahr (4) ist normalerweise stark. Nach Hirschs *Trader's Almanac* brachten seit 1904 die Wahljahre durchschnittliche Gewinne von 224 %, die Nachwahljahre 72 %, die mittleren Jahre 63 % und die Vorwahljahre 217 % (siehe Abbildung 14.16).

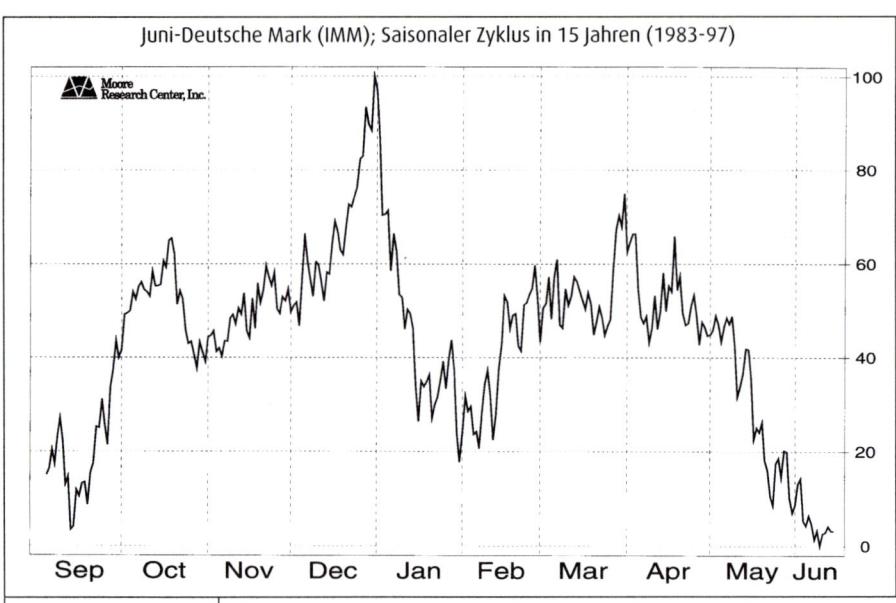

Abbildung 14.24 / Der Gipfel bei der D-Mark im Januar fällt mit einem Tiefpunkt im US-Dollar zusammen, der normalerweise zu Jahresbeginn zu beobachten ist.

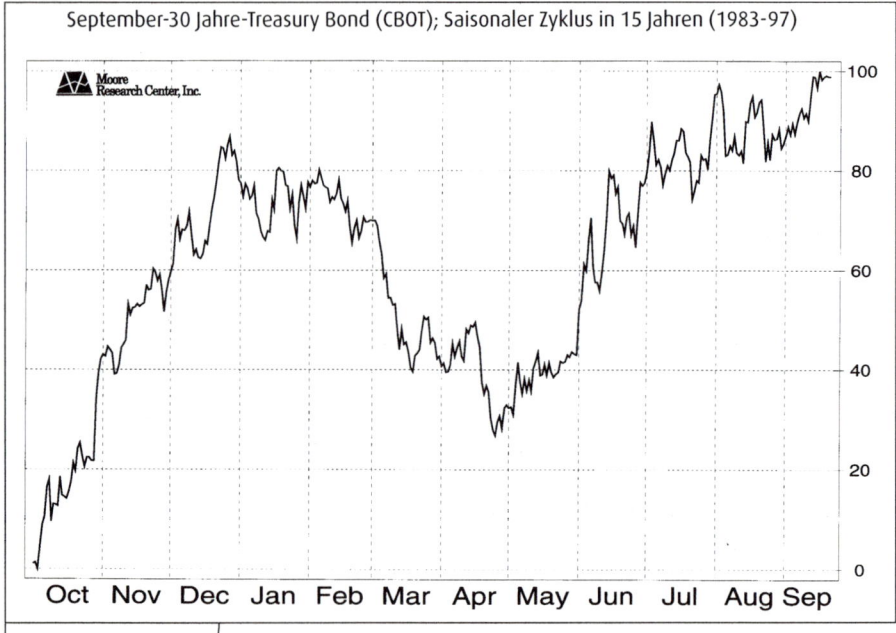

Abbildung 14.25 / Die Kurse der Treasury Bonds gipfeln üblicherweise zu Neujahr und bleiben dann für den größten Teil des ersten Halbjahrs schwach. Das zweite Halbjahr ist für Bond-Bullen besser.

□ KOMBINATION VON ZYKLEN MIT ANDEREN TECHNISCHEN INSTRUMENTEN

Zwei der vielversprechendsten Überlappungsbereiche zwischen Zyklen und traditionellen technischen Indikatoren sind der Einsatz von gleitenden Durchschnitten und Oszillatoren. Man geht davon aus, dass der Nutzen der beiden Indikatoren verbessert werden kann, wenn die verwendeten Stützzeiträume an die dominanten Zyklen jedes Marktes angelehnt werden. Angenommen, ein Markt hat einen dominanten 20-Tages-Trading-Zyklus. Bei der Konstruktion eines Oszillators ist es normalerweise am besten, wenn man die halbe Länge dieses Zyklus wählt. In diesem Fall wäre die Zeitperiode des Oszillators 10 Tage. Um einen 40-Tage-Zyklus zu traden, benutzen Sie einen 20-Tage-Oszillator. Walt Bressert diskutiert in seinem Buch *The Power of Oscillator/Cycle Combinations*, wie Zyklen dazu verwendet werden können, um die Zeitspannen des Commodity Channel Index, des Relative-Stärke-Index, des Stochastik-Indikators und des MACD zu adjustieren.

Auch gleitende Durchschnitte können auf Zyklen eingestellt werden. Sie könnten verschiedene gleitende Durchschnitte einsetzen, um unterschiedliche Zykluslängen zu verfolgen. Um ein Moving Average Crossover-System für einen 40-Tage-Zyklus zu generieren, könnten Sie eine 40-Tage-Linie in Verbindung mit einer 20-Tage-Linie (die Hälfte des 40-Tage-Zyklus) oder einer 10-Tage-Linie (ein Viertel des 40-Tage-Zyklus) einsetzen. Das Hauptproblem dieses Ansatzes besteht darin, zu bestimmen, welche die dominanten Zyklen zu einem bestimmten Zeitpunkt sind.

□ MAXIMALE ENTROPIE-SPEKTRALANALYSE

Die Suche nach dem richtigen dominanten Zyklus eines Marktes wird durch die Ansicht kompliziert, dass Zykluslängen nicht statisch sind; mit anderen Worten, sie verändern sich mit der Zeit. Was vor einem Monat funktionierte, muss im folgenden Monat nicht unbedingt auch funktionieren. In seinem Buch *MESA and Trading Market Cycles* benutzt John Ehlers einen statistischen Ansatz mit der Bezeichnung Maximum Entropy Spectral Analysis (MESA). Ehlers sieht einen der Hauptvorteile von MESA in der hochauflösenden Messung von Zyklen relativ kurzer Länge, was für das kurzfristige Trading entscheidend ist. Ehlers beschreibt auch, wie Zyklen dazu benutzt werden können, um die Länge von gleitenden Durchschnitten und vielen der Oszillatoren, die wir bereits erwähnt haben, zu optimieren. Die Aufdeckung von Zyklen erlaubt die dynamische Anpassung technischer Indikatoren auf die aktuelle Marktsituation. Ehlers spricht auch das Problem an, zwischen einem Markt in einem *Zyklus*-Modus und einem Markt in einem *Trend*-Modus zu unterscheiden. Befindet sich ein Markt im Trend-Modus, so wird ein Trendfolgeindikator wie der gleitende Durchschnitt benutzt, um Trades durchzuführen. Ein Zyklus-Modus würde hingegen den Einsatz von oszillatorartigen Indikatoren favorisieren. Die Zyklusmessung hilft bei der Bestimmung, in welchem Modus sich der Markt gerade befindet und welcher Indikatortyp am geeignetsten für den Einsatz in Tradingstrategien ist.

☐ ZYKLUSBESTIMMUNG UND SOFTWARE

Die meisten der Bücher über Zyklen, die in diesem Kapitel erwähnt wurden, können über Firmen wie z. B. Traders Press (siehe Adresse im vorigen Kapitel) oder Traders´ Library (P.O. Box 2466, Ellicott City, MD 21041, [800]272-2855) bezogen werden. Es gibt auch einen Haufen weiterer Softwareprogramme, die Ihnen bei der Ausführung der Zyklusanalyse mit dem Computer helfen. Sowohl der *Ehrlich Cycle Forecaster* als auch Walt Bresserts *Cycle Trader* sind als Add-Ins für die Chartsoftware von Omega Research verfügbar. Bresserts *Cycle Trader* integriert die in seinem Buch *The Power of Oscillator/Cycle Combinations* beschriebenen Konzepte (Bressert Marketing Group, 100 East Walton, Suite 200, Chicago, IL 60611, [312]867-8701). Zusätzliche Informationen über das MESA Computerprogramm sind bei John Ehlers erhältlich (Box 1801, Goleta, CA 93116, [805]969-6478). Vergessen Sie nicht die *Foundation for the Study of Cycles* für die fortlaufende Zyklusforschung und -analyse.

15 | Computer und Handelssysteme

☐ Einleitung

Der Computer spielt im Bereich der Technischen Analyse eine zunehmend wichtige Rolle. In diesem Kapitel werden wir sehen, wie der Computer die Aufgaben des technischen Traders ein gutes Stück leichter machen kann, indem er einen schnellen und einfachen Zugang zu einem ganzen Arsenal technischer Instrumente und Indikatoren bietet, was noch vor einigen Jahren einen enormen Arbeitsaufwand erfordert hätte. Dies setzt – natürlich – voraus, dass der Trader weiß, wie er diese Instrumente einzusetzen hat, was uns zu einem der Nachteile des Computers bringt.

Ein Trader, der in den Konzepten, die den verschiedenen Indikatoren zugrunde liegen, nicht sauber geschult ist, und der nicht damit vertraut ist, wie jeder Indikator zu interpretieren ist, mag von dem riesigen Aufgebot der momentan erhältlichen Computersoftware überwältigt sein. Schlimmer noch, der Umfang beeindruckender technischer Daten, der einem per Mausklick zur Verfügung steht, fördert manchmal den falschen Eindruck von Sicherheit und Kompetenz. Viele Trader nehmen fälschlicherweise an, dass sie einfach deswegen automatisch besser sind, weil sie Zugang zu so viel Computerpower haben. Es muss in dieser Diskussion betont werden, dass der Computer in der Hand eines technisch orientierten Traders, der seine grundlegenden Hausaufgaben bereits gemacht hat, ein sehr wertvolles Instrument darstellt. Bei der Überprüfung vieler der Routinen, die per Computer erhältlich sind, werden Sie sehen, dass eine gute Anzahl der Instrumente und Indikatoren recht einfach ist und bereits in den vergangenen Artikeln besprochen wurde. Natürlich gibt es auch kompliziertere Instrumente, die eine höherwertige Analysesoftware erfordern.

Vieles von der Arbeit eines Technischen Analysten kann ohne den Computer ausgeführt werden. Bestimmte Funktionen können mit einem einfachen Chart und einem Lineal einfacher durchgeführt werden als mit einem Computerausdruck. Einige Arten der längerfristigen Analyse erfordern keinen Computer. So nützlich er ist, der Computer ist nur ein Werkzeug. Er kann einen guten Technischen Analysten noch besser machen. Er kann allerdings nicht einen schlechten Techniker in einen guten verwandeln.

⊙ Charting Software

Mehrere der technischen Routinen, die in Chartingsoftware enthalten sind, wurden bereits in den vorangegangenen Kapiteln behandelt. Wir werden zunächst auf einige der Instrumente und Indikatoren zurückblicken. Dann werden wir einige zusätzliche Aspekte ansprechen, wie z. B. die Fähigkeit, verschiedene vom Nutzer ausgewählte Funktionen zu automatisieren. Zusätzlich zur Verfügungstellung der verschiedenen technischen Studien versetzt uns der Computer auch in die Lage, verschiedene Indikatoren auf Profitabilität zu testen, was eines der wertvollsten Merkmale der Programme darstellt. Manche Software erlaubt auch Nutzern mit wenig oder gar keinen Programmierkenntnissen, Indikatoren und Systeme zu konstruieren.

⊙ Welles Wilder's Directional Movement und Parabolic System

Wir werden nun einen genauen Blick auf einige von Welles Wilders bekannteren Systeme werfen, das *Directional Movement System* und das *Parabolic System*. Wir werden diese beiden Systeme dazu benutzen, die relativen Vorzüge mechanischer Handelssysteme zu diskutieren. Wir werden demonstrieren, dass mechanische Trendfolgesysteme nur in bestimmten Typen von Marktumgebungen gut funktionieren. Wir werden ebenfalls zeigen, wie ein mechanisches System in die Marktanalyse eines Technischen Analysten integriert und einfach als bestätigender technischer Indikator verwendet werden kann.

⊙ Zu viel des Guten

Es mag Ihnen auffallen, dass es *zu viele* Indikatoren gibt, aus denen es auszuwählen gilt. Hat der Computer – anstatt unser Leben zu vereinfachen – die Dinge verkompliziert, weil wir jetzt auf so viel mehr achten müssen? Börsensoftwareprogramme bieten 80 verschiedene Studien an, die dem Techniker zur Verfügung stehen. Wie soll jemand zu irgendeinem Schluss kommen (und die Zeit finden, Transaktionen an der Börse durchzuführen), wenn man sich mit so vielen Daten auseinander setzen muss? In dieser Richtung wurde einige Arbeit getan, die wir kurz ansprechen wollen.

☐ ANFORDERUNGEN AN DEN COMPUTER

Börsensoftware kann auf praktisch jeden Finanzmarkt angewendet werden. Die meisten Programme sind benutzerfreundlich, was bedeutet, dass man aus aufeinander folgenden Listen verfügbarer Routinen auswählen kann. Am besten ist es, mit einem Chartprogramm zu starten, das mit dem Computer, den Sie bereits besitzen oder den Sie kaufen wollen, zusammenarbeiten kann. Berücksichtigen Sie, dass die meisten Chartprogramme für IBM-kompatible Computer geschrieben wurden.

Chartprogramme stellen keine täglichen Marktdaten zur Verfügung. Der Nutzer muss diese Daten woanders her bekommen. Die Daten können automatisch von einem Datenanbieter per Telefonverbindung erhalten werden (was ein Modem erfordert). US-Chartprogramme zählen die Namen verschiedener Datenanbieter auf, aus denen man auswählen muss. Diese Datenanbieter stellen die Zugangssoftware und Anleitungen zur Verfügung, die für den Daten-Download erforderlich sind.

Beim ersten Start muss der Nutzer historische Daten in seine Datenbank laden, die mindestens mehrere Monate zurückgehen, um etwas zu haben, mit dem er arbeiten kann. Danach sollten die Daten täglich aktualisiert werden. Es ist möglich, während des Handelstages „online" Daten zu analysieren, wenn Sie von einem Datenanbieter Realtime-Daten beziehen. Wenn wir von Tagesdaten sprechen, beziehen wir uns allerdings auf Tagesschlusskurse, die nach dem Ende des Handelstages erhältlich sind. Als letzten Ausrüstungsgegenstand werden Sie vielleicht einen Drucker haben wollen, um eine Kopie von allem zu erhalten, was auf dem Bildschirm erscheint. Ein CD-ROM-Laufwerk wird stark empfohlen, weil viele Softwareanbieter mehrere Jahre von historischen Daten auf einer CD-ROM zusammen mit dem Kauf des Programmes zur Verfügung stellen. Es gibt auch einige Datenanbieter, die ebenfalls Charting-Software zur Verfügung stellen, was ihre Aufgaben weiter vereinfacht. Einer dieser Dienstleister ist Telescan (5959 Corporate Drive, Suite 2000, Houston, TX 77036, [800]324-8246, www.telescan.com).

☐ WIE MAN DIE WERKZEUGE UND INDIKATOREN ZU GRUPPEN ZUSAMMENFASST

Die folgende Liste fasst einige der Chart- und Indikatoroptionen zusammen:
* *Chartarten:* Balken, Linie, Point & Figure und Candlesticks
* *Chart-Skalierung:* arithmetisch und halblogarithmisch
* *Balkenchart:* Kurse, Umsätze und Open Interest (bei Futures)
* *Umsätze:* Balken, On-Balance-Volume, Demand-Index
* *Basiswerkzeuge:* Trendlinien und -kanäle, prozentuale Retracements, gleitende Durchschnitte und Oszillatoren
* *gleitende Durchschnitte:* Prozentbänder, Bollinger-Bänder

- *Oszillatoren:* Commodity Channel Index, Momentum, Rate of Change, MACD, Stochastik, Williams %R, RSI
- *Zyklen:* Cyclefinder
- *Fibonacci-Werkzeuge:* Fächerlinien, Bögen, Zeitziele und Retracements
- *Wilder:* RSI, Commodity Selection Index, Directional Movement, Parabolic, Swing Index, ADX-Linie

☐ ANWENDUNG DER INSTRUMENTE UND INDIKATOREN

Wie wird jemand mit so viel, aus dem es auszuwählen gilt, fertig? Ein Vorschlag besteht darin, zunächst die grundlegenden Hilfsmittel wie z. B. Kurse, Umsätze, Trendlinien, prozentuale Retracements, gleitende Durchschnitte und Oszillatoren auszuwählen. Beachten Sie die größere Anzahl erhältlicher Oszillatoren. Picken Sie sich einen oder zwei heraus, mit denen Sie am besten vertraut sind, und arbeiten Sie damit. Benutzen Sie solche Dinge wie Zyklen oder Fibonacci-Studien als sekundäre Parameter, es sei denn, Sie haben an diesen Gebieten ein besonderes Interesse. Zyklen können dabei helfen, die Stützzeiträume von gleitenden Durchschnitten und Oszillatoren abzustimmen, erfordern jedoch intensives Studium und praktische Erfahrung. Von den mechanischen Handelssystemen sind Wilders Parabolic und DMI besonders erwähnenswert.

☐ WELLES WILDERS PARABOLIC UND DIRECTIONAL MOVEMENT SYSTEM

Wir werden nun bei diesen beiden besonders hilfreichen Studien eine Zeit lang verweilen. Beide Studien wurden von J. Welles Wilder, Jr. entwickelt und in seinem Buch *New Concepts in Technical Trading Systems* diskutiert. Drei weitere von Wilders Indikatoren, die im Computermenü enthalten sind – Commodity Selction Index, Relative Strength Index und der Swing Index –, werden auch in diesem Buch beschrieben.

⊙ Parabolic System (SAR)

Wilders Parabolic System (SAR) ist ein Kurs/Zeit-Umkehrsystem, das immer im Markt ist. Die Buchstaben „SAR" stehen für „stop and reverse", was bedeutet, dass die Position umgekehrt wird, sobald der schützende Stop-Kurs verletzt wird. Es ist ein Trendfolgesystem. Seinen Namen bekam der Indikator von der Form, die durch die Trailing-Stops vorgegeben wird und die zu einem parabelförmigen Aussehen führt (siehe Abbildungen 15.1 bis 15.4.). Beachten Sie beim Kursanstieg, dass die ansteigen-

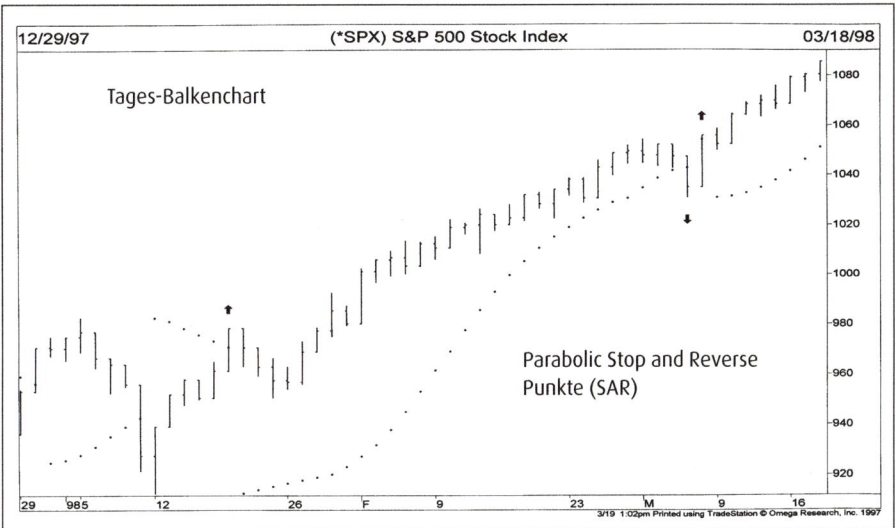

Abbildung 15.1

Der Parabolic SAR bildet auf dem Chart Punkte. Ein Kaufsignal wird gegeben, wenn der obere SAR übertroffen wird (erster Pfeil). Beachten Sie, wie die SARs während der Rallye nach oben beschleunigten und den größten Teil des Aufwärtstrends erwischten. Oben rechts kam es zu einem kleinen Fehlsignal, das schnell korrigiert wurde. Dieses System funktioniert, wenn ein Trend besteht.

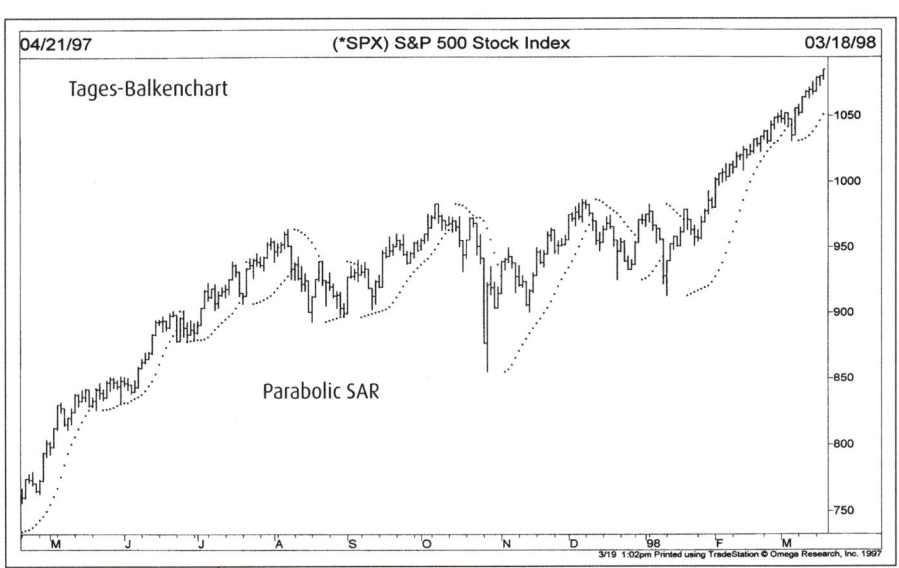

Abbildung 15.2

Eine Langfrist-Version des vorherigen Charts zeigt die positiven und negativen Aspekte des Parabolics und aller anderen Trendfolge-Systeme. Sie funktionieren innerhalb von Trendperioden (links und rechts auf dem Chart), sind jedoch in der Art von Trading Range, die von August bis Januar dauerte, nutzlos.

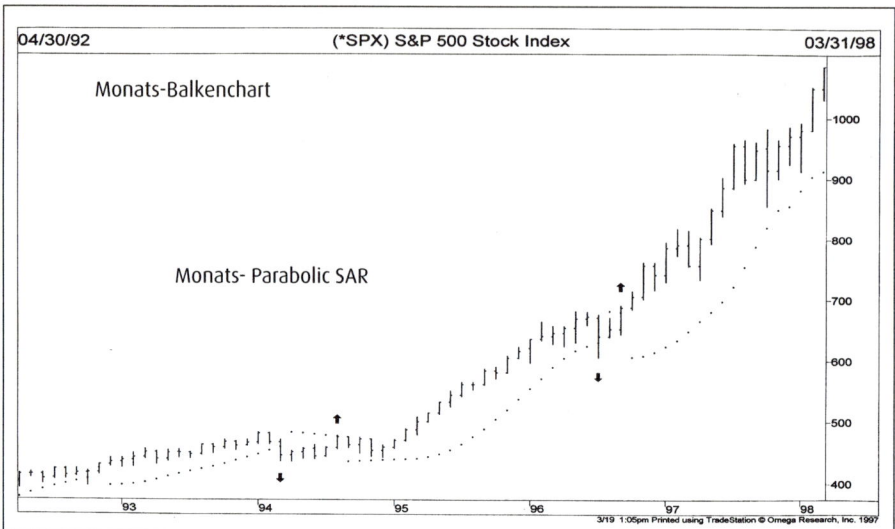

Abbildung 15.3 Der Parabolic kann auch auf einem Monatschart eingesetzt werden, um den primären Trend zu verfolgen. Auf ein Verkaufssignal Anfang 1997 folgte im späten Sommer ein Kauf. Außer einem Fehlsignal in 1996 blieb das System für fast vier Jahre positiv.

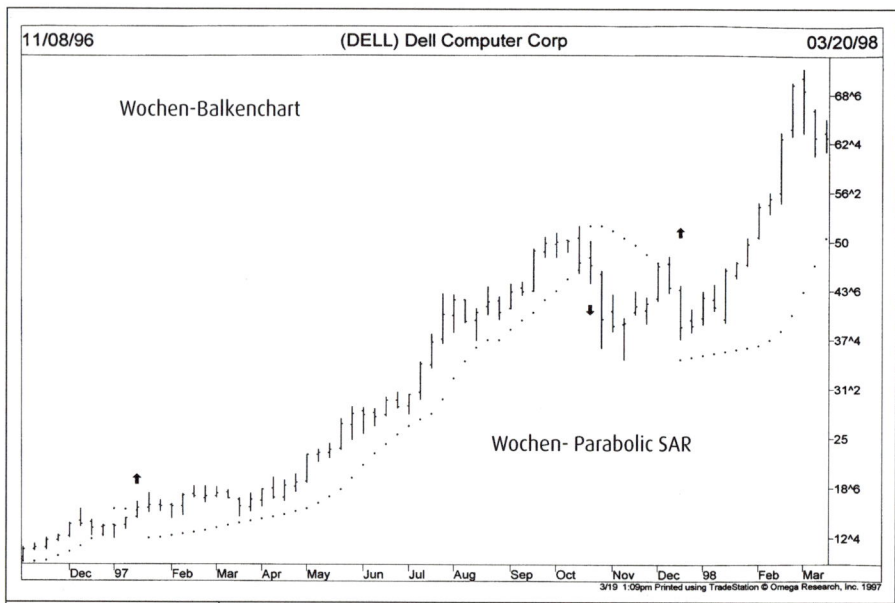

Abbildung 15.4 Parabolics, angewendet auf einen Wochenchart von Dell Computer. Nachdem das System während des größten Teils von 1997 positiv war, wurde im Oktober ein Verkaufssignal gegeben. Dieses Verkaufssignal wurde Ende 1997 zu einem Kaufsignal umgekehrt.

374

den Punkte unterhalb der Kurskurve (die Stop und Reverse-Punkte) langsam starten und dann in Trendrichtung beschleunigen. In einem Abwärtstrend geschieht dasselbe, doch in der entgegengesetzten Richtung (die Punkte sind oberhalb der Kurskurve). Die SAR-Zahlen werden am folgenden Tag berechnet und sind dann für den Nutzer verfügbar.

Wilder baute einen Beschleunigungsfaktor in sein System ein. An jedem Tag bewegt sich der Parabolic-Indikator in Richtung des neuen Trends. Am Anfang bewegen sich die Punkte relativ langsam, um dem Trend Zeit zu geben, sich zu etablieren. Wenn der Beschleunigungsfaktor vergrößert wird, beginnt sich der SAR schneller zu bewegen, und schließt im Laufe der Zeit zur Kurskurve auf. Gerät der Trend ins Stocken oder materialisiert sich gar nicht erst, ist normalerweise ein Stop and Reverse-Signal das Ergebnis. Wie die Beispielcharts zeigen, funktioniert das Parabolic-System in Trendmärkten extrem gut. Während die Trendabschnitte des Marktes sehr gut abgedeckt werden, liefert das System während Seitwärtsphasen fortlaufend Fehlsignale.

Dies demonstriert sowohl die Stärke als auch die Schwäche der meisten Trendfolgesysteme. Sie funktionieren in starken Trendperioden gut, die laut Wilders eigenen Schätzungen nur etwa 30 Prozent der Zeit abdecken. Wenn diese Schätzung in der Nähe der Realität liegt, wird ein Trendfolgesystem während 70 Prozent der Zeit nicht funktionieren, wie geht man dann mit diesem Problem um?

⊙ DMI und ADX

Eine mögliche Lösung besteht darin, eine Art von Filter oder ein Hilfsmittel zu benutzen, um zu bestimmen, ob sich der Markt in einer Trendphase befindet. Wilders ADX-Linie wertet das Directional Movement („In-Trendrichtung-Bewegung") der verschiedenen Märkte auf einer Skala von 0 bis 100. Eine steigende ADX-Linie bedeutet, dass sich der Markt in einer Trendphase befindet und er einen Kandidaten für ein Trendfolgesystem darstellt. Eine fallende ADX-Linie deutet auf eine Trading-Umgebung hin, die für einen Trendfolgeansatz nicht geeignet ist (siehe Abbildung 15.5).

Weil sich die ADX-Linie auf einer Skala von 0 bis 100 bewegt, braucht der Trendtrader einfach nur diejenigen Märkte zu traden, die die höchsten Trend-Ratings aufweisen. Tradingsysteme (z. B. Oszillatoren) könnten auf Märkten eingesetzt werden, die nur ein geringes Directional Movement aufweisen.

Das Directional Movement kann entweder als eigenes System oder als Filter für das Parabolic oder irgendein anderes Trendfolgesystem benutzt werden. Beim Directional Movement System werden zwei Linien generiert, +DI und −DI (auch Diplus und Diminus genannt). Die erste Linie misst die positive (Aufwärts-)Bewegung, und die zweite Zahl die negative (Abwärts-)Bewegung. Die Abbildung 15.6 zeigt die beiden Linien. Die fette Linie stellt +DI dar, und die magere Linie −DI. Ein Kaufsignal wird gegeben, wenn die +DI-Linie über die −DI-Linie kreuzt, und ein Verkaufsignal, wenn sie unter die −DI-Linie kreuzt.

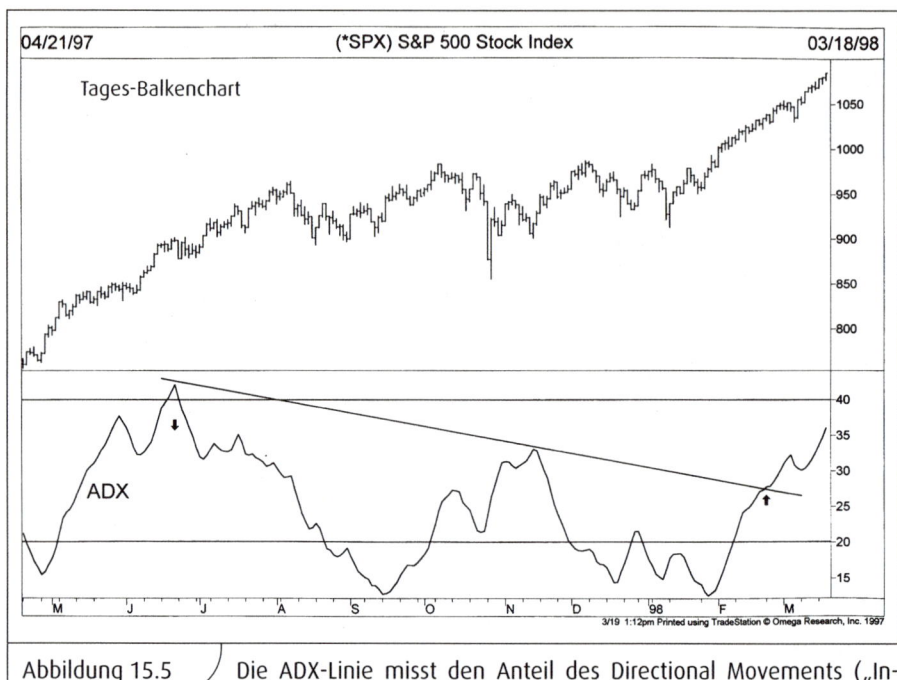

| Abbildung 15.5 | Die ADX-Linie misst den Anteil des Directional Movements („In-Trendrichtung-Bewegung"). Ein Absinken von über 40 (linker Pfeil) signalisierte den Beginn einer Trading Range. Der Dreh nach oben von unter 20 (rechter Pfeil) markierte die Wiederaufnahme der Trendphase. |

Die Abbildung 15.6 zeigt ebenfalls sowohl das Parabolic als auch das Directional Movement System. Das Parabolic-System ist ganz klar das sensitivere der beiden, was bedeutet, dass häufigere und frühere Signale gegeben werden. Wenn man allerdings das Directional Movement System als Filter verwendet, kann man mehrere der Fehlsignale des Parabolic Systems vermeiden, indem man nur solchen Signalen folgt, die in dieselbe Richtung weisen wie die Directional-Movement-Linien. Deshalb erscheint es sinnvoll, das Parabolic und Directional Movement System gemeinsam zu verwenden, wobei das Directional Movement als Filter des empfindlicheren Parabolic Systems fungieren sollte.

Ein Trendfolgesystem benutzt man am besten dann, wenn die ADX-Linie steigt. (siehe Abbildungen 15.7 und 15.8.). Seien Sie allerdings vorgewarnt, dass es ein frühzeitiges Zeichen für eine Abschwächung des Trends ist, wenn die ADX-Linie anfängt, von Werten oberhalb 40 zu sinken. Ein Anstieg zurück über das 20er-Niveau ist oft ein Zeichen für den Beginn eines neuen Trends. (Die ADX-Linie ist im Wesentlichen eine geglättete Differenz zwischen +DI und -DI.)

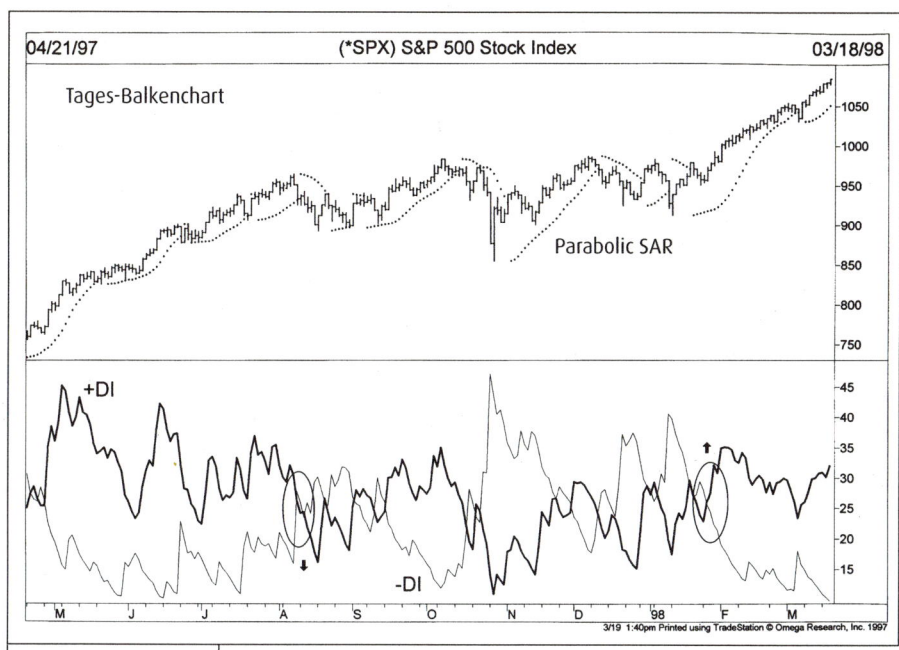

| 04/21/97 | (*SPX) S&P 500 Stock Index | 03/18/98 |

Tages-Balkenchart

Parabolic SAR

1050
1000
950
900
850
800
750

+DI

-DI

45
40
35
30
25
20
15

M J J A S O N D '98 F M

3/19 1:40pm Printed using TradeStation © Omega Research, Inc. 1997

Abbildung 15.6 Die Linien des Directional Movements am unteren Rand des Charts können als Filter für den Parabolic (oberer Chart) eingesetzt werden. Befindet sich die +DI-Linie über der –DI-Linie (ganz links und ganz rechts im Chart), können alle Verkaufssignale des Parabolic ignoriert werden. Dadurch konnten verschiedene Fehlsignale während der Rallyephase ignoriert werden.

☐ PRO UND CONTRA HANDELSSYSTEME

Vorteile mechanischer Systeme

1. Die menschliche Emotion wird eliminiert.
2. Man erreicht eine größere Disziplin.
3. Eine größere Konsistenz ist möglich.
4. Trades werden in Richtung des Trends getätigt.
5. Eine Partizipation in Richtung jedes bedeutenden Trends ist praktisch garantiert.
6. Gewinne können laufen gelassen werden.
7. Verluste werden minimiert.

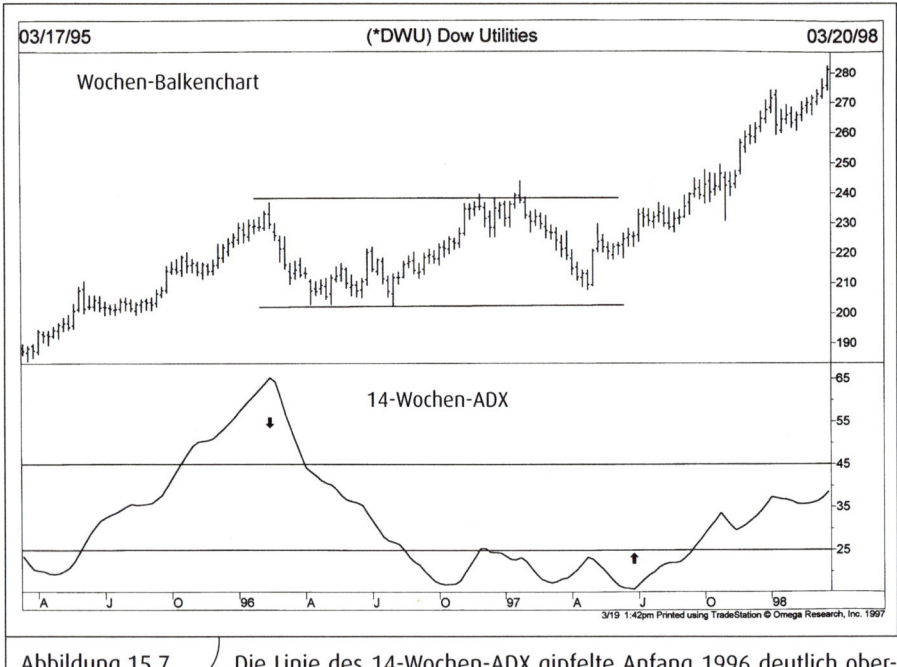

Abbildung 15.7 Die Linie des 14-Wochen-ADX gipfelte Anfang 1996 deutlich oberhalb von 40 und initiierte beim Versorger-Index eine 18 Monate andauernde Trading Range. Der Dreh des ADX im Sommer 1997 von unter 20 nach oben signalisierte, dass der Versorger-Index im Begriff war, einen neuen Trend zu beginnen.

☉ Nachteile mechanischer Systeme

1. Die meisten mechanischen Systeme sind trendfolgender Natur.
2. Trendfolgesysteme bauen auf primäre Trends, um profitabel zu sein.
3. Trendfolgesysteme sind im Allgemeinen nicht profitabel, wenn die Märkte keinen Trend aufweisen.
4. Es gibt lange Zeitperioden, in denen Märkte keinem Trend folgen, und sind deshalb für den Trendansatz nicht geeignet.

Das größte Problem besteht darin, dass das System nicht erkennt, wann der Markt keinen Trend (mehr) aufweist, beziehungsweise der Unfähigkeit, sich selbst abzustellen. Zur Eigenschaft eines guten Systems gehört nicht nur seine Fähigkeit, in Trendphasen Geld zu verdienen, sondern auch seine Fähigkeit, das Kapital in Seitwärtsperioden zu erhalten. Die Unfähigkeit des Systems, sich selbst zu überprüfen, ist seine größte Schwäche. Das ist der Grund, warum ein übergeordnetes Filterinstrument, wie beispielsweise Welles Wilders Directional Movement System oder die ADX-Linie, beson-

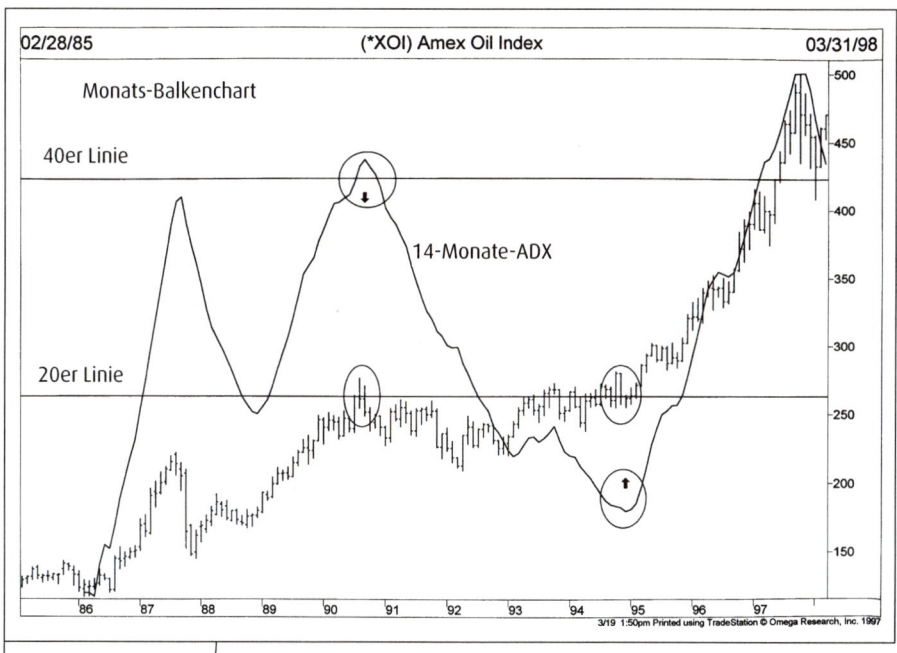

Abbildung 15.8 Eine ADX-Linie und ein Monatschart des AMEX-Öl-Indexes (XOI) übereinander gelegt. Der ADX gipfelte bei über 40 in 1990 und beendete die Rallye der Ölaktien. Der Dreh des ADX am Anfang von 1995 von unter 20 nach oben signalisierte das Ende einer vierjährigen Trading Range bei den Ölwerten und zeigte den Beginn einer neuen Aufwärtsbewegung korrekt an.

ders nützlich sind, weil sie dem Trader erlauben zu bestimmen, welche Märkte am ehesten für ein Trendfolgesystem geeignet sind.

Ein weiterer Nachteil besteht darin, dass im Allgemeinen kein Raum da ist, um Trendwechsel zu antizipieren. Trendfolgesysteme gehen so lange mit dem Trend, bis er dreht. Sie erkennen nicht, wann ein Markt eine langfristige Unterstützungs- oder Widerstandslinie erreicht hat, wann Divergenzen bei Oszillatoren zu beobachten sind oder wann eine 5er-Elliott-Welle klar erkennbar ist. An einem solchen Punkt würden sich die meisten Trader defensiver verhalten und mit Gewinnmitnahmen beginnen. Das System allerdings wird die Position so lange beibehalten, bis der Markt bereits deutlich gedreht hat. Deshalb ist es Sache des Traders, zu bestimmen, wie er das System am besten einsetzt. Das heißt, ob man dem System blind folgen sollte oder ob es zusammen mit anderen technischen Faktoren in einen Tradingplan eingebunden wird. Das bringt uns zu unserem nächsten Abschnitt, der davon handelt, wie ein mechanisches System so wie irgendein anderer technischer Parameter für Prognosen und Tradings eingesetzt wird.

⊙ Die Befolgung von Systemsignalen als Disziplinierungsmittel

Die Signale eines Systems können einfach als mechanische Bestätigung gemeinsam mit anderen technischen Faktoren eingesetzt werden. Selbst wenn das System nicht automatisch getradet wird und andere technische Faktoren berücksichtigt werden, können die Signale als Disziplinierungsmittel gesehen werden, weil sie den Trader auf der richtigen Seite des primären Trends halten. So lange der Computertrend nach oben zeigt, werden keine Short-Positionen eingegangen. Zeigt der Computer einen Abwärtstrend, wird man nicht long gehen. (Dies stellt auch für fundamental orientierte Trader einen einfachen Weg dar, um ein technisches Instrument als Filter oder Auslöser der eigenen Trading-Ideen zu verwenden.) Die Richtung des Trends kann eine Sache der persönlichen Einschätzung sein. Signale, die vom Computer gegeben werden, erleichtern den Trader zu einem bestimmten Grad von Unsicherheit. Sie können ihn davor bewahren, in die Falle des „Top-and-Bottom-Picking" zu tappen.

⊙ Einsatz von Signalen als Alarmzeichen

Signale von Handelssystemen eignen sich auch als exzellentes Screening-Instrument; eine Vielzahl von Zeitreihen wird durchgesiebt, und der Trader wird auf diejenigen Titel aufmerksam gemacht, bei denen es kürzlich zu Trendwende-Signalen gekommen ist. Der Trader braucht sich nur diejenigen Aktien anzusehen, bei denen Trendsignale gegeben wurden, und verfügt sofort über mehrere Trading-Kandidaten. Die gleiche Information könnte natürlich gefunden werden, indem man alle Charts nacheinander untersucht. Der Computer macht diese Aufgabe nur schneller, einfacher und autoritärer. Die Fähigkeit des Computers, automatische System-Signale zu generieren und den Trader darüber zu informieren, wann Signale ausgelöst wurden, ist ein enormer Aktiv-Posten, besonders seitdem das Universum der Finanzmärkte so groß geworden ist.

☐ BENÖTIGEN SIE EXPERTENHILFE?

Eines der von Omega Research angebotenen Produkte, genannt „TradeStation", bietet eine Reihe von Expertenfeatures an (Omega Research, Miami, FL33174, [305] 551-9991). Sie können den Expertenkommentar von TradeStation aufrufen, der Indikatoren für Sie auf der Basis der aktuellen Marktgegebenheiten interpretiert. Omegas Expert Analyst bestimmt, welche Indikatoren bei den aktuellen Marktbedingungen am besten funktionieren, und interpretiert sie für Sie. Weiterhin verfügt TradeStation über zwei Expert-Tools. Der Trendlines Automatic Indicator zieht Trendlinien für Sie. Der Candlestick-Patterns-Indikator erkennt die Standardformationen von Kerzencharts.

☐ TESTEN SIE SYSTEME ODER KREIEREN SIE IHR EIGENES SYSTEM

In der Software von Omega Research ist auch eine Bibliothek der populärsten Handelssysteme, die von Tradern eingesetzt werden, enthalten. Sie können diese Systeme testen und verändern oder Ihr eigenes System kreieren, wenn Sie wollen. Alle Chartwerkzeuge, Indikatoren und Handelssysteme von Omega sind in einer relativ einfachen Sprache geschrieben, genannt EasyLanguage. EasyLanguage überträgt Trading-Ideen, die Sie in normaler Sprache formuliert haben, in die für die Ausführung des Programms notwendige Maschinensprache. Man kann den Wert gar nicht überschätzen, in der Lage zu sein, Systeme zu entwickeln, zu testen und, wenn gewünscht, auch zu optimieren und dann Ihre eigenen Trading-Ideen zu automatisieren – und das, ohne ein Computerprogrammierer zu sein. Der Computer wird sogar die entsprechenden Kauf- und Verkaufsaufträge für Sie generieren, und Sie über Ihren alphanumerischen Pager informieren, dass Signale ausgelöst wurden (in Anhang C werden wir EasyLanguage von Omega Research und TradeStation dazu benutzen, Ihnen zu zeigen, wie Sie Ihr eigenes Handelssystem entwickeln können).

☐ FAZIT

Dieses Kapitel gab Ihnen einen Einblick in ein paar weitere von Welles Wilders Systemen – Parabolic und Directional Movement (DMI).

Das Parabolic-System kann nützliche Handelssignale generieren, sollte jedoch nicht für sich allein eingesetzt werden. Die beiden DI-Linien können als Filter über das Parabolic-System oder jedes andere empfindliche Trendfolge-Handelssystem gelegt werden. Die ADX-Linie, die ein Teil des Directional-Movement-Systems darstellt, stellt einen Weg dar, um zu bestimmen, mit welchem Markttyp Sie es zu tun haben – einem Trendmarkt oder einem Tradingmarkt. Eine steigende ADX-Linie deutet auf das Vorhandensein eines Trends hin und favorisiert gleitende Durchschnitte. Eine fallende ADX-Linie signalisiert eine Trading Range und favorisiert Oszillatoren. Wir benutzten außerdem einige Beispiele des Parabolic-Systems, um Ihnen die guten und schlechten Seiten der meisten Trendfolgesysteme aufzuzeigen. Sie funktionieren gut, wenn ein Trend besteht. In Seitwärtstrends sind sie nutzlos. Sie müssen in der Lage sein, zwischen beiden Situationen zu unterscheiden. Wir haben auch die Vorzüge mechanischer Handelssysteme angesprochen. Diese Systeme eliminieren die menschliche Emotion und können sich im richtigen Marktklima als sehr hilfreich erweisen. Sie können auch als technische Alarmgeber und in Verbindung mit fundamentaler Analyse eingesetzt werden (siehe Anhang C für weitere Informationen über das Trading mit Handelssystemen).

Keine Frage, der Computer hat die Analyse und das Trading der Finanzmärkte revolutioniert. Obwohl unser Interesse primär auf Technische Analyse gerichtet ist, erlauben Ihnen Softwareprogramme jedoch, die Fundamentalanalyse mit der Technischen Analyse zu verknüpfen. Als die erste Ausgabe dieses Buches 1986 publiziert wurde, kostete es ungefähr 5.000 $, wenn Sie sich mit der nötigen Computerhardware ausstatten wollten, um ernsthafte Technische Analyse zu betreiben. Das führende Softwarepaket kostete damals annähernd 2.000 $. Wie sich die Dinge gewandelt haben. Sie können nun unglaublich leistungsfähige Computer für weniger als 2.000 $ erstehen. Die meisten Softwareprogramme sind für weniger als 300 $ erhältlich. Die besseren von ihnen statten Sie mit historischen Kursdaten bis zu 20 Jahren rückwirkend auf einer CD-ROM aus, was mit geringen oder keinen zusätzlichen Kosten verbunden ist.

Ein weiterer großer Vorteil ist der Umfang von Lernhilfen, die Sie mit den Software-Paketen erhalten. Die Benutzerhandbücher allein haben den Umfang eines Buches und beinhalten technische Formeln und alle möglichen Arten nützlicher Erklärungen. Die Fähigkeit heutiger Computer, große Datenmengen durchzuscannen und diejenigen Datenreihen auszuwerfen, auf die bestimmte Merkmale zutreffen, unterstützt besonders diejenigen Trader, die die globalen Renten- und Aktienmärkte sowie Tausende von einzelnen Aktien beobachten, ganz zu schweigen von den Investmentfonds. In Kapitel 17 werden wir über einen noch höher entwickelten Einsatz der Computertechnologie sprechen: Die Entwicklung von *neuronalen Netzen*. Doch die Botschaft für Sie ist klar. Wenn Sie es ernst damit meinen, in den Finanzmärkten zu investieren oder zu traden, kaufen Sie sich einen Computer und lernen Sie, damit umzugehen. Sie werden es nicht bereuen.

16 | Geldmanagement und Handelstaktiken

☐ EINLEITUNG

Die vorangegangenen Kapitel präsentierten die wesentlichen technischen Methoden, die für die Prognose und das Trading in den Finanzmärkten benutzt werden. In diesem Kapitel werden wir den Tradingprozess abrunden, indem wir der Aufgabe der *Markt-prognose* das entscheidende Element der *Handelstaktiken* (oder Timing) sowie den oft übersehenen Aspekt des *Geldmanagements* hinzufügen. Kein Trading-Programm ist ohne diese drei Elemente vollständig.

☐ DIE DREI ELEMENTE DES ERFOLGREICHEN TRADINGS

Jedes erfolgreiche Tradingprogramm muss drei wichtige Faktoren in Betracht ziehen: Kursprognose, Timing und Geldmanagement.

1. Die *Kursprognose* weist darauf hin, in welche Richtung sich ein Markt wahrscheinlich bewegen wird. Dies ist der entscheidende erste Schritt auf dem Weg zum Kauf
   oder Verkauf. Der Prognoseprozess bestimmt, ob der Trader bullish oder bearish ist.
   Er liefert die Antwort auf die grundlegende Frage, ob man in dem Markt auf der
   Long-Seite oder Short-Seite eintritt. Ist die Prognose falsch, wird nichts funktionieren, was darauf aufbaut.

2. *Handelstaktiken* oder Timing bestimmten die spezifischen Einstiegs- und Ausstiegspunkte. Timing ist insbesondere beim Futures-Trading entscheidend. Auf Grund der niedrigen Margin-Anforderungen und des resultierenden hohen Leverage-Effekts besteht hier kein großer Spielraum für Irrtümer. Es ist durchaus möglich, auf der richtigen Seite des Marktes zu sein und trotzdem bei einer Transaktion Geld zu verlieren, wenn das Timing falsch ist. Timing ist seiner Natur nach beinahe zu hundert Prozent technisch. Deshalb müssen an diesem Punkt technische Instrumente zur Bestimmung spezifischer Einstiegs- und Ausstiegspunkte eingesetzt werden, selbst dann, wenn der Trader fundamental orientiert ist.

3. *Geldmanagement* bezieht sich auf die Allokation von Kapital. Es beinhaltet Gebiete wie Portfoliobildung, Diversifikation, wieviel Geld man in irgendeinen Markt investiert bzw. riskiert, der Einsatz von Stops, Chance/Risiko-Verhältnisse, was man nach Perioden von Erfolg oder Misserfolg tut und ob man konservativ oder aggressiv tradet.

Der einfachste Weg, diese drei verschiedenen Elemente zusammenzufassen, ist folgende Aussage: Die Kursprognose sagt dem Trader, *was* er tun soll (kaufen oder verkaufen), Timing hilft bei der Entscheidung, *wann* es zu tun ist, und Geldmanagement bestimmt, *wie viel* man in den Trade investiert. Das Thema der Kursprognose wurde in den vorangegangenen Kapiteln abgehandelt. Wir werden uns hier mit den anderen beiden Aspekten beschäftigen. Zunächst werden wir das Geldmanagement diskutieren, weil dieser Gegenstand bei der Festlegung der geeigneten Handelstaktiken berücksichtigt werden muss.

☐ GELDMANAGEMENT

Nachdem ich viele Jahre in der Research-Abteilung eines großen Brokerhauses zugebracht hatte, vollzog ich den unvermeidlichen Wechsel zur Vermögensverwaltung. Ich entdeckte schnell den wesentlichen Unterschied zwischen der Empfehlung von Handelsstrategien an andere und deren Befolgung durch mich selbst. Was mich überraschte, war, dass der schwierigste Teil dieses Übergangs nur wenig mit Marktstrategien zu tun hatte. Die Art und Weise, wie ich die Märkte analysierte und die Einstiegs- und Ausstiegspunkte bestimmte, änderte sich kaum. Was sich änderte, war meine Wahrnehmung der Bedeutung des Geldmanagements. Ich war verblüfft, welchen großen Einfluss solche Dinge wie die Kontogröße, die Portfoliomischung und der Geldbetrag, der auf einen einzelnen Trade entfällt, auf das Endresultat hatten.

Es ist überflüssig zu sagen, dass ich an die Bedeutung des Geldmanagements glaube. Die Industrie wimmelt von Beratern und Beratungsdiensten, die dem Kunden sagen, *was* zu kaufen oder zu verkaufen ist und *wann* dies zu tun ist. Sehr wenig wird darüber gesagt, *wie viel* des zur Verfügung stehenden Kapitals auf einen einzelnen Trade entfallen soll.

Manche Trader glauben, dass Geldmanagement den wichtigsten Bestandteil eines Trading-Programms darstellt, wichtiger noch als der Handelsansatz an sich. Ich bin nicht sicher, ob ich so weit gehen soll, doch ich glaube nicht, dass man lange überleben kann, ohne dies zu tun. Geldmanagement dreht sich um die Frage des Überlebens. Es sagt dem Trader, wie er mit seinem Geld umgeht. Jeder gute Trader sollte auf lange Sicht gewinnen. Geldmanagement vergrößert die Chancen, dass der Trader überlebt, um diese lange Sicht zu erreichen.

☉ Einige allgemeine Richtlinien des Geldmanagements

Zugegeben, Portfoliomanagement kann sehr kompliziert werden, weil es den Einsatz fortgeschrittener statistischer Methoden erfordert. Wir werden uns der Sache hier auf einem relativ einfachen Niveau nähern. Nachfolgend sind einige allgemeine Richtlinien aufgeführt, die Ihnen bei der Allokation Ihrer Mittel und bei der Bestimmung der Positionsgröße helfen.

Diese Richtlinien beziehen sich in erster Linie auf das Trading an den Terminmärkten.

1. *Die insgesamt investierten Mittel sollten auf 50 Prozent des zu Spekulationszwecken zur Verfügung stehenden Kapitals beschränkt sein.* Der verbleibende Saldo wird in Geldmarktpapieren angelegt. Das bedeutet, dass zu jeder Zeit nicht mehr als die Hälfte des Gesamtkapitals an den Märkten eingesetzt wird. Die andere Hälfte fungiert als Reserve für Perioden des Misserfolgs und Verlustes. Wenn beispielsweise die Kontogröße 100.000 $ beträgt, stehen nur 50.000 $ für Tradingzwecke zur Verfügung.

2. *Die Summe des Kapitaleinsatzes in irgendeinem Markt sollte auf 10 bis 15 Prozent des Gesamtportfolios beschränkt sein.* Deshalb sollten von einem 100.000 $-Depot nur 10.000 bis 15.000 $ für Marginanforderungen in einem einzelnen Markt verfügbar sein. Das soll den Trader davor bewahren, zu viel Kapital in einen einzelnen Trade zu investieren.

3. *Die Gesamtsumme, die in einem einzelnen Markt riskiert wird, sollte auf 5 Prozent des Depotvolumens begrenzt sein.* Diese 5 Prozent beziehen sich darauf, wie viel ein Trader gewillt ist zu verlieren, wenn der Trade nicht aufgeht. Dies ist ein wichtiger Punkt bei der Entscheidung, wie viele Kontrakte gehandelt werden sollen und wie weit ein schützender Stopkurs vom aktuellen Kursniveau entfernt platziert werden sollte. Von einem 100.000 $-Depot sollten deshalb nicht mehr als 5.000 $ für einen einzelnen Trade riskiert werden.

4. *Die gesamte Margin in einem einzelnen Markt sollte auf 20 – 25 Prozent des Depotvolumens begrenzt sein.* Der Sinn dieses Kriteriums besteht darin, vor einem zu starken Investitionsgrad in irgendeiner Marktgruppe zu schützen. Märkte innerhalb von Gruppen

tendieren dazu, gemeinsam zu marschieren. Gold und Silber sind Teil der Gruppe der Edelmetalle und bewegen sich üblicherweise in Trends, die dieselbe Richtung aufweisen. Wenn man in jedem Markt derselben Gruppe voll positioniert ist, wirkt man dem Prinzip der Diversifikation entgegen. Investitionen in derselben Gruppe sollten kontrolliert werden.

Diese Richtlinien gehören zum Standard der Terminmarkt-Industrie, können jedoch für die Bedürfnisse des Traders modifiziert werden. Einige Trader sind aggressiver als andere und gehen größere Positionen ein. Andere sind eher konservativ. Es ist wichtig, festzuhalten, dass man auf irgendeine Weise diversifizieren sollte, um das Kapital zu erhalten und ein gewisses Maß an Schutz während Verlustperioden zu haben. (Obwohl sich diese Richtlinien auf Futures-Trading beziehen, können die allgemeinen Prinzipien des Geldmanagements und der Asset Allocation auf alle Formen des Investierens angewendet werden.)

⊙ Diversifikation versus Konzentration

Obwohl Diversifikation einen Weg darstellt, um das eingegangene Risiko zu limitieren, kann man es auch übertreiben. Wenn ein Trader Positionen in zu vielen Märkten zur selben Zeit hat, können wenige gewinnbringende Trades durch eine große Zahl von Verlusttrades verwässert werden. Hier muss man eine angemessene Balance finden. Einige erfolgreiche Trader konzentrieren ihre Positionen in einer Hand voll von Märkten. Das geht so lange gut, so lange diese Märkte diejenigen sind, die sich zu dieser Zeit in Trendphasen befinden. Je negativer die Korrelation zwischen den Märkten ist, umso größer ist der erreichte Grad an Diversifikation. Das Halten von Long-Positionen in vier europäischen Währungen zur selben Zeit ist kein gutes Beispiel von Diversifikation, weil europäische Währungen üblicherweise in derselben Richtung gegen den US-Dollar tendieren.

⊙ Einsatz schützender Stops

Ich empfehle stark den Einsatz schützender Stops. Das Platzieren von Stops ist allerdings eine Kunst. Der Trader muss technische Faktoren des Ksurscharts mit Geldmanagement-Regeln kombinieren. Wir werden dies später in diesem Kapitel in dem Abschnitt über Taktiken behandeln. Der Trader muss die Volatilität des Marktes berücksichtigen. Je volatiler der Markt ist, umso enger muss der Stop gelegt werden. Hier besteht wiederum ein Interessenkonflikt. Der Trader möchte die schützenden Stops so eng wie möglich platzieren, so dass die Verluste bei ausgestoppten Trades so klein wie möglich sind. Zu eng platzierte schützende Stops können allerdings bei kurzfristigen Kursbewegungen (oder "Rauschen") zu ungewollten Liquidationen führen. Zu weit entfernt platzierte schützende Stops können den Faktor des Rauschens vermeiden, führen allerdings zu größeren Verlusten. Der Trick besteht darin, den rechten Mittelweg zu finden.

☐ Gewinn-/Verlust-Verhältnis

Die besten Futures-Trader machen Geld mit nur 40 Prozent ihrer Trades. Das stimmt tatsächlich. Die meisten Trades erweisen sich als Verlierer. Wie machen Trader dann Geld, wenn sie in der meisten Zeit falsch liegen? Da Terminkontrakte eine so geringe Margin erfordern, führt schon eine leichte Bewegung in die falsche Richtung zu einer erzwungenen Liquidation. Deshalb kann es für einen Trader nötig sein, einen Markt mehrere Male zu testen, bevor er die größere Bewegung erwischt, auf die er aus ist.

Dies führt uns zu der Frage des Gewinn-/Verlust-Verhältnisses. Weil die meisten Trades Verlierer sind, muss man sichergehen, dass der Gewinn pro Gewinn-Trade größer ist als der Verlust pro Verlust-Trade. Um dies zu erreichen, verwenden die meisten Trader Gewinn-/Verlust-Verhältnisse. Für jeden potenziellen Trade wird ein Gewinnziel bestimmt. Dieses Gewinnziel (der Gewinn) wird dann mit dem potenziellen Verlust, wenn der Trade schlecht ausgeht (der Verlust), saldiert. Eine allgemein benutzte Messlatte ist ein 3 : 1 Gewinn/Verlust-Verhältnis. Das Gewinnpotenzial muss mindestens dreimal so groß sein wie der mögliche Verlust, wenn ein Trade eingegangen werden soll.

„Gewinne laufen lassen und Verluste begrenzen" ist eine der ältesten Maximen des Tradings. Große Gewinne beim Trading werden dadurch erzielt, indem man längere Trends ausfährt. Weil nur eine kleine Handvoll von Trades im Jahresverlauf größere Gewinne abwirft, ist es erforderlich, diese wenigen großen Gewinne zu maximieren. Dies tut man, indem man die Gewinne laufen lässt. Die andere Seite der Münze ist es, Verlust-Trades so klein wie möglich zu halten. Sie werden überrascht sein, wie viele Trader genau das Gegenteil tun.

☐ Das Trading mehrfacher Positionen: Trend-Einheiten versus Trading-Einheiten

Die Gewinne laufen zu lassen, ist nicht so einfach, wie es klingt. Stellen Sie sich eine Situation vor, in der ein Markt anfängt, einen Trend zu zeigen, und in relativ kurzer Zeit große Gewinne produziert. Plötzlich setzt die Trendbewegung aus, die Oszillatoren zeigen eine überkaufte Situation an, und auf dem Chart sind Widerstände zu erkennen. Was ist zu tun? Sie glauben, dass der Markt ein sehr viel höheres Potenzial besitzt, doch Sie haben Angst davor, Ihre Buchgewinne wieder zu verlieren, sollte der Markt nicht steigen. Nehmen Sie jetzt Gewinne mit, oder sitzen Sie eine mögliche Korrektur aus?

Eine Möglichkeit, dieses Problem zu lösen, besteht darin, grundsätzlich in mehreren Einheiten zu traden. Diese Einheiten können in *Trading-* und *Trend*-Positionen unterteilt werden. Der Trend-Teil der Position wird langfristig gehalten. Die schützenden Stops sind relativ weit entfernt, und dem Markt wird eine Menge Raum gegeben, um sich selbst zu konsolidieren oder zu korrigieren. Das sind die Positionen, die langfristig die größten Gewinne produzieren.

Der Trading-Teil des Portfolios ist für kürzerfristiges Rein- und Raus-Trading gekennzeichnet. Erreicht der Markt ein erstes Kursziel, befindet sich nahe eines Widerstands und ist überkauft, werden einige Gewinne mitgenommen, oder es wird ein enger schützender Stop-Kurs gesetzt. Der Zweck liegt darin, Gewinne einzufahren oder zu schützen. Wird der Trend danach wieder aufgenommen, können zuvor liquidierte Positionen wieder eingegangen werden. Am besten vermeidet man, nur eine Einheit zu einer Zeit zu traden. Die höhere Flexibilität, die mit dem Trading mehrfacher Einheiten erreicht wird, macht den großen Unterschied im Gesamtergebnis des Trading aus.

☐ WAS MAN NACH PERIODEN DES ERFOLGS UND MISSERFOLGS MACHT

Was macht ein Trader nach einer Verlustserie oder einer Gewinnsträhne? Nehmen Sie an, Ihr Depotvolumen hat sich um 50 Prozent reduziert. Ändern Sie den Stil Ihres Tradings? Wenn Sie bereits die Hälfte des Geldes verloren haben, müssen Sie jetzt das, was Sie noch haben, verdoppeln, um nur dahin zurückzukommen, wo Sie am Anfang waren. Werden Sie jetzt selektiver bei der Auswahl von Positionen, oder machen Sie dieselben Sachen weiter wie zuvor? Wenn Sie konservativer werden, wird es viel schwerer werden, Ihre Verluste zurückzugewinnen.

Ein angenehmeres Dilemma ergibt sich nach einer Gewinnsträhne. Was machen Sie mit Ihren Gewinnen? Nehmen Sie an, Sie haben Ihr Geld verdoppelt. Eine Alternative ist es, den Nutzen Ihres Kapitals zu maximieren, indem Sie die Größe Ihrer Positionen verdoppeln. Wenn Sie dies allerdings tun, was wird während der unvermeidlichen Verlustperiode passieren, die ganz sicher folgen wird? Anstatt 50 Prozent Ihrer Gewinne zurückzugeben, werden Sie alles Erworbene wieder verlieren. Sie sehen, die Antworten auf diese beiden Fragen sind nicht so einfach oder offensichtlich, wie sie zunächst erscheinen mögen.

Der Track Record jedes Traders ist eine Serie von Gipfeln und Tälern, ganz ähnlich wie ein Kurschart. Der Trend dieser Vermögenszuwachskurve (equity line) sollte nach oben zeigen, wenn der Trader per saldo Gewinne erzielt. Der schlechteste Zeitpunkt, die Positionsgröße zu erhöhen, ist nach einer Gewinnserie. Das ist ungefähr so, als wenn man in eine überkaufte Marktsituation in einem Aufwärtstrend kauft. Schlauer (wenn auch gegen die grundlegende menschliche Natur) ist es, die Positionsgröße nach einem Verlust zu erhöhen. Das vergrößert die Chance, dass die größeren Positionen in der Nähe von Tiefpunkten der Vermögenszuwachskurve eingegangen werden statt an den Hochpunkten.

☐ HANDELSTAKTIKEN

Nach Abschluss der Marktanalyse sollte der Trader wissen, ob er den Markt kaufen oder verkaufen sollte. Zu diesem Zeitpunkt sollten Geldmanagement-Überlegungen den Investitionsgrad diktiert haben. Der letzte Schritt ist der eigentliche Kauf oder Verkauf. Dies kann der schwierigste Teil des ganzen Prozesses sein. Die letztendliche Entscheidung, wie und an welcher Stelle eine Marktposition eingegangen werden soll, gründet auf einer Kombination von technischen Faktoren, Geldmanagement-Parametern und dem Typ des zu platzierenden Börsenauftrags. Lassen Sie uns die Dinge der Reihe nach erörtern.

☉ Der Einsatz der Technischen Analyse beim Timing

Es ist nichts wirklich Neues dabei, die in den vergangenen Kapiteln diskutierten technischen Prinzipien beim Timing-Prozess anzuwenden. Der einzige echte Unterschied ist der, dass Timing den sehr kurzfristigen Zeitraum abdeckt. Das uns hier betreffende Zeitfenster wird in Tagen, Stunden und Minuten gemessen, im Gegensatz zu Wochen und Monaten. Doch die eingesetzten technischen Instrumente bleiben die gleichen. Statt noch einmal durch die ganzen technischen Methoden durchzugehen, werden wir unsere Diskussion auf einige generelle Konzepte beschränken.

1. Taktiken bei Ausbrüchen
2. Der Bruch von Trendlinien
3. Die Nutzung von Unterstützung und Widerstand
4. Der Einsatz von prozentualen Retracements
5. Die Verwendung von Lücken

☉ Taktiken bei Ausbrüchen: Antizipation oder Reaktion?

Der Trader wird immer wieder mit dem Dilemma konfrontiert, ob er beim Eingehen einer Position einen Ausbruch antizipieren soll, in den Ausbruch hinein kaufen soll, oder nach erfolgtem Ausbruch auf eine Reaktion an die Ausbruchslinie warten soll. Es gibt Argumente für jeden einzelnen Ansatz oder auch eine Kombination aus allen dreien. Wenn der Trader eine Position in mehrere Einheiten aufsplittet, kann in jeder

Instanz eine Einheit (Teil-Position) eingegangen werden. Wenn eine Position in Vorwegnahme eines Ausbruchs nach oben eingegangen wird, ist das Resultat ein besserer (niedrigerer) Einstandspreis, wenn der antizipierte Ausbruch gelingt. Die Wahrscheinlichkeit, daneben zu liegen, wird allerdings erhöht. Das Warten auf den eigentlichen Ausbruch erhöht die Erfolgschancen, doch die Strafe ist ein späterer (höherer) Einstandskurs. Das Warten auf eine Korrekturbewegung nach dem Ausbruch ist ein vernünftiger Kompromiss, vorausgesetzt, es kommt zu einem solchen Pullback. Unglücklicherweise geben viele dynamische Märkte (üblicherweise die gewinnträchtigsten) dem geduldigen Trader nicht immer eine zweite Chance. Das Risiko, das mit dem Warten auf einen Rückschlag verbunden ist, ist die größere Wahrscheinlichkeit, den Markteinstieg zu verpassen.

Diese Situation ist ein Beispiel dafür, wie das Trading mehrfacher Positionen das Dilemma vereinfacht. Der Trader könnte eine kleine Position in Antizipation des Ausbruchs eingehen, weitere Aktien im Ausbruch kaufen und in der Korrekturdelle nach dem Ausbruch noch etwas weiter aufstocken.

⊙ Der Bruch von Trendlinien

Dies ist eines der nützlichsten frühzeitigen Einstiegs- oder Ausstiegssignale. Egal ob der Trader bei einem technischen Zeichen eines Trendwechsels eine neue Position eingehen will oder einen Grund dafür sucht, eine bestehende Position zu schließen, der Bruch einer nahen Trendlinie ist oft ein exzellentes Signal, in Aktion zu treten. Natürlich müssen auch andere technische Faktoren immer berücksichtigt werden. Trendlinien können auch als Einstiegspunkte genutzt werden, wenn sie als Unterstützung oder Widerstand fungieren. In der Nähe einer primären Aufwärtstrendlinie zu kaufen oder an einer Abwärtstrendlinie zu verkaufen, kann sich als effektive Timing-Strategie erweisen.

⊙ Benutzung von Unterstützung und Widerstand

Unterstützung und Widerstand gehören zu den effektivsten Chartinstrumenten, die man für Einstiegs- und Ausstiegspunkte benutzen kann. Der Bruch eines Widerstands kann ein Signal für eine neue Long-Position sein. Schützende Stop-Kurse können dann unter dem am nächsten gelegenen Unterstützungspunkt platziert werden. Ein noch näher liegender schützender Stop kann auch direkt unterhalb des eigentlichen Ausbruchspunktes gesetzt werden, der jetzt als Unterstützung fungieren sollte. Kursrallyes zu einem Widerstand in einem Abwärtstrend oder Kurskorrekturen in einem Aufwärtstrend zu einer Unterstützung können dazu benutzt werden, neue Positionen zu initiieren oder alte, profitable Positionen aufzustocken. Zur Platzierung schützender Stop-Limite eignen sich am besten Unterstützungs- und Widerstandslinien.

390

⊙ Der Einsatz prozentualer Retracements

In einem Aufwärtstrend können Kursrückschläge, die 40 bis 60 Prozent der vorangegangenen Avance korrigieren, für neue oder zusätzliche Long-Positionen genutzt werden. Weil wir in erster Linie von Timing reden, können prozentuale Retracements vor allem auf sehr kurzfristige Aktionen angewendet werden. Ein 40-prozentiger Rückschlag nach einem bullishen Ausbruch beispielsweise könnte sich als exzellenter Kaufpunkt erweisen. Kurserholungen von 40 bis 60 Prozent in einem Abwärtstrend sind üblicherweise hervorragende Gelegenheiten, short zu gehen. Prozentuale Retracements können auf Intraday-Charts ebenso benutzt werden.

⊙ Die Verwendung von Lücken

Kurslücken auf Balkencharts können sehr effektiv beim Timing von Käufen oder Verkäufen genutzt werden. Nach einer Aufwärtsbewegung beispielsweise fungieren jüngst aufgetretene Kurslücken gewöhnlich als Unterstützungslinien. Kaufen Sie in einem Kursrückschlag am oberen Ende der Lücke, oder wenn der Taucher in die Lücke selbst hineinreicht. Ein schützender Stop kann unterhalb der Lücke platziert werden. In einer Abwärtsbewegung verkaufen Sie, wenn es zu einer Rallye an das untere Ende der Lücke oder in die Lücke selbst hineinkommt. Ein schützender Stop-Kurs kann oberhalb der Lücke gesetzt werden.

⊙ Kombination technischer Konzepte

Der effektivste Weg, diese technischen Konzepte zu benutzen, besteht in ihrer Kombination. Denken Sie, wenn wir über das Timing sprechen, daran, dass die grundlegende Entscheidung zum Kauf oder Verkauf bereits getroffen wurde. Alles, was wir hier tun, ist das Fein-Tuning des Einstiegs- oder Ausstiegspunktes. Wurde ein Kaufsignal gegeben, will der Trader zum bestmöglichen Kurs kaufen. Angenommen, die Kurse erreichen die 40- 60 %-Kaufzone, wo eine deutliche Unterstützungslinie zu finden ist, und/oder sie berühren eine potenzielle Unterstützungslücke. Nehmen Sie weiterhin an, dass die Kurse in der Nähe einer signifikanten Aufwärtstrendlinie sind.

Alle diese Faktoren zusammen verbessern das Timing des Trades. Die Idee ist, nahe der Unterstützung zu kaufen, doch schnell wieder aus dem Markt herauszugehen, falls die Unterstützung gebrochen wird. Die Verletzung einer engen Abwärtstrendlinie, die über die Hochpunkte von Reaktionen im Abwärtstrend gezogen wird, könnte ebenfalls als Kaufsignal benutzt werden. Während einer Kurserholung in einem Abwärtstrend bietet der Bruch einer steilen Aufwärtstrendlinie eine Gelegenheit zum Eingehen einer Short-Position.

☐ KOMBINATION VON TECHNISCHEN FAKTOREN UND GELDMANAGEMENT

Außer dem Einsatz von Chartpunkten sollten auch die Richtlinien des Geldmanagements eine Rolle dabei spielen, wie schützende Stops gesetzt werden. Nehmen wir eine Depotgröße von 100.000 $ an und benutzen das 10 %-Kriterium als maximale Positionsgröße, so sind nur 10.000 $ für einen Trade verfügbar. Das maximal tolerierte Risiko soll 5 % oder 5.000 $ betragen. Deshalb sollten schützende Stops auf die Gesamtposition in einer Art und Weise platziert werden, dass nicht mehr als 5.000 $ verloren werden, wenn der Trade danebengeht.

Ein enger platzierter schützender Stopkurs würde das Eingehen größerer Positionen erlauben. Ein weiter entfernt liegender Stopkurs würde die Größe der Position reduzieren. Einige Trader benutzen ausschließlich Geldmanagement-Faktoren bei der Bestimmung, wo ein schützender Stop zu platzieren ist. Dabei ist allerdings zu beachten, dass der Stopkurs über einem *gültigen* Widerstandspunkt für eine Short-Position oder unter einem *gültigen* Unterstützungspunkt für eine Long-Position platziert wird. Um nahe liegende Unterstützungs- oder Widerstandslinien zu finden, die einige Relevanz besitzen, kann sich besonders der Einsatz von Intraday-Charts als effektiv erweisen.

☐ TYPEN VON WERTPAPIERAUFTRÄGEN

Die Wahl des richtigen Typs einer Trading-Order ist ein notwendiger Bestandteil im taktischen Prozess. Wir werden uns nur mit einigen der üblicheren Ordertypen befassen: Bestens-/Billigst-Auftrag, limitierter Auftrag, Stop-Auftrag, Stop-Limit-Auftrag und M.I.T.-Auftrag (Market-If-Touched).

1. Die *Market-Order* (bestens/billigst-Auftrag) gibt Ihrem Broker einfach den Auftrag, zum nächstmöglichen Kurs zu kaufen oder zu verkaufen. Dies ist besonders dann vorzuziehen, wenn sich die Märkte schnell bewegen oder wenn der Trader sicher, gehen will, dass er eine Position eingeht, um sich gegen das Verpassen einer möglicherweise dynamischen Marktbewegung zu schützen.
2. Der *Limit-Auftrag* spezifiziert einen Kurs, den der Trader als Kauf- bzw. Verkaufskurs akzeptiert. Ein *Kauflimit* wird unterhalb des aktuellen Kursniveaus platziert und bestimmt den höchsten Kurs, zu dem der Trader gewillt ist zu verkaufen. Ein *Verkaufslimit* wird oberhalb des aktuellen Marktpreises platziert und stellt den niedrigsten Kurs dar, den der Trader akzeptiert. Dieser Typ des bedingten Auftrags wird beispielsweise nach einem bullishen Ausbruch eingesetzt, wenn der Käufer eine kurzfristige Abwärtsbewegung abwarten will, um näher an der Unterstützung zu kaufen.

3. Ein *Stop-Auftrag* kann dazu benutzt werden, eine neue Position zu etablieren, den Verlust einer bestehenden Position zu begrenzen oder einen Gewinn zu schützen. Ein Stop-Auftrag bestimmt einen Kurs, an dem ein Auftrag ausgeführt werden soll. Ein *Kauf-Stop* wird oberhalb, und ein *Verkaufs-Stop* unterhalb des aktuellen Kurses platziert (im Gegenteil zur Limit-Order). Sobald der Stop-Kurs erreicht ist, wird der Auftrag zu einer *Market-Order* und zum nächstmöglichen Kurs ausgeführt. Bei einer Long-Position wird ein Verkaufs-Stop unterhalb des Marktes platziert, um einen Verlust zu begrenzen. Wenn sich die Kurse weiter nach oben bewegen, kann das Stop-Limit angehoben werden, um den Gewinn zu schützen (Trailing-Stop). Ein Kauf-Stop könnte oberhalb eines Widerstands platziert werden, um eine Long-Position bei einem bullishen Ausbruch zu initiieren. Weil der Stop-Auftrag zu einem Bestens/billigst-Auftrag wird, kann der eigentliche Ausführungskurs jenseits des Stop-Kurses liegen, besonders in einem schnellen Markt.

4. Ein *Stop-Limit-Auftrag* kombiniert sowohl eine Stop- als auch eine Limit-Order. Dieser Auftragstyp spezifiziert sowohl einen Stop-Kurs, an dem der Trade aktiviert wird, als auch einen Limit-Kurs. Sobald der Stop-Kurs erreicht wird, wird die Order zu einer Limit-Order. Dieser Auftragstyp ist nützlich, wenn der Trader bei einem Ausbruch kaufen oder verkaufen will, jedoch die Kontrolle über den Ausführungskurs behalten will.

5. Die *Market-If-Touched-Order* (M.I.T.) ist ähnlich einer Limit-Order mit der Ausnahme, dass sie zu einem bestens/billigst-Auftrag wird, wenn der Limit-Kurs berührt wird. Ein M.I.T.-Auftrag zum Kauf wird wie eine Limit-Order unterhalb des aktuellen Kurses platziert. Sobald der Limit-Kurs erreicht ist, wird die Transaktion zum Marktkurs getätigt. Dieser Transaktionstyp hat gegenüber der Limit-Order einen großen Vorteil. Das unterhalb des Marktes platzierte Kauflimit eines limitierten Auftrags garantiert keine Ausführung, selbst wenn der Limit-Kurs berührt wird. Die Kurse könnten nämlich scharf vom Limit-Kurs zurückspringen und den Auftrag unausgeführt lassen. Eine M.I.T.-Order ist am ehesten angebracht, wenn der Trader in eine Kurskorrektur kaufen will, jedoch nicht riskieren will, den Markteinstieg zu verpassen, nachdem der Limit-Kurs berührt wurde.

Jeder dieser Auftragstypen ist zu bestimmten Zeiten angebracht. Jeder Typ hat seine eigenen Stärken und Schwächen. Bestens/billigst-Aufträge garantieren eine Position, können jedoch zu einem „Nachjagen" des Marktes führen. Limit-Aufträge ermöglichen eine größere Kontrolle und bessere Kurse, riskieren jedoch, den Markt zu verpassen. Stop-Limit-Aufträge riskieren ebenso, den Markteinstieg zu verpassen, wenn die Kurse mit einer Lücke jenseits des Limit-Kurses springen. Stop-Kurse sind sehr empfehlenswert, um Verluste zu begrenzen und Gewinne zu schützen. Der Einsatz eines Kauf- oder Verkaufs-Stops zum Eingehen neuer Positionen kann allerdings zu schlechten Ausführungen führen. Der Market-If-Touched-Auftrag ist besonders nützlich, jedoch nicht an allen Börsenplätzen erlaubt (wie z. B. in Deutschland, A. d. Ü.).

Machen Sie sich mit den verschiedenen Auftragstypen vertraut, und lernen Sie ihre Stärken und Schwächen kennen. Jede von ihnen hat in Ihrem Trading-Plan ihren Platz. Finden Sie heraus, welche Auftragstypen an den verschiedenen Finanzplätzen erlaubt sind.

☐ Von Tages-Charts zu Intraday-Charts

Weil sich das Timing mit sehr kurzfristigen Marktbewegungen beschäftigt, sind Intraday-Kurscharts besonders nützlich. Intraday-Charts sind beim Day-Trading unverzichtbar, obwohl dies nicht im Brennpunkt unseres Interesses steht. Wir sind hauptsächlich daran interessiert, wie Intraday-Kursbewegungen dazu benutzt werden können, um dem Trader beim Timing von Käufen und Verkäufen zu helfen, sobald die Basisentscheidung zum Markteinstieg oder –ausstieg getroffen wurde.

Es muss erneut betont werden, dass der Trading-Prozess mit einem langfristigen Bild anfängt und sich dann allmählich zum kurzfristigen Bereich vorarbeiten muss. Die Analyse beginnt mit Monats- und Wochen-Charts für die langfristige Perspektive. Dann wird der Tageschart befragt, der die Basis für die eigentliche Trading-Entscheidung darstellt. Zuletzt wird der Intraday-Chart in Augenschein genommen, um eine noch größere Präzision zu ermöglichen. Der Langfristchart gibt eine teleskopartige Sicht auf den Markt. Der Intraday-Chart erlaubt eher mikroskopische Untersuchungen. Die bereits diskutierten technischen Prinzipien sind auf diesen sehr empfindlichen Charts klar erkenntlich (siehe Abbildungen 16.1 bis 16.3).

☐ Der Einsatz von Intraday-Pivot-Punkten

Um einen früheren Einstieg mit noch engeren schützenden Stops zu erzielen, versuchen manche Trader, mit Hilfe von Pivot-Punkten zu antizipieren, wo ein Markt schließen wird. Diese Technik kombiniert sieben Schlüsselkurse mit vier Zeitperioden. Die sieben Pivot-Punkte sind die Hoch-, Tief- und Schlusskurse des vergangenen Tages und die Eröffnungs-, Hoch-, Tief- und Schlusskurse des aktuellen Tages. Die vier Zeitperioden werden aus dem aktuellen Handelstag angewendet. Es sind die Eröffnungszeit, 30 Minuten nach der Eröffnung, Mittag (in New York ca. 12:30 Uhr) und 35 Minuten vor dem Handelsschluss.

Dies sind durchschnittliche Zeiten, die für jeden individuellen Markt angepasst werden können. Die Idee besteht darin, Pivot-Punkte nur dann als Timing-Instrument zu benutzen, wenn der Trader daran glaubt, dass ein Markt einen Gipfel oder einen Boden bildet. Kauf- oder Verkaufssignale werden gegeben, wenn die Pivot-Punkte während

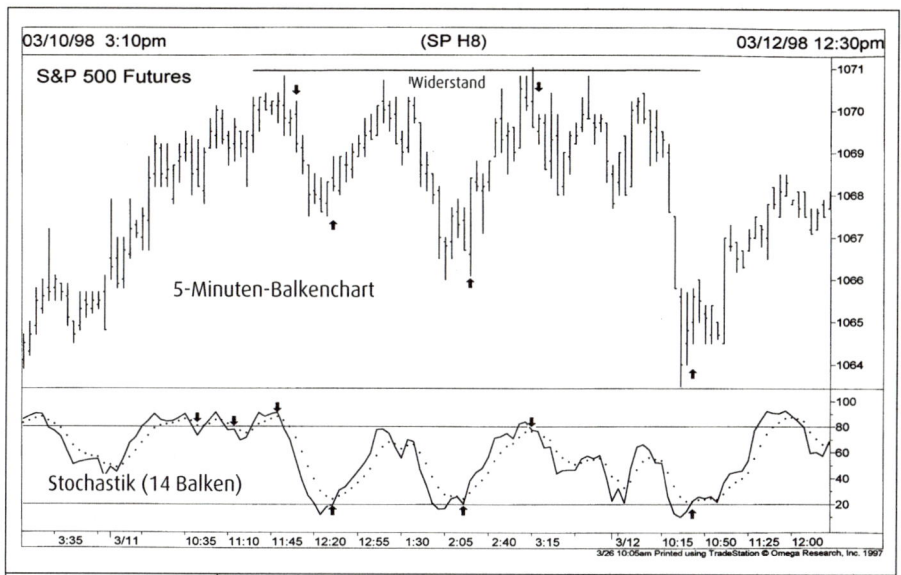

Abbildung 16.1 / Ein 5-Minuten-Balkenchart des S&P 500 Terminkontrakts, der anderthalb Handelstage umfasst. Die letzten 5 Stochastik-Signale (siehe Pfeile) funktionierten recht gut. Intraday Charts werden für sehr kurzfristiges Trading benutzt.

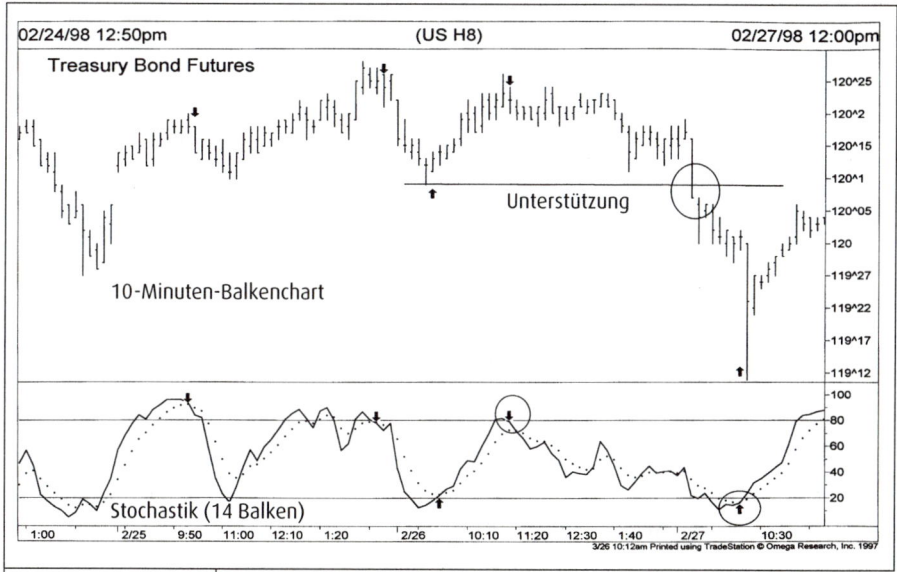

Abbildung 16.2 / Ein drei Tage umfassender 10-Minuten-Balkenchart des Treasury Bond Terminkontrakts. Die letzten beiden Stochastik-Signale zeigten einen Verkauf kurz nach 10:10 Uhr am Morgen des 26.2. und anschließend ein Kaufsignal am folgenden Morgen ungefähr zur gleichen Zeit.

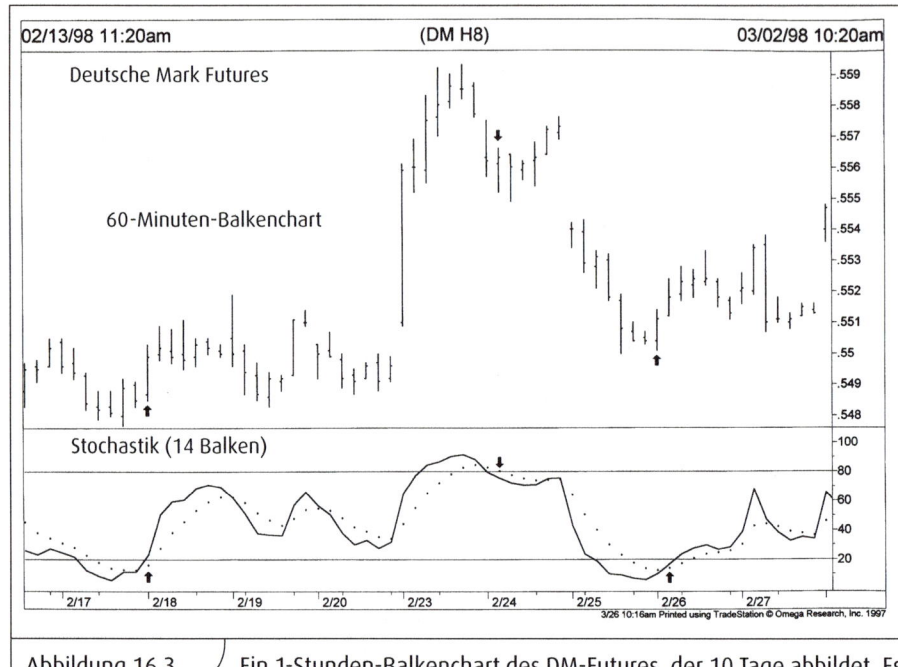

| 02/13/98 11:20am | (DM H8) | 03/02/98 10:20am |

Deutsche Mark Futures

60-Minuten-Balkenchart

Stochastik (14 Balken)

2/17 2/18 2/19 2/20 2/23 2/24 2/25 2/26 2/27

3/26 10:16am Printed using TradeStation © Omega Research, Inc. 1997

Abbildung 16.3 Ein 1-Stunden-Balkenchart des DM-Futures, der 10 Tage abbildet. Es werden drei Stochastik-Signale gezeigt (siehe Pfeile). Ein Kaufsignal am 17.2. wandelte sich am 24.2. in ein Verkaufssignal, und am 26.2. wieder in ein Kaufsignal.

des Tages gebrochen werden. Je später am Tag das Signal gegeben wird, umso stärker ist es. Illustration eines Kaufsignals: Wenn der Markt über dem Vortagesschlusskurs eröffnet, jedoch unterhalb des Höchstkurses des vergangenen Tages, wird ein Kauf-Stop über dem Höchstkurs des vergangenen Tages platziert. Wird der Kauf-Stop aktiviert, wird ein schützender Verkaufs-Stop-Kurs unterhalb des aktuellen Tagestiefstkurses platziert. 35 Minuten vor Handelsschluss wird, wenn keine Position eingegangen wurde, ein Kauf-Stop oberhalb des aktuellen Tageshöchstkurses platziert sowie ein schützender Stop-Kurs unter dem Eröffnungskurs des aktuellen Tages. Innerhalb der ersten 30 Handelsminuten wird generell keine Transaktion getätigt. Wenn der Tag fortschreitet, nähern sich die Pivot-Punkte ebenso wie die schützenden Stop-Kurse einander an. Als letztes Erfordernis für ein Kaufsignal müssen die Kurse über dem Vortagesschlusskurs und dem Eröffnungskurs des heutigen Tages schließen.

☐ ZUSAMMENFASSUNG DER GELDMANAGEMENT- UND TRADING-LEITLINIEN

Die folgende Liste fasst die meisten der wichtigeren Elemente des Geldmanagements und des Tradings zusammen.

1. Traden Sie in Richtung des mittelfristigen Trends.
2. In Aufwärtstrends kaufen Sie in Kursdellen; in Abwärtstrends verkaufen Sie bei Kurserholungen.
3. Lassen Sie Gewinne laufen, begrenzen Sie Verluste.
4. Setzen Sie schützende Stops ein, um Verluste zu begrenzen.
5. Handeln Sie nicht impulsiv; haben Sie einen Plan.
6. Planen Sie Ihre Arbeit und arbeiten Sie nach Ihrem Plan.
7. Befolgen Sie die Prinzipien des Geldmanagements.
8. Diversifizieren Sie, aber übertreiben Sie es nicht.
9. Setzen Sie mindestens ein 3 : 1-Gewinn-/Verlust-Verhältnis voraus.
10. Wenn Sie pyramidisieren (Positionen aufstocken), befolgen Sie folgende Richtlinien:
    a) Jede zusätzliche Position sollte kleiner sein als diejenige davor.
    b) Stocken Sie nur Gewinnpositionen auf.
    c) Stocken Sie niemals eine Verlustposition auf.
    d) Passen Sie schützende Stops auf den Break-Even-Punkt an.
11. Befolgen Sie nie einen Margin-Call; schmeißen Sie nicht gutes Geld schlechtem hinterher.
12. Schließen Sie Verlustpositionen vor den Gewinnpositionen.
13. Außer bei sehr kurzfristigem Trading, treffen Sie Entscheidungen abseits des Marktes; vornehmlich dann, wenn der Markt geschlossen ist.
14. Arbeiten Sie sich vom langfristigen Bereich zum kurzfristigen Bereich vor.
15. Benutzen Sie Intraday-Charts zum Fein-Tuning von Einstieg und Ausstieg.
16. Beherrschen Sie das Interday-Trading, bevor Sie Intraday-Trading versuchen.
17. Versuchen Sie konventionelle Weisheiten zu ingnorieren; nehmen Sie nichts in den Finanzmedien zu ernst.
18. Lernen Sie, sich in der Minderheit wohl zu fühlen. Wenn Sie die richtige Marktmeinung haben, werden die meisten Leute nicht mit Ihnen übereinstimmen.
19. Technische Analyse ist eine Sache der Geschicklichkeit, die sich mit wachsender Erfahrung und anhaltendem Studium verbessert. Seien Sie immer ein Studierender und bleiben Sie dem Lernen treu.
20. Halten Sie es einfach; komplizierter ist nicht immer besser.

☐ ANWENDUNG AUF AKTIEN

Die Handelstaktiken, die wir in diesem Kapitel behandelt haben (und die analytischen Hilfsmittel in den vorangegangenen Kapiteln), lassen sich auch – mit einigen kleineren Anpassungen – auf den Aktienmarkt anwenden. Während sich die Trader von Futures auf kurz- und mittelfristige Trends konzentrieren, orientieren sich Aktieninvestoren mehr an mittel- bis langfristigen Trends. Aktientrading legt weniger Betonung auf den sehr kurzfristigen Bereich und macht weniger Gebrauch von Intraday-Charts. Doch die allgemeinen Prinzipien bleiben für die Analyse und das Trading von Märkten die gleichen – ob es sich um die Pits der Terminbörse von Chicago oder um das Parkett der New York Stock Exchange handelt.

☐ ASSET ALLOCATION

Die in diesem Kapitel dargelegten Richtlinien des Geldmanagements beziehen sich hauptsächlich auf das Futures-Trading. Einige der in dieser Diskussion enthaltenen Prinzipien lassen sich allerdings auf die Notwendigkeit einer sauberen Diversifikation in einem Investment-Portfolio übertragen und berühren den Gegenstand der Asset Allocation. Asset Allocation dreht sich darum, wie sich das Portfolio eines Investors auf Aktien, Renten und Bargeld (üblicherweise in der Form von Geldmarktfonds oder Treasury Bills) aufteilt. Sie kann sich auch darauf beziehen, welcher Anteil eines Portfolios auf Auslandsmärkte entfallen soll. Asset Allocation berücksichtigt auch, wie die verschiedenen Aktienpositionen auf die unterschiedlichen Marktsektoren und Branchen verteilt sind. In jüngster Zeit geht es auch um die Allokation traditioneller Rohstoffmärkte in einem Portfolio.

☐ GEMANAGTE DEPOTS UND INVESTMENTFONDS

Gemanagte Depots (managed accounts) sind in den Terminmärkten seit mehreren Jahren verfügbar und haben sich als gutes Vehikel für diejenigen erwiesen, die etwas Geld in Futures investieren wollen, jedoch nicht die Expertise haben, dies selbst zu bewerkstelligen. Managed Accounts haben eine Art von Investmentfonds-Ansatz auf die Terminmärkte übertragen. Obwohl Managed Futures Accounts in alle Terminmärkte investieren – inklusive Währungen, Commodities, Renten und Aktienindex-Futures – bieten sie immer noch ein gewisses Maß an Diversifikation von Renten und Aktien. Ein Teil der Diversifikation rührt daher, dass sowohl auf der Long- als auch auf der Short-Seite getradet wird. Ein anderer Teil kommt von dem Anteil der Commodities selbst. Wie auch immer, die Möglichkeit, einen Teil der eigenen Assets den Rohstoff-märkten zu widmen, wurde im Jahr 1997 noch einfacher gemacht.

Oppenheimer Real Assets, gestartet im März 1997, ist der erste Investmentfonds, der ausschließlich in Rohstoffmärkte investiert. Durch Investitionen in rohstoffpreisver-knüpfte Anleihen ist der Fonds in der Lage, ein Rohstoff-Portfolio zu bilden, das den Goldman-Sachs-Commodity-Index abbildet, der 22 Commodity-Märkte umfasst. Weil Commodities oft in entgegengesetzter Richtung zu Renten und Aktien tendie-ren, sind sie ein hervorragendes Diversifikations-Vehikel. Eine gute Diversifikation er-fordert die Verteilung von Assets auf Marktgruppen oder –klassen, die eine niedrige Korrelation zueinander haben – mit anderen Worten, die Kurse bewegen sich nicht immer in dieselbe Richtung. Commodities erfüllen natürlich dieses Kriterium.

Wir weisen auf diese Dinge aus zwei Gründen hin. Zum einen soll gezeigt werden, dass die Bereiche des Geldmanagements und der Asset Allocation eng miteinander verflochten sind. Zweitens wird gezeigt, dass die Märkte selbst sehr stark miteinander verwoben sind. In den nächsten beiden Kapiteln werden Sie sehen, wie eng die Ter-min- und Aktien-Märkte tatsächlich miteinander verknüpft sind und warum es für Aktieninvestoren so wichtig ist, darüber informiert zu sein, was auf den Futures-Märk-ten vorgeht. Kapitel 17 wird Sie in die Technische Intermarket-Analyse einführen.

□ MARKET-PROFILE

Wir wollen das Gebiet der Intraday-Charts nicht verlassen, ohne auf einen der inno-vativsten Ansätze des Intraday-Trading hinzuweisen, der *Market-Profile* genannt wird. Diese Trading-Technik wurde von J. Peter Steidlmayer, einem ehemaligen Floor-Trader des Chicago Board of Trade entwickelt. Steidlmayers Ansatz hat im letzten Jahr-zehnt einen enthusiastischen Anklang gefunden, besonders in den Terminmärkten. Market-Profile kann allerdings genauso gut auf normale Aktien angewendet werden. Der Ansatz ist nicht leicht zu beherrschen. Doch jenen Tradern, denen dies gelungen ist, ermöglicht er sehr hohe Gewinne. Dennis Hynes, ein Experte beim Market-Profile-Trading, erklärt den Ansatz in Anhang B.

17 | Die Verbindung zwischen Aktien und Futures: Intermarket-Analyse

Als die erste Ausgabe dieses Buches 1985 veröffentlicht wurde, begann die Trennung zwischen den Rohstoff-Terminmärkten und der mehr traditionellen Welt der Aktien und Renten bereits zu bröckeln. Vor zwanzig Jahren zählten zu den Commodities Gegenstände wie Mais, Sojabohnen, Schweinebäuche, Gold und Rohöl. Das waren die traditionellen Rohstoffe, die angebaut, gefördert oder raffiniert werden konnten. Von 1972 bis 1982 fanden dramatische Veränderungen statt, als Terminkontrakte auf Währungen, Treasury Bonds und Aktienindizes eingeführt wurden. Die Bezeichnung „Commodities" wich dem Begriff „Futures", weil Bonds und Aktien kaum zu den Rohstoffen gezählt werden können.

Seit dieser Zeit wurde die Welt der Futures mit derjenigen der traditionellen Aktien und Renten so stark miteinander vermischt, dass sie nur noch schwer voneinander zu trennen sind. Als Ergebnis sind die Methoden der Technischen Analyse universeller anwendbar geworden.

An jedem beliebigen Tag sind Kurse für Dollar Futures, Bond Futures und Kontrakte auf Aktienindizes sofort erhältlich, und sie bewegen sich oft synchron zueinander. Die Richtung, in die sich diese drei Märkte bewegen, wird oftmals von dem beeinflusst, was sich an den Rohstoffbörsen tut. Der *Programmhandel,* der dann einsetzt, wenn sich der S&P 500 Terminkontrakt nicht gleich wie der S&P 500 Kassaindex verhält, ist Tagesrealität. Darum scheint es klar zu sein, dass Sie mit wachsendem Verständnis der Welt der Terminmärkte eine größere Einsicht in die Finanzmärkte insgesamt gewinnen werden.

Es steht fest, dass Bewegungen in den Terminmärkten einen wichtigen Einfluss auf den Aktienmarkt selbst haben können. Frühzeitige Warnzeichen von Inflation und Zinstrends werden üblicherweise zuerst an den Terminbörsen wahrgenommen, die oft die Richtung der Aktienkurse zu jeder beliebigen Zeit bestimmen. Der Trend des Dollars sagt eine Menge aus über die Stärke oder Schwäche der amerikanischen Wirtschaft, die wiederum wesentlich auf Unternehmensgewinne und Aktienbewertungen einwirkt. Doch die Verknüpfung geht noch tiefer. Der Aktienmarkt wird in Sektoren und Branchen unterteilt. Rotationen zwischen diesen Gruppen werden oft von den Bewegungen in den Terminmärkten diktiert. Mit dem enormen Wachstum der Investmentfonds, insbesondere der Sektorenfonds, wurde die Ausrichtung auf Sektoren und der Kapitalfluss in sich positiv entwickelnde Sektoren bzw. aus sich negativ entwickelnden Sektoren viel einfacher.

In diesem Kapitel werden wir uns mit dem breiter gefassten Gegenstand der Intermarket-Analyse auseinander setzen. Dieser Ansatz beschäftigt sich mit den Wechselwirkungen zwischen Währungen, Rohstoffen, Renten und Aktien. Als wichtigste Botschaft weisen wir darauf hin, wie eng die vier Märkte miteinander verbunden sind. Wir werden Ihnen zeigen, wie man die Terminmärkte bei dem Prozess der Branchen- und Gruppenrotation innerhalb des Aktienmarktes einsetzt.

☐ INTERMARKET-ANALYSE

1991 schrieb ich ein Buch mit dem Titel *Intermarket Technical Analysis*. Dieses Buch beschrieb die Wechselbeziehungen zwischen den unterschiedlichen Finanzmärkten, die heute allgemein akzeptiert sind. Das Buch erklärte die Abfolge der Ereignisse, die sich unter den verschiedenen Märkten entwickelt, und wie stark sie tatsächlich miteinander verbunden sind. Die grundlegende Prämisse der Intermarket-Analyse ist, dass alle Finanzmärkte in irgendeiner Weise miteinander verknüpft sind. Das beinhaltet sowohl die internationalen als auch die heimischen Märkte. Diese Beziehungen mögen sich gelegentlich verschieben, doch sie sind immer in der ein oder anderen Form präsent. Folglich ist ein vollständiges Verständnis dessen, was in einem Markt – wie dem Aktienmarkt – vorgeht, nicht möglich, wenn man nicht versteht, was in den anderen Märkten passiert. Weil die Märkte so miteinander verflochten sind, hat der Technische Analyst einen enormen Vorteil. Die in diesem Buch beschriebenen technischen Hilfsmittel können auf alle Märkte angewendet werden, was den Einsatz der Intermarket-Analyse stark vereinfacht. Sie werden sehen, warum die Fähigkeit, die Charts so vieler Märkte zu verfolgen, in der heute so komplexen Börsenwelt einen gewaltigen Vorteil darstellt.

☐ PROGRAMMHANDEL: DIE ULTIMATIVE VERBINDUNG

Nirgends wird die enge Verknüpfung zwischen Aktien und Futures offensichtlicher als in der Beziehung zwischen dem S&P 500 Kassaindex und dem S&P 500 Terminkontrakt. Normalerweise notieren die Futures mit einer Prämie zum Kassaindex. Die Höhe der Prämie wird von solchen Dingen wie dem kurzfristigen Zinssatz, der Rendite des S&P 500 Index selbst und der Anzahl der Tage bis zum Verfalltermin bestimmt. Die Prämie (oder der Spread) verschwindet, wenn sich der Terminkontrakt dem Verfalldatum nähert (siehe Abbildung 17.1).

Täglich kalkulieren die institutionellen Marktteilnehmer, wie hoch die aktuelle Prämie sein sollte – *fairer Wert* genannt. Dieser faire Wert bleibt während eines Handelstages konstant, verändert sich jedoch schrittweise mit jedem neuen Tag. Wenn die Prämie des Futures über den Kassaindex um einen bestimmten, vorher definierten Betrag über seinen fairen Wert steigt, so wird automatisch ein Arbitrage-Trade aktiviert – dies wird als *Programmkauf* bezeichnet. Notiert der Futures im Vergleich zum Kassaindex zu hoch, verkaufen die Programmhändler den Terminkontrakt und kaufen einen Korb von Aktien des S&P 500 Index, um die beiden Handelsgegenstände wieder in Linie zu bringen. Das Resultat der Programmkäufe ist für den Aktienmarkt

Abbildung 17.1 Der Terminkontrakt des S&P 500 handelt normalerweise mit einem Aufgeld zu dem Kassa-Index, wie hier gezeigt. Beachten Sie, dass die Prämie abnahm, als sich der Kontrakt seinem Verfalltag im März näherte.

403

positiv, weil sie den S&P 500 Kassaindex nach oben drücken. Programmverkäufe stellen genau das Gegenteil dar. Sie kommen vor, wenn die Prämie zwischen dem S&P 500 Terminkontrakt und dem S&P 500 Kassaindex unter ihren fairen Wert sinkt. In diesem Fall werden *Programmverkäufe* aktiviert, die sich in einem Kauf des Futures und einem Verkauf des Aktien-Baskets niederschlagen. Programmverkäufe sind negativ für den Markt. Die meisten Trader kennen diese Beziehung zwischen den beiden verbundenen Märkten. Was sie nicht immer verstehen, ist, dass die plötzlichen Bewegungen des S&P 500 Terminkontrakts, die den Programmhandel aktivieren, oft von plötzlichen Bewegungen in anderen Terminmärkten verursacht werden – zum Beispiel den Bonds.

☐ Die Verbindung zwischen Renten und Aktien

Der Aktienmarkt wird durch die Trendrichtung der Zinsen beeinflusst. Die Richtung der Zinsen (oder der Rendite) kann auf Minutenbasis durch die Bewegungen des Treasury Bond Terminkontrakts verfolgt werden. Die Bondkurse laufen in die entgegengesetzte Richtung wie Zinsen oder Renditen. Deshalb sinken die Zinsen, wenn die Rentenkurse steigen. Das ist normalerweise positiv für Aktien.[1] Fallende Bondkurse oder steigende Renditen gelten als negativ für Aktien. Aus technischer Sicht ist es sehr einfach, die Charts des Treasury Bond Futures mit dem Chart entweder des S&P 500 Kassaindex oder seinem Terminkontrakt zu vergleichen. Sie sehen, dass ihre Trends im Allgemeinen gleichgerichtet waren (siehe Abbildung 17.2). Kurzfristig werden abrupte Trendwechsel im S&P 500 Futures von plötzlichen Veränderungen im Treasury Bond Terminkontrakt verursacht. Längerfristig warnen Änderungen im Trendverhalten des Treasury Bond Futures häufig vor ähnlichen Wechseln im S&P 500 Kassaindex. In diesem Sinn können Bond Futures als Frühindikator für den Aktienmarkt betrachtet werden. Bond Futures wiederum werden normalerweise von den Trends an den Rohstoffmärkten beeinflusst.

---

1 In einer deflationären Umgebung koppeln sich Aktien und Renten gewöhnlich voneinander ab. Die Rentenkurse steigen, während die Aktienkurse fallen.

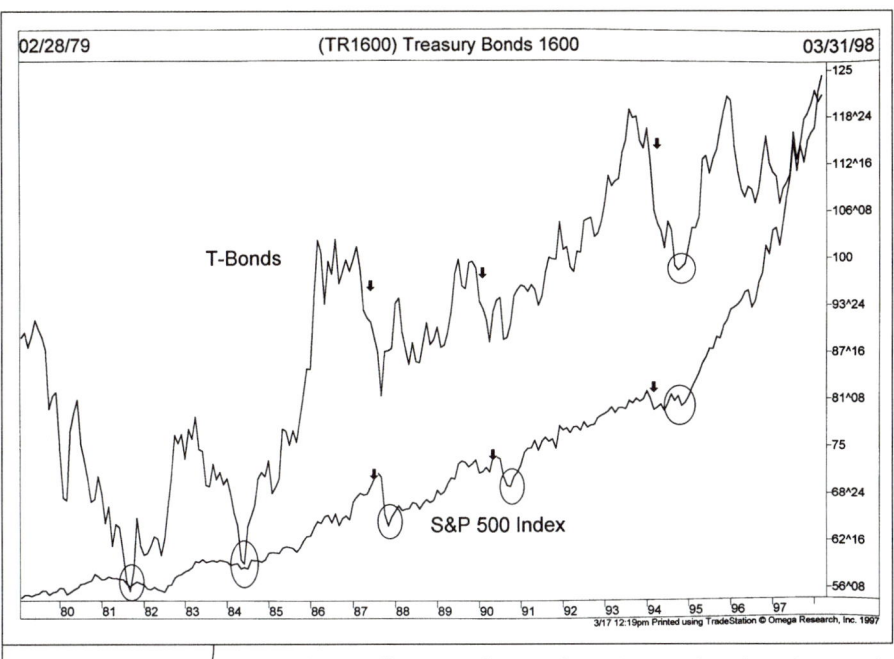

| 02/28/79 | (TR1600) Treasury Bonds 1600 | 03/31/98 |

Abbildung 17.2 / Steigende Bondkurse sind normalerweise gut für Aktienkurse. Die Böden im US-Rentenmarkt in 1981, 1984, 1988, 1991 und 1995 führten bei Aktien zu deutlichen Drehs nach oben. Gipfelbildungen bei den Bonds in 1987, 1990 und 1994 warnten vor schlimmen Aktienmarkt-Jahren.

☐ DIE VERBINDUNG ZWISCHEN RENTEN UND ROHSTOFFEN

Rentenkurse werden von Inflationserwartungen beeinflusst. Die Rohstoffpreise werden als Frühindikator inflationärer Trends angesehen. Folglich verlaufen Rohstoffpreise und Bondkurse üblicherweise in entgegengesetzte Richtungen. Wenn Sie die Markthistorie seit den 1970er Jahren betrachten, erkennen Sie, dass plötzliche Aufschwünge der Rohstoffmärkte (die eine höhere Preisinflation signalisierten) normalerweise mit nachgebenden Treasury Bonds korrespondierten. Die umgekehrte Seite dieses Zusammenhangs ist, dass starke Kursgewinne bei den Bonds üblicherweise mit fallenden Rohstoffpreisen zusammenfielen (siehe Abbildung 17.3). Die Preise von Commodities werden wiederum von der Trendrichtung des US-Dollars beeinflusst.

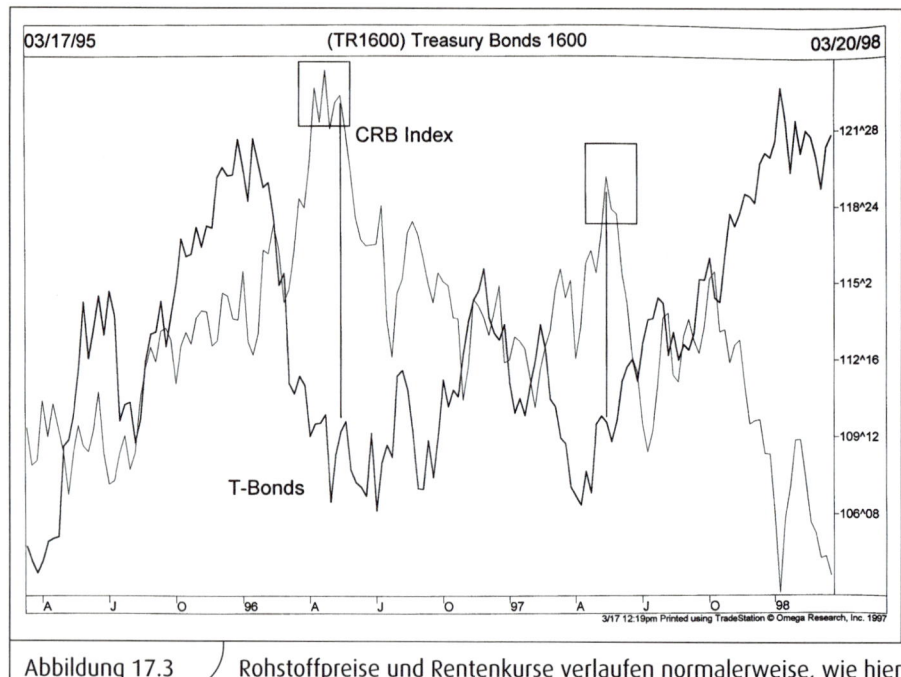

| 03/17/95 | (TR1600) Treasury Bonds 1600 | 03/20/98 |

CRB Index

T-Bonds

3/17 12:19pm Printed using TradeStation © Omega Research, Inc. 1997

Abbildung 17.3 / Rohstoffpreise und Rentenkurse verlaufen normalerweise, wie hier dargestellt, in entgegengesetzter Richtung. Die Bodenbildungen bei den T-Bonds im Frühjahr 1996 und 1997 korrespondierten mit bedeutenden Gipfeln bei den Rohstoffpreisen (siehe Kästen).

☐ DIE VERBINDUNG ZWISCHEN ROHSTOFFEN UND US-DOLLAR

Ein steigender US-Dollar hat normalerweise einen dämpfenden Effekt auf die meisten Rohstoffpreise. Mit anderen Worten: Ein steigender Dollar gilt in der Regel als nicht inflationär (siehe Abbildung 17.4). Einer der Rohstoffe, auf die sich der Dollar am stärksten auswirkt, ist Gold. Wenn Sie ihren Zusammenhang im Laufe der Zeit untersuchen, erkennen Sie, dass sich die Preise von Gold und US-Dollar normalerweise entgegengesetzt entwickeln (siehe Abbildung 17.5). Der Goldmarkt fungiert umgekehrt als Frühindikator für die übrigen Rohstoffmärkte. Wenn Sie also den Goldmarkt analysieren, ist es wichtig zu wissen, was der Dollar macht. Wenn Sie den Preistrend von Rohstoffen insgesamt untersuchen (beispielsweise in Form eines bekannten Rohstoffpreisindexes), müssen Sie wissen, wie sich der Goldmarkt verhält. Tatsache ist, dass alle vier Märkte miteinander verknüpft sind – der Dollar beeinflusst die Rohstoffe, die wiederum die Bonds beeinflussen, die wiederum die Aktien beeinflussen. Um in vollem Umfang zu verstehen, was in irgendeiner dieser Assetklassen vor sich geht, ist es not-

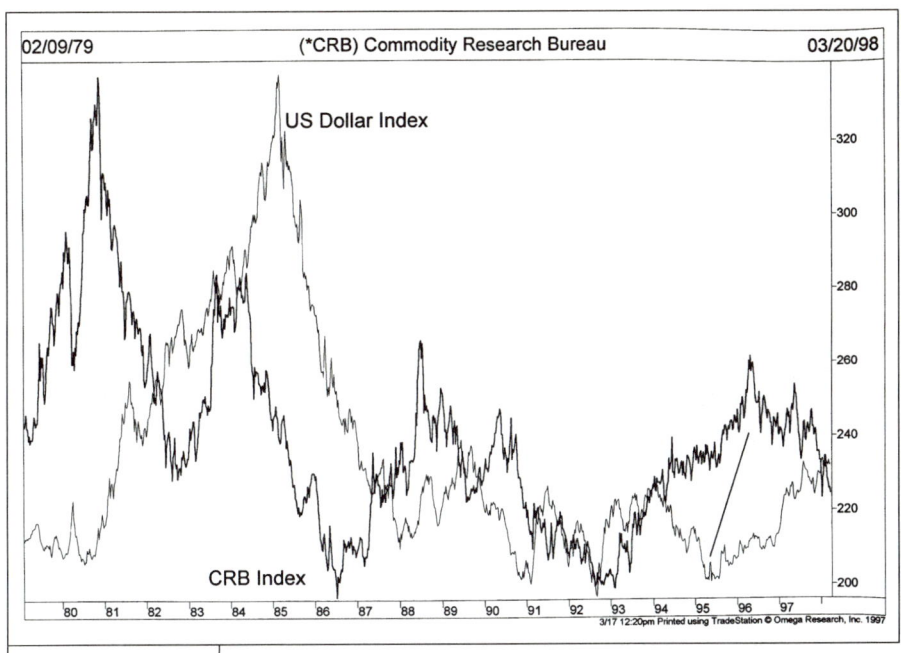

| 02/09/79 | (*CRB) Commodity Research Bureau | 03/20/98 |

US Dollar Index

CRB Index

3/17 12:20pm Printed using TradeStation © Omega Research, Inc. 1997

Abbildung 17.4 — Ein steigender Dollar hat normalerweise dämpfende Auswirkungen auf die Rohstoffmärkte. 1980 fiel der Boden beim Dollar mit einem bedeutenden Gipfel bei den Rohstoffpreisen zusammen. Der Dollar-Boden von 1995 korrespondierte mit einem scharfen Einbruch der Rohstoffpreise ein Jahr später.

wendig zu wissen, was in den drei anderen passiert. Glücklicherweise ist das ganz einfach, indem man sich ihre jeweiligen Kurscharts anschaut.

☐ AKTIENSEKTOREN UND –BRANCHEN

Ein Verständnis dieser Intermarket-Beziehungen wirft auch ein Licht auf die Inter-aktionen zwischen den verschiedenen Aktiensektoren und Branchen. Der Aktien-markt ist in verschiedene Sektoren gegliedert, die wiederum in verschiedene Bran-chen unterteilt werden. Diese Marktkategorien werden von dem beeinflusst, was auf der Intermarket-Szene passiert. Wenn beispielsweise Bonds stark und Rohstoffe schwach sind, werden sich zinssensitive Branchen – wie Versorger, Finanzwerte und Konsumaktien – relativ zum Rest des Aktienmarktes positiv entwickeln. Zur selben Zeit werden inflationsempfindliche Aktiengruppen – wie Goldminenaktien, Energie-titel und zyklische Werte – underperformen. Wenn die Rohstoffmärkte relativ zu den

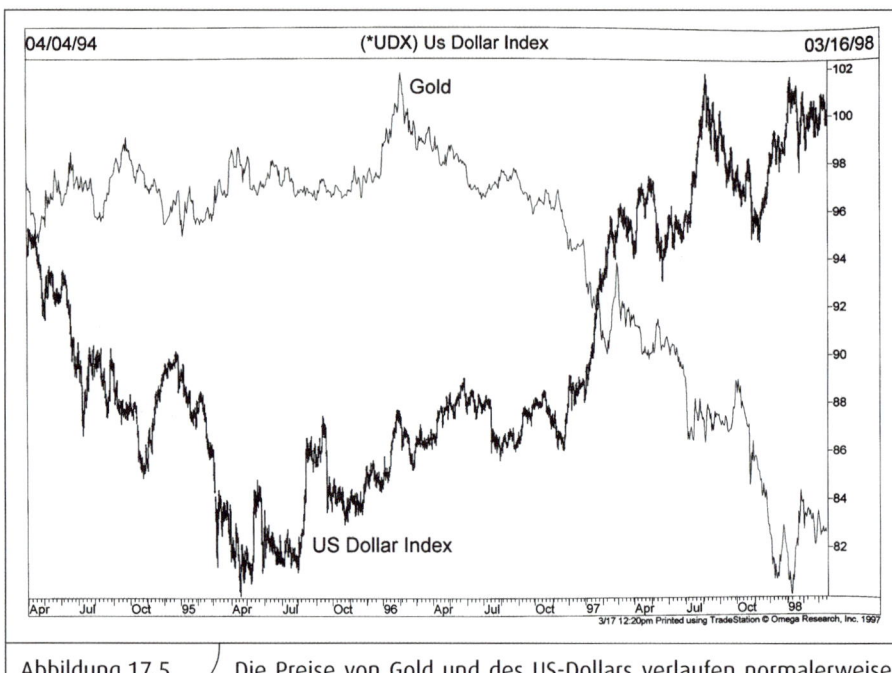

| 04/04/94 | (*UDX) Us Dollar Index | 03/16/98 |

Gold

US Dollar Index

3/17 12:20pm Printed using TradeStation © Omega Research, Inc. 1997

Abbildung 17.5 / Die Preise von Gold und des US-Dollars verlaufen normalerweise, wie hier dargestellt, in entgegengesetzter Richtung. Umgekehrt laufen die Goldpreise den Preistrends anderer Rohstoffe voraus.

Rentenmärkten stark sind, ist das Gegenteil der Fall. Durch Verfolgung der Beziehungen zwischen Bondkursen und Rohstoffpreisen können Sie bestimmen, welche Sektoren oder Branchen zu einer gegebenen Zeit mit einer besseren Entwicklung aufwarten dürften.

Weil die Sektoren des Aktienmarktes und die mit ihnen verbundenen Terminmärkten so eng miteinander verknüpft sind, können sie auch in Verbindung miteinander benutzt werden. Energierversorger sind zum Beispiel eng mit den Bondkursen verknüpft (siehe Abbildung 17.6). Goldminenaktien sind eng mit dem Goldpreis verbunden. Es kommt noch hinzu, dass die Aktiengruppen oft dazu tendieren, ihren verbundenen Futuresmärkten vorauszulaufen. Folglich kann man Versorgungswerte als Frühindikator für Treasury Bonds einsetzen. Goldminenaktien eignen sich als Frühindikator für den Goldpreis. Ein weiteres Beispiel für den Intermarket-Einfluss ist die Auswirkung des Trends der Rohölpreise auf Aktien von Energiekonzernen und Fluglinien. Steigende Ölpreise helfen Energieaktien, schaden jedoch den Fluglinien. Fallende Ölpreise haben den gegenteiligen Effekt.

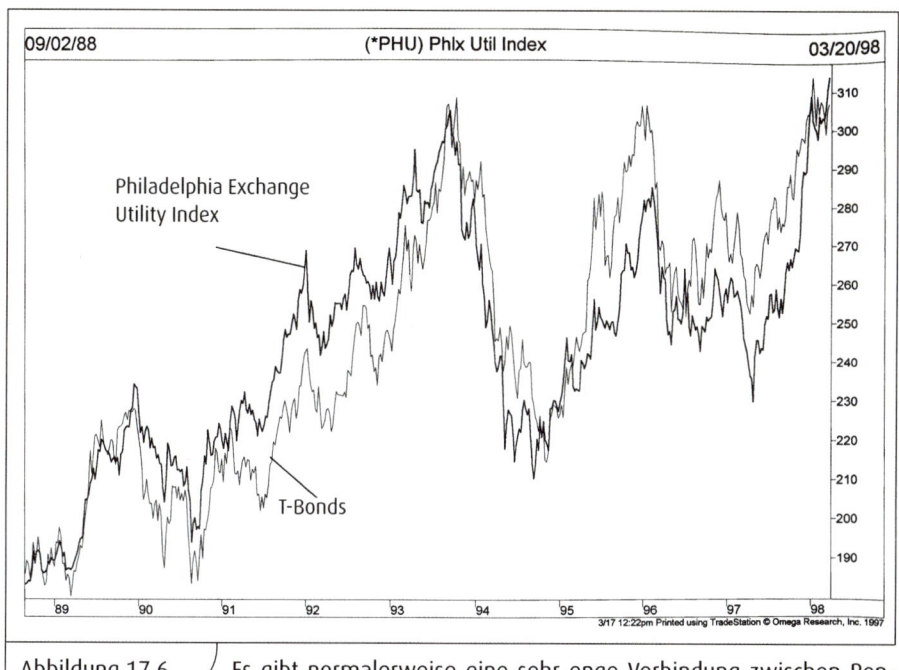

Abbildung 17.6 Es gibt normalerweise eine sehr enge Verbindung zwischen Rentenkursen und Versorger-Aktien. Außerdem drehen die Versorger oft etwas vor den Bonds.

☐ DER DOLLAR UND HOCHKAPITALISIERTE WERTE

Eine weitere Intermarket-Beziehung existiert zwischen dem US-Dollar und hoch- bzw. niedrig kapitalisierten Aktien. Große, multinational operierende US-Unternehmen können von einem sehr festen Dollar, der ihre Produkte in den Auslandsmärkten zu teuer macht, negativ berührt werden. Im Gegensatz dazu werden die mehr binnenorientierten, kleineren Werte weniger von den Dollarbewegungen beeinflusst und mögen sich deshalb bei einem festen Dollar besser entwickeln als die hochkapitalisierten Aktien. Zusammengefasst lässt sich sagen, dass ein fester Dollar kleinere Aktien (wie sie im Russell 2000 Index enthalten sind) favorisiert, während ein schwächerer Dollar eher die großen Multinationals (wie die Aktien des Dow Jones Industrials Average) begünstigt.

☐ INTERMARKET-ANALYSE UND INVESTMENTFONDS

Es ist offensichtlich, dass sich ein gewisses Verständnis dieser Intermarket-Beziehungen auch auf die Investitionen in Investmentfonds auswirken kann. Die Trendrichtung des US-Dollars beispielsweise könnte die Verteilung Ihrer Mittel auf Small Cap Fonds und Large Cap Fonds beeinflussen. Mit ihrer Hilfe können Sie auch bestimmen, wie viel Geld Sie in Gold oder Rohstofffonds investieren sollen. Die Verfügbarkeit so vieler sektororientierter Investmentfonds macht die Entscheidung, welcher von ihnen zu einer bestimmten Zeit bevorzugt werden sollte, eigentlich komplizierter. Diese Aufgabe wird bedeutend vereinfacht, indem man die relative Performance der Terminmärkte und der verschiedenen Sektoren und Branchen des Aktienmarktes miteinander vergleicht. Dies erreicht man ziemlich leicht durch einen einfachen Chartansatz, die Analyse der *Relativen Stärke*.

☐ ANALYSE DER RELATIVEN STÄRKE

Dies ist ein extrem einfaches, doch effektives Hilfsmittel zur Chartanalyse. Alles, was Sie tun müssen, ist die Division eines Handelsgegenstandes durch einen anderen – mit anderen Worten, Sie stellen das Verhältnis (Ratio) zwischen zwei Kursreihen im Chart dar. Wenn die Ratio-Linie steigt, ist die Kursreihe des Zählers stärker als diejenige des Nenners. Fällt die Ratio-Linie, so ist die im Nenner stehende Kursreihe stärker. Anhand einiger Beispiele stellen wir dar, was Sie mit diesem einfachen Indikator anfangen können. Teilen Sie einen Rohstoff-Index (wie z. B. den CRB Futures Price Index) durch die Treasury Bond-Kurse (siehe Abbildung 17.7). Wenn die Ratio-Linie steigt, werden die Rohstoffpreise die US-Staatsanleihen outperformen. In diesem Szenario würde ein Terminhändler die Rohstoffmärkte kaufen und die Bonds verkaufen. Zur selben Zeit würden Aktientrader inflationssensitive Aktien erwerben und zinsempfindliche Titel veräußern. Wenn die Ratio-Linie fällt, würden sie umgekehrt handeln, d. h. sie würden Rohstoffe verkaufen und Renten kaufen. Zur selben Zeit würden Aktieninvestoren Goldminenaktien, Ölwerte und die zyklischen Titel abstoßen, während sie Energieversorger, Finanzwerte und Konsumaktien kaufen würden (siehe Abbildung 17.8).

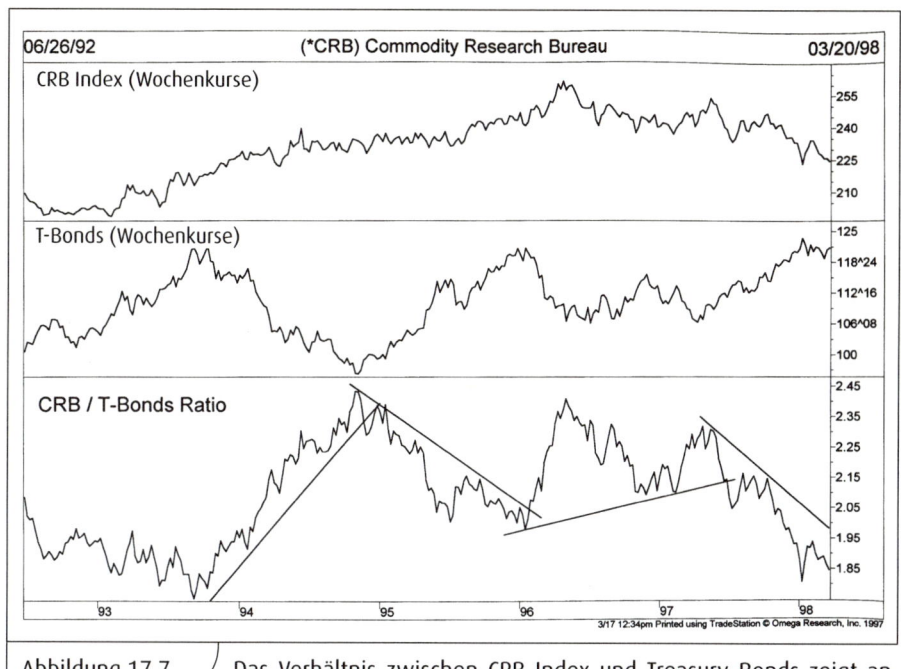

| 06/26/92 | (*CRB) Commodity Research Bureau | 03/20/98 |

CRB Index (Wochenkurse)
255
240
225
210

T-Bonds (Wochenkurse)
125
118^24
112^16
106^08
100

CRB / T-Bonds Ratio
2.45
2.35
2.25
2.15
2.05
1.95
1.85

'93   '94   '95   '96   '97   '98

3/17 12:34pm Printed using TradeStation © Omega Research, Inc. 1997

Abbildung 17.7 Das Verhältnis zwischen CRB Index und Treasury Bonds zeigt an, welche Assetklasse stärker ist. 1994 wurden Rohstoffe favorisiert, während 1995 die Bonds bevorzugt wurden. Die Ratio-Linie vollführte Mitte 1997 eine scharfe Umkehr nach unten, als die Asienkrise einsetzte und Deflationsängste aufkamen.

□ RELATIVE STÄRKE UND SEKTOREN

Viele Börsen handeln inzwischen Index-Optionen auf verschiedene Aktienmarkt-Sektoren. Die Chicago Board Options Exchange (CBOE) bietet die größte Auswahl und schließt so verschiedene Gruppen wie Automobile, Computersoftware, Umwelt, Glücksspiel, Immobilien, Gesundheitswesen, Einzelhandel und Transport mit ein. Die Börsen American Stock Exchange (ASE) und Philadelphia Stock Exchange handeln populäre Index-Optionen auf Banken, Gold, Öl, Pharmawerte, Halbleiter, Technologie, Aktien und Energieversorger. Alle diese Index-Optionen können als Chart dargestellt und wie jeder andere Markt analysiert werden. Der beste Weg, die Relative-Stärke-Analyse auf sie anzuwenden ist, die entsprechende Datenreihe durch einen breiter gefassten Index wie z. B. den S&P 500 Index zu teilen. Damit können Sie bestimmen, welche Branche oder welcher Sektor den breiten Markt outperformt (steigende RS-Linie) oder underperformed (fallende RS-Linie). Der Einsatz einiger einfacher Charthilfsmittel wie Trendlinien und gleitende Durchschnitte auf die Relative-Stärke-Linien selbst werden Ihnen helfen, wichtige Trendwechsel zu erkennen (siehe

411

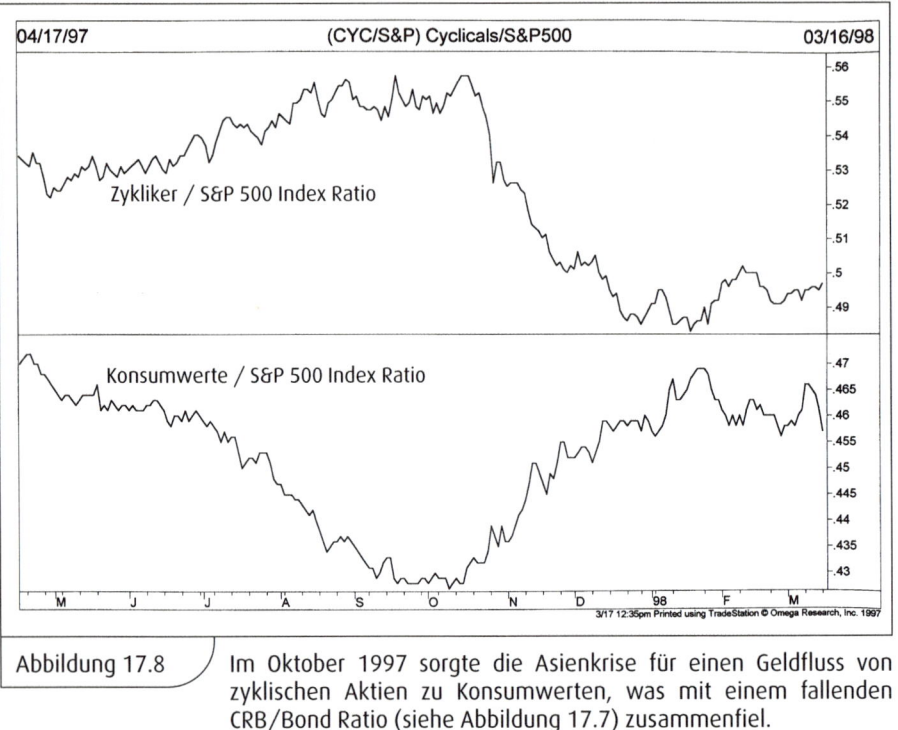

| 04/17/97 | (CYC/S&P) Cyclicals/S&P500 | 03/16/98 |

Zykliker / S&P 500 Index Ratio

Konsumwerte / S&P 500 Index Ratio

3/17 12:35pm Printed using TradeStation © Omega Research, Inc. 1997

Abbildung 17.8 / Im Oktober 1997 sorgte die Asienkrise für einen Geldfluss von zyklischen Aktien zu Konsumwerten, was mit einem fallenden CRB/Bond Ratio (siehe Abbildung 17.7) zusammenfiel.

Abbildung 17.9). Die strategische Idee dahinter besteht darin, Ihr Kapital rotieren zu lassen – investieren Sie in solche Marktsektoren, deren Relative-Stärke-Linien gerade nach oben gedreht haben, und verkaufen Sie jene Marktgruppen, deren RS-Linien gerade nach unten gedreht haben. Diese Bewegungen können man entweder mit den Indexoptionen selbst oder über Investmentfonds, die in die verschiedenen Marktsektoren und Industriegruppen investieren, ausgefahren werden.

☐ RELATIVE STÄRKE UND EINZELNE AKTIEN

An diesem Punkt haben Investoren zwei Möglichkeiten zur Verfügung. Entweder sie switchen ihr Kapital von einer Marktgruppe in eine andere und tun weiter nichts. Oder, wenn sie wollen, können sie auch einen Schritt weiter gehen, um Einzelaktien innerhalb dieser Gruppen auszuwählen. Die *Relative-Stärke*-Analyse spielt hier ebenso eine große Rolle. Sobald der gewünschte Index ausgewählt wurde, besteht der nächste Schritt darin, jede einzelne Aktie innerhalb dieses Indexes durch den Index selbst zu

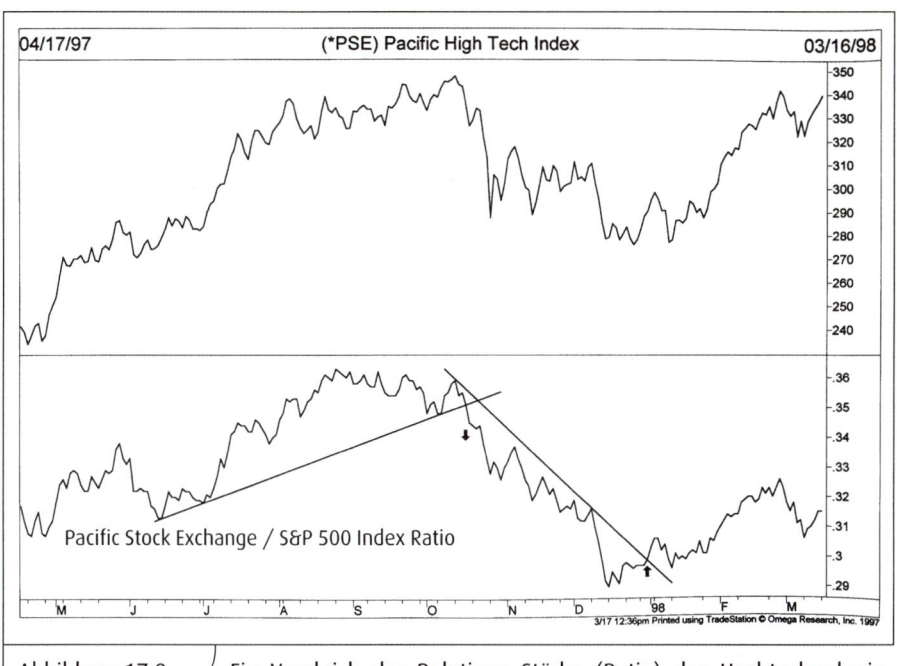

| 04/17/97 | (*PSE) Pacific High Tech Index | 03/16/98 |

Pacific Stock Exchange / S&P 500 Index Ratio

3/17 12:36pm Printed using TradeStation © Omega Research, Inc. 1997

Abbildung 17.9 Ein Vergleich der Relativen Stärke (Ratio) des Hochtechnologie-Index der Pacific Stock Exchange (PSE) und des S&P 500. Mit Hilfe einer einfachen Trendanalyse konnte man den Beginn der Abwärts-bewegung von Technologieaktien im Oktober 1997 ebenso er-kennen wie zum Jahresende den Dreh nach oben.

teilen. Auf diese Weise können Sie einfach diejenigen Einzelaktien herausfiltern, die die größte Relative Stärke zeigen (siehe Abbildung 17.10). Sie können diejenigen Aktien kaufen, die die stärksten Ratio-Linien aufweisen, oder Sie können eine billigere Aktie erwerben, deren Ratio-Linie gerade nach oben dreht. Die Idee besteht jedenfalls darin, Aktien zu vermeiden, deren Relative-Stärke-Linien noch fallen.

☐ TOP-DOWN-MARKTANSATZ

Was wir hier beschrieben haben, ist ein *Top-down*-Marktansatz. Sie fangen mit der Untersuchung der breiten Indizes an, um den Trend des Gesamtmarktes zu bestimmen. Dann selektieren Sie diejenigen Marktsektoren oder Industriegruppen, die die beste Relative Stärke zeigen. Anschließend wählen Sie Einzelwerte innerhalb dieser Gruppen aus, die wiederum die beste Relative Stärke aufweisen. Durch Berücksichtigung der Intermarket-Prinzipien in Ihrem Entscheidungsprozess können Sie auch bestim-

413

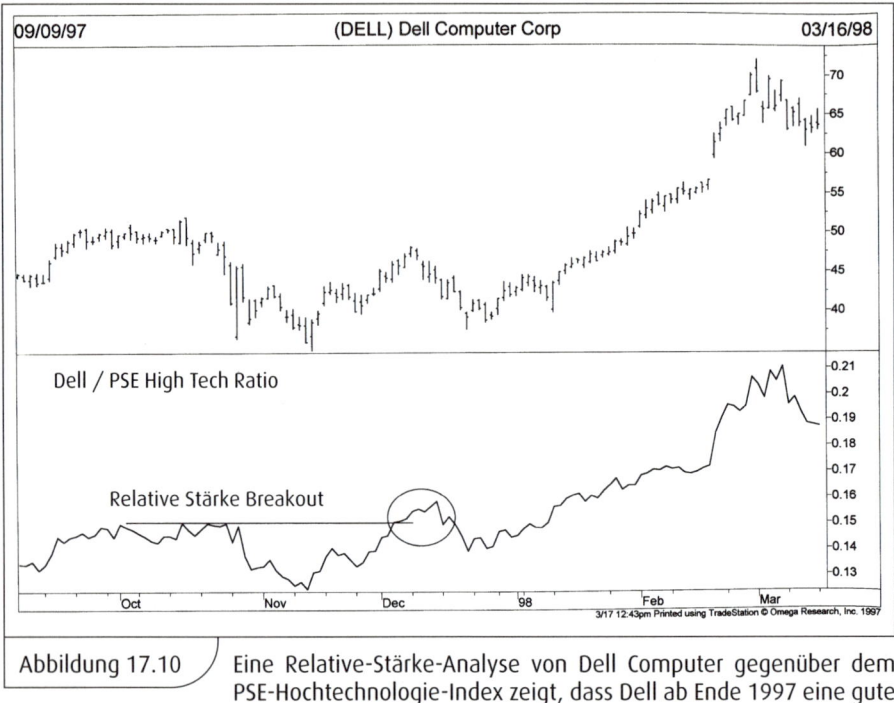

Abbildung 17.10 Eine Relative-Stärke-Analyse von Dell Computer gegenüber dem PSE-Hochtechnologie-Index zeigt, dass Dell ab Ende 1997 eine gute Wahl aus dieser Branche war.

men, ob das aktuelle Marktklima Renten, Rohstoffe oder Aktien favorisiert, was in Ihren Entscheidungen bezüglich der Asset Allocation eine Rolle spielen kann. Die gleichen Prinzipien können auch auf Investitionen in internationale Märkte angewendet werden, indem man einfach die Relative Stärke der verschiedenen globalen Aktienmärkte miteinander vergleicht. Schließlich lassen sich alle hier beschriebenen technischen Verfahren als letzten Check Ihrer Analyse auch auf die Charts von Investmentfonds anwenden. Die gesamte Arbeit kann mit Kurscharts und einem Computer einfach erledigt werden. Stellen Sie sich vor zu versuchen, Fundamentalanalyse auf so viele Märkte zur gleichen Zeit anzuwenden.

□ DEFLATIONSSZENARIO

Die hier beschriebenen Intermarket-Prinzipien basieren auf Markttrends seit 1970. In den 1970er Jahren herrschte eine galoppierende Inflation, die den Rohstoffbereich begünstigte. Die Dekaden der achtziger und neunziger Jahre wurden durch fallende

Rohstoffpreise (Disinflation) und starke Haussen bei Aktien und Renten charakterisiert. In der zweiten Jahreshälfte von 1997 schädigten dramatische Kurseinbrüche von asiatischen Währungen und Aktienmärkten vor allem Märkte wie Kupfer, Gold und Rohöl. Zum ersten Mal seit Jahrzehnten drückten einige Marktbeobachter ihre Besorgnis aus, dass die günstige Disinflation (Preise steigen auf einem niedrigen Niveau) in eine schädliche Deflation (fallende Preise) übergehen könnte. Die Besorgnis wurde dadurch verstärkt, dass die Produzentenpreise auf Jahresbasis erstmals seit mehr als einem Jahrzehnt fielen. In der Folge begannen sich die Renten- und Aktienmärkte, voneinander abzukoppeln. Zum ersten Mal seit vier Jahren gingen die Investoren aus Aktien raus und steckten mehr Geld in Renten und zinssensitive Aktiengruppen wie Energieversorger. Der Grund für diese Anpassung der Asset Allocation sind die deflationären Veränderungen des Intermarket-Szenarios. Die inverse Beziehung zwischen Bondkursen und Rohstoffpreisen wird beibehalten. Die Commodities fallen, während die Rentenkurse anziehen. Der Unterschied besteht darin, dass der Aktienmarkt in dieser Umgebung negativ reagieren kann. Wir weisen darauf hin, weil es eine lange Zeit her ist, seit die Finanzmärkte so sehr mit dem Problem der Preisdeflation zu tun hatten. Falls und wenn es zu einer Deflation kommt, werden die Intermarket-Beziehungen immer noch gelten, doch in einer anderen Art und Weise. Disinflation ist schlecht für Rohstoffe, doch gut für Renten und Aktien. Deflation ist gut für Renten und schlecht für Rohstoffe, doch möglicherweise auch schlecht für Aktien.

Der deflationäre Trend, der Mitte 1997 in Asien begonnen hatte, griff Mitte 1998 auf Russland und Lateinamerika über und begann, alle globalen Aktienmärkte negativ zu beeinflussen. Der Verfall der Rohstoffpreise schädigte besonders die rohstoffexportierenden Länder wie Australien, Kanada, Mexiko und Russland. Die deflationäre Wirkung fallender Rohstoffpreise und Aktienkurse wirkte sich auf Treasury Bonds positiv aus, so dass diese neue Rekordhochs erreichten. Die Marktereignisse von 1998 waren ein dramatisches Beispiel für die Existenz globaler Intermarket-Verknüpfungen und demonstrierten, wie sich Renten und Aktien in einer deflationären Welt voneinander abkoppeln können.

☐ INTERMARKET-KORRELATIONEN

Zwei Märkte wie zum Beispiel Aktien und Renten, die sich normalerweise in die gleiche Richtung bewegen, sind positiv korreliert. Märkte mit Trends in entgegengesetzte Richtungen, wie Renten und Rohstoffe, sind negativ korreliert. Analysesoftware erlaubt Ihnen, den Grad der Korrelation zwischen verschiedenen Märkten zu messen. Hohe positive Werte bedeuten eine starke positive Korrelation. Hohe negative Werte zeigen eine starke negative Korrelation. Werte um Null zeigen eine geringe oder fehlende Korrelation zwischen zwei Märkten an. Durch Messung der Korrelation kann der Trader entscheiden, inwieweit er bestimmte Intermarket-Beziehungen berücksichtigen soll. Auf Zusammenhänge mit höheren Korrelationen sollte mehr Gewicht gelegt werden, auf solche mit Korrelationen nahe null weniger (siehe Abbildung 17.11).

In seinem Buch *Cybernetic Trading Strategies* präsentiert Murray Ruggiero, Jr. eine kreative Arbeit über Intermarket-Korrelationen. Er zeigt auch, wie man Intermarket-Filter bei Handelssystemen einsetzt. Er demonstriert beispielsweise, wie ein Moving Average Crossover-System im Bondmarkt als Filter für das Aktien-Trading eingesetzt werden kann. Ruggiero erforscht die Anwendung aktueller Metoden der künstlichen Intelligenz wie Chaostheorie, Fuzzy Logic und neuronale Netze auf die Entwicklung technischer Handelssysteme. Außerdem erforscht er den Einsatz neuronaler Netze im Bereich der Intermarket-Analyse.

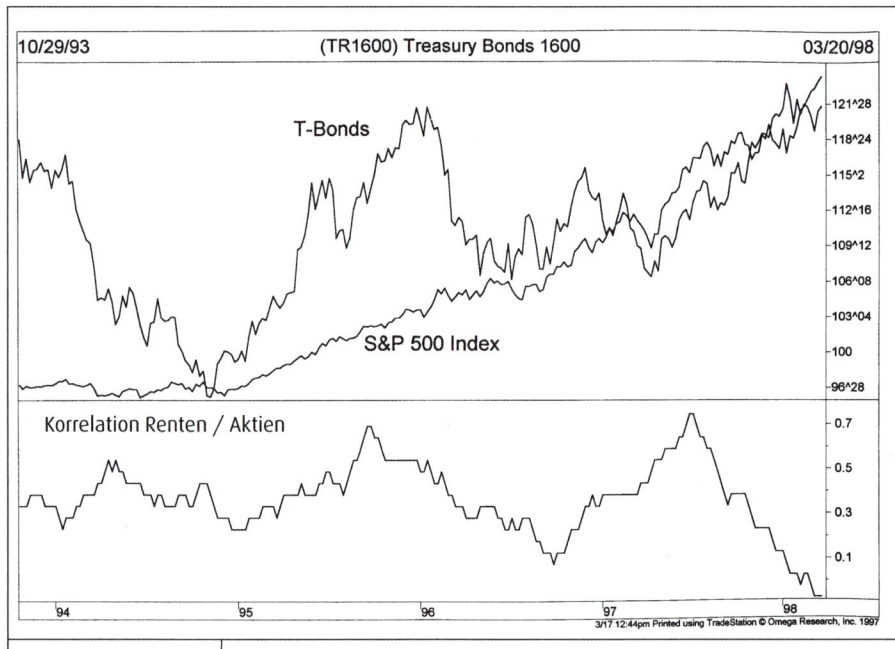

Abbildung 17.11 / Die untere Linie zeigt die positive Korrelation zwischen Treasury Bonds und dem S&P 500. Im 1. Halbjahr 1997 verursachte die Asienkrise eine ungewöhnliche Entkopplung. Die Investoren kauften Bonds und veräußerten Aktien.

□ NEURONALE NETZWERKE FÜR INTERMARKET-ANALYSE

Ein großes Problem bei der Untersuchung von Intermarket-Beziehungen besteht darin, dass es so viele von ihnen gibt – und dass sie alle zur gleichen Zeit interagieren. Das ist der Punkt, an dem neuronale Netze ins Spiel kommen. Neuronale Netze bilden einen eher quantitativen Rahmen, um die innerhalb der Finanzmärkte existierenden komplexen Beziehungen zu identifizieren und zu verfolgen. Louis Mendelsohn, Präsident der Market Technologies Corporation (25941 Apple Blossom Lane, Wesley Chapel, FL 33544, e-mail: 45141@ProfitTaker.com; website URL: www.Profit-Taker.com/45141), war der Erste, der in den achtziger Jahren Intermarket-Analyse-Software für die Finanzindustrie entwickelt hat. Mendelsohn ist der führende Pionier in der Anwendung von Mikrocomputer-Software und neuronaler Netze auf die Intermarket-Analyse. Seine im Jahr 1991 am Markt eingeführte Software VantagePoint benutzt Intermarket-Prinzipien für das Trading von Zinsmärkten, Aktienindizes, Währungen und Energie-Futures. VantagePoint verwendet die Technologie neuronaler Netze, um verborgene Muster und Korrelationen aufzuspüren, die zwischen verbundenen Märkten bestehen.

□ FAZIT

Dieses Kapitel fasst die wesentlichen Punkte meines Buches *Intermarket Technical Analysis* zusammen. Es diskutiert den Welleneffekt, der vom Dollar ausgeht hin zu Rohstoffen, zu Renten und zu Aktien. Der Intermarket-Ansatz erkennt auch die Existenz globaler Verknüpfungen. Was in Asien, Europa und Lateinamerika passiert, beeinflusst die US-Märkte, und umgekehrt. Die Intermarket-Analyse wirft ein Licht auf die Sektorrotation innerhalb des Aktienmarktes. Die Analyse der Relativen Stärke eignet sich zur Auswahl von Assetklassen, Marktsektoren oder Einzelaktien, die sich wahrscheinlich besser entwickeln werden als der Gesamtmarkt. In seinem Buch *Leading Indicators for the 1990s* zeigt Dr. Geoffrey Moore, wie die Interaktion zwischen Rohstoffpreisen, Bondkursen und Aktienkursen einem sequentiellen Muster folgt, das an den Wirtschaftszyklus angelehnt ist. Dr. Moore beweist die Intermarket-Rotation innerhalb dieser drei Assetklassen und spricht sich für ihre Anwendung bei ökonomischen Prognosen aus. Dadurch hebt er die Intermarket-Analyse und die Technische Analyse insgesamt auf das Niveau der öknomischen Vorhersage an. Schließlich und endlich kann die Technische Analyse auf Investmentfonds ebenso wie auf jeden anderen Markt (mit einigen kleineren Modifikationen) angewendet werden. Weil dies so ist, kann die gesamte in diesem Buch diskutierte Technik bei Charts von Investmentfonds eingesetzt werden. Mehr noch: Die geringere Volatilität von Investmentfonds macht sie zu hervorragenden Vehikeln der Chartanalyse. Mein letztes Buch, *The Visual Investor,* befasst sich ausführlicher mit dem Fachgebiet der Analyse und dem Trading von Sektoren und zeigt auf, wie Charts von Investmentfonds angefertigt und dazu benutzt werden können, verschiedene Trading-Strategien zu implementieren (siehe Abbildung 17.12).

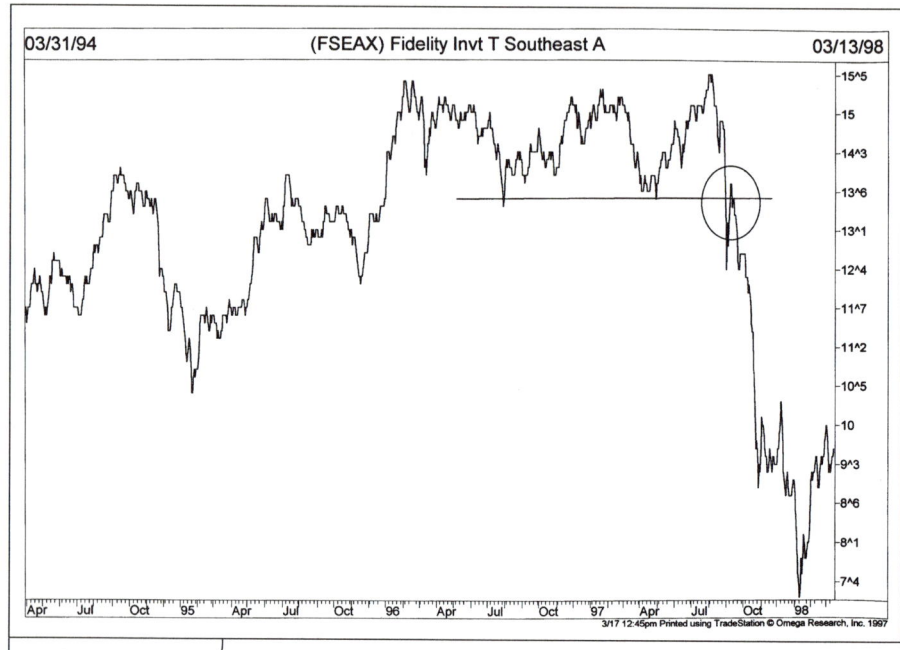

Abbildung 17.12 Auch die Charts von Investmentfonds können technisch analysiert werden. Sie müssen kein Chartexperte sein, um durch Beobachtung dieses Fonds zu erkennen, dass Asien in Schwierigkeiten geriet.

18 | Aktienmarkt-Indikatoren

Im vorangegangenen Kapitel beschrieben wir den Top-down-Ansatz, der bei der Aktienmarkt-Analyse überwiegend angewendet wird. Bei diesem Ansatz untersuchen Sie zunächst, wie gesund der Gesamtmarkt ist. Dann arbeiten Sie sich zu den Marktsektoren und Branchen vor. Der letzte Schritt ist die Analyse einzelner Aktien. Ihr Ziel besteht darin, die besten Aktien innerhalb der besten Gruppen, bei einer technisch gesunden Verfassung des Gesamtmarktes, herauszupicken. Die Untersuchung von Marktsektoren und Einzelwerten kann mit den technischen Hilfsmitteln erfolgen, die in diesem Buch behandelt werden – zum Beispiel Chartformationen, Volumenanalyse, Trendlinien, gleitende Durchschnitte, Oszillatoren usw. Dieselben Indikatoren kann man auch auf die breiten Aktienindizes anwenden. Es gibt jedoch eine weitere Klasse von Marktindikatoren, die bei der Aktienmarkt-Analyse eingesetzt wird; deren Aufgabe ist es, die Gesundheit des Gesamtmarktes durch Messung der Marktbreite zu bestimmen. Die in ihren Formeln benutzten Daten sind steigende gegen fallende Werte, neue Hochs gegen neue Tiefs und Aufwärtsvolumen gegen Abwärtsvolumen.

□ BEISPIELDATEN

Wenn Sie täglich den Kursteil des *Wall Street Journal* (Sektion C, Seite 2) studieren, finden Sie die folgende Tabelle für den Vortag. Die aufgeführten Zahlen basieren auf den Ergebnissen eines realen Handelstages.

Diaries NYSE	Monday
Issues Traded	3,432
Advances	1,327
Declines	1,559
Unchanged	546
New highs	78
New lows	43
Adv vol (000)	248,215
Decl vol (000)	279,557
Total vol (000)	553,914
Closing tick	−135
Closing Arms (trin)	.96

Die obigen Zahlen sind von Börsendaten der New York Stock Exchange abgeleitet. Eine ähnliche Aufstellung gibt es für den NASDAQ und die American Stock Exchange. In unserer Diskussion konzentrieren wir uns auf die NYSE. Zufällig stieg der Dow Jones Industrial Index an diesem besonderen Tag um 12,2 Punkte. Also ging der Markt – gemessen am Dow Jones Index – nach oben. Es gab allerdings mehr fallende Aktien (1.559) als steigende Aktien (1.327), was bedeutet, dass der breite Markt nicht so freundlich war wie der Dow. Es wurde auch mehr Abwärtsvolumen (279.557) als Aufwärtsvolumen (248.215) registriert. Diese beiden Zahlen sagen aus, dass die Marktbreite an diesem Tag eigentlich negativ war – obwohl der Dow Jones Index selbst gestiegen war. Die übrigen Zahlen zeigen ein gemischtes Bild. Die Anzahl der Aktien, die ein neues Hoch erreicht haben, (78) überstieg die Anzahl der Aktien, die ein neues Tief markierte,n (43) und deutet somit auf eine positive Marktumgebung hin. Der Closing Tick (die Anzahl der Aktien, deren letzter Kurs des Tages höher war als der vorletzte, minus der Anzahl der Aktien, deren letzter Kurs des Tages niedriger war als der vorletzte) war jedoch negativ (-135). Das bedeutet, dass 135 mehr Aktien mit einem Abwärts-Tick als mit einem Aufwärts-Tick geschlossen haben – ein kurzfristig negativer Faktor. Der negative Closing Tick wird allerdings durch einen leicht positiv zu wertenden Tagesendwert des Arms-Index (TRIN) von 0,96 ausgeglichen. Warum, werden wir weiter unten in diesem Kapitel erläutern. Alle diese internen

Marktdaten verfolgen einen Zweck – uns einen genaueren Aufschluss über die Gesundheit des Gesamtmarktes zu geben, die durch die Kursbewegung des Dow nicht immer reflektiert wird.

□ Der Vergleich von Marktdurchschnitten

Eine andere Methode zur Untersuchung der Marktbreite ist ein Vergleich der Performance von Aktienindizes selbst. Für denselben Handelstag ergaben sich folgende Daten, die Rückschlüsse auf die relative Performance zulassen:

Dow Industrial	+12.20 (+.16%)
S&P 500	−.64 (−.07%)
Nasdaq Composite	−14.47 (−.92%)
Russell 2000	−3.80 (−.89%)

Zunächst einmal ist klar, dass der Dow Industrials der einzige Marktdurchschnitt mit einem Tagesgewinn war. Alle Fernsehnachrichten berichteten an diesem Abend, dass der Markt (repräsentiert durch den Dow) nach oben gegangen sei. Doch die anderen Indizes zeigten eigentlich nach unten. Beachten Sie auch, dass die Performance umso schlechter war, je breiter der Aktienindex (d. h. umso mehr Aktien er enthält) war. Vergleichen Sie die prozentualen Veränderungen. Die 30 Dow-Aktien gewannen 0,16 %. Der S&P 500 Index verlor 0,07 %. Der Nasdaq Composite Index, der mehr als 5.000 Aktien enthält, wies die schlechteste Wertentwicklung auf und gab 0,92 % ab. Fast so schlecht wie der Nasdaq war der Russell 2000 (minus 0,89 %), der 2000 niedrigkapitalisierte Aktien enthält. Die Botschaft dieses kurzen Vergleichs lautet, dass der Gesamtmarkt – gemessen an den breiteren Marktdurchschnitten – an Boden verloren hat, obwohl der Dow an diesem Tag im Plus geendet hat. Wir kommen auf die Methode des Vergleichs von Marktdurchschnitten später noch einmal zurück. Schauen wir uns zuerst die verschiedenen Wege an, die dem Markttechniker zur Analyse der Marktbreite zur Verfügung stehen.

□ Die Advance-Decline-Linie

Dies ist der bekannteste aller Marktbreite-Indikatoren. Die Konstruktion der Advance-Decline-Linie ist extrem einfach. Jeder Handelstag an der New York Stock Exchange produziert eine bestimmte Anzahl von steigenden Aktien, eine Zahl für die gefallenen Titel und eine für die unverändert gebliebenen Aktien. Diese Angaben werden jeden Tag im *Wall Street Journal* und im *Investor's Business Daily* veröffentlicht und werden dazu benutzt, eine tägliche Advance-Decline-Linie (AD-Linie) zu konstruieren. Der übliche Weg, die AD-Linie zu berechnen, besteht darin, die Differenz zwischen der Anzahl der gestiegenen Aktien und der Anzahl der gefallenen Aktien zu bilden. Gab es mehr Gewinner als Verlierer, so ist die AD-Zahl für diesen Tag positiv. Waren die gefallenen Aktien gegenüber den gestiegenen Werten in der Überzahl, so ist die AD-Zahl für diesen Tag negativ. Diese positive oder negative tägliche Zahl wird dann zu der kumulativen AD-Linie hinzugezählt. Die AD-Linie zeigt einen eigenen Trend. Die Idee ist sicherzugehen, dass die AD-Linie und der Marktdurchschnitt in dieselbe Richtung tendieren (siehe Abbildung 18.1).

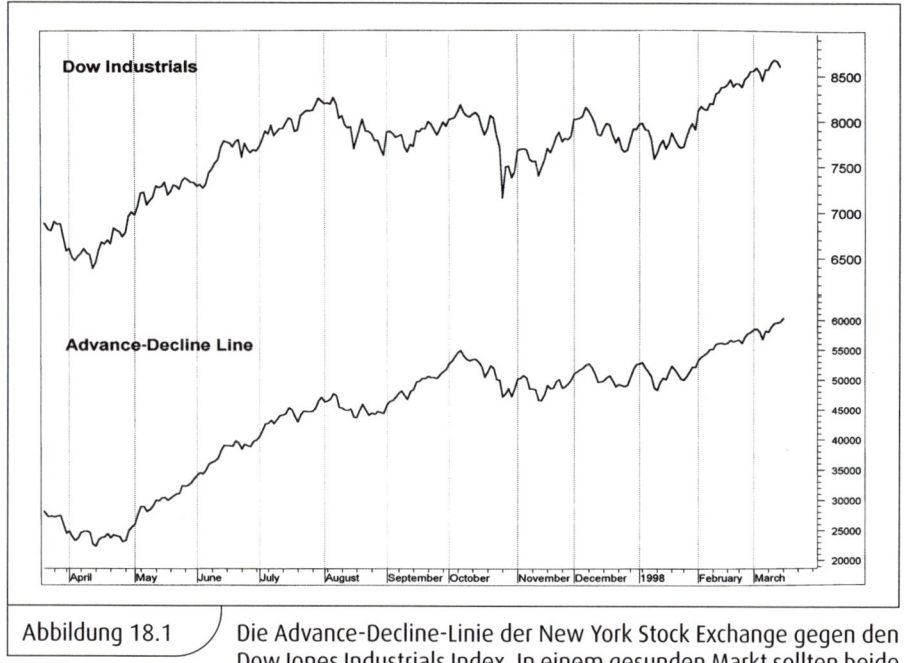

Abbildung 18.1 Die Advance-Decline-Linie der New York Stock Exchange gegen den Dow Jones Industrials Index. In einem gesunden Markt sollten beide Linien gemeinsam aufwärts tendieren, wie hier dargestellt.

☐ AD-DIVERGENZ

Was misst die Advance-Decline-Linie? Die Advance-Decline-Linie teilt uns mit, ob das breite Universum der 3500 an der NYSE notierten Aktien im Gleichklang mit den meistbeachteten Aktienindizes, die nur 30 Werte (Dow Jones Industrials Index) bzw. 500 Aktien (S&P 500 Index) enthalten, laufen oder nicht. Um eine Maxime der Wall Street zu zitieren: Die Advance-Decline-Linie zeigt uns, ob die „Truppen" mit den

„Generälen" Schritt halten. So lange die AD-Linie zusammen mit beispielsweise dem Dow Jones Index steigt, ist die Breite oder Gesundheit des Marktes in Ordnung. Gefahr taucht dann auf, wenn die AD-Linie beginnt, vom Dow abzuweichen. Anders ausgedrückt: Wenn Sie eine Situation haben, in der der Dow Industrieindex neue Höchstkurse macht, während der breite Markt (gemessen durch die AD-Linie) dieser Bewegung nicht folgt, beginnen die Techniker, sich wegen einer „schlechten Marktbreite" oder einer AD-Divergenz zu sorgen. Historisch gesehen gipfelt die AD-Linie deutlich vor den Marktindizes, weshalb sie so genau beachtet wird.

□ TÄGLICHE VERSUS WÖCHENTLICHE AD-LINIEN

Die beschriebene Tages-AD-Linie wird am besten für kurz- und mittelfristige Vergleiche mit den wichtigen Aktienindizes eingesetzt. Für Vergleiche, die mehrere Jahre zurückgehen, ist sie weniger geeignet. Eine Wochen-AD-Linie misst die Anzahl der gestiegenen gegen die Anzahl der gefallenen Aktien für die ganze Woche. Diese Zahlen werden an jedem Wochenende im *Barron's* veröffentlicht. Eine Wochen-AD-Linie gilt für Trendvergleiche, die mehrere Jahre umfassen, als nützlicher. Während eine negative Divergenz bei der Tages-AD-Linie vor kurz- bis mittelfristigen Marktproblemen warnt, ist auch eine Divergenz bei der Wochen-AD-Linie nötig, um einen sicheren Hinweis darauf zu erhalten, dass sich ein ernsteres Problem entwickelt.

□ VARIATIONEN BEI DER AD-LINIE

Weil die Anzahl der an der NYSE gehandelten Aktien über die Jahre gewachsen ist, glauben manche Analysten, dass die Subtraktionsmethode den jüngeren Daten ein größeres Gewicht beimisst. Zur Bekämpfung dieses Problems ziehen viele Technische Analysten ein Advance-Decline-Ratio vor, bei dem die Anzahl der gestiegenen Aktien durch die Anzahl der gefallenen Aktien geteilt wird. Einige denken auch, dass es gut sei, die Anzahl der unverändert notierenden Aktien in der Kalkulation zu berücksichtigen. Egal, wie die AD-Linie berechnet wird, ihr Nutzen ist immer der gleiche – die Richtung des breiten Marktes zu messen und zu überprüfen, ob sie in die gleiche Richtung marschiert wie die enger konstruierten, aber stärker beachteten Marktdurchschnitte. Advance-Decline-Linien können auch für die American Stock Exchange und den Nasdaq-Markt ermittelt werden. Markttechniker mögen auch die Konstruktion von Überkauft-/Überverkauft-Indikatoren auf die AD-Linien, um kurz- und mittelfristige Marktextreme bei der Marktbreite herauszufinden. Eines der besser bekannten Beispiele ist der McClellan-Oszillator.

□ MCCLELLAN-OSZILLATOR

Dieser von Sherman McClellan entwickelte Oszillator wird konstruiert, indem die Differenz zwischen zwei exponentiellen gleitenden Durchschnitten der täglichen AD-Zahlen der NYSE ermittelt wird. Der McClellan-Oszillator ist die Differenz zwischen der 19-Tage-Linie (10 %-Trend) und der 39-Tage-Linie (5 %-Trend) auf die täglichen Netto-AD-Zahlen. Der Oszillator fluktuiert um eine Nulllinie, wobei die oberen und unteren Begrenzungsmarken bei +100 und −100 liegen. Werte des McClellan-Oszillators über +100 signalisieren einen überkauften Aktienmarkt. Werte unter −100 gelten als überverkauft. Kreuzungen über und unter die Nulllinie werden auch als kurz- bis mittelfristige Kauf- bzw. Verkaufssignale interpretiert (siehe Abbildung 18.2).

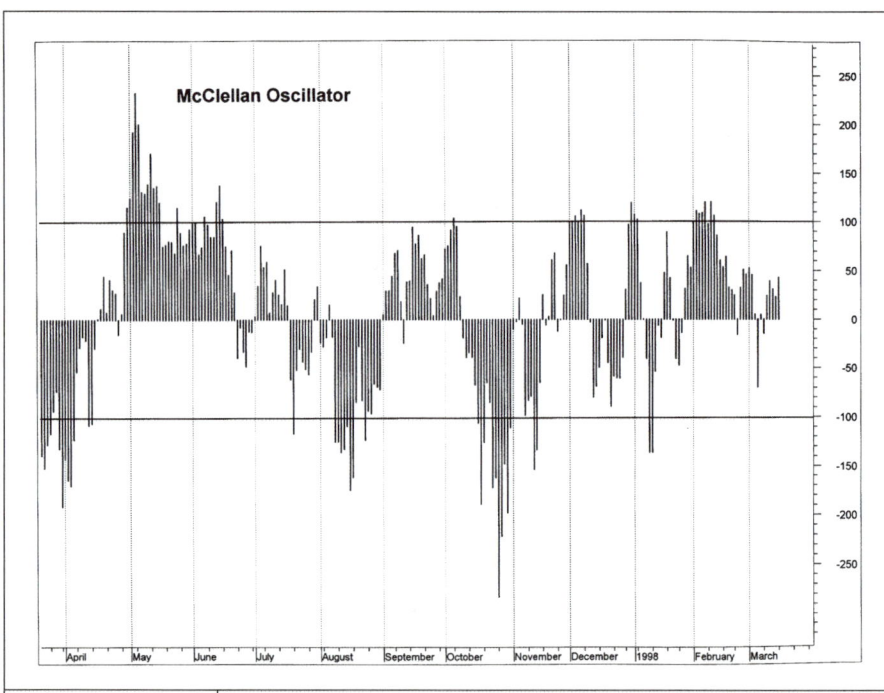

Abbildung 18.2 / Der McClellan-Oszillator als Histogramm. Kreuzungen über die Nulllinie sind positive Signale. Werte über +100 sind überkauft, während Werte unter −100 überverkauft sind. Beachten Sie die extreme Überverkauft-Situation im Oktober 1997.

□ McClellan-Summation-index

Der Summation-Index ist einfach eine längerfristige Version des McClellan-Oszillators. Der McClellan-Summation-Index stellt die kumulative Summe der täglichen positiven oder negativen Werte des McClellan-Oszillators dar. Während der McClellan-Oszillator beim kurz- und mittelfristigen Trading eingesetzt wird, bietet der Summationsindex eine längerfristige Sicht der Marktbreite und wird dazu benutzt, bedeutende Umkehrpunkte zu lokalisieren (siehe Abbildung 18.3).

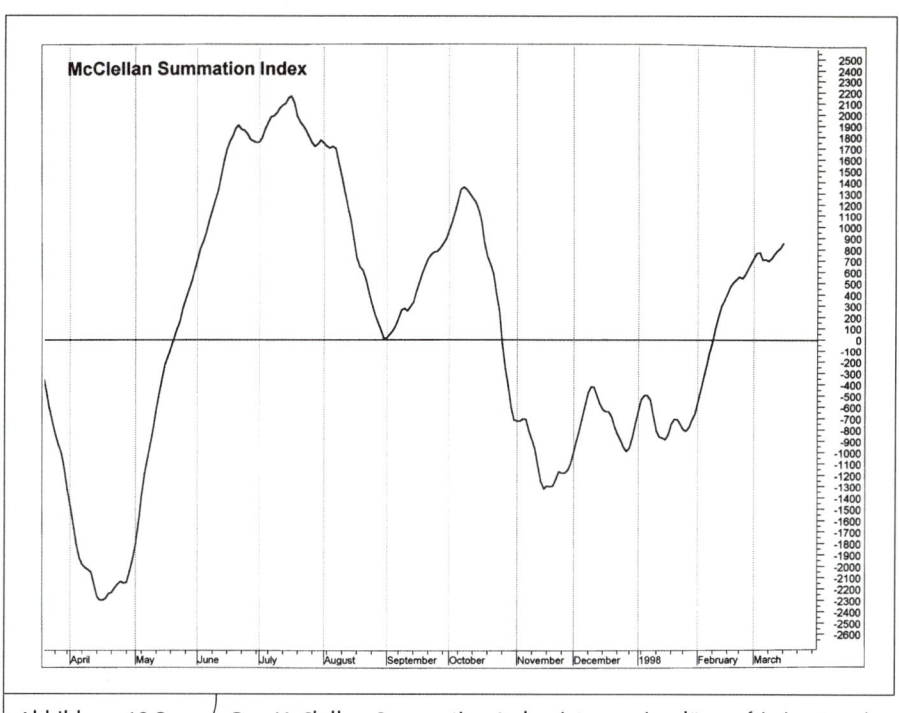

Abbildung 18.3 / Der McClellan-Summation-Index ist nur eine längerfristige Version des McClellan-Oszillators. Der Summation-Index wird für langfristige Trendanalysen verwendet. Kreuzungen unter die Nulllinie sind negativ. Das Signal im Februar 1998 war positiv.

□ Neue Hochs versus neue Tiefs

Zusätzlich zu der Anzahl der gestiegenen und gefallenen Aktien publiziert die Finanzpresse auch die Anzahl der Aktien, die neue 52-Wochen-Hochs bzw. neue 52-Wochen-Tiefs gemacht haben. Auch hier sind die Zahlen auf täglicher und wöchentlicher Basis erhältlich. Es gibt zwei Darstellungsarten dieser Daten. Die eine besteht darin, die beiden Linien separat zu zeichnen. Weil die Tagesausschläge erratisch sein können, werden gleitende Durchschnitte (normalerweise über 10 Tage) verwendet, um ein geglättetes Bild der beiden Linien zu erhalten (siehe Abbildung 18.4). In einem festen Markt wird die Anzahl der neuen Hochs viel größer sein als die Anzahl der neuen Tiefs. Zur Vorsicht wird gemahnt, wenn die Anzahl der neuen Hochs anfängt abzunehmen, oder die Anzahl der neuen Tiefs zuneimmt. Ein negatives Marktsignal wird aktiviert, wenn der gleitende Durchschnitt der neuen Tiefs über den Durchschnitt der neuen Hochs kreuzt. Es hat sich auch gezeigt, dass der Markt immer dann, wenn der New-Highs-Index Extremwerte erreicht, eine Tendenz zur Gipfelbildung hat. Analog neigt der Markt zur Bodenbildung, wenn der New-Lows-Index in eine Extremzone gerät. Eine andere Art der Darstellung der neuen Hochs versus die neuen Tiefs ist die Zeichnung der Differenz zwischen den beiden Linien.

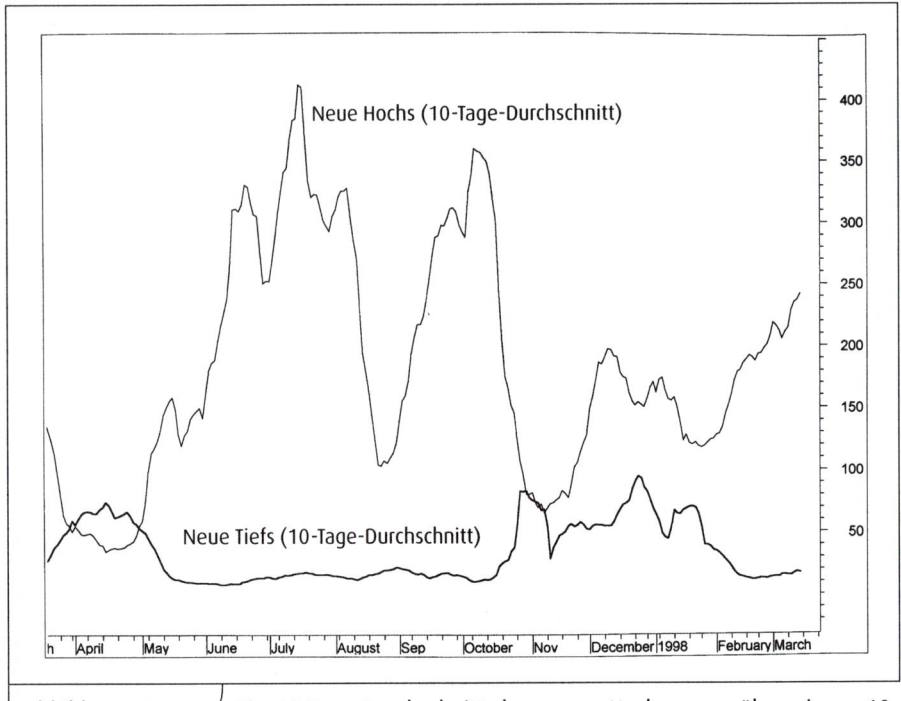

| Abbildung 18.4 | Ein 10-Tage-Durchschnitt der neuen Hochs gegenüber einem 10-Tage-Durchschnitt der neuen Tiefs. In einem gesunden Markt sollten mehr Aktien neue Hochs erreichen als neue Tiefs. Im Oktober 1997 überkreuzten sich die beiden Linien beinahe, bevor ihre bullishe Anordnung wieder hergestellt wurde. |

□ NEW HIGH - NEW LOW INDEX

Der Vorteil eines New High-New Low-Index besteht darin, dass er unmittelbar mit einem der bekannten Marktindizes verglichen werden kann. Auf diese Weise kann die New High - New Low-Linie ebenso eingesetzt werden wie die AD-Linie (siehe Abbildung 18.5). Der Trend der New High - New Low-Linie kann als Chart dargestellt und zum Auffinden von Divergenzen genutzt werden. Ein neues Hoch im Dow beispielsweise, das nicht von einem neuen Hoch in der korrespondierenden New High-New Low-Linie bestätigt wird, könnte ein Schwächezeichen des breiteren Marktes sein. Die Linie selbst kann auch mit Trendlinien und gleitenden Durchschnitten analysiert werden. Doch ihr größter Wert liegt in der Bestätigung oder Abweichung vom vorherrschenden Aktientrend und damit der frühzeitigen Warnung vor potenziellen Trendwechseln des Gesamtmarktes. Dr. Alexander Elder beschreibt den New High - New Low Index in seinem Buch *Trading for a Living* (Wiley) (dt. Ausgabe: *Die Formel für Ihren Börsenerfolg – FinanzBuch Verlag*) als „wahrscheinlich besten Frühindikator des Aktienmarktes".

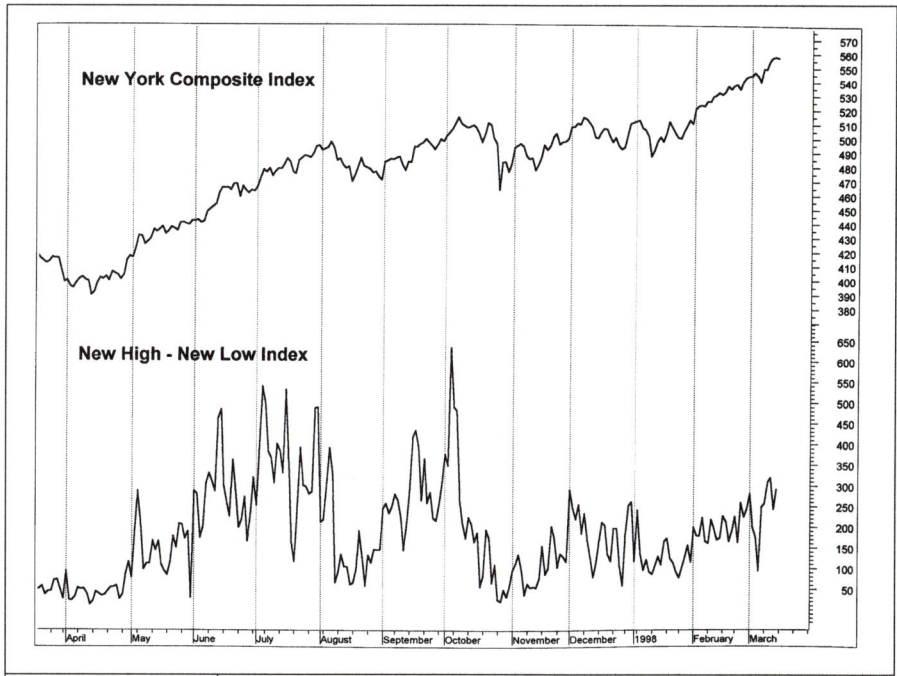

Abbildung 18.5 / Der New High – New Low Index gegenüber dem NYSE Composite Index. Diese Linie zeigt die Differenz zwischen der Anzahl von Aktien, die neue Hochs erreichen, und der Anzahl von Aktien, die neue Tiefs etablieren. Eine steigende Linie ist positiv. Beachten Sie den scharfen Einbruch im Oktober 1997.

427

Elder schlägt vor, den Indikator als Histogramm zu zeichnen, wobei die Nulllinie einen horizontalen Referenzpunkt darstellt, der das Aufspüren von Divergenzen erleichtert. Er weist darauf hin, dass Kreuzungen über und unter die Nulllinie bullishe und bearishe Änderungen in der Marktpsychologie reflektieren.

☐ UPSIDE VERSUS DOWNSIDE VOLUME

Dies ist der dritte und letzte Teil der Daten, die für die Messung der Marktbreite benutzt werden. Die New York Stock Exchange stellt auch Zahlen über die Umsätze bei steigenden und fallenden Titeln zur Verfügung. Diese Daten sind am folgenden Tag in der Finanzpresse nachzulesen. Mit diesen Zahlen ist es möglich, das Aufwärts-Volumen mit dem Abwärts-Volumen zu vergleichen, um herauszufinden, welches der beiden zu einer gegebenen Zeit dominant ist (siehe Abbildung 18.6). Das Upside und das Downside Volume können als zwei separate Linien gezeichnet werden (genau so, wie wir es mit den New Highs- und New Lows-Zahlen gemacht haben), oder die Diffe-

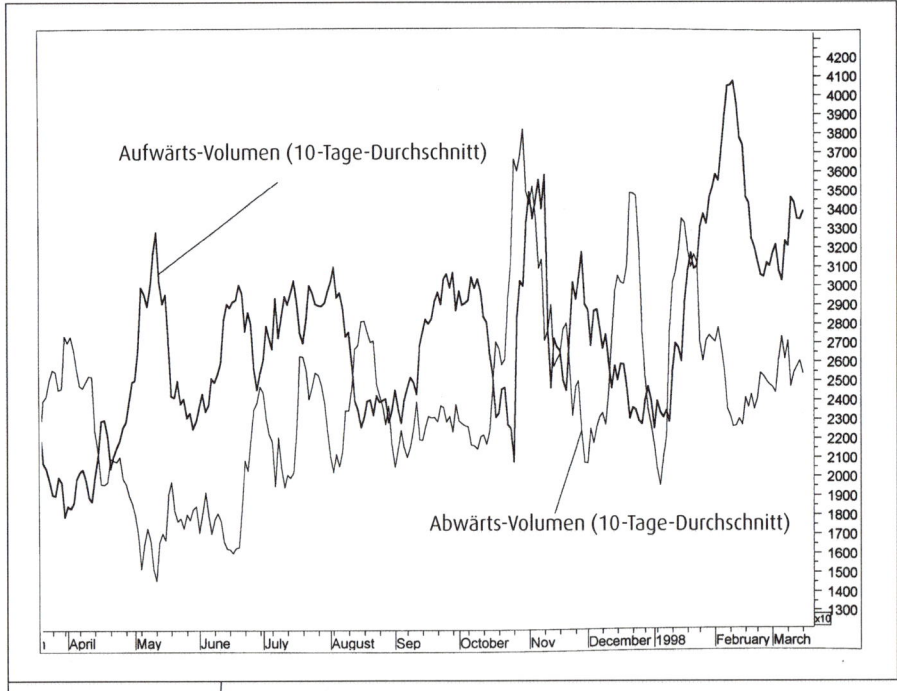

Abbildung 18.6 / Ein 10-Tage-Durchschnitt des Aufwärts-Volumens am Aktienmarkt (dicke Linie) gegenüber dem Abwärts-Volumen. Ein starker Markt sollte mehr Aufwärts- als Abwärts-Volumen aufweisen.

renz wird als einzelne Linie dargestellt. Die Interpretation ist in beiden Fällen die gleiche. Dominiert das Aufwärts-Volumen, ist der Markt stark. Ist das Abwärts-Volumen größer, so ist der Markt schwach. Es ist möglich, die Anzahl der gestiegenen und gefallenen Aktien mit dem Aufwärts-Volumen und dem Abwärts-Volumen zu kombinieren. Das jedenfalls hat Richard Arms gemacht, als er den Arms-Index kreierte.

☐ DER ARMS-INDEX

Der nach seinem Erfinder benannte Arms-Index ist das Ratio eines Ratios. Der Zähler ist der Quotient aus der Anzahl gestiegener und gefallener Aktien. Der Nenner ist das Ergebnis aus dem Aufwärts-Volumen geteilt durch das Abwärts-Volumen. Die Aufgabe des Arms-Index besteht darin, herauszufinden, ob mehr Umsätze bei steigenden oder fallenden Aktien getätigt werden. Werte über 1,0 bedeuten, dass das Volumen bei fallenden Aktien größer ist – ein negatives Zeichen. Werte unter 1,0 zeigen höhere Umsätze in steigenden Aktien an und sind positiv. Auf Intraday-Basis sind sehr hohe Indexwerte positiv, während ein sehr niedriges Niveau negativ ist. Deshalb ist der Arms-Index ein Kontraindikator, der in die entgegengesetzte Richtung des Marktes tendiert. Man kann ihn für Intraday-Trading einsetzen, indem man seine Trendrichtung verfolgt und Ausschau nach Marktextremen hält (siehe Abbildung 18.7).

☐ TRIN VERSUS TICK

Der Arms-Index (TRIN) kann in Verbindung mit dem TICK-Indikator für das Intraday-Trading benutzt werden. TICK misst die Differenz zwischen der Anzahl der Aktien mit einem Aufwärts-Tick versus die Aktien mit einem Abwärts-Tick. Der TICK ist eine Minute-für-Minute-Version der Tages-Advance-Decline-Linie und dient demselben Zweck. Wenn man die beiden während des Tages miteinander kombiniert, so sind ein steigender TICK-Indikator und ein fallender Arms-Index positiv, während ein fallender TICK-Indikator und ein steigender Arms-Index negativ sind. Der Arms-Index kann allerdings auch für Langfristanalysen eingesetzt werden.

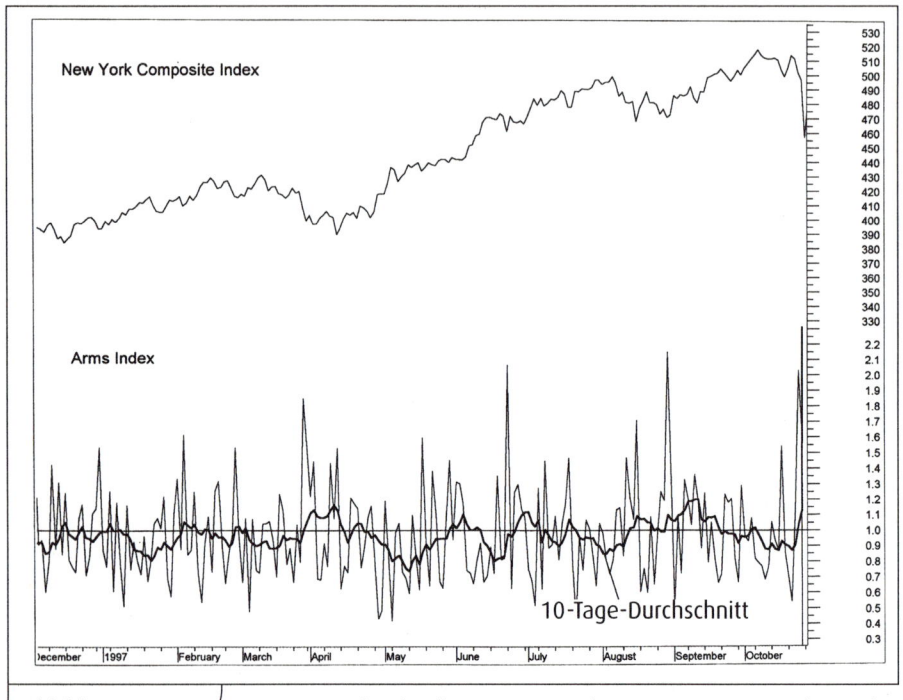

New York Composite Index

Arms Index

10-Tage-Durchschnitt

| Abbildung 18.7 | Der Arms-Index (auch TRIN genannt) weist einen gegen die Markt-richtung gerichteten Trend auf. Außergewöhnlich große Ausschläge nach oben signalisieren üblicherweise eine Bodenbildung des Marktes. Ein 10-Tage-Durchschnitt des Arms-Indexes ist eine ver-breitete Darstellungsweise dieses Kontra-Indikators. |

☐ GLÄTTUNG DES ARMS-INDEX

Obwohl der Arms-Index im gesamten Tagesverlauf ermittelt wird und einen gewissen kurzfristigen Prognosewert besitzt, benutzen die meisten Trader einen 10-Tage-Durchschnitt seiner Werte. Nach Arms selbst gelten Werte der 10-Tage-Linie des Arms-Index von über 1,20 als überkauft, und Werte von unter 0,70 als überverkauft; diese Werte können sich allerdings je nach Gesamttrend des Marktes verschieben. Arms setzt auch Fibonacci-Zahlen ein. Er schlägt vor, zusätzlich zu der 10-Tage-Version einen 21-Tage-Arms-Index zu benutzen. Er verwendet auch 21-Tage- und 55-Tage-Linien des Arms-Index als Crossover-System, um gute mittelfristige Trades zu generieren. Für tiefer gehende Informationen lesen Sie *The Arms Index (TRIN)* von Richard W. Arms, Jr.

☐ OPEN ARMS

Bei der Berechnung des 10-Tage-Arms-Index wird der Endwert jedes Tages mit Hilfe der vier Parameter bestimmt und dann mit einem 10-Tage-Durchschnitt geglättet. In der „Open"-Version des Arms-Index wird jede der vier Komponenten der Formel separat über einen Zeitraum von 10 Tagen gemittelt. Der Open Arms-Index wird dann aus diesen vier verschiedenen Durchschnitten berechnet. Viele Analysten ziehen den Open-Arms-Index der Originalversion vor. Verschiedene Längen der gleitenden Durchschnitte, wie 21 und 55 Tage, können auch für die Open-Arms-Version eingesetzt werden (siehe Abbildung 18.8).

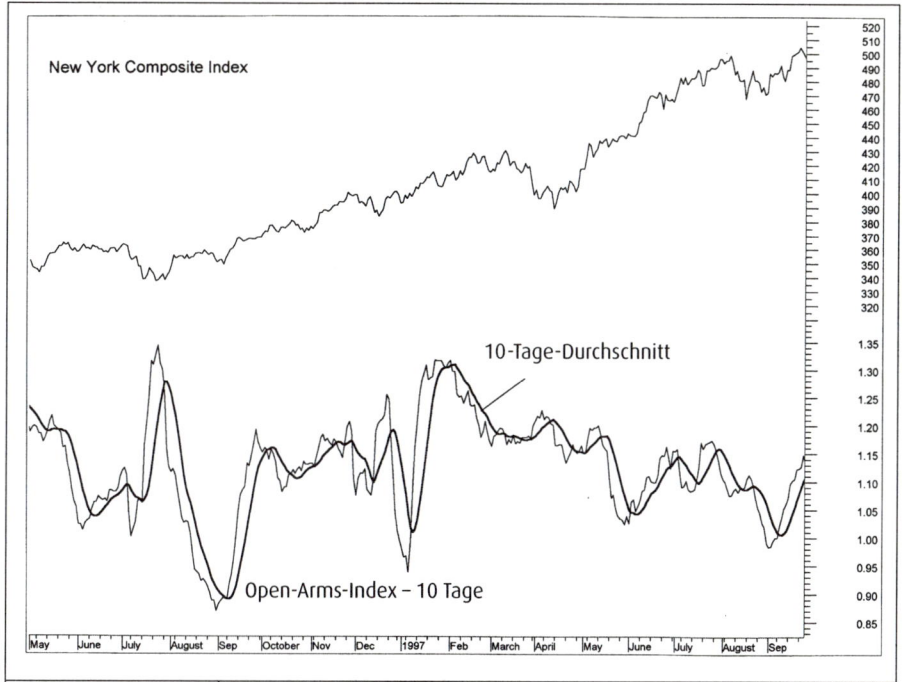

Abbildung 18.8 Der 10-Tage-Open-Arms-Index ist eine geglättete Version dieses Indikators, doch er verläuft immer noch in entgegengesetzter Richtung zum Markttrend. Eine Kreuzung des 10-Tage-Open Arms-Indexes durch seinen 10-Tage-Durchschnitt (dicke Linie) signalisiert oft Umkehrpunkte.

□ EQUIVOLUME CHARTS

Obwohl Richard Arms vor allem für die Kreation des Arms-Index bekannt ist, erwies er sich auch bei der Analyse anderer Kombinationen von Kursen und Umsätzen als Pionier. So kreierte er einen vollkommen neuen Charttyp mit dem Namen Equivolume. Beim traditionellen Balkenchart wird die Handelsspanne des Tages mit dem Kursbalken dargestellt, während der Umsatzbalken am unteren Rand des Charts angeordnet ist.

Weil Technische Analysten die Analyse von Kursen und Umsätzen kombiniert einsetzen, müssen sie gleichzeitig beide Teile des Charts betrachten. Beim Equivolume Chart wird jeder Kursbalken als Rechteck dargestellt. Die Höhe des Rechtecks bildet die Handelsspanne des Tages ab. Die Breite des Rechtecks wird durch den Tagesumsatz festgelegt. Tage mit höherem Volumen produzieren breitere Rechtecke, während die Rechtecke von Tagen mit dünnen Umsätzen schmaler sind (siehe Abbildung 18.9).

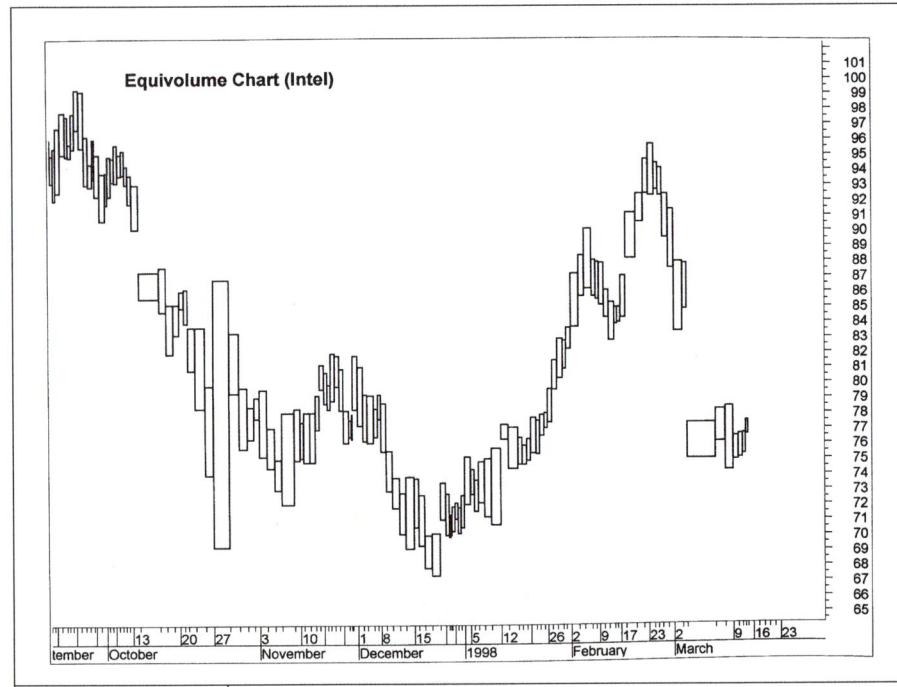

Abbildung 18.9 / Equivolume-Charts kombinieren Kurs und Umsatz. Die Breite jedes Rechtecks (Tagesbalken) wird durch den Umsatz bestimmt. Breitere Rechtecke bedeuten höheres Volumen. Die Rechtecke begannen sich während des letzten Ausverkaufs von Intel zu verbreitern – ein negatives Zeichen.

Als Regel sollten bullishe Kursausbrüche immer von einer stark ansteigenden Handelsaktivität begleitet sein. Auf einem Equivolume-Chart sollte ein solcher Ausbruch daher mit einem erkennbar breiteren Rechteck erfolgen. Equivolume-Charts kombinieren Kurs- und Umsatzanalyse in einer Grafik und erleichtern Vergleiche zwischen Kursen und Umsätzen. In einem Aufwärtstrend beispielsweise sollten an Tagen mit steigenden Kursen breitere Rechtecke vorkommen als an Tagen mit fallenden Kursen. Equivolume-Charts können auf Marktindizes ebenso wie auf einzelne Aktien angewendet und sowohl auf Tages- als auch auf Wochenbasis gezeichnet werden. Für weitere Informationen lesen Sie *Volume Cycles in the Stock Market* von Richard Arms (Dow Jones - Irwin, 1983).

☐ CANDLEPOWER

In Kapitel 12 erklärte Greg Morris die Kerzencharts. In einem 1990 in dem Magazin *Technical Analysis of Stocks and Commodities* erschienenen Artikel mit der Überschrift „East Meets West: CandlePower Charting" schlägt Morris die Kombination von Kerzencharts mit Arms Equivolume-Charts vor. Morris stellt die Candlesticks in seiner Version in einem Equivolume-Format dar. Mit anderen Worten: Die Breite der Kerzen wird durch die Höhe des Umsatzes bestimmt. Je größer das Volumen, desto breiter ist die Kerze. Morris bezeichnet die Kombination als CandlePower-Chart. Zitat aus seinem Artikel: „... die CandlePower Charts bieten vergleichbare wenn nicht bessere Informationen als Equivolume- oder Kerzencharts und sind visuell ansprechender als jede von ihnen." Morris´ CandlePower-Technik ist im Chartprogramm Metastock enthalten (Verlag: Equis International, 3950 S. 700 East, Suite 100, Salt Lake City, UT 84107, [800]882-3040, www.equis.com). Der Name wurde allerdings in Candlevolume geändert (siehe Abbildung 18.10).

☐ DER VERGLEICH VON MARKTDURCHSCHNITTEN

Am Anfang des Kapitels erwähnten wir, dass der direkte Vergleich verschiedener Indizes ebenfalls eine Methode darstellt, die Marktbreite zu verfolgen. Wir sprechen hier hauptsächlich vom Dow Industrials, dem S&P 500, dem NYSE Index, dem Nasdaq Composite und dem Russell 2000. Jeder von ihnen bildet einen leicht abweichenden Teil des Marktes ab. Der Dow und der S&P 500 berücksichtigen die Trends einer relativ kleinen Anzahl hochkapitalisierter Aktien. Der NYSE Composite Index enthält alle Aktien, die an der New York Stock Exchange gehandelt werden, und ermöglicht eine etwas breitere Perspektive. Ausbrüche im Dow Industrials sollten – als allgemeine

CandlePower Chart (Intel)

Abbildung 18.10 — Ein CandlePower-Chart (auch Candlevolume genannt) kombiniert Equivolume- und Kerzencharts. Die Breite jeder Kerze (Tagesbalken) wird durch den Umsatz bestimmt.

Regel – von vergleichbaren Ausbrüchen sowohl im S&P 500 als auch im NYSE Composite Index bestätigt werden, wenn der Ausbruch nachhaltig sein soll.

Die meisten bedeutenden Divergenzen erscheinen im Nasdaq und im Russell 2000. Der Nasdaq Composite Index enthält mehr Aktien (5000). Der Nasdaq Index wird jedoch gewöhnlich von den hundert größten Technologiewerten wie Intel und Microsoft dominiert, weil es sich hier um einen kapitalisierungsgewichteten Index handelt. Aus diesem Grund bildet der Nasdaq Index die Trendrichtung des Technologiesektors als diejenige des breiten Marktes ab. Der Russell 2000 ist ein verlässlicherer Maßstab aus der Welt der kleineren Aktien. Beide Indizes sollten allerdings gemeinsam mit dem Dow und dem S&P 500 nach oben tendieren, wenn der Aufwärtstrend des Marktes wirklich gesund sein soll.

Hier spielt die Analyse der Relativen Stärke eine nützliche Rolle. Ein Ratio des Nasdaq zum S&P 500 drückt aus, ob die Technologieaktien führen oder hinterherhinken. Im Allgemeinen ist es besser für den Markt, wenn sie führen und die Ratio-Linie steigt (siehe Abbildung 18.11). Ein Vergleich des Russell 2000 und des S&P 500 zeigt, ob die „Truppen" den „Generälen" folgen. Wenn die kleinen Aktien eine relative

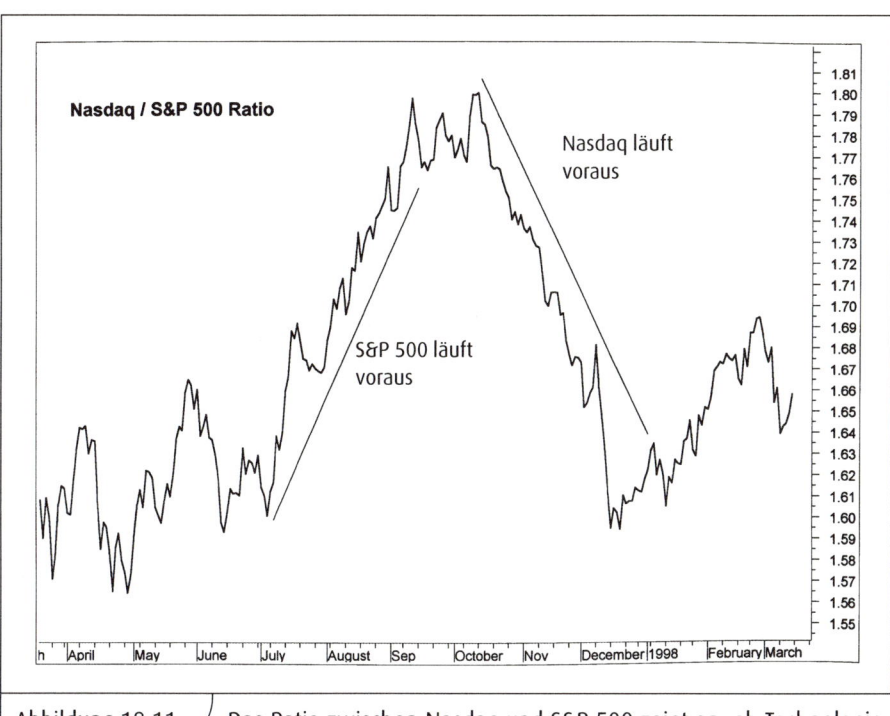

Abbildung 18.11	Das Ratio zwischen Nasdaq und S&P 500 zeigt an, ob Technologie-aktien dem Markt voraus oder hinterher laufen. Normalerweise ist es besser für den Markt, wenn die Ratio-Linie steigt.

Schwäche aufweisen oder zu weit hinter den großen Werten liegen, ist dies häufig eine Warnung vor nachlassender Marktbreite (siehe Abbildung 18.12).

☐ FAZIT

Ein weiteres Beispiel dafür, zwei Marktdurchschnitte miteinander zu vergleichen, um Anzeichen von Bestätigung oder Abweichung zu erhalten, bildet die Dow Theorie. In Kapitel 2 diskutierten wir die Bedeutung der Beziehung zwischen dem Dow-Jones-Industrie-Index und dem Transport-Index. Nach der Dow-Theorie kommt es zu einem Kaufsignal, wenn beide Indizes neue Hochs erreichen. Wenn der eine Index vom anderen abweicht, ist dies ein Zeichen zur Vorsicht. Man sieht, dass die Untersuchung der Marktbreite und die verwandten Themen von Bestätigung und Abweichung viele Formen annehmen können. Als allgemeine Regel ist zu befolgen, dass je mehr Aktien-

Abbildung 18.12 Eine Überlagerung des Small-Cap-Indexes Russell 2000 und des Dows, der aus hochkapitalisierten Aktien besteht. Normalerweise ist es besser, wenn beide Linien gemeinsam steigen.

indizes in dieselbe Richtung tendieren, umso größer sind die Chancen für die Fortsetzung dieses Trends. Zusätzlich sollten Sie die Advance-Decline-Linie, die New Highs-New Lows-Linie und die Linie des Aufwärts-/Abwärtsvolumens überprüfen, ob sie auch in dieselbe Richtung laufen.

19 | Pulling it all together – eine Checkliste

Wie dieses Buch gezeigt hat, ist die Technische Analyse eine Mischung vieler Ansätze. Jeder Ansatz trägt etwas zu dem Wissen des Analysten über den Markt bei. Die Technische Analyse ähnelt ein wenig dem Zusammensetzen eines gigantischen Puzzles. Jeder analytische Baustein stellt ein Stück dieses Puzzles dar. Mein Ansatz der Marktanalyse kombiniert so viele Techniken wie möglich. Jede Methode funktioniert in bestimmten Marktsituationen besser als andere. Der Schlüssel liegt darin, zu wissen, welche Hilfsmittel in der aktuellen Situation am besten geeignet sind. Das kommt mit der Erfahrung und zunehmendem Wissen.

Alle Ansätze überlappen sich zu einem gewissen Grad und ergänzen einander. Der Tag, an dem der Anwender diese Beziehungen erkennt und Technische Analyse als Summe ihrer Teile wahrnimmt, ist der Tag, an dem diese Person verdient, als Technischer Analyst anerkannt zu werden. Die folgende Checkliste dient dazu, den Leser mit den Grundlagen vertraut zu machen, zumindest in der ersten Zeit der Anwendung. Später wird die Checkliste nur sekundäre Bedeutung haben. Sie ist nicht allumfassend, führt jedoch die wichtigeren Faktoren auf, die man im Hinterkopf behalten sollte. Eine intelligente Marktanalyse besteht selten darin, das Offensichtliche zu tun. Der Techniker sucht permanent nach Hinweisen auf die zukünftige Marktbewegung. Der entscheidende Hinweis, der den Trader in die eine oder andere Richtung führt, ist oft ein unbedeutender Faktor, der von anderen größtenteils übersehen wurde. Je mehr Faktoren ein Analyst betrachtet, desto besser sind seine Chancen, diesen entscheidenden Hinweis zu finden.

☐ TECHNISCHE CHECKLISTE

1. Was ist die Richtung des Gesamtmarktes?
2. In welche Richtungen tendieren die verschiedenen Marktsektoren?
3. Was zeigen die *wöchentlichen* und *monatlichen* Charts?
4. Sind die primären, sekundären und tertiären *Trends* aufwärts, abwärts oder seitwärts gerichtet?
5. Wo befinden sich wichtige *Unterstützungs-* und *Widerstandslinien*?
6. Wo sind wichtige *Trendlinien* oder *Trendkanäle*?
7. Wird die Kursbewegung von *Umsätzen* und *Open Interest* bestätigt?
8. Wo liegen die 33 %, 50 % und 66 % *Retracements*?
9. Gibt es irgendwelche Kurslücken, und zu welchem Typ gehören sie?
10. Sind *primäre Umkehrformationen* erkennbar?
11. Sind *Fortsetzungsformationen* erkennbar?
12. Wo liegen die *Kursziele* für diese Formationen?
13. Wohin deuten die *gleitenden Durchschnitte*?
14. Sind die *Oszillatoren* überkauft oder überverkauft?
15. Zeigen die Oszillatoren *Divergenzen*?
16. Weisen die *Contrary-Opinion-Zahlen* Extremwerte auf?
17. Wie sieht das *Elliott-Wellen-Muster* aus?
18. Gibt es klar erkennbare *3- oder 5-Wellen-Muster*?
19. Wie sieht es mit *Fibonacci*-Retracements und –Projektionen aus?
20. Gibt es *Zyklus*-Hochs oder Tiefs?
21. Zeigt der Markt eine *rechtsseitige* oder *linksseitige Translation*?
22. In welche Richtung deutet der *Computertrend*: aufwärts, abwärts oder seitwärts?
23. Was zeigen die *Point&Figure-Charts* und die *Kerzencharts*?

Nachdem Sie zu einer bullishen oder bearishen Schlussfolgerung gelangt sind, sollten Sie sich die folgenden Fragen stellen:

1. In welche Richtung wird sich der Markt über die nächsten paar Monate bewegen?
2. Kaufe oder verkaufe ich diesen Markt?
3. Wie viele Einheiten werde ich traden?
4. Wie viel bin ich bereit zu riskieren, wenn ich falsch liege?
5. Was ist mein Kursziel?
6. Wo werde ich in den Markt einsteigen?
7. Welche Art von Auftrag werde ich erteilen?
8. Wo werde ich mein schützendes Stop setzen?

Das Einhalten der Checkliste garantiert nicht die richtigen Schlussfolgerungen. Sie hilft Ihnen nur dabei, die richtigen Fragen zu stellen. Die Schlüsseltugenden zum erfolgreichen Trading sind Wissen, Disziplin und Geduld. Angenommen, Sie verfügen über das Wissen, dann besteht der beste Weg zur Erlangung von Disziplin und Geduld darin, Ihre Hausaufgaben zu machen und einen Aktionsplan zu haben. Der letzte Schritt ist die Umsetzung des Aktionsplans in die Tat. Auch dies garantiert noch keinen Erfolg, erhöht jedoch deutlich die Chance, dass Sie in den Finanzmärkten gewinnen werden.

□ WIE MAN TECHNISCHE UND FUNDAMENTALE DATEN KOORDINIERT

Ungeachtet der Tatsache, dass Techniker und Fundamentalisten oft nicht miteinander übereinstimmen, gibt es Möglichkeiten, wie sie zu ihrem gemeinsamen Vorteil zusammenarbeiten können. Die Marktanalyse kann von jeder Seite aus angegangen werden. Obwohl ich der Meinung bin, dass technische Faktoren einen Vorlauf gegenüber den bekannt werdenden Fundamentaldaten aufweisen, glaube ich auch, dass jede bedeutende Marktbewegung von zugrunde liegenden fundamentalen Faktoren verursacht wird. Deshalb macht es für einen Techniker einfach Sinn, sich ein wenig mit den fundamentalen Bedingungen eines Marktes auseinander zu setzen. Das mindeste, was er tun kann, ist seinen fundamentalen Gegenspieler zu fragen, was aus fundamentaler Sicht passieren muss, um eine aus dem Kurschart herausgelesene signifikante Marktbewegung zu rechtfertigen. Daneben kann auch die Beobachtung, wie ein Markt auf fundamentale Neuigkeiten reagiert, als hervorragende technische Indikation eingesetzt werden.

Der Fundamentalanalyst kann technische Faktoren zur Bestätigung einer Analyse oder als Alarmsignal, dass etwas Wichtiges vor sich geht, benutzen. Er kann einen Blick auf ein Kurschart werfen oder ein Computer-Trendfolgesystem als Filter einsetzen, um ihn davor zu bewahren, eine Position entgegen einem bestehenden Trend einzugehen. Außergewöhnliche Kursbewegungen auf dem Chart können den Fundamentalanalysten dahingehend alarmieren, dass er die fundamentale Situation noch etwas genauer untersuchen muss. Während meiner Tätigkeit in der Abteilung für Technische Analyse in einer großen Brokerfirma habe ich mich oft mit meinen Kollegen von der Fundamentalanalyse zusammengesetzt, um mit ihnen über einige Marktbewegungen, die sich auf den Kurscharts andeuteten, zu diskutieren. Oft erhielt ich Antworten wie „Das kann nie passieren" oder „Auf gar keinen Fall". Sehr häufig bemühte sich dieselbe Person einige Wochen später, fundamentale Gründe für eine plötzliche und „unerwartete" Marktbewegung zu finden. Ganz offensichtlich gibt es viel Raum für erheblich mehr Koordinierung und Kooperation auf diesem Gebiet.

☐ Chartered Market Technician (CMT)

Viele Leute benutzen die Technische Analyse und bieten Meinungen über die technischen Bedingungen der verschiedenen Märkte an. Doch sind sie wirklich dafür qualifiziert, dies zu tun? Woran würden Sie das erkennen? Schließlich würden Sie nicht zu einem Arzt gehen, der keinen medizinischen Abschluss hat. Ebenso wenig würden Sie einen Anwalt konsultieren, der nicht das juristische Examen bestanden hat. Ihr Depotbetreuer ist natürlich ein CTA (A.d.Ü.: CTA = Commodity Trading Advisor, eine Art lizenzierter Vermögensverwalter für die Terminmärkte). Wenn Sie einen Wertpapieranalysten nach seiner Einschätzung einer Aktie fragen würden, gingen Sie natürlich sicher, dass es sich bei der Person um einen Chartered Financial Analyst (CFA) handelt. Warum treffen Sie bei einem Technischen Analysten nicht ähnliche Vorkehrungen?

Die Market Technicians Association (MTA) klärte diese Frage durch Einführung des Chartered Market Technician (CMT) Programms. Das CMT-Programm ist ein dreistufiger Prüfungsprozess, der den Analysten berechtigt, die Buchstaben CMT hinter seinem Namen zu führen. Die meisten professionellen Technischen Analysten haben dieses Programm absolviert. Beim nächsten Mal, wenn Ihnen jemand eine technische Meinung anbietet, fragen Sie nach dem CMT.

☐ Market Technicians Association (MTA)

Die Market Technicians Association (MTA) ist die älteste und bekannteste technische Vereinigung in der Welt. Sie wurde 1992 gegründet, um den Austausch technischer Informationen zu verbessern, die Öffentlichkeit und die Investment Community auszubilden und einen Ethik-Code sowie professionelle Standards unter den Technischen Analysten zu etablieren. Am 11. März 1998 beging die MTA das 25-jährige Jubiläum seit ihrer Gründung. Das Ereignis wurde anlässlich des monatlichen Treffens in New York von einer besonderen Präsentation von drei Gründungsmitgliedern – Ralph Acampora, John Brooks und John Greeley – gekrönt. Die Mitglieder der MTA setzen sich aus Vollzeit-Technikern und anderen Anwendern der Technischen Analyse zusammen. In New York werden monatliche Treffen abgehalten (Market Technicians Association, Inc., One World Trade Center, Suite 4447, New York, NY 10048, [212]912-0995, e-mail: shelley@mta.org), und jedes Jahr findet im Mai irgendwo in den USA eine Jahrestagung statt. Die Mitglieder haben Zugang zu der MTA-Bibliothek und einem Computer Bulletin-Board. Veröffentlicht werden ein monatlicher Informationsbrief und ein periodisch erscheinendes MTA-Journal. Es wurden auch einige regionale Arbeitsgruppen gebildet. Die MTA-Mitglieder werden auch Kollegen der International Federation of Technical Analysts (IFTA).

☐ Die globale Reichweite der Technischen Analyse

Im Herbst 1985 trafen Repräsentanten der Technischen Analyse aus mehreren verschiedenen Ländern in Japan zusammen, um die Satzung der International Federation of Technical Analysts (IFTA, Post Office Box 1347, New York, NY 10009, USA, e-mail: 101340.3070@compuserve.com, Internet: www.ifta.org) auszuarbeiten. Seitdem ist die Organisation gewachsen und vereinigt unter ihrem Dach Technische Analyse-Organisationen aus über 20 Ländern. Eine der angenehmen Begleiterscheinungen der Mitgliedschaft sind die jährlich stattfindenden Konferenzen, die an Orten wie Australien, Japan, Paris und Rom stattfinden, da dieses internationale Treffen jedes Jahr eine andere nationale Organisation ausrichtet. Ich bin stolz darauf, dass mir im Jahre 1992 der erste jemals auf einer IFTA-Tagung verliehene Preis für „außergewöhnliche Beiträge zur globalen Technischen Analyse" zuerkannt wurde.

Technische Analyse im deutschsprachigen Raum (A.d.Ü.)

In Deutschland und der Schweiz gibt es bereits seit einigen Jahren Vereine, deren Mitglieder sich mit der Technischen Analyse beschäftigen.

Die Vereinigung Technischer Analysten Deutschlands e.V. (VTAD; Kaiserhofstr. 17; 60313 Frankfurt; e-mail: info@vtad.net; Internet: www.vtad.net) gibt es seit 1992. Ihre Mitglieder treffen sich monatlich in acht Regionalgruppen und einmal jährlich zu einer Tagung. Außerdem werden Fachseminare angeboten, und es gibt eine Fachbuchreihe sowie die mehrmals jährlich erscheinende Mitgliederzeitschrift VTAD News.

In der Schweiz gibt es die Swiss Association of Market Technicians (SAMT; e-mail: estier@log.ch; Tel.: [41]33 351 1070).

☐ Technische Analyse von verschiedenen Autoren

Nach einem Jahrhundert der Anwendung in den USA (und 300 Jahren in Japan) ist die Technische Analyse populärer als je zuvor. Natürlich wird sie nicht immer Technische Analyse genannt. In meinem Buch *Der visuelle Investor* nannte ich die Technik *visuelle* Analyse. Das war einfach ein Versuch, die Leser über die einschüchternde Überschrift „Technische Analyse" hinauszubringen und sie zu ermuntern, diesen wertvollen Ansatz genauer zu untersuchen. Wie immer Sie sie nennen wollen – die Technische Analyse wird unter vielen Bezeichnungen praktiziert. Viele Finanzorganisationen beschäftigen Analysten, deren Aufgabe es ist, Daten von Marktkursen statistisch zu analysieren, um Aktien oder Aktiengruppen zu finden, die teuer (überkauft) oder billig (überverkauft) sind. Sie werden quantitative Analysten genannt, doch die Zahlen, die sie zerkauen, sind oft die gleichen, auf die die Technischen Analysten zugreifen. Die Finanzpresse berichtet über eine „neue" Klasse von Tradern, die „Momentum Player" genannt wird. Diese Trader verkaufen Aktien und Aktiengruppen, die ein schwaches Momentum zeigen, und kaufen solche mit einem starken Momentum. Sie benutzen eine Technik mit der Bezeichnung Relative Stärke. Für uns sind „Momentum" und „Relative Stärke" natürlich Begriffe der Technischen Analyse.

Dann gibt es die „fundamentalen" Herauf- und Herabstufungen der Brokerhäuser. Haben Sie bemerkt, wie oft diese „fundamentalen" Änderungen am Tag nach einem signifikanten Chart-Ausbruch auftreten? Volkswirtschaftler, die sich selbst keineswegs als Technische Analysten verstehen, benutzen ständig Charts, um die Richtung von Inflation, Zinssätzen und allen Arten von Wirtschaftsindikatoren zu messen. Und sie sprechen vom „Trend" solcher Charts. Sogar fundamentale Hilfsmittel wie das Kurs/Gewinn-Verhältnis haben eine technische Komponente. Immer dann, wenn Sie den Kurs in eine Gleichung einsetzen, begeben Sie sich in das Reich der Technischen Analyse. Oder: Wenn Wertpapieranalysten sagen, dass die Dividendenrendite des Aktienmarktes zu niedrig sei, meinen sie nicht, dass die Kurse zu hoch sind? Ist das nicht das Gleiche, als wenn sie ausdrücken, ein Markt sei überkauft?

Zuletzt gibt es noch die Akademiker, die die Technische Analyse unter dem Begriff *Behavioral Finance* neu erfunden haben. Seit Jahren nehmen sich die Akademiker der Theorie der effizienten Märkte an, um zu beweisen, dass die Technische Analyse einfach nicht funktioniert. Keine geringere Autorität als der Federal Reserve Board hat diese Ideen in Zweifel gezogen.

☐ ANERKENNUNG DER TECHNISCHEN ANALYSE DURCH DIE FEDERAL RESERVE BANK

Im August 1995 veröffentlichte die Federal Reserve Bank von New York unter ihren Mitarbeitern einen Aufsatz mit dem Titel: „Kopf-Schulter-Formation: Nicht nur ein blattförmiges Muster." Der Bericht war dazu gedacht, die Gültigkeit der Kopf-Schulter-Formation im Devisenhandel zu überprüfen. (Die erste Ausgabe dieses Buches wurde als eine der Primärquellen für Technische Analyse zitiert.) Der erste Satz der Einleitung lautete:

"Technische Analyse, die Vorhersage von Kursbewegungen auf der Basis vergangener Kursbewegungen, hat trotz ihrer Unvereinbarkeit mit der Vorstellung der meisten Ökonomen über „effiziente Märkte" gezeigt, dass sie statistisch signifikante Gewinne generieren kann. (Federal Reserve Bank of New York, C. L. Osler and P. H. Kevin Chang, Staff Report No. 4, August 1995.)"

442

Ein aktuellerer Bericht der Federal Reserve Bank von St. Louis vom Herbst 1997 sprach ebenfalls den Nutzen der Technischen Analyse und die relativen Vorzüge der Hypothese effizienter Märkte an. (Erneut wurde *Technical Analysis of the Futures Markets* als primäre Informationsquelle über Technische Analyse zitiert.) Unter dem Absatz mit dem Titel „Rethinking the Efficient Market Hypothesis" schreibt der Autor:

"Der Erfolg technischer Handelsregeln, die im vorigen Abschnitt gezeigt wurden, ist typisch für einige aktuelle Studien, die zeigen, dass die einfache Hypothese effizienter Märkte auf unterschiedliche Weise bei der Beschreibung, wie der Devisenmarkt eigentlich funktioniert, versagt. Obwohl diese Ergebnisse Marktpraktiker nicht überrascht haben, haben sie dazu beigetragen, Ökonomen davon zu überzeugen, gewisse Eigenschaften des Marktes zu untersuchen … das könnte die Profitabilität der Technischen Analyse erklären. (Neely)"

☐ Fazit

Wenn Imitation die aufrichtigste Form der Schmeichelei ist, sollten sich Technische Analysten sehr geschmeichelt fühlen. *Technische Analyse wird nämlich unter vielen verschiedenen Bezeichnungen praktiziert, oftmals sogar von jenen, die nicht einmal realisieren mögen, dass sie sie benutzen. Aber sie wird praktiziert. Technische Analyse hat sich auch evolviert. Die Einführung der Intermarket-Analyse* beispielsweise hat den Fokus vom „Einzelmarkt" weg in Richtung eines mehr vernetzten Blickwinkels auf die Finanzmärkte verändert. Die Vorstellung, dass alle globalen Märkte miteinander verknüpft sind, wird kaum noch in Frage gestellt. Das ist der Grund, warum die universelle Sprache der Technischen Analyse so nützlich ist – in einer Welt, in der die Finanzmärkte im In- und Ausland immer mehr ineinander verflochten sind. In einer Welt, in der Computertechnologie und blitzschnelle Kommunikation schnelle Reaktionen erfordern, ist die Fähigkeit, die Signale des Marktes lesen zu können, entscheidender als je zuvor. Und das Lesen von Marktsignalen ist das, was die Technische Analyse beinhaltet. Charles Dow führte die Technische Analyse zu Beginn des 20. Jahrhunderts ein. Jetzt, zum Ende des 20. Jahrhunderts wäre Mr. Dow stolz auf das, was er gestartet hatte.

Anhang

von Thomas E. Aspray

Anhang A: Fortgeschrittene technische Indikatoren

Dieser Anhang beschreibt mehrere fortgeschrittenere Methoden, die sowohl für sich allein als auch in Verbindung mit anderen technischen Indikatoren eingesetzt werden können. Wie bei jedem technischen Ansatz wird auch hier empfohlen, dass Investoren eigene unabhängige Tests und Forschungen durchführen, bevor sie tatsächlich investieren.

☐ Demand-Index (DI)

Die meisten Techniker werden zustimmen, dass die Analyse des Volumens ein wichtiger Bestandteil bei der Bestimmung der Marktrichtung ist. Der *Demand-Index* (DI) ist einer der frühen Umsatzindikatoren, die in den 1970er Jahren von James Sibbett entwickelt wurden. Die Formel ist recht komplex (siehe den letzten Abschnitt dieses Anhangs). Der Demand-Index ist das Verhältnis von Kaufdruck zu Verkaufsdruck. Ist der Kaufdruck größer als der Verkaufsdruck, so befindet sich der DI über der Nulllinie, was positiv ist. Ein größerer Verkaufsdruck bedeutet, dass der DI kleiner als Null ist, was impliziert, dass die Kurse nach unten gehen werden. Die meisten Trader halten auch nach Divergenzen zwischen dem DI und dem Kursverlauf Ausschau.

Die Abbildung A.1 ist ein Wochenchart des Treasury Bond Futures von Anfang 1994 bis Ende 1997. Von April bis November 1994 verlief der DI meistens unter der

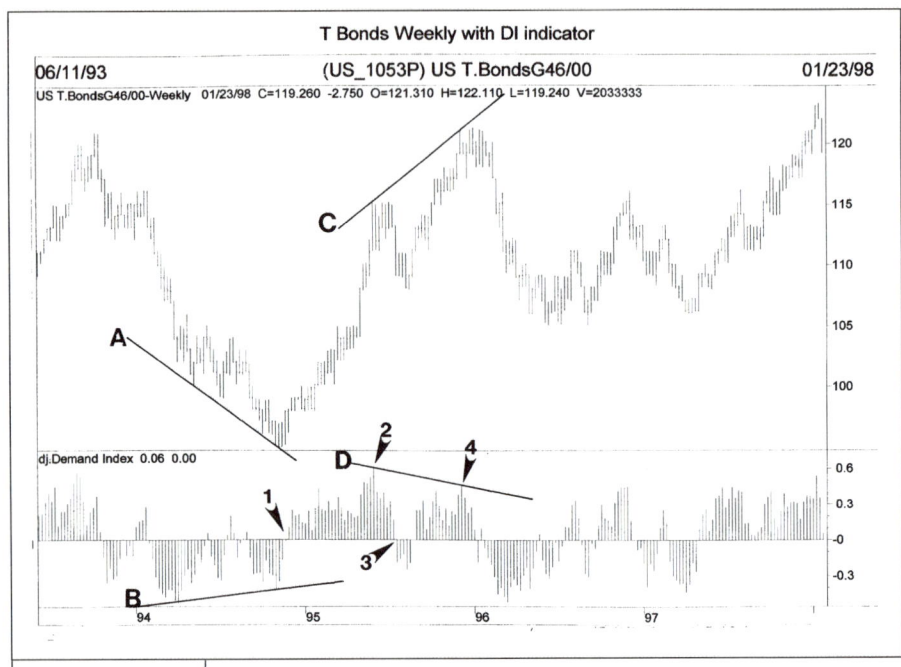

T Bonds Weekly with DI indicator

06/11/93   (US_1053P) US T.BondsG46/00   01/23/98

US T.BondsG46/00-Weekly 01/23/98 C=119.260 -2.750 O=121.310 H=122.110 L=119.240 V=2033333

| Abbildung A.1 | Der Demand-Index (DI), der Kurs und Umsatz verkörpert, ist hier als Histogramm dargestellt. Werte über Null sind positiv; unter Null sind sie negativ. Beachten Sie die positive Divergenz Ende 1994 und die negative Divergenz Ende 1995. (Mit freundlicher Genehmigung von MetaStock Equis International.) |

Nulllinie, während die Bonds von 104 auf rund 96 nachgaben. Als die Kurse tiefere Tiefs machten (Linie A), bildete der DI höhere Tiefs aus (Linie B). Das ist eine klassische positive oder bullishe Divergenz, die auf eine Bodenbildung der Bondkurse hindeuteten.

Die Divergenz wurde bestätigt, als der Demand Index die Nulllinie bei Punkt 1 nach oben kreuzte. Das höchste Niveau in dieser Rallye erreichte der DI Ende Mai 1995 bei Punkt 2, fiel dann während der nächsten sechs Wochen, bevor er bei Punkt 3 unter die Nulllinie fiel. Dann blieb er für fünf Wochen negativ, bevor er wieder in den positiven Bereich vorstieß. Bei der folgenden Rallye bildete der DI Ende November bei Punkt 4 einen signifikant niedrigeren Hochpunkt. Während der DI bereits nach unten driftete (Linie D), stieg der Terminkontrakt noch um beinahe sechs Punkte (Linie c). Diese negative oder bearishe Divergenz warnte vor einem Kursgipfel.

Dieser Indikator kann auch in Verbindung mit Aktien benutzt werden. Der Wochenchart von General Motors (siehe Abbildung A.2) bildet den Demand Index als Linie statt als Histogramm ab. Dies vereinfacht das Ziehen von Trendlinien auf dem Indika-

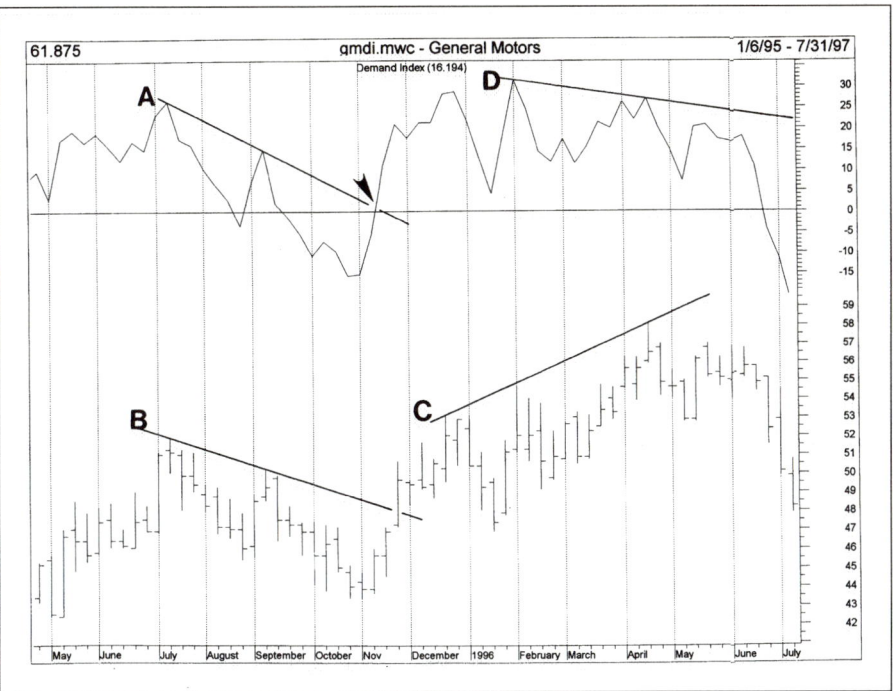

| 61.875 | qmdi.mwc - General Motors | 1/6/95 - 7/31/97 |

Demand Index (16.194)

Abbildung A.2 — Der Demand-Index (durchgezogene Linie) über einem Wochenchart von General Motors. Trendlinienbrüche der DI-Linie gehen oft Trendlinienbrüchen der Kurskurve voraus. Beachten Sie die negative (bearishe) Divergenz im April 1996. (Mit freundlicher Genehmigung von MetaStock Equis International.)

tor-Chart. Ich persönlich empfinde die Trendlinienanalyse bei Indikatoren als recht wertvoll. Trendlinien von Indikatoren werden oft vor den Trendlinien von Kurskurven gebrochen. Dies war Ende 1995 der Fall, als der Abwärtstrend im DI (Linie A) eine Woche vor dem korrespondierenden Abwärtstrend der Kurse (Linie B) gebrochen wurde. Wie dieser Chart zeigt, kann ein nur um eine Woche früherer Kauf den Einstiegspreis signifikant verbessern. Der DI warnte Mitte April 1996 auch vor einem Kursgipfel. Während GM ein neues Kurshoch erreichte (Linie C), waren die Hochs im DI bereits niedriger (Linie D). Dieses Warnsignal kam rechtzeitig vor dem stärkeren Kurseinbruch im Juni und Juli.

☐ HERRICK PAYOFF INDEX (HPI)

Dieser Indikator wurde von John Herrick entwickelt. Er ist eine Methode der Analyse von Rohstoffterminkontrakten auf der Basis von Veränderungen im Open Interest. Wie in Kapitel 7 besprochen, können Veränderungen im Open Interest dem Trader wichtige Hinweise liefern, ob ein Markttrend unterstützt wird oder nicht.

Der *Herrick Payoff Index* benutzt Kurs, Umsatz und Open Interest, um den Geldfluss in oder aus einem gegebenen Terminkontrakt zu bestimmen. Dies hilft dem Trader, Divergenzen zwischen der Kursbewegung und dem Open Interest zu erkennen. Das ist oft recht bedeutsam, weil Kauf- oder Verkaufspaniken häufig durch Analyse des Open Interest über den Herrick Payoff Index identifiziert werden können.

Die einfachste Interpretation des HPI ist, ob er über oder unter der Nulllinie liegt. Ein positiver Wert bedeutet, dass der HPI höhere Kurse projiziert und dass das Open Interest zusammen mit den Kursen steigt. Umgekehrt deuten negative Werte darauf hin, dass die Gelder aus dem analysierten Kotrakt herausfließen.

Einer der volatileren Rohstoffmärkte ist der in Abbildung A.3 gezeigte Kaffee. Im

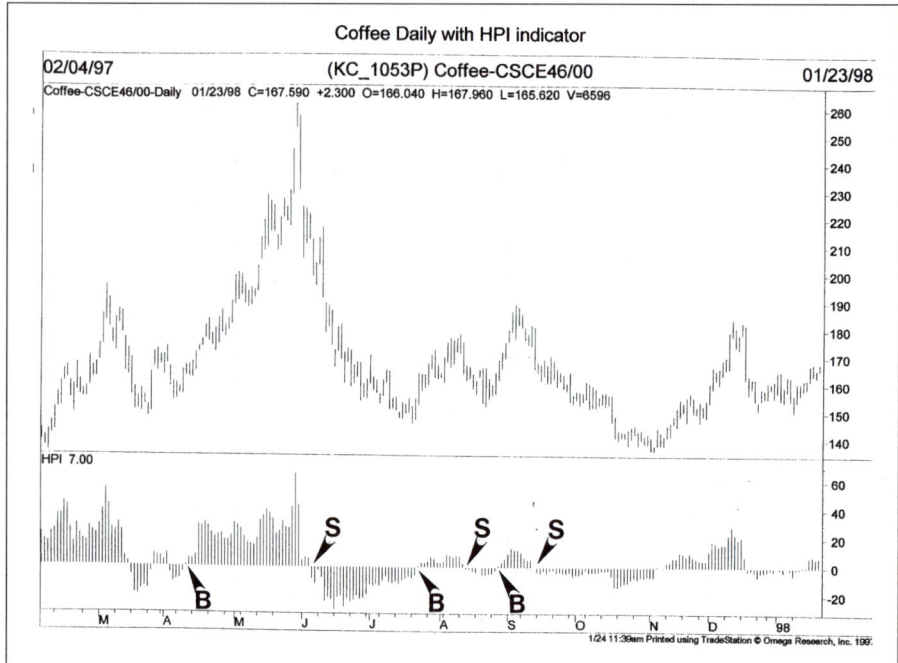

Abbildung A.3 Der Herrick Payoff Index (HPI) der Kaffeepreise, als Histogramm dargestellt. Der HPI bezieht Kurs, Umsatz und Open Interest in seine Kalkulation ein und wird in Terminmärkten eingesetzt. Kreuzungen über die Nulllinie sind Käufe (Buy; B); Kreuzungen unter die Nulllinie sind Verkäufe (Sell; S).

März und April 1997 kreuzte der HPI die Nulllinie sechsmal, wobei das letzte, im April gegebene positive Signal (B) bis Anfang Juni dauerte. Im Juni fiel der HPI unter Null, und obwohl die Preise recht deutlich unter ihren Hochs lagen, fiel Kaffee um weitere 70 Cents. Ende Juli drehte der HPI erneut nach oben, ganz in der Nähe der Tiefs. In den nächsten beiden Monaten kam es zu zwei kurzfristigen Signalen und dann zu einem weiteren mittelfristigen Verkaufssignal. Das mehrmalige Kreuzen über und unter die Nulllinie, bevor ein länger dauerndes Kauf- oder Verkaufssignal gegeben wird, ist charakteristisch für den HPI auf Tagesbasis.

Wie der Demand Index ist auch der Herrick Payoff Index am effektivsten, wenn er auf Wochendaten eingesetzt wird, weil es zu weniger Fehlsignalen kommt. Die Analyse von Divergenzen eignet sich ebenfalls dazu, Trader vor einem Wechsel von einem positiven zu einem negativen Money Flow zu warnen. Im Wochenchart des Treasury Bond Futures (siehe Abbildung A.4), der eine Historie von ungefähr sechs Jahren umfasst, sind mehrere gute Beispiele zu erkennen. Von Ende 1992 bis Ende 1993 blieb der HPI im positiven Bereich. Er gipfelte Anfang 1993 und bildete ein tieferes Hoch (Linie B), während die Bonds noch fast 10 Punkte höher stiegen (Linie A). Diese negative Divergenz warnte die Bondtrader vor einem Kursverfall, der 1994 einsetzte. Ende Oktober

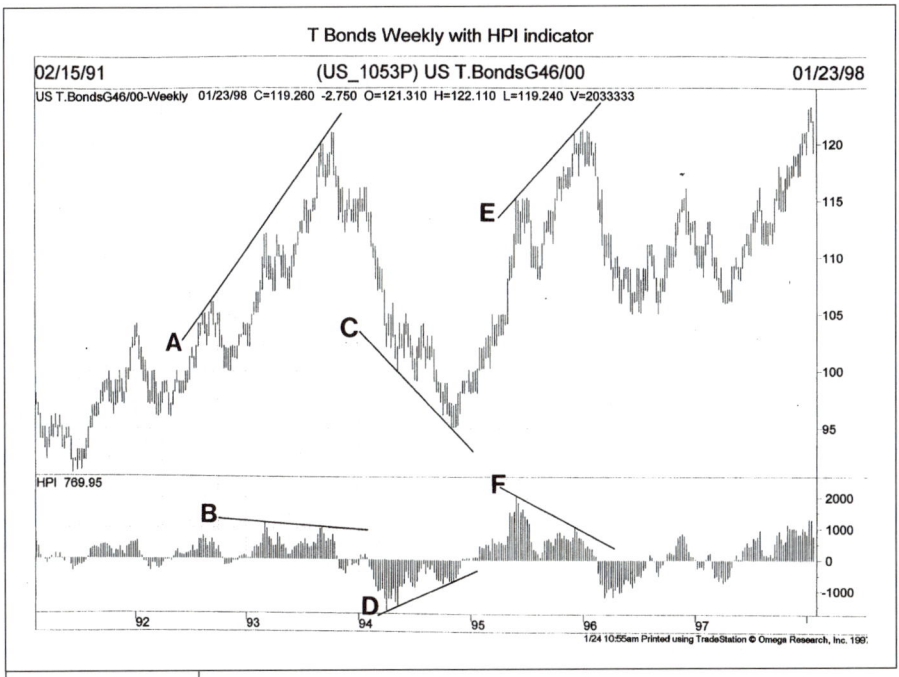

| Abbildung A.4 | Eine Wochen-Version des Herrick Payoff Index der Treasury Bonds. Beachten Sie die negativen Divergenzen in 1993 und 1995, und die positive Divergenz in 1994. |

1993 verletzte der HPI die Nulllinie, wurde dann Anfang 1994 allerdings leicht positiv, bevor er erneut unter die Nulllinie zurückfiel. Seinen tiefsten Punkt erreichte der HPI in der ersten Hälfte des Jahres 1994 und bildete seinen Boden deutlich vor den Kursen. Während die Kurse tiefere Tiefs erreichten (Linie C), bildete der HPI höhere Tiefs und damit eine positive Divergenz (Linie D). Der HPI bewegte sich im Dezember 1994 wieder in positives Territorium, als die Bonds in der Nähe ihrer Tiefs notierten. Ende 1995 ergab sich eine negative Divergenz (Linie F), nachdem die Bonds von ihrem Tief Ende 1994 aus über 25 Punkte gestiegen waren. Die Nulllinie wurde 1996 und Anfang 1997 mehrmals gekreuzt, bevor der HPI deutlich in positives Gebiet vorstieß. Diese beiden Beispiele sollten illustrieren, warum der HPI und seine Analyse des Open Interest bei der Trendanalyse eines Rohstoffmarktes hilfreich sein können.

☐ Starc-Bänder und Keltner Kanäle

Wie bereits in Kapitel 9 diskutiert, werden die Bänder-Techniken bereits seit vielen Jahren eingesetzt. Zwei Typen, die ich bevorzuge, basieren auf der *Average True Range*. Trotz dieses allgemeinen Aspektes werden diese beiden Typen von Bändern auf sehr verschiedene Arten benutzt. Die Average True Range ist der Durchschnitt der wahren Kursspanne über x Perioden. Die *True Range* ist der größte Abstand von den Wertepaaren Hoch des aktuellen Tages − Tief des aktuellen Tages, Vortages-Schlusskurs − Hoch des aktuellen Tages und Vortages-Schlusskurs − Tief des aktuellen Tages. Lesen Sie hierzu Welles Wilders *New Concepts in Technical Trading Systems*.

Manning Stoller, ein bekannter Rohstoffexperte, entwickelte die Stoller Average Range Channels oder *Starc* Bänder. In seiner Formel wird die 15-Perioden-Average True Range verdoppelt und dann zu einem 6-Perioden-Durchschnitt hinzugezählt oder von ihm abgezogen. Das obere Band ist Starc+, das untere ist Starc-. Bewegungen außerhalb dieser Bänder sind ungewöhnlich und zeigen eine extreme Situation an. Auf diese Weise können sie als Trading-Filter benutzt werden. Befinden sich die Kurse in der Nähe von oder über dem Starc+ Band, ist das Eingehen einer Long-Position mit einem hohen Risiko verbunden, während man bei nur geringem Risiko short gehen kann. Umgekehrt ist es riskant, Short-Positionen einzugehen, wenn die Kurse in der Nähe oder unterhalb des Starc- Bandes liegen; dafür ist es eine günstige Zeit für Käufe.

Der Wochen-Endloschart des Gold Futures (siehe Abbildung A.5) ist mit Starc+ und Starc- Bändern versehen. Bei Punkt 1 im Februar 1997 unterboten die Goldpreise geringfügig das Starc- Band. Obwohl die Kursbewegung schwach war, zeigten die Starc Bänder an, dass es keine gute Zeit zum Verkaufen war. Eine bessere Gelegenheit zum Short Selling ergab sich nach einer kurzen Wartezeit. Nur drei Wochen später stand der Goldpreis 22 Dollar höher und berührte das Starc+ Band (Punkt 2). Punkt 2 war eine risikoarme Verkaufsgelegenheit. Im Juli (Punkt 3) fielen die Goldpreise deutlich unter

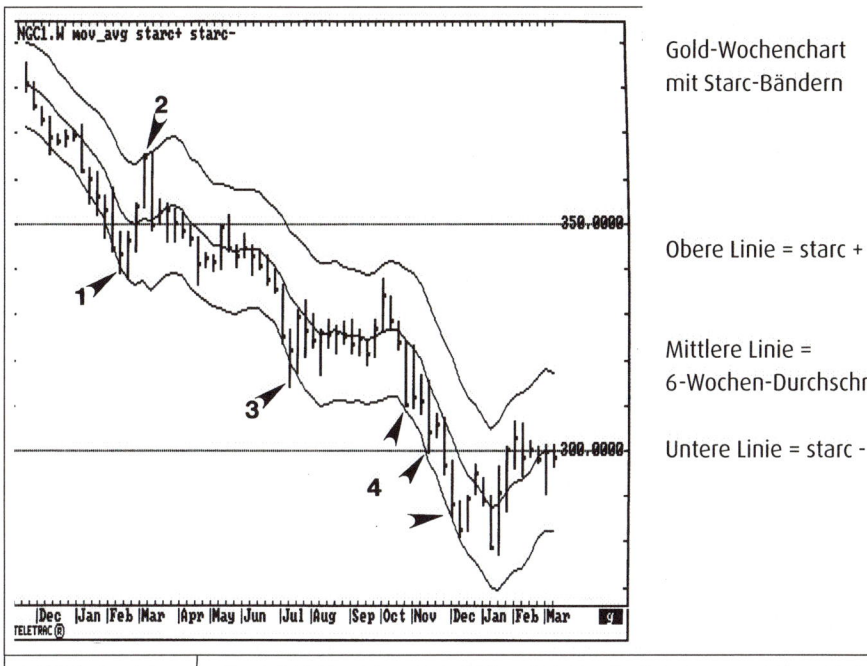

Gold-Wochenchart
mit Starc-Bändern

Obere Linie = starc +

Mittlere Linie =
6-Wochen-Durchschnitt

Untere Linie = starc -

Abbildung A.5 — Starc Bänder um einen gleitenden Durchschnitt über sechs Wochen. An den Punkten 1 und 3 prallten die Kurse von dem unteren Band nach oben ab, nachdem sie kurzzeitig durchgetaucht waren. An Punkt 2 fielen die Kurse, nachdem sie das obere Band knapp übertroffen hatten, wieder zurück.

das Starc- Band, doch anstatt weiter zu fallen, tendierten die Preise in den nächsten zwölf Wochen seitwärts. Im November und Dezember 1997 fielen sie dann wieder und berührten dreimal das Starc- Band (Punkte 4). In allen Fällen stabilisierten sich die Kurse oder stiegen für ein bis zwei Wochen. Diese Bänder funktionieren in allen Zeitrahmen, sogar bei 5- bis 10-Minuten–Balkencharts. Starc Bänder bewahren den Trader davor, dem Markt hinterher zu laufen, was beinahe immer zu einem schlechten Einstiegspreis führt.

Die *Keltner Kanäle* wurden ursprünglich von Chester Keltner entwickelt und in seinem 1960 erschienenen Buch *How to Make Money in Commodities* beschrieben. Linda Raschke, eine sehr erfolgreiche Terminmarkthändlerin, hat sie in die Technische Analyse neu eingeführt. Die Bänder basieren in ihrer Modifikation ebenso auf der *Average True Range (ATR)*, doch die ATR wird über 10 Perioden berechnet. Dieser ATR-Wert wird anschließend verdoppelt und zu einem 20-Perioden exponentiellen gleitenden Durchschnitt addiert (Plus-Band) oder von ihm subtrahiert (Minus-Band).

Der empfohlene Einsatz der Keltner Kanäle weicht stark von demjenigen der Starc Bänder ab. Wenn die Kurse über dem Plus-Band schließen, wird ein positives Signal gegeben, weil dies einen Ausbruch in der Aufwärts-Volatilität bedeutet. Umgekehrt ist ein Fall der Kurse unter das Minus-Band negativ, und die Kurse werden fallen. In vielerlei Hinsicht ist dies nur eine grafische Darstellung eines 4-Wochen-Channel Breakout-Systems, das bereits in Kapitel 9 diskutiert wurde.

Abbildung A.6 ist ein Tageschart des Mai 1998 Kupfer Futures. Die Preise schlossen im Oktober 1997 bei Punkt 1 unter dem Minus-Band. Dadurch wurde angezeigt, dass die Kurse einen neuen Abwärtstrend beginnen sollten, und die Kupferpreise büßten in den nächsten zwei Monaten 16 Cents ein.

Innerhalb dieser Periode lagen noch viele weitere Schlusskurse unter dem Minus-Band. Das negative Signal behält so lange seine Gültigkeit, bis die Kurse über dem Plus-Band schließen. Der zweite Chart bildet den März 1998 Kaffee-Kontrakt (siehe Abbildung A.7) ab und zeigt ein positives Signal bei Punkt 1. Nach zwei aufeinanderfolgenden Schlusskursen über dem Plus-Band fielen die Kurse auf die exponentielle 20-Tage-Linie zurück. In einem steigenden Markt sollte dieser gleitende Durchschnitt als Unterstützung wirken. Einige Tage, nachdem der gleitende Durchschnitt berührt wurde (Punkt 2), begannen die Kaffeepreise mit einem dramatischen Anstieg um 30 Cents in wenigen Wochen.

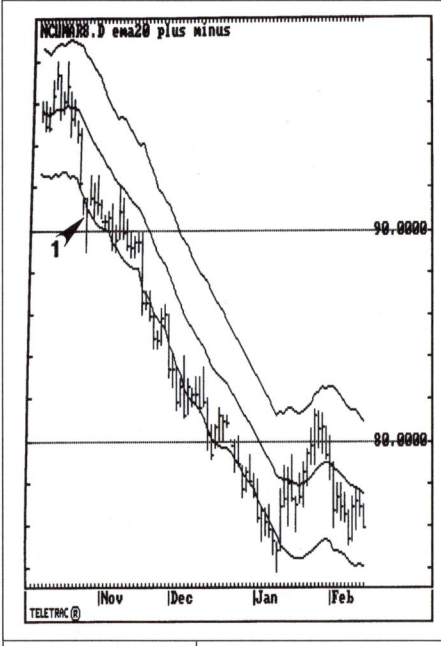

Kupfer-Tageschart mit Keltner-Kanälen

Obere Linie = Plus-Kanal

Mittlere Linie = 20-Tage-Durchschnitt

Untere Linie = Minus-Kanal

Abbildung A.6 / Keltner-Kanäle um einen über 20 Tage exponentiell geglätteten gleitenden Durchschnitt der Kupferpreise. Bei diesem Indikator werden Bewegungen unter die untere Kanallinie (wie bei Punkt 1) als Zeichen von Schwäche interpretiert.

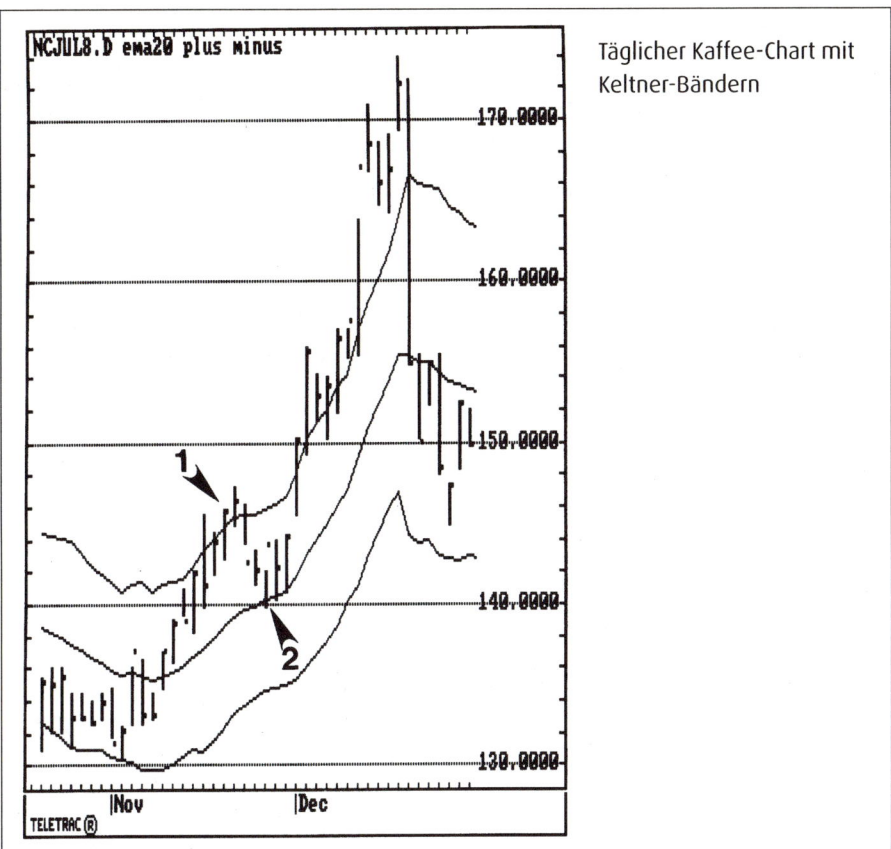

Täglicher Kaffee-Chart mit Keltner-Bändern

Abbildung A.7 — Keltner-Kanäle auf einem Kaffee-Chart. An Punkt 1 brechen die Preise über die obere Kanallinie aus, was ein Zeichen von Stärke ist. Beachten Sie, dass die Preise nach dem Kaufsignal an der exponentiellen 20-Tage-Linie (mittlere Linie) bei Punkt 2 Unterstützung fanden.

Beide dieser Techniken bieten einen alternativen Ansatz sowohl zu den Prozent-Bändern als auch zu Bändern, die auf der Standardabweichung beruhen (wie die Bollinger-Bänder). Keine der beiden Techniken kann als alleinstehendes Handelssystem bestehen, sondern sollte als zusätzliches Hilfsmittel beim Trading berücksichtigt werden.

☐ FORMEL FÜR DEN DEMAND INDEX

Der Demand Index (DI) berechnet zwei Werte, den Kaufdruck (KD) und den Verkaufsdruck (VD), und bildet dann den Quotienten aus beiden. DI ist KD/VD. Hinsichtlich der Berechnungsweise gibt es mehrere Varianten mit geringen Abweichungen voneinander. Nachfolgend ist eine dieser Versionen dargestellt:

Bei steigenden Kursen:

$$KD = V$$
$$VD = V/P$$

wobei: V = Volumen; P = prozentuale Kursveränderung

Bei fallenden Kursen:

$$KD = V/P$$
$$VD = V$$

Weil P eine Dezimale ist (kleiner als 1), wird P durch Multiplikation mit der Konstante K modifiziert:

$$P = P(K)$$
$$K = (3 \times C)/VA$$

wobei: C = Schlusskurs; VA = Volatility Average =
10-Tage-Durchschnitt einer 2-tägigen Kursspanne
(Höchstes Hoch − tiefstes Tief)

Wenn KD > VD, dann gilt: DI = VD/KD

Der Demand Index ist in dem Indikatoren-Auswahlmenü des Analyseprogramms MetaStock enthalten.

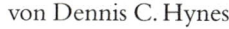

von Dennis C. Hynes

Anhang B:
Market Profile

☐ EINLEITUNG

Die Aufgabe dieses Artikels ist die Beschreibung des Market Profile und die Definition der zugrunde liegenden Prinzipien. Vor den frühen 1980er Jahren standen nur Balkencharts und Point&Figure-Charts als technische Hilfsmittel zur Verfügung. Damals wurde Market Profile[1] eingeführt, um das Arsenal der technischen Instrumente zu erweitern. Market Profile ist eigentlich ein statistischer Ansatz zur Analyse von Kursdaten[2]. Für Leser, die nicht über Hintergrundwissen zur Statistik verfügen, erleichtert das folgende vertraute Beispiel das Verständnis. Nehmen wir eine Gruppe von Studenten bei einer Prüfung. Typischerweise werden einige von ihnen sehr gut abschneiden (sagen wir 90 % richtige Antworten oder mehr), einige sehr schlecht (sagen wir 60 % oder niedriger), doch die meisten Ergebnisse treten gehäuft um das Durchschnittsergebnis (z. B. 75 %) auf. Ein *Histogramm* stellt die *Häufigkeitsverteilung* dieser Prüfungsergebnisse in einem „statistischen Bild" dar (siehe Abbildung B.1).

---

1 Market Profile ist ein eingetragenes Warenzeichen des Chick Board of Trade (CBOT), nachfolgend als Market Profile oder kurz Profile bezeichnet. Das Konzept wurde durch J. Peter Steidlmayer entwickelt, ehemals CBOT. Für weitergehende Informationen wenden Sie sich an den CBOT oder lesen Sie Steidlmayer's neuestes Buch: Eins, vier, eins WEST JACKSON – 1996.
2 Ursprünglich für Warenterminmärkte entwickelt, kann das Format für jede Zeitreihe benutzt werden, die die Handelstransaktionen fortlaufend aufzeichnen.

457

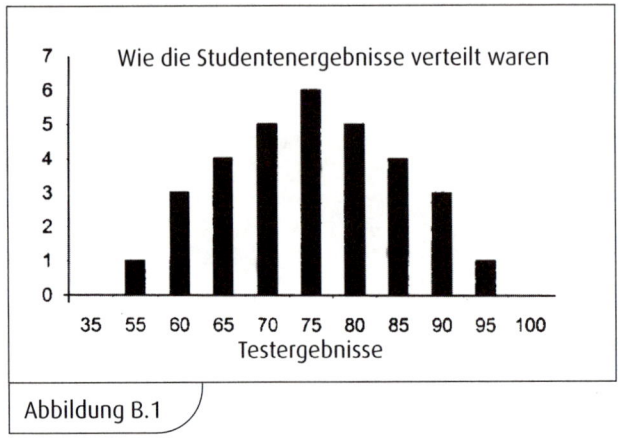

Wie die Studentenergebnisse verteilt waren

Testergebnisse

Abbildung B.1

Wie man sieht, ist das häufigste Ergebnis (modal score) 75 Punkte (6 Studenten), während die *Bandbreite* der Ergebnisse durch die niedrigsten und höchsten Ergebnisse (55 und 95) definiert wird. Beachten Sie, wie die Ergebnisse gleichmäßig um das Modal-Ergebnis verteilt sind. In einer perfekten *symmetrischen* Verteilung ist das Modal-Ergebnis gleich dem Durschnittsergebnis (= mean). Als Nächstes können Sie beobachten, dass die Verteilung „glockenförmig" ist, ein visuelles Zeichen einer *Normal*verteilung. In einer perfekten Normalverteilung korrelieren bestimmte *Standard-Abweichungs-Intervalle* mit bestimmten Ergebnismengen. Sind die Testergebnisse tatsächlich perfekt normalverteilt, dann werden 68,3 % der Ergebnisse innerhalb einer (1) Standardabweichung vom Durchschnitt fallen. Obwohl es bei Daten tatsächlicher Ereignisse unwahrscheinlich ist, dass eine perfekte Normalverteilung gebildet wird, ist die Annäherung jedoch oft stark genug, dass man mit diesen statistischen Beziehungen arbeiten kann.

Wie andere physische Messungen auch (z. B. Noten von Klassenarbeiten, Verteilung der Bevölkerungsdichte usw.), verteilen sich auch Kurse um ein durchschnittliches Kursniveau. Worum handelt es sich bei der Market-Profile-*Grafik?* Sehen Sie es einfach als Häufigkeitsverteilung von Kursen, dargestellt als Histogramm mit waagerechten Balken (siehe Abbildung B.2a und B.2b).

Das Kernstück der Market-Profile-Grafik ist die (glockenförmige) Normalverteilungskurve, die dazu benutzt wird, die sich entwickelnde Kursverteilung abzubilden.

Sobald man die Normalverteilung als gegeben ansieht, können ein Durchschnittskurs ermittelt, eine Streuung der Kurse (Standardabweichung) berechnet und Wahrscheinlichkeitsaussagen hinsichtlich der Kursverteilung gemacht werden. So fallen beispielsweise praktisch alle Werte innerhalb des Bereiches von drei (3) Standardabweichungen vom Durchschnitt, und etwa 70 % (68,3 %, um genau zu sein) der Werte fallen innerhalb einer (1) Standardabweichung vom Durchschnitt (siehe Abbildung B.3).

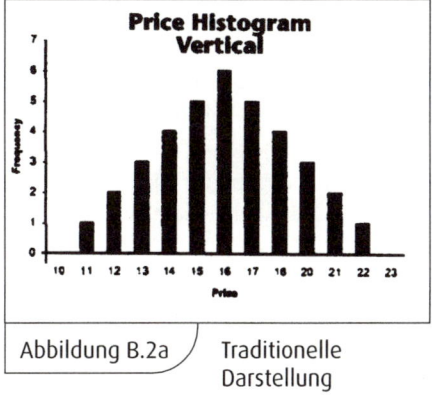

Abbildung B.2a / Traditionelle Darstellung

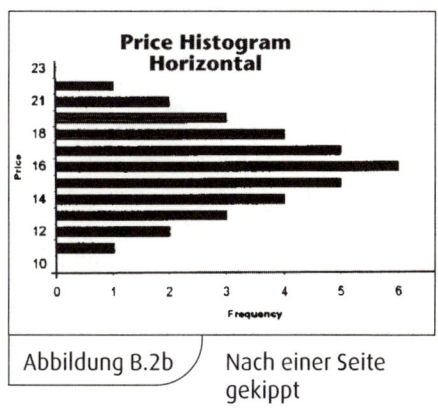

Abbildung B.2b / Nach einer Seite gekippt

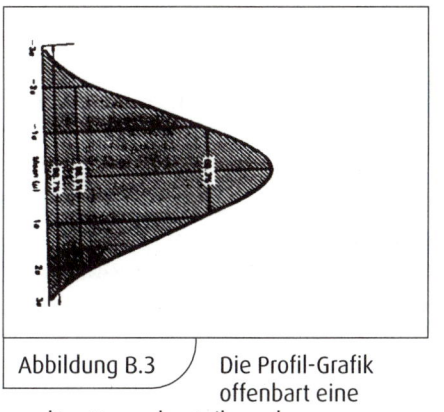

Abbildung B.3 / Die Profil-Grafik offenbart eine reguläre Normalverteilung der Marktaktivität

Market Profile gibt ein Bild von dem wieder, was *hier* und *jetzt* am Markt passiert. In seiner Rolle, den Handel zu unterstützen, befindet sich der Markt im Gleichgewicht oder strebt diesen Zustand an. Die natürliche Tendenz des Profils zur Symmetrie definiert auf einfache Weise den Grad des Gleichgewichts oder Ungleichgewichts, das zwischen Käufern und Verkäufern besteht. Weil die Märkte dynamisch sind, bildet die Profile-Grafik Perioden von Ausgewogenheit am Markt – wenn die Preisverteilung symmetrisch ist –, während in Perioden des Ungleichgewichts am Markt die Preisverteilungen nicht symmetrisch oder zu einer Seite verschoben sind. Market Profile ist weder ein Handelssystem, noch gibt es Kauf- oder Verkaufsempfehlungen. Die Profile-Grafik erlaubt dem Benutzer allerdings, den sich entwickelnden Wert eines Marktes anhand von wiederholtem Auftreten bestimmter Kurse im Zeitverlauf zu erfassen. Somit ist Market-Profile ein unterstützendes Instrument zur *Entscheidungsfindung* und verlangt von dem Benutzer eine persönliche Beurteilung des Marktgeschehens.

☐ Market-Profile-Grafik

Das Market-Profile-Format bildet Kurse und Zeit so bildlich dar, dass man erkennen kann, was im Verlauf einer einzelnen Handelsperiode passiert. Es bildet gewissermaßen einen logischen Rahmen für die Beobachtung von Marktverhalten in der *Gegenwart*, in dem die Preisverteilung über eine bestimmte Zeitperiode abgebildet wird. Die Bandbreite entwickelt sich im Verlauf der Handelsperiode sowohl vertikal als auch horizontal. Wie wird die Profile-Grafik nun konstruiert?

Nehmen wir einen Vier-Perioden-Balken-Charts (siehe Abbildung B.3a). Dieser traditionelle Balkenchart kann folgendermaßen in eine Profile-Grafik konvertiert werden: (1) Weisen Sie jedem Kurs innerhalb der Bandbreite einer Periode einen Buchstaben zu: Buchstabe A für die erste Periode, B für die zweite Periode usw. (siehe Abbildung B.3b); (2) Rücken Sie die Buchstabenreihen zeilenweise so weit nach links, wie es geht (siehe Abbildung B.3c). Die fertige Profile-Grafik zeigt die Kurse auf der linken Skala, während die Häufigkeit des Vorkommens dieser Kurse nach rechts dargestellt wird, symbolisiert durch die Buchstaben A bis D.

Jeder Buchstabe stellt eine *Time-Price-Opportunity* (TPO) dar; das ist ein spezifischer Kurs, der im Markt innerhalb einer spezifischen Zeitperiode zustande kam (z. B. bewegten sich die Kurse in Periode B zwischen 163 und 166). Diese TPOs stellen die Basiseinheiten der Analyse für die Handelsaktivität dieses Tages dar. In anderen Worten: Jeder TPO ist eine Gelegenheit *(Opportunity)*, die es im Markt zu einer bestimmten *Zeit* und zu einem bestimmten *Kurs* gegeben hat. Market-Profile-Verteilungen sind aus TPOs zusammengesetzt. Der Chicago Board of Trade (CBOT) beginnt zu jeder neuen halben Stunde einen neuen Buchstaben,

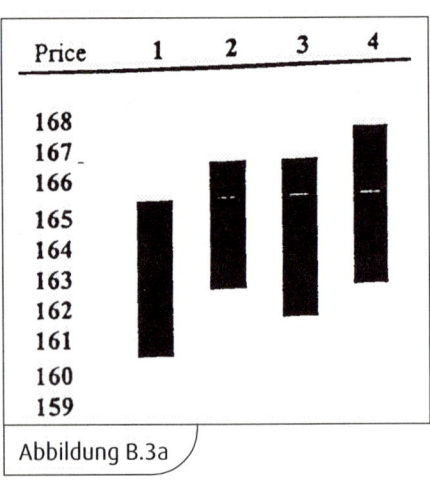

Abbildung B.3a

Abbildung B.3b

wobei eine Basis von 24 Stunden zugrunde gelegt wird; die Großbuchstaben A bis X repräsentieren die 30 Minuten-Perioden von Mitternacht bis 12:00 Uhr mittags, während die Kleinbuchstaben von a bis x in den Zeitperioden von Mittag bis Mitternacht zugewiesen werden.[3]

Price

168				
167	D			
166	B	C	D	
165	A	B	C	D
164	A	B	C	D
163	A	B	C	D
162	A	C		
161	A			
160				
159				

Abbildung B.3c

□ MARKET-STRUKTUR

Wenn Sie das Börsenparkett an einem Commoditys Trading Pit an einem umsatzstarken Tag besuchen, beobachten Sie etwas, was am besten mit „kontrolliertem Chaos" zu umschreiben ist. Das Schreien und Gestikulieren der Börsenmakler und Händler gründet auf einem beschreibbaren Prozess. Denken Sie sich die Börse als einen Platz, wo verschiedene Marktteilnehmer mit unterschiedlichen Preiserwartungen und Zeitzwängen miteinander im geschäftlichen Wettbewerb stehen. Wenn die Sorgen zunehmen, können die emotionalen Wellen hoch schlagen.

Mit der Einführung des Market-Profile-Konzepts versuchte Steidelmayer, diesen Prozess zu beschreiben. Als CBOT-Floor-Trader (Local) und Beobachter von Marktverhaltensweisen bemerkte er wiederkehrende Muster von Marktaktivität, die letztlich die Grundlage für sein Verständnis von den Märkten bildete. Weil der Handel auf dem Börsenparkett in Chicago im Auktionsverfahren abläuft, definierte er die Prinzipien von Market Profile in Begriffen des Auktionswesens. Während ein Trader beispielsweise einen steigenden Markt als *aufwärts* gerichtet oder *bullish* bezeichnen oder von einer *Kursrallye* sprechen würde, spräche Steidelmayer hingegen davon, dass „der Markt fortlaufend höher *bietet* und nach Verkäufern sucht, die die Kaufgesuche erfüllen."

Zur Erklärung des Auktionsprozesses in einem Trading-Pit führte er einige neue Begriffe ein, die einem normalen Trader nicht geläufig sind. Er begann mit der Defini-

---

3 Die Zuweisung von Buchstaben kann bei verschiedenen Datenanbietern unterschiedlich ausfallen. So weist beispielsweise CQG die Großbuchstaben A bis Z von 8:00 Uhr morgens (Central Standard Time) zu, während die Kleinbuchstaben von a bis z um 22:00 Uhr (Central Standard Time) beginnen.

tion der Aufgabe des Marktes; der Markt soll den Handel *erleichtern*. Als Nächstes definierte er einige Prozesse, z. B. dass sich der Markt im *Dual-Auction*-Modus befindet und dass die Kurse um einen fairen oder mittleren Preis rotieren (ähnlich der Verteilung von Schulnoten bei einer Klassenarbeit). Zuletzt wendet er sich den Verhaltenscharakteristiken der Marktteilnehmer zu, namentlich den Tradern mit einem kurzfristigen Zeithorizont, die einen *fairen* Preis anstreben, während Trader mit einem längerfristigen Zeithorizont einen *günstigen* Preis erzielen wollen.

☐ ORGANISATIONSPRINZIPIEN DES MARKET PROFILE

Auktion:
Die Aufgabe des Marktplatzes, also der Börse, ist die Vereinfachung oder Unterstützung des Handels. Alle Marktaktivitäten finden innerhalb dieser Auktion statt. Wenn die Kurse steigen, vergrößern sich die Kaufgesuche; wenn die Kurse fallen, wollen mehr Leute verkaufen. Der Markt bewegt sich nach oben, um die Nachfrage zu *befriedigen* (d. h., der Auktionspreis geht so lange nach oben, bis der letzte Kaufinteressent gekauft hat) und fällt, um das Angebot *abzunehmen* (d. h. der Auktionspreis geht so lange nach unten, bis der letzte Verkaufswillige verkauft hat). Eigentlich funktioniert der Markt in einem Dual-Auction-Prozess. Geht der Preis nach oben, und die Masse der Käufer nimmt zu, so *schreit* die Aufwärtsbewegung nach einer Antwort (Verkäufe) in entgegengesetzter Richtung, um die Bewegung zu stoppen. Das Gegenteil gilt, wenn die Kurse nach unten gehen.

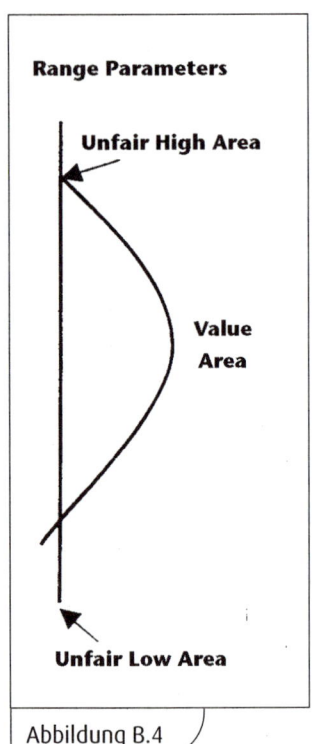

Range Parameters

Unfair High Area

Value
Area

Unfair Low Area

Abbildung B.4

**Fortlaufende Vertragsabschlüsse
(Continuous Negotiation):**
Wenn ein Markt in eine Richtung marschiert, interpoliert er Preisparameter wie z. B. einen *ungerechtfertigt hohen* (unfair high) und einen *ungerechtfertigt niedrigen* (unfair low) Preis und bewegt sich dann zwischen diesen beiden Extrempunkten, wodurch ein Gebiet der *fairen Preise* (Fair-Value-Area) etabliert wird. Der gesamte Handel findet in diesem *Verhandlungsprozess* statt und verbleibt innerhalb dieser Parameter, bis eine oder andere Begrenzung irgendwann heraus genommen wird (d. h., ein neuer Hoch- oder Tiefkurs bildet sich) – (siehe Abbildung B.4).

Ausgewogenheit und Unausgewogenheit des Marktes (Market Balance and Imbalance):
Der Markt befindet sich entweder im Gleichgewicht zwischen Käufern und Verkäufern oder tendiert dorthin. Um den Handel zu erleichtern, bewegt sich der Markt von einem Stadium der Ausgewogenheit oder Balance (Equilibrium) zu einem Stadium der *Unausgewogenheit* (Imbalance, Disequilibrium) und wieder zurück zur Ausgewogenheit. Dieses Verhaltensmuster kommt in allen Zeitfenstern vor, von Intraday-Aktivitäten über einzelnen Handelstagen bis hin zu aggregierten oder konsolidierten Aktivitäten mehrerer Handelstage, die den längerfristigen Auktionsprozess abbilden.

Zeitfenster und Verhalten der Trader:
Um die Verhaltensmuster der Marktteilnehmer besser zu erklären, wurde das Konzept verschiedener Zeitfenster eingeführt. Hierbei ist die Marktaktivität in zwei Kategorien von Zeitfenstern, nämlich kurzfristig und langfristig, eingeteilt. Die kurzfristige Aktivität wird als *Tageszeitfenster* definiert, wo Trader am selben Tagen handeln müssen (in diese Kategorie fallen z. B. Börsenmakler, Börsenhändler, Day Trader und Optionshändler am Verfalltermin). Weil er nur eine begrenzte Zeit zum Handeln hat, sucht der kurzfristige Trader nach einem *fairen* Preis. Kurzfristig orientierte Käufer und Verkäufer handeln miteinander zur selben Zeit und zum selben Preis. Die ganze übrige Handelsaktivität in *anderen Zeitfenstern* (hierzu gehören z. B. Commercials und Position Trader) ist der langfristigen Aktivität zugeordnet. Diese Trader sind nicht gezwungen, am aktuellen Tag zu handeln; die Zeit ist ihr Verbündeter, und die Trader können einen *günstigeren Preis* anstreben. In Verfolgung ihrer Interessen halten langfristige Käufer Ausschau nach niedrigeren Kursen, während langfristige Verkäufer höhere Kurse anstreben. Weil sich ihre Kursziele voneinander unterscheiden, kommen langfristige Käufer und Verkäufer im Allgemeinen nicht miteinander zum selben Kurs und zur selben Zeit ins Geschäft. Diese verhaltensbedingte Wechselbeziehung zwischen den beiden Zeitfenstern führt dazu, dass sich das Market Profile in seiner typischen Form entwickelt.

Der kurzfristige Trader und der langfristige Trader spielen verschiedene Rollen:
Beide Gruppen von Marktteilnehmern spielen Schlüsselrollen bei der Erleichterung des Handels, doch in verschiedener Weise. Eine *anfängliche Ausgewogenheit* eines Marktes (also wenn ein zweiseitiger Handel stattfinden kann) wird normalerweise in der ersten Handelsstunde des Tages etabliert, wenn die kurzfristigen Käufer und Verkäufer (Aktivität innerhalb des Zeitfensters von einem Tag) miteinander Geschäfte tätigen, um einen fairen Preis zu erzielen.

Der größte Teil der Handelsaktivität eines Tages findet in dem Gebiet fairer Kurse statt. Kurse über und unter dieser Fair-Value-Area bieten günstige Gelegenheiten und sind für langfristige Trader vorteilhaft. Weil die Zeit auf ihrer Seite ist, können langfristige Trader einen Kurs, der nicht mehr dem fairen Wert entspricht, akzeptieren oder nicht. Da die langfristigen Käufer und Verkäufer mit großen Volumina in den Markt gehen, können sie die *Initial Balance* aus dem Gleichgewicht bringen und damit die Bandbreite nach oben oder unten ausdehnen. Der langfristige Trader ist verantwortlich für die Art und Weise, wie sich die tägliche Bandbreite entwickelt, und für die Dauer der langfristigen Auktion. Anders ausgedrückt, die langfristigen Trader sind es, die den Markt in Trends bewegen.

Kurs und Wert:
Der Unterschied zwischen Kurs und Wert ist eine vom Markt generierte Gelegenheit. Es gibt zwei Arten von Kursen: 1) diejenigen, die akzeptiert werden – definiert als Kursbereich, innerhalb dessen sich der Markt über eine gewisse Zeit bewegt, und 2) diejenigen, die zurückgewiesen werden – definiert als Kursbereiche, innerhalb deren

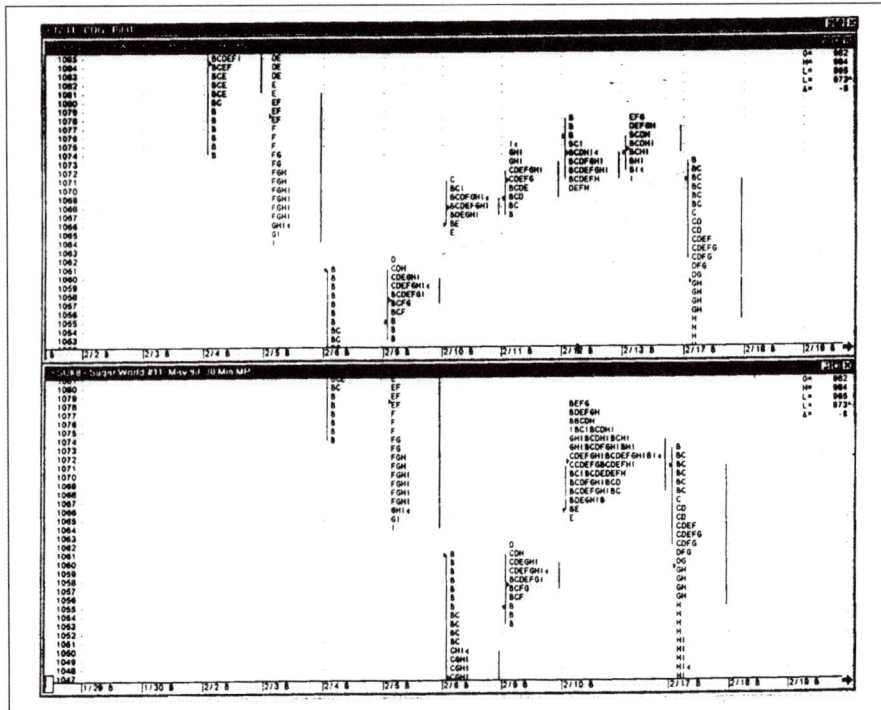

Abbildung B.5 / Durch die kombinierte Betrachtung von täglichen fortlaufenden Profil-Grafiken (oben) und einer größeren kumulativen Profil-Grafik (unten) erscheint ein sich entwickelndes Bild langfristiger Ausgewogenheit oder Unausgewogenheit.

sich der Markt nur für sehr kurze Zeit aufhält. Ein zurückgewiesener Preis wird als exzessiv betrachtet – definiert als unfair hoch oder unfair niedrig. Für kurzfristige Trader sind Kurs und Wert gleichbedeutend, weil sie gewöhnlich in dem Bereich fairer Werte operieren. Für langfristige Trader ist das Konzept Kurs = Wert allerdings oftmals nicht zutreffend. Der Kurs ist *wahrnehmbar* und *objektiv*, während der Wert *empfunden* wird und einen *subjektiven* Charakter hat, abhängig von den besonderen Bedürfnissen langfristiger Trader. Nehmen Sie beispielsweise einen Kurs am oberen Rand der heutigen Bandbreite, einen Kurs also, der für kurzfristige Trader exzessiv und unfair teuer ist. Für einen langfristigen Trader, der daran glaubt, dass die Kurse in der nächsten Woche viel höher stehen werden, ist dieser Kurs *billig* (weil der heutige Kurs *unter* dem für die nächste Woche antizipierten Wert liegt).

Der langfristige Trader unterscheidet zwischen Kurs und Wert, indem er aktuelle Kurse akzeptiert oder zurückweist, unabhängig von seiner Einschätzung des fairen Wertes. Vergegenwärtigen Sie sich, dass steigende Kurse um Verkäufer werben, während sich fallende Kurse den Käufern anpreisen.

Wenn der langfristige Trader auf einen angebotenen Kurs reagiert, so ist dies das normale, erwartete Verhaltensmuster, das als *„responsive"* bezeichnet wird. Macht der langfristige Trader jedoch das Gegenteil (d. h. kauft er in steigende Kurse oder verkauft in fallende Kurse), so wird diese unerwartete Handlung als *„initiating"* bezeichnet. Die Klassifizierung der Handelsaktivität langfristiger Trader als *responsive und initiating* in Relation zu der sich gestern oder heute entwickelnden Value Area ergibt Anhaltspunkte über das Vertrauen der langfristigen Trader in ihre eigene Markteinschätzung. Je überzeugter ein Trader wird, umso wahrscheinlicher wird er eine neue Kursbewegung *initiieren*.

☐ Entwicklung der Bandbreite und der Profilmuster

Kursbewegungen erfolgen nicht zufällig, und so ist es nicht überraschend, dass sich mit der Zeit wieder erkennbare Kursformationen offenbaren. Ein geschickter Trader, der die Entwicklung solcher Muster in ihren frühen Stadien antizipieren kann, ist in der Lage, Geld zu machen. Steidelmayer identifiziert grob die folgenden Muster, die sich auf die Entwicklung der täglichen Bandbreite beziehen:

1. Ein *Normal Day* („normaler Tag") entwickelt sich, wenn die längerfristig orientierten Trader relativ inaktiv sind. Die Bandbreite des Tages wird bereits in der ersten Säule, der *Pioneer Range*, also während der ersten halben Handelsstunde, festgelegt. Der kurzfristige Trader bestimmt die anfängliche Balance, den unfairen Hoch- und Tiefkurs, und dann fluktuieren die Kurse zwischen diesen Parametern, um für den

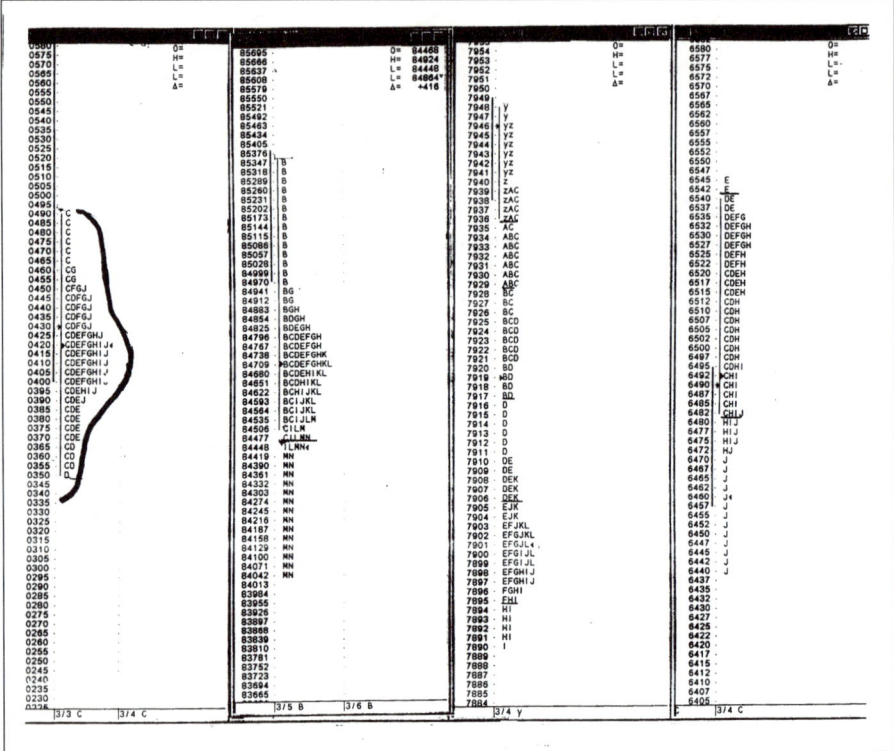

Abbildung B.6

Bild 1:
Orangensaft;

Normal Day
a) anfängliche
   Balance (Ausge-
   wogenheit), die
   in den ersten
   beiden Perioden
   (C und D) durch
   kurzfristige
   Trader etabliert
   wurde.
b) Langfristige Tra-
   der sind inaktiv.
c) Symmetrische
   oder ausge-
   wogene Preis-
   verteilung

Bild 2: Dow Jones
Industrials Index;

Normal Variation
Day
a) Initial Balance
   (anfängliche Aus-
   gewogenheit),
   die in den Perio-
   den B und C durch
   kurzfristige Trader
   etabliert wurde.
b) Langfristige
   Trader dehnten
   die Bandbreite
   aus und verdop-
   pelten die an-
   fängliche Balance
   beinahe.

Bild 3:
Japanischer Yen;

Trend Day
a) Initial Balance,
   die in den
   Perioden y und z
   durch kurzfristige
   Trader etabliert
   wurde.
b) Langfristige
   Trader dehnten
   die Bandbreite
   erfolgreich weiter
   aus.
c) Der Markt
   schließt in der
   Nähe seines Tiefs
   in Trendrichtung.

Bild 4: Lebendes
Schlachtvieh.

Neutral Day
a) Initial Balance,
   die in den ersten
   beiden Perioden
   (C und D) durch
   kurzfristige Trader
   etabliert wurde.
b) Langfristige
   Trader dehnten
   die Bandbreite
   in Periode E
   zunächst nach
   oben aus und
c) dann, in Periode
   H, nach unten aus.

466

Rest des Tages ein Gleichgewicht zu erreichen (siehe Abbildung B.6: Bild 1: Orangensaft).

2. Wenn die längerfristigen Trader aktiver sind und die Bandbreite über die anfängliche Balance hinaus ausdehnen, haben wir es mit einem *Normal Variation Day* zu tun. In diesem Fall haben die *Initial Balance Parameter* der kurzfristigen Trader keinen Bestand, und es kommt zu gewissen Kursbewegungen in Trendrichtung, die die Bandbreite erweitern und neue Hoch- oder Tiefpunkte setzen. Es gibt eine Regel, nach der das Ausmaß der Ausdehnung über die anfängliche Balance hinaus zwischen einigen Ticks und der Verdoppelung der Initial Balance betragen kann. Dieser Profiltyp ist wahrscheinlich der häufigste (siehe Abbildung B.6: Bild 2: Dow Jones Industrials Average).

3. Einen *Trend Day* haben wir dann, wenn die langfristigen Trader die Bandbreite erfolgreich noch weiter verbreitern können. In diesem Fall ist die Bandbreite deutlich größer als das Doppelte der Initial Balance, weil die langfristigen Trader bei der Suche des Marktes nach einem fairen Kurs die Richtung kontrollieren. Die Kurse bewegen sich in eine Richtung und schließen in der Nähe des Tageshochs (bei einem Aufwärtstrend) bzw. nahe dem Tagestief (bei einem Abwärtstrend). (Siehe Abbildung B.6: Bild 3: Japanischer Yen).

4. Ein *Neutral Day* entwickelt sich, wenn die langfristigen Trader zunächst die Initial Balance in eine Richtung ausdehnen, dann ihre Meinung ändern und die Bandbreite in der entgegengesetzten Richtung erweitern. Solche „neutralen Tage" offenbaren die Unsicherheit der Trader und kommen vor, wenn der Markt eine Entscheidung zwischen Trendbestätigung und Trendumkehr probt (siehe Abbildung B.6: Bild 4: Lebendes Schlachtvieh).

☐ Die Verfolgung längerfristiger Marktbewegungen

Mit der Ausnahme von Options-Stillhaltern, die von stabilen Kursen profitieren, erfordert die Gewinnstrategie der meisten Trader Trendbewegungen. Der Trader gewinnt, wenn er die richtige Richtung erwischt, und verliert, wenn er falsch liegt. Weil die langfristigen Trader für die Bestimmung der Trendrichtung des Marktes verantwortlich sind, beobachten wir deren Handelsaktivität, um die Existenz eines Kurstrends herauszufinden. Nach der Identifizierung und Auswertung der Handelsaktivität der langfristigen Trader kann man eine fundierte Schlussfolgerung hinsichtlich der Trendrichtung ziehen. Wir beginnen mit diesem Prozess, indem wir den Einfluss der langfristigen Trader innerhalb des aktuellen Handelstages bestimmen und dann überlegen, wie sich dieser Einfluss in der Zukunft auswirken wird.

- **Einfluss innerhalb des aktuellen Handelstages:**
  Die Profile-Grafik hilft dabei, das Verhalten der langfristigen Trader während der Entwicklung der Tagesbandbreite zu identifizieren. Indem wir die Aktivität der langfristigen Trader über die gesamte Bandbreite beobachten, besonders an den *Extremen*, bei der *Range Extension* (Erweiterung der Bandbreite) und nach Vollendung der *Value Area,* können wir herausfinden, ob die kurzfristigen oder die langfristigen Trader aktiver sind und somit die Richtung des Marktes kontrollieren. Handelsaktivität an den Extremen, gefolgt von einer Range Extension und anschließenden Käufen und Verkäufen in der Value Area sind der beste Hinweis auf einen starken Einfluss der langfristigen Trader.

1. Extreme werden ausgebildet, wenn der langfristige Trader mit dem kurzfristigen Trader auf einem bestimmten Kursniveau (das später zum Tageshoch oder -tief wird) gegeneinander um *Opportunities* („Günstige Gelegenheiten" zum Kauf oder Verkauf) konkurrieren. Mindestens zwei Buchstaben müssen in einer Reihe stehen, um einen Extremwert zu etablieren. Je entschiedener der langfristige Trader in diesem Preiswettbewerb auftritt, umso mehr Buchstaben-Zeichen kommen zustande, und desto länger ist ihre Ausdehnung. Sind es weniger als zwei Zeichen, so ist der langfristige Trader nicht besonders an einem Wettbewerb auf diesem Kursniveau interessiert. Wenn nur ein einzelner Buchstabe das obere oder untere Ende der Bandbreite markiert, haben wir es mit einem *lokalen* Hoch- oder Tiefpunkt zu tun. Diese Situation impliziert, dass der Markt eine TPO (Time Price Opportunity) angeboten hat, an der kein Marktteilnehmer wirklich interessiert war (d. h.: kein Anzeichen von Wettbewerb; siehe Abbildung B.7: Bild 1: Intel Corporation).

2. Zu einer *Range Extension* (Bandbreitenausweitung) kommt es, wenn die langfristigen Trader mit genügend hohem Volumen in den Markt gehen, um die anfängliche Ausgewogenheit zu erschüttern, und die Bandbreite nach oben oder unten ausdehnen. Eine Ausdehnung nach oben zeigt langfristige Käufe an, während eine Ausdehnung nach unten von langfristigen Verkäufen zeugt. Gelegentlich kommt es allerdings vor, dass sowohl langfristige Käufer als auch langfristige Verkäufer an den Extremen aktiv sind, aber nicht zum gleichen Kurs und zur gleichen Zeit. (Erinnern Sie sich daran, dass langfristige Käufer und langfristige Verkäufer nicht miteinander handeln.) Wird beispielsweise ein Extremwert nach einer Range Extension nach oben gebildet, geht der Markt zuerst nach oben, um die Kaufgesuche zu befriedigen, und dann nach unten, um die Verkaufswünsche zu bedienen. Dies ist ein Beispiel, wie sowohl langfristige Käufer als auch langfristige Verkäufer im selben Kursbereich traden, aber zu unterschiedlichen Zeiten. Beide Arten von Handelsaktivität an den Extremen werden identifiziert, um den Einfluss langfristiger Käufe und Verkäufe zu evaluieren (siehe Abbildung B.7: Bild 2: Kaffee).

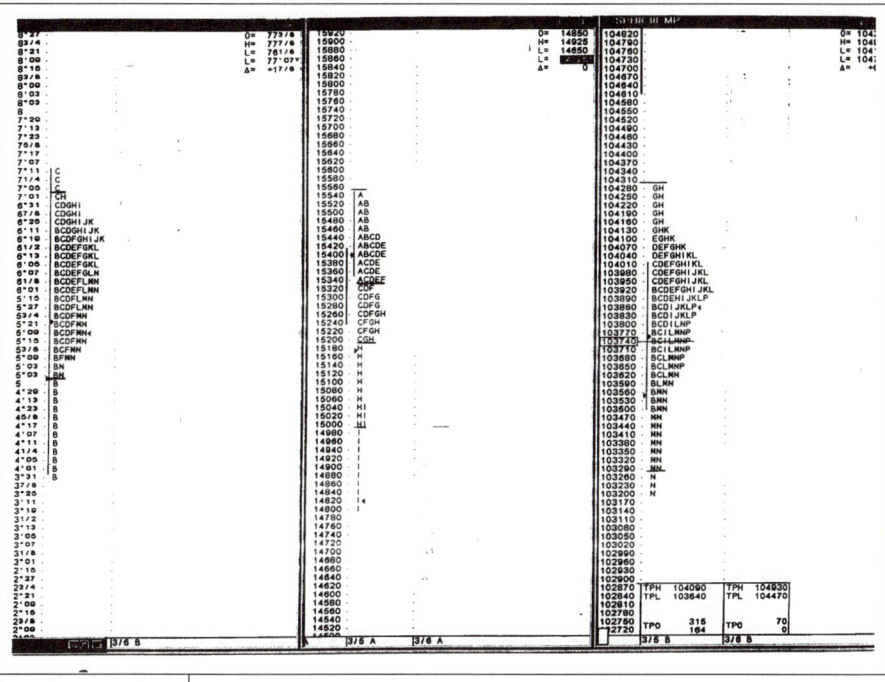

Abbildung B.7

Bild 1: Intel Corp.

Extreme:
Die Formation erfordert mindestens zwei TPOs

a) Verkaufs- Extremwert von 77 11/32 bis 77 5/32
b) Kauf-Extremwert von 73 31/32 bis 75 zeigt einen temperamentvollen Wettbewerb zwischen kurzfristigen und langfristigen Tradern

Bild 2: Kaffee

Range Extension:
kommt zustande, wenn langfristige Trader die anfängliche Balance stören.

a) Initial Balance, die in den Perioden A und B etabliert wurde
b) Range Extension nach unten in den Perioden C, H und I

Bild 3: S&P 500 Index

Value Area / TPO-Käufe oder –Verkäufe:
Bewertung, ob langfristige Käufer oder Verkäufer die aktuelle Sitzung innerhalb des Wertebereichs bestimmen

a) Modaler oder fairster Kurs bei 1039,20
b) TPO-Verkauf: Abzählung ergibt 59
c) TPO-Kauf: Abzählung ergibt 100
d) Unausgewogenheit auf der Kaufseite bedeutet, dass die Kurse zur Errei- chung eines Balance-Zu- standes steigen müssen

469

3. Die *Value Area* (Wertebereich) wird an jedem Handelstag durch die Fluktuation der Kurse um den *modalen* Kurs (das ist der Kurs mit der höchsten Anzahl an Buchstaben oder TPOs in einer Reihe, anders ausgedrückt: der *fairste* Kurs) ersichtlich. Die Value Area wird bestimmt, indem 70 % der TPOs um den fairsten Kurs ausgezählt oder vom Computer berechnet werden. Mit anderen Worten: Die Value Area ist eine Einschätzung fairer Kurse, die näherungsweise durch eine Standardabweichung des Handelsvolumens bestimmt wird. (Blättern Sie zurück zu dem Lehrbuchbeispiel.) Wenn ein langfristiger Trader innerhalb der Value Area einen Trade durchführt, kauft er nur aus langfristiger Sicht unten bzw. verkauft oben; aus kurzfristiger Sicht ist sein Trade neutral. Dieses Verhalten führt zur einer Unausgewogenheit in der Value Area des aktuellen Handelstages. Die Aktivität der langfristigen Trader wird durch die Anzahl der TPOs gemessen. Mit Hilfe des folgenden Verfahrens kann bestimmt werden, welche Seite des Marktes die langfristige Unausgewogenheit enthält: (1) Zunächst wird eine waagerechte Linie durch den fairsten Kurs gezogen. (2) Die TPOs auf jeder Seite der Linien werden gezählt, bis man eine Reihe erreicht, die nur ein einzelnes Zeichen enthält. Die Unausgewogenheit besteht auf der Seite mit der geringeren Anzahl von TPOs, weil die Aktivität der langfristigen Trader einen kleineren Prozentsatz der Umsätze in der Value Area ausmacht. Wenn zum Beispiel 22 TPOs über und 12 TPOs unter dem fairsten Kurs lagen, deutet dies auf Netto-TPO-Verkäufe mit einem leichten Hang zu niedrigeren Kursen hin (siehe Abbildung B.7: Bild 3: S&P 500 Index). Beachten Sie, dass TPO-Käufe und –Verkäufe innerhalb der Value Area *nicht auf Trend Days angewendet werden können,* weil sich der Markt ja noch auf der Suche nach einem Bereich mit fairen Kursen befindet.

Nach der Identifizierung und Evaluierung der Aktivität der langfristigen Trader in der Profil-Grafik des aktuellen Handelstages kann der Analyst sicher bestimmen, ob langfristige Käufer oder Verkäufer die Sitzung bestimmt haben.

- **Einfluss über den aktuellen Handelstag hinaus:**
  Die Profil-Grafik hilft auch dabei, das Verhalten der langfristigen Trader über den aktuellen Handelstag hinaus zu identifizieren. Das Schlüsselziel eines jeden Traders ist es, zu bestimmen, ob der aktuelle Kurstrend weitergeht oder wechselt. Eine Veränderung der Kursrichtung stellt eine *Umkehr* des aktuellen Kurstrends dar. Das standardmäßige technische Verfahren zur Trendbestimmung, ohne Market Profile, besteht im Ziehen einer geeigneten Trendlinie und einer fortlaufenden Beobachtung der Kurse im Verhältnis zu dieser Linie. Solange die Trendlinie nicht verletzt wird, geht man davon aus, dass der Trend anhält. Unter den grundlegenden technischen Instrumenten ist die Trendlinie das bedeutendste, insbesondere wegen ihrer universellen Einsatzmöglichkeiten und ihrer Anwendung in unterschiedlichen Zeitintervallen (z. B. Stunden, Tage, Wochen, Monate usw.).

Market Profile bietet einen alternativen Ansatz zur traditionellen Trendanalyse, indem die Marktaktivität über verschiedene Zeitperioden analysiert wird. In ihrer einfachsten Form kann die Evaluierung einer Profil-Grafik über mehrere aufeinander folgende Handelstage dabei helfen, den Anfang oder die Fortsetzung eines kurzfristigen Kurstrends zu identifizieren.

Liegt beispielsweise die heutige Value Area als die gestrige, so ist der Trend aufwärts gerichtet. Wenn die morgige Value Area ebenfalls höher als die heutige ist, so setzt sich der gegenwärtige Aufwärtstrend fort. Indem der Trader die Handelsaktivität auf diese Weise beobachtet, kann er rechtzeitig Trendfortsetzungen oder -änderungen erkennen. Wenn man die täglich aufeinanderfolgenden Profil-Grafiken in eine größere, kumulative Profil-Grafik überführt, ergibt sich ein Bild längerfristiger Balance oder Imbalance. Die Profil-Grafik in Abbildung B.5 (Zucker) illustriert diesen Sachverhalt. Ein Rückblick auf die einzelnen Sitzungen (10. bis 13.2.) im oberen Teil deutet auf einen ansteigenden Markt hin und zeigt keine Anzeichen einer Trendumkehr. Kombiniert man diese vier aufeinanderfolgenden Sitzungen (unterer Teil), ergibt sich allerdings ein Bild der Ausgewogenheit, das sofort ins Auge springt. Ist ein Markt erst einmal ausbalanciert, so beginnt er mit seiner Suche nach einer erneuten Unausgewogenheit häufig nach einem letzten Test des fairsten Kurses.

□ Fazit

Die Market Profile-Methode kann zur Analyse beliebiger Kurszeitreihen, von denen fortlaufende Daten über Transaktionen vorliegen, verwendet werden. Dies beinhaltet börsennotierte und nicht börsennotierte Aktien, Treasury Bonds und Notes (Kurse oder Renditen), Commodity Futures und Optionen. Die *Profil-Grafik* visualisiert die Kursbewegungen per Zeiteinheit in zwei Dimensionen – vertikal (d. h. in Trendrichtung) und horizontal (d. h. Häufigkeit ihres Vorkommens).

Die Profil-Grafik bietet gegenüber dem gewöhnlichen Balkenchart einzigartige Vorteile:

• Das *Symmetrie*-Attribut der Profil-Grafik erlaubt es dem Trader, den Marktstatus der *Balance* (oder *Imbalance*) in jedem Zeitfenster zu bewerten. Bei einem symmetrischen Markt herrscht ein Gleichgewicht zwischen Käufern und Verkäufern. Ein Ungleichgewicht bedeutet die Fortsetzung eines Kurstrends, weil der Markt nach einem neuen Gleichgewicht strebt. Ein Gleichgewichtszustand ist allerdings nur temporärer Natur und hat wahrscheinlich eine *Marktveränderung* oder eine Trendbewegung (entweder nach oben oder nach unten) zur Folge, ein Signal für Trader, Trendfolgesysteme anzuwenden.

• Jeder Trendwechsel kommt zu irgendeinem Zeitpunkt, nicht bequemerweise am Ende einer Stunde, eines Tages, einer Woche oder eines Monats. Die Profil-Grafik kann dazu dienen, diesen spezifischen Zeitpunkt, an dem die Kontrolle zwischen Käufern und Verkäufern wechselt, akkurater zu bestimmen. Durch Visualisierung solcher Szenenwechsel erlaubt die Profil-Grafik dem Trader, entscheidende Unterstützungs- und Widerstandslinien zu lokalisieren.

Kurz gesagt, die Profil-Grafik beinhaltet einen substantiellen Umfang an Kursinformation per Zeiteinheit und ermöglicht dem Trader die Identifizierung von Mustern und Dynamiken im Markt, die bei der Anwendung anderer Methoden nicht so leicht erkennbar sind.

von Fred G. Schutzman

Anhang C: Die Kernpunkte bei der Entwicklung eines Handelssystems

Die Entwicklung von Handelssystemen ist teils Kunst, teils Wissenschaft, teils gesunder Menschenverstand. Unser Ziel ist es nicht, ein System zu entwickeln, das auf der Basis von historischen Daten die höchsten Gewinne erwirtschaftet, sondern ein rundes Konzept zu formulieren, das in der Vergangenheit eine relativ gute Performance aufwies und erwarten lässt, dass es auch in der Zukunft ganz gut funktionieren wird.

Idealerweise bevorzugen wir einen zu 100 Prozent mechanischen Ansatz, der die Chancen vergrößert, dass die Performance der Vergangenheit in der Zukunft wiederholt werden kann. Mechanisch bedeutet objektiv: Wenn zehn Leute denselben Regeln folgen und die gleichen Resultate erzielen, gelten diese Regeln als objektiv. Dabei spielt es keine Rolle, ob ein mechanisches System auf einem Blatt Papier steht oder in einem Computer eingegeben wird.

Wir gehen hier allerdings davon aus, dass wir einen Computer benutzen und die Begriffe „mechanisch" und „computerisiert" synonym verwenden. Das heißt nicht, dass ein Computer Pflichtbestandteil bei der Systementwicklung ist, obwohl er natürlich hilfreich ist.

Der mechanische Ansatz bietet uns drei Hauptvorteile:

- **Wir können Ideen testen, bevor wir mit echtem Geld traden.** Ein Computer erlaubt uns, ein Handelssystem mit historischen Daten statt mit hart verdientem Einkommen zu testen. Die Einsicht, wie ein System in der Vergangenheit performt hätte, trägt dazu bei, bessere Entscheidungen zu treffen, wenn es wirklich zählt – in der Gegenwart.

- **Wir können objektiver und weniger emotional sein.** Die meisten Leute haben Schwierigkeiten, ihre objektive Analyse auf echte Trading-Situationen anzuwenden. Die Analyse (wo wir kein Geld riskieren) ist einfach, das Trading (wo wir Geld riskieren) ist hingegen mit Stress verbunden. Warum lassen wir darum nicht den Computer für uns auf den Auslöser drücken? Er ist frei von menschlichen Gefühlen und tut genau das, was wir ihm zu der Zeit befohlen haben, als wir unser System entwickelten.
- **Wir können mehr Arbeit erledigen und erweitern unsere Möglichkeiten.** Ein mechanischer Ansatz nimmt weniger Zeit in Anspruch als ein subjektiver, was uns erlaubt, Tag für Tag mehr Märkte abzudecken, mehr Systeme zu traden und mehr Zeithorizonte zu analysieren. Dies gilt insbesondere für diejenigen von uns, die einen Computer benutzen, denn er kann schneller und länger arbeiten als wir, und ohne seine Konzentration zu verlieren.

☐ 5-Stufen-Plan

1. Mit einem Konzept beginnen
2. Umsetzung in eine Reihe objektiver Regeln
3. Visuelle Inspektion auf den Charts
4. Formaler Test mit einem Computer
5. Auswertung der Ergebnisse

☐ Stufe 1: Mit einem Konzept (einer Idee) beginnen

Entwickeln Sie Ihre eigenen Vorstellungen darüber, wie die Märkte funktionieren. Beginnen Sie damit, so viele Charts wie möglich zu betrachten, und versuchen Sie, Überkreuzungen von gleitenden Durchschnitten, Oszillator-Konfigurationen, Kursformationen oder andere objektiv erkennbare Dinge zu identifizieren, die größeren Marktbewegungen vorausgehen. Versuchen Sie auch, Hinweise zu erkennen, die frühzeitig vor wahrscheinlich fehlschlagenden Kursbewegungen warnen. Ich studierte Chart nach Chart in der Hoffnung, solche Antworten zu finden. Dieser „visuelle" Ansatz arbeitete für mich, und ich kann ihn nur warm empfehlen.

Zusätzlich zur Untersuchung von Kurscharts und zur Lektüre von Büchern wie diesem hier schlage ich vor, dass Sie alles über Handelssysteme lesen und studieren, was andere gemacht haben. Obwohl Ihnen niemand den „Heiligen Gral" offenbaren wird, gibt es dort draußen eine Menge nützlicher Informationen. Und, am allerwichtigsten, denken Sie für sich selbst. Ich habe herausgefunden, dass die meisten profitablen Ideen nicht original sind, aber sehr häufig die eigenen.

Die meisten erfolgreichen Handelssysteme sind trendfolgend. Antizyklische Systeme sollten allerdings nicht übersehen werden, weil sie einen gewissen Grad an negativer Korrelation auf den Tisch bringen. Das bedeutet, dass wenn ein System Geld macht, verliert das andere, und führt für die beiden kombinierten Systeme zu einer glatteren Vermögenszuwachskurve (equity curve) als für jedes der beiden allein.

⊙ Prinzipien des guten Konzept-Designs

Gute Konzepte machen normalerweise Sinn. Wenn ein Konzept zu funktionieren scheint, aber wenig Sinn macht, mögen Sie in das Reich der zufälligen Übereinstimmung abgleiten, und die Wahrscheinlichkeit, dass dieses Konzept auch in Zukunft funktionieren wird, nimmt deutlich ab.

Ihre Konzepte müssen Ihrer Persönlichkeit entsprechen, um Ihnen die Disziplin zu geben, ihnen selbst dann zu folgen, wenn sie Verluste machen (z. B. in Drawdown-Perioden). Ihre Konzepte sollten geradeaus und objektiv sein und, wenn es sich um Trendfolgesysteme handelt, in Richtung des vorherrschenden Trends traden, Gewinne laufen lassen und Verluste begrenzen. Am wichtigsten ist, dass Ihre Konzepte langfristig Gewinn machen (d.h., sie müssen eine positive Ergebniserwartung haben).

Das Design von Einstiegsregeln ist schwer, doch die Formulierung von Ausstiegsregeln ist noch schwerer und außerdem wichtiger. Die Einstiegslogik ist ziemlich geradlinig, doch der Ausstieg muss verschiedene Einflussfaktoren in Betracht ziehen, zum Beispiel wie schnell Verluste begrenzt werden sollen oder was man mit Buchgewinnen macht. Ich präferiere Systeme, sie sich nicht automatisch umkehren – ich schließe lieber zunächst eine Position, bevor ich eine neue Position in der entgegengesetzten Richtung eingehe. Arbeiten Sie hart daran, Ihre Ausstiege zu verbessern, und Ihre Gewinne werden sich relativ zu Ihren Risiken verbessern.

Ein weiterer Vorschlag – versuchen Sie, so wenig wie möglich zu optimieren. Optimierung auf der Basis historischer Daten verleitet einen oft dazu, unrealistisch hohe Gewinne zu erwarten, die beim realen Trading nicht wiederholt werden können. Versuchen Sie, nur wenige Parameter einzusetzen und die gleiche Technik über eine Anzahl unterschiedlicher Märkte anzuwenden. Das erhöht Ihre Chancen auf langfristigen Erfolg, denn Sie vermeiden die Fallen der Überoptimierung.

Es gibt drei Hauptkategorien von Handelssystemen:

*   **Trendfolgesysteme.** Diese Systeme traden in Richtung des übergeordneten Trends; sie kaufen nach einer Bodenbildung und verkaufen nach einem Kursgipfel. Gleitende Durchschnitte und Donchians Wochen-Regel sind unter Geldmanagern verbreitete Methodologien.

- **Antizyklische Systeme:**
  - Unterstützung/Widerstand. Kaufen Sie bei einem Kursrückgang auf eine Unterstützungslinie; verkaufen Sie bei einer Rallye zu einer Widerstandslinie.
  - Retracements. Hier kaufen wir bei Kursrückschlägen in einer Hausse und verkaufen in Bearmarket-Rallyes. Kaufen Sie beispielsweise nach einer 50%-igen Rückbildung des letzten Kursaufschwungs, doch nur dann, wenn der größere Trend noch aufwärts gerichtet ist. Die Gefahr solcher Systeme besteht darin, dass Sie nie wissen, wie weit ein Retracement gehen wird, und es wird schwierig, eine akzeptable Ausstiegstechnik einzusetzen.
  - Oszillatoren. Die Idee ist zu kaufen, wenn der Oszillator überverkauft ist, und zu verkaufen, wenn er überkauft ist. Wenn zwischen der Kurskurve und dem Oszillator außerdem noch eine Divergenz besteht, ist das Signal noch viel stärker. Es ist allerdings am besten, auf ein Zeichen einer Trendumkehr zu warten, bevor man kauft oder verkauft.
- **Formationenerkennung** (visuell und statistisch). Beispiele sind unter anderem die zuverlässige Kopf-Schulter-Formation (visuell) und saisonale Kursmuster (statistisch).

☐ Stufe 2: Umsetzung Ihrer Idee in eine Reihe objektiver Regeln

Dies ist der schwierigste Schritt in unserem 5-Stufen-Plan, viel schwieriger, als viele von uns zunächst erwarten würden! Um diesen Schritt erfolgreich abzuschließen, müssen wir unsere Idee in so objektiven Begriffen ausdrücken, dass 100 Leute, die unseren Regeln folgen, zu den exakt gleichen Ergebnissen kommen.

Bestimmen Sie, was unser System tun soll und wie es dies tun soll. Mit diesem Schritt produzieren Sie alle Details, die für die Erfüllung der Programmieraufgabe nötig sind. Wir müssen das Gesamtproblem nehmen und in mehr und mehr Details herunterbrechen, bis wir am Ende alle Details beisammen haben.

☐ Stufe 3: Visuelle Inspektion auf den Charts

Lassen Sie uns beim Befolgen der expliziten Regeln, die wir gerade in Stufe 2 bestimmt haben, die auf dem Kurschart produzierten Handelssignale visuell prüfen. Dies ist ein informeller Prozess, der dazu gedacht ist, zwei Ergebnisse zu erzielen: Zum einen wollen wir herausfinden, ob unsere Idee sauber formuliert wurde; zum anderen benötigen wir einen Beweis, dass unsere Idee potenziell profitabel ist, bevor wir den komplizierten Computercode schreiben.

☐ STUFE 4: FORMALER TEST MIT EINEM COMPUTER

Nun ist es an der Zeit, unsere Logik in einen Computercode zu konvertieren. Für meine eigene Arbeit benutze ich das Programm TradeStation, Omega Research, Inc. in Miami, Florida. TradeStation ist das umfassendste Technische Analyse Softwarepaket, das es für das Formulieren und Testen von Trading-Ideen gibt. Es vereinigt alles – von der Visualisierung Ihrer Idee bis hin zur Unterstützung beim Realtime-Trading Ihres Systems.

Das Schreiben eines Codes in irgendeiner Computersprache ist keine leichte Aufgabe, und TradeStations EasyLanguage ist keine Ausnahme. Die Arbeit mit Easy Language wird allerdings durch den benutzerfreundlichen Editor des Programms, zahlreiche eingebaute Funktionen und viele Beispiele bedeutend vereinfacht (siehe Abbildung C.1).

Sobald unser Programm geschrieben ist, begeben wir uns zur Testphase. um zu beginnen, müssen wir eine oder mehrere Zeitreihen zum Testen selektieren. Für Aktien-Trader ist das eine einfache Aufgabe. Futures-Trader sind allerdings mit Kontrakten konfrontiert, die nach einer relativ kurzen Zeitperiode verfallen. Bei meinem ersten Test benutze ich gerne eine fortlaufende (Spread-adjustierte) Zeitreihe, die von Jack Schwager bekannt gemacht wurde. (*Schwager on Futures: Technische Analyse,* FinanzBuch Verlag, 1998.) Wenn diese Resultate viel versprechend aussehen, gehe ich zu den eigentlichen Kontrakten über.

Als Nächstes müssen wir entscheiden, wie viele Daten wir bei dem Bau unseres Systems benutzen. Ich verwende die komplette Zeitreihe, ohne dass ich einen Teil der Daten für einen Out-of-sample-Test (Aufbau Ihres Systems auf einem Teil der Daten und anschließendem Test auf den verbleibenden „unbekannten" Daten) abzweige. Viele Experten stimmen mit diesem Ansatz nicht überein, doch ich glaube, dass diese Vorgehensweise am besten geeignet ist für meine Methodologie, die auf guten, soliden Konzepten basiert, praktisch ohne Optimierung auskommt und ein Testverfahren benutzt, das eine breite Palette von Parametern und Märkten abdeckt. Ich starte mit einer Methodologie, von der ich glaube, dass sie ausgewogen ist; dann teste ich sie, um meine Theorie entweder zu bestätigen oder zu widerlegen. Ich habe herausgefunden, dass die meisten Individuen das Gegenteil tun – sie testen eine Zeitreihe, um zu einem Handelssystem zu kommen.

Ich kümmere mich beim Testen von Systemen nicht um Transaktionskosten (Slippage und Provisionen) und berücksichtige sie stattdessen am Ende. Ich glaube, dass dies den Auswertungsprozess rein hält und es meinen Ergebnissen erlaubt, auch bei bestimmten zukünftigen Änderungen von Annahmen von Nutzen zu sein.

Meine Systeme müssen folgenden Anforderungen genügen:

• **Verschiedene Kombinationen von Parametern.** Wenn ich den Einsatz eines 5/20-Tage Moving Average Crossover Systems erwäge, erwarte ich, dass die Wertepaare 6/18, 6/23, 4/21 und 5/19 auch einigermaßen gut performen. Wenn nicht, werde ich bezüglich der 5/20-Ergebnisse sofort skeptisch.

477

```
//fileName: JJMBook.Four%Model
//Written by Fred G. Schutzman, CMT
//Logic by Ned Davis
  //see Zweig book: Martin Zweig's Winning with New IRAs, pages 117–128
//Model was designed to be applied to a weekly chart of the Value Line Composite Index
(VLCI)
//Program uses the weekly (usually Friday) close of the VLCI to initiate trades
  //buy if the weekly close of the VLCI rises 4% or more from its lowest close (since the last
sell signal)
  //sell if the weekly close of the VLCI falls 4% or more from its highest close (since the last
buy signal)
//Date last changed: February 8, 1998

********System Properties********
Properties tab:
Pyramid Settings = Do not allow multiple entries in same direction
Entry Settings = default values
Max number of bars system will reference = 1

**********************************************************************************}

Inputs:              perOffLo(4.00),        { percent off lowest close }
                     perOffHi(4.00);        { percent off highest close }
Variables:           LC(0),                 { lowest close}
                     HC(0),                 { highest close }
                     trend(0);              { 0 = no trades yet, +1 = up, –1 down }
{ initialize variables }
If currentBar = 1 then begin
  LC = close;
  HC = close;
  trend = 0;
end;

{ update trend variable and place trading orders }
if trend = 0 then begin
  if ((close-LC) / LC) > = (perOffLo / 100) then trend = +1;
  if ((HC-close) / HC) > = (perOffHi / 100) then trend = –1;
end
else if trend = +1 and ((HC-close) / HC) > = (perOffHi / 100) then begin
  sell on close;
  trend = –1;
  LC = close;
end
else if trend = –1 and ((close-LC) / LC) > = (perOffLo / 100) then begin
  buy on close;
  trend = +1;
  HC = close;
end;

{ update LC & HC variables }
If close < LC then LC = close;
If close > HC then HC = close;

{ End of Code }
```

Abbildung C.1 / (EasyLanguage Code): Dieser EasyLanguage-Code wurde mit dem TradeStation Power Editor geschrieben. Er hat das Aussehen – und den Funktionsumfang – einer ausgereiften Programmiersprache. Die Abbildungen C.1 und C.3 stellen die Ergebnisse dieses von Martin Zweig beschriebenen Trendfolgesystems dar.

- **Verschiedene Zeitperioden.** (z. B. 1990-95 und 1981-86). Ein System, das beim Japanischen Yen über die letzte 5-Jahres-Periode gute Testergebnisse gezeigt hat, so sollte dies auch für jedes andere 5-Jahres-Intervall gelten. Das ist ein weiterer Bereich, wo ich mit meiner Meinung in der Minderheit bin.
- **Viele verschiedene Märkte.** Ein System, das bei Rohöl gute Ergebnisse geliefert hat, sollte in derselben Zeitperiode auch bei Heizöl und Benzin funktionieren. Falls nicht, suche ich eine Erklärung und werde das System in der Regel verwerfen. Ich gehe allerdings sogar noch weiter und teste das gleiche System auf meine gesamte Datenbasis von Märkten, wobei ich erwarte, dass es in der Mehrheit von ihnen gut performt.

Lassen Sie uns, sobald die Tests abgeschlossen sind, die vom Computer generierten Handelssignale auf einem Kurschart visuell inspizieren, um sicher zu gehen, dass das System auch das tut, was wir beabsichtigt haben. TradeStation vereinfacht diesen Prozess, indem es Kauf- und Verkaufspfeile direkt auf dem Chart für uns platziert! Macht das System nicht das, was wir erwarten, so müssen wir die nötigen Korrekturen im Code vornehmen und es erneut testen.

☐ Stufe 5: Auswertung der Ergebnisse

Versuchen wir, das Konzept hinter unserem Handelssystem zu verstehen. Macht es Sinn, oder ist es nur eine zufällige Übereinstimmung? Analysieren Sie die Equity Curve. Können Sie mit den Drawdowns leben? Werten Sie das System auf einer Trade-by-Trade Basis aus. Was passiert, wenn sich ein Signal als falsch erweist? Wie schnell steigt das System aus Verlust-Trades aus? Wie lange hält es Gewinn-Positionen? Wir müssen uns vergewissern, dass wir mit den Testergebnissen vollkommen zufrieden sind, denn sonst werden wir nicht in der Lage sein, dieses System real zu traden.

Drei Schlüssel-Auswertungsparameter von TradeStation sind:

- **Gewinn-Faktor.** Das ist der Quotient aus dem *Bruttogewinn* von Gewinn-Trades und dem *Bruttoverlust* von Verlust-Trades. Diese Statistik beschreibt, wie viel Dollar s unser System pro 1 $ Verlust macht, und ist ein Maß für das Risiko. Langfristige Trader sollten auf Gewinn-Faktoren von 2 oder höher achten. Kurzfristige Trader können auch etwas niedrigere Zahlen akzeptieren.
- **Durchschnittlicher Trade (Gewinn & Verlust).** Dies ist die mathematische Erwartung unseres Systems. Sie sollte mindestens hoch genug sein, um die Transaktionskosten (Slippage und Provisionen) abzudecken; andernfalls werden wir Geld verlieren.

- **Maximaler Intraday Drawdown.** Dies ist der in Dollar ausgedrückte stärkste Kursverfall, gemessen von einem Gipfel bis zu einem Boden in der Vermögenszuwachskurve. Ich bevorzuge die Berechnung auf einer prozentualen Basis. Außerdem unterscheide ich zwischen Drawdowns von einem Start aus dem Stand (wo ich also Geld aus meiner eigenen Tasche verliere) und Drawdowns von einem Gipfel in der Equity Curve aus (wo ich nur vorher am Markt erzielte Gewinne wieder zurückgebe). Normalerweise bin ich bei den Letzteren nachsichtiger.

☐ GELDMANAGEMENT

Geldmanagement ist – obwohl außerhalb des Betrachtungsrahmens dieser Ausführungen – ein extrem wichtiger Punkt. Es ist der Schlüssel zum profitablen Trading, sogar noch etwas wichtiger als ein gutes Handelssystem.

Geldmanagement-Techniken sollten gut durchdacht sein. Akzeptieren Sie die Tatsache, dass Verluste Teile des Spiels sind. Kontrollieren Sie Ihr Risiko, und die Gewinne werden sich um sich selbst kümmern.

Praktizieren Sie in diesem Gebiet so viel Diversifikation wie möglich. Die Diversifikation versetzt Sie in die Lage, Ihre Gewinne zu vergrößern, während Sie Ihre Verluste konstant halten, bzw. Ihr Risiko zu reduzieren bei Beibehaltung Ihrer Gewinne. Diversifizieren Sie bezüglich Märkten, Systemen, Parametern und Zeithorizonten.

☐ FAZIT

Wir haben die grundlegende Philosophie von Handelssystemen diskutiert, und warum eine objektive Sichtweise besser ist als eine subjektive. Wir haben die drei Hauptvorteile eines computerisierten Ansatzes erörtert und einen 5-Stufen-Plan für die Entwicklung von Handelssystemen entworfen. Und nicht zuletzt streiften wir die Bedeutung von Geldmanagement und Diversifikation.

Handelssysteme können Ihre Performance verbessern und Ihnen dabei helfen, ein erfolgreicher Trader zu werden. Die Gründe dafür sind klar:

- Handelssysteme zwingen Sie dazu, Ihre Hausaufgaben zu machen, *bevor* Sie traden.
- Sie stellen ein diszipliniertes Rahmenwerk zur Verfügung, was Ihnen das Befolgen der Regeln erleichtert.
- Sie ermöglichen Ihnen die Erhöhung Ihres Diversifikationsgrades.

Mit viel harter Arbeit und intensiver Widmung der Sache kann jeder ein erfolgreiches Handelssystem entwickeln. Es ist nicht leicht, doch es liegt im Bereich des Möglichen. Wie bei den meisten Dingen im Leben hängen die Früchte der Anstrengungen unmittelbar davon ab, was Sie hineingesteckt haben (siehe Abbildungen C.2 und C.3).

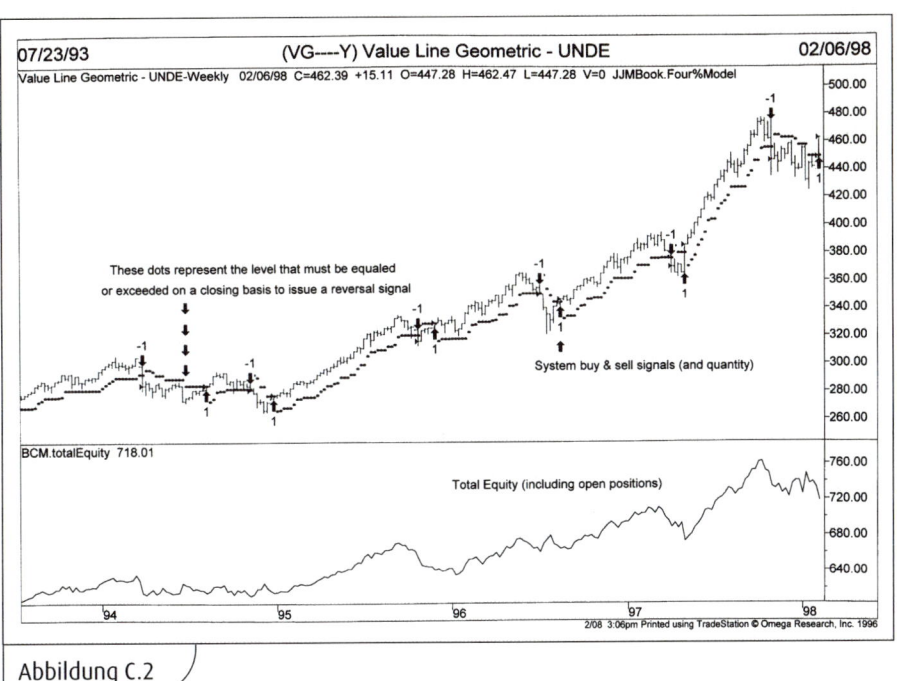

Abbildung C.2

```
┌─────────────────────────────────────────────────────────────────────┐
│  ┌──┐  ┌──┐ ┌┌─┐ ┌─┐ ┌─┐ ┌┐┌┐┌┐┌┐┌┐                         ┌─┐┌─┐┌─┐ │
│  │  │  │  │ │▓ │ │▓ │ │? │ │││││││││││                         └─┘└─┘└─┘│
│  └──┘  └──┘ └──┘ └──┘ └──┘ └┘└┘└┘└┘└┘                              └─┘  │
│ UMBook.Four%Model  Value Line Geometric - UNDE-Weekly  06/30/61 - 02/06/98 │
│                                                                       │
│                    Performance Summary:  All Trades                   │
│                                                                       │
│ Total net profit        $   718.01    Open position P/L    $    0.00  │
│ Gross profit            $  1118.15    Gross loss           $ -400.14  │
│                                                                       │
│ Total # of trades           137       Percent profitable       49%    │
│ Number winning trades        67       Number losing trades     70     │
│                                                                       │
│ Largest winning trade   $    78.06    Largest losing trade   $ -15.95 │
│ Average winning trade   $    16.69    Average losing trade   $  -5.72 │
│ Ratio avg win/avg loss       2.92     Avg trade(win & loss)  $   5.24 │
│                                                                       │
│ Max consec. winners          7        Max consec. losers         5    │
│ Avg # bars in winners        21       Avg # bars in losers       7    │
│                                                                       │
│ Max intraday drawdown   $  -45.01                                     │
│ Profit factor                2.79     Max # contracts held       1    │
│ Account size required   $    45.01    Return on account      1595%    │
│                                                                       │
│                                   Created with TradeStation by Omega Research ® 1996 │
└─────────────────────────────────────────────────────────────────────┘
```

Abbildung C.3 (Performance Summary): Hier ist eine 36 Jahre umfassende Auswertung des in den Abbildungen C.1 und C.2 dargestellten Systems. Die Wertentwicklungen der letzten zwölf Jahre waren mit den Gesamtergebnissen konsistent. Der Profit-Faktor (profit factor), der durchschnittliche Handelsgewinn bzw. –verlust (Avg trade (win & loss)) und der maximale Tagesverlust (Max intraday drawdown) weisen alle hervorragende Werte auf.

Anhang D: Continuous Futures Contracts

Wenn man über eine saubere Datenbasis von Rohdaten verfügt, kann man hieraus verschiedene Kontraktarten wie zum Beispiel Nearest Contract, Next Contract, Gann Contract und Continuous Contract generieren. Nachfolgend einige Gedanken zur Konstruktion solcher Terminkontrakt-Derivate. Die verwendeten Symbole dienen nur Illustrationszwecken. Die Continuous Contracts kann man über Dial Data Service (56 Pine Street, New York, NY 10005, (212) 422-1600) beziehen.

☐ NEAREST CONTRACT

Der Nearest Contract wird in erster Linie von Tradern benutzt, die nur einen möglichst umfangreichen Satz fortlaufender Kursdaten haben wollen. Sie gehen damit konform, dass sich diese Zeitreihe dem Verfalltermin nähert und sie automatisch in den nächsten Kontrakt switchen werden (Rollover).

Es ist unwahrscheinlich, dass jemand den verfallenden Kontrakt in den letzten 15 bis 30 Tagen vor dem Verfalltermin handeln wird, und zwar deshalb, weil die Liquidität in den letzten Handelstagen sehr schnell austrocknet. Die Anzahl der Tage vor dem Verfalltermin, wann ein Händler seine Position in den nächsten Kontrakt überwälzt, richtet sich nach dem gehandelten Gegenstand (nach der Anzahl der Monate bis zum nächsten Kontrakt) und nach dem individuellen Trading-Stil. Es ist denkbar, dass ein und derselbe Trader Terminkontrakte verschiedener Handelsgüter zu unterschiedlichen Zeiten einem Rollover unterzieht.

Der Zeitpunkt des Rollover basiert mehr als wahrscheinlich auf den aktuellen Umsatzzahlen. Sobald das Volumen anfängt zu erodieren, ist die Zeit zum Rollover gekommen.

Deshalb sollte man die Wahl haben, wann man aus seinem Nearest Contract wechselt. Denken Sie daran, dass der Nearest Contract aus echten Kursen besteht. Hierzu einige Beispiele: Der Portfoliomanager A ist damit zufrieden, den Rollover am Verfalltag zu bewerkstelligen; damit braucht er lediglich den „Standard" Nearest Contract mit dem Symbol TRNE00 (Treasury Bonds). Dieser Manager A ist wahrscheinlich Vermögensverwalter und muss Portfoliogrößen unmittelbar aus den Kursdaten berechnen. Trader B ist der Meinung, dass der Handel im Monat des Verfalltages nicht liquide genug für ihn ist; deshalb will er den Nearest Contract 15 Tage vor dem Verfalltag verlassen und zum nächstfolgenden Kontrakt übergehen – das Symbol könnte TRNE15 lauten. Analyst C möchte verschiedene Rollover-Daten miteinander vergleichen, und so könnte er verschiedene Nearest Contracts mit den Symbolen TRNE00, TRNE05, TRNE12 und TRNE21 (mit einem Rollover 5, 12 und 21 Tage vor dem Verfalltag) herunterladen.

Beachten Sie, dass alle genannten Kontrakte Nearest Contracts sind und aktuelle Kurse enthalten. Der einzige Unterschied besteht darin, von welchem Kontrakt die Kurdaten kommen.

☐ NEXT CONTRACT

Ein Next Contract ist eine besondere Variation des Nearest Contract. Er entspricht exakt diesem mit der einzige Ausnahme, dass es sich *immer* um denjenigen Kontrakt handelt, der dem Nearest Contract folgt. Mit anderen Worten: Wenn der Nearest Contract für Treasury Bonds (TR) Kurse des Dezember-Kontrakts verwendet, benutzt der Next Contract Kursdaten von dem im März verfallenden T-Bond-Kontrakt. Dies wird definiert als Next-1 Contract.

Auf der Basis dieses Konzepts ist auch ein weiterer Next Contract verfügbar, der Next-2. Hier werden die Kursdaten immer von dem Kontrakt genommen, der zwei Kontrakte vom Nearest Contract entfernt ist. Wenn wir bei dem oben genannten Beispiel bleiben, wird der Next-2-Contract Juni-Daten benutzen, während der Nearest Contract bei Dezember-Daten verweilt. Sobald der Dezember-Kontrakt verfällt, wird der Nearest Contract März-Daten benutzen, und der Next-2-Contract wird auf September-Daten übergehen, und so weiter.

Die Tickersymbole für die Next Contracts sind TRNXT1 und TRNXT2. Natürlich wird bei anderen Handelsgegenständen statt der Buchstaben TR das betreffende Kürzel eingesetzt.

☐ GANN CONTRACTS

Gann Contracts beziehen sich auf einen bestimmten Kalendermonat und werden auf den entsprechenden Monat des folgenden Kalenderjahres überrollt. So wird beispielsweise Juli-Weizen so lange benutzt, bis der Juli-Kontrakt verfällt; ab diesem Zeitpunkt verwendet der Gann Contract Kurse des Juli-Kontrakts des nächsten Jahres.

Tickersymbole von Gann Contracts sind zum Beispiel: W07GN (Juli-Weizen), GC04GN (April-Gold), JY12GN (Dezember-Yen).

☐ CONTINUOUS CONTRACTS (ENDLOSKONTRAKTE)

Endloskontrakte wurden entwickelt, um den Analysten bei der Überwindung zweier Probleme zu helfen: der austrocknenden Liquidität und der daraus resultierenden Preissprünge, die zu Über- oder Unterbewertungen führen. Dies wird dann zu einem Problem, wenn der Analyst ein Modell oder Handelssystem über viele Jahre Kurshistorie testet. Der Endloskontrakt erlaubt einen kontinuierlichen Datenstrom, der um Rollover-bedingte Kurssprünge kompensiert ist.

☐ CONSTANT FORWARD CONTINUOUS CONTRACTS

Ein Constant Forward Continuous Contract blickt um eine konstante Zeitlänge in die Zukunft. Für diese Aufgabe benötigt er mehr als einen Kontrakt. Eine übliche Methode ist es, die beiden nächstliegenden Kontrakte zu verwenden und eine lineare Extrapolation der Daten vorzunehmen (siehe Abbildung D.1).

Eine andere Möglichkeit besteht darin, dem Futures Trader (wie beim Nearest Contract) zu erlauben, seinen eigenen Constant Forward Continuous Contract zu konstruieren. Dazu braucht man drei Dinge: Das Kontraktsymbol, die Anzahl der Kontrakte, die man für die Berechnung verwenden will, und die Anzahl der Wochen, um die man in die Zukunft blicken will. Nimmt man beispielsweise Treasury Bonds, bezieht drei Nearest Contracts in die Kalkulation ein und geht 14 Wochen in die Zukunft, so lautete das Symbol: TRCF314. TR ist das Symbol, CF steht für Continuous (Forward Looking), drei ist die Anzahl der benutzten Kontrakte und 14 ist die Anzahl der Wochen, um die der Preis in die Zukunft projiziert wird.

Die Mechanik ist recht einfach. Zunächst muss für jedes Commodity ein fester Rollover-Termin festgelegt werden. Ein guter Anfang könnte zehn Tage vor Verfalltermin sein. Es ist wichtig, dass der Rollover bereits vor dem Verfalltermin durchgeführt wird. Dann sollten nie weniger als zwei und wahrscheinlich nicht mehr als vier Kon-

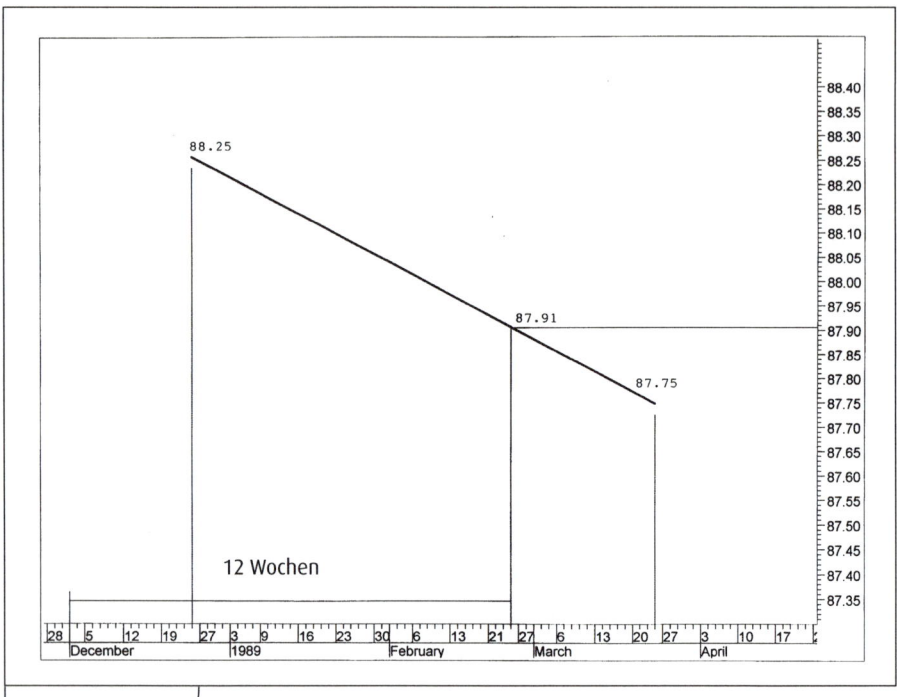

Abbildung D.1 / Eine bildliche Darstellung eines Endloskontrakts.

trakte benutzt werden. Schließlich sollten es immer mehr als 3 Wochen sein; in einigen Fällen kann der Zeitraum bis zu 40 Wochen betragen.

Beispiel: Die Methode, die Commodity Systems verwendet (siehe *Perpetual Contract* in Kapitel 8.)

Wir gehen noch einmal in T-Bonds, weil sie einen einheitlichen Zyklus von Verfallterminen (alle drei Monate) haben. Nehmen wir an, ein Trader will einen Continuous Contract unter Benutzung der zwei nächstgelegenen Verfalltermine und mit einem Zeitraum von zwölf Wochen in die Zukunft (Symbol = TRCF212) benutzen. Der heutige Tag ist der 1. Dezember. Eine grafische Darstellung vereinfacht das Verständnis (siehe Abbildung D.1). Die y-Achse ist die Kursskala, auf der x-Achse ist die Zeit eingetragen.

Auf der horizontalen Achse sind der aktuelle Tag und die beiden nächsten Verfalltermine (Dezember und März) markiert. Von heute aus betrachtet ist es ungefähr der 25. Februar, der die geforderten 12 Wochen in der Zukunft liegt. Der Schlusskurs des Dezember-Kontrakts war 88,25, und der März-Kontrakt schloss bei 87,75. Diese Punkte werden in dem Kurs-Zeit-Diagramm eingetragen und mit einer Linie verbunden, die anschließend nach rechts verlängert wird (Extrapolation in die Zukunft). Die Neigung der Linie wird variieren und (in diesem T-Bond-Beispiel) davon abhängen, wie der Ausblick für langfristige Zinssätze aussieht. In diesem speziellen Fall geht man von höheren Sätzen aus, weil der Preis des März-Futures niedriger ist als derjenige des Dezember-Kontrakts.

Um den Wert des heutigen TRCF212-Schlusskurses zu bestimmen, lesen Sie einfach den y-Wert der Linie am 25. Februar (12 Wochen in der Zukunft) ab. Der Preis dieses Constant Forward Continuous Contracts liegt bei 87,91. Sie können aus dem Chart auch ersehen, dass der März-Kontrakt mehr Gewicht hat als der Dezember-Kontrakt, weil der Zielpunkt näher beim März-Kontrakt liegt. Diese Methode kann gleichermaßen auf Eröffnungs-, Hoch-, Tief- und Schlusskurs angewendet werden. Der Computer macht dies natürlich automatisch; hier handelt es sich nur um eine anschauliche Darstellung dessen, wie ein Perpetual Contract konstruiert ist.

Glossar

Alphabetisch geordnet in der Reihenfolge der deutschen Stichworte

Absteigendes Dreieck:
Eine seitwärts verlaufende Kursformation zwischen zwei konvergierenden Trendlinien, wobei die obere Linie fällt und die untere Linie flach verläuft. Dies ist im Allgemeinen eine bearishe Formation. (*Siehe* Dreiecke.)

Abwärtstrendlinie:
Eine gerade Linie, die durch aufeinanderfolgende Kursgipfel nach rechts unten gezogen wird. Eine Verletzung der Abwärtstrendlinie signalisiert normalerweise das Ende des Abwärtstrends. (*Siehe* Trendlinien.)

Advance-/Decline-Linie:
Einer der am meisten eingesetzten Indikatoren zur Messung der Breite eines Marktauf- oder -abschwungs. Täglich (oder wöchentlich) wird die Anzahl der steigenden Titel mit der Anzahl der fallenden Titel verglichen. Wenn die positiven Veränderungen die negativen übertreffen, wird die Nettoveränderung zu der kumulativen Summe der vorangegangenen Periode hinzugezählt. Sind die negativen Veränderungen höher als die positiven, wird die Nettoveränderung von der kumulativen Summe der vorangegangenen Periode abgezogen. Die Advance-/Decline-Linie wird normalerweise mit einem bekannten Aktienindex, wie dem Dow Jones Industrial Average, verglichen. Sie sollten sich in

dieselbe Richtung bewegen. Wenn die Advance-/Decline-Linie beginnt, vom Verlauf des Aktienindex abzuweichen, ist eine frühzeitige Indikation einer möglichen Trendumkehr gegeben.

Anteil der optimistischen Anlageberater:

Diese Messmethode für das bullishe Sentiment am Aktienmarkt wird wöchentlich veröffentlicht von Investor´s Intelligence of New Rochelle, New York. Wenn nur 35 % der professionellen Marktteilnehmer bullish sind, wird der Markt als überverkauft angesehen. Ein Anteil der Bullen von 55 % gilt als überkauft.

Arms Index:

Dieser von Richard Arms entwickelte Kontra-Indikator ist das Verhältnis zwischen dem durchschnittlichen Umsatz fallender Aktien und dem durchschnittlichen Umsatz steigender Aktien. Werte unter 1,0 bedeuten, dass das Volumen der steigenden Aktien höher ist als dasjenige der fallenden Aktien. Bei Werten über 1,0 überwiegen die Umsätze der fallenden Titel. Ein 10-Tage-Durchschnitt des Arms Index von über 1,2 ist überkauft, während Werte unter 0,70 eine überverkaufte Situation anzeigen.

Aufsteigendes Dreieck:

Eine seitwärts verlaufende Kursformation zwischen zwei konvergierenden Trendlinien, wobei die untere Linie steigt und die obere Linie flach verläuft. Dies ist im Allgemeinen eine bullishe Formation. (*Siehe* Dreiecke.)

Aufwärtstrendlinie:

Eine gerade Linie, die durch aufeinanderfolgende Reaktionstiefs nach rechts oben gezogen wird. Je länger die Aufwärtstrendlinie intakt ist und je häufiger sie getestet wurde, umso signifikanter wird sie. Eine Verletzung der Aufwärtstrendlinie zeigt normalerweise an, dass die Richtung des Aufwärtstrends wechseln könnte. (*Siehe* Abwärtstrendlinie.)

Ausbruchslücke (breakaway gap):

Eine Kurslücke, die bei der Vollendung einer wichtigen Kursformationen auftaucht. Eine Ausbruchslücke signalisiert üblicherweise den Beginn einer bedeutenden Kursbewegung. (*Siehe* Lücken.)

Balkenchart:

Auf einem Tages-Balkenchart verkörpert jeder Balken die Handelsaktivität eines Tages. Der senkrechte Balken wird vom höchsten Kurs des Tages zum niedrigsten Kurs des Tages (die Handelsspanne oder Bandbreite) gezogen. Ein kleiner waagerechter Strich nach links markiert den Eröffnungskurs, während ein kleiner waagerechter Strich nach rechts den Schlusskurs anzeigt. Balken-charts können für jede Zeitperiode konstruiert werden, z. B. Monate, Wochen, Stunden- und Minutenperioden.

Bestätigung:
Wenn so viele Marktfaktoren wie möglich in ihrer Aussage übereinstimmen. Wenn beispielsweise Kurse und Umsätze zusammen steigen, bestätigt das Volumen die Kursbewegung. Das Gegenteil von Bestätigung ist Abweichung (Divergenz).

Bollinger-Bänder:
Dieser von John Bollinger entwickelte Indikator besitzt zwei Trading-Bän-der, die zwei Standardabweichungen oberhalb und unterhalb eines gleiten-den Durchschnitts über 20 Perioden verlaufen. Die Kurse werden am oberen Band oft auf Widerstand stoßen, während das untere Band als Unterstützung wirkt.

Divergenz (Abweichung):
Eine Situation, in der sich zwei Indikatoren nicht gegenseitig bestätigen. Bei der Oszillator-Analyse ist dies zum Beispiel der Fall, wenn die Kurse stei-gen, während ein Oszillator bereits anfängt zu fallen. Divergenzen warnen üblicherweise vor einem Trendwechsel. Das Gegenteil von Abweichung ist Bestätigung.

Doppeltop:
Diese Kursformation weist zwei ausgeprägte Gipfel auf. Die Trendumkehr ist abgeschlossen, wenn das mittlere Tal nach unten durchbrochen wird. Der dop-pelte Boden ist ein Spiegelbild des Doppeltop.

Dow-Theorie:
Eine der ältesten und meistbeachteten Theorien der Technischen Analyse. Ein Kaufsignal nach der Dow-Theorie wird gegeben, wenn der Dow Jones Indust-rieindex und der Dow-Jones-Transport-Index über einem früheren Rallyegip-fel schließen. Ein Verkaufssignal wird ausgelöst, wenn beide Indizes unter einem früheren Reaktionstief schließen.

Dreiecke:
Seitwärts verlaufende Kursformationen, bei denen die Kurse zwischen zwei konvergierenden Trendlinien fluktuieren. Die drei Arten von Dreiecken sind das symmetrische, das aufsteigende und das absteigende Dreieck.

Dreifach-Spitze (triple top):

Eine Kursformation mit drei ausgeprägten Gipfeln ähnlich der Kopf-Schulter-Formation, außer der Tatsache, dass alle drei Gipfel ungefähr auf demselben Niveau liegen. Der Dreifach-Boden ist ein Spiegelbild der Dreifach-Spitze.

Einfacher gleitender Durchschnitt:

Ein gleitender Durchschnitt, der jedem Tageskurs das gleiche Gewicht zuweist. (*Siehe* Exponentielle Glättung *und* gewichteter Durchschnitt.)

Elliott-Wellen-Analyse:

Ein Analyseansatz, der auf wiederholten Wellenmustern und Fibonacci-Zahlensequenzen basiert. Ein ideales Elliott-Wellen-Muster zeigt einen aus fünf Wellen bestehenden Anstieg, gefolgt von einem aus drei Wellen bestehenden Abschwung. (*Siehe* Fibonacci-Zahlen.)

Erschöpfungslücke (exhaustion gap):

Eine Kurslücke, die am Ende eines bedeutenden Trends auftaucht und signalisiert, dass der Trend zu Ende geht. (*Siehe* Kurslücken.)

Exponentielle Glättung:

Ein gleitender Durchschnitt, der alle Kursdaten berücksichtigt, aber den jüngsten Kursdaten ein größeres Gewicht verleiht. (*Siehe* gleitende Durchschnitte.)

Fibonacci-Zahlen:

Die Fibonacci-Zahlensequenz (1, 2, 3, 5, 8, 13, 21, 34, 55, 89, 144, …) wird konstruiert, indem die Addition zweier aufeinander folgender Glieder das dritte Glied ergeben. Der Quotient aus einer Zahl und der folgenden Zahl ist 62 %; dies ist ein populäres. Der Kehrwert von 62 %, nämlich 38 %, wird ebenfalls als Fibonacci-Retracement benutzt. Der Quotient aus einer Zahl und der vorhergehenden Zahl ist 1,62; dieses Verhältnis wird zur Ermittlung von Zeitzielen verwendet. (*Siehe* Elliott-Wellen-Theorie.)

Flagge:

Eine Fortsetzungsformation, die im Allgemeinen weniger als drei Wochen dauert und an ein Parallelogramm erinnert, das gegen den vorherrschenden Trend geneigt ist. Die Flagge verkörpert eine kurze Pause in einem dynamischen Kurstrend. (*Siehe* Wimpel.)

Fortsetzungsformationen:

Kursformationen, die eine Pause oder Konsolidierung im vorherrschenden Trend verkörpern. Die häufigsten Formen sind Dreiecke, Flaggen und Wimpel.

Fortsetzungslücke (runaway gap):

Eine Kurslücke, die normalerweise ungefähr in der Mitte eines bedeutenden Markttrends auftaucht. Aus diesem Grund wird sie auch als measuring gap („messende" Lücke) bezeichnet.

Fundamentalanalyse:

Das Gegenteil der Technischen Analyse. Die Fundamentalanalyse beruht auf Informationen über ökonomisch bedingtes Angebot und Nachfrage, im Gegensatz zu Marktbewegungen.

Gewichteter Durchschnitt:

Ein gleitender Durchschnitt, der über eine bestimmte Zeitspanne berechnet wird, den jüngeren Kursen jedoch ein höheres Gewicht zuweist. (*Siehe* Gleitender Durchschnitt.)

Gleitender Durchschnitt:

Ein Trendfolgeindikator, der am besten in Trendmärkten funktioniert. Gleitende Durchschnitte glätten Kursbewegungen, operieren allerdings mit einer Zeitverzögerung. Eine einfache 10-Tage-Linie einer Aktie beispielsweise summiert die Schlusskurse der letzten 10 Tage und teilt die Summe durch 10. Diese Prozedur wird jeden Tag wiederholt. Gleitende Durchschnitte können über jede beliebige Anzahl und Länge von Zeitperioden berechnet werden, um Kauf- und Verkaufssignale zu generieren. Wird nur ein Durchschnitt eingesetzt, kommt es zu einem Kaufsignal, wenn die Kurse über den Durchschnitt steigen. Bei Verwendung von zwei gleitenden Durchschnitten wird ein Kaufsignal gegeben, wenn der kürzere Durchschnitt über den längeren Durchschnitt steigt. Es gibt drei Arten von gleitenden Durchschnitten: einfacher, linear gewichteter und exponentiell geglätteter Durchschnitt.

Inselumkehr:

Kombination einer Erschöpfungslücke in die eine Richtung und einer Ausbruchslücke in die entgegengesetzte Richtung innerhalb weniger Tage. Gegen Ende eines Aufwärtstrends beispielsweise springen die Kurse mit einer Lücke zunächst nach oben und innerhalb weniger Tage wieder nach unten. Das Ergebnis sind normalerweise zwei oder drei Handelstage, die allein dastehen und auf beiden Seiten von Kurslücken begrenzt werden. Die Inselumkehr signalisiert gewöhnlich einen Trendwechsel. (*Siehe* Kurslücken.)

Intermarket-Analyse:

Ein zusätzlicher Aspekt der Marktanalyse, der die Kursbewegungen benachbarter Marktsektoren berücksichtigt. Die vier Sektoren sind Devisen, Rohstoffe,

Renten und Aktien. Auch internationale Märkte werden einbezogen. Dieser Ansatz gründet auf der Prämisse, dass alle Märkte miteinander in Beziehung stehen und sich gegenseitig beeinflussen.

Kanallinie:

Gerade Linie, die parallel zur Basistrendlinie verlläuft. In einem Aufwärtstrend verläuft die Trendkanallinie (auch Rückkehrlinie genannt) nach rechts oben und wird über die Rallyegipfel gelegt; in einem Abwärtstrend wird die Kanallinie durch die Kurstiefs gezogen und verläuft nach rechts unten. Die Kurse stoßen bei steigenden Kanallinien oft auf Widerstand, bei fallenden Kanallinien auf Unterstützung.

Kopf-Schulter-Formation:

Die bekannteste der Umkehrformationen. An einem Markthöhepunkt werden drei ausgeprägte Gipfel gebildet, wobei der mittlere Gipfel (oder Kopf) etwas höher ist als die beiden anderen Gipfel (Schultern). Wenn die Trendlinie (Nackenlinie), die die beiden dazwischen liegenden Täler verbindet, gebrochen wird, ist die Formation komplett. Eine Bodenformation ist das Spiegelbild der Topformation; sie wird umgekehrte oder inverse Kopf-Schulter-Formation genannt.

Kursformationen:

Muster, die auf einem Kurschart auftauchen und Vorhersagecharakter besitzen. Formationen werden in Umkehrformationen und Fortsetzungsformationen unterteilt.

Kurslücken (gaps):

Kurslücken sind Leerräume, die auf einem Balkenchart auf Kursniveaus auftreten, an denen kein Handel stattgefunden hat. Zu einer Aufwärtslücke kommt es, wenn der tiefste Kurs eines Handelstages höher ist als der höchste Kurs des vorangegangenen Tages. Eine Abwärtslücke wird gebildet, wenn der höchste Kurs eines Handelstages tiefer ist als der tiefste Kurs des vorangegangenen Tages. Eine Aufwärtslücke ist üblicherweise ein Zeichen von Marktstärke, während eine Abwärtslücke ein Zeichen von Marktschwäche darstellt. Die drei wichtigsten Arten von Kurslücken sind Ausbruchslücke, Fortsetzungslücke und Erschöpfungslücke.

Liniencharts:

Kurscharts, die die Schlusskurse eines gegebenen Marktes über eine bestimmte Zeitspanne miteinander verbinden. Das Ergebnis ist eine Kurskurve auf dem Chart. Dieser Charttypus wird dann am sinnvollsten eingesetzt, wenn mehrere

Zeitreihen übereinander gelegt oder miteinander verglichen werden, wie es gewöhnlich bei der Intermarket-Analyse der Fall ist. Liniencharts werden auch für die visuelle Trendanalyse von offenen Investmentfonds benutzt.

MACD:

Das von Gerald Appel entwickelte Moving Average Convergence Divergence-System besteht aus zwei Linien. Die erste (MACD) ist die Differenz zwischen zwei exponentiellen gleitenden Durchschnitten (üblicherweise 12 und 26 Perioden) von Schlusskursen. Die zweite (Signal-)Linie ist normalerweise ein exponentiell geglätteter 9-Perioden-Durchschnitt der ersten (MACD-) Linie. Signale werden gegeben, wenn sich die beiden Linien kreuzen.

MACD Histogramm:

Eine Variante des MACD-Systems, die die Differenz zwischen der Signallinie und der MACD-Linie anzeigt. Veränderungen in dem Spread zwischen den beiden Linien können schneller erfasst werden, was zu früheren Handelssignalen führt.

McClellan-Oszillator:

Dieser von Sherman McClellan entwickelte Oszillator ist die Differenz zwischen einem 19-Tage (10 % Trend) und einem 39-Tage (5 % Trend) exponentiell geglätteten gleitenden Durchschnitt der täglichen Netto-Advance-Decline-Zahlen. Kreuzungen über die Nulllinie sind positiv und unter die Nulllinie negativ. Werte über +100 sind überkauft, während Werte unter −100 überverkauft sind.

McClellan-Summationsindex:

Eine kumulative Summe aller Werte des McClellan-Oszillators, die eine längerfristige Analyse der Marktbreite ermöglicht. Wird auf die gleiche Weise wie eine Advance-Decline-Linie eingesetzt.

Momentum:

Eine Technik, die zur Konstruktion eines Überkauft-Überverkauft-Oszillators benutzt wird. Das Momentum misst Kursdifferenzen über eine bestimmte Zeitspanne. Zur Konstruktion eines 10-Tage-Momentums wird der Schlusskurs von vor 10 Tagen vom aktuellen Kurs abgezogen. Der resultierende positive oder negative Wert wird über oder unter der Nulllinie dargestellt. (*Siehe* Oszillatoren.)

On-Balance-Volume:

Das von Joseph Granville entwickelte OBV ist die fortlaufende kumulative Summe des Aufwärts- und Abwärtsvolumens. An Tagen mit positiver Kurstendenz werden die Umsätze addiert, an Tagen mit negativer Kurstendenz subtrahiert. Die OBV-Linie wird zusammen mit der Kurskurve angezeigt, um zu sehen, ob sich die beiden Linien gegenseitig bestätigen. (*Siehe* Umsatz.)

Open Interest:

Die Anzahl der Options- oder Futureskontrakte, die am Ende des Handelstages noch offen sind, d. h. nicht liquidiert wurden. Ein Anstieg oder Abfall des Open Interest zeigt an, dass Geld in einen Kontrakt hinein- bzw. aus ihm heraus ließt. In den Terminmärkten bestätigt ein steigendes Open Interest den herrschenden Trend. Open Interest misst auch die Liquidität.

Oszillatoren:

Indikatoren, die bestimmen, ob sich ein Markt in einer überkauften oder überverkauften Situation befindet. Der Markt ist überkauft, wenn der Oszillator einen oberen Extremwert erreicht. Der Markt ist überverkauft, wenn der Oszillator einen unteren Extremwert erreicht. (*Siehe* Momentum, Rate of Change, RSI und Stochastik.)

Prozentbänder (Envelops):

Linien, die um feste Prozentsätze über und unter einem gleitenden Durchschnitt verlaufen. Prozentbänder helfen zu bestimmen, wann sich ein Markt zu weit von seinem gleitenden Durchschnitt entfernt hat und überdehnt ist.

Rate of Change:

Eine Technik, die zur Konstruktion eines Überkauft-Überverkauft-Oszillators benutzt wird. Das Rate of Change ist ein Kurs-Ratio über eine bestimmte Zeitspanne. Zur Konstruktion eines 10-Tage-Rate of Change-Oszillators wird der letzte Schlusskurs durch den Schlusskurs von vor 10 Tagen dividiert. Der resultierende Wert wird über oder unter einem Wert von 100 dargestellt.

Ratio-Analyse:

Der Einsatz eines Ratios, um die Relative Stärke zwischen zwei Zeitreihen zu vergleichen. Durch Division einer Einzelaktie oder eines Branchenindex durch den S&P 500 Index kann man herausfinden, ob sich diese Aktie oder Branche besser oder schlechter entwickelt als der Gesamtmarkt. Die Ratio-Analyse eignet sich für den Vergleich zweier beliebiger Zeitreihen. Eine steigende Ratio-Linie bedeutet, dass der Zähler den Nenner outperformt. Die Trendanalyse kann auf die Ratio-Linie selbst angewendet werden, um wichtige Umkehrpunkte zu bestimmen.

Relative-Stärke-Index (RSI):

Ein bekannter Oszillator, der von Welles Wilder, Jr. entwickelt und in seinem 1978 selbst verlegten Buch *New Concepts in Technical Trading Systems* beschrieben wurde. Der RSI bewegt sich auf einer vertikalen Skala zwischen 0 und 100. Werte über 70 zählen als überkauft und Werte unter 30 als überverkauft. Wenn der RSI über 70 oder unter 30 notiert und sein Verlauf von der Kursbewegung abweicht, ist dies ein Warnzeichen vor einem möglichen Trendwechsel. Der RSI wird gewöhnlich auf 9 oder 14 Perioden gerechnet.

Retracements:

Normalerweise korrigieren die Kurse den vorangegangenen Trend um einen prozentualen Betrag, bevor sie den ursprünglichen Trend wieder aufnehmen. Das bekannteste Beispiel ist das 50 %-Retracement. Das Minimum- und das Maximum-Retracement betragen ein Drittel bzw. zwei drittel. Die Elliott-Wellen-Analyse verwendet Fibonacci-Retracements von 38 % und 62 %.

Schlüsselumkehr (key reversal day):

In einem Aufwärtstrend kommt diese 1-Tages-Formation zustande, wenn die Kurse auf einem neuen Hoch eröffnen und dann unter dem Vortagestiefstkurs schließen. Je weiter die Handelsspanne an dem Umkehrtag und je höher die Umsätze, um so größer ist die Wahrscheinlichkeit, dass eine Trendumkehr stattgefunden hat. (*Siehe* Wochenumkehr).

Stimmungsindikatoren:

Psychologische Indikatoren, die versuchen, den Grad von Optimismus oder Pessimismus in einem Markt zu bestimmen. Diese Kontraindikatoren werden in der gleichen Art wie Überkauft-Überverkauft-Oszillatoren eingesetzt. Am wertvollsten sind sie, wenn sie obere oder untere Extremwerte erreichen.

Stochastik-Indikator:

Ein Überkauft-Überverkauft-Oszillator, der durch George Lane bekannt wurde. Er wird üblicherweise über 14 Perioden gerechnet. Der Stochastik hat zwei Linien – die %K-Linie und deren 3-Perioden-Durchschnitt. Diese beiden Linien fluktuieren in einem vertikalen Wertebereich zwischen 0 und 100. Werte über 80 sind überkauft, Werte unter 20 sind überverkauft. Wenn die schnellere %K-Linie über die langsamere %D-Linie steigt und der Schnittpunkt unter 20 liegt, wird ein Kaufsignal gegeben. Kreuzt die %K-Linie unter die %D-Linie, und passiert dies über 80, wird ein Verkaufssignal gegeben.

Symmetrisches Dreieck:

Eine seitwärts verlaufende Kursformation zwischen zwei konvergierenden Trendlinien, wobei die obere Linie fällt und die untere Linie steigt. Diese Formation verkörpert ein Gleichgewicht zwischen Käufern und Verkäufern, obwohl der vorherige Trend normalerweise wieder aufgenommen wird. Der Durchbruch durch eine der beiden Trendlinien signalisiert die Richtung des zukünftigen Kurstrends. (*Siehe* aufsteigendes und absteigendes Dreieck.)

Technische Analyse:

Die Untersuchung von Marktbewegungen, normalerweise auf Kurscharts, die auch Umsatz- und Open Interest-Muster abbilden. Andere Bezeichnungen: Chartanalyse, Marktanalyse und – in jüngster Zeit – visuelle Analyse.

Trend:

Bezieht sich auf die Richtung von Kursen. Steigende Hoch- und Tiefpunkte konstituieren einen Aufwärtstrend; fallende Hoch- und Tiefpunkte bilden einen Abwärtstrend. Eine Trading Range wird durch horizontale Hochs und Tiefs charakterisiert. Trends werden allgemein klassifiziert in langfristige Trends (länger als ein Jahr), mittelfristige Trends (ein bis sechs Monate) und kurzfristige Trends (weniger als ein Monat).

Trendlinien:

Gerade Linien, die auf einem Chart unter Reaktionstiefs in einem Aufwärtstrend oder über Rallyegipfeln in einem Abwärtstrend gezeichnet werden und die Steilheit des aktuellen Trends bestimmen. Der Bruch einer Trendlinie signalisiert in der Regel eine Trendumkehr.

Überkauft:

Ein Begriff, der im Zusammenhang mit einem Oszillator verwendet wird. Erreicht ein Oszillator einen oberen Extremwert, so geht man davon aus, dass der Markt zu stark gestiegen und anfällig für einen Kurseinbruch ist.

Überverkauft:

Ein Begriff, der im Zusammenhang mit einem Oszillator verwendet wird. Erreicht ein Oszillator einen unteren Extremwert, so geht man davon aus, dass der Markt zu stark gefallen und reif für eine Erholung ist.

Umkehrformationen:

Formationen auf einem Kurschart, die normalerweise anzeigen, dass ein Trendwechsel stattfindet. Die bekanntesten Umkehrformationen sind die Kopf-Schulter-Formation und das Doppeltop.

Umsatz:

Das Niveau der Handelsaktivität in einer Aktie, Option oder einem Terminkontrakt. Steigende Umsätze in Richtung des aktuellen Kurstrends bestätigen den Kurstrend. (*Siehe* On-Balance-Volume.)

Unterstützung:

Ein Kurs oder Kursbereich unterhalb des aktuellen Kurses, wo die Kaufkraft groß genug ist, um einen Kursrückgang aufzuhalten. Ein früheres Reaktionstief bildet üblicherweise eine Unterstützungslinie.

Widerstand:

Das Gegenteil von Unterstützung. Widerstand entsteht auf dem Niveau eines früheren Kurshochs, wirkt als Barriere oberhalb des Marktkurses und kann einen Kursanstieg stoppen. (*Siehe* Unterstützung.)

Wimpel:

Diese Fortsetzungsformation ist der Flagge ähnlich, außer dass sie horizontal verläuft und an ein kleines symmetrisches Dreieck erinnert. Wie die Flagge dauert auch der Wimpel im Allgemeinen eine bis zu drei Wochen und wird von einer Fortsetzung des vorhergehenden Trends abgelöst.

Visuelle Analyse:

Eine Form der Analyse, die Charts und Marktindikatoren dazu einsetzt, um die Marktrichtung zu bestimmen.

Wochenumkehr:

Zu einer Wochenumkehr nach oben kommt es, wenn die Kurse am Montag tiefer eröffnen und am Freitag höher schließen als der Schlusskurs der vergangenen Woche. Eine Wochenumkehr nach unten findet statt, wenn die Kurse am Montag höher eröffnen und am Freitag tiefer schließen als der Schlusskurs der vergangenen Woche. (*Siehe* Schlüsselumkehr).

Danksagungen

Die Person, der der meiste Dank der zweiten Auflage dieses Buches gehört, ist Ellen Schneid Coleman, verantwortliche Herausgeberin bei Simon & Schuster. Sie überzeugte mich, dass es an der Zeit war, *Technical Analysis of the Futures Markets* zu überarbeiten und seinen Inhalt zu erweitern. Großer Dank gilt den Leuten bei Omega Research, die mich mit der Chart-Software ausstatteten, die ich brauchte, und im besonderen Gaston Sanchez, der eine Menge Zeit mit mir am Telefon verbrachte. Die Co-Autoren – Tom Aspray, Dennis Hynes und Fred Schutzman – steuerten ihre besondere Expertise dort bei, wo sie gebraucht wurde. Zusätzlich lieferten mehrere Analysten Charts, unter anderem Michael Burke, Stan Ehrlich, Jerry Toepke, Ken Tower und Nick Van Nice. Die Überarbeitung von Kapitel 2 über die Dow-Theorie war eine gemeinsame Anstrengung mit Elyce Picciotti, einer unabhängigen technischen Schriftstellerin und Anlageberaterin in New Orleans, Louisiana. Greg Morris bedarf besonderer Erwähnung. Er schrieb das Kapitel über Kerzenchart-Analyse und den Artikel in Anhang D und erledigte den Großteil der grafischen Arbeit. Fred Dahl von Inkwell Publishing Service (Fishkill, NY), dem bereits die Produktion der ersten Ausgabe dieses Buches anvertraut war, meisterte auch diese Edition. Es war wieder großartig, mit ihm zusammenzuarbeiten.

Über den Autor

John J. Murphy wendet Technische Analyse seit drei Jahrzehnten an. Er war früher Direktor des Futures Technical Research und Senior Managed Account Trading Advisor bei Merrill Lynch. Murphy war über sieben Jahre der Technische Analyst von CNBC-TV. Er ist außerdem Autor dreier Bücher, u. a. *Technical Analysis of the Futures Markets*, der Vorgänger dieses Werkes. Sein zweites Buch, *Intermarket Technical Analysis*, öffnet einen neuen Analysezweig. Sein drittes Buch, *The Visual Investor*, handelt von der Anwendung Technischer Analyse auf Investmentfonds.

In 1996 gründete Murphy zusammen mit dem Softwareentwickler Greg Morris die Firma MURPHYMORRIS, Inc., um interaktive Ausbildungsprogramme und Online-Analysen für Investoren zu produzieren. Ihre Website-Adresse ist:
www.murphymorris.com

Er ist außerdem der Kopf seiner eigenen Beratungsfirma, JJM Technical Advisor in Oradell, New Jersey.

Über die Mitarbeiter

Thomas E. Aspray (Anhang A) ist Präsident von APM Asset Management [P.O. Box 15366, Little Rock, AR 72231, (501) 676-9241; e-mail-Adresse: tea650@aol.com]. Seine Firma bietet privaten und institutionellen Anlegern Marktanalysen an. Aspray ist seit den siebziger Jahren an den Märkten aktiv. Viele der Techniken, die er in den frühen Achtzigern entwickelte, werden heute von anderen professionellen Tradern genutzt.

Dennis C. Hynes (Anhang B) ist Geschäftsführer und Mitgründer von R.W. Press-prich & Co., Inc., ein auf festverzinsliche Wertpapiere spezialisierter Broker in New York City. Er dient dem Unternehmen auch als Chefstratege. Hynes ist ein Futures und Options Trader und ein CTA (Commodity Trading Advisor). Er hat einen MBA in Finanzwissenschaften der Universität in Houston.

Greg Morris (Kapitel 12 und Anhang D) hat 20 Jahre lang für Investoren und Trader Handelssysteme und Indikatoren entwickelt, die von maßgeblichen Technische-Analyse-Softwareprogrammen benutzt werden. Er ist der Autor zweier Bücher über Kerzencharts (siehe Kapitel 12). Im August 1996 bildete Morris zusammen mit John Murphy ein Team, um MURPHYMORRIS, Inc., zu gründen, eine Firma in Dallas, die sich der Ausbildung von Investoren widmet.

Fred G. Schutzman CMT (Anhang C) ist Präsident und Chief Executive Officer von Briarwood Capital Management, Inc., ein Commodity Trading Advisor in New York. Er ist außerdem verantwortlich für technisches Research und die Entwicklung von Handelssystemen bei Emcor Eurocurrency Management Corporation, einer Beratungsfirma in Sachen Risikomanagement.

Sachregister